Nikolai Gogol

Die Nase und andere Meisternovellen

Sharp Ink 2024

Nikolai Gogol

Die Nase und andere Meisternovellen

Klassiker der russischen Literatur

Sharp Ink, 2024
Contact: info@sharpinkbooks.com

ISBN: 978-80-283-4397-2

Inhaltsverzeichnis

Erstes Kapitel	13
Zweites Kapitel	20
Drittes Kapitel	26
Viertes Kapitel	31
Fünftes Kapitel	37
Sechstes Kapitel	43
Siebentes Kapitel	49
Achtes Kapitel	58
Neuntes Kapitel	64
Zehntes Kapitel	72
Elftes Kapitel	76
Zwölftes Kapitel	83
Abende auf dem Vorwerke bei Dikanjka und andere Erzählungen:	87
Vorwort	88
Der Jahrmarkt zu Ssorotschinzy	91
Johannisnacht (Eine wahre Begebenheit, erzählt vom Küster der X-schen Kirche)	108
Die Mainacht oder Die Ertrunkene	117
Der verlorene Brief (Eine wahre Begebenheit, erzählt vom Küster der X-schen Kirche)	134
Die Nacht vor Weihnachten	141
1	166
2	168
3	171
4	174
5	179
6	180
7	182
8	183
9	184
10	186
11	188
12	189
13	190
14	192
15	193
16	195
Iwan Fjodorowitsch Schponjka und sein Tantchen	198

Der verhexte Ort (Eine wahre Begebenheit, erzählt vom Küster der X-schen Kirche)	213
Der Wij	218

Petersburger Novellen:

Die Nase	240
Das Porträt	254
Der Mantel	284
Der Newskij-Prospekt	300
Aufzeichnungen eines Irren (Aufzeichnungen eines Wahnsinnigen)	320
Die Geschichte vom großen Krakeel zwischen Iwan Iwanowitsch und Iwan Nikiforowitsch	359
Das erste Kapitel. Iwan Iwanowitsch und Iwan Nikiforowitsch	360
Das zweite Kapitel, aus dem man erfahrt, was für ein Gegenstand Iwan Iwanowitsch in die Augen stach, worüber sich Iwan Iwanowitsch und Iwan Nikiforowitsch miteinander unterhielten und zu welchem Ende diese Unterhaltung führte	363
Das dritte Kapitel, in dem berichtet wird, was nach dem Streit zwischen Iwan Iwanowitsch und Iwan Nikiforowitsch geschah	369
Das vierte Kapitel, in dem berichtet wird, was in der Amtsstube des Mirgoroder Kreisgerichts geschah	372
Das fünfte Kapitel, das von einem schwierigen Konzilium zwischen zwei in Mirgorod hochangesehnen Personen Kunde gibt	379
Das sechste Kapitel, aus dem der Leser ohne Schwierigkeit alles entnehmen kann, was es enthält	382
Das siebente und letzte Kapitel	386

Erstes Kapitel

»Dreh dich schnell einmal um, mein Sohn! Lächerlich siehst du aus! Was habt ihr für Pfaffenkutten am Leib? Lauft ihr auf der Akademie alle in solchen Kutten herum?«
So begrüßte der alte Bulba seine beiden Söhne, die auf der geistlichen Schule in Kiew studiert hatten und nun ins Vaterhaus heimkehrten.

Die Söhne, stämmige Burschen, die als kürzlich entlassene Seminaristen noch ein bißchen ducknackig dreinsahen, waren grade von den Pferden gestiegen. Ihre kräftigen, gesunden Gesichter zeigten den ersten Bartflaum, den noch kein Rasiermesser berührt hatte. Daß ihr Vater sie so empfing, verblüffte sie nicht wenig; sie standen reglos, mit gesenkten Lidern.

»Halt, halt! Laßt euch doch richtig ansehn!« fuhr Bulba fort. »Was für lange Kittel habt ihr da an? So was von Kitteln! Solche Kittel muß es auf der Welt noch nicht gegeben haben. Lauft doch einmal ein Stück! Ich möchte sehn, ob ihr nicht über eure Schöße stolpert und in den Dreck fliegt.«

»Laß doch das dumme Lachen, Vater, laß das!« sagte endlich der ältere von den beiden.

»Sieh nur den Hitzkopf an! Warum soll ich nicht lachen?«

»Darum! Und magst du zehnmal unser Vater sein – wenn du mich auslachst, nun, bei Gott, dann hau ich zu!«

»Na, du bist mir ein Sohn...! Was...? Deinen Vater...?« sagte Taraß Bulba und prallte vor lauter Staunen ein paar Schritte zurück.

»Vater oder nicht! Wenn mir einer dumm kommt, hau ich zu, wer es auch ist.«

»Also, wie tragen wir es aus? Durch Faustkampf?«

»Ist mir gleich!«

»Recht! Also Faustkampf!« sagte Bulba und krempelte die Ärmel hoch. »Wird sich ja zeigen, wie du dich bewährst im Faustkampf!«

Und Vater und Sohn begannen sich, statt einer Begrüßung nach der langen Trennung, Püffe in die Rippen, gegen Bauch und Brust zu geben. Bald traten sie zurück und maßen sich mit den Blicken, bald gingen sie wieder aufeinander los.

»Seht nur, liebe Leute: der Alte ist närrisch! Er hat einfach den Verstand verloren!« sagte die blasse, abgehärmte weichherzige Mutter der beiden, die in der Tür stand und ihre Lieblinge noch nicht hatte umarmen können. »Die Kinder kommen heim, man hat sie länger als ein Jahr nicht gesehen; und was denkt er sich aus: Faustkampf!«

»Na, er haut nicht schlecht zu!« sagte Bulba und hielt inne. – »Ja, das kann man sagen!« fuhr er fort, nachdem er sich etwas verpustet hatte. »Scheint mir fast klüger zu sein, man versucht es nicht erst. Das wird mir ein guter Kosak! Na, sei gegrüßt, mein Sohn! Gib mir nen Kuß!« Und Vater und Sohn begannen sich zu küssen. »Brav, mein Sohn! Hau jeden so, wie du mich jetzt verdroschen hast; laß dir nichts gefallen, von keinem! Aber einen lächerlichen Kittel hast du darum doch an! Was baumelt denn da für ein Strick herunter? – Und du, Grünling, was stehst du da und läßt die Pfoten hängen?« wendete er sich an den jüngeren. »Warum haust du mich nicht, Hundsfott?«

»Was er sich nicht noch alles ausdenken wird!« sagte die Mutter, die inzwischen ihren Jüngsten umarmt hatte. »Setzt sich in den Kopf, der leibliche Sohn soll den Vater schlagen! Und noch dazu grade jetzt: wo das arme Kind solch einen Weg hinter sich hat und so müde ist...!« Das Kind war gut zwanzig Jahre alt und genau sechs Fuß hoch. »Der Junge muß sich jetzt erst ausruhn und ein bißchen essen; und er will sich mit ihm prügeln!«

»Ach, du bist ein Schlappschwanz, seh ich schon!« sagte Bulba. »Hör nicht auf die Mutter, mein Sohn: sie ist ein Weibsbild, sie weiß gar nichts. Wozu braucht ihr Erholung? Eure Erholung ist das freie Feld und ein guter Gaul! Das ist eure Erholung! Und seht ihr den Säbel da? Das ist eure Mutter! Lauter Dreck, was man euch in die Köpfe trichtert: die Akademie und alle die Bücher und Fibeln und Philosophie und das alles, was weiß ich – gepfiffen ist auf den ganzen...!« Hier gebrauchte Bulba ein Wort, das man einfach nicht drucken kann. »Nein, das

Beste ist schon, ich schick euch noch diese Woche ins Lager. Das nenn ich Wissenschaft. Das ist die Schule für euch; da und sonst nirgends geht euch ein Licht auf.«

»Und bloß eine Woche sollen die Jungen daheim sein?« sagte betrübt, mit Tränen in den Augen, die verhärmte alte Mutter. »Und kein Vergnügen sollen sie haben, die armen Kinder, und ihre Heimat sollen sie nicht kennenlernen, und ich soll sie nicht einmal richtig ansehn!«

»Hör auf mit dem Heulen; hör auf, Alte! Ein Kosak ist nicht auf der Welt, um sich mit Weibsbildern abzugeben. Wenn du die beiden nur unter deinen Rock stecken und dich draufsetzen könntest, wie eine Henne auf ihre Eier...! Marsch, marsch, tisch auf, was da ist! Aber nichts von Krapfen, Honigkuchen, Mohnwecken und solchen Leckereien; einen ganzen Hammel trag auf, Lammsbraten trag auf und vierzigjährigen Met! Und nicht zu wenig Schnaps – keinen Schnaps mit neumodischen Erfindungen, nichts von Rosinen und dergleichen überspanntem Kram drin, reinen, schäumenden Schnaps – perlen muß er und zischen wie toll.«

Bulba führte seine Söhne in die Stube. Dort waren zwei Mägde beim Aufräumen, hübsche Dinger mit roten Perlenschnüren um den Hals. Die Mädchen machten sich eilig zur Tür hinaus. Sie waren wohl erschrocken über die Ankunft der Jungherrn, die einem nicht gern etwas durch die Finger sahen, oder sie wollten vielleicht auch nur einfach die weibliche Sitte wahren, die einem Mädel gebietet, mit Gekreisch Hals über Kopf davonzurennen, sobald es ein Mannsbild erblickt, und dann noch lange vor übergroßer Scham das Gesicht hinterm Arm zu verstecken. Die Stube war im Geschmack jener Zeit eingerichtet, deren Gedächtnis nur noch in den Liedern und Volksballaden lebt, die heute im Grenzland keiner mehr von den langbärtigen blinden Alten singt, die sie einst zum leisen Geklimper der Pandora im Ring des Volkes sangen. Die Stube paßte gut in jene kriegerisch harte Zeit, da die Scharmützel und Schlachten wider die Union im Grenzland zu entbrennen begannen. Sie war mit lichter Leimfarbe sauber getüncht. An den Wänden Säbel, Knuten, Vogelgarne, Fischnetze und Flinten, ein kunstreich geschnitztes Pulverhorn, ein goldbeschlagener Pferdezaum und ein Spannstrick mit silbernen Plättchen. Die Fenster der Stube waren klein, mit trüben Butzenscheiben, wie man sie heutzutage nur noch in alten Kirchen findet; hinausblicken konnte man nur, wenn man die eine bewegliche Scheibe hinaufschob. Um die Fenster und Türen liefen rote Fassungen. Auf Regalen in den Zimmerecken standen Becher, Karaffen und Flaschen aus grünem und blauem Glas, gravierte Silberpokale, vergoldete Trinkschalen von mannigfaltigster Arbeit: venezianische, türkische, tscherkessische, die auf allerhand Wegen durch dritte und vierte Hand in Bulbas Stube gekommen waren, wie es zu gehen pflegte in jenen nicht gar so heikeln Zeiten. Die Bänke aus ungeschältem Birkenholz rundum an den Wänden, der riesige Tisch im Herrgottswinkel, der große Ofen aus lichtbunten Kacheln mit breiter Ofenbank und breitem Sims – das alles kannten unsere zwei Burschen recht gut, waren sie doch jedes Jahr für die Ferien heimgekommen – zu Fuß, weil sie noch keine Pferde besaßen und es nicht Brauch war, Scholaren reiten zu lassen. Sie trugen lange Schöpfe, an denen sie jeder waffenfähige Kosak nach Lust und Laune zupfen durfte. Dies Mal aber, zu ihrer Entlassung, hatte ihnen Bulba ein paar Hengste aus seiner Herde nach Kiew geschickt.

Bulba ließ zur Feier der Ankunft seiner Söhne alle Hauptleute und Chargen des Regiments zusammenrufen, soviele ihrer eben präsent waren; und als zwei davon mit dem Oberstleutnant Dmitro Towkatsch, seinem alten Kameraden, erschienen, stellte er ihnen gleich seine Söhne vor und sagte:

»Na, seht sie euch an! Tüchtige Burschen, was? Die sollen mir bald ins Lager.«

Die Gäste beglückwünschten Bulba und die beiden jungen Leute und sagten, das ließen sie sich gefallen;, eine bessere Schule als das Lager gäbe es in der Welt nicht für einen jungen Menschen.

»Also, ihr Herren und Brüder, setzt euch nun an den Tisch, ein jeder, wo es ihm gefällt! Na, Burschen, vor allen Dingen einmal einen Schnaps!« sprach Bulba. »Gott stärk uns! Dein Wohl, Ostap, und das deine, Andri! Geb euch der liebe Gott nur alle Zeit Glück im Krieg! Die Ungläubigen sollt ihr verhauen, die Türken sollt ihr verhauen, und das Tatarenpack sollt ihr verhauen; und wenn die Polacken was gegen unsern Glauben anstiften, sollt ihr auch die recht tüchtig verhauen! Also, her mit dem Glas! Ist er nicht gut, der Schnaps? Halt, wie heißt

Schnaps auf lateinisch? Ja, ja, mein Sohn, Dummköpfe sind sie gewesen, die alten Römer: auch nicht 'nen Dunst davon, daß es so was wie Schnaps gibt auf Erden. Wie war noch gleich der Name von dem Kerl, der die lateinischen Verse gemacht hat? Am Lesen und Schreiben bin ich kein Held, und da vergißt man es eben. Horatius, oder wie?«

– Sieh nur den Vater! dachte der ältere Sohn Ostap bei sich. – Alles weiß der durchtriebne Bursche und stellt sich nur so scheinheilig an.

»Na«, fuhr Taraß fort, »der Herr Präzeptor hat euch an Schnaps wohl nicht einmal riechen lassen? Und, Burschen, nun rückt mal raus: haben sie euch eure Buckel und, wißt schon, was der Kosak sonst noch hat, tüchtig mit frischem Birkenreisig verwichst? Oder wart ihr dafür vielleicht schon zu klug, und haben sie euch da lieber mit der Karbatsche in Behandlung genommen? Und wie oft denn? Bloß sonnabends, oder am Mittwoch und Donnerstag auch?«

»Hat keinen Wert mehr, davon zu reden«, gab Ostap gelassen zurück. »Vorbei ist, unberufen, vorbei.«

»Jetzt sollen sie's einmal probieren!« sagte Andri. »Nur anfassen soll mich noch einer! Soll mir nur irgend so ein Tatarenlump in die Quere kommen, der wird schon merken, was ein Kosakensäbel fürn Ding ist!«

»Recht so, mein Sohn! Kreuzsakrament noch einmal! Und wenn man's bedenkt – ich reite mit euch! Bei Gott, ich reit mit. Auf wen, zum Teufel, soll ich hier passen? Ist das ne Arbeit für unsereins: Buchweizen säen, das Haus bewachen, Schafe und Schweine hüten und schön tun mit meinem Weib? Verrecken soll sie; ich bin ein Kosak und mag den Kram nicht! Was frag ich danach, daß jetzt kein Krieg ist? Ich reit ganz einfach so mit euch ins Lager – weil es mich freut. Bei Gott, ich reit mit!« Der alte Bulba erhitzte sich immer mehr und kam zum Schluß in helle Wut. Er sprang auf und warf sich in die Brust und stampfte mit dem Fuß. »Morgen in aller Frühe wird abgeritten! Worauf denn noch warten? Mit dem Hiersitzen kommen wir nie an den Feind! Was brauchen wir denn die Hütte da! Was brauchen wir den lumpigen Kram! Die Töpfe und Schüsseln!« Sprachs und begann das Geschirr zu zerschlagen und es vom Wandbrett auf den Boden zu werfen.

Die arme Alte, die solche Anfälle bei ihrem Mann schon gewohnt war, saß betrübt auf der Bank und sah ihm zu. Sie getraute sich nicht, auch nur ein einziges Wort zu sagen. Doch als sie seinen Beschluß vernahm, konnte sie die Tränen nicht halten. Sie blickte auf ihre Kinder, von denen sie sich morgen schon wieder trennen sollte, und unbeschreiblich war die stumme Kraft des Schmerzes, der heiß in ihren Augen flackerte und die zusammengepreßten Lippen zittern hieß.

Bulba war ein hartnäckiger Eisenschädel, ein Kerl, wie ihn nur das harte sechzehnte Jahrhundert hervorbringen konnte, und nur in jenem von halben Nomaden bevölkerten Winkel Europas, zu der Zeit, da das ganze südliche Altrußland, im Stich gelassen von seinen Fürsten, als Wüste dalag, preisgegeben dem Sengen und Brennen der mongolischen Räuber, deren Überfällen seit Menschengedenken keiner ein Ziel hatte stecken können. Jedoch aus dieser Not erwuchs hier, nachdem ihm Haus und Dach genommen waren, ein wagelustiges Geschlecht; umringt von schlimmen Nachbarn, umdroht von ewiger Gefahr, siedelte es sich auf den Trümmerstätten an, lernte dem Tod gerade ins Auge sehn und verlor die Erinnerung daran, daß es so etwas wie Furcht auf der Welt gibt. Da schlug der von Hause aus friedliche slawische Geist zu kriegerischer Flamme empor, geboren wurde das Kosakentum, der gewaltige, fröhliche Sproß am russischen Stamm. Alle Ufer, alle Plätze an Furten, alle wohnlichen Hänge an den Flüssen des Grenzlandes wurden besetzt von Kosaken, deren Menge niemand ermaß. Jene kecken Kameraden unter ihnen, die vom Sultan gefragt wurden, wie viele es ihrer wären, hatten wohl ein Recht, ihm zu erwidern: »Wer soll das wissen! Die ganze Steppe wimmelt von uns. Wo ein Grashümpel ist, da ist ein Kosak.« Dies war, Gott weiß es, ein loderndes Zeugnis von russischer Kraft: aus der Brust des Volkes hatte der Feuerstahl der Leiden den Funken geschlagen. An Stelle der Fürstentümer von einst, der engen Städtchen, bevölkert von Hundejungen und Jägern, an Stelle der kleinen Fürsten, die sich ewig befehdeten oder Land und Leute verschacherten, erwuchsen wehrhafte Siedlungen, Hetmanschaften und Kosakengemeinden; und um die woben geteilte

Gefahr und Haß gegen die räuberischen Ungläubigen ein unverbrüchliches Band. Jedermann weiß aus der Geschichte, wie der Kosaken ewiger Kampf, ihr wildes Leben Europa vor den gewaltigen Anstürmen behütet hat, die es über den Haufen zu werfen drohten. Die polnischen Könige, die statt der kleinen Fürsten Herrscher über diese weiten Landstriche geworden waren, freilich nur Herrscher aus der Ferne und ohne viel Macht, begriffen die Bedeutung der Kosaken sehr wohl und erkannten den Nutzen, den ihre Kampflust und Wachsamkeit ihnen brachten. Sie munterten diesen Geist noch auf und schmeichelten den Neigungen dieser Männer. Unter ihrer fernen Oberhoheit formten die Hetmane, die aus der Mitte der Kosaken selber erwählt wurden, die Gaue und Gemeinden zu Regimentern und regelrechten Wehrkreisen um. Dies war kein stehendes Frontheer – davon fand man hier nichts –, doch wenn es Krieg gab, und es ging eine große Bewegung durch unser Land, dann dauerte es nicht länger als acht Tage, bis jeder hoch zu Roß mit voller Bewaffnung antrat. Der König zahlte nur einen Dukaten Sold auf den Kopf, doch binnen zwei Wochen schon war ein Heer versammelt, wie es keine Aushebung hätte hinstellen können. War dann der Feldzug vorbei, so zerstreuten sich die Krieger über Wiesen und Weiden, zogen zu ihren Dnjeprfurten heim, fischten, trieben Handel, brauten Bier, waren freie Kosaken. Jeder Gast aus dem Ausland bewunderte zu der Zeit ihre vielseitige Geschicklichkeit. Es gab kein Handwerk, worauf sich der Kosak nicht verstanden hätte: er war Branntweinbrenner und Stellmacher, Pulvermüller, Schlosser und Schmied, und nebenbei wußte er tolle Feste zu feiern, zu zechen und zu schlemmen, wie nur der Russe zu schlemmen versteht – das alles war so richtig sein Fall. Außer den eingeschriebnen Kosaken, die verpflichtet waren, sich für den Krieg zu stellen, konnte man jederzeit, wenn Not am Mann war, ganze Horden von Freiwilligen zu den Waffen rufen – es brauchte nur der Oberstleutnant auf die Märkte und Plätze der Dörfer und Flecken zu ziehen, dort auf den Wagen zu steigen und aus vollem Halse zu rufen: »He, ihr Biersäufer und Brauer! Jetzt habt ihr lang genug Bier gebraut und euch auf den Ofenbänken gesielt und mit euern fetten Leichnamen die Fliegen gemästet! Vorwärts für Rittertum und Kosakenehre! Ihr Pflüger, ihr Säemänner, ihr Schafhirten, ihr Weiberhelden, lang genug seid ihr hinterm Pfluge gegangen und habt eure gelben Schuhe mit Erde verdreckt, lang genug habt ihr um die Weibsbilder geschwänzelt und eure Ritterkraft bei ihnen gelassen! Heute ruft der Kosakenruhm!« Solche Worte wirkten wie Funken, die auf dürres Holz springen. Der Pflüger zerbrach seinen Pflug, die Brauer ließen ihre Kufen und schlugen die Fässer entzwei, die Handwerker und Händler schickten Gewerbe und Kram zum Teufel, jeder zerbrach die Töpfe in seinem Haus, und alles, was da war, stieg in den Sattel. Kurz, der russische Geist flammte auf und schaute aus tapfern Augen hell in die Welt.

Taraß war einer von den angestammten alten Obersten. Er schien geschaffen fürs Kampfgetümmel und war ein Mann von rauher Geradheit der Sitten. Damals begann schon der polnische Brauch auf den russischen Adel zu wirken. Viele machten sich die fremden Sitten zu eigen, trieben Aufwand, hielten sich zahlreiche Dienerschaft, Falken, Hundemeuten, gaben Gastmähler und befleißigten sich eines höfischen Tons. Das alles war nicht nach Bulbas Sinn. Er liebte das einfache Leben des Kosaken und bekam Streit mit denen von seinen Kameraden, die nach der Warschauer Seite hinüber liebäugelten, weil er sie geradeheraus Leibeigne der polackischen Junker hieß. Ein ewig unruhiger Kopf, hielt er sich für den gottgewollten Schirmer des rechten Glaubens. Er setzte sich selber zum Richter ein und ritt in jedes Dorf, wo die Leute über Bedrückungen durch die Pächter oder neue Erhöhungen des Grundzinses klagten. Mit seinen Kosaken hielt er Gericht und hatte es sich zur Regel gemacht, in drei Fällen ohne langes Besinnen zum Säbel zu greifen: wenn die Kommissare den Ältesten die Ehre nicht gaben und das Haupt vor ihnen bedeckt ließen, wenn sie sich über den rechten Glauben lustig machten und den Sitten der Altvordern die Achtung versagten, und schließlich, wenn die Feinde Ungläubige und Türken waren. Gegen die war es immer erlaubt, zur Ehre des Christenglaubens die Waffen zu brauchen.

Jetzt freute er sich im voraus bei dem Gedanken, wie er mit seinen beiden Söhnen im Lager erscheinen und sagen würde: »Da seht, was für tüchtige Burschen ich bringe!«, wie er sie allen seinen alten, schlachtgehärteten Kameraden vorstellen, wie er ihre ersten Taten mit erleben würde, beim frohen Kampfspiel und beim weidlichen Pokulieren, das für ihn gleichfalls eine der wichtigsten Pflichten des Ritters war. Zuerst hatte er sie allein reiten lassen wollen, aber angesichts ihrer frischen Mannbarkeit, ihrer gesunden Körperschönheit packte ihn mächtig der soldatische Geist. Er beschloß, selbst mit ihnen zu reiten, und das gleich am nächsten Tag, wenn dafür auch keine andre Nötigung vorlag als sein eigensinniger Wille. Alsbald war er frisch an der Arbeit und erteilte Befehle, wählte Rosse und Sattelzeug für die Söhne aus, sah in Stall und Scheuer nach dem Rechten, bestimmte die Knechte, die morgen mit ihnen reiten sollten. Er übertrug dem Oberstleutnant Towkatsch seine Gewalt und erteilte ihm den gemessenen Befehl, sich ohne Verzug mit dem ganzen Regiment in Marsch zu setzen, sobald er aus dem Lager Botschaft schickte. War er auch angeheitert, und rumorte ihm auch noch der Rausch im Kopf – er dachte an alles. Er kümmerte sich sogar darum, daß die Pferde zu saufen bekämen und ihnen der schönste Großweizen in die Krippen geschüttet würde. Schließlich trat er, matt von der vielen Arbeit, wieder ins Zimmer.

»Na, Burschen, Schlafenszeit! Und morgen tun wir, was Gott gefällt. Laßt nur sein die Bettmacherei! Wir brauchen kein Bett: wir schlafen im Hof.«

Die Nacht stieg erst am Himmel empor; Taraß ging aber gern zeitig zur Ruhe. Er streckte sich auf den Teppich und wickelte sich in den Schafpelz. Die Nachtluft war kühl, und Bulba hatte es am liebsten schön warm, solang er daheim war. Bald schnarchte er, und der ganze Hof tat es ihm nach. Alles, was dort in Ecken und Winkeln herumlag, schnarchte und orgelte laut. Als erster sank der Wächter in Schlaf – er hatte den Jungherrn zum Willkomm am meisten getrunken.

Bloß die arme Mutter konnte nicht schlafen. Sie setzte sich ihren geliebten Söhnen zu Häupten nieder; sie schlichtete die jungen wirren, verfitzten Locken mit ihrem Kamm und ließ heiße Tränen darauf niederrinnen. Sie sah sie gleichsam mit dem ganzen Körper an, all ihr Gefühl, ihre ganze Kraft legte sie in den Blick und konnte sich gar nicht sattsehen. An dieser Brust hatte sie ihre Jungen gesäugt, hatte sie großgezogen, sie treulich gehegt; und nur so flüchtig sollte sie sich ihrer jetzt freuen. – »Ihr meine Kinder, meine geliebten Kinder! Was wird nun mit euch? Wie wirds euch ergehen?« murmelte sie, und Tränen funkelten in den Runzeln, die ihr einstmals schönes Gesicht so traurig verwandelt hatten. Ja, sie konnte einen wohl dauern, wie jede Frau jener fernen Zeiten. Einen kurzen Augenblick der Liebe hatte sie genossen, im ersten Fieber der Leidenschaft, im ersten Fieber der Jugend, und schon hatte ihr rauher Verführer sie weggeworfen und nur noch seinen Säbel, die Kameraden und lustige Zechgelage gekannt. Sie sah ihren Mann zwei, drei Tage im Jahr, und dann war wieder ein paar Jahre lang nichts mehr von ihm zu hören. Und wenn sie ihn sah, wenn sie zusammen lebten – was für ein Leben war das denn schon für sie! Schimpfworte, selbst Schläge setzte es; und wurde ihr einmal schöngetan, so wars wie ein Bettelgroschen, den man ihr hinwarf. Als etwas wunderlich Fremdes stand sie im Kreis dieser unbeweibten Kosaken, deren Sitten das Kriegerleben einen wilden und rohen Anstrich gegeben hatte. Ihre Jugend schwand freudlos dahin, ihre schönen, frischen Backen und Brüste verblühten ungeküßt und wurden vor der Zeit faltig und welk. Ihre ganze Liebe, alle ihre Gefühle, alles was an Zärtlichkeit und Leidenschaft im Frauenherzen zu Hause ist – das alles floß zusammen in ihrem Muttergefühl. Mit Glut, mit Leidenschaft, mit Tränen warf sie sich über ihre Kinder, wie die Möwe der Steppe über die Brut ihres Nestes. Ihre Söhne, ihre geliebten Söhne nahm man ihr weg, riß sie ihr für immer vom Herzen! Nie wieder sollte sie sie sehen! Wie leicht konnte ihnen in der ersten Schlacht der Tatar die Köpfe vom Rumpfe schlagen, und sie würde nicht wissen, wo ihre verlassenen Leiber lägen und den Schnäbeln der schweifenden Raubvögel zur Beute fielen. Schluchzend schaute sie ihnen in die Augen, die der allmächtige Schlaf schon schloß, und dachte bei sich: – Vielleicht gibt Bulba doch noch zwei Tage zu; vielleicht war das nur eine trunkne Laune von ihm.

Der Mond goß aus himmlischen Höhen sein Licht über den mit Schläfern dicht belegten Hof, über das struppige Weidengebüsch und das hohe Steppengras, in dem der Knüppelzaun um den Hof förmlich versank. Immer noch saß sie ihren geliebten Söhnen zu Häupten, nicht für eine Sekunde wendete sie den Blick von ihnen und dachte gar nicht an Schlaf. Schon witterten

Bulbas Pferde Morgenluft, sie hatten sich ins Gras gelegt und fraßen nicht mehr; die obersten Blätter der Weiden wisperten leise, und mählich lief dieses Wispern hinab zu den Zweigen dicht über dem Boden. Die Mutter saß, bis es tagte, sie spürte keine Müdigkeit und wünschte in ihrem Herzen, die Nacht möge noch lange, recht lange dauern. Von der Steppe herüber kam eines Fohlens helles Gewieher; blaßrote Streifen standen schweigend am Himmelszelt.

Bulba erwachte plötzlich und sprang auf. Er wußte noch ganz genau, was er gestern beschlossen hatte.

»Auf, auf, Gesellschaft! Zeit, höchste Zeit! Tränkt flink die Gäule! Wo ist die Alte? Nur munter. Alte, deck uns den Tisch: wir haben heut einen weiten Weg!«

Die arme Frau, der nun die letzte Hoffnung dahinschwand, schlich betrübt in die Hütte. Während sie mit Tränen in den Augen das Frühstück bereitete, gab Bulba seine Befehle, trieb sich im Stall herum und holte selbst für seine Söhne die besten Gewänder aus den Truhen.

Die Seminaristen sahen mit einem Schlag wie andre Menschen aus: statt der alten schmutzigen Stiefel trugen sie Stiefel von rotem Saffian mit silbernen Hufeisen unter den Hacken; die Pluderhosen, weit wie das schwarze Meer, mit tausend Falten und zehntausend Fältchen, waren mit goldner Schnur besetzt. Riemen hingen von dieser Schnur herab, mit Quasten und anderm Klapperkram; an denen schaukelte die Tabakpfeife. Den Rock aus feuerrotem Tuch hielt ein geblümter Gurt zusammen; fein ziselierte türkische Pistolen staken im Gurt; der Säbel klirrte kriegerisch um die Füße der Burschen. Ihre Gesichter, die die Sonne noch nicht hatte richtig braun brennen können, schienen hübscher und zarter als tags zuvor; der junge schwarze Schnurrbart hob die Weiße der Haut, die gesunde, frische Farbe der Jugend schärfer hervor; hübsche Kerle waren sie in ihren schwarzen Lammfellmützen mit dem goldnen Boden. Arme Mutter! Kein Wort konnte sie sagen, da sie die zwei so erblickte; ihr standen die Tränen blank in den Augen.

»Na, Burschen, alles fertig? Trödeln wir nicht mehr lange herum!« rief Bulba. »Und jetzt setzt sich, nach christlichem Brauch, ein jeder vor der Reise noch einmal hin.«

Alle setzten sich, auch die Knechte, die ehrerbietig an der Tür gestanden hatten.

»Nun, Mutter, gib deinen Kindern den Segen!« sprach Bulba. »Bitte den lieben Gott, sie sollen tapfer kämpfen, sollen ihre ritterliche Ehre allezeit verteidigen, sollen immer und überall einstehen für ihren Christenglauben; tun sie es nicht, so mögen sie auf der Stelle verrecken, daß nicht ein Hauch von ihnen bleibt in der Welt! Kinder, kommt her zur Mutter; Muttergebet gibt Schutz zu Wasser und Land!«

Die Mutter, schwach wie eine Mutter, umarmte die Söhne, zog zwei kleine Heiligenbilder hervor und hängte sie ihnen schluchzend um den Hals.

»Behüt euch die...Gottesmutter...Liebe Söhne, vergeßt eure Mutter nicht...Laßt manchmal etwas hören von euch...« Weitersprechen konnte sie nicht.

»Los, Kinder!« rief Bulba.

Vor der Treppe standen die Pferde gesattelt bereit. Bulba schwang sich auf seinen »Teufel«, der wild zur Seite taumelte, als er die Dreizentnerlast auf seinem Rücken spürte. Taraß war fürchterlich dick und schwer.

Als die Mutter ihre Söhne aufsitzen sah, stürzte sie zu dem jüngeren hin, dessen Gesicht sie wohl etwas zärtlicher dünkte; sie griff ihm an den Bügel, hängte sich ihm an den Sattel, Verzweiflung in jedem Zug ihres Gesichts, ließ ihn nicht aus den Armen. Zwei stämmige Kosaken packten sie behutsam und schleppten sie ins Haus zurück. Aber als sie zum Tor hinausgeritten waren, rannte sie mit einer Gemsenbehendigkeit, die man ihren Jahren kaum zugetraut hätte, hinterdrein, fiel dem Gaul mit unwiderstehlicher Kraft in die Zügel und umarmte einen ihrer Söhne in beinah irrer, besinnungsloser Glut. Sie wurde wieder fortgeschleppt.

Die jungen Kosaken ritten trübsinnig dahin und verbissen sich die Tränen aus Angst vor dem Vater, den die Sache auch etwas angegriffen hatte, wenn er sich gleich Mühe gab, nichts davon merken zu lassen. Es war ein grauer Tag, das Grün leuchtete grell, die Vögel zwitscherten sonderbar kreischend. Als sie ein Stück geritten waren, sahen sie zurück: Ihr heimatlicher Hof war gleichsam in die Erde gesunken; nur die beiden Schornsteine ihres bescheidnen Vaterhauses lugten hervor und die Wipfel der Bäume, in deren Zweigen sie einst wie Eichhörnchen umhergeklettert waren; noch breitete sich vor ihnen die Wiese, auf der sich die ganze Geschichte ihres Lebens abgespielt hatte, von jenen Jahren an, da sie auf allen Vieren durch das taufeuchte Gras gekrochen waren, bis zu den Jahren, da sie hier ein schwarzäugiges Kosakenmädchen erwartet hatten, das ängstlich auf jungen, flinken Beinen über das Grün herangehuscht kam. Jetzt ragte nur noch der Brunnenbaum mit dem Wagenrad auf der Spitze einsam gen Himmel; und schon sah die glatte Fläche, die sie durchritten hatten, von fern einem Berge gleich und verbarg alles hinter sich. – Lebt wohl, Kindheit und Spiele der Jugend und all das andre, lebt wohl!

Zweites Kapitel

Die drei Reiter ritten schweigsam dahin. Der alte Taraß gedachte früherer Zeiten: seine Jugend zog an ihm vorüber, seine Jahre, die verronnenen Jahre, um die der Kosak immer weint; denn er wünscht sich das ganze Leben als eine ewige Jugend. Er überlegte, wem von den alten Kameraden er wohl im Lager begegnen würde. Er rechnete nach, wer von ihnen schon tot war und wer noch lebte. Stille Tränen glänzten in seinen Augen, er ließ den grauen Kopf trübselig hangen.

Seine Söhne waren von andern Gedanken hingenommen. Aber es gehört sich wohl, etwas mehr von den Söhnen zu sagen. Sie waren mit zwölf Jahren nach Kiew auf die Akademie geschickt worden, weil alle angesehenen Würdenträger jener Zeit es als heilige Ehrenpflicht ansahen, ihren Söhnen eine Erziehung zu geben, allerdings unter der stillschweigenden Voraussetzung, daß sie sie nachher wieder völlig zu vergessen hätten. Als in Freiheit aufgewachsene Wildlinge kamen diese Burschen auf die Schule; dort pflegten sie dann ein bißchen abgeschliffen und dadurch gewissermaßen über einen Leisten geschlagen zu werden – sie glichen sich merkwürdig untereinander.

Der ältere Sohn Bulbas, Ostap, begann seine Laufbahn damit, daß er schon im ersten Jahr durchbrannte. Er wurde zurückgeholt, fürchterlich verhauen und wieder hinter die Bücher gesetzt. Viermal vergrub er seine Fibel in die Erde, und viermal wurde ihm, nach einer unmenschlichen Tracht Prügel, eine neue gekauft. Sicherlich hätte er es zum fünften Mal ebenso gemacht ohne die feierliche Drohung seines Vaters, ihn dem Kloster für volle zwanzig Jahre als Knecht zu verdingen; er schwöre ihm einen heiligen Eid, daß er das Lager seiner Lebtage nicht erblicken solle, wenn er nicht zuerst auf der Akademie alle Wissenschaften richtig hinter sich brächte. Merkwürdig: dies sagte derselbe Taraß Bulba, der auf alle Gelehrsamkeit schalt, und, wie wir sahen, seinen Söhnen riet, sich um so etwas überhaupt nicht zu scheren. Von Stund an setzte sich Ostap mit seltnem Eifer hinter sein langweiliges Buch und gehörte bald zu den besten Schülern. Die damalige Gelehrsamkeit stach wunderlich von dem ganzen Zuschnitt des Lebens der Zeit ab: diese scholastischen, grammatikalischen, rhetorischen und logischen Spitzfindigkeiten hatten nirgends einen Berührungspunkt mit dem Zeitgeist, paßten sich dem Leben nicht an und fanden nie eine praktische Verwendung. Die Schüler konnten ihre scholastischen Kenntnisse nirgends in die Wirklichkeit einhaken. Die Gelehrten von damals waren unwissender als andre Leute, weil ihnen jede Lebenserfahrung fehlte. Die republikanische Verfassung des Seminars, diese Riesenmenge von kraftstrotzenden, gesunden jungen Leuten – das mußte die Schüler auf Dinge bringen, die ihren gelehrten Studien sehr ferne lagen. Die magre Kost, die häufigen Fastenstrafen, auf der andern Seite die Fülle von Gelüsten, die in einem frischen, vollsaftigen, starken Burschen kochen – dies alles vereint gebar in ihnen jene Unternehmungslust, die später im Lager ihre Früchte trug. Die hungrigen Seminaristen strolchten durch die Straßen von Kiew und nötigten alle Welt zu äußerster Wachsamkeit. Die Marktweiber schirmten ihre Pasteten, Kringel und Sonnenblumensamen mit beiden Händen sorglich wie ein Adler seine Jungen, wenn sie einen Seminaristen von weitem daherkommen sahen. Der Konsul, dessen Amt und Pflicht es war, die Aufsicht über eine Anzahl Kameraden zu führen, hatte in seinen Pluderhosen so grausam große Taschen, daß er darin leicht den ganzen Kram einer Händlerin verstauen konnte, die es sich hätte beifallen lassen, etwa sorglos ein Schläfchen zu machen. Diese Seminaristen bildeten durchaus eine Welt für sich – zu den höheren Kreisen des polnischen und russischen Adels hatten sie keinen Zutritt. Der Marschall Adam Kißel selber, der doch der Protektor der Akademie war, führte sie nicht in die Gesellschaft ein und hatte Weisung gegeben, sie so streng wie möglich zu halten, übrigens brauchte er sich darum nicht zu sorgen – der Rektor und die mönchischen Professoren schonten Rute und Karbatsche sowieso nicht; und oft genug mußten die Aktoren ihre eignen Konsuln so gewaltig durchwalken, daß die sich noch ein paar Wochen lang die Pluderhosen rieben. Vielen von ihnen galt das einfach für nichts – wirkte es doch nur um eine Kleinigkeit kräftiger als ein guter Branntwein mit Pfeffer; andre wieder bekamen die ewigen heißen Umschläge bald gründlich satt und brannten nach dem Lager durch, wenn sie den Weg dahin zu finden wußten und nicht unterwegs wieder aufgegriffen wurden.

Daß Ostap Bulba sich mit großem Eifer auf die Logik und sogar auf die Theologie geworfen hatte, konnte ihm die grausamsten Prügel nicht ersparen. Natürlich mußte das in gewissem Sinn den Charakter stählen und jene standhafte Härte erzeugen, auf die sich der Kosak von je etwas zugute getan hat. Ostap galt für einen der zuverlässigsten Kameraden. Er spielte bei frechen Streichen – wenn etwa ein fremder Obst-oder Gemüsegarten geplündert werden sollte – selten den Rädelsführer; doch war er dafür stets einer der ersten, die unter die Fahne eines andern unternehmungslustigen Seminaristen traten. Auf keinen Fall verriet er jemals einen Kameraden – nicht Prügel noch Rutenstreiche konnte ihn dazu bringen. Er hatte wenig Sinn für andre Dinge als Krieg und frohes Becherschwingen – kaum, daß er überhaupt an etwas andres dachte. Gegen seinesgleichen war er ein lieber Kerl, gutherzig, soweit man es eben bei solcher Veranlagung und in jener Zeit zu sein vermochte. Die Tränen seiner Mutter hatten ihm ehrlich ans Herz gegriffen – nur darum ritt er jetzt tief in Gedanken durch den Morgen.

Sein jüngerer Bruder Andri besaß ein regeres und sozusagen entwickelteres Gefühlsleben. Er hatte mehr Freude am Lernen, und es kostete ihn nicht die Anstrengung, die ein schwerfälliger und starker Charakter darauf verwenden muß. Er war erfinderischer als sein Bruder, warf sich öfter zum Anführer bei allerhand gewagten Streichen auf und verstand es manchmal, sich kraft seines anschlägigen Kopfes um die Strafe zu drücken, während sein Bruder Ostap, ohne groß etwas daraus zu machen, den Kittel auszog und sich auf den Boden legte, sehr fern von dem Gedanken, um Gnade zu bitten. Auch Andri brannte vor Tatendurst, zugleich aber stand sein Herz andern Gefühlen offen. Ein starker Liebeshunger begann ihn zu plagen, als er die achtzehn hinter sich hatte – das Weib ging immer häufiger durch seine heißen Träume. Während der philosophischen Dispute tauchte es plötzlich vor ihm auf, frisch, schwarzäugig, verliebt. Ohne Ende gaukelten feste Brüste vor seinen Augen und schlanke, schöne, splitternackte Arme; leichte Gewänder, die er um üppige Mädchenleiber wallen sah, hauchten unsäglich schwülen Duft in seine Träume. Keiner der Kameraden durfte von diesen Wallungen seines leidenschaftlichen jungen Herzens etwas ahnen – galt es doch zu jener Zeit als Schande für einen Kosaken, an Weiber und Liebe auch nur zu denken, bevor er im Krieg gewesen war. Zumal in den letzten Jahren war Andri immer seltner als Rädelsführer bei tollen Streichen auf den Plan getreten und hatte sich dafür um so häufiger allein in den entlegnen Gassen von Kiew herumgetrieben, zwischen den schattigen Kirschgärten, aus denen niedere Häuschen verlockend auf die Straße blinzelten. Manchmal war er auch in das vornehme Viertel geraten, die heutige Altstadt von Kiew, wo die kleinrussischen und polnischen Edelleute wohnten und die Häuser einen gewissen Glanz zeigten. Eines Tages, als er recht in Gedanken war, hätte ihn beinah die Kalesche eines polnischen Junkers überfahren; der grimmig beschnauzbartete Kutscher wischte ihm vom Bock herunter tüchtig eins mit der Peitsche aus. Der Seminarist kam in Wut: leichtsinnigen Mutes griff er mit seiner starken Faust ins Hinterrad und brachte die Kalesche zum Stehen. Der Kutscher aber, der wohl die Vergeltung fürchtete, schlug auf die Pferde ein; sie zogen an, und Andri, der zum Glück grade noch hatte loslassen können, fiel längelang zu Boden, mit der Nase in den Schmutz. Ein silberhelles Lachen erscholl von oben. Er blickte auf und sah ein Mädchen am Fenster stehen, so schön, wie ihm noch keins zu Gesicht gekommen war: schwarze Augen, eine Haut, weiß wie der Schnee zur Stunde der Morgenröte. Das Mädchen lachte herzlich; dies Lachen lieh der blendenden Schönheit ihres Gesichtes zaubrische Gewalt. Er war wie von Sinnen. Er sah verloren zu ihr empor und wischte sich dabei mit der Rechten den Schmutz vom Gesicht, wodurch er natürlich nur noch schmutziger wurde. – Wer war dies schöne Mädchen? Er wollte das von dem vielköpfigen, prunkvoll gekleideten Gesinde erfahren, das sich auf dem Hof um einen jungen Pandoraspieler geschart hatte. Aber die Diener und Mägde mußten hellauf lachen, als sie sein schmutziges Gesicht erblickten, und würdigten ihn keiner Antwort. Endlich erfuhr er, daß das Mädchen die Tochter des Marschalls von Kowno war, der zu Besuch in der Stadt weilte. In der folgenden Nacht stieg Andri mit echter Seminaristenfrechheit über den Zaun in den Garten, kletterte auf einen Baum, dessen Äste bis an das Hausdach reichten, schwang sich auf das Dach und ließ sich durch den Kamin geradeswegs in das Schlafzimmer seiner Schönen hinunter. Die Polin saß beim Licht einer Kerze und nahm grade die kostbaren Ringe aus ihren

Ohren. Sie erschrak so furchtbar beim Anblick des fremden Menschen, daß sie kein Wort hervorbringen konnte; als sie aber sah, daß der Seminarist mit niedergeschlagnen Lidern dastand und vor lauter Schüchternheit keinen Finger zu rühren vermochte, als sie in ihm den jungen Menschen erkannte, der vor ihren Augen lang in den Schmutz geschlagen war, da packte sie wieder das Lachen. Andris Gesicht hatte eigentlich auch nichts Schreckliches – er war ein sehr hübscher Kerl. Sie lachte von Herzen und trieb eine ganze Weile ihren Spaß mit ihm. Das schöne Mädchen war eine Polin, das heißt, ein kokettes Ding; aber ihre Augen, wundervolle, durchdringend klare Augen, hatten jenen langsamen Aufschlag, der von Beständigkeit zeugt. Der Seminarist stand wie in einen Sack genäht, als die Tochter des Marschalls keck auf ihn zutrat, ihm ihr blitzendes Diadem auf den Kopf setzte, ihre Ohrringe an seine Lippen hängte und ihn in ein Jäckchen aus durchsichtigem Nesseltuch schlüpfen ließ, das mit goldnen Ranken bestickt war. Sie putzte ihn und machte tausend Dummheiten mit ihm, kindlich ausgelassen, wie es die koketten Polinnen nun einmal sind. Den armen Seminaristen machte sie dadurch immer verlegner. Er sah sehr komisch aus, wie er da stand und ihr mit offnem Mund und ohne sich zu rühren in die blendenden Augen starrte. Ein Klopfen an der Tür jagte ihr dann einen Todesschrecken ein. Sie befahl ihm, sich unter ihr Bett zu verkriechen, und als es wieder ruhig geworden war, rief sie gleich nach ihrer Zofe, einer tatarischen Gefangnen, und gab ihr die Weisung, ihn vorsichtig in den Garten hinauszugeleiten und wieder über den Zaun steigen zu lassen. Diesmal aber hatte der Seminarist weniger Glück beim Zaunklettern: der Wächter schlief nicht mehr und erwischte ihn an den Beinen, und nachher lief das Gesinde zusammen und drosch draußen auf der Straße tüchtig auf ihn ein, bis ihm schließlich die Schnelligkeit der Füße zur Rettung wurde. Darnach bildete es künftig ein zu gewagtes Unterfangen, an dem Hause vorbeizugehn; denn das Gesinde des Marschalls war groß an Zahl. Er begegnete der Schönen noch einmal in der katholischen Kirche: sie bemerkte ihn sofort und lächelte ihm strahlend liebenswürdig zu, wie einem guten Freund. Ein letztes Mal noch sah er sie dann flüchtig von weitem, und bald darauf reiste der Marschall von Kowno ab; statt der schönen schwarzäugigen Polin schaute nun irgendein fettes Weibsbild aus jenem Fenster. Dies war es, woran Andri dachte, als er so vor sich hinritt, hangenden Hauptes und den Blick auf die Mähne seines Pferdes gesenkt.

Derweil hatte längst die Steppe ihre grünen Arme um den kleinen Trupp geschlagen. Der dichte und hohe Graswuchs verbarg ihn, nur die schwarzen Kosakenmützen sahen noch zwischen den Rispen hervor.

»Potz Kuckuck, warum so trübselig, Burschen?« rief Bulba endlich und raffte sich aus der Versunkenheit auf. »Sind wir denn Mönche, was? Immer munter! Hol der Fuchs die Gedanken! Steckt euch ne Pfeife zwischen die Zähne! Rauchen wir eins, drücken wir unsern Gäulen die Sporen ein! Und los, daß uns der Vogel in den Lüften nicht nachkommt!«

Die Kosaken bückten sich auf die Gäule und verschwanden im Gras. Auch die schwarzen Mützen sah man nicht mehr, nur ein niedergetretner Streifen im Gras blieb als Spur ihres eilenden Rittes.

Die Sonne schaute schon lange von einem entwölkten Himmel herab und tauchte die Steppe in ihr belebendes, wärmendes Licht. Alle Düsternis und Verträumtheit war aus den Köpfen der Kosaken wie weggeblasen; ihre Herzen schüttelten sich gleich erwachenden Vögeln.

Die Steppe wurde schöner, je weiter sie kamen. Zu der Zeit war der ganze Süden, die grenzenlose Fläche, die das heutige Neurußland bildet, bis ans Schwarze Meer hinunter eine jungfräuliche grüne Einöde. Nie war der Pflug durch die unermeßlichen Wellen des Wildwuchses gegangen; nur die Pferde, die sich darin verstecken konnten wie in einem Walde, stampften ihn nieder. Nichts Schöneres gab es auf der Welt – der ganze Erdkreis glich einem grüngoldigen Ozean, über den Millionen von bunten Blumen ausgeschüttet waren. Zwischen den schlanken Grasstengeln schimmerte es lichtblau, tiefblau und lila, der gelbe Ginster hob seine Pyramiden darüber hinaus, das weiße Schaumkraut sprenkelte mit seinen Schirmdolden das Grün, die Weizenähren, Gott mochte wissen, woher sie kamen, reiften in dichter Fülle. Unten huschten Rebhühner mit sichernden Hälsen durch das zierliche Stengelwerk. Die Luft war erfüllt von tausend Vogelstimmen. Unbeweglich hing der Weih mit gespreiteten Flügeln im Himmel und spähte scharf in das Grasmeer. Der Schrei einer fliegenden Wolke von Wildgänsen klang von einem fernen See herüber. Aus dem Gras erhob sich trägen Flügelschlages die Möwe. Und schon ist sie hoch, hoch oben, du siehst sie nur noch als schwarzen Punkt; da macht sie eine Wendung mit den Flügeln und blitzt hell in der Sonne...Hol dich der Teufel, Steppe, schön bist du!

Unsere Reisenden machten zu Mittag nur kurze Rast. Die zehnköpfige Kosakenabteilung, die sie begleitete, saß ab und packte die hölzernen Schnapsflaschen aus und die Kürbisflaschen, die als Trinkgefäße dienten. Gegessen wurde nur Zwieback oder Brot mit Salz, trinken durfte keiner mehr als eine Schale voll, denn Bulba duldete unterwegs kein Saufen. Dann ging der Ritt bis an den Abend weiter.

Um diese Zeit verwandelte sich die Steppe: ihre bunte Fläche leuchtete grell in der scheidenden Sonne und wurde langsam dunkler; man sah förmlich den Schatten der Nacht heranlaufen, düstres Grün verhüllte die Erde, die kräftiger zu atmen schien, jede Blume, jedes Gras hauchte Ambra, die weite Steppe dampfte von Wohlgeruch. Am tiefblauen Himmel standen, wie mit dem Pinsel gemalt, breite Streifen von rosigem Gold, verloren leuchtete hier und da ein weißer, durchsichtiger Wolkenbausch, frischer Windhauch, zart schmeichelnd wie Meereswellen, brachte die Wipfel des Grases leise ins Wiegen und war kaum auf der Wange zu spüren. Die starke Musik, die den Tag erfüllt hatte, klang ab, und eine neue erwachte. Bunte Zieselmäuse schlüpften aus ihren Löchern, machten Männchen und erfüllten die Steppe mit hellen Pfiffen. Das Klirren der Grillen wurde heißer. Manchmal scholl von einem einsamen See in der Ferne der Schrei eines Schwans herüber und flirrte wie Silber in der Luft. Die Reisenden machten auf freiem Feld halt, suchten sich einen Lagerplatz, fachten ein Feuer an und stellten den Kessel darauf, in dem sie ihr Hammelfleisch kochten; der Rauch stieg schräg gen Himmel. Nach dem Essen legten sich die Kosaken schlafen und ließen die gekoppelten Gäule weiden. Sie lagen auf ihren Röcken und deckten sich mit dem gestirnten Firmament zu. Hell und rein erklang in der frischen Nachtluft das Summen, Zirpen und Brummen von Myriaden Insekten und lullte sie sanft in Schlaf. Wenn einmal einer aufstand, lag die Steppe übersät von den Lichtpünktchen der Johanniskäfer vor seinem Blick. Hin und wieder zeigte sich, bald da, bald dort, am Himmel ferner Feuerschein: irgendwo in der Steppe oder am Flußufer brannte trocknes Röhricht; und ein nordwärts strebender dunkler Zug von Schwänen erglänzte plötzlich in silbern rosigem Licht – das sah aus, als segelten rote Tücher unter dem dunkeln Himmel dahin.

Kein Abenteuer störte die Reise. Nicht ein einziger Baum kam den Reitern zu Gesicht – nichts als die unendliche Steppe in freier Schönheit. Hier und da nur blauten am Horizont die Wipfel der fernen Waldungen, die die Ufer des Dnjeprs begleiten.

Einmal deutete Taraß auf einen einzigen schwarzen Punkt weit drüben im Gras und sagte zu den Söhnen: »Seht, Burschen, da reitet ein Tatar.«

Ein kleiner schnurrbärtiger Kopf musterte sie aus der Ferne mit schiefen Äuglein, witterte wie ein Jagdhund und gab Fersengeld gleich einer Gemse, als er sah, daß die Kosaken selbdreizehnt waren.

»Los, Burschen, probiert einmal, ob ihr den Tataren nicht fangt! – Ach nein, probiert es erst gar nicht – unmöglich, daß ihr den kriegt: sein Gaul kann laufen wie nicht einmal mein Teufel.«

Bulba sah sich aber doch vor – man wußte ja nicht, ob nicht irgendeine Teufelei dahinterstecke. Sie schlugen sich zu einem Flüßchen hinüber, das die Tatarka heißt und in den Dnjepr mündet. Dort ging es ins Wasser; sie ritten eine ganze Weile im Flußbett, ihre Spuren zu verwischen. Erst dann wurde wieder das Ufer gewonnen und die Reise fortgesetzt.

Nach drei Tagen näherten sie sich ihrem Ziel. Die Luft wurde plötzlich kühler; die Nähe des Dnjeprs machte sich geltend. Und da blitzte es schon in der Ferne – Wasser und Himmel, geschieden durch den dunkeln Streifen des Horizontes. Der Strom wälzte kühle Wellen und kam näher und näher, bis er endlich den halben Gesichtskreis füllte. Es war die Stelle im Laufe des Dnjeprs, wo er, den Engen und Schnellen entronnen, die Freiheit findet und braust wie das fessellose Meer, wo die Inseln in seiner Strömung ihn noch weiter aus den Ufern drängen und seine Wogen das Land überfluten, ohne daß sich ihnen Klippen und Anhöhen in den Weg stellen.

Die Kosaken saßen ab, führten ihre Gäule auf den Prahm und landeten nach dreistündiger Fahrt am Strande der Insel Chortitza, wo das Lager, dessen Sitz häufig wechselte, zur Zeit seinen Platz hatte.

Ein Haufe Volkes stritt sich am Land mit den Fährleuten herum. Die Kosaken sattelten die Pferde. Taraß warf sich in die Brust, zog seinen Gurt enger und strich sich martialisch den Schnauzbart. Seine Söhne hielten gleichfalls eine Nachmusterung über ihr Äußeres vom Kopf bis zu den Füßen, in einer wolkigen Mischung aus Neulingsfieber und Freude. Dann ritten sie in die Vorstadt ein, von der es noch eine halbe Werst zum Lager war. Betäubend dröhnten ihnen aus fünfundzwanzig unterirdischen, rasengedeckten Schmieden fünfzig Schmiedehämmer entgegen. Stämmige Gerber saßen unter den Vordächern der Häuser und walkten Rindshäute mit ihren starken Fäusten, Händler hielten in Zelten Stahl, Stein und Pulver feil, ein Armenier bot kostbare Tücher zum Kauf, ein Tatar briet Hammelschnitten in Teig am Spieß, ein Jude zapfte mit vorgerecktem Kopf Schnaps aus dem Faß. Der erste Mensch aber, auf den sie stießen, war ein Kosak, der mitten im Weg schlafend lag und alle viere von sich streckte. Taraß Bulba konnte nicht anders: er mußte haltmachen und ihn beinah verliebt bewundern.

»Herrgott, wie protzig er daliegt! Kreuzteufel, was kostet die Welt!« sagte er und zügelte sein Pferd.

Es war in der Tat ein verwegnes Bild: der Kosak hatte sich wie ein Löwe auf die Straße gelümmelt, sein kühn zurückgeworfner Schopf lag eine halbe Elle lang am Boden, die Pluderhosen aus seinem rotem Tuch waren mit Teer beschmiert, zum Zeugnis dessen, daß er auf solche Dinge einfach pfiff.

Als Bulba sich an diesem Anblick genug ergötzt hatte, ging es weiter durch die enge Straße, wo einem noch dazu die Handwerker, die im Freien ihrer Arbeit nachgingen, überall im Weg herumstanden und Leute aus allen Nationen sich drängten – das Volk dieser Vorstadt, die einem Jahrmarkt glich und für Nahrung und Notdurft des Lagers sorgte, in dem nur geschlemmt und mit den Flinten geknallt wurde.

Endlich lag die Vorstadt hinter ihnen, und sie erblickten einige zerstreut liegende Wachhäuser, teils mit Rasen, teils nach tatarischem Brauch mit Filz gedeckt. Manche davon waren mit Kanonen bestückt. Nichts von einem Palisadenzaun oder jenen niedrigen, auf kurzen Holzsäulen stehenden Häuschen mit Schutzdächern, wie in der Vorstadt. Ein flacher Wall und ein Verhau ohne jede Bewachung zeugten von staunenswerter Sorglosigkeit. Ein paar stramme Kosaken, die, ihre Pfeifen zwischen den Zähnen, mitten im Weg herumlagen, blickten den Reisenden gleichgültig entgegen und rührten sich nicht vom Fleck.

Taraß ritt mit seinen Söhnen vorsichtig zwischen ihnen hindurch und sagte: »Seid gegrüßt, ihr Herren!«

»Seid gleichfalls gegrüßt!« antworteten die Kosaken.

Wohin man blickte, wimmelte das Volk in bunten Haufen. Den sonnverbrannten Gesichtern sah man es an: dies waren kriegsharte Männer, erprobt in Not und Gefahren. Da war es nun, das Lager! Da war es, das Nest, aus dem sie sich zu weiten Flügen erhoben, die Löwenstarken, die Löwenkühnen! Dies war die Stätte, von der aus Freiheit und Kosakentum das ganze Grenzland beherrschten!

Die Reisenden kamen auf den freien Platz, wo die Ratsversammlung zu tagen pflegte. Auf einem umgestürzten Bottich saß ein Kosak ohne Hemd; er hielt es in der Hand und flickte gemächlich die Löcher darin.

Aufs neue wurde ihnen der Weg verstellt durch eine Schar Musikanten, in deren Kreis ein junger Bursch tanzte, die Mütze keck auf einem Ohr, wild mit den Armen fuchtelnd. Er schrie nur immer: »Spielt schneller, faule Bande! Foma, alter Geizkragen, schenk Schnaps ein für die rechtgläubigen Christen!«

Und Foma, ein Kerl mit einem blaugeschlagnen Auge, goß jedem, der herzutrat, ohne Bezahlung das Schoppenglas voll. Um den jungen Kosaken herum tänzelten vier alte mit kleinen Schritten, sprangen dann wie ein Wirbelwind zur Seite, beinah den Musikanten auf die Köpfe, hüpften plötzlich in der tiefen Kniebeuge umher und stampften rasend schnell und kräftig mit den silbernen Hufeisen unter ihren Hacken den hart getrampelten Boden. Die Erde dröhnte, weithin in die Luft erklangen die Schläge und Wirbel der silberbeschlagnen Hacken. Einer von ihnen aber schrie und tanzte noch wilder als die andern. Sein Haarschopf flatterte im Wind, splitternackt war die kräftige Brust; er hatte seinen dicken Winterpelz an, und der Schweiß strömte von ihm herunter, wie aus der Kanne gegossen.

»Ja, zieh doch, in Gottes Namen, erst deinen Pelz aus!« sagte Taraß endlich. »Ja, seht doch bloß, wie er dampft!«

»Ausgeschlossen!« schrie der Kosak.

»Warum denn?«

»Ausgeschlossen! Das kenn ich nun einmal nicht anders: was ich vom Leib zieh, ist schon versoffen.«

Eine Mütze hatte er längst nicht mehr, der lustige Kamerad, auch keinen Gurt um den Rock und kein gesticktes Tuch – es war alles den Weg zum Juden gegangen.

Die Menge wuchs, neue Tänzer kamen hinzu: man konnte nicht ohne freudiges Herzklopfen sehen, wie alles mitgerissen wurde in den freiesten, wildesten Tanz, den die Welt kennt, und der nach den Männern, aus deren strotzender Kraft er geboren wurde, der Kosakentanz heißt.

»Ach, hätt ich nur den Gaul nicht da!« schrie Taraß. »Mittanzen würd ich; gleich auf der Stelle tanzte ich mit, bei Gott!«

Inzwischen aber kamen auch gesetztere Leute heran, die für ihre Taten vom ganzen Lager geehrt wurden, alte Grauköpfe, die mehr als einmal zum Ältesten gewählt worden waren. Taraß sah eine Menge bekannte Gesichter. Ostap und Andri lauschten auf die Begrüßungen: »Bist du das, Petscheritza?« – »Grüß dich Gott, Kosolup!« – »Wo karrt dich der Teufel her, Taraß?« – »Woher kommst du, Doloto?« – »Sei mir gegrüßt, Kirdjäga!« – »Sei gegrüßt, Gusty!« – »Daß ich dich noch einmal seh, Remjon!« Die Recken, die aus den wilden Weiten von ganz Rußland zusammengeströmt waren, küßten sich, und nun hob ein Fragen an: »Was macht Kassian?« – »Und Borodawka?« – »Und Kolopjer?« – »Und Pidßyschok?« Taraß Bulba mußte hören, Borodawka wäre in Tolopan gehenkt worden, Kolopjer hätten sie in Kisikirmen bei lebendigem Leib geschunden, Pidßyschoks Kopf hinwiederum sei gut eingesalzen in einem Faß nach Stambul gereist. Da ließ der alte Bulba den Kopf hangen und sagte, ins Gedenken verloren: »Waren brave Kosaken!«

Drittes Kapitel

Taraß Bulba war schon fast eine Woche mit seinen Söhnen im Lager. Ostap und Andri befaßten sich nicht viel mit kriegerischen Übungen. Im Lager hielt man wenig davon, Zeit und Mühe an den Friedensdienst zu verschwenden; der Ausbildung und Erziehung der jungen Mannschaft diente allein der praktische Ernstfall, das Schlachtgewühl, das darum auch fast nie zur Ruhe kam. Die Kosaken hätten es schandbar langweilig gefunden, die kurzen Friedenspausen mit dem Eindrillen irgendeiner Disziplin auszufüllen, höchstens, daß sie hie und da nach der Scheibe schossen und, selten einmal, ein Rennen oder eine Hetzjagd in der Steppe abhielten. Die übrige Zeit gehörte dem Pokulieren, dem man sich wahrhaft großzügig in die Arme warf. So bot das Lager ein erstaunliches Bild: das Leben hier war ein ununterbrochnes Gelage, ein Fest, das lärmend angefangen hatte und dem das Ende abgeschnitten zu sein schien. Der und jener trieb wohl ein Handwerk, manche hatten Buden aufgeschlagen und spielten den Handelsmann; der größte Teil aber zechte vom Morgen bis zum Abend, solange das Geld in der Tasche klang und der Beuteanteil noch nicht ganz in die Klauen der Krämer und Schankwirte gewandert war. Dies ewige Gelage hatte etwas Bezauberndes. Das war keine Versammlung von Schnapsbrüdern, die ihren Gram versaufen, es war ganz einfach das ausgelassene Becherschwingen urfröhlicher Leute. Wer hierher kam, vergaß alsbald und ließ fahren, was ihn bisher erfüllt hatte. Er pfiff auf das Vergangne und gab sich der freien Kameradschaft von seinesgleichen hin, ein Zecher ohne Verwandte und ohne Heimat außer dem weiten Himmel und der ewigen Lust. Hieraus entsprang die unbändige Lebensfreude, die aus keiner andern Quelle hätte fließen können. Die Geschichten und Witze, die man sich, faul auf der Erde liegend, im Kreis der Genossen erzählte, waren oft so komisch und wurden mit solchem Saft und solcher Frische vorgebracht, daß man schon die ganze äußerliche Gelassenheit des Kosaken besitzen mußte, dabei ein steinern ernstes Gesicht zu zeigen und nicht einmal mit dem Schnauzbart zu zucken. So hälts der Südrusse noch heutzutage, und das ist ein Zug, der ihn scharf von seinen Brüdern aus andern Landstrichen unterscheidet. Es war eine trunkne, lärmende Fröhlichkeit, aber es mischte sich nichts vom Ton der gemeinen Kneipe hinein, wo in mühsam gezwungener Lustigkeit der Mensch sich selber vergißt; die Kosakenfröhlichkeit gemahnte an einen vertrauten Kreis von Schulkameraden. Der Unterschied war nur, daß sie, anstatt mit dem Griffel den Zeilen entlangzufahren und dem öden Gewäsch des Lehrers zu lauschen, fünftausend Mann hoch zu Rosse stiegen und auf Abenteuer auszogen; statt der Spielwiese lag ringsum die große Steppe mit unbewachten, freien Grenzen, an denen höchstens einmal ein Tatar flüchtig seinen Kopf zeigte, oder ein grünbeturbanter Türke, ohne sich zu rühren, drohend herübersah. Statt sich, wie's auf der Schule ist, gemeinsam einem fremden Willen zu beugen, waren diese Leute dem eignen Willen gefolgt, hatten Vater und Mutter und Elternhaus verlassen. Es gab welche, die schon den Strick um den Hals gespürt und statt des bleichen Todes das Leben gefunden hatten, das Leben in seinem tollsten Übermut, es gab welche, die nach Ritterbrauch keinen Groschen in ihrer Tasche halten konnten, es gab welche, die bisher einen Dukaten für ein Vermögen gehalten hatten, und denen man, dank den freundlichen Bemühungen der jüdischen Pächter, die Taschen umdrehen konnte, ohne befürchten zu müssen, daß etwas herausfiele. Hier fand man Seminaristen, die sich den akademischen Prügeln nicht hatten fügen wollen und die von der Schule kaum die Kenntnis eines Buchstabens mitbrachten; aber zugleich fand man hier Leute, die sich wohl auskannten im Horaz, im Cicero, in der Geschichte des römischen Staates. Hier fand man viele von den Offizieren, die später in den königlichen Heeren Ruhm gewannen; hier fand man eine Menge jener alten Parteigänger, die die edle Überzeugung hegten, es wäre ganz gleich, für wen man fechte, wenn man nur fechte, weil ein Leben in Frieden eines anständigen Menschen unwürdig sei. Gar mancher war auch im Lager, um dort gewesen zu sein und dadurch in den Geruch des tapfern Ritters zu kommen. Wen es nach kriegerischen Taten gelüstete, oder nach goldnen Bechern, kostbaren Brokaten, nach Dukaten und Realen, für den gabs immer Arbeit. Bloß für Weiberhelden war hier kein Boden – nicht einmal in der Vorstadt des Lagers getraute sich je ein Frauenzimmer auch nur die Nase zu zeigen.

Ostap und Andri dünkte es höchst merkwürdig, was für eine Menge Volkes ins Lager einzog, ohne daß irgendeiner danach gefragt hätte, woher die Leute kämen, wer sie wären, und wie sie hießen. Sie kamen her, als kehrten sie in ihr eignes Haus zurück, das sie erst vor einer Stunde verlassen hätten. Der neue Gast meldete sich einfach beim Hetman, und der sagte:

»Sei gegrüßt! Glaubst du an Christum?«

»Ja!« gab der Neuling zur Antwort.

»Und an den dreieinigen Gott glaubst du auch?«

»Ja!«

»Und du gehst in die Kirche?«

»Ja!«

»Also, dann schlag einmal das Kreuz!«

Der Ankömmling bekreuzigte sich.

»Ist schon gut«, sagte der Hetman, »such dir selber die Gemeinde aus, zu der du willst!«

Und damit war die Zeremonie beendet. Das ganze Lager ging in die gleiche Kirche und war bereit, sie bis zum letzten Blutstropfen zu verteidigen, wenn der Kosak auch von Fasten und Kasteien nichts hören wollte. Habgierige Juden, Armenier und Tataren besaßen den Mut, in der Vorstadt zu hausen und Handel zu treiben. Reizen konnte sie das wohl, denn die Lagerbewohner feilschten nicht gern – soviel Geld einer auf gut Glück aus der Hosentasche zog, soviel warf er auch auf den Tisch. Übrigens hatten diese gierigen Krämer ein unsichres Los: sie glichen Leuten, die an den Hängen des Vesuvs Hütten bauen – hatten die Kosaken kein Geld mehr, so schlugen sie ihnen die Buden kurz und klein und nahmen sich, was sie brauchten, ohne zu zahlen.

Das Lager bestand aus mindestens sechzig verschiednen Gemeinden, deren jede eine selbständige Republik darstellte, oder vielleicht noch eher so etwas wie eine Schule, wo die Kinder alles von der Leitung zugeteilt bekommen. Niemand schaffte sich etwas an und besaß Eigentum; alles unterstand dem Gemeindeältesten, den man deshalb auch «Vater» nannte. Er verwaltete das Geld, die Kleider, die Nahrungsmittel, Mehl, Grütze, sogar das Brennholz; jeder gab ihm sein Geld zur Aufbewahrung. Nicht eben selten gab es Streit zwischen den Gemeinden; und dann kam es ohne weiteres zur Rauferei. Man begab sich dazu auf den Gerichtsplatz und drosch so lange aufeinander los, bis eine Partei die Oberhand hatte; war es soweit, so wurde zum Abschluß ein großes Trinkgelage gehalten. Auf die Art verging die Zeit im Lager; solch ein Dasein hatte für junge Gemüter einen eignen Reiz.

Ostap und Andri stürzten sich mit dem ganzen Feuer der Jugend in dieses Meer der Freuden und vergaßen mit einem Schlag Vaterhaus und Schule und alles, was sonst ihr Herz bewegt hatte. Das neue Leben füllte ihr Denken aus. Alles fesselte sie hier: die fröhlichen Bräuche des Lagers und seine knapp und bestimmt gefaßten Regeln und Gesetze, die sie für solch eine freie Republik manchmal beinah etwas streng dünkten: ließ sich ein Kosak auf Diebereien ein, stahl er auch nur eine wertlose Kleinigkeit, so galt das als Schmach für die ganze Kosakenschaft; er wurde als ehrloser Lump an den Schandpfahl gebunden, und neben ihm lag ein Knüppel, mit dem mußte ihm jeder, der des Weges kam, einen Hieb versetzen, bis er zu Tode geschlagen war. Wer eine Schuld nicht bezahlte, wurde in Ketten an eine Kanone geschmiedet und saß dort so lange, bis einer von den Kameraden sich bereit fand, ihn durch Bezahlung der Schuld zu befreien. Den tiefsten Eindruck aber gewann Andri von der furchtbaren Strafe, die den Totschläger traf. An dem Platz, wo man ihn griff, wurde alsbald eine Grube ausgehoben, man stieß den Mörder hinein, stellte den Sarg mit der Leiche seines Opfers auf ihn und schaufelte wieder zu. Lange Zeit ging Andri die Erinnerung an solch eine grausige Hinrichtung nach, lange noch schwebte ihm das Bild des mit dem Sarg zusammen lebendig Begrabnen vor Augen.

Die beiden jungen Kosaken waren bald wohlgelitten bei den Kameraden. Oft zogen sie mit andern aus ihrer Gemeinde, manchmal auch mit der ganzen Gemeinde oder mit den Nachbargemeinden vereint, in die Steppe hinaus und schossen dort Mengen von Steppenvögeln, Hirschen und Rehen, oder sie fischten mit Netz und Angel in den Seen, Flüssen und Bächen, die den einzelnen Gemeinden durch das Los zugeteilt waren, und brachten reichen Fang für das Lager heim. Wurde das auch nicht zu den edeln Künsten gerechnet, in denen sich der richtige Kosak erprobt, sie konnten sich hier doch vor andern jungen Leuten durch Mut hervortun und dadurch, wie gut ihnen alles von der Hand ging. Geschickt und sicher schossen sie nach der Scheibe, sie durchschwammen den Dnjepr gegen den Strom – eine Leistung, für die man den Neuling schon feierlich in den Kreis der Kosaken aufnahm.

Der alte Taraß aber hatte andres mit ihnen im Sinn. Solch ein bummliges Leben war nicht nach seinem Geschmack – sie sollten richtig was lernen. Er ließ es sich durch den Kopf gehn: man müßte das Lager zu irgendeiner kecken Unternehmung aufstacheln, bei der seine Söhne sich tummeln könnten, wie sichs für Ritter geziemt. Endlich ging er eines schönen Tages zum Hetman und sagte ihm gerade heraus:

»Na, Hetman, findest du nicht, daß es Zeit war für einen fröhlichen Krieg?«

Der Hetman nahm ruhig das Pfeifchen aus dem Mund und spuckte zur Seite.

»Ja, das kannst du leicht sagen. Und gegen wen denn?« erwiderte er.

»Dumme Frage! Gegen das Türkenpack oder das Tatarengesindel.»«

»Türkenpack und Tatarengesindel – ganz ausgeschlossen«, sagte der Hetman und schob die Pfeife wieder mit Seelenruhe zwischen die Zähne.

»Was heißt denn: ausgeschlossen?«

»Das heißt ... Wir haben dem Sultan nun einmal den Frieden beschworen.«

»Er ist doch ein Muselmann, Gott und die Heilige Schrift befehlen, gegen die Moslim zu kämpfen.«

»Wir haben das Recht nicht dazu. Wenn wir es ihm nicht bei unserm Glauben zugelobt hätten, dann könnte es vielleicht noch zur Not sein, daß es ginge. So aber nicht! Es geht nicht.«

»Was heißt: es geht nicht? Was redest du da: wir haben kein Recht? Und ich hab zwei Söhne, zwei junge Burschen. Ist noch keiner von ihnen ein einziges Mal im Krieg gewesen, und du sagst, wir haben kein Recht? Und du sagst, die Kosaken sollen nicht losgehn?«

»Weil es sich nicht gehört.«

»So? Aber gehört es sich denn, daß die Kosakenkraft einfach für nichts veraast wird, daß der Mensch verfault wie ein Hund, ohne richtig etwas zu tun, ohne der Heimat und der ganzen Christenheit den kleinsten Nutzen zu bringen? So? Wozu leben wir dann, möcht ich wissen, Hölle und Teufel, wozu denn? Erklär mir das mal! Bist ein gescheiter Kerl, nicht wahr, man weiß, weshalb du zum Hetman gewählt bist: erklär mir einmal, wozu wir dann leben?«

Der Hetman gab keine Antwort auf diese heftige Frage. Er war ein dickschädliger Kosak. Er blieb eine Weile stumm und sagte dann:

»Krieg gibt es drum doch nicht.«

»Krieg gibt es also nicht?« fragte Taraß von neuem.

»Nein.«

»Also, gar nicht daran zu denken, was?«

»Gar nicht daran zu denken, nein.«

– Wart nur, du Teufelsbraten! dachte Bulba bei sich. – Du lernst mich noch kennen! – Und er beschloß, dem Hetman das einzutränken, je früher, je besser.

Er munkelte heimlich mit dem und jenem und gab dann seinen Getreuen ein tüchtiges Fest. Von dort zogen die berauschten Kosaken, ihrer wenige nur an Zahl, auf den Platz, wo an einer Säule die Kesselpauken hingen, deren Klang die Kosaken zur Ratsversammlung berief. Da sie die Schlegel nicht fanden, weil sie der Pauker in sicherm Gewahrsam hatte, griff jeder zu einem Holzscheit und ballerte munter drauf los. Auf den Lärm hin kam zuerst der Pauker gelaufen, ein langer Kerl mit nur einem Auge, das aber verschlafen aussah für zwei.

»Wer untersteht sich, die Pauken zu schlagen?« schrie er.

»Halts Maul! Nimm deine Schlegel und gib Alarm, wenn mans dir befiehlt!« erwiderten die trunknen Ältesten.

Der Pauker zog ungesäumt die Schlegel hervor, die er gleich mitgebracht hatte, weil er wohl wußte, was für ein Ende solche Geschichten zu nehmen pflegten. Die Pauken dröhnten, und alsbald wimmelten die Kosaken in dunkeln Scharen wie Hummeln über den Platz. Sie bildeten einen Ring, und nach dem dritten Wirbel erschien endlich die höchste Behörde: der Hetman, als Zeichen der Herrschaft den Stab in der Hand, der Richter mit dem Heeressiegel, der Schreiber mit dem Tintenfaß, der Oberstleutnant mit dem Stock. Der Hetman und die Beamten zogen die Mützen und verneigten sich nach allen Seiten vor den Kosaken, die spreizbeinig standen, die Fäuste in die Hüften gestemmt.

»Was bedeutet diese Versammlung? Was wünscht ihr Herren?« sagte der Hetman.

Wüstes Geschimpf und Geschrei unterbrach ihn. »Leg den Stab hin! Legst du wohl gleich den Stab hin, Satansbraten! Wir wollen dich nicht mehr!« schrieen ein paar Kosaken aus der Menge.

Einige nüchtern Gebliebne schienen sich widersetzen zu wollen; und es entspann sich ein wildes Gerauf zwischen Nüchternen und Betrunkenen. Der Spektakel griff um sich.

Der Hetman wollte anfangs noch einmal das Wort erbitten, aber er wußte, daß die hitzige Versammlung imstande war, ihn als Antwort darauf zu Tode zu prügeln. Das pflegte bei solchen Gelegenheiten häufig das Ende zu sein. Darum verneigte er sich respektvoll, legte den Stab hin und tauchte schnell in der Menge unter.

»Ihr Herren, befehlt ihr, daß auch wir die Amtszeichen niederlegen?« sagten der Richter, der Schreiber und der Oberstleutnant und waren schon drauf und dran, Tintenfaß, Heeressiegel und Stock von sich zu tun.

»Nein, ihr bleibt!« schrie es aus der Menge. »Wir wollten nur den Hetman forthaben – er ist ein altes Weib, wir brauchen ein Mannsbild als Hetman.«

»Wen wählt ihr denn nun zum Hetman?« fragten die Beamten.

»Kukubenko wollen wir!« schrieen einige.

»Nichts Kukubenko!« schrieen andere. »Ist zu jung, hat ja noch einen Milchbart!«

»Schilo soll Hetman sein!« schrieen wieder andre. »Wir wollen Schilo zum Hetman!«

»Steckt ihn euch in den Hintern, den Schilo!« eiferte sich wütend die Menge. »Ist das auch ein Kosak? Das Diebsgesicht! Der Hundsfott stiehlt wie ein Tatar! Zum Teufel in die Hölle mit euerm Schilo, dem Süffel!«

»Borodaty! Borodaty wird Hetman!«

»Wir wollen keinen Borodaty! Des Teufels Großmutter soll ihn versohlen!«

»Schreit: Kirdjäga!« flüsterte Taraß Bulba einigen zu.

»Kirdjäga! Kirdjäga!« schrie die Menge. »Borodaty! Borodaty! Kirdjäga, Kirdjäga! Schilo! Zum Teufel mit Schilo! Kirdjäga!«

Alle die Kandidaten drückten sich, sobald sie ihren Namen rufen hörten, schleunigst aus dem Ring, daß ja nicht die Meinung aufkommen könnte, sie bemühten sich etwa persönlich um ihre Wahl.

»Kirdjäga! Kirdjäga!« Der Name wurde am lautesten gerufen. »Borodaty!«

Man ging daran, sich mit den Fäusten zu überzeugen, und Kirdjägas Freunde gewannen den Sieg.

»Holt Kirdjäga!« wurde geschrieen.

An die zehn Kosaken machten sich spornstreichs auf; ein paar davon konnten kaum auf den Füßen stehen – so schwer hatten sie geladen. Sie suchten Kirdjäga, ihn von seiner Erwählung zu unterrichten.

Kirdjäga war ein alter Kosak und ein heller Kopf. Er saß schon lange zu Hause und tat jetzt so, als hätte er keine Ahnung davon, daß etwas Besondres geschehen war.

»Nun, ihr Herren? Was wünscht ihr?« fragte er.

»Komm mit! Du bist zum Hetman gewählt.«

»Jesus Barmherzigkeit, ihr Herren!« sagte Kirdjäga. »Wie soll mir so eine Ehre anstehn? Was wär ich denn für ein Hetman! Da reicht es bei mir ja im Kopf nicht, um so ein Amt zu verwalten. Habt ihr denn keinen Bessern finden können im ganzen Heer?«

»Geh einfach mit, wenn man es dir sagt!« schrieen die Kosaken. Zwei von ihnen packten ihn bei den Armen, und wie er sich auch mit den Füßen stemmte, er wurde schließlich doch auf den Platz geschleppt, unter Schimpfworten, Rippenstößen, Fußtritten und freundlichem Zuspruch, wie diesem: »Hörst du jetzt noch nicht bald auf mit dem Bocken, du Teufelsbraten? Wenn man dir die Ehre erweist, Hundsfott, so nimm sie an!« Auf diese Art wurde Kirdjäga in den Ring der Kosaken geführt.

»Nun, wie ist es, ihr Herren?« riefen die Leute, die ihn gebracht hatten. »Ist es euch recht, daß dieser Kosak unser Hetman wird?«

»Ist uns schon recht!« schrie der Haufe, und von seinem Geschrei erdröhnte die Weite.

Einer von den Beamten nahm den Stab und trug ihn dem neugewählten Hetman hin. Kirdjäga weigerte sich, wie es Brauch war, ihn zu empfangen. Der Beamte reichte ihm den Stab zum zweitenmal. Zum zweitenmal wies ihn Kirdjäga zurück, und erst beim drittenmal nahm er ihn an. Die Menge brach in tosenden Beifall aus, und wiederum dröhnte von dem Geschrei der Kosaken die Weite. Dann traten aus dem Kreise des Volkes vier von den ältesten Männern, Kosaken mit grauen Schöpfen und grauen Bärten. Sehr alte Leute gab es freilich im Lager nicht, weil kein Kosak eines natürlichen Todes starb. Jeder der vier nahm eine Handvoll Erde und legte sie dem Hetman aufs Haupt. Die Erde war völlig vom Regen durchweicht und zu Schmutz geworden, sie rann ihm vom Kopf herunter, über den Schnauzbart, über die Wangen, und verschmierte ihm das ganze Gesicht. Kirdjäga aber stand, ohne zu zucken, und dankte den Kosaken für die erwiesene Ehre. So war denn die stürmische Wahl vollzogen. Es hatte vielleicht nicht jeder Freude daran, Taraß Bulba aber genoß seine Rache an dem früheren Hetman; und außerdem war Kirdjäga ein alter Kamerad von ihm, sie hatten die gleichen Feldzüge zu Wasser und Land hinter sich gebracht, hatten Not und Mühen des Kriegerlebens gemeinsam getragen.

Das Volk zerstreute sich nun, die Wahl zu feiern, und es erhob sich ein Pokulieren, wie es Ostap und Andri noch nicht erlebt hatten. Die Kneipen wurden zertrümmert, Met, Schnaps und Bier raffte man ohne Bezahlung an sich; die Schankwirte waren herzlich froh, wenn nur sie selber ganz blieben. Die Nacht verging mit Geschrei und Liedern zum Preise tapfrer Taten; als der Mond aufgegangen war, sah er sie noch lange durch die Straßen ziehen, die Musikanten mit Pandoren, Theorben und Lauten und den Kirchenchor, der nicht nur bestallt war, beim Gottesdienste zu singen, sondern auch den Kosakenruhm mit weltlichen Liedern zu preisen. Endlich begannen der Rausch und die Müdigkeit die starken Männer zu fällen. Bald hier, bald dort sah man einen Kosaken zu Boden sinken; Kameraden umarmten sich tief gerührt, schluchzten gottsjämmerlich und fielen innig umschlungen in den Dreck. Hier lag ein ganzer Haufe beisammen; dort suchte einer sorgsam nach einem recht bequemen Plätzchen und legte sich dann grade auf einen Holzklotz. Der letzte, der Held, der am meisten vertrug, hielt noch für sich allein eine nicht sehr klar geordnete Rede; schließlich überwältigte auch ihn der mächtige Rausch, er taumelte nieder, und nun schnarchte das ganze Lager.

Viertes Kapitel

Am nächsten Tag schon beriet Taraß Bulba mit dem neuen Hetman darüber, wie man die Kosaken zu irgendeiner Unternehmung aufstacheln könnte. Der Hetman war ein kluger, mit allen Wassern gewaschner Kosak, der seine Genossen der Länge und Breite nach kannte. Er sagte anfangs:

»Meineidig werden dürfen wir nicht, das geht nicht.« Dann aber, nach einem kurzen Schweigen, fuhr er fort: »Na, am Ende gehts doch: meineidig werden wir nicht, aber es läßt sich vielleicht etwas machen. Sieh zu, daß das Volk sich versammelt – nicht als ob ich es befohlen hätte, sondern nur so auf den eignen Kopf hin; du weißt schon, wie man das macht –, und dann komm ich mit den Beamten gelaufen, und wir...wir wissen von nichts.«

Es war seit dieser Unterhaltung noch keine Stunde verstrichen, als schon die Pauken erdröhnten. Auch heute fehlte es nicht an betrunknen und aufgeregten Kosaken. Eine Unzahl von schwarzen Lammfellmützen wimmelte auf dem Platz. Sie fragten: »Wer hat...? Weshalb ist...? Was ist denn los, daß man sich versammelt?« – Niemand gab Antwort. Schließlich hörte man bald hier, bald da aus der Menge murrende Rufe: »Da geht die Kosakenkraft ganz umsonst vor die Hunde – ohne Krieg! Wohl sein lassen sie sichs, die Ältesten, vor Fett sehn sie bald nicht mehr aus den Augen! Das muß man schon sagen: keine Gerechtigkeit gibt es mehr auf der Welt!« – Die andern Kosaken hörten das anfangs ruhig an, dann begannen sie gleichfalls zu brummen:

»Das ist schon wahr: keine Gerechtigkeit gibt es mehr auf der Welt!«

Die höchste Behörde zeigte sich baß erstaunt über solche Worte. Endlich trat der Hetman vor und sagte: »Gestattet ihr mir, ihr Herren, daß ich eine Rede halte?«

»Red nur zu!«

»Also, wenn man es richtig betrachtet, ihr edeln Herren, und ihr wißt das wahrscheinlich besser als ich, so reden die Leute davon, daß viele Kosaken bei den Schnapsjuden und bei ihren Kameraden so tief in der Kreide stecken, daß ihnen kein Kuckuck mehr etwas borgt. Und wieder, wenn man es richtig betrachtet, so reden die Leute, daß wir viele junge Burschen da haben, die überhaupt noch gar nichts vom Kriege kennen, wo's doch für junge Leute – das wißt ihr ja selber, ihr Herren – ohne Krieg nichts Richtiges ist. Wie soll aus so einem ein Kosak werden, wenn er seiner Lebtage nicht gegen die Moslim ins Feld zieht?«

»Er redet gar nicht so dumm«, sagte Bulba.

»Denkt nur nicht, ihr Herren, daß ich das vielleicht sage, um den Frieden zu brechen – Gott soll mich bewahren! Ich sag das bloß so. – Na ja, und dann haben wir hier ein Gotteshaus, es ist eine Schande, wie's aussieht. Die langen Jahre, die das Lager schon steht...! Und bis heute – ich sage ja nichts von der Kirche von außen –, bis heute sind sogar die Heiligenbilder drinnen ohne den kleinsten Schmuck. Wenn ihnen nur irgendeiner eine silberne Fassung hätte stiften wollen! Das bißchen haben sie gekriegt, was ihnen ein paar Kosaken im Testament vermacht haben; und was ist das schon gewesen – das meiste haben sie ja bei Lebzeiten selber versoffen. – Also, ich sag das nicht, weil ich Krieg möchte mit den Moslim: wir haben dem Sultan den Frieden versprochen und würden uns durch einen Wortbruch versündigen, weil wir auf unser Gesetz geschworen haben.«

»Wozu er den Unsinn vorbringt...!« murmelte Bulba.

»Ja, ihr seht selber, ihr Herren, mit Krieg anfangen ists nichts – die Ritterehre steht dem im Weg. Aber in meinem dummen Kopf denk ich mirs so: sollen die jungen Leute allein in die Kähne steigen und hinunterfahren und sich die anatolische Küste ein bißchen ansehn. Was meint ihr, ihr Herren?«

»Führ uns, führ uns alle!« schrie der Ring der Kosaken. »Für den Glauben halten wir gern den Kopf hin.«

Der Hetman erschrak. Er hatte keineswegs das ganze Lager aufrufen wollen. Wie die Sache lag, dünkte es auch ihn nicht ehrenhaft, den Frieden zu brechen.

»Erlaubt mir, ihr Herren, noch eine Rede zu halten?«

»Hör schon auf!« schrieen die Kosaken. »Was Klügeres sagst du nicht mehr!«

»Soll es so sein, dann mag es so sein! Ich bin der Knecht eures Willens. Es ist eine bekannte Sache und steht ja auch in der Schrift, daß Volkes Stimme so gut ist wie Gottes Stimme. Etwas Klügeres denkt sich wohl keiner aus, als was das Volk im Ganzen sich denkt. Nur eins will ich noch sagen: ihr wißt ja, ihr Herren, der Sultan läßt doch den Spaß, den unsere Burschen vorhaben, nicht unvergolten. Und wir wären dann schön bereit, und unsere Kräfte wären noch frisch, und wir würden uns wohl nicht fürchten vor ihm. Und wenn wir fortgehn, könnte auch das Tatarenpack unser Lager besuchen; die tückischen Hunde – ins Gesicht hinein wagen sie's nicht, und wenn der Herr daheim ist, sehn sie sich vor, aber von hinten beißen sie uns in die Hacken, und so, daß es weh tut. Und wenn man dann schon die reine Wahrheit sagen soll: wir haben nicht so viel Kähne im Vorrat, und Pulver ist auch nicht in solchen Mengen gemahlen, daß alle mitgehen könnten. Aber mag es so sein, wenn ihr wollt – ich bin der Knecht eures Willens.«

Der schlaue Hetman hatte gesprochen. Die Haufen begannen zu verhandeln, die Gemeindeältesten berieten sich untereinander; Betrunkne gab es zum Glück nicht viele, und darum wurde beschlossen, dem vernünftigen Rat zu folgen.

Unverweilt fuhr eine kleine Schar zum andern Dnjepr-Ufer hinüber, wo die Vorratskammern des Lagers waren und in unzugänglichen Schlupfwinkeln unter dem Wasser im Schilf der Heerschatz und ein Teil der erbeuteten Waffen verborgen lagen. Die andern gingen zu den Kähnen, sie nachzusehen und für die Kriegsfahrt zu rüsten. Auf einmal war der ganze Strand voller Menschen. Die Zimmerleute kamen mit ihren Äxten. Alte sonnverbrannte, breitschultrige, stämmige Kosaken mit grauen und schwarzen Schnauzbärten standen, die Pluderhosen aufgekrempelt, bis zum Knie im Wasser und zogen die Kähne an starken Tauen vom Strand. Andre schleppten trockne Balken und allerlei Holzwerk heran. Hier wurde ein Kahn mit Planken verkleidet, dort band man andern nach Kosakenbrauch lange Schilfbündel an den Außenbord, damit sie draußen bei Seegang nicht kenterten; weiterhin wurden den ganzen Strand entlang Kessel aufgestellt und in ihnen Pech zum Dichten der Kähne erhitzt. Die erfahrnen Alten lernten die Jungen an. Das Geklopf und Geschrei der Arbeiter erscholl über das Wasser, es war ein Gewimmel am Strand.

Da näherte sich dem Ufer ein großer Prahm. Die vielen Leute, die darauf standen, winkten schon von weitem erregt mit den Händen. Es waren Kosaken in arg zerrissenen Röcken. Ihr schäbiger Aufzug – viele hatten nichts am Leib als das bloße Hemd und die kurze Pfeife zwischen den Zähnen – ließ ahnen, daß sie entweder sehr schlimme Tage erlebt oder aber sich so lustige Tage gemacht hatten, daß all ihr Hab und Gut bis auf die letzten Gewänder versoffen war. Aus ihren Reihen hervor trat ein kleiner, breitschultriger Kosak so um die Fünfzig herum. Er schrie lauter als alle andern und fuchtelte heftig mit den Armen. Aber vor dem Lärm der Arbeiter konnte man nichts von seinen Worten verstehn.

»Was bringt ihr Gutes?« fragte der Hetman, als der Prahm an Land stieß.

Alle die Arbeiter ließen Hammer und Meißel ruhen und schauten erwartungsvoll auf.

»Schlechte Post!« schrie der kleine Kosak vom Prahm herüber.

»Was denn für eine Post?«

»Gestattet ihr mir, ihr Herren Kosaken, eine Rede zu halten?«

»Sprich nur!«

»Oder wollt ihr vielleicht die Ratsversammlung berufen?«

»Sprich nur, wir sind hier alle versammelt!«

Das Volk drängte sich eilend zuhauf.

»Habt ihr denn wirklich gar nichts davon gehört, was in der Hetmanschaft los ist?«

»Was ist denn los?« fragte einer von den Gemeindeältesten.

»Fragt nicht so dumm! Euch hat der Tatar wohl Dreck in die Ohren gestopft, daß ihr nichts gehört habt?«

»Sag einfach, was los ist!«

»Sachen, wie sie noch kein getaufter Christenmensch früher gesehn hat.«

»Also mach keine Umschweife, Hundsfott!« schrie einer aus der Menge, dem die Geduld riß.
»Zeiten sind es, daß uns sogar unsere Kirchen nicht mehr gehören.«
»Was heißt: nicht gehören?«
»Sie sind an die Juden verpachtet. Wenn du dem Juden nicht im voraus das Geld dafür gibst – keine Messe wird dir gelesen!«
»Red keinen Unsinn!«
»Und wenn das jüdische Schwein nicht zuerst mit den unreinen Pfoten sein Zeichen über die heilige Hostie macht, darfst du kein Abendmahl feiern.«
»Schwindel, ihr Herren und Brüder, das kann doch nicht sein, daß ein unreiner Jude Zeichen über die heilige Hostie macht!«
»Hört nur zu! Das ist noch gar nichts: die römischen Pfaffen fahren jetzt in Bauernkarren durchs ganze Grenzland. Das aber ist nicht das Schlimme, daß sie in Bauernkarren fahren, das Schlimme ist, daß sie keine Pferde vorspannen, sondern rechtgläubige Christen. Hört nur zu! Das ist noch gar nichts: die Judenschicksen nähen sich Röcke aus Meßgewändern. So geht es zu im Grenzland, ihr Herren! Und ihr sitzt im Lager und sauft, der Tatar hat euch wohl so ins Bockshorn gejagt, daß ihr keine Augen und Ohren mehr habt und nicht hört, was in der Welt los ist?«
»Wart einmal!« unterbrach ihn der Hetman, der bisher gesenkten Blickes gestanden hatte. Kein Kosak folgt in ernsten Dingen der ersten Wallung, sondern er schweigt und speichert in seinem Innern die grimme Kraft seines Unwillens an. »Wart einmal! Ich will euch ein Wort sagen. Und ihr – der Teufel soll euren leiblichen Vater versohlen –, was habt ihr denn getan? Habt ihr keinen Säbel gehabt? Was war eure Antwort auf solche Greuel?«
»Ihr habt leicht reden! Antwort auf solche Greuel… Hättet ihrs doch probiert, wo's von Polacken allein an die fünfzigtausend waren. Und – hängen wir der Katze die Schelle nur um – auch unter den Unsern hats Lumpen gegeben, die übergetreten sind zu denen ihrem dreckigen Glauben.«
»Und euer Hetman und die Obersten – was haben die gemacht?«
»Die Obersten sind gemacht worden, und zwar so, daß Gott uns alle in Gnaden davor behüte!«
»Was soll das heißen?«
»Das heißt es, daß unser Hetman heut in einem Kupferkessel gebraten zu Warschau liegt; und die Hände und Köpfe von unsern Obersten führen sie auf den Jahrmärkten herum und stellen sie vor dem Volk aus. Das haben unsere Obersten gemacht; jetzt wißt ihrs!«
Gleich einer Welle ging es durch die Versammlung. Anfangs lastete den ganzen Strand entlang ein Schweigen, wie es wütenden Stürmen vorausgeht; plötzlich aber erhoben sich Stimmen, das Ufer erbrauste von zornigen Worten:
»Was…! Die Juden haben christliche Kirchen in Pacht…! Die römischen Pfaffen spannen rechtgläubige Christen an ihre Deichseln…! Was…! Solche Martern muß man auf russischer Erde von den verfluchten Ketzern erleiden…! So springt man mit den Obersten und dem Hetman um…! – Nein, das dulden wir nicht, nein, das dulden wir nicht!«
Solche Reden flackerten überall auf. Die Kosaken lärmten empört und spürten im Zorn ihre Kraft. Dies war nicht mehr die fliegende Hitze leichtsinniger Glücksritter – hier entrüsteten sich feste und männische Herzen bis in ihr Tiefstes, Leute mit trotzigen Köpfen, die langsam Feuer fangen, in denen aber, ist es einmal geschehen, die Glut nicht so bald wieder stirbt und verglimmt.
»An den Galgen das ganze Judenpack!« gellte es aus der Menge. »Sie sollen ihren Schicksen nicht Röcke aus Meßgewändern nähen! Sie sollen nicht Zeichen machen über die heilige Hostie! In den Dnjepr mit den Ungläubigen! Ersäuft sie!«
Dies Stichwort, das irgendeiner gegeben hatte, schlug wie der Blitz ein, die Menge strömte in die Vorstadt, entschlossen, alle Juden niederzumachen.
Den unglücklichen Söhnen Israels, die von Haus aus keine Helden waren, fiel das Herz in die Hosen, sie verkrochen sich in leere Schnapsfässer, in Backöfen und sogar unter die Röcke ihrer Schicksen; aber die Kosaken stöberten sie überall auf.

33

»Erlauchteste Herren!« schrie ein langer, dürrer Jude und reckte seine jämmerliche, angstverzerrte Visage über die Häupter seiner Genossen vor. »Erlauchteste Herren! Laßt doch die armen Jüden sagen ä Wort, ä einzigstes Wort! Mer wollen euch eppes verzählen, was ihr noch nie habt gehört – eine so grauße Sache, es läßt sich gar nix beschreiben, wie grauß!«

»Na, laßt ihn reden!« sagte Bulba, der immer dafür war, auch den Angeklagten zu hören.

»Erlauchte Herren!« stammelte der Jude. »Solche Herren hat mer noch niemals gesehn, Gott soll mich strafen, gar nie! So goldne, so graußmütige, tapfre Herren waren noch nich auf der Welt!« Seine Stimme erstarb und bebte vor Angst. »Wer hat gesagt, daß mer könnten denken eppes Schlechtes von den Herren Kosaken? Das sind nich ünsere Leut, was machen den Pächter im Grenzland! Gott soll mich strafen: nich ünsere Leut... So was tut doch kä Jüd, der Teufel soll wissen, was das fer ä Volk is; anspucken soll mer de Gannefs, kalt soll mer se machen. Nu–u, sagen nich meine Freunde das gleiche? Is es die Wahrheit oder nich, was sagste, Schlomm, und du, Schmuhl, was sagste?«

»De lautere Wahrheit, Gott soll üns strafen!« krächzten Schlomm und Schmuhl, die Gesichter unter den zerlumpten Mützen weiß wie die Wand.

»Mer wären üns doch ßu gut«, fuhr der lange Jude fort, »daß mer hätten mögen auch nur bloß hinriechen ßu den Feinden; und de Katholischen, gar nix kennen wollen mer se: Gras soll wachsen vor ihre Tür! Wo mer doch sind ßu de Kosaken als wie die leiblichen Brüder...!«

»Was, wir Kosaken leibliche Brüder von euch...?« schrie einer aus der Menge. »Das werdet ihr nicht erleben, verfluchte Juden! An den Dnjepr mit dem Gesindel, ihr Herren, ersäuft sie, die Ungläubigen!«

Diese Worte waren das Zeichen. Die Juden wurden gepackt und ins Wasser geworfen. Klägliches Wehgeschrei erscholl weit und breit, aber die rauhen Kosaken lachten bloß, wie sie die Judenfüße beschuht oder strümpfig in der Luft zappeln sahen.

Der unglückliche Wortführer, der sich selbst um Kopf und Kragen geredet hatte, schlüpfte aus dem Kaftan, an dem man ihn schon gepackt hielt: er stürzte sich, bloß noch das scheckige, enge Kamisol am Leibe, Bulba zu Füßen, umklammerte seine Knie und flehte gottsjämmerlich:

»Graußmächtiger Herr, erlauchter Herr Graf! Iach hab doch gekennt Euern Bruder, den Herrn Doroscho, Gott hab ihn selig! Er is gewesen ä Krieger, was war de Blüte der Ritterschaft. Iach hab ihm gegeben ßu leihen achthundert Zechinen, daß er sich konnte kaufen los aus der Gefangenschaft bei de Terken...«

»Du hast den Bruder gekannt?« fragte Taraß.

»Gott soll mich strafen, wenn ich ihn nich soll haben gekennt! Er is gewesen ßu sein ne Seele von einem Herrn.«

»Wie heißt du?«

»Jankel.«

»Also, ist recht«, sagte Taraß und wendete sich nach kurzem Überlegen an die Kosaken: »Den Juden aufzuknüpfen ist immer noch Zeit; für heute gebt ihr ihn mir!«

Sprachs und führte ihn zu einem der Packwagen, wo seine Leute waren.

»Also, kriech unter den Wagen und leg dich hin und muckse dich nicht; und ihr, Brüder, paßt mir gut auf den Juden!«

Damit eilte der alte Taraß zum Gerichtsplatz, wohin schon das ganze Volk geströmt war. Der Strand lag ausgestorben, kein Kahn mehr wurde gedichtet – jetzt galt es nicht mehr dem Feldzug zu Wasser, sondern einem zu Lande. Da brauchte es nicht Schiffe, noch Kosakenboote, sondern Rosse und Wagen. Und nun wollte alles ins Feld, Alte und Junge; einstimmig wurde auf den Rat der Gemeindeältesten, des Hetmans und nach dem Willen des ganzen Kosakenheeres beschlossen, geradeswegs gegen Polen zu reiten, Rache zu nehmen für all die Unbill, für die Schändung des Glaubens und der Kosakenehre, die Städte zu plündern, die Dörfer und das Korn auf dem Felde zu brandschatzen, Ruhm zu gewinnen, der weit über die Steppe klänge. Schon gürtete sich ein jeder und griff nach den Waffen. Der Hetman war förmlich um eine Elle gewachsen. Dies war nicht mehr der zaghafte Knecht jeder Laune des freien Volkes, dies war ein unumschränkter Gebieter, war ein Despot, der nur zu befehlen verstand. Alle die eigenwilligen Becherschwinger und Ritter standen sauber ausgerichtet in Reih und Glied, sie senkten in Ehrfurcht das Haupt und wagten den Blick nicht zu heben, da der Hetman die Ordre ausgab. Er tat es mit leiser Stimme, ohne Schreien und Hast, sehr langsam und deutlich, wie ein alter Kosak, der sein Geschäft kennt und nicht zum erstenmal einen wohldurchdachten Kriegsplan ins Werk setzt.

»Schaut auf eure Ausrüstung; daß mir keiner was übersieht!« sagte er. »Bringt die Packwagen und die Teereimer in Ordnung, prüft eure Waffen! Ladet euch kein unnützes Zeug auf den Buckel: ein Hemd und zwei Paar Hosen für jeden und einen Topf Mehl oder Hirsebrei – mehr schleppt keiner mit sich! An Vorrat ist alles, was nur gebraucht wird, bei der Bagage. Zwei Pferde nimmt jeder Kosak ins Feld. Und zweihundert Paar Ochsen folgen im Troß, zum Vorspann an Furten und auf sumpfigem Boden. Und vor allem haltet mir Ordnung und Mannszucht, ihr Herren! Ich weiß, es gibt unter euch Leute, die, sowie der liebe Gott ein bißchen Beute beschert, gleich wie Verrückte Nanking und kostbaren Samt zu Fußlappen zerreißen. Laßt diesen höllischen Unfug, kümmert euch nicht um Röcke und Fetzen, nehmt nur Waffen, wenn ihr was Gutes bekommt, und Dukaten und Taler, weil das handliche Beute ist, die euch überall nützt! Und eins, ihr Herren, sag ich euch gleich: wenn sich einer im Felde besäuft – wie einen Hund laß ich den an den Packwagen binden, wer es auch sei, und mag es der beste Kosak aus dem Heer sein – wie ein Hund wird er auf der Stelle erschossen und ohne Begräbnis den Vögeln als Frühstück liegen gelassen, weil einem Saufaus im Felde kein ehrliches Christenbegräbnis gebührt. Ihr Jungen, hört mir gut auf die Alten! Wenn eine Kugel euch trifft oder ein Säbelhieb auf den Kopf oder wo anders hin, so glaubt nicht gleich, daß das etwas wäre! Verrührt einen Schuß Pulver in einem Glas Schnaps, trinkt das auf einen Zug herunter, und es hat sich gehoben – ihr kriegt auch kein Fieber; und auf die Wunde, wenn sie nicht gar zu groß ist, legt etwas Erde – die muß nur vorher im Handteller fest mit Spucke vermischt sein. Dann trocknet die Wunde schon ab. Und nun an die Arbeit, Kinder, munter zupacken, aber nichts überhudeln, daß alles richtig getan wird!«

Der Hetman hatte gesprochen, und kaum war seine Rede zu Ende, da machten sich schon die Kosaken ans Werk. Das ganze Lager war nüchtern geworden, Betrunkne fand man so wenig, als hätte es unter den Kosaken nie einen gegeben. Die einen besserten Radreifen aus und setzten neue Achsen unter die Wagen; andre luden Proviantsäcke oder Waffen auf die Fuhren; wieder andre trieben Gäule und Ochsen zusammen. Ringsum erscholl Pferdegetrappel, Probeschüsse krachten, Säbel rasselten, Kinder brüllten, Wagen quietschten und ächzten, muntres Geschwätz, helle Schreie, Hührufen... Und weit, weit dehnte sich alsbald der Heerzug der Kosaken über das Feld. Ein langer Weg wär es gewesen, wenn einer vom Kopf bis zum Schwanz des Zuges hätte laufen wollen. An dem Holzkirchlein hielt der Priester ein Bittamt und sprengte Weihwasser über die fromme Gemeinde, jeder küßte das Kreuz. Als das Heer in Bewegung kam und zum Lager hinauszog, wendeten alle Kosaken die Köpfe zurück.

»Leb wohl, liebe Heimat!« sagten sie wie aus einem Mund. »Schütz dich Gott vor Not und Gefahr!«

Beim Ritt durch die Vorstadt erblickte Taraß Bulba sein Jüdchen, den Jankel, der sich schon wieder eine Art Zelt aufgeschlagen hatte und Stein, Stahl, Pulver und allerlei Heeresbedarf feil hielt, wie man ihn auf dem Marsche gebrauchte, auch Semmeln und Brot. – So ein verfluchter Jud! dachte Taraß bei sich, lenkte sein Pferd hinüber und sagte:

»Dummbart, was sitzt du denn da! Willst wohl heruntergeknallt werden wie ein Spatz?«

Jankel schlich näher zu ihm heran, machte mit beiden Armen Zeichen, als hätte er ihm ein ganz besondres Geheimnis zu offenbaren, und flüsterte hastig: »Soll der Herr bloß halten reinen Mund und niemand nix sagen: bei de Kosakenfuhren is eine, was is meine Fuhre; ja ich hab allerlei nötige Sachen fer de Kosaken, und ja ich werd unterwegs verkaufen diversen Proviant ßu so genaue Preise, wie se verkauft hat noch niemals ä Jüd; Gott soll es wissen, wie preiswert, Gott soll mich strafen: so preiswert.«

Taraß Bulba zuckte die Achseln und wunderte sich über die jüdische Geschäftstüchtigkeit. Dann sprengte er wieder zu seinen Leuten.

Fünftes Kapitel

Alsbald war das ganze südwestliche Polen eine Beute des Schreckens. Es erhob sich ein Jammergeschrei: »Kosaken! Kosaken im Land!« Wer fliehen konnte, floh. Jeder machte sich auf und lief, so schnell ihn die Füße trugen, wie es der Brauch war in dieser wilden, sorglosen Zeit, da keine festen Plätze und Schlösser errichtet wurden, sondern die Leute sich, wo sie grade waren, ihre vergänglichen Strohhütten bauten. Sie dachten sich: – Wozu sollen wir Arbeit und Geld auf die Hütte verschwenden, da ohnehin beim nächsten Tatareneinfall der rote Hahn auf das Dach fliegt! – Alles geriet in Bewegung: einer tauschte sich gegen seine Ochsen und seinen Pflug Pferd und Gewaffen ein und stieß zur Truppe, der andre flüchtete in ein sichres Versteck, trieb sein Vieh vor sich her und schleppte von seiner Habe mit, was er aufpacken konnte. Manch einen gabs auch, der den ungebetnen Gästen mit bewaffneter Hand in den Weg trat; die Mehrzahl freilich machte sich fort, ehe sie kamen. Jeder wußte, es war nicht gut Kirschen essen mit dieser kriegerischen Sturmschar, die hinter äußerlicher Disziplinlosigkeit die eiserne Disziplin verbarg, die den Sieg in Schlachten erkämpft. Die Reisigen ritten, ohne die Rosse zu übermüden und heiß zu machen, das Fußvolk marschierte nüchtern hinter den Packwagen; der ganze Heerzug bewegte sich nur bei Nacht; tags rastete er an einsamen, unbesiedelten Plätzen und in den Wäldern, deren es damals noch zur Genüge gab. Späher und Kundschafter wurden vorausgeschickt, überall die Gelegenheit zu erforschen. Und so tauchten sie oft an Orten auf, wo man sich ihrer noch gar nicht versah. Dann machte dort alles Reu und Leid. Feuer wurde an die Häuser gelegt; Vieh und Pferde, die das Heer nicht mitnehmen wollte, wurden am Platze niedergesäbelt. Das hatte mehr von wilden Blutorgien als von einem richtigen Feldzug. Groß war die Bestialität jener halbwilden Zeiten; das Haar würde sich einem Menschen von heute sträuben vor der grausigen Spur, die die Kosaken überall hinter sich ließen. Säuglinge fielen dem Mordstahl zum Opfer, Weiber mit abgeschnittnen Brüsten wehklagten; wen man laufen ließ, dem wurden die Füße von den Knieen abwärts geschunden – kurzum, mit Wucherzinsen trieben die Kosaken die Schulden von früher ein. Der Abt eines Klosters schickte ihnen zwei Mönche ein Stück weit entgegen und ließ ihnen seine Mißbilligung wegen ihres unziemlichen Benehmens aussprechen; dabei bestände doch ein Vertrag zwischen den Kosaken und der Regierung – sie verletzten ihre Pflicht gegen den König und brächen das Völkerrecht.

Der Hetman erwiderte: »Schönen Gruß zuvor an den Bischof von mir und allen Kosaken! Er soll keine Angst haben: die Kosaken zünden sich bloß ihre Pfeifen an.«

Und alsbald wurde die stattliche Abtei von der mörderischen Flamme gepackt, die hohen gotischen Fenster schauten düster aus lodernden Feuerwogen. Flüchtende Scharen von Mönchen, Juden und Weibern übervölkerten plötzlich alle Städte, wo irgendeine Hoffnung auf die Besatzung oder das Bürgeraufgebot zu setzen war. Die Hilfstruppen, die die Regierung hier und da, wenns schon zu spät war, schickte, waren gering an Zahl; sie fanden die Kosaken gar nicht, oder sie bekamen es mit der Angst, gaben Fersengeld bei der ersten Begegnung und rissen auf ihren flüchtigen Gäulen aus. Es geschah auch wohl, daß sich mehrere königliche Heerführer, die in früheren Schlachten ruhmreich gefochten hatten, zusammentaten und ihre Kräfte vereinten, den Kosaken die Stirn zu bieten. Hier war es, wo sich die jungen Kosaken vor allem erprobten. Sie schauderten noch vor Raub, vor Plünderung, vor der Vergewaltigung Wehrloser zurück, brannten aber darauf, sich den Alten als Kämpfer zu zeigen, Mann gegen Mann sich gegen einen geschmeidigen Polackenfant zu erproben, der auf edelm Roß einherstolzierte und die hängenden Ärmel des Dolmans im Wind flattern ließ. Fröhliche Wissenschaft war das; genug an Pferdegeschirr, kostbaren Säbeln und Flinten hatten sie schon erbeutet. Im Lauf eines Monats wurden sie Männer, waren die eben erst ausgeschlüpften Flaumküken erwachsen und völlig verwandelt; ihre Gesichter, die vorher noch knabenhafte Weichheit zur Schau getragen hatten, blickten jetzt streng und stark. Der alte Taraß hatte seine Freude daran, wie seine Söhne überall unter den vordersten waren. Ostap schien der Weg des Soldaten von Geburt an vorgezeichnet zu sein, er hatte alle Gaben für die schwierige Kriegskunst. Nichts, was ihm zustieß, konnte ihn aus der Ruhe und Fassung bringen; voll einer Kaltblütigkeit, die bei einem Zweiundzwanzigjährigen fast unglaublich schien, ermaß er mit einem Blick die ganze Gefahr und die Aussichten des Kampfes, fand er, wo das geraten schien, schleunigst ein Mittel, ihm auszuweichen, aber bloß auszuweichen, um nachher desto gewisser den Sieg zu gewinnen. Seine Bewegungen atmeten jetzt schon die Sicherheit der Erfahrung; der künftige Feldherr war nicht zu verkennen. Sein Körper strotzte von Kraft, sein Kampfesmut lieh ihm die Gewalt eines Löwen.

»Oh, der!« sagte der alte Taraß. »Das gibt einmal einen tüchtigen Hetman. Teufel, gibt das einen Hetman! Der Bursch steckt mit der Zeit den eignen Vater noch in die Tasche!«

Andri ließ sich von der bezaubernden Musik der Kugeln und Schwerter völlig fortreißen. Er wußte nicht, was überlegen heißt, einen Plan machen, die eignen und die Kräfte des Gegners in Rechnung ziehn. Ihm war die Schlacht wilde Wonne und Lust; gleich einem Rausch überkam es ihn in den Minuten, da den Mann die Kampfeswut packt, da alles vor seinen Augen flimmert und wirbelt, da abgehauene Köpfe fliegen und Rosse dröhnend zu Boden schlagen, da der Kosak trunken dahinsprengt, durch Kugelpfeifen und Säbelblitzen, und Hiebe austeilt und nichts von den Hieben spürt, die er selber empfängt. Auch an Andri hatte der Vater oft seine Freude, wenn er, einzig dem feurigen Drange folgend, Gefahren anging, die ein Mensch mit kaltem Blut und Kopf wohl vermieden hätte, und wenn er durch sein berserkerhaftes Draufgehn Wunder vollführte, vor denen auch die ältesten Kämpfer staunende Augen machten.

Der alte Taraß hatte seine Freude daran und sagte:

»Auch er – möge ihn Gott in der Schlacht beschützen – ist ein tapfrer Krieger. Er ist kein Ostap, aber, das muß man sagen, ein tapfrer Krieger!«

Der Hetman hatte beschlossen, geradeswegs gegen die Stadt Dubno zu ziehen, wo einem Gerücht zufolge ein schwerer Kriegsschatz lag und die Bürger Geld in Scheffeln besaßen. Schon um die Mitte des zweiten Tages rückte das Heer vor die Stadt. Die Einwohner beschlossen, sich bis zum letzten Mann und zur letzten Möglichkeit zu wehren und lieber auf dem Markt und den Gassen ihr Blut zu verströmen, als den Feinden den Weg über ihre Schwellen freizugeben. Ein hoher Erdwall umgab die Stadt; wo er nicht hoch genug war, hatte man Steinmauern errichtet oder mit Kanonen bestückte Blockhäuser oder Verhaue aus eichenen Palisaden. Die Besatzung war stark und wußte, worum es ging. Die Kosaken versuchten den Wall in schneidigem Ansturm zu nehmen, wurden aber von heißem Kartätschenfeuer empfangen. Auch die Bürger und das übrige Volk der Stadt schienen nicht müßig hinten bleiben zu wollen und drohten in hellen Haufen vom Wall. In ihren Augen las man den Willen zu verzweifeltem Widerstand. Selbst die Weiber nahmen am Kampfe teil. Den Kosaken auf die Köpfe regneten Steine, Fässer, Töpfe mit siedendem Wasser und endlich Säcke voll Sand, der ihnen die Augen blendete. Die Kosaken hatten nicht gern etwas mit festen Plätzen zu tun, der Sturm gegen Mauern war nicht ihr Fall.

Der Hetman gab also Befehl zum Rückzug und sagte: »Wartet es ab, ihr Herren und Brüder! Wir ziehn uns zurück; aber ein ungläubiger Tatar will ich heißen, und nicht ein Christenmensch, wenn auch nur einer von denen da aus der Stadt kommt! Sollen sie nur alle vor Hunger verrecken, die Hunde!«

Das Heer zog sich zurück, umzingelte die Stadt und machte sich aus lauter Langeweile daran, die Umgegend zu verwüsten. An die Dörfer der Nachbarschaft und die Kornschober, die noch nicht eingefahren waren, wurde Feuer gelegt; auf die ungemähten Felder jagte man die Gäule und ließ sie die vollen Ähren niedertrampeln, die den Landleuten in diesem Jahr einen selten reichen Lohn ihrer Mühe versprochen hatten. Die Leute in der Stadt sahen mit Schrecken, wie das, was ihnen Nahrung gewähren sollte, der Zerstörung anheimfiel. Inzwischen richteten sich die Kosaken, die eine zwiefache Wagenburg um die Stadt gelegt hatten, genau wie daheim im Lager ein, hausten nach Gemeinden geordnet, rauchten ihre Pfeifen, trieben Tauschhandel mit den erbeuteten Waffen, spielten Paar oder Unpaar und schauten mit zielsicherer Mördergeduld kalt nach der Stadt hinüber. Abends wurden die Lagerfeuer entfacht, die Gemeindeköche kochten in ungeheuren Kupferkesseln Riesenmengen an Grütze; neben Feuern, die die ganze Nacht unterhalten wurden, lagerten die Posten.

Es währte natürlich nur kurze Zeit, da begannen sich die Kosaken bei dem faulen Leben zu langweilen – diese ewige Nüchternheit, die durch so gar keine wichtige Tätigkeit geboten erschien, behagte ihnen wenig. Der Hetman entschloß sich seufzend, die Weinration zu verdoppeln. Das hielt man im Feld manchmal so, wenn keine größeren Kämpfe noch Marschleistungen zu erwarten waren. Besonders den jungen Leuten, nicht zuletzt Taraß Bulbas Söhnen, mißfiel dies Dasein aufs höchste.

Andri machte kein Hehl aus seinem Verdruß.

»Unvernünftiger Bursch«, sagte Taraß zu ihm, »nur durch Geduld wird aus dem Kosaken ein Hetman! Das ist mir noch lange nicht der richtige Krieger, wer bloß in der Schlacht keine Angst hat – nein, auch wenn nichts zu tun ist, hübsch munter bleiben, alles ertragen, was da auch kommt und was da auch los ist, und immer den Mut behalten...!«

Aber ein hitziger junger Bursch denkt darin nicht wie ein Alter – ihre Jahre sind weit auseinander, sie sehen die Dinge mit sehr verschiednen Augen.

Inzwischen war auch Taraß Bulbas Regiment unter der Führung des Oberstleutnants Towkatsch zum Heere gestoßen; zwei weitere Oberstleutnante, einen Schreiber und sonstige Chargen brachte er mit; es waren im ganzen mehr als viertausend Kosaken. An ihren Reihen gab es genug Freiwillige, die ohne Aufruf unter die Fahne getreten waren, als sie hörten, worum es ging. Towkatsch überbrachte Bulbas Söhnen den Segen der Mutter und jedem ein im Kiewer Kloster geweihtes Heiligenbild aus Zypressenholz. Die beiden Söhne hängten sich die Amulette um und kamen wider Willen ins Grübeln, da sie der Mutter gedachten. Was kündete und bedeutete ihnen dieser Segen? Hatte er wohl die Kraft, ihnen den Sieg über die Feinde zu schenken und darnach die fröhliche Heimkehr, schwer an Beute, strahlend in Ruhm, der ewig zum Klang der Pandora besungen würde; oder...? – Keiner erforscht die Zukunft, sie liegt vor dem Menschenblick wie herbstlicher Nebel, der aus Sümpfen empordampft; sinnlos flattern durch ihn mit bangem Flügelschlag die Vögel aufwärts und abwärts, ohne einander zu sehen, die Taube sieht nicht den Habicht, der Habicht sieht nicht die Taube, und keiner weiß, wie dicht auf den Fersen das Unheil ihm folgt...

Ostap hatte die Tagesarbeit getan und lag schon lange schlummernd bei den Kameraden. Andri aber war es, er wußte selbst nicht warum, sonderbar schwül ums Herz. Das Mahl der Kosaken war längst beendet, die Abendröte verglommen, eine herrliche Julinacht verhüllte die Erde. Andri ging nicht zu seinen Leuten, er legte sich auch nicht schlafen, er schaute verträumt auf das Bild, das sich vor ihm ausbreitete. Am Himmel funkelten klein und hell die Sterne. Weithin über das Feld zog sich die Reihe der Wagen, die mit allerhand Proviant und Beute beladen waren, und zwischen deren Rädern die Teereimer leise schaukelten. Neben den Wagen, unter den Wagen, seitab von den Wagen – überall hatten sich die Kosaken ins Gras geworfen. Sie schliefen in den mannigfaltigsten Stellungen – dem einen diente ein Mehlsack als Kissen, dem andern die Mütze, wieder einer bettete einfach den Kopf auf den Bauch eines Kameraden. Der Säbel, die Hakenbüchse, die kupferbeschlagne Pfeife mit kurzem Rohr, Stahl und Stein waren jedem zur Hand – davon trennte man sich auch bei Nacht nicht. Die schweren Ochsen lagen, die Beine unter den Leib gezogen, als weißliche Haufen da und glichen aus der Entfernung gesehen über die Hänge verstreuten grauen Felsblöcken.

Rundum erscholl das tausendstimmige Schnarchen des schlafenden Heeres; wie eine Antwort darauf kam von den Feldern das helle Wiehern der Hengste, die unwillig an ihren Koppeln zerrten. Und etwas war da, was der Schönheit der Julinacht eine unheimliche Erhabenheit lieh. Das war der Schein der ferne brennenden Dörfer. Hier wallte die Flamme still und feierlich zum Firmament empor; dort, wo sie leichtere Nahrung fand und vom Wind gepackt wurde, heulte sie pfeifend und flog bis an die Sterne hinauf, die losgerissenen Feuerfetzen erloschen erst hoch oben im Himmel. Ein niedergebranntes schwarzes Kloster stand dräuend wie ein grimmer Karthäusermönch da und wies im Licht der Brände seine düstre Majestät, der Klostergarten brannte, Andri meinte beinah, er höre die Bäume zischen, wenn sie in der Glut zu dampfen begannen; schlug dann die Lohe empor, so lag plötzlich das Licht grell phosphorblau auf Büscheln von reifen Pflaumen und verwandelte gelbe Birnen zu blankem Dukatengold. Dazwischen hing an der Klostermauer oder an einem Baumast in tiefem Schwarz der Leichnam eines Juden oder eines Mönches, der bei der Brandschatzung des Klosters sein Ende gefunden hatte. Oben über den Flammen flatterten ängstlich Vögel, die einem Muster aus dunkeln Kreuzchen auf feurigem Grunde glichen. Die belagerte Stadt schien zu schlafen, ihre Türme und Dächer, der Palisadenzaun und die Mauern glühten verschwiegen im Schein der fernen Brände.

Andri durchschritt die Reihen der Kosaken. Die Feuer, an denen die Posten lagerten, waren am Verlöschen, die Posten selbst schliefen – sie hatten ihren gesunden Kosakenhunger wohl durch zu reichliche Atzung befriedigt. Ein bißchen merkwürdig dünkte Andri soviel Sorglosigkeit; er überlegte: – Ein Glück noch, daß kein starker Feind um den Weg ist und nirgends Gefahr droht. – Endlich ging er selbst zu einem der Wagen, kletterte hinauf und legte sich auf den Rücken, den Kopf in die gefalteten Hände gebettet; aber er konnte nicht schlafen und schaute noch lange in den Himmel hinauf: grenzenlos offen lag der vor seinem Blick, die Luft war sichtig und rein, das Sterngewimmel der Milchstraße zog einen grell funkelnden Lichtgürtel über die Wölbung. Manchmal verschwammen Andris Gedanken, ein leichter Schlummernebel zog über die Sterne, gleich aber wurde er wieder wach und sah alles sehr scharf und sehr klar.

Da war es ihm plötzlich, als tauche so etwas wie ein seltsames Gesicht aus der Nacht. Er hielt es für ein Traumbild, das gleich wieder in Luft zerrinnen müsse, und riß die Lider gewaltsam auf. Da erkannte er, daß sich in Wahrheit ein verhärmtes, hagres Antlitz über ihn beugte und ihm gerade in die Augen sah. Lange, kohlschwarze Haare, ungekämmt und wirr, krochen unter einem dunkeln, lässig übergeworfnen Kopftuch hervor; das sonderbare Glimmen des Blickes, die Leichenblässe der scharfen Züge gemahnten ihn an ein Gespenst.

Unwillkürlich griff Andri zur Hakenbüchse und fragte mit bebender Stimme: »Wer da? Bist du ein unreiner Geist, so hebe dich fort; bist du ein lebendiger Mensch, so reut dich der Spaß – ich knall dich über den Haufen!«

Als Antwort legte die Erscheinung den Finger an die Lippen und schien ihn durch diese Gebärde zu bitten, er möge doch still sein. Er ließ die Hand sinken und musterte das seltsame Wesen genauer. An den langen Haaren, dem Hals und der halbnackten braunen Brust erkannte er, daß es ein Weib war. Aber sie mußte von fremdem Stamm sein; ihr braunes Gesicht erschien wie ausgemergelt durch harte Entbehrung, die breiten Backenknochen sprangen scharf aus den eingefallnen Wangen hervor, schief geschlitzt zogen sich die Augen gegen die Schläfen hinauf.

Je länger Andri das Gesicht musterte, desto bekannter dünkte es ihn. Endlich fragte er lebhaft: »Wer bist du? Ich glaube immer, ich kenn dich. Gesehen hab ich dich schon einmal.«

»Vor zwei Jahren, in Kiew.«

»Vor zwei Jahren... in Kiew...« wiederholte Andri und ließ die Erinnerungen aus der Schulzeit an sich vorüberziehen. Forschend musterte er die Fremde noch einmal, dann schrie er plötzlich: »Jetzt weiß ichs: die Tatarin bist du, die Magd des Fräuleins!«

»Scht!« wisperte das Weib und faltete flehend die Hände. Bang wendete es den Kopf, zu sehen, ob Andris laute Worte nicht am Ende einen der Schläfer aufgeschreckt hätten.

»Wo kommst du her? So sprich doch!« flüsterte er atemlos, die Erregung preßte ihm hart die Kehle zusammen. »Wo ist das Fräulein? Ist sie wohlauf?«

»Drinnen in Dubno ist sie.«

»Dort in der Stadt?« Er hätte beinah wieder aufgeschrieen, alles Blut schoß ihm jählings zu Herzen. »Wie kommt sie hierher?«

»Der alte Herr ist auch da: er ist schon im zweiten Jahr Marschall von Dubno.«

»Ist sie vermählt? Sprich, sprich doch! Sei nicht so komisch! Was macht sie?«

»Sie hat zwei Tage schon nichts mehr gegessen.«

»Nein...?!«

»Kein Mensch in der Stadt hat noch ein Stück Brot. Sie fressen Erde – es gibt nichts weiter.«

Andri starrte düster ins Leere.

Das Weib fuhr fort: »Das Fräulein hat dich vom Wall aus unter den Kosaken gesehen. Sie sagte zu mir: ›Geh hin zum Ritter: wenn er meiner gedenkt, soll er kommen; und hat er mich schon vergessen, dann soll er dir doch ein Stück Brot geben für meine alte Mutter – ich kann es nicht mit ansehen, wie sie vor meinen Augen langsam dahinstirbt. Lieber will ich zuerst verhungern – wenn sie nur lebt, bis ich tot bin. Wirf dich ihm vor die Füße und leg die Arme um seine Knie: er hat selbst eine Mutter – bei ihrem Leben beschwör ihn um ein Stück Brot!«

Ein Sturm von Gefühlen erschütterte den jungen Kosaken. »Aber wie kommst du her?« forschte er.

»Durch den geheimen Gang.«
»Gibt es da einen geheimen Gang?«
»Unter der Erde, ja.«
»Wo?«
»Wirst du uns auch gewiß nicht verraten, Herr Ritter?«
»Ich schwör es dir beim heiligen Kreuz!«
»Von hier zum Bach hinunter, über dem Wasser, dort wo das hohe Schilf ist...«
»Und kommt man durch diesen Gang in die Stadt?«
»Geradeswegs ins städtische Kloster.«
»Also... Was warten wir noch!«
»Aber um Christi und der heiligen Jungfrau willen, ein Stück Brot!«
»Schon recht, ich hol was! Bleib hier beim Wagen, oder kriech besser hinauf! Keiner sieht dich, sie schlafen alle; ich bin gleich wieder da.«

Er machte sich auf den Weg. Sein Herz klopfte heftig. Die Vergangenheit, die durch das Lagerleben, durch die bunten Kriegsabenteuer in den Hintergrund getreten war, drängte sich wieder vor und schob nun die Gegenwart in den Schatten. Wie aus dunkler Meerestiefe tauchte das stolze Weib ans Licht; von neuem letzte sich sein Gedächtnis an ihren weißen Armen, ihren Augen, ihren lachenden Lippen, an dem üppigen, dunkel nußbraunen Haar, das sich in Locken auf ihre Brüste ringelte, an dem vollendeten Ebenmaß ihrer biegsamen Mädchengestalt. Nicht erloschen war dies Bild, nicht entschwunden aus seinem Herzen – für eine Weile nur war es vor der Gewalt der neuen Bilder vom Schauplatz getreten, gar oft hatte es durch die nächtigen Träume des Jünglings gegeistert, gar oft war Andri emporgefahren und hatte schlaflos auf seinem Lager gelegen und nicht gewußt, warum ihm solches geschah.

Er setzte langsam Fuß vor Fuß und spürte beinah eine Lähmung in den Knien, fühlte sein Herz wilder und wilder pochen bei dem Gedanken, daß er sie wiedersehen sollte. Als er vor dem Packwagen stand, hatte er völlig vergessen, was er hier suchte; er rieb sich mit dem Handrücken die Stirn und überlegte, weshalb er gekommen sei. Endlich traf es ihn wie ein Schlag: ihn überfiel die Angst, sie könne Hungers sterben. Er lud sich eilend ein paar Laibe Brot auf. Doch konnte solche derbe Kosakenkost dem zarten Wesen willkommne Nahrung sein? Nun, es mußte wohl noch etwas andres geben. Erst heute abend hatte der Hetman die Köche hart angelassen, weil sie das Buchweizenmehl, das drei Tage reichen sollte, für eine einzige Mahlzeit verbraucht hatten! Fest überzeugt, daß er noch Brei zur Genüge finden würde, kramte Andri seines Vaters Feldkessel hervor und suchte den Gemeindekoch auf. Der lag schlafend neben den beiden großen Kupferkesseln, deren jeder zehn Eimer faßte, und unter denen die Asche noch glühte. Andri mußte zu seiner Verblüffung feststellen, daß die Riesengefäße sauber ausgekratzt waren. Solche Mengen zu vertilgen – dazu gehörten wirklich übermenschliche Kräfte, zumal da Andris Gemeinde weniger Köpfe zählte als die andern. Er untersuchte die Kessel der Nachbargemeinden – nirgends ein Restchen zu finden. Er mußte an den Spruch denken: »Der Kosak ist ein Kind: koch wenig, koch viel – er frißt, was da ist, mit Stumpf und Stiel.« – Was tun? Ihm kam in den Sinn, daß es auf dem Regimentspackwagen seines Vaters noch einen Sack Weißbrot geben müßte, den sie bei der Plünderung der Klosterbäckerei erbeutet hatten. Er fand das Gesuchte aber nicht auf dem Wagen: Ostap hatte sich den Sack unter das Genick geschoben und lag und schnarchte, daß es weit durch die Nacht klang. Andri packte den Sack und riß so hastig daran, daß seines Bruders Kopf hart gegen die Erde knallte.

Halb noch im Schlaf, setzte sich Ostap auf und schrie, ohne die Augen zu öffnen, aus vollem Halse: »Haltet ihn fest, haltet den Satanspolacken, fangt seinen Gaul, den Gaul müßt ihr fangen!«

»Sei still, oder du bist ein Kind des Todes!« rief Andri erschrocken und holte mit dem Sack gegen ihn aus.

Aber Ostap sagte ohnehin kein Wort mehr: er hatte sich schon wieder beruhigt und schnarchte, daß sich von seinem Hauch die Gräser bogen.

Andri spähte besorgt in die Runde, ob von Ostaps schlaftrunknem Gebrüll niemand aufgewacht wäre. Und wirklich hob sich in der Nachbarschaft ein beschopfter Kopf und ließ die Augen wandern. Doch sank er gleich wieder ins Gras. Der junge Kosak wartete noch eine Weile und ging dann weiter mit seiner Last.

Die Tatarin lag auf dem Wagen und wagte kaum zu atmen.

Andri flüsterte: »Hopp, komm herunter! Alles schläft, hab keine Angst! Kannst du nachher ein paar von den Broten nehmen, wenn mir der Kram zu schwer wird?« Sprachs, lud sich die Säcke auf den Rücken und holte im Vorbeigehn noch einen Sack Hirse von einem Wagen. Unter die Arme nahm er die Brote, die er der Tatarin zum Tragen hatte geben wollen, und schritt, etwas gebückt unter der Bürde, keck durch die Reihen der schlafenden Kosaken.

»Andri!« rief, als sie an ihm vorbeikamen, plötzlich der alte Bulba.

Dem Sohn stand das Herz still; er machte halt und stammelte, zitternd am ganzen Leibe: »Was ist denn?«

»Du läufst mit einem Weibsbild herum! Wart nur, mein Sohn, wenn ich aufsteh – den Hintern verhau ich dir! Von den Weibern lernst du nichts Gutes!«

Bulba stützte das Kinn in die Hand und musterte scharf die in ihr Tuch gehüllte Tatarin.

Andri war nicht lebendig und nicht tot, er hatte den Mut nicht, dem Blick des Vaters zu begegnen. Als er endlich die Augen hob und ihn ansah, merkte er, daß der alte Bulba schon wieder schlief, noch in der gleichen Haltung, das Kinn in die Hand gestützt.

Andri bekreuzigte sich. Der Schreck verebbte schneller, als er ihm vorhin zu Herzen geströmt war. Als er sich nach der Tatarin umschaute, sah er sie stehen gleich einer Bildsäule aus dunkelm Granit, fest in ihr Tuch gewickelt; nur ihre Augen glänzten im Schein der fernen Feuersbrünste – er fühlte sich an die gebrochnen Augen einer Leiche erinnert. Aufmunternd zog er sie am Ärmel; sie schritten zusammen rüstig aus und wendeten viele Male besorgt die Köpfe, bis sie endlich über den Hang in die Schlucht abgestiegen waren, auf deren Grunde der Bach zwischen Moostümpeln träg durch das Riedgras plätscherte. Hier waren sie vor jedem Blick vom Lager her gedeckt. Als Andri sich umschaute, sah er die Böschung als senkrechte Wand von mehr als Mannshöhe hinter sich aufsteigen; oben nickten vereinzelte Grashalme, und darüber hing schief im Himmel der Mond, gleich einer Sichel aus blankem Dukatengold. Ein leichter Wind, der das Gras erschauern ließ, kündete, daß der Tag nicht mehr fern sei.

Jedoch kein Hahnenschrei klang in der Runde. Hähne gab es hier längst nicht mehr, nicht in der Stadt, nicht bei den Bauern. Auf einem schmalen Brett überquerten sie den Bach, dessen andres Ufer noch höher und steiler anstieg als das verlassene. Dies schien ein von Natur fester und sichrer Punkt des städtischen Weichbildes zu sein – dafür sprach schon, daß der Wall hier niedrig und nicht von Posten besetzt war. Weiterhin schloß sich die feste Klostermauer an. Der Hang war mit Steppengras bewachsen; auf dem schmalen Rain zwischen ihm und dem Bach wucherte mannshohes Röhricht. Oben auf der Höhe sah man die Trümmer eines Flechtwerkzaunes, der einst einen Küchengarten umfriedet haben mochte. Außen säumten den Zaun breitblättrige Kletten, über ihn hervor lugte ein Gewirr von Melden und stachligen Disteln, dahinter hoben Sonnenblumen stolz die Köpfe. Nun schlüpfte die Tatarin aus den Stöckelschuhen und ging barfuß weiter, behutsam schürzte sie ihr Gewand, denn der Boden war sumpfig und wasserreich. Sie drangen durch das Röhricht und standen vor einem Reisighaufen. Der wurde zur Seite geschoben, und es öffnete sich eine Art Höhle, nicht viel größer als ein Backofenloch. Die Tatarin bückte sich und ging voran. Andri machte sich so klein, wie er nur konnte, um mit den Säcken durchzukommen; und bald nahm schwarze Finsternis die beiden auf.

Sechstes Kapitel

Der junge Kosak konnte sich in dem engen und dunkeln Gang kaum rühren, als er so, die Brotsäcke auf dem Rücken, hinter der Tatarin herschritt.

»Bald wird es hell«, sagte die Führerin, »wir sind gleich da, wo ich die Lampe abgestellt hab.« Und wirklich zeigte sich an den Wänden ein leiser Lichtschimmer. Der Gang erweiterte sich zu einer Art Kapelle. An die Wand gerückt war ein schmales Tischchen, das wohl einen Altar vorstellen sollte, und darüber erblickte man ein fast völlig verwischtes, rauchgeschwärztes katholisches Madonnenbild. Eine silberne Ampel, die davor hing, spendete ungewissen Schein. Am Boden stand eine kupferne Lampe aus hohem, schlankem Fuß, von der an dünnen Kettchen eine Lichtschere, eine Nadel zum Herausziehen des Dochtes und ein Löschhorn herabhingen. Die Tatarin bückte sich zur Lampe und entzündete sie an der Ampel. Es wurde heller; und als die beiden nun weitergingen, bald von der Flamme scharf beleuchtet, bald von tiefschwarzem Schatten überkrochen, glichen sie einem Bild von Gherardo dalle Notti. Das frische, schöne, von Gesundheit und Jugend strotzende Gesicht des Ritters stach seltsam gegen die ausgemergelten, bleichen Züge des Weibes ab. Der Gang erweiterte sich allmählich, so daß Andri sich aufrichten konnte. Neugierig musterte er die Erdwände, die ihn an das Kiewer Höhlenkloster gemahnten. In den Grabnischen der Wände standen Särge; verstreut am Boden lagen nackte menschliche Gebeine, die in der Feuchtigkeit vermoderten und zu Staub zerfielen. Auch hier also hatten heilige Männer gehaust und sich vor den Stürmen, Leiden und Versuchungen der Welt in die Stille geflüchtet. Die Feuchtigkeit war groß, manchmal gluckste ihnen Wasser unter den Füßen. Andri mußte oft halt machen und seine Begleiterin rasten lassen. Immer wieder gewann die Erschöpfung Macht über sie. Das Stückchen Brot, das sie heruntergeschlungen hatte, bereitete ihrem ausgehungerten Magen nur Schmerzen. Sie stand oft minutenlang unbeweglich auf einem Fleck.

Endlich gelangten sie an eine kleine eiserne Tür.

»Gott sei gelobt, da sind wir«, sagte die Tatarin mit schwacher Stimme und hob die Hand, anzuklopfen, hatte aber die Kraft nicht mehr dazu.

Andri pochte statt ihrer heftig an das Pförtchen. Das weckte einen hohlen, schnell wieder ersterbenden Klang, wie wenn drüben weite Hallen mit hohen Wölbungen lägen, von denen der Ton verschlungen würde. Alsbald hörte man Schlüssel rasseln, und Schritte schienen eine Treppe herunterzukommen. Endlich öffnete sich die Tür; vor ihnen stand auf schmaler Treppe ein Mönch, ein Schlüsselbund und einen Leuchter in den Händen. Andri stutzte unwillkürlich beim Anblick eines jener katholischen Mönche, die den Kosaken ein Gegenstand des Hasses und der Verachtung waren und von ihnen noch unmenschlicher behandelt wurden als selbst die Juden. Auch der Mönch fuhr zurück, da er den Kosaken erblickte, aber ein geflüstertes Wort der Tatarin beruhigte ihn. Er leuchtete den beiden, verschloß die Tür hinter ihnen und geleitete sie die Treppe hinauf. Sie fanden sich unter den hohen Bogen der Klosterkirche. Vor einem der Altäre, auf dem schlanke Leuchter mit brennenden Kerzen standen, kniete ein Priester und betete leise. Rechts und links von ihm knieten zwei Ministranten in veilchenfarbnem Ornat mit weißen, spitzenbesetzten Chorhemden darüber und schwangen Rauchfässer in den Händen. Der Priester erflehte ein Wunder: Gott möge die Stadt erretten, den sinkenden Mut stärken, Geduld im Leiden senden, den Versucher von hinnen treiben, der die Leute zum Murren aufstachle und ihre Seelen mit kleinmütigem, kläglichem Jammer über des Tages Not erfülle. Ein paar Frauen, die Gespenstern glichen, knieten in der Nähe, sie lehnten sich dabei an die Stühle und Bänke aus dunkelm Holz und stützten ihre kraftlosen Häupter gegen deren Lehnen; auch ein paar Männer knieten mit trüben Mienen da und ließen sich die Säulen und Pilaster, die den Chor trugen, als Halt dienen. Das bunte Fenster über dem Altar erstrahlte plötzlich von rosigem Morgenlicht, warf blaue, gelbe, rote, grüne Lichtflecke auf den Boden; und in der finstern Kirche wurde es hell. Der Altar in der tiefen Nische war auf einmal in Glanz getaucht; der Weihrauch hing als regenbogenfarbne Wolke über den Häuptern der Gemeinde. Andri starrte aus seinem dunkeln Winkel staunend in das Wunder des Lichts. Da erfüllte auf einmal das feierliche Dröhnen der

Orgel den Raum; tiefer und tiefer wurde der Ton, er wuchs gewaltig zu schwerem Donnergrollen an, und plötzlich glitt er leicht in Sphärenharmonien hinüber, jauchzte silbern gleich hellen Mädchenstimmen durch das Gewölbe, schwoll wieder zu tiefem Brüllen und Donnern an und brach dann plötzlich ab. Lange noch bebte die Luft im Nachhall, lange noch lauschte Andri offnen Mundes der erhabnen Offenbarung dieser Klänge nach.

Da fühlte er sich am Rock gezogen. »Wir müssen gehn!« sprach die Tatarin.

Sie durchschritten die Kirche, ohne daß einer der Beter den Kopf nach ihnen gewendet hätte, und traten auf den Markt hinaus. Der Himmel leuchtete in dem Rot, das den Sonnenaufgang verkündet. Der rechteckige Platz war völlig menschenleer; die hölzernen Stände in seiner Mitte erzählten davon, daß hier vielleicht noch vor einer Woche Lebensmittelmarkt gehalten worden war. Statt eines Pflasters deckte den Boden eingetrockneter Schmutz. Umgeben war der Platz von kleinen, einstöckigen Häusern mit Wänden aus Stein und Lehm, durch die sich kreuz und quer die nackten Fachwerkbalken zogen, eine Bauart, die damals allgemein im Schwange war, und die man noch heute mancherorts in Litauen und Polen antrifft. Sie hatten alle unverhältnismäßig hohe Dächer mit einer Menge von Luken und Mansardenfenstern. Auf der einen Seite, neben der Kirche, erhob sich über die übrigen ein Bau von völlig andrer Art, wohl das Rathaus oder ein Regierungsgebäude. Das Haus hatte zwei Stockwerke und war gekrönt von einer Warte mit zwei offnen Lauben übereinander, deren obre einem Wächter als Ausguck diente. In das Dach war ein großes Zifferblatt eingelassen. Der Platz erschien wie ausgestorben, doch glaubte Andri ein leises Stöhnen zu vernehmen. Er schaute sich um und erblickte drüben auf der andern Seite eine Gruppe von zwei, drei Menschen, die reglos am Boden lagen. Er kniff die Augen zusammen, zu erkennen, ob diese Leute schliefen oder tot wären, da stolperte sein Fuß über etwas Weiches. Es war der Leichnam einer Frau – soviel er sehen konnte, einer Jüdin. Sie schien noch jung zu sein, wenngleich man ihrem verzerrten, ausgemergelten Gesicht nicht viel davon anmerken konnte. Sie trug ein Kopftuch aus roter Seide, um das eine doppelte Perlenschnur geschlungen war; darunter hervor ringelten sich ein paar krausgelockte Haarsträhnen auf den abgemagerten Hals hinab, dessen Adern stark angeschwollen waren. Neben ihr lag ein Säugling, der mit zitternden Händchen ihre schlaffe Brust betastete und zornig daran zerrte, weil sie ihm keine Milch zu geben hatte. Er konnte nicht mehr weinen noch schreien, das leise Heben und Senken seiner Brust aber bezeugte, daß er noch lebte und erst im Begriff war, den letzten Seufzer auszuhauchen. Sie bogen in eine Straße ein, da kam ihnen ein Tobsüchtiger entgegen. Als der Andris kostbare Last erblickte, stürzte er sich wie ein Tiger auf ihn und klammerte sich mit dem Rufe: »Brot!« an seinen Arm. Aber seine Kraft war kleiner als die rasende Gier; Andri versetzte ihm einen Stoß – er taumelte zu Boden. Von Mitleid ergriffen, warf ihm der Kosak ein Brot hin; der andre stürzte sich darauf, schlug seine Zähne hinein und begann heißhungrig zu schlingen. Der Nahrung lange schon entwöhnt, mußte er das mit dem Leben büßen – er gab unter furchtbaren Krämpfen gleich nach den ersten Bissen den Geist auf. Bei jedem Schritt fast, den die beiden machten, erregte der Anblick unglücklicher Opfer des Hungers ihr Entsetzen. Es war, als trieben ihre Leiden die Leute aus dem Hause, als glaubten sie, draußen auf der Straße könne schon die Luft ihnen Kraft und Nahrung spenden. Vor dem Tor eines Hauses kauerte eine alte Frau, man konnte nicht unterscheiden, ob sie schlafe, ob sie tot oder ob sie nur geistesabwesend sei: jedenfalls hörte und sah sie nichts; das Kinn auf die Brust gesenkt, kauerte sie schon lange reglos am gleichen Fleck. Vom Sims eines andern Hauses hing, die Schlinge um den Hals, ein langgestreckter dürrer Leichnam nieder – der arme Teufel hatte die Qualen des Hungers nicht bis zum Ende ertragen und sie durch Selbstmord abgekürzt.

Diese schauerlichen Spuren des Hungers entrissen Andri die Frage: »Haben sie denn wirklich gar nichts gefunden, ihr Leben zu fristen? In der letzten Not kann man nichts machen, da muß der Mensch essen, wovor er sich sonst ekelt; da muß auch das Viehzeug gut dafür sein, das einem sonst das Gesetz verbietet, da kann einem alles als Speise dienen.«

»Sie haben alles aufgegessen«, sprach die Tatarin, »du findest nicht Pferd, nicht Hund, nicht einmal eine Maus mehr in der ganzen Stadt. Wir haben hier drinnen nie Vorräte gehabt – es kam alles aus den Dörfern herein.«

»Aber wenn ihr einen so scheußlichen Tod sterben müßt – wozu wollt ihr die Stadt da noch halten?«

»Ja, es kann schon sein, daß der Marschall kapituliert hätte, aber gestern abend hat uns der Oberst, der bei Budschaki steht, einen Falken mit einem Brief geschickt: Wir sollen uns nicht ergeben; er will uns mit seinem Regiment entsetzen und wartet nur noch auf einen andern Obersten, der zu ihm stoßen soll. Jetzt hofft man, daß sie jede Stunde kommen. – Aber da ist schon unser Haus.«

Andri hatte längst von weitem diesen Bau bemerkt, der den andern so wenig glich und wohl von einem welschen Meister entworfen war. Zwei Stockwerke hoch reckten sich die Mauern, die aus zierlichen, schmalen Ziegeln gefügt waren. Die Fenster des Erdgeschosses hatten weit vorspringende Umrahmungen aus Granit; um den Oberstock zog sich eine Galerie aus dichtgestellten kleinen Bogenfenstern, auf deren Gittern Wappen prangten; Wappenschilder zierten auch die Ecken des Baues. Die Freitreppe aus bunten Ziegeln sprang weit in die Straße vor. Unten neben der Treppe saßen rechts und links zwei Wachtposten, die malerisch und in abgezirkelter Haltung, der eine genau wie der andre, mit der Rechten die Lanze hielten und mit der Linken den gesenkten Kopf stützten. So glichen sie mehr Bildsäulen als lebendigen Menschen. Sie schliefen nicht, schienen aber auch nichts zu hören und zu sehen; sie kümmerten sich nicht einmal darum, wer die Treppe hinanstieg. Auf der obersten Stufe erblickten die Ankömmlinge einen kostbar gekleideten, bis an die Zähne bewaffneten Krieger, der ein Gebetbuch in der Hand hielt. Er schlug die müden Augen zu ihnen auf, als aber die Tatarin ihm ein Wort zuraunte, senkte er den Blick wieder auf die Blätter des aufgeschlagnen Buches. Sie betraten das erste Gemach, das ziemlich groß war und als Vorraum und Wartezimmer diente. Rings an den Wänden rekelten sich Soldaten, Lakaien, Hundejungen, Mundschenken und andre Dienerschaft, wie sie der Rang eines polnischen Magnaten verlangte, mochte er Heerführer, mochte er nur Großgrundbesitzer sein. Der Qualm einer ausgegangnen Kerze beizte den Eintretenden die Nase; zwei andre Kerzen brannten noch auf beinah mannshohen Kandelabern, die mitten im Zimmer standen; und doch schaute durch das breite vergitterte Fenster auch hier längst der Morgen herein. Andri wollte geradeswegs auf eine hohe Tür aus Eichenholz zueilen, die mit einem Wappen und allerlei Schnitzwerk geziert war, die Tatarin aber zog ihn am Ärmel und deutete zu einem Pförtchen in der Seitenwand. Durch dieses kamen sie auf einen Gang und darauf in ein Zimmer, in dem sich Andri neugierig umsah. Der Lichtstrahl, der durch einen Spalt der geschlossenen Laden eindrang, streifte einen karmesinroten Vorhang, ein goldnes Gesims und Malereien an den Wänden. Die Tatarin hieß ihn hier warten und öffnete die Tür zu einem hell erleuchteten Nebenzimmer. Der junge Kosak vernahm das Flüstern einer sanften Stimme, vor der ihm das Herz erzitterte. Er hatte beim Öffnen der Tür flüchtig die schlanke Gestalt einer Frau erblickt, der eine lange, üppige Haarflechte über den erhobnen Arm herunterhing. Die Tatarin kehrte zurück und bat ihn, einzutreten. Er wußte nicht, wie er hineinkam, und wer die Tür hinter ihm schloß. In dem Gemach brannten zwei Kerzen; vor dem Heiligenbild flackerte die Ampel, darunter stand ein hoher katholischer Betschemel. Jedoch das war es nicht, was seine Augen suchten. Er wendete den Kopf und erblickte ein Weib, das wie mitten in einer schnellen Bewegung erstarrt und versteinert aussah – als hätte es ihm entgegenstürzen wollen und plötzlich halt gemacht. Auch er stand reglos, in tiefem Staunen. Nicht so hatte er geträumt sie wiederzusehen: das war nicht sie, die er früher gekannt hatte; sie glich in keinem Stück mehr ihrem Bild von einst, aber sie war jetzt zwiefach schön und herrlich. Damals hatte sie noch etwas gleichsam Unfertiges, Unvollendetes gehabt, jetzt war sie wie ein Meisterwerk, an dem sein Künstler den letzten Pinselstrich getan hat. Damals war sie ein reizendes kokettes Mädchen gewesen, jetzt war sie ein Weib von reifer Schönheit. Aus ihren voll zu ihm aufgeschlagnen Augen sprach ein starkes Gefühl, nicht bloß eine Spur und Andeutung von Gefühlen – nein, ein ganzes, großes Gefühl. Noch waren ihre Tränen nicht getrocknet; sie liehen ihren Augen einen feuchten Glanz, der Andri an das Herz griff. Ihre Brust, der Hals und die Schultern prangten in der schön gebändigten Fülle des voll erblühten Weibes; ihr Haar, das ihr früher in leichten Löckchen ins Gesicht gefallen war, hatte sich zu einer dicken, üppigen Flechte verwandelt, von der ein Teil aufgesteckt war, während der andre Teil armslang über die Schultern herabhing und ihr ein Netz von feinen krausen Goldfäden über die Brust legte. Ihre Züge schienen sich ganz verändert zu haben. Er suchte etwas von dem wiederzufinden, was er im Gedächtnis getragen hatte – umsonst! So furchtbar bleich sie war – das konnte ihrer Schönheit nicht Abbruch tun; es war, als gäbe ihr das vielmehr etwas Leidenschaftliches, unwiderstehlich Sieghaftes. Andri fühlte eine heilige Scheu im Herzen und stand wie ein Erstarrter vor ihr. Auch sie war wohl betroffen von dem Anblick des Kosaken, des Jünglingmannes in seiner ganzen Kraft und Schönheit, dem man auch jetzt, da er sich nicht bewegte, ansah, wie ungezwungen frei sich seine Glieder rühren müßten; sein Auge blitzte von sicherer Kraft, in kühnem Bogen schwang sich die samtne Braue, die sonnverbrannte Wange glühte vom Feuer unverdorbner Jugend, der kleine schwarze Schnurrbart glänzte seidig.

»Ich hab die Kraft nicht, noch die Macht, dir deine Güte zu vergelten, edler Ritter«, sagte sie, und ein Beben war in ihrer Silberstimme. »Gott allein kann dir das lohnen; niemals ein schwaches Weib wie ich...«

Sie schlug die Augen nieder; die schönen schneeigen Halbkreise der Lider, gesäumt von langen, pfeilgeraden Wimpern, verhüllten ihren Blick; auch ihr wunderholdes Gesicht neigte sich, und eine seine Röte stieg ihr in die Wangen. Andri wußte nichts zu erwidern; er hätte alles aussprechen mögen, was ihm am Herzen lag, es so glühend aussprechen mögen, wie ihm zumute war; aber er konnte es nicht. Ein dunkles Etwas versiegelte ihm die Lippen; die Stimme hätte keinen Klang gehabt – wie sollte er, das Kind des Seminars und des unsteten Kriegerlebens, auf solche Rede Antwort geben? Er haderte mit dem Schicksal, das ihn als Kosaken das Licht der Welt hatte erblicken lassen.

In diesem Augenblick betrat die Tatarin das Gemach. Sie hatte schon ein Brot in Scheiben geschnitten, trug es auf goldner Platte herein und stellte die vor ihre Herrin hin. Das schöne Mädchen sah die Dienerin und das Brot an und schlug die Augen dann zu Andri auf – es lag gar viel in diesen Augen. Dieser ergriffne Blick, der von Leid und Entbehrung sprach und davon, daß sie nicht die Kraft hätte, ihrem starken Empfinden Ausdruck zu geben, sagte Andri mehr als alle Worte. Ihm wurde es auf einmal leicht ums Herz, als fiele eine innre Fessel von ihm ab. Sein Gefühl, das eine unbekannte Macht bis dahin hart im Zaum gehalten hatte, fand sich auf einmal in Freiheit wieder und wollte sich schon in unaufhaltsame Wortströme ergießen, als die Schöne plötzlich besorgt zu der Tatarin sagte:

»Und meine Mutter? Hast du ihr Brot gebracht...?«

»Ich konnte nicht: sie schläft.«

»Aber dem Vater?«

»Ja. Er will selbst kommen und dem Ritter danken.«

Das Fräulein nahm vom Brot und führte es zum Munde. In unbeschreiblicher Wonne sah Andri zu, wie sie es mit ihren weißen Fingern brach und aß.

Da mußte er jäh des Hungerwahnsinnigen gedenken, der vor seinen Augen an ein paar Bissen Brot gestorben war. Er wurde blaß, legte die Hand auf ihren Arm und rief: »Genug! Iß jetzt nicht mehr! Du hast so lange nicht gegessen – das Brot ist Gift für dich.«

Sie ließ die Hand sinken, legte folgsam wie ein Kind das Brot auf die Platte zurück und schenkte ihm einen ergriffnen Dankesblick. O hätte das Wort doch Kraft des Ausdrucks! Aber nicht Meißel noch Pinsel, nicht das hochmächtige Wort kann schildern, was zu solcher Stunde im Auge einer Jungfrau lebt – nur fühlen kann das, erschauernd vor Ergriffenheit, der Glückliche, den einer Jungfrau Auge mit solcher Wärme grüßt.

»Königin!« rief Andri aus überströmendem Herzen. »Was brauchst du und was willst du? Befiehl! Wünsch dir das Unmöglichste, das es auf Erden gibt – ich laufe und erfüll es dir! Sag mir, ich soll zustande bringen, was über jedes Menschen Kräfte ist – ich tu's, und wenn ich dabei sterben soll! Dann sterb ich eben! Wenn es um dich ist, kann für mich nichts schöner sein. Beim heiligen Kreuz. – Aber ich sag es wohl nicht richtig. – Ich hab drei Höfe, die Hälfte von den Herden meines Vaters ist mir zu eigen – mein ist alles, was die Mutter dem Vater in die Ehe gebracht, und auch, was sie vor ihm verheimlicht hat – das alles ist mein. Keiner von unsern Kosaken hat solche schönen Waffen: allein für den Handgriff meines Säbels krieg ich auf der Stelle die beste Roßherde und dreitausend Schafe. Und auf das alles verzicht ich gern; ich geb es hin, verbrenn es, werf es ins Wasser, wenn du mir nur ein Wort sagst oder mir bloß mit deinen schwarzen Brauen winkst. Aber ich weiß schon, ich rede dumm, wie es sich hier nicht ziemt. Ich hab immer nur auf der Schule und im Lager gelebt, da kann ich die Worte nicht so setzen, wie es Brauch ist bei Königen und Fürsten und den Spitzen der adligen Ritterschaft. Ich seh ja, daß du ein andres Gottesgeschöpf bist als wir, und daß alle die andern Magnatenfrauen und Fräulein Töchter weit unter dir sind. Wir taugen nicht einmal zu Knechten für dich; nur die Engel im Himmel dürfen dir dienen.«

Mit wachsendem Staunen, jedes Wort begierig schlürfend, lauschte die Jungfrau dieser frei aus seinem Tiefsten sprudelnden Rede, die ihr zum Spiegel seiner jugendmächtigen Seele wurde. Und jedes dieser schlichten Worte war angetan mit Kraft, und diese Stimme drang geradeswegs bis auf den Herzensgrund. Ihr schönes Antlitz kam ihm wie gebannt entgegen, ungeduldig warf sie die widerspenstigen Haare über die Schulter zurück und starrte ihn lange mit leicht geöffneten Lippen an. Dann wollte sie etwas sagen, blieb aber stumm – es war ihr eingefallen, daß den Ritter sein Los ganz andre Wege führte, daß hinter ihm sein Vater, seine Brüder und alle seine Volksgenossen als grausame Rächer drohten, daß die Kosaken, die Dubno eingeschlossen hielten, furchtbare Menschen waren, daß ihr, den Ihren und der ganzen Stadt qualvoller Tod bevorstand. Und plötzlich schossen ihr die Tränen in die Augen. Sie verhüllte das Gesicht mit einem zierlich gestickten Seidentüchlein; das war im Nu ganz tränennaß. So saß sie lange, das Haupt zurückgebeugt, und nagte mit den weißen Zähnen an ihrer roten Lippe, als hätte sie jählings den Biß einer Giftotter gefühlt. Sie nahm das Tuch nicht vom Gesicht – sie wollte ihn ihren bittern Schmerz nicht sehen lassen.

»Sag mir doch nur ein Wort!« stammelte Andri und faßte ihre weiche, glatte Hand. Heißes Feuer sprang aus dieser Berührung in seine Adern, er preßte ihre Hand, die leblos zwischen seinen Fingern lag.

Sie aber blieb still und stumm und rührte sich nicht und nahm das Tuch nicht vom Gesicht.

»Warum bist du so traurig? Sag mir nur, warum du so traurig bist?«

Sie warf das Tüchlein in die Ecke, strich sich die Haare aus den Augen und ergoß den Schmerz in Worte, die leise, leise von ihren Lippen rannen. So geht der Wind, der in der Dämmerung eines schönen Abends aufwacht, durch Rohr und Schilf am Bachesrand wehmütiges Wispern füllt mit sanftem Klagelaut die Luft; da hemmt der Wandrer den Schritt und lauscht in einer Trauer, die er nicht deuten kann, er sieht nicht mehr die Abendglut am Himmel, er hört nicht mehr die frohen Lieder der heimwärts ziehenden Schnitter, hört nicht das Rasseln des fernen Wagens auf der Straße mehr.

»Bin ich nicht ewigen Mitleids würdig? Ist sie nicht tief beklagenswert, die Mutter, die mich zum Licht gebar? Welch bittres Los ist mir gefallen! Welch schlimmer Henker bist du mir, grausames Schicksal! Alle hast du sie mir zu Füßen gelegt: die edelsten Junker, die reichsten Herren, Barone und Grafen aus fremden Landen, die Blüte der heimischen Ritterschaft. Sie alle liebten mich, sie alle hätte meine Liebe der Erde höchstes Gut gedünkt. Ein Wink von meiner Hand, so hätte mich der schönste an Antlitz und Gestalt, der höchste an Adel und Geschlecht als seine Frau vor den Altar geführt. Du duldetest es nicht, grausames Schicksal, daß unter ihnen allen einer mein Herz gewann; gewinnen mußte mein Herz nicht einer unserer besten Recken, nein, dieser Fremde, unser Feind. Womit hab ich mich denn versündigt, heilige Mutter Gottes, reine Magd, was habe ich verbrochen, daß du mich ohne Gnade und Mitleid schlägst? An Überfluß und üppigem Reichtum gingen mir die Tage; köstliche Leckerbissen und süße Weine waren meine Speise. Wozu wurde mir das gegeben? Warum wurde mir das gegeben? Damit ich jetzt zum Schluß eines so elenden Todes sterbe wie nicht der ärmste Bettler im Königreich. Und dir ists nicht genug, daß du mich zu so hartem Los verurteilst, dir ist es nicht genug, daß ich vor meinem letzten Seufzer sehen muß, wie mir Vater und Mutter unter unerträglichen Martern in den Tod vorausgehen; das alles ist dir nicht genug – du mußtest es so fügen, daß ich vor meinem Ende Worte höre und eine Liebe fühle, die ich nie gekannt. Du mußtest es so fügen, daß er mit seiner Rede mein Herz in Stücke reißt, daß mein bittres Los noch bittrer wird, daß mich mein junges Leben zwiefach dauert, daß zwiefach hart der Tod mich ankommt! Fluch dir, grausames Schicksal, und dir – verzeih mir Gott die Sünde –, heilige Jungfrau!«

Als sie verstummte, sprach volle Hoffnungslosigkeit aus ihren Augen, nagender Schmerz aus jedem Zug ihres Gesichts; die trüb gesenkte Stirn, die halbgeschlossenen Lider, die Tränen, die auf ihren Wangen standen und langsam trockneten – das alles sagte: Dies Antlitz kennt nie mehr ein Glück!

»Das hat man auf der Welt noch nie gehört«, sprach Andri, »das kann auch nicht geschehen, daß die schönste und beste aller Frauen so etwas Bittres erdulden soll, wenn sie dazu geboren ist, auf den Knien angebetet zu werden, wie in der Kirche das Allerheiligste. Nein, nein, du stirbst nicht! Nein, du wirst nicht sterben! Ich schwör es dir bei meinem Namen und bei allem, was mir auf Erden lieb ist: nein, du wirst nicht sterben! Und wenn es doch so kommt und nichts mehr das bittre Schicksal wenden kann – nicht Manneskraft, nicht Mut und nicht Gebet –, dann sterben wir zusammen, und ich zuerst, ich sterbe vor dir; zu deinen Füßen will ich sterben, lebend trennt mich keine Macht von dir.«

»Lügen wir uns nichts vor!« sprach sie und schüttelte leis das schöne Haupt. »Ich weiß ja und weiß es zu meinem Schmerze nur zu gut: du darfst mich gar nicht lieben; ich weiß, was dir beschworne Pflicht ist: dich ruft dein Vater, deine Freunde rufen, es ruft die Heimat, und wir sind deine Feinde.«

»Was ist mir Vater, Freundschaft, Heimat?« rief Andri, warf den Kopf in das Genick und stand plötzlich so pfeilgerade aufgerichtet, wie die Pappel am Fluß zum Himmel ragt. »Muß es denn sein, so mag es sein: ich habe niemand! Niemand, niemand!« wiederholte er und warf die Handbewegung hin, mit der ein frischer, kecker Kosak erklärt, er wolle ein unerhörtes Stücklein vollführen, das ihm kein andrer nachmacht. »Wer sagt denn, daß mir das Grenzland Heimat ist? Wer gab es mir zur Heimat? Heimat ist mir, was meine Seele sucht, was mir das Liebste hier auf Erden ist. Du bist für mich die Heimat! Ja, das ist meine Heimat! Und diese Heimat will ich in meinem Herzen tragen, will ich hegen, solang ich lebe. Soll einer der Kosaken nur versuchen, sie mir aus der Brust zu reißen! Und was ich habe, geb ich hin, verkauf ich, laß ich zugrunde gehn für diese Heimat!«

Sie stand eine Weile starr wie ein schönes Marmorbild und sah ihn an, dann brach sie in heißes Schluchzen aus, stürzte ihm an die Brust und schlang die weißen Arme mit der hingerissenen Leidenschaft um ihn, deren nur eine edle Frau fähig ist, die ihrem Herzen folgt und keine enge Klugheit kennt.

In diesem Augenblick erhob sich draußen auf der Straße wirres Geschrei, Trompetenstöße und Paukenwirbel mischten sich darein; Andri hörte nichts von dem allen, er wußte nur, daß ihr Mund ihn in die holde Wärme ihres Atems hüllte, daß ihre Tränen heiß strömend über seine Wangen rannen, daß die blanke, duftende Seide ihres gelösten Haars als Mantel um ihn wallte.

Da stürmte die Tatarin mit einem Freudenschrei herein.

»Wir sind gerettet!« rief sie außer sich. »Die Unsern sind in die Stadt gedrungen, sie bringen Brot und Weizen und einen Haufen Kosaken mit gebundnen Händen.«

Das junge Paar wollte nichts davon hören, wer hilfreich in die Stadt gedrungen wäre, welche Vorräte er mitbrächte und wie er zu seinen Gefangnen käme. Andri küßte die frischen Lippen seiner Schönen, und ihre Lippen weigerten ihm nicht den Dank. Sie küßte ihn wieder, und in diesem innigen, zugleich gegebnen und genommenen Kusse war jene Seligkeit beschlossen, die dem Menschen in seinem Leben einmal nur beschieden ist.

Verloren war der Kosak. Verloren für das ritterliche Kosakentum! Nie wieder sollte er das Lager sehen, nie wieder seines Vaters reiche Höfe, die Kirche seines rechten Glaubens! Nie wiedersehen sollte auch die Heimat ihn, den tapfersten von ihren tapfern Söhnen, die ihr zu Schutz und Ruhm ins Feld gezogen waren.

In Büscheln wird der alte Taraß das Haar aus seinem grauen Schöpfe raufen, verfluchen wird er Tag und Stunde, da er, sich selbst zu Schmach und Schande, dieses Kind erzeugte.

Siebentes Kapitel

Erregtes Lärmen lief durch das Lager der Kosaken. Im Anfang konnte keiner Auskunft geben, wie es hatte geschehen können, daß die feindliche Truppenmacht in die Stadt gedrungen war. Alsbald aber erfuhr man den Grund: die ganze Gemeinde Perejaslaw, die vor dem Nebentor der Festung lag, war sinnlos trunken gewesen. Da konnte es nicht wundernehmen, daß die Hälfte des Regiments niedergesäbelt, die andre Hälfte gefangen war, bevor die Leute noch recht wußten, was eigentlich geschah. Als endlich der Lärm die Nachbargemeinden weckte und diese zu den Waffen griffen, war der Feind mit seiner Hauptmacht schon in der Stadt, und seine Nachhut hatte es nicht schwer, durch ein paar Salven die noch nicht so recht erwachten und halb trunknen Kosaken abzuweisen, als die in ungeordneten Haufen gegen sie anstürmen wollten.

Der Hetman rief das ganze Heer zusammen, und als nun alle, die Mützen in der Hand, den Ring um ihn geschlossen hatten und Stille eintrat, da begann er:

»Saubre Geschichten sind das gewesen heut nacht, ihr Herren und Brüder! Das kommt von dem verfluchten Saufen! So einen Possen darf der Feind uns spielen! Ihr habt ja feine Sitten: erlaubt man euch die doppelte Ration, dann sauft ihr euch gleich toll und voll, so daß der Feind der christlichen Ritterschaft euch unbesorgt die Pluderhosen vom Leibe ziehn kann; und wenn er euch dabei auch ins Gesicht niest – ihr merkt ja nichts davon.«

Die Kosaken standen schuldbewußt, mit hangenden Köpfen. Bloß Kukubenko, der Oberst der Gemeinde Nesamoiko, verspürte den Drang, zu widersprechen.

»Laß dir nur Zeit, mein Lieber!« sagte er. »Es stimmt zwar nicht so recht zur Mannszucht, daß einer aus dem Glied heraus antwortet, wenn der Hetman vor versammeltem Heere spricht; aber die Sache war nicht so, und das muß gesagt werden. Ganz nach der Gerechtigkeit ist das einmal nicht, daß du der christlichen Ritterschaft so harte Vorwürfe machst. Schuldig wären die Kosaken freilich, und den Tod würden sie verdienen, wenn sie sich im Feld besoffen hätten, im Krieg, bei einer ernsthaften, richtigen Sache; aber wir saßen hier und taten nichts, wir brachten bloß so die Zeit hin vor dieser dummen Stadt. Irgendein Fasttag oder sonst ein kirchliches Verbot stand uns ja nicht im Weg; wie soll sich da ein richtiges Mannsbild nicht besaufen, wenn es sonst nichts zu tun hat! Das ist keine Sünde. Nein, zeigen wir ihnen besser, was das heißt, über unschuldige Leute herfallen! Wir haben sie früher tüchtig verdroschen, jetzt werden wir sie dreschen, daß sie nicht einen von ihren Knochen heil heimtragen sollen!«

Die Rede des Obersten gefiel den Kosaken. Sie hoben die gesenkten Köpfe, gar mancher nickte Beifall und sagte: »Wohl gesprochen, Kukubenko!«

Und Taraß Bulba, der nicht weit vom Hetman stand, nahm das Wort: »Na, Hetman, mir scheint, der Kukubenko spricht die Wahrheit. Was sagst nun du dazu?«

»Was soll ich sagen? Ich sage: gesegnet ist der Vater, der solch einen Sohn hat! Dazu gehört nicht viel Verstand, den Leuten Vorwürfe zu machen, aber großen Verstand braucht einer, um, ohne über das Unglück zu schimpfen, das einmal geschehn ist, die Leute wieder aufzupulvern und ihnen neues Feuer zu geben, wie man dem Gaul, der frisch vom Tränken herkommt, Feuer mit den Sporen macht. Ich hab euch selber so ein Wort zum Troste sagen wollen. Der Kukubenko kam mir nur zuvor.«

»Wohl gesprochen hat auch der Hetman!« klang es aus den Reihen der Kosaken.

»Wohl gesprochen!« so stimmten die andern zu.

Und selbst die alten Graukopfe, die aufgeblasen wie Täuberiche dastanden, nickten bedächtig, wölbten die Lippen vor, daß sich ihnen die greisen Schnauzbärte sträubten, und murmelten: »Sehr wohl gesprochen! Dies Wort hat Sinn und Verstand!«

»Hört also zu, ihr Herren!« fuhr der Hetman fort. »Es steht uns einmal nicht zu Gesicht und ist keine Kosakenarbeit, eine Festung zu belagern, Laufgräben vorzutreiben und uns unter der Erde durchzugraben, wie es die Zugereisten tun, die deutschen Meister – mag der Böse sie holen! Wenn man die Sache aber ansieht, wie sie ist, so hat der Feind nicht gar so viel Proviant mit in die Stadt gebracht; viele Wagen hat er bestimmt nicht bei sich gehabt. Die Leute drinnen sind ausgehungert – da fressen sie leicht alles auf einmal; und Heu für die Pferde – ich glaub ja nicht, daß irgendeiner von ihren Heiligen ihnen etwas vom Himmel auf ihre Gabeln herunterschmeißt. Na ja, das weiß natürlich Gott allein; ihre Pfaffen zwar haben es wohl mehr mit dem Maul. Ob aber wegen des Volks oder wegen des Viehs – zum Tor heraus werden sie so oder so bald müssen. Wir teilen uns deshalb in drei Haufen und sperren die drei Wege vor den drei Toren. Fünf Regimenter vor dem Haupttor, und vor den beiden andern drei und drei. Die Regimenter Djädki und Korßun legen sich in den Hinterhalt, auch Oberst Taraß mit seinem Regiment! Die Regimenter Tytarew und Tymoschew bleiben als Reserve dort rechts vom Wagenpark, und auf der andern Seite, links, die Regimenter Tscherbinow und Stebliki! Und nun die Burschen vor die Front, die ein gesundes Maulwerk haben; wir wollen die Feinde ein bißchen necken! So ein Polack hat ja kein Hirn im Schädel: wenn man ihn schimpft, geht er gleich in die Luft. Vielleicht bringt man die Gesellschaft auf die Art noch heute zum Tor heraus. Jeder Oberst mustert sein Regiment: bei wem die Zahl nicht voll ist, der holt sich Ersatz bei den Perejaslawern, die übrig sind. Und daß mir alles gründlich nachgesehn wird! Jeder Mann kriegt zur Entnüchterung einen Becher Schnaps und ein Brot. Freilich wird wohl noch jeder von gestern satt sein, denn da habt ihr euch, geben wir der Wahrheit die Ehre, alle mörderisch vollgefressen. Mich wundert nur, daß heute nacht kein Mann geplatzt ist. Und dann noch eins, strengster Befehl: wenn mir einer von den Marketendern, so ein verfluchter Jude, einem Kosaken bloß einen einzigen Schoppen Fusel verkauft, dem Hundsfott nagle ich ein Schweineohr auf die Stirn und henke ihn an den Beinen auf! – Nun an die Arbeit, Brüder! Frisch ans Werk!«

Also befahl der Hetman, und die Kosaken neigten sich tief vor ihm und eilten barhaupt zu ihren Wagen und Zelten; erst als sie ein weites Stück gegangen waren, wagten sie ihre Mützen wieder aufzusetzen. Und alles begann sich zu rüsten: sie prüften die Säbel und Pallasche, sie schütteten Pulver in die Hörner, schoben die Wagen auf einen Platz zusammen und wählten sich die Pferde für die Schlacht.

Wie Taraß so zum Sammelplatz seiner Leute ging, zerbrach er sich den Kopf darüber, wo Andri geblieben wäre.

Ob sie ihn wohl mit den andern erwischt und einfach im Schlaf gebunden hatten? Aber das konnte kaum sein: Andri war nicht der Kerl, der sich lebendig fangen ließ. Und unter den gefallnen Kosaken befand er sich nicht.

Tief in Gedanken, schritt Taraß die Front seines Regimentes ab und hörte gar nicht, daß ihn jemand, jetzt schon zum drittenmal, beim Namen rief.

Doch endlich fuhr er auf und fragte: »Was soll ich?«

Der Jude Zankel stand vor ihm:

»Herr Oberst, Herr Oberst!« sagte der Jude hastig und mit zitternder Stimme, als müßte er ihm eine große Neuigkeit erzählen. »Ich bin nämlich gewesen ßu sein in der Stadt, Herr Oberst!«

Taraß sah den Juden an und schüttelte den Kopf. Wie war der Kerl nun wieder schon in die Stadt gekommen?

»Und welcher Satan hat dich hingebracht?«

»Nu–u, das erzähl ich Euer Gnaden gleich«, erwiderte Zankel. »Wie ich heut in der Früh hab gehört den Lärm, und wie die Herrn Kosaken machten de grauße Schießerei, da hab ich genommen meinen Kaftan und hab mer nich gelassen Zeit, hineinzuschlüpfen, und bin gelaufen, was ich konnte; erst unterwegs bin ich hineingeschlüpft in die Ärmel, weil ich ja gleich hab wissen wollen, was bedeutet der Lärm, und ßu was se schießen am frühen Morgen schon, de Herrn Kosaken. Nu–u, wie ich komm ßu laufen ans Stadttor, sind grad de letzten Truppen herein in de Stadt. Ich seh: vor der Abteilung reitet der Herr Kornett Galjändowitsch. Ich kenn den Mann. Wie sollt ich nix kennen den Mann! Hundert Dukaten hat er genommen ßu leihen von mir, jetzt schon im dritten Jahr. Nu–u, ich ihm nach und so getan, als hätt ich vor, von ihm ßu fordern mein Geld. Nu–u, und so bin ich mit ihm in de Stadt.«

»Was, in die Stadt bist du hinein und hast noch Geld von ihm gefordert?« fragte Bulba. »Ja, hat er dich denn da nicht auf der Stelle aufknüpfen lassen wie einen tollen Hund?«

»Nu freilich, straf mich Gott, hat er mich wollen knüpfen auf«, antwortete der Jude. »Und seine Diener haben mich schon gehabt beim Wickel, und um den Hals war mer auch schon gelegt der Strick, aber ich hab gebittet recht schön den Herrn und hab gesagt, ich wart mit meinem Geld, solang als der Herr es möchte, ich geb ihm auch mehr noch ßu leihen, wenn er mir bloß will helfen, daß ich kann eintreiben de Gelder von den andern Herrn; denn, waih geschrien, der Herr Kornett – ich sag de reinste Wahrheit, Herr Oberst –, er hat ja sowieso nix gehabt keinen einzigsten Dukaten im Sack. Nu–u, gut: soll er haben soundso viel Höfe und Güter und Stücker vier Schlösser und ä graußes Stück Land in der Steppe – bei der Stadt Schklow is es –, von Bargeld hat er grad so viel wie ein Kosak: keinen blutigen Groschen. Auch jetzt – er hat ja bloß können ziehn in den Krieg, weil ihm die breslauer Jüden haben geborgt de Ausrüstung. Drum is er ja auch nix gewesen ßu sein auf dem Reichstag...«

»Was hast du in der Stadt gemacht? Und hast du unsere Leute da gesehn?«

»Wie soll ich nix sehen ünsere Leut! Es gibt da einen Haufen von ünsere Leut: den Itzig, den Rachum, den Schmuhl und den Chaiweles, was macht den jüdischen Pächter...«

»Verrecken sollen die Hunde!« schrie Taraß erbost. »Was mauschelst du mir vor von deinem Judenpack! Ich frag dich nach unsern Kosaken.«

»Da hab ich nix nich gesehen, von ünsere Kosaken – bloß den Herrn Andri.«

»Andri hast du gesehn?« rief Bulba. »So sprich doch, verdammter Kerl! Wo hast du ihn gesehn? In einem Keller? In einem dunkeln Loch? Entehrt? In Ketten?«

»Wer soll sich denn erlauben ä so ä Unverschämtheit, daß er möcht legen Herrn Andri in Ketten? Wo er jetzt is ä so ä graußmächtiger Ritter! Gott soll mich strafen, wenn ich ihn hab überhaupt wiedergekennt! De Schulterstücke – lauteres Gold, de Armschienen – Gold, der Harnisch – Gold, der Helm – Gold, der Gürtel voll Gold, und wo mer hinschaut – Gold, und alles bloß Gold. Genau so, als wenn im Frühjahr scheint de Sonne, und im Garten singen und piepen de Vögel, und jedes Gräschen riecht schön – genau so blänkert er von oben bis unten von Gold. Und seinen besten Gaul hat ihm der Marschall auch noch gegeben ganz fer umsonst; ßweihundert Dukaten kostet er leicht, ohne das andre, bloß der Gaul.«

Bulba stand wie versteinert. »Ja, warum zieht er denn die fremde Tracht an?«

»Se wird ihm besser gefallen, darum ßieht er se an. Und er reitet herum, und de andern reiten herum; und er redet klug ßu ihnen, und se reden klug ßu ihm: akkerat wie der feinste polnische Herr.«

»Wer kann ihn zwingen...?«

»Hab ich gesagt, es hat ihn einer gezwungen? Weiß der Herr Oberst nix, daß er aus freiem Willen hinüber is ßu de andern?«

»Wer ist hinüber?«

»Nu–u, der Herr Andri.«

»Zu wem soll er hinüber sein?«

»Nu–u, auf de andre Seite; er is jetzt halt einer von ihre Leut.«

»Das lügst du in deinen Hals, Hundsfott!«

»Woßu soll ich denn lügen? Ich wer ein Narr sein und lügen! Ich wer mich lügen um den eignen Hals! Ich weiß doch, der Jüd wird gehenkt als wie ein toller Hund, wenn er möcht lügen ßu einem Herrn!«

»Also willst du behaupten, er hat Vaterland und Glauben verkauft?«

»Hab ich gesagt, er hat eppes verkauft? Ich hab bloß gesagt, daß er hinüber is ßu de andern.«

»Das lügst du, verfluchtes Schwein! Das war noch nie da auf der Christenerde! Du faselst, Satansbraten!«

»Gras soll wachsen vor meine Tür, wenn ich tu faseln! Ausspucken sollen alle Leut auf das Grab von meinen Vater, meine Mutter, meinen Schwiegervater, meine Großväter von Vater- und von Mutterseite, wenn ich tu faseln. Und will es der Herr Oberst wissen, so kann ich ihm auch sagen, worüm er is hinüber ßu de andern.«

»Also?«

»Der Marschall hat ä so ä schöne Tochter. Gott soll mich strafen, is die schön!« Und der Jude versuchte, so gut es ging, die Schönheit der Marschallstochter durch Mienenspiel zum Ausdruck zu bringen: er spreizte die Finger, kniff die Äuglein zu und zog schmatzend das Maul schief, als koste er blanken Honigseim.

»Na ja, und dann?« fragte Taraß Bulba.

»Nu-u, und fer sie hat er getan das alles und is hinüber ßu de andern. Wenn sich der Mensch ämal verliebt hat, is er wie eine Schuhsohle, die mer hat eingeweicht ins Wasser – mer nimmt se und tut se biegen mit de Finger, nu-u, und se biegt sich.«

Bulba versank in dumpfes Brüten. Er gedachte dessen, wie groß die Macht des schwachen Weibes ist, wieviel starke Männer schon daran zugrunde gegangen sind, wie leicht grade Andri solchen Wallungen folgte. Eine Weile stand Taraß am gleichen Fleck, als wäre er im Boden festgewurzelt.

»Wenn der Herr Oberst will horchen – ich verzähl de ganze Geschicht, wie se ist, dem Herrn Oberst«, sagte der Jude. »Wie ich gehört hab heut früh den Lärm und hab gesehen, daß se hineinßiehn in de Stadt, da hab ich mer gedenkt: Was kann es schaden, ich steck mer in de Tasch eine Perlenschnur fer alle Fälle. Is nich wahr: es sind doch in der Stadt de schwere Menge schöne Mädchen und Edelfraun? Nu-u, und wenn wo sind schöne Mädchen und Edelfraun – sollen se auch nix haben ßu essen, ich kenn se: Perlen kaufen se doch. Nu-u, und wie se mich haben lassen laufen, de Diener vom Herrn Kornett, da bin ich gerennt auf dem Marschall sein Schloß, ob ich nix kann verkäufen de Perlenschnur. Und da hab ich gleich ausgefragt de Tatarin, de Zofe vom Fräulein. ›De Hochzeit wird sein gleich‹, hat se gesagt, ›wenn de Kosaken sind gejagt ßum Teufel‹, hat se gesagt. ›Herr Andri hat uns versprochen, er will jagen ßum Teufel alle Kosaken‹, hat se gesagt.«

»Und du hast ihn nicht auf der Stelle erschlagen wie einen räudigen Hund?« brüllte Bulba.

»Heißt ä Frage! Erschlagen! Fer was denn? Is er nix hinüber freiwillig? Kann da der Mensch was dafür? Drüben gefällt es ihm besser. Nu-u: is er hinüber.«

»Und du hast ihn selber gesehn?«

»Gott straf mich! Ich wer ihn nix haben gesehn! Ä so ä noblichter Ritter! Der schönste von alle. Soll er bleiben gesund: er hat mich gleich wiedergekennt; und wie ich bin gekommen ßu gehen näher bei ihm, da hat er gesagt...«

»Was hat er gesagt?« rief Taraß.

»Er hat gesagt... Das heißt, ich will nix lügen: zuerst hat er mir gewunken mit seinem Finger, und dann erst hat er gesagt: ›Zankel!‹ hat er gesagt. Und ich: ›Herr Andri!‹ hab ich gesagt. ›Zankel‹, hat er gesagt, ›sag meinem Vater, sag meinem Bruder, sag den Kosaken, sag ihnen allen, daß der Vater mir nich mehr is der Vater, der Bruder – nich mehr der Bruder, der Kamerad – nich mehr der Kamerad, und daß ich werd fechten mit ihnen allen – mit ihnen allen!‹ hat er gesagt.«

»Erstunken und erlogen ist das, höllischer Judas!« schrie Taraß in unbändiger Wut. »Verlognes Schwein! Du hast ja auch Christum gekreuzigt, gottverfluchter Heide! Ich stech dich ab, Satan verdammter! Mach dich dünn, oder du bist ein Kind des Todes!«

Taraß riß den Säbel aus der Scheide. Der erschrockne Jude rannte mit aller Geschwindigkeit davon, die seine dürren Beine hergeben wollten. Ohne sich ein einziges Mal umzusehen, jagte er durchs ganze Lager und noch weit ins freie Feld hinaus, obgleich Taraß gar nicht daran dachte, ihm nachzusetzen. Denn der Alte begriff sehr wohl, wie unsinnig es wäre, seine Wut so an dem ersten besten auszulassen.

Jetzt fiel ihm wieder ein, daß Andri heute nacht mit einem Frauenzimmer durchs Lager geschlichen war. Er ließ den grauen Kopf hangen und begriff immer noch nicht, wie solch ein Schimpf über ihn hatte kommen können, wie es möglich war, daß sein leiblicher Sohn schmählich Glauben und Ehre verriet.

Endlich raffte er sich auf und führte sein Regiment in den Hinterhalt: in das einzige Waldstück, das die Kosaken noch nicht niedergebrannt hatten. Die übrige Mannschaft aber, Fußvolk und Reisige, besetzte die drei Straßen, die zu den drei Toren führten. Eins nach dem andern marschierten die Regimenter auf: Uman, Popowitsch, Kanew, Stebliki, Nesamoiko, Gurgusi,

Tytarew, Tymoschew. Bloß die Perejaslawer fehlten; selbst ihr gestrenger Herr Oberst Chlib hatte sich von den Polacken ohne Pluderhosen und Obergewand fortschleppen lassen müssen.

Die Leute in der Stadt vernahmen den Aufmarsch der Feinde. Sie strömten auf den Wall, und vor den Belagerern entfaltete sich ein buntes Bild: da standen sie oben, die polnischen Recken, einer immer schmucker als der andre. Die bronzenen Helme strahlten wie die Sonnen, und schwanenweiß wallten die Federn um sie. Andere von den Herren trugen leichte rosenrote und himmelblaue Mützen, deren Deckel keck auf das eine Ohr herabhingen, und goldgestickte oder einfach verschnürte Röcke mit hangenden Ärmeln. Sie führten kostbar verzierte Säbel und Büchsen, die den Herrchen schwere Summen gekostet hatten, und auch sonst sah man Schmuck in Hülle und Fülle. Vorn stand, aufgeblasen wie ein Truthahn, die rote, goldgestickte Mütze auf dem Kopf, der Oberst aus Budschaki. Gar ein gewichtiger Herr war der Oberst, höher und breiter als alles Volk ringsum; er platzte fast aus dem prächtigen Rock, der jedem andern zu weit gewesen wäre. Drüben, in der Gegend des Seitentores, stand der andre Oberst, ein kleines dürres Männlein, aber seine scharfen Augen spähten wachsam unter den buschigen Brauen hervor, er wendete sich schnell bald hierhin, bald dorthin, gab dem und jenem mit seiner schmalen, dünnfingrigen Hand einen hastigen Wink und erteilte Befehle; man sah, daß er sich trotz seiner Kleinheit recht gut auf das Kriegshandwerk verstand. Nicht weit von ihm stand der Kornett, ein endlos langer Bursche mit dickem Schnauzbart, bei dem man über Mangel an blühender Gesichtsfarbe gewiß nicht klagen konnte – dieser Herr hatte eine Schwäche für starken Met und üppige Mähler. Und hinter den dreien war die ganze Ritterschaft aufmarschiert. Der eine hatte sich selber ausgerüstet, beim andern hatte die königliche Kasse dafür gesorgt, bei manchem auch das Geld, das die Juden gegen Verpfändung von allem herliehen, was in den Ahnenschlössern nicht niet-und nagelfest war. Es fehlten auch nicht die Schmarotzer aus vornehmen Häusern, wie sie ein reicher Herr an seine Tafel zieht, um mit einem großen Hofstaat zu glänzen – Kerle, die dann zum Dank vom Tisch und aus den Kredenzen silberne Becher zu stehlen imstande waren, so daß einer, der heute noch als Ehrengast an vornehmem Tische saß, morgen vielleicht auf dem Kutschbock thronte und irgendeinem Edelmann die Pferde besorgte. Allerlei Leute gab es da. Manch einem klang kaum das Geld für ein Glas Schnaps im Beutel, aber für den Krieg hatten sie sich alle in Gala geworfen.

Die Reihen der Kosaken standen breitspurig vor den Mauern. Von ihnen war keiner mit Gold behängt; höchstens der Säbelgriff oder der Beschlag der Büchse funkelte bei dem und jenem hell in der Sonne. Es war nicht Brauch bei den Kosaken, sich für das Schlachtfeld aufzuputzen, schlicht waren Rock und Kettenpanzer, einen weithin sichtbaren starken Farbenklang in Schwarz und Rot gab die schwarze Lammfellmütze mit dem roten Boden dazu.

Nun sprengten zwei Kosaken vor die Front: der eine ein blutjunger Bursche, der andre ein wenig älter, beide mit einem gesunden Mundwerk gesegnet, aber auch mit der Faust keine schlechten Kosaken. Ochrim Nasch und Mykyta Golokopytenko waren ihre Namen. Hinter ihnen her lenkte Demid Popowitsch sein Pferd aus der Reihe, ein stämmiger Kosak, der sich seit vielen Jahren im Lager herumtrieb, bis vor Adrianopel gekommen und in seinem Leben nicht selten in des Teufels Küche geraten war. Er hatte schon auf dem brennenden Scheiterhaufen gestanden und war trotzdem ins Lager zurückgekehrt, freilich mit schwarzgeteertem Kopf und abgesengtem Schnauzbart; aber Popowitsch war bald wieder obenauf, er ließ sich einen neuen dicken, pechschwarzen Schnauzbart wachsen und einen Prachtschopf, den er verwegen hinter das linke Ohr gelegt trug. Auch ihn, den Demid Popowitsch, kannte man als einen Kerl mit spöttischem Mundwerk.

»Schöne Röcke habt ihr da oben; wenn ich nur wüßte, ob ihr auch so schön fechten könnt«, begann er.

»Ich zeigs euch!« schrie der dicke Oberst. »An Händen und Füßen laß ich euch binden! Gebt die Büchsen und die Gäule heraus, ihr Sklavengesindel! Habt ihr vielleicht nicht gesehn, wie ich eure Leute hab binden lassen? Bringt sie schnell auf den Wall, die Kosaken!«

Und die gefesselten Kosaken wurden auf den Wall geführt, an ihrer Spitze der Oberst Chlib, ohne Hosen und Obergewand, wie sie ihn in seinem Rausch gefangen hatten. Der Oberst ließ den Kopf hangen, er schämte sich seiner Blöße vor den Kosaken und schämte sich, daß er sich hatte im Schlafe fangen lassen wie ein elender Hund. Sein mächtiger Kopf war in der einen Nacht völlig ergraut.

»Mach dir nichts draus, Chlib! Wir holen dich schon wieder!« riefen die Kosaken hinauf.

»Bruder, mach dir nichts draus!« sagte der Oberst Borodaty. »Ist ja nicht deine Schuld, daß sie dich nackend gefangen haben – Unglück kann jeder haben. Auf sie fällt die Schande, daß sie dich zum Schimpf hinstellen und nicht einmal deine Blöße bedecken, wie sichs gehört.«

»Gegen schlafende Leute habt ihr ersichtlich viel Mut«, rief Golokopytenko zu den Polen hinauf.

»Dazu reicht er schon noch, euch die Schöpfe herunterzuschneiden!« schrie es von oben.

»Da möcht ich einmal zusehn, wenn die uns die Schöpfe herunterschneiden!« rief Popowitsch, wendete seinen Gaul und sagte zu den Kosaken: »Na, wer weiß! Kann ja sein, daß die Polaken ausnahmsweise einmal die Wahrheit reden: wenn sie der Dickwanst da zum Tor herausführt, stehen sie alle in gutem Schutz.«

»Wieso meinst du, daß sie dann in so gutem Schutze stehn?« fragten die Kosaken, denn sie konnten sich natürlich denken, daß der Popowitsch einen Saftigen auf der Pfanne hatte.

»Ja nu: hinter dem Wanst verkriecht sich das ganze Heer, und es muß schon mit dem Teufel zugehn, wenn man da überhaupt noch einen um die Ecke herum mit der Lanze erwischt.«

Da lachten die Kosaken dröhnend; und lange noch schüttelte mancher von ihnen den Kopf und sagte: »Ja, der Popowitsch! Wenn der sich einmal einen vornimmt – dann aber...!« – Was dann aber wäre, sagten die Kosaken nicht.

»Zurück, schleunigst zurück von der Mauer!« schrie der Hetman; denn die Polacken schienen keinen Spaß zu verstehen, der auf sie selber gemünzt war – ihr Oberst winkte schnell mit der Hand.

Kaum hatten sich die Kosaken davongemacht, da krachten auch schon vom Wall die Kartätschen. Treiben und Hasten kam in die Leute da oben, der graukörige Marschall selber zeigte sich hoch zu Roß. Das Tor ging auf, und das Heer marschierte heraus. Voran ritten in wohlgerichteten Reihen die Husaren, hinter ihnen die Panzerreiter mit ihren Lanzen, dann kam eine Schar in Bronzehelmen, und danach, jeder für sich allein und nach seinem eignen Geschmack gerüstet, die vornehmen Junker. Diese stolzen Herrchen verschmähten es, mit den andern in die Front zu treten; hatte einer von ihnen keine Kommandostelle, so ritt er auf eigne Faust mit seinen Dienern in die Schlacht. Ihnen folgten wiederum Fronttruppen, darauf, sich stolz im Sattel wiegend, der Kornett, abermals Fronttruppen, und dann der dicke Oberst; als allerletzter Mann vom ganzen Heer kam schließlich der kleine Oberst zum Tor herausgesprengt.

»Laßt sie nicht aufmarschieren, laßt sie nicht aufmarschieren, schmeißt ihnen die Schlachtordnung über den Haufen!« schrie der Hetman. »Alle Regimenter zugleich auf sie! Laßt doch die andern Tore! Regiment Tytarew packt sie in der Flanke! Regiment Djädki – in die andre Flanke! Fallt ihnen in den Rücken, Kukubenko und Palywoda! Stört ihren Aufmarsch, bringt sie durcheinander!«

Von allen Seiten stürmten die Kosaken an, sie störten die Ordnung der Polen, brachten sie durcheinander und gerieten selbst durcheinander. Sie ließen den Feind nicht erst zum Feuern kommen; es war ein Kampf mit Schwert und Lanze, ein wütendes, eng geballtes Getümmel, in dem jedermann Mut und Kraft zu bewähren vermochte.

Demid Popowitsch erstach drei gemeine Soldaten und hieb zwei adlige Junker aus den Sätteln. »Die Gäule lob ich mir!« rief er. »Solche Gäule hab ich mir lange gewünscht!« Er jagte die Beutetiere weit ins Feld hinaus und rief den Kosaken, die dort hielten, zu, sie sollten sie fangen. Dann stürzte er sich wieder ins Gewühl und griff von neuem die Junker an, die er aus den Sätteln gehauen hatte. Den einen erschlug er, dem andern warf er den Fangstrick um den Hals. Er nahm ihm den Säbel mit dem kostbaren Griff ab und schnitt ihm die dukatenschwere Geldkatze vom Leib, dann band er ihn an seinen Sattel, gab dem Pferde die Sporen und schleifte den Feind über das weite Blachfeld.

Kobita, ein wackrer Kosak, noch jung an Jahren, geriet mit einem der Tapfersten aus dem polnischen Heer zusammen. Lange fochten sie miteinander und packten sich schließlich zum Ringkampf. Schon hatte der Kosak gesiegt und den andern auf den Rücken gelegt, er hieb ihm das scharfe türkische Messer in die Brust; aber er nahm sich selbst nicht in acht, und unversehens fuhr ihm eine heiße Kugel in die Schläfe. Der vornehmste unter den polnischen Herren hatte ihn gefällt, ein schöner Ritter aus altem Fürstengeschlecht. Schlank und gerade wie eine Pappel, sprengte er auf falbem Gaul einher. Und herrlich hatte er seine Ritterkühnheit schon bewährt: zwei Kosaken hatte er förmlich gespalten mit seinen Hieben; den Fjodor Korsch, einen wackern Kosaken, hatte er mit seinem Gaul niedergeworfen, den Gaul erschossen und den Kosaken unter dem Gaul mit der Lanze erstochen; so manchem hatte er Kopf und Arm abgeschlagen und zuletzt den Kosaken Kobita durch einen Schuß in die Schläfe gefällt.

»Dem zeig ichs!« rief Kukubenko, der Oberst vom Regiment Nesamoiko.

Er trieb sein Pferd an, fiel dem Ritter in den Rücken und schrie so gewaltig, daß allen, die es hörten, das Schlottern in das Gebein fuhr vor diesem unmenschlichen Brüllen. Der Polack wollte seinen Gaul schnell herumreißen und Brust gegen Brust mit dem Angreifer kämpfen, aber der Gaul gehorchte ihm nicht: er sprang, erschrocken von dem lauten Gebrüll, zur Seite, und Kukubenkos Büchsenkugel traf den Feind. Sie drang ihm durchs Schulterblatt in den Leib, und er fiel aus dem Sattel. Auch jetzt noch wollte der Pole sich nicht ergeben, er holte zum Schlag aus, doch sein Arm war zu schwach und sank machtlos samt dem Schwerte nieder. Kukubenko aber faßte seinen schweren Pallasch mit beiden Fäusten und stieß ihn dem Feind gerade zwischen die jäh erblichnen Lippen, der Pallasch schlug dem Ritter zwei Zähne, weiß wie Zucker, aus dem Oberkiefer, spaltete ihm die Zunge, zertrümmerte ihm die Nackenwirbel und drang noch tief in den Boden. So nagelte der Oberst seinen Feind für ewig an die kühle Erde. In schlankem Springquell, rot wie die Schneeballbeere am Bach, schoß das adlige Blut empor und färbte des Ritters gelben, goldgestickten Rock. Kukubenko aber kümmerte sich nicht weiter um ihn und sprengte mit seinen Nesamoikern da hin, wo das Gewühl am dichtesten war.

»Ha, der Narr! Läßt die kostbare Beute liegen!« sagte Borodaty, der Oberst des Regiments Uman und lenkte den Gaul von den Seinen fort, hin zu dem Platz, wo der von Kukubenko gefällte Ritter lag. »Sieben Junker hab ich heute mit dieser Faust erschlagen – solch eine Beute sah ich bei keinem.«

Die Habgier übermannte Borodaty; er bückte sich zu dem gefallnen Junker, ergriff dessen türkisches Messer mit der edelsteinfunkelnden Scheide, band ihm die dukatenschwere Geldkatze vom Leib, zog ihm den Beutel mit seiner Wäsche, kostbarem Silberzeug und einer zum Gedächtnis aufbewahrten Mädchenlocke aus dem Busen. Der arme Borodaty merkte gar nicht, daß hinter ihm der rotnäsige Kornett herangesprengt kam, den er heute schon einmal aus dem Sattel gehauen hatte, wovon der lange Kerl eine tüchtige Schramme als Denkzettel trug. Hoch durch die Luft schwang der Kornett den Säbel und hieb ihn dem Obersten ins Genick. Übel geleitet hatte den Kosaken die Habgier: sein gewaltiges Haupt sprang von den Schultern, zu Boden stürzte der kopflose Rumpf und tränkte die Erde in weitem Umkreis mit Blut. Gen Himmel fuhr die männische Kosakenseele, murrend und grollend, dazu baß erstaunt, weil sie den starken Leib so früh schon verlassen mußte. – Der Kornett konnte das Haupt des Recken nicht mehr beim Schopfe packen und an seinen Sattel binden, denn schon war ein grimmiger Rächer über ihm.

Wie der Weih hoch oben im Himmel auf starken Flügeln gewaltige Kreise zieht, dann plötzlich weitklafternd still steht und sausend gleich einem Pfeil auf das jammernde Wachtelmännchen am Wegrain niederschießt, so stürzte sich jetzt Taraß Bulbas Sohn Ostap auf den Kornett und warf ihm tödlich sicher den Fangstrick ums Genick. Noch roter wurde der rote Kopf des Junkers, als die Schlinge ihm grausam die Gurgel schnürte. Zwar riß er die Pistole aus dem Gürtel, aber die krampfig geballte Faust konnte nicht zielen, und die Kugel flog ohnmächtig in die Weite. Ostap aber nahm sogleich die seidne Schnur vom Sattel des Kornetts, die der bei sich führte, seine Gefangnen zu fesseln. Er band ihm mit der eignen Schnur die Hände und die Füße, machte das Ende des Stricks an seinem Sattel fest und schleifte den Feind über das Blachfeld. Sein lauter Zuruf mahnte die Kosaken des Regiments Uman, ihrem Führer die letzte Ehre zu erweisen.

Da die Umaner hörten, daß Borodaty gefallen war, verließen sie das Schlachtfeld und eilten, seinen Leichnam zu bergen. Und dann berieten sie gleich, wen sie zum Führer wählen sollten. Endlich sagten sie:

»Was wollen wir lange beraten? Einen bessern Obersten finden wir nie als Ostap Bulba; es ist schon wahr, daß er der Jüngste ist von uns allen. Aber Verstand hat er wie ein Alter.«

Ostap zog die Mütze und dankte den Kameraden für die erwiesene Ehre. Er sprach nicht erst lang und breit von seiner Jugend und Unerfahrenheit – er wußte, daß es im Krieg nicht Brauch ist, sich mit so etwas aufzuhalten. Er führte die Seinen sofort in das Kampfgewühl und bewies ihnen da, daß ihre Wahl nicht auf den Falschen gefallen war. Des Polacken begann die Sache brenzlich zu riechen, sie wichen schleunigst und sammelten sich erst unweit der Mauer. Der kleine Oberst aber gab den vier frischen Fähnlein, die am Stadttor in Reserve standen, schnell einen Wink, und alsbald wurde von dort mit Kartätschen in das Kosakenheer gefeuert; das schuf jedoch wenig Verluste, und ein paar Kugeln schlugen mitten zwischen die Zugochsen der Kosaken, die aus großen, scheuen Augen in das Schlachtgewühl starrten. Dumpf auf brüllten die erschrocknen Rinder, sie jagten durch das Kosakenlager davon, zertrümmerten viele Wagen und trampelten so manchen Mann tot. Da aber brach Taraß mit seinem Regiment aus dem Hinterhalt und warf sich ihnen unter Lärmen und Geschrei entgegen. Erschrocken machte die wild gewordne Herde kehrt und raste nun gegen die polackischen Truppen an, rannte die Reiterei über den Haufen, rannte alles nieder und schuf das tollste Durcheinander.

»Recht so, ihr Ochsen, und schönen Dank!« schrieen die Kosaken. »Ihr habt im Troß schon oft gezeigt, was ihr für Kerle seid, jetzt tut ihrs auch in der Schlacht!«

Mit frischen Kräften hieben sie auf den Feind ein. Gar mancher erwarb sich hohen Ruhm: Metelitza, Schilo, die beiden Pißarenko, Wowtusenko; wer nennt sie alle! Die Polacken sahen, daß die Sache ein böses Ende nahm, sie schwenkten die Fahnen und schrieen, man solle das Tor öffnen. Laut in den Angeln kreischend, ging das eisenbeschlagne Tor auf, und die ermatteten, staubbedeckten Reiter drängten hinein, wie Schafe in ihren Pferch. Viele von den Kosaken machten sich an die Verfolgung. Ostap aber tat seinen Umanern Einhalt und rief:

»Zurück, zurück von der Mauer, ihr Herren und Brüder! Nur nicht zu nah heran! Sonst gibt es ein Unglück.« Und er hatte recht: die Polen schossen von den Wällen und warfen mit allem, was ihnen unter die Hände kam. Gar mancher mußte da noch sein Leben lassen.

Der Hetman, der grade vorbeigeritten kam, lobte Ostap und sagte: »Das ist ein neuer Oberst, aber er führt sein Regiment wie ein Alter!«

Der alte Bulba sah sich um: er wollte wissen, von welchem neuen Obersten die Rede ging. Und er sah Ostap vor den Umanern im Sattel sitzen, die Mütze keck aufs Ohr gerückt, den Kommandostab in der Hand.

»Sieh, so ein Kerl!« sagte der Alte und freute sich und dankte den Umanern für die Ehre, die sie seinem Sohn erwiesen hatten.

Die Kosaken zogen sich weiter zurück und wollten schon ins Lager abrücken, aber die Polacken strömten wieder auf den Wall, jetzt freilich in zerrissenen Mänteln. Mit Blut besudelt war mancher kostbare Rock, und dicker Staub lag auf den schönen Bronzehelmen.

»Na, habt ihr uns jetzt gebunden?« schrieen die Kosaken hinauf.

»Ich zeig es euch schon!« schrie unbeirrt der dicke Oberst hinunter und schwenkte einen Strick in der Luft; die staubbedeckten und erschöpften Krieger verstummten noch eine ganze Weile nicht, die Hitzköpfe auf beiden Seiten bombardierten sich mit spitzigen Worten. Endlich aber machten sich die Kosaken in das Lager davon. Der eine streckte sich, erschöpft vom Kampf, zur Ruhe in das Gras, der andre legte Erde auf seine Wunden und zerriß kostbare Tücher und Gewänder, die er dem toten Gegner abgenommen hatte, zu Verbandstreifen. Wieder andre, die sich noch frischer fühlten, lasen die Gefallnen auf und erwiesen ihnen die letzte Ehre. Mit Pallaschen und Lanzen lockerten sie den Boden, in ihren Mützen und Rockschößen hoben sie die Erde heraus; ein ehrliches Begräbnis gaben sie den toten Kosaken und deckten sie mit frischer Erde, auf daß kein Rabe oder Geier ihnen die Augen aushacke. Die Leichname der Polacken aber banden sie, wie sichs grade traf, selbzehnt an die Schweife von wilden Rossen und jagten die ins weite Blachfeld hinaus; sie selber sprengten hinterdrein und peitschten den Gäulen die Flanken. Die scheu gewordnen Tiere setzten in wilden Sprüngen über Raine und Hümpel, Gräben und Bäche, hart gegen den Boden schlugen die blut-und staubbesudelten Leichname der Polenkrieger.

Dann lagerten die Kosaken sich Regiment für Regiment im Kreise zur Abendmahlzeit und sprachen noch lange von den Taten und Siegen, die jeder vollbracht und errungen hatte, auf daß sie zur unsterblichen Sage würden für kommende Kosakengeschlechter, für Kind und Kindeskind. Spät erst legten sie sich zur Ruhe; am allerspätesten aber streckte der alte Taraß sich aus. Er saß und grübelte darüber nach, was es wohl zu bedeuten hätte, daß Andri nicht unter den feindlichen Kriegern gewesen war. Hatte dem Judas doch das Gewissen geschlagen, als er gegen die Seinen ausrücken wollte? Oder hatte Zankel gelogen, und war Andri einfach gefangen? Dann aber dachte Bulba daran, wie über die Maßen leicht Andris Herz durch süße Weiberrede zu kirren war; grimme Trauer schüttelte ihn, und harte Rache schwor er dem Polenmädchen, das seinen Sohn verzaubert hatte. Und er hätte den Schwur gehalten: er hätte ihre Schönheit nicht angesehen, sie an der üppigen Haarflechte aus dem Versteck gezerrt, sie über das weite Feld mitten in den Kreis der Kosaken geschleift. Am rauhen Erdreich wundgeschlagen, mit Blut und Staub bedeckt hätten sich ihre herrlichen Brüste und Schultern, die an Weiße dem ewigen Schnee glichen, der auf den Bergfirnen leuchtet. In die vier Winde hätte Bulba die Stücke ihres blühenden Leibes gestreut. Jedoch der Alte konnte nicht ahnen, was Gott ihm für morgen bereit hielt... Seine Gedanken verschwammen, und er schlief endlich ein.

Die Kosaken plauderten immer noch fort; die ganze Nacht hindurch aber wachte bei jedem der Feuer ein Posten und spähte scharf und nüchtern, ohne Zwinkern, nach allen Seiten gegen den Feind.

Achtes Kapitel

Die Sonne stand noch nicht wieder im Mittag, da traten die Kosaken schon zur Beratung in den Ring. Aus dem Heimatlager war Botschaft gekommen, daß die Tataren die Abwesenheit der Kosaken benutzt hätten, das Lager zu überfallen und auszuplündern. Sie hatten sogar den an geheimem Ort vergrabnen Kriegsschatz aufgespürt und mitgenommen. Die wenigen Leute, die daheim geblieben waren, hatten sie erschlagen oder gefangen weggeführt. Jetzt zogen sie mit der gemachten Beute und den geraubten Roß- und Rinderherden geradeswegs auf Perekop zu. Ein einziger Kosak, Maxim Goloducha, war unterwegs aus der Gefangenschaft entronnen. Er hatte einen Mirza der Tataren erstochen und ihm den Sack mit Zechinen vom Gurt geschnitten, er war auf einem Tatarenpferd und in tatarischer Kleidung der Verfolgung entronnen und zwei Tage und zwei Nächte geritten, hatte den ersten Gaul zu Tode gehetzt, war auf einen andern gestiegen, hatte auch den zuschanden geritten und auf dem dritten endlich das Feldlager seiner Kameraden erreicht. Daß die vor Dubno standen, war ihm unterwegs berichtet worden. Er konnte nichts tun, als kurze Meldung von der bösen Schlappe erstatten. Wie es dazu gekommen wäre: ob etwa die Kosaken wieder einmal nach leichtsinnigem Lagerbrauch gebechert hätten und trunken in Feindeshand gefallen wären, war nicht von ihm zu erfragen. Im Dunkeln blieb es auch, auf welche Weise die Tataren das Versteck des Kriegsschatzes erkundet hätten. Der Bote war gänzlich erschöpft, geschwollen an allen Gliedern, rot im Gesicht von Sonnenbrand und Wind; er sank, wo er stand, in sich zusammen und fiel in tiefen Schlaf.

In solchen Fällen war es Brauch bei den Kosaken, sich spornstreichs an die Verfolgung der Räuber zu machen und sie, wenn es irgend ging, noch auf dem Marsche zu fassen. Gelang das nicht, so dauerte es wohl nicht lange, bis die gefangnen Kosaken auf den Märkten Kleinasiens, in Smyrna, auf der Insel Kreta und wer weiß wo sonst überall in der Welt als Sklaven verkauft wurden. Deswegen strömte jetzt das ganze Heer zum Kriegsrat in den Ring. Heute behielt jeder die Mütze auf dem Kopf, denn sie kamen nicht, als Untergebne Befehle vom Hetman zu empfangen, sondern als Gleichberechtigte Rats miteinander zu pflegen.

»Sollen zuerst die Ältesten ihre Meinung sagen!« rief es aus der Menge. »Soll als erster der Hetman seine Meinung sagen!« entgegneten andre Stimmen.

Und der Hetman, der sich nicht mehr als Vorgesetzter, sondern nur noch als Kamerad zu fühlen hatte, zog die Mütze, dankte allen Kosaken für die erwiesene Ehre und fuhr dann fort:

»Es sind unter uns viele, die älter und klüger sind als ich, aber wenn ihr mir schon die Ehre gebt, so ist mein Rat: nicht eine Stunde Zeit mehr verlieren, Kameraden, und hinter den Tataren her! Ihr wißt ja selber, was für ein Pack die Tataren sind: die warten mit dem geraubten Gut nicht, bis wir kommen, sondern bringen es schleunigst durch, daß auch kein Fetzen übrig bleibt. So lautet mein Rat: marschieren! Das hier in Polen war immerhin schon ein Krieg, den man sich wohl gefallen lassen konnte. Jetzt weiß der Polack wieder für eine Weile, wer die Kosaken sind. Wir haben nach Kräften Rache genommen für die Schändung des rechten Glaubens; viel Beute ist ja doch nicht zu holen in dieser hungrigen Stadt. Und darum ist mein Rat: marschieren!«

»Marschieren!« klang es kräftig aus den Kosakenregimentern zurück.

Doch Taraß Bulba gefielen diese Worte übel. Noch tiefer auf die Augen senkte er die struppigen schwarzen Brauen, aus denen schon viel gebleichte Haare starrten, dem Rauhfrost gleich, der hoch am Bergeshang die Latschenwipfel mit weißen Nadeln schmückt.

»Nein, Hetman, das ist kein richtiger Rat, den du uns gibst!« begann er. »Du hast leicht reden. Hast du denn ganz vergessen, daß unsere Leute, die den Polacken in die Hände gefallen sind, dann einfach gefangen bleiben? Wir sollen wohl das oberste und heiligste Gesetz der Kameradschaft verachten und unsere Brüder schmählich verlassen, sollen dulden, daß man sie bei lebendigem Leib schindet, oder sie vierteilt und die Stücke in den polackischen Städten und Dörfern zur Schau stellt, wie die Kerle es schon mit dem Hetman und den besten Recken im Grenzland gemacht haben? Und wenn man daran nicht denken will – haben sie denn nicht auch ohne das genug Schindluder getrieben mit unsern Heiligtümern? Was sind wir denn für Leute? frag ich euch allesamt. Was ist das für ein Kosak, der seinem Kameraden im Elend die Treue nicht hält und ihn in der Fremde schmählich verrecken läßt wie einen Hund? Wenn es denn schon so weit gekommen ist, daß jeder die Kosakenehre für einen Dreck ansieht und sich in seinen grauen Schnauzbart spucken läßt und die gemeinsten Schimpfnamen ruhig einsteckt – von mir soll keiner so etwas sagen. Dann bleib ich allein!«

Bulbas Worte brachten die Kosaken in starken innern Zwiespalt.

»Ja, aber hast du vergessen, tapfrer Oberst«, begann von neuem der Hetman, »daß die Leute, die von den Tataren gefangen wurden, nicht minder unsere Kameraden sind? Wenn wir sie nicht gleich heraushaun, so werden sie doch für ewige Zeiten von den Heiden zu Sklaven gemacht; und das ist schlimmer als der schmachvollste Tod. Und hast du vergessen, daß die Tataren unsern ganzen Kriegsschatz geraubt haben, für den so viel ehrliches Christenblut geflossen ist!«

Die Kosaken standen in zweifelnden Gedanken und wußten nicht, was sie sagen sollten. Keiner von ihnen mochte sich einen schimpflichen Ruhm verdienen. Da trat Kassian Bowdjug in den Kreis, der älteste im ganzen Heer. Er stand bei allen Kosaken hoch in Ansehn; zweimal war er im Frieden erwählter Hetman gewesen, und auch im Krieg hatte er sich stets als wackrer Kosak bewährt. Jetzt aber war er ein alter Mann; er sprach auch niemals mehr im Rat, gern aber lag er abends im Kreis der Kosaken und hörte zu, wenn sie von Abenteuern und Schlachten vergangner Tage plauderten. Er mischte sich niemals ins Gespräch, sondern lauschte nur schweigend und drückte mit dem Daumen die Asche in der kurzen Pfeife fest, die in seinem Munde nie kalt wurde. Lange konnte er so mit halbgeschlossenen Augen liegen, und die Kosaken wußten oft nicht, ob er schon schlafe oder noch immer auf ihre Reden horche. Schon lange war er nicht mehr ins Feld gezogen, aber diesmal hatte es den Alten doch wieder gepackt. Er hatte mit der großartig wegwerfenden Handbewegung, die die Kosaken lieben, frisch gesagt: »Was kann da sein! Ich will doch mitgehn: zu irgend was mag ich den Unsern vielleicht immer noch nützen!«– Alle Kosaken verstummten, da er jetzt in den Ring trat, denn lange schon hatte keiner mehr ein Wort aus seinem Mund gehört. Und jeder wollte wissen, was Bowdjug nun wohl zu sagen wüßte.

»Jetzt mag die Reihe an mir sein, ein Wörtlein zu sprechen, ihr Herren und Brüder!« begann er. »Hört zu, ihr Kinder, was euch der Alte sagt! Sehr weise hat der Hetman gesprochen; er ist ja auch das Haupt des ganzen Heeres, und es ist seines Amtes, für alle zu denken und sich um den Kriegsschatz zu kümmern: er konnte nicht weiser reden, als er getan hat! So ist es! Und dies soll meine erste Rede sein! Jetzt aber hört gut zu, was meine zweite Rede ist. Meine zweite Rede heißt aber so: die reine Wahrheit hat auch der Oberst Taraß gesagt – Gott schenk ihm lange Jahre und schenke dem Grenzland noch manchen Führer von solcher Art! Die erste Pflicht und die höchste Ehre des Kosaken ist treue Kameradschaft. Solange ich schon auf der Erde lebe – ich habe nie gehört, daß irgendwo und irgendwie jemals ein Kosak den Kameraden verlassen und verkauft hat. Die einen wie die andern sind unsere Kameraden; und mögen es ihrer viel sein oder wenige – darauf kommt es nicht an: Kameraden sind sie uns alle, und alle sind sie uns lieb und wert. Darum heißt meine Rede so: alle, denen die Kameraden lieber sind, die in die Hände der Tataren fielen, sollen den Tataren nachsetzen, alle aber, denen die Kameraden lieber sind, die in die Hände der Polacken fielen, und die das gerechte Werk nicht halb getan verlassen wollen – die bleiben hier. Der Hetman zieht, wie es auch seine Pflicht ist, mit der einen Hälfte gegen die Tataren, die andre Hälfte aber wählt sich einen Hetmanvertreter. Und wenn ihr einem grauen Haupt folgen wollt, sag ich euch dies: zum Hetmanvertreter kann keiner besser taugen als der Oberst Taraß Bulba allein. Keiner von uns ist ihm an Ruhm und wackern Taten gleich.« Also sprach Bowdjug und verstummte.

Alle Kosaken aber freuten sich dessen, wie klug ihnen der Alte geraten hatte. Sie warfen ihre Mützen in die Luft und riefen: »Wir danken dir, Alter! Lange, lange, gar lange hast du kein Wort gesagt; jetzt sagst du uns gleich etwas Rechtes. Das war nicht in die Luft geredet, als du beim Abmarsch meintest, du kannst uns vielleicht immer noch nützen. So ists auch gekommen.«

»So seid ihr einverstanden mit dem Rat?« fragte der Hetman.

»Ja!« schrieen die Kosaken.

»Dann schließe ich die Versammlung...?«
»Schließe sie nur!« schrieen die Kosaken.
»Hört jetzt die Ordre, Kinder!« sagte der Hetman. Er trat in den Ring und bedeckte sein Haupt, alle Kosaken vom ersten bis zum letzten aber zogen die Mützen und standen barhaupt mit gesenkten Blicken, wie es der Brauch war, wenn ein Vorgesetzter befahl: »Nun teilt euch, ihr Herren und Brüder! Wer mitziehen will, der geht zur Rechten, wer lieber dableibt, geht zur Linken! Jeder Oberst stellt sich dahin, wo der größere Teil seines Regiments ist; der kleinere Teil tritt dann drüben unter die Fahne eines andern Regiments.«

Die Kosaken wimmelten durcheinander, die einen zur Rechten, zur Linken die andern. Der Oberst stellte sich dahin, wo der größere Teil seines Regiments war; der kleinere Teil trat dann drüben unter die Fahne eines andern Regiments. Und es erwies sich, daß beide Haufen bis auf ein Geringes gleich groß wurden. Bleiben wollten: fast das ganze Regiment Nesamoiko, die größere Hälfte des Regiments Popowitsch, das ganze Regiment Uman, das ganze Regiment Kanew, die größere Hälfte des Regiments Stebliki, die größere Hälfte des Regiments Tymoschew. Alle übrigen wollten sich zur Verfolgung der Tataren aufmachen. Unter denen, die gegen die Tataren reiten wollten, waren Tscherewaty, ein wackrer alter Kosak, Pokotypole, Lemisch, Choma Prokopowitsch; auch Demid Popowitsch gehörte zu dieser Partei, denn er war ein unruhiger Geist und hielt es nicht lange auf einem Fleck aus; an den Polacken hatte er sich jetzt versucht, nun wollte er sich wieder einmal an den Tataren versuchen. Die Obersten dieser Schar waren: Nostjugan, Pokryscha, Newylytschki; und noch gar so mancher andre berühmte und tapfre Kosak gedachte die Schärfe seines Schwertes und die Kraft seines Arms zu erproben im Kampf gegen den Tataren. Nicht klein war auch die Zahl der tüchtigen Kosaken, die bleiben wollten. Da waren die Obersten Demytrowitsch, Kukubenko, Wertychwist, Balaban, Ostap Bulba, und außerdem noch eine Menge von ruhmreichen und mutigen Kriegern: Wowtusenko, Tscherewytschenko, Stepan Gußka, Ochrim Gußka, Mykola Gusty, Sadoroschni, Metelitza, Iwan Sakrutyguba, Moßi Schilo, Degtarenko, Sydorenko, Pißarenko, noch ein Pißarenko, ein dritter Pißarenko, und weiter eine Menge von wackern Kosaken. Sie waren fast alle weitgereiste Leute: sie kannten die Küsten Anatoliens, die Salzsümpfe und Steppen der Krim, die kleinen und die großen Flüsse, die in den Dnjepr münden, die geheimen Schlupfwinkel im Grenzland und die Dnjeprinseln, sie kannten die Moldau, die Walachei, das Türkenland; sie hatten auf ihren zweirudrigen Kosakenkähnen das weite Schwarze Meer unsicher gemacht; mit fünfzig Kähnen hatten sie die reichsten und größten Schiffe geentert, manche türkische Galeere hatten sie versenkt und eine schwere, schwere Menge Pulver in ihrem Leben verschossen. Gar oft hatten sie kostbare Tücher und edeln Samt zu Fußlappen zerrissen, sich gar oft die Hosensäcke mit blanken Zechinen vollgestopft. Wieviel aber jeder von ihnen vertrunken und verjubelt hatte – Summen, die andern Leuten bis ans Lebensende gereicht hätten –, das rechnet keiner aus. Sie hatten nach Kosakenart mit ihrem Beutegeld gehaust, die ganze Welt zu Gast geladen und die Musik aufspielen lassen, daß jeder sein Teil habe an ihrer Freude. Manch einer aus ihrer Schar hatte auch heute noch irgendwo einen Schatz vergraben: silberne Kannen und Becher und Armringe, irgendwo im Schilfdickicht der Dnjeprinseln, damit es der Tatar nicht finde, wenn es einmal das Unglück wollte, daß ihm ein unvermuteter Überfall auf das Lager glückte; aber es wäre ein schweres Stück Arbeit für den Tataren gewesen, die Schätze zu heben – wußte doch oft ihr Besitzer selber kaum noch, wo er sie vergraben hatte. Leute von dieser Art waren die Kosaken, die dableiben und Rache an den Polacken nehmen wollten für ihre treuen Kameraden und die Schändung des rechten Christenglaubens!

Auch der alte Bowdjug blieb mit ihnen da. Er sagte: »Ich bin jetzt nicht mehr in den Jahren, wo's einem Freude machen kann, hinter den Tataren herzujagen. Hier aber ist ein Platz, wo einen ein ehrlicher Kosakentod wohl finden mag. Lange schon hab ich den lieben Gott gebeten, er soll mir den Tod bescheren im Krieg für eine heilige, christliche Sache. Und so hat er es jetzt gefügt. Ein ruhmvolleres Ende gibt es für einen alten Kosaken an keinem andern Platz.«

Als sich endlich alle, nach Regimentern abgeteilt, in zwei langen Reihen gegenüber standen, schritt der Hetman in der Mitte die Front ab und sagte:

»Wie ist es nun, ihr Herren und Brüder, hat eine Partei der andern einen Vorwurf zu machen?«

»Nein!« schrieen die Kosaken.

»Also, dann küßt euch und sagt einander Lebewohl – der Himmel allein weiß, ob ihr euch auf dieser Erde wiederseht. Gehorcht eurem Hetman! Was ihr zu tun habt, wißt ihr selbst. Ihr selbst wißt, was die Kosakenehre von euch verlangt.«

Und alle Kosaken, so viele ihrer da waren, tauschten Küsse. Zuerst traten die Obersten vor, sie strichen ihre grauen Schnauzbärte gegen die Ohren, küßten sich über Kreuz und drückten sich kräftig die Hände. Da hätte wohl der eine den andern gern gefragt: »Nun, Herr und Bruder, ob wir uns wiedersehn?« Aber sie blieben stumm, und ernste Gedanken gingen durch ihre grauen Köpfe. Auch die Kosaken alle sagten sich Lebewohl, denn jeder wußte, daß beiden Teilen harte Arbeit bevorstand.

Es war aber nicht die Absicht, sich gleich zu trennen, sondern sie wollten dafür das Dunkel der Nacht abwarten, damit der Feind nichts von der Schwächung des Kosakenheers merke. So gingen sie jetzt auseinander und setzten sich, Regiment für Regiment, zum Mittagsmahl.

Nach dem Essen streckten sich alle, die abmarschieren sollten, zur Ruhe aus und fielen in einen tiefen, langen Schlaf, wie wenn sie ahnten, daß dies der letzte Schlaf sei, den sie in solcher Freiheit genießen sollten. So schliefen sie bis Sonnenuntergang; und da die Sonne verschwand und leichte Dämmerung einfiel, begannen sie die Wagen zu schmieren. Als dann alles bereit war, schickten sie die Wagen voraus, schwenkten noch einmal die Mützen gegen die Kameraden und zogen stumm, jedes Geräusch vermeidend, hinter dem Troß drein – zuerst das Fußvolk, zum Schluß die Reiterei; kein Ruf wurde laut, kein Pfiff trieb einen Gaul an; und bald war alles vom Dunkel verschluckt. Gedämpft nur hallte das Hufgetrappel aus der Nacht herüber und hie und da das Kreischen eines Rades, das sich noch nicht eingelaufen hatte oder bei dem Zwielicht nicht gut geschmiert worden war.

Noch lange winkten die Kameraden ihnen nach, wenngleich nichts mehr von ihnen sich blicken ließ. Und als sie dann wieder zu ihren Lagerplätzen gingen, sahen sie im heller gewordnen Sternenlicht, daß die Hälfte der Wagen und viele, viele ihrer Genossen fehlten. Da wurde es den Kosaken wunderlich ums Herz, wider Willen verfielen sie in Grübeln und ließen die sonst so muntern Köpfe hangen.

Taraß sah wohl, wie traurig seine Leute um die Feuer saßen, wie weichliche Wehmut, deren ein tapfrer Mann sich schämen sollte, die Kosakenherzen beschlich; aber er sagte nichts: er wollte ihnen Zeit lassen, den Trübsinn auszukosten, mit dem sie der Abschied von den Kameraden erfüllte. Und derweil rüstete er sich in aller Stille, sie mit einem Schlag durch gut kosakischen Zuspruch emporzureißen, auf daß mit verdoppeltem Feuer der Mut in ihnen entbrenne, der kühne Mut, wie ihn nur die slawische Seele kennt. Weiträumig und gewaltig macht er die slawische Seele vor den Seelen der andern Völker, wie es das Meer ist vor allen den flachen Flüssen: stürmt es, so brüllt und donnert das Meer, Wellenberge entspringen aus seinem Schoß, hundertfach höher, als die schwachen Flüsse sie kennen; schweigen die Winde, so breitet es unabsehbar, klarer als jemals ein Fluß, seinen gläsernen Spiegel, eine ewige Weide den Menschenaugen.

Taraß schickte seine Diener zu einem Wagen, der seitab von den andern stand. Es war der größte und stärkste Packwagen im ganzen Troß; schwere doppelte Eisenreifen umspannten die plumpen Räder; die Ladung war mit Pferdedecken und derben Rinderhäuten verhüllt, über die sich stramm die geteerten Seile spannten. Der Wagen trug nichts als Gebinde und Fäßchen voll köstlichen alten Weins, der lange in Bulbas Kellern gelagert hatte. Er führte ihn für irgendeinen besonders feierlichen Augenblick mit sich. Käme einmal eine große Stunde, da das Heer vor einer Aufgabe stände, die würdig wäre, den kommenden Geschlechtern überliefert zu werden, dann sollte jeder Kosak bis zum letzten Mann einen Schluck von dem sonst im Feld verbotnen Weine trinken, auf daß in der großen Stunde ein großes Gefühl die männischen Herzen regiere.

Die Diener eilten, zu tun, was ihnen der Oberst befahl: sie gingen hin, durchschnitten die Seile mit den Säbeln, taten die derben Ochsenhäute und die Decken herunter und hoben die Gebinde und Fäßchen vom Wagen.

»Und jetzt«, sagte Bulba, »halte jeder, soviele ihr da seid, her, was er hat: einen Becher, oder den Eimer, mit dem er seinen Gaul tränkt, oder einen Fausthandschuh, oder die Mütze, oder meinetwegen auch die zwei hohlen Hände.«

Alle Kosaken, soviele ihrer da waren, hielten her, was jeder hatte, der eine einen Becher, der andre den Eimer, mit dem er seinen Gaul tränkte, dieser einen Fausthandschuh, jener die Mütze, manch einer auch die zwei hohlen Hände. Und die Diener des alten Taraß schänkten allen vom Wein aus den Gebinden und Fässern. Taraß aber verbot ihnen zu trinken, bevor er ihnen das Zeichen gäbe; denn sie sollten alle zugleich trinken. Sie sahen, daß er ihnen vorher noch etwas sagen wollte. So stark auch der gute alte Wein ganz von selbst ist, und so gut er ein Mannesherz mit Kraft zu erfüllen versteht – kommt noch ein gutes Wort dazu, so doppelt das die Kraft des Weins und der Herzen. Dies wußte Bulba.

Und also sprach er: »Ihr Herren und Brüder, zum Wein geladen hab ich euch nicht, meine Erwählung zum Hetman zu feiern, so sehr ich euch danke für diese große Ehre, und auch nicht zur Feier des Abschieds von unsern Kameraden – nein, jedes Ding zu seiner Zeit; dafür ist nicht die Stunde. Schwere Mühe liegt vor uns, große Kosakentaten werden von uns verlangt! Laßt uns darum, alle vereint, zuerst auf den heiligen rechten Glauben trinken; kommen soll endlich die Zeit, da der eine heilige Glaube sich über die ganze Erde ausbreitet und alles beherrscht und alle Ketzer zu wahren Christen macht! Zum zweiten trinken wir auf das Heimatlager; lang soll es stehen und blühen, allen Ketzern zum Verderben, frische Jungmannschaft soll mit jedem neuen Jahr von ihm ausziehn, einer immer tapfrer als der andre, einer immer schmucker als der andre. Zum dritten trinken wir auf unsern eignen Ruhm – mögen noch unsere Enkel und Enkelsöhne von uns singen und sagen, wie wir so treu die Kameradschaft in Ehren hielten und den Freund nicht verrieten. Wohlan denn: auf den Glauben, ihr Herren und Brüder, auf unsern Glauben!«

»Auf unsern Glauben!« fielen die zunächst Stehenden mit tiefen Stimmen ein.

»Auf unsern Glauben!« antworteten die ferner Stehenden, und alle, Alte und Junge, tranken auf den heiligen rechten Glauben.

»Auf unser Lager!« rief Taraß und stieß die Hand hoch über seinen Kopf in die Luft.

»Auf unser Lager!« hallte es dumpf aus den vordern Reihen wieder.

»Auf unser Lager!« sagten leise die Alten, ihre grauen Schnauzbärte zuckten.

Und die Jungen fuhren empor wie erwachende junge Falken und riefen: »Auf unser Lager!« Weithin dröhnte das Feld von dem Schrei der Kosaken.

»Und nun den letzten Schluck, Kameraden: auf unsern Ruhm, und auf jeden Christenmenschen, der in der Welt lebt!«

Alle Kosaken, vom ersten bis zum letzten Mann, tranken die Neige auf ihren Ruhm und auf jeden Christenmenschen, der in der Welt lebt. Und oft noch scholl es aus den Reihen zurück: »Auf jeden Christenmenschen, der in der Welt lebt.«

Geleert waren die Becher, doch wie erstarrt standen die Kosaken, die Hand noch gen Himmel geschwungen. Fröhlich glänzten die Augen vom Wein, aber jeder war tief in Gedanken. Nicht an Plünderung dachten sie jetzt und Beute, nicht daran, wieviel ihnen zu gewinnen glücken möchte an goldnen Dukaten, kostbaren Waffen, gestickten Röcken und tscherkessischen Gäulen. Sie spähten gedankenschwer in die Weite, wie Adler, die auf den Gipfeln der Berge thronen, auf schwindelndem Felsgrat, von dem der Blick das unendliche Meer umfaßt. Über seinen Spiegel gleiten, gleich kleinen Vögeln, Galeeren, Korvetten und allerhand Schiffe, fern blauen die dünnen Striche der Küsten, an denen, winzigen Fliegen ähnlich, die Städte liegen und die Wälder zu niedrigem Rasen zusammenschrumpfen. Wie Adler sahen die Kosaken über das Blachfeld, schauten sie in dämmernder Ferne ihr eignes Schicksal. Kommen, fern daherkommen sahen sie die Stunde, da dieses Blachfeld mit allen den Schluchten und Straßen starren würde von ihrem weißen Gebein, getränkt sein würde von ihrem Blut, bedeckt von den Trümmern ihrer

Wagen, vom schartigen Eisen zerhauener Säbel und Lanzen. Ringsum, so weit ihre Blicke trugen, würden Kosakenköpfe verstreut sein mit wirrem, blutverklebtem Schopf und hangendem Schnauzbart; und niederstürzen würden die Schwärme der Geier, ihnen die Augen aus ihren Höhlen zu hacken.

Aber ein Schönes und Großes hat solch ein weites und freies Totenbett: keine herrliche Tat kann sterben! Mag der Pulverrauch aus der Büchse verwehen – niemals verweht der Kosakenruhm.

Wahrlich, es kommt die Zeit, da einst ein Pandoraspieler, ein rüstiger Graukopf mit wallendem Bart, prophetischen Geistes voll singen und sagen wird vom Ruhme der Helden. Über die Welt hin hallt dann ihr Name; und alles, was lebt, wird ihn nennen. Denn hellen Klang hat das mächtige Wort, gleich dröhnendem Glockenerz, darein der Meister viel köstlichen Silbers verschmolz, daß stark und lieblich der Ton in die Ferne dringe, über Stadt und Dorf, über Schloß und Hütte, und alle Welt vereine zu frommem Gebet.

Neuntes Kapitel

Drinnen in der Stadt bemerkte niemand, daß nur noch die Hälfte des Kosakenheeres vor den Toren lag. Freilich sahen die Posten auf dem Rathausturm, daß ein Teil der Wagen abgezogen war. Aber die Polen schlossen daraus nur, die Wagen seien im Wald versteckt, und der Feind wolle sie auf die Art täuschen und ihnen einen Hinterhalt legen; diese Meinung teilte auch ihr französischer Stückmeister.

Alsbald erwies es sich, daß der Hetman richtig prophezeit hatte: die Belagerten begannen von neuem an Nahrungsmangel zu leiden. In jenen alten Zeiten war man in solchen Dingen recht sorglos. Die Polen suchten sich durch einen Ausfall zu helfen – umsonst: die Hälfte des Freiwilligentrupps, der dieses Wagstück unternahm, wurde von den Kosaken niedergemetzelt, die andre Hälfte mit leeren Händen in die Stadt zurückgeworfen. Jedoch die städtischen Juden benutzten die Gelegenheit, vor den Toren alles zu erschnüffeln, was ihnen zu wissen wichtig schien. Sie brachten heraus, warum und wohin ein Teil des Kosakenheers abgezogen war, wie groß dieser Teil war, aus welchen Regimentern er bestand, und welche Obersten ihn führten. Ebenso gut unterrichtet zeigten sie sich darüber, wieviel Regimenter noch vor der Stadt geblieben waren, und was die Belagerer für Pläne hatten. Kurzum: jetzt wußten die Polacken über das alles genau Bescheid. Ihre Obersten schöpften neuen Mut und beschlossen, dem Gegner eine Schlacht zu liefern.

Taraß merkte das an der Bewegung und dem Lärm in der Stadt. Er traf eilend seine Maßregeln und gab die Ordre aus. Das Heer wurde in drei Haufen geteilt, deren jeder sich in einer Wagenburg wie hinter Festungsmauern verschanzte – eine Schlachtordnung, in der die Kosaken kaum zu besiegen waren. Zwei Regimenter legte der Hetman in den Hinterhalt. Einen Teil des Blachfeldes ließ er mit Fußangeln und Lanzenspitzen spicken. Dorthin wollte er im rechten Augenblick die feindlichen Reiter locken.

Und als alles so vorbereitet war, hielt er im Ring des Heers eine Rede – nicht, weil er seine Kosaken aufmuntern und ihre Kampflust anfeuern wollte –, er wußte, daß sie auch ohne das siegesgewissen Mutes waren –, sondern nur, weil es ihn drängte, sein Herz vor ihnen auszuschütten.

»Sagen will ich euch, Herren und Brüder, ein Wörtlein davon, was es mit unserer Kameradschaft für eine Bewandtnis hat. Ihr habt von unsern Vätern und Vorvätern vernommen, in welchen Ehren einstmals unsere Heimat bei allen Völkern stand; die Griechen haben gespürt, wer wir waren, Stambul hat uns in blanken Dukaten Tribut gezahlt, reiche, blühende Städte hatten wir mit prächtigen Domen; und Fürsten hatten wir, Fürsten aus unserm Blut und Stamm – keine katholischen Ketzer. Das alles haben uns die Moslim genommen, das alles ist fort; nur wir sind übriggeblieben, verwaist, verlassen, wie es die Witwe nach dem Tod ihres starken Mannes ist. Und wie wir verwaist sind, so ist auch unsere liebe Heimat verwaist. Die harte Zeit hat es gemacht, ihr Herren, daß wir uns die Hände reichten zu festem Verband. Auf diesem Grund ruht unsere Kameradschaft! Und Kameradschaft ist das heiligste Band im Leben! Ich weiß: der Vater liebt sein Kind, die Mutter liebt ihr Kind, das Kind liebt Vater und Mutter; aber das kommt unserer Liebe nicht gleich, meine Brüder – seine Kinder liebt auch das Tier. Sich mit einem Blutsfremden zum Bruderbund zusammenfinden kann nur der Mensch. Wohl auch in andern Ländern gibts Kameradschaft; aber Kameraden, wie sie die russische Erde gebiert, gibt es sonst nirgends. So mancher von euch ist mehr als einmal in die Fremde verschlagen worden und hat wohl gesehen: auch dort wohnen Menschen, Kinder Gottes wie wir. Sie reden wie deinesgleichen; aber sollen sie dir einmal ein Wort so recht von Herzen sagen, dann siehst du gleich: ja, es sind kluge Leute, aber die Unsern sind es nicht – Menschen wie wir, und doch die Unsern nicht. Nein, Brüder: so lieben, wie es das russische Herz versteht – lieben nicht mit dem Hirn oder Gott weiß, womit sonst, lieben mit allem, was in uns ist, Kameraden...!« rief Taraß; er schlug mit der Faust durch die Luft und schüttelte seinen Graukopf, der Schnauzbart zuckte. Dann fuhr er fort: »Nein, so zu lieben versteht sonst niemand auf Erden! Ich weiß wohl: es sind bei uns jetzt vielfach üble Sitten im Schwang: viele fragen nur nach ihren Getreideschobern, ihren Heudiemen, ihren Roßherden und ihren Weinkellern; viele nehmen weiß der Kuckuck was für ketzerische Sitten an und schämen sich der Muttersprache; der Landsmann will nicht mit dem Landsmann reden; der Landsmann verkauft seinen Landsmann, wie einer ein seelenloses Tier auf dem Viehmarkt verkauft. Die Gnade eines fremden Königs – und war es bloß immer der König –, die Gnade jedes schäbigen polackischen Junkers, der ihnen seinen gelben Schuh in die Fresse haut, bedeutet solchen Kujonen mehr als die Bruderschaft. Aber auch in dem niedrigsten Lumpenkerl, mag er sein, wer er will, mag er sich mit Behagen in Dreck und sklavischer Erniedrigung wälzen – auch in dem, Brüder, lebt ein Funke des russischen Gefühls. Und einmal erwacht es, und dann schlägt sich der Ärmste reuig vor die Brust und greift sich an den Kopf und verflucht sein elendes Dasein und würde willig jede Marter auf sich nehmen, wenn er damit die Schande von sich waschen könnte. Mag unser Beispiel allen denen zeigen, was Kameradschaft heißt auf der russischen Erde! Und geht es denn zum Sterben – keiner von ihnen wird sterben wie wir! Keiner von ihnen allen...! Dazu fehlt ihnen viel, den Hasenherzen!«

Der Hetman hatte gesprochen, und da er verstummt war, schüttelte er noch lange sein in der Arbeit um edeln Kosakenruhm licht silbergrau gewordnes Haupt. Und die Gemeinde der Kosaken wurde mächtig gepackt durch die Rede, von ihr getroffen bis auf den Grund des Herzens. Die Alten standen reglos wie aus Stein und ließen die greisen Köpfe hangen, das Wasser schoß ihnen heiß in die Augen; langsam wischten sie sich mit den Ärmeln die Tränen von den Lidern. Und dann schlugen sie, als hätte ihnen einer das Zeichen dazu gegeben, alle zugleich mit der Faust durch die Luft und schüttelten die Köpfe. Man sah wohl: Taraß Bulba hatte an das Beste in ihren Herzen gerührt, an den hohen Gedanken, der in den Alten als Frucht vieler Jahre voll Not und Plage, Kampf und Ungemach gereift war, den aber auch die unerfahrne Jugend zur Freude ihrer Väter ahnend in reiner Seele trug.

Jedoch die Stunde war gekommen: schon rückte das Heer der Feinde aus der Stadt, die Pauken donnerten, es jauchzten die Trompeten. Die Faust in die Hüfte gestemmt, sprengten die Junker zum Tor heraus, gefolgt von unzählbarer Mannschaft. Der dicke Oberst führte das Kommando. So rückten sie in hellen Haufen gegen die Wagenburgen der Kosaken an. Bedrohlich zielten sie mit den Hakenbüchsen, Blitze schossen sie aus den Augen, hell funkelten ihre Panzer. Als sie in Schußweite gekommen waren, empfingen die Kosaken sie mit einer Salve aus ihren langen Büchsen und feuerten ohne die kleinste Pause fort. Weithin scholl das gewaltige Knattern über Feld und Flur und floß zu einem einzigen Donner zusammen: dichter Rauch deckte das Schlachtfeld; die Kosaken unterbrachen ihr Feuer nicht für eines Atemzuges Dauer. Die hintern Glieder luden und reichten die schußfertigen Büchsen vor. Starre Verwunderung packte den Feind: er begriff nicht, wie die Kosaken schießen könnten, ohne zu laden.

Im Rauch, der Freund und Feind verhüllte, sah man nichts davon, wie bald hier, bald dort einer in den Reihen fiel; doch die Polacken spürten wohl, daß die Kugeln hageldicht geflogen kamen, und daß die Sache brenzlich wurde. Als sie dann ein Stück zurückwichen, aus dem Rauch zu kommen und Musterung zu halten, da fehlten in ihren Reihen viele tapfre Krieger, indessen auf Seiten der Kosaken höchstens zwei oder drei vom Hundert gefallen waren. Doch ruhig, ohne die kleinste Unterbrechung, feuerten die Kosaken weiter!

Selbst der fremdländische Stückmeister der Polen konnte nicht genug staunen ob dieser niemals erhörten Kampfart und sagte frei heraus, vor allem Volk: »Wackre Burschen sind die Kosaken! Wie die zu fechten wissen – daran dürfte sich jedes Heer ein Beispiel nehmen!« Und er riet den Seinen, die Kanonen gegen die Wagenburgen zu richten.

Dumpf brüllten die ehernen Stücke aus weiten Mäulern; die Erde dröhnte und bebte, noch dichter umwölkte der Rauch das Schlachtfeld. Nach Pulver roch es da auf den Märkten und Straßen der nahen und fernen Städte. Aber die Richtkanoniere zielten zu hoch: einen zu steilen Bogen beschrieben die glühenden Kugeln; mit höllischem Heulen flogen sie über die Wagenburgen weg, wühlten sich weit hinter ihnen in den Boden und schleuderten Wolken von schwarzer Erde gen Himmel. Der französische Stückmeister raufte sich die Haare ob solchen Ungeschicks. Er selbst begann die Geschütze zu richten und fragte dabei wenig nach dem heißen Hagel aus den Kosakenbüchsen.

Taraß erkannte von weitem, welche Gefahr die Regimenter Nesamoiko und Stebliki bedrohte, und schrie, daß es schallte: »Schnell heraus aus der Wagenburg und auf die Pferde, ihr Brüder!« Doch den Kosaken hätte dafür die Zeit wohl nicht mehr gereicht, wäre nicht der Oberst Ostap ganz allein gegen die Mitte der feindlichen Front gesprengt: sechs Kanonieren schlug er die Luntenstöcke aus der Hand, bei den vier andern glückte ihm das nicht mehr, die Übermacht warf ihn zurück. Und nun griff der fremdländische Stückmeister selber zur Lunte, die größte der Kanonen abzufeuern, ein Ungeheuer, wie es noch keiner von den Kosaken gesehen hatte. Gräßlich dräute der weite Schlund; tausend Tode lauerten tückisch daraus hervor. Und als das gewaltige Stück nun Feuer spie und drei andre Geschütze krachend einstimmten, als unter vierfachem Donner die Erde wankte – oh, wieviel Jammer wurde da geboren!

Manch eine Kosakenmutter wird sich mit knochigen Fäusten die welken Brüste schlagen, wird heulen um den gefallnen Sohn, manch eine Witwe wird trauern in Gluchow, Nemirow, Tschernigow und vielen andern Städten, manch junges Ding wird Tag für Tag auf den Marktplatz laufen, wird jeden Wandrer festhalten und ihm in die Augen sehen, ob sie unter ihnen allen den einen nicht findet, der ihr der liebste ist auf der Welt. Schwärme von Kriegsvolk werden durch die Stadt ziehen; aber so viele ihrer kommen – nie kommt der eine, der ihr der liebste ist auf der Welt.

Die Hälfte des Regiments Nesamoiko deckte den Boden. So tost ein Hagelsturm vernichtend über die Flur, auf der vorher jede Ähre gleich einem vollwichtigen Dukaten prangte...

Wie sie da aber vorbrachen, die grimmen Kosaken! Wie sie sich auf die Feinde stürzten! Wie Kukubenko, der Oberst, vor Wut schäumte, als er sah, daß die Hälfte seines Regiments tot war! Mit dem Rest der Leute sprengte er geradeaus gegen die Mitte der feindlichen Front. In seinem Zorn hieb er den ersten, der ihm entgegentrat, einfach in Stücke, viele Reisige warf er nieder und bohrte die Lanze durch Reiter und Roß. So drang er bis zu den Geschützen vor und hatte schon eine Kanone erobert; da sah er, daß hier Oberst Ostap mit den Umanern tüchtig am Werk war, und daß Stepan Gußka das größte der Stücke genommen hatte. Er ließ also diese Arbeit den Kameraden und stürzte sich mit seinen Leuten gegen einen andern feindlichen Haufen. Wo die Nesamoiker hinkamen, bahnten sie sich eine breite Straße; und machten sie eine Wendung, so klaffte dort eine Seitengasse. Die Reihen der Feinde lichteten sich, in Garben stürzten die Polacken nieder. Dicht bei der ersten Wagenburg war Wowtusenko an der Arbeit, weiter vorn Tscherewitschenko, bei der zweiten Wagenburg Degtarenko, bei der dritten der Oberst Wertychwist. Zwei Junker hatte Degtarenko schon mit der Lanze gefällt, da geriet er an einen, den er nicht bezwang. Dies war ein gelenkiger, baumstarker prunkvoll gerüsteter Polack, den fünfzig eigne Knechte in die Schlacht begleiteten.

Er setzte Degtarenko übel zu, er warf ihn nieder, schwang den Säbel, um ihm den Garaus zu machen, und schrie: »Unter euch Kosakenhunden ist keiner, der sich mit mir zu messen wagt!«

»Hier kommt schon einer!« rief Moßi Schilo und sprengte auf ihn zu.

Moßi war ein stämmiger Kosak, der so manchen Zug über das Meer angeführt und vielerlei Not und Gefahren hinter sich hatte. Einmal war er bei Trapezunt mit seinen Leuten von den Türken gefangen worden. Die setzten ihn und die Kameraden als Sklaven auf ihre Ruderbänke, fesselten sie mit eisernen Ketten an Armen und Beinen, ließen sie wochenlang ohne Nahrung und gaben ihnen ekles Meerwasser zum Trunk. Alle diese Leiden nahmen die armen Gefangnen lieber auf sich, als daß sie ihrem rechten Glauben abgeschworen hätten. Ihr Führer Moßi Schilo aber wurde schwach: er trat das heilige Gesetz mit Füßen, wand sich schmählich den Turban um sein sündhaftes Haupt, errang so das Vertrauen des Paschas und wurde zum Schließer auf dem Schiffe, zum Aufseher über alle Sklaven gemacht. Mit schwerer Sorge erfüllte das die armen Gefangnen. Wenn Schilo, einer von ihren Leuten, dem Glauben abschwor und auf die Seite der Bedrücker trat, so mußte seine Hand grausamer knechten als die Fäuste der andern Heiden – das konnten sie sich wohl im voraus denken; und ihre Ahnung ging in Erfüllung. Moßi Schilo ließ sie mit neuen Ketten selbdritt zusammenschmieden; er zog ihnen die harten Fesselstricke an, daß sie bis auf die weißen Knochen schnitten, er wartete ihnen freigiebig mit Nackenschlägen auf. Die Türken freuten sich des treuen Knechtes, den sie in ihm gefunden hätten. Doch als sie einmal ein fröhliches Gelage feierten und sich, wiewohl ihnen ihr Gesetz den Wein verbietet, alle sinnlos betranken, da holte Moßi die vierundsechzig Schlüssel herbei und teilte sie unter die Gefangnen aus. Die öffneten ihre Fesseln, warfen sie nebst den Ketten ins Meer, griffen statt dessen zu den Säbeln und metzelten die Türken nieder. Viel Beute gewannen damals die Kosaken und kehrten ruhmbedeckt ins Heimatland zurück. Noch lange priesen die Pandoraspieler den tapfern Moßi Schilo. – Die Kameraden hätten ihn vielleicht zum Hetman gewählt, wäre er nicht ein gar so wunderlicher Kosak gewesen. Oft vollbrachte er Taten, wie sie der Weiseste nicht herrlicher ersinnen könnte, ein andermal wieder mußte man denken, er sei völlig närrisch geworden. Er vertrank und verjubelte sein Hab und Gut, machte Schulden bei jedem im Lager und ließ es sich, als sei es damit nicht genug, beikommen, zu stehlen wie ein gemeiner Dieb. Er entwendete bei Nacht eine vollständige Kosakenausrüstung aus einer fremden Gemeinde und versetzte sie in der Schenke. Für diese schmähliche Tat wurde er auf dem Marktplatz an den Schandpfahl gebunden. Neben ihm lag ein Knüppel, mit dem sollte ihm jeder, der vorüberkam, aus aller Kraft einen Hieb versetzen. Aber es fand sich im Lager nicht ein Mann, der den Knüppel gegen ihn aufheben wollte – in so gutem Gedächtnis standen seine Taten von einst. Solch ein Kosak war Moßi Schilo.

»Hier gibt es schon Leute, die solche Hunde wie euch leicht verdreschen!« rief er und stürzte sich auf den Feind. Hei, was da für ein Fechten anhob! Verbeult waren bald die Schulterstücke und Armschienen beider Kämpfer unter den mächtigen Schlägen. Der Polack hieb Schilo durch den eisernen Panzer; in des Kosaken Leib drang scharf die Schneide, rot färbte sich das Kettenhemd von seinem Blut. Aber das kümmerte Moßi wenig; er holte mit dem schweren, starken Arm aus und zog dem andern blitzschnell eins über den Schädel. In Stücke flog der bronzene Helm, der Polack taumelte und dröhnte schwer zu Boden; Schilo aber machte sich daran, dem Betäubten den Gnadenstoß zu geben und ihn mit dem eignen Blute zu taufen. O hättest du dem Feinde lieber nicht den Garaus gemacht, tapfrer Kosak, o hättest du dich lieber erst umgesehen! Aber der Kosak sah sich nicht um, und so rannte ihm einer von den Knechten des Erschlagnen das Messer ins Genick. Herum fuhr Schilo und hätte den Waghals wohl erwischt, wenn der nicht schnell im Pulverrauch verschwunden wäre. Von allen Seiten donnerten jetzt die Hakenbüchsen.

Schilo taumelte und spürte, daß die Verletzung tödlich war. Er schlug zu Boden, preßte die Hand auf seine Wunde und rief: »Kameraden! Lebt wohl, ihr Herren und Brüder! In alle Ewigkeit blühen soll das russische Land, ewig soll es in Ehren stehn!« Es dunkelte ihm vor den Augen, er drückte sie fest zu; gen Himmel schwang sich die Kosakenseele aus dem stämmigen Leib.

Und da kam schon Sadoroschni mit den Seinen herangesprengt, der Oberst Wertychwist stürzte sich in die feindlichen Schlachtreihen, und Balaban drang vor.

»Wie stehts, ihr Herren?« rief Taraß den Obersten zu. »Habt ihr noch Pulver in den Pulverhörnern? Ist die Kosakenkraft noch nicht erlahmt? Und halten die Kosaken durch?«

»Ja, Alter! Noch haben wir Pulver in den Pulverhörnern, noch nicht erlahmt ist die Kosakenkraft, noch halten die Kosaken durch!«

Gewaltig drangen die Tapfern an und brachten die feindlichen Reihen in Verwirrung. Der kleine Polackenoberst ließ zum Sammeln schlagen und ließ acht prächtig bunt bemalte Feldzeichen aufpflanzen; die Seinen zu ordnen, die weit über das Schlachtfeld zerstreut waren. Die Polacken strömten den Standarten zu, aber sie waren noch nicht völlig ausgerichtet, als schon der Oberst Kukubenko von neuem gegen die Mitte ihrer Front vorstieß. Er geriet grade an den dickwanstigen Obersten. Der bekam es mit der Angst, wendete den Gaul und riß in vollem Galopp aus. Kukubenko hetzte ihn weit über das Blachfeld und ließ ihn nicht wieder zu seinem Regiment. Die Schlinge in der Hand, den Kopf auf den Hals des Pferdes gebeugt, so sprengte Stepan Gußka heran, er paßte den rechten Augenblick ab und warf dem feindlichen Obersten mit einem Ruck die Schlinge um den Hals. Blaurot im Gesicht wurde der Oberst, er griff mit beiden Händen nach dem Strick und wollte ihn zerreißen, doch schon fuhr ihm in mächtigem

Schwung die Lanze mitten in den Bauch. So blieb er liegen, grausam an die kühle Erde genagelt. Aber auch Gußka traf das Unheil. Ehe sichs einer von den Kosaken versah, schwebte Stepan Gußka, auf vier Lanzen gespießt, hoch in der Luft. Der arme Teufel konnte nur noch rufen: »Verderben unsern Feinden, Heil dem russischen Land in alle Ewigkeit!« Dann gab er den Geist auf.

Die Kosaken sahen sich um. Am rechten Flügel geigte der Kosak Metelitza den Polacken zum Tanz und machte manchem den Garaus, am linken drang der Oberst Newylytschki stürmisch vor; bei der ersten Wagenburg drosch Sakrutyguba sieghaft auf den Feind ein, bei der zweiten hatte der eine Pißarenko die Angreifer zurückgeworfen, bei der dritten war man schon auf den Wagen selber handgemein.

»Wie stehts, ihr Herren?« rief der Hetman Taraß und ritt durch die Reihen. »Habt ihr noch Pulver in den Pulverhörnern? Ist die Kosakenkraft noch nicht erlahmt? Und halten die Kosaken durch?«

»Ja, Alter! Noch haben wir Pulver in den Pulverhörnern, noch ist die Kosakenkraft stark und gesund, noch halten die Kosaken durch!«

Von einem der Wagen stürzte Bowdjug zur Erde. Mitten ins Herz hatte ihn eine Kugel getroffen; aber der Alte raffte die letzte Kraft zusammen und sagte: »Gern scheid ich vom Lichte. Schenke Gott einem jeden solch einen Tod! Ruhm und Ehre bis an den Jüngsten Tag dem russischen Land!«

Zu den himmlischen Höhen schwang sich die Seele Bowdjugs, dort zu melden, wie man auf russischer Erde zu kämpfen versteht, wie man – was mehr heißt – zu sterben versteht auf russischer Erde.

Bald nach Bowdjug stürzte auch Balaban, der Oberst, dröhnend zu Boden. Drei tödliche Wunden trug er, von einer Lanze die erste, von einer Kugel die zweite, die dritte von einem schweren Pallasch. Er war der tapfersten Kosaken einer. In manchem Seekrieg hatte er den Befehl geführt, den größten Ruhm aber gewann ihm sein Zug an die anatolische Küste. Gar viele Zechinen erbeuteten sie da, kostbares türkisches Gut, herrliche Stoffe und allerlei Schmuck. Doch auf dem Heimweg hatten sie viel Bitternis zu kosten. Die armen Teufel kamen ins Feuer türkischer Schiffsgeschütze. Die feindlichen Kugeln machten die Hälfte ihrer Kähne leck und brachten sie zum Kentern; so mancher mußte da im Meer sein Leben lassen. Aber die Schilfbündel an den Bordwänden bewahrten die Kähne vor dem Sinken. Balaban hieß die Kosaken rudern, was sie konnten, und hielt gerade auf die Sonne zu. So machte er sich unsichtbar für das türkische Schiff. Die ganze Nacht dann schöpften sie mit Schaufeln und Mützen das Wasser aus und flickten die Lecke; aus ihren Pluderhosen schnitten sie sich Segel zu, hißten sie und entrannen so der schnellsten unter den türkischen Fregatten. Und nicht nur, daß sie wohlbehalten ins Lager kamen – sie brachten dem Abt des Meschigorer Klosters zu Kiew auch ein goldgesticktes Meßgewand mit und für das heilige Bild der Schützerin und Fürbitterin Maria im Lager eine Fassung aus gediegnem Silber. Noch lange priesen die Pandoraspieler diesen siegreichen Heerzug der Kosaken.

Jetzt aber senkte Balaban im bittern Todeskampf das Haupt und sagte leise: »Ihr Herren und Brüder, mich will bedünken, ich sterb einen guten Tod: sieben hab ich aus dem Sattel gehauen, neun Feinden die Lanze in den Leib gerannt. Gar viele hat mein Gaul unter die Füße getreten, die Zahl der Feinde aber, die meine Kugel traf, hab ich vergessen. In alle Ewigkeit soll blühen das russische Land!...«

Und seine Seele floh von hinnen.

Ihr tapfern Kosaken! Ihr opfert ja die beste Blüte eures Heers! Schon ist Kukubenko umzingelt. Nur noch sieben Mann sind übrig vom wackern Regiment Nesamoiko; und auch die wehren sich mit schwerer Mühe der Haut. Von Blut besudelt ist Kukubenkos Panzerhemd. Taraß Bulba sieht seine Not und eilt selbst herbei, ihn herauszuhauen. Doch die Kosaken kommen zu spät: bevor der Ring der Feinde gesprengt ist, dringt eine scharfe Lanzenspitze Kukubenko mitten ins Herz. Matt hängt er in den Armen der Kameraden, die ihn stützen, und wie ein Bächlein plätschert sein junges Blut. So rinnt der köstliche Wein zur Erde, den unvorsichtige

Diener in gläsernem Gefäß aus dem Keller holten. Sie stolpern an der Schwelle und zerschlagen den teuern Krug. Der Herr des Hauses kommt gelaufen und rauft sich das graue Haar. Hat er den edeln Wein, der jetzt den Estrich netzt, doch für den schönsten Festtag seines Lebens aufgehoben ...

Kukubenko ließ seine Augen im Kreis wandern und murmelte: »Ich danke Gott, daß er mich in eurer Mitte sterben läßt, Kameraden! Mögen, die nach uns kommen, noch bessere Leute sein als wir; mag ewig blühen das gottgeliebte russische Land!«

Die junge Seele fuhr ihm aus dem Leib. Die Engel faßten sie an den Händen und führten sie in den Himmel. Wohl aufgenommen wurde sie dort oben. Der Heiland sprach zu ihr: »Setz dich zu meiner Rechten nieder, Kukubenko! Du hast der Kameradschaft Treue gehalten, du hast keine ehrlose Tat getan, hast keinen Menschen im Unglück verlassen, hast meine heilige Kirche als treuer Kämpfer verteidigt und beschützt!«

Mit Trauer erfüllte alle Kukubenkos Tod. Locker waren die Reihen der Kosaken geworden, viele, sehr viele von den Tapfern fehlten schon in der Schar. Aber noch wankten die Kosaken nicht und trotzten jedem Ansturm.

»Wie steht es, ihr Herren?« rief Taraß den Leuten zu, die ihm geblieben waren. »Habt ihr noch Pulver in den Pulverhörnern? Sind eure Säbel noch nicht stumpf? Ist die Kosakenkraft noch nicht erlahmt? Und halten die Kosaken durch?«

»Ja, Alter! An Pulver fehlt es nicht. Die Säbel sind noch scharf. Noch nicht erlahmt ist die Kosakenkraft. Noch halten die Kosaken durch!«

Von neuem legten sich die Wackern ins Zeug, als hätten sie nicht den kleinsten Verlust erlitten. Nur drei der Obersten waren noch am Leben, blutrote Bächlein strömten rings, hoch türmten sich zu Wällen die Leichen der Kosaken und der Polen. Taraß blickte zum Himmel auf und sah eine Kette von Geierfalken darüber hinziehen. Ja, denen war die Beute sicher! Und da wurde schon Metelitza von einer Lanze durchbohrt, dort drüben flog des einen Pißarenko abgehauener Kopf im Bogen durch die Luft und blinzelte noch mit den Augen, und auf der andern Seite brach Ochrim Gußka zusammen und zuckte, in vier Stücke gehauen, auf der Erde.

»Jetzt!« sagte Taraß und winkte mit seinem Tüchlein.

Ostap verstand das Zeichen. Er brach aus seinem Hinterhalt hervor und stürzte sich wütend auf die feindlichen Reiter. Dem starken Anprall hielten die Polacken nicht stand; Ostap scheuchte sie vor sich her und trieb sie dorthin, wo das Feld mit Fußangeln und Lanzenspitzen gespickt war. Da strauchelten und stürzten die Gäule, und über ihre Hälse zu Boden schossen die Polacken. Zugleich erkannten die Korßuner, die weiter hinten in Reserve standen, daß sie den Feind nun auf Schußweite hatten, und begannen aus ihren Hakenbüchsen in ihn hineinzufeuern. Blasses Entsetzen packte die Polacken, die Russenkämpfer aber faßten frischen Mut.

»Sieg, Sieg! Nun haben wir gewonnen!« schrieen von allen Seiten die Kosaken, die Trompeten schmetterten, das Siegesbanner wurde geschwenkt. Über das Feld hin wimmelte flüchtig der geschlagne Feind.

»Nein, nein, so sicher gewonnen ist der Sieg noch nicht!« sagte Taraß mit einem forschenden Blick zum Stadttor. Und er sprach wahr.

Das Tor sprang auf; im Trab unter seiner Wölbung hervorgesprengt kam ein Husarenregiment, die Zierde aller Reiterregimenter. Die Krieger saßen einer wie der andre auf schwarzbraunen Hengsten von kaukasischem Schlag. Als Führer an der Spitze ritt ein stolzer Recke, der feurigste und schönste aus der ganzen Schar; lustig flogen ihm schwarze Locken unter dem bronzenen Helm, von seinem Arme flatterten die Enden einer kostbaren Schärpe, gestickt von den Händen der schönsten Maid. Gleich einem Schwindel packte es Taraß, als er in diesem Mann Andri erkannte. Der aber dachte mitten in Staub und Hitze der Schlacht nur an das eine: wie er sich das Pfand verdienen könnte, das seine Schöne ihm um den Arm geschlungen hatte. Er stürmte wie ein junger Windhund einher, der schönste, schnellste, jüngste der ganzen Meute. »Hetz, hetz!« ruft ihm der tüchtige Jäger zu, und er fliegt über die Steppe, seine vier Beine schreiben einen einzigen geraden Strich in der Luft, sein Körper liegt ganz auf der Seite,

Schnee wirbelt um ihn auf, wohl zehnmal schießt er in der Hitze des Laufes weit über den gejagten Hasen hinaus.

Der alte Taraß zügelte seinen Gaul und sah ingrimmig zu, wie Andri sich eine Gasse bahnte, wie er die Kosaken vor sich hertrieb und Hiebe austeilte nach rechts und links. Da packte den Hetman heißer Zorn; er schrie: »Was fällt dir ein! Die eignen Brüder...? Die eignen Brüder mordet der Lumpenhund?«

Andri fragte nichts darnach, ob vor ihm seine eignen Brüder oder feindliche Fremde wären; er sah und hörte nichts. Er sah nur Locken, Locken, herrliche lange Locken, eine schwanenweiße Brust, einen schneeigen Hals, schneeige Schultern, den ganzen schönen Leib, den er mit wilden Küssen zu bedecken gierig war.

»He, Burschen«, rief Taraß, »lockt den da in den Wald, lockt ihn mir in den Wald!«

Sogleich machten sich dreißig der flinksten Kosaken daran, Andri in den Wald zu locken. Sie drückten ihre hohen Mützen fester auf die Köpfe und sprengten von der Flanke her mitten durch das Geschwader der Husaren. Sie fielen den vordern Reihen in den Rücken, brachten sie in Verwirrung, schnitten sie von den andern ab und hieben manchen aus dem Sattel. Golokopytenko aber zog Andri eins mit der flachen Klinge über die Schulterblätter, und dann rissen die Kosaken auf einmal alle aus, was ihre Pferde laufen wollten. Wie es Andri da herumriß! Wie ihm das junge Blut in allen Adern kochte! Er stieß dem Gaul die scharfen Sporen in die Weichen und sprengte wütend hinter den Kosaken drein, ohne sich umzuschauen, ohne zu sehen, daß nicht mehr als zwanzig Mann von den Husaren ihm zu folgen vermochten. Die Kosaken aber hielten in voller Karriere gerade auf den Wald zu. Fast hatte Andri Golokopytenko schon eingeholt, da fiel ihm eine mächtige Faust jäh in die Zügel. Andri sah auf: Taraß stand vor ihm! Der Jüngling erzitterte am ganzen Leib und wurde totenbleich. So geht es dem Knaben in der Schule, der einen Kameraden dreist geneckt hat und als Rache von diesem eins mit dem Lineal auf den Kopf bekommt. Er lodert wild wie Feuer empor, springt wütend aus der Bank heraus und jagt hinter dem erschrocknen Kameraden her, als wollte er ihn gleich in Stücke reißen. Da aber rennt er gegen den Lehrer an, der in das Klassenzimmer tritt, und plötzlich bricht sein Wutanfall in sich zusammen.

So war auch Andris Zorn plötzlich verraucht. Er sah nur noch das furchtbare Gesicht des Vaters.

»Nun? Was tun wir jetzt mit dir?« sagte Taraß und schaute ihm gerade in die Augen.

Andri fand keine Antwort und saß gesenkten Blicks im Sattel.

»Jetzt, Bursche, hilft dir keiner mehr von deinen Freunden, den Polacken!«

Andri blieb stumm.

»Verräter du! Verräter am Glauben! Verräter an den Kameraden! Marsch, herunter mit dir vom Gaul!«

Gehorsam wie ein kleiner Junge, saß Andri ab und stand, nicht lebend und nicht tot, vor seinem Vater.

»Stillgehalten und nicht gemuckst! Ich hab dich gemacht, ich mach dich jetzt auch kalt!« sagte Taraß, trat einen Schritt zurück und riß die Büchse von der Schulter. Bleich wie ein Laken war der arme Andri; leise, leise regten sich seine Lippen und murmelten einen Namen. Doch war es nicht der Name des Vaterlandes und nicht der Name seiner Brüder – es war der Name der schönen Polenmaid.

Taraß drückte ab.

Wie eine Weizenähre vor dem Sichelhieb, wie ein Lamm, das den Stich des Schlächtermessers im Herzen fühlt, senkte Andri das Haupt und fiel ins Gras, ohne ein Wort zu sagen.

Der Sohnesmörder stand und wendete lange kein Auge von dem entseelten Leichnam. Andri war auch im Tode schön. Sein männisches Gesicht, vor einer Stunde leuchtend von Kraft und unbesieglicher Leidenschaft für das Weib, bewahrte in der letzten Versteinerung den frischen Reiz der Jugend. Der schwarze Trauersamt der Brauen ließ die erblichnen Züge noch schneeiger scheinen.

»Was fehlte dir denn zum Kosaken?« sagte Taraß. »Hoch warst du von Wuchs und hattest schwarze Brauen und ein adliges Gesicht; stark war die Faust zum Kampf! Warum mußtest du so verrecken, ruhmlos verrecken wie ein schlechter Hund?«

Ostap kam im Galopp geritten.

»Vater, was hast du getan? Bist du es, der ihn erschossen hat?« fragte er.

Taraß nickte.

Ostap schaute dem Toten lange in die Augen. Ihn dauerte der Bruder, und er sprach:

»Vater, geben wir ihm ein ehrliches Begräbnis, daß seinen Leichnam nicht die Feinde schänden, daß ihn die Raben nicht zerreißen!«

»Der wird auch ohne uns begraben!« sagte Taraß. »An Klageweibern wird es dem nicht fehlen!«

Ein Weilchen überlegte er dann, ob er Andri den räuberischen Wölfen zum Fraße liegen lassen oder ob er in ihm den Rittermut ehren solle, dem der Tapfre bei jedem Feinde Achtung zollt, und sei es, wer es sei – da sieht er Golokopytenko hergesprengt kommen.

»Schlecht steht es, Hetman! Die Polen haben Zuzug erhalten. Frische Kräfte sind angerückt!«

Golokopytenko hatte noch nicht zu Ende gesprochen, da kommt Wowtusenko gesprengt.

»Schlecht steht es, Hetman! Schon wieder rückt ein neuer Haufe an!«

Wowtusenko hatte noch nicht zu Ende gesprochen, da kommt der letzte der drei Pißarenko zu Fuße angerannt, weil er kein Pferd mehr hat.

»Wo steckst du, Alter? Die Kosaken rufen nach dir. Gefallen ist der Oberst Newylytschki, Sadoroschni ist tot, Tscherewitschenko ist tot. Aber noch halten die Kosaken stand, sie wollen dir ins Auge sehn, bevor sie sterben, sie wollen, daß dein Auge sie vor ihrer Todesstunde noch einmal sieht.«

»Aufgesessen, Ostap!« sagte Taraß und eilte, die Kosaken noch lebend zu treffen, sie noch einmal zu sehn, ihnen vor der Todesstunde noch einmal das Auge des Hetmans zu zeigen. Aber sie kamen nicht mehr aus dem Wald. Schon waren sie umzingelt, ringsum zwischen den Bäumen erschienen feindliche Reiter mit Speer und Schwert.

»Ostap, Ostap, ergib dich nicht!« schrie Taraß, zog blank und bediente, was ihm in den Weg kam, mit kräftigen Hieben nach rechts und links, über Ostap aber fielen gleich sechs auf einmal her; doch hatten sie sich keine gute Stunde dazu gewählt: dem ersten flog der Kopf herunter, der zweite machte kehrt und zahlte Fersengeld, dem dritten fuhr die Lanze zwischen die Rippen, der vierte war der keckste, er wich mit dem Kopf der heißen Kugel aus, aber da fuhr sie seinem Gaul in die Brust – der Rappe bäumte sich wild auf, krachte zu Boden und erdrückte den Reiter unter sich.

»Brav so, mein Sohn! Recht so, Ostap!« schrie Taraß. »Nur zu. Ich folge dir.«

Taraß schlägt sich selber wacker mit den Angreifern. Er haut gewaltig um sich und drischt so manchem den letzten Segen über den Schädel. Dabei schaut er aber immer nach Ostap und sieht, daß jetzt wieder gleich acht auf einmal über den her sind.

»Ostap, Ostap! Ergib dich nicht!« Doch schon ist der junge Oberst bezwungen. Einer hat ihm die Schlinge ums Genick geworfen. Sie binden ihn. Er ist gefangen.

»He, Ostap, Ostap!« schreit Taraß und bricht sich Bahn zu ihm und haut in Stücke, was ihm in den Weg kommt. »He, Ostap, Ostap!«

Doch in dem Augenblick trifft es Taraß selber – wie einen schweren Steinwurf fühlt er es. Alles dreht sich und kreist vor seinem Blick. Flüchtig sieht er ein wirres Durcheinander von Köpfen, Lanzen, Rauch, von Feuerblitzen, grünen Blättern vorübersausen. Und schwer dröhnt er zu Boden, gleich einer Eiche, die die Axt gefällt hat. Dichter Nebel sinkt ihm auf die Augen.

Zehntes Kapitel

»Ich hab wohl lange geschlafen?« fragte Taraß. Ihm war, als erwache er aus der Betäubung schwerer Trunkenheit. Er suchte die Dinge um sich zu erkennen.

Eine schreckliche Schwäche lähmte ihm die Glieder. Zweifelnd tastete sein Blick über die Wände der fremden Stube... War aber der Mann, der da an seinem Bett saß und auf jeden seiner Atemzüge zu lauschen schien, nicht der Oberstleutnant Towkatsch?

– Geschlafen hast du freilich eine Weile, dachte Towkatsch bei sich, – hätte leicht sein können, daß du gar nicht mehr aufgewacht wärst!

Doch sagte er nichts; er drohte nur mit dem Finger und drückte den dann warnend an die Lippen.

»Ja, Herrgott, sag mir, wo bin ich!« rief Taraß und marterte sein Hirn, um die Erinnerung an das Geschehene wiederzufinden.

»Mund halten!« herrschte ihn der alte Kamerad an. »Was brauchst du's zu wissen! Daß du halb zuschanden gehauen bist, spürst du wohl selbst; oder...? Zwei Wochen sind es, daß ich mit dir reite, ohne mich einmal auszuruhen, und daß du in deinem Fieber den dümmsten Unsinn sprichst. Heut hast du zum erstenmal ruhig geschlafen. Halt den Mund! Das Sprechen hat ja keinen Wert. Du machst dich damit bloß kaputt.«

Taraß jedoch strengte sich weiter an, seine Gedanken zu ordnen. »Ja, haben mich die Polacken denn nicht gefangen? Ich war doch umzingelt und konnte mich nicht mehr durchhaun!«

»Halt den Mund, wenn ichs dir sag, verfluchter Satansbraten!« schrie Towkatsch erbost, im Ton einer Amme, die ungeduldig ihren widerspenstigen Säugling schilt. »Was schert es dich, wie du herausgekommen bist! Hauptsache, daß du draußen bist! Es sind wahrscheinlich Leute dagewesen, die dich nicht stecken ließen – das kann dir genug sein! Wir beide, lieber Freund, dürfen noch manche Nacht zusammen reiten. Bist du so dumm und glaubst du, die Brüder taxieren dich für einen einfachen Kosaken? Da täuschst du dich: zweitausend Dukaten haben die Polacken freundlichst auf deinen Kopf gesetzt.«

»Und... und Ostap?« schrie Bulba in plötzlichem Erinnern und strengte alle Kraft an, sich aufzurichten. Es stand ihm klar vor Augen, wie sie Ostap gefangen und gebunden hatten. So war sein Sohn nun in der Hand der Feinde...

Wild schüttelte der Schmerz den Alten. Er riß die Verbände von seinen Wunden und warf sie weit ins Zimmer; er wollte sprechen, doch nur ein sinnlos wirres Stammeln kam ihm aus dem Mund. Die Glut des Fiebers hielt ihn von neuem gepackt, und er begann irre zu reden. Fluchend stand der treue Towkatsch neben dem Bett und überhäufte den Kranken mit Vorwürfen und den saftigsten Schimpfworten, die ihm nur einfallen wollten. Dann hielt er ihm die Arme und Beine fest und wickelte ihn in Tücher wie ein kleines Kind, verband die Wunden frisch, rollte ein Ochsenfell um den gewaltigen Leib, verschnürte den ganzen Packen mit Bast und Stricken und lud ihn vor sich aufs Pferd, stieg in den Sattel und ritt schleunigst weiter.

»Und bring ich dich nicht lebend heim – nach Hause bring ich dich!« sprach er. »Das duld ich nicht, daß die Polacken deinen Kosakenleichnam in Stücke hauen und ihn dann ins Wasser schmeißen! Und will es der liebe Gott schon, daß dir ein Adler die Augen aushackt, dann solls ein Steppenadler sein, einer von unsern Adlern, und kein verfluchter Polackenvogel, der aus dem fremden Land kommt. Bring ich dich auch nicht lebend heim – ins Grenzland bring ich dich!«

So sprach der treue Kamerad. Und ohne Rast und Ruhe ritt er weiter, Tag um Tag und Nacht um Nacht, bis er am Ende mit dem bewußtlosen Taraß glücklich im Heimatlager ankam. Dort pflegte er seine Wunden sorgsam mit Kräuterbalsam und machte eine heilkundige Jüdin ausfindig, die dem Kranken solange kräftige Mixturen eingab, bis es ihm endlich besser ging. Lag es nun an der Arznei, oder siegte seine eiserne Kraft – um die Mitte des zweiten Monats stand Taraß wieder fest auf den Füßen. Die Wunden waren verharscht – nur noch die tiefen Säbelnarben gaben Kunde davon, wie die Polacken den alten Recken in der Arbeit gehabt hatten. Doch wich der schwere Trübsinn nicht von ihm. Drei scharfe Falten hatte der Gram in seine Stirn geprägt, und die verlor er nicht mehr bis ans Ende. Blickte er um sich, dann dünkte ihn im Lager alles so neu und fremd – die alten Genossen waren tot. Keiner lebte mehr von denen, die mit ihm für die gute Sache, für Glauben und Kameradschaft ins Feld gezogen waren. Auch der Teil des Heeres, den der Hetman auf die Verfolgung der Tataren mitgenommen hatte, war aufgerieben worden bis zum letzten Mann, gestorben und verfault. Die einen hatte der Feind im Schlachtgewühl gefällt, die andern waren vor Hunger und Durst in den weiten Salzsümpfen der Krim verschmachtet, die dritten an Scham und Gram dahingesiecht in der Gefangenschaft der Heiden. Auch den Hetman hatte der Tod ereilt, ihn und alle die andern getreuen Kameraden. Gras wucherte schon wieder auf den Hügeln, darunter so viel feurige Kosakenkraft zur ewigen Ruhe gebettet lag.

Taraß ging durch die Tage wie im Gedenken an ein verrauschtes überschäumend frohes Fest. Alles Geschirr ist zu Splittern zerschlagen, du findest keinen Tropfen Wein mehr, die Gäste und die Diener haben die kostbaren Becher und Schüsseln gestohlen; da stehst du, ein betrübter Hausherr, und denkst in deinem Sinn: – Hätte ich das Fest doch gar nicht erst gefeiert!

Die andern Kosaken taten alles, den Alten zu zerstreuen und aufzumuntern – umsonst! Gar mancher graubärtige Pandoraspieler, der in das Lager kam, pries in seinem Lied die ruhmvoll stolzen Taten des Obersten Taraß – umsonst! Finster und teilnahmlos blieb Bulbas Gesicht, unendlich tiefe Trauer brütete in seinem Blick, hangenden Hauptes murmelte er vor sich hin: »Mein Sohn! Ostap!«

Die Kosaken rüsteten einen neuen Beutezug über das Meer. Zweihundert Kähne stark, fuhren sie den Dnjepr hinunter, und Kleinasien lernte von neuem die Männer mit den langen Schöpfen auf den rasierten Schädeln kennen. Feuer und Schwert hausten mörderisch an den fruchtbaren Küsten. Die Turbane der Moslim sprenkelten die blutgetränkten Felder so dicht wie Wiesenblumen und schwammen hunderteweise in den Bächen und Flüssen. Überall wimmelte es von teerbefleckten Kosakenpluderhosen, überall schwangen kräftige Fäuste die schwarzen Knuten. Jeder Weinberg wurde von den Kosaken leergefressen und verwüstet, in den Moscheen ließen sie Berge von Kot zurück, kostbare persische Schale zerrissen sie zu Fußlappen oder gürteten ihre schmierigen Röcke damit. Lange Jahre nachher noch fand man in den Winkeln der Moscheen kurze Kosakenpfeifen. Endlich machten sie sich frohen Muts auf die Heimfahrt; doch ein mit zehn Geschützen bestücktes Türkenschiff jagte ihnen nach und blies mit einer Breitseite ihre morschen Kähne wie einen Schwarm Wandervögel auseinander. Der dritte Teil der Mannschaft versank im tiefen Meer, der Rest sammelte sich wieder, kam wohlbehalten in die Dnjeprmündung und brachte zwölf Fässer bis an den Rand voll goldner Zechinen in das Lager heim.

Taraß war dies alles einerlei. Er streifte durch die Steppe, als wolle er auf die Jagd; doch Kraut und Lot blieben ruhig im Lauf. Endlich setzte er sich müde und kummervoll am Strande nieder und warf die Büchse in den Sand. Lange konnte er so hangenden Hauptes sitzen. Und immer wieder murmelten seine Lippen das eine: »Ostap! Ostap! Mein Sohn!«

Vor seinem Blick wogte funkelnd das Schwarze Meer, im Schilfrohr drüben klang ein Möwenschrei; des Alten Schnauzbart glänzte wie Silber in der Sonne, Träne um Träne rann ihm aus den Augen.

Und endlich riß es Taraß zu einem Entschluß empor.

»Soll kommen, was will!« sprach er zu sich. »Ich muß erfahren, was ihm geschehen ist: ob er noch lebt, ob er im Grabe liegt, ob sie ihm gar im Tod kein Grab vergönnen. Das muß ich wissen – soll kommen, was will!«

Und keine Woche war seit diesem Entschluß vergangen, da sah man ihn schon in der Stadt Uman, in voller Waffenrüstung, hoch zu Roß, die Lanze in der Faust, den Pallasch umgürtet. Am Sattel hing die hölzerne Feldflasche, der Kessel voll Buchweizengrütze, das Pulverhorn, der Koppelstrick, und was ein Mann sonst auf der Reise braucht. Er machte vor einem schmutzigen Häuschen halt, dessen kleine Fenster man kaum erkennen konnte vor lauter Dreck. Der Schornstein war mit einem Lappen verstopft, auf dem löcherigen Dach wimmelte es von Spatzen. Vor der Tür lag ein großer Unrathaufe. Zum Fenster heraus schaute der Kopf einer Jüdin in einer Haube, die mit schwarzgewordnen echten Perlen besetzt war.

Bulba stieg vom Gaul und schlang den Zügel durch den eisernen Ring neben der Tür. »Der Jude zu Hause?« fragte er.

»Worüm soll er nix sein ßu Hause?« sagte die Jüdin und trat eilends mit einer Metze Weizen für den Gaul und einem Becher Bier für den Ritter über die Schwelle.

»Wo steckt er denn, dein Jude?«

»Im hintern Zimmer, er betet!« flüsterte die Schickse. Und als Bulba den Becher zum Mund hob, verneigte sie sich tief und wünschte ihm, daß ihm der Trunk recht wohl bekommen möge.

»Du bleibst hier draußen und läßt den Gaul fressen und saufen. Ich geh hinein. Ich hab mit ihm allein zu reden. Geschäfte...«

Dieser Jude war niemand andres als der uns wohlbekannte Jankel. Er hatte sich mittlerweile zum Pächter und Schankwirt emporgegaunert. Hübsch unvermerkt bekam er einen nach dem andern von den benachbarten Junkern und Gutsherrn in die Klauen, hübsch unvermerkt preßte er ihnen langsam aber sicher ihr Geld ab. Der jüdische Halunke wirkte verderblich auf die ganze Gegend. Drei Meilen weit im Umkreis blieb auch nicht eine Hütte in der alten Ordnung, alles geriet ins Wanken und wurde morsch, die Trunksucht griff um sich, Armut und Verlumpung folgten ihr auf dem Fuß – keine gewaltige Feuersbrunst, keine tödliche Seuche hätte mehr Elend über den Bezirk bringen können. Wäre Jankel noch zehn Jahre am Ort geblieben, er hätte die ganze Provinz zugrunde gerichtet.

Taraß trat in die Stube. Jankel hatte sich einen schmierigen Gebetmantel über die Schultern geworfen und betete. Er wendete sich grade, nach den Vorschriften seines Glaubens zum letzten Mal hinter sich zu spucken, da sah er unerwartet Bulba im Zimmer stehen. Das erste, was dem Juden einfiel, waren natürlich die zweitausend Dukaten, die dem winkten, der seinen Gast der polnischen Regierung in die Hände spielte. Doch schämte er sich dann dieser häßlichen Regung und suchte mit aller Macht die ewige Geldgier zu bezwingen, die an der Seele des Judenvolkes frißt wie am Apfel der Wurm. Er sprang auf, machte einen Bückling vor Bulba und verschloß ängstlich die Tür, damit kein unerwünschter Zeuge sie zusammen anträfe.

»Hör einmal zu, Jankel!« sagte Taraß. »Ich hab dir dein Leben gerettet; denn die Kosaken hätten dich in Stücke gerissen wie einen Hund. Jetzt ist die Reihe an dir: du mußt mir einen Dienst tun!«

Jankels Gesicht wurde zusehends länger.

»Was soll es sein fer ä Dienst? Wenn es ä Dienst is, was liegt in meiner Macht – nu-u, worum ni-ich?«

»Sag gar nichts! Bring mich nach Warschau!«

»Warschau! Wie haißt: Warschau?« fragte der Jude. Seine Brauen und Schultern hoben sich vor Verwunderung.

»Erzähl mir gar nichts! Führ mich nach Warschau! Soll mir geschehen, was will: ich muß ihn noch einmal sehn, noch einmal sprechen, und wenn es nur auf ein Wort ist!«

»Sprechen? Mit we-em?«

»Mit ihm: Ostap, meinem Sohn.«

»Ja, is es dem Herrn nix bekennt, daß die...«

»Ich weiß schon, alles weiß ich: sie zahlen zweitausend Dukaten für meinen Kopf. Die Esel haben eine Ahnung, was dieser Kopf hier wert ist! Ich geb dir fünftausend. Da hast du für den Anfang gleich zweitausend; den Rest kriegst du, wenn ich zurück bin.« Bulba schüttete zweitausend Dukaten aus seiner Lederkatze.

Der Jude griff hastig nach einem Tuch und deckte es über das Geld.

»Gott der Gerechte! Ä so ä feines Geld, ä so ä schönes Geld!« rief er, nahm einen der Dukaten, rieb ihn zärtlich zwischen den Fingern und probte ihn mit den Zähnen. »Mer kann bloß leid tun der Mensch, dem was der Herr hat weggenommen de goldnen Dukaten. Sicher hat er nix mehr gelebt ä einzigste Stund, sicher is er gegangen ins Wasser und hat sich versäuft vor Schmerz um seine guten Dukaten.«

»Ich würde dich nicht darum bitten...« sagte Taraß. »Den Weg nach Warschau fänd ich ohne dich. Ich fürchte bloß, daß mich die verdammten Polacken erkennen; dann wär ich geliefert, weil ich in Pfiffen und Kniffen kein so besondrer Held bin. Ihr Juden aber seid vom lieben Herrgott ja eigens dafür in die Welt gesetzt. Ihr redet dem Teufel selbst ein Ohr ab und versteht euch auf jeden Schwindel. Darum komm ich zu dir! Und auch in Warschau würd ich allein sicher gar nichts erreichen. Schnell also, spann ein und bring mich hin!«

»Gott soll mich strafen! Glaubt denn der Herr, das geht so mir nix, dir nix: ich zieh gemütlich den Gaul aus dem Stall und spann ein und brauch dann bloß noch sagen: ›Hüh?‹ Glaubt denn der Herr, ich kann ganz einfach fahren mit ihm, daß ä jeder es sieht? Das erste ist doch: ßu verstecken den Herrn.«

»Na, dann versteck mich! Tu, was du willst! Steck mich ganz einfach in ein Pulverfaß!«

»O waih geschrien! Was glaubt der Herr? Ich hör immer: ä Faß! Muß denn da nix ä jeder denken, es is Branntwein drinnen im Faß?«

»Dann denkt ers eben!«

»Wie haißt! Denken soll er, daß Branntwein drin is?« rief der Jude, riß sich verzweifelt an seinen Peißes und schlug dann die Hände über dem Kopf zusammen.

»Na, reg dich nicht auf!« brummte Taraß.

»Ja, weiß denn der Herr nix, daß der liebe Gott hat geschaffen den Branntwein, damit ihn ä jeder möcht gerne probieren? Und die vernaschten Polacken, die gehn drauf als wie de Fliegen auf Zucker. Ä ganze Stund weit läuft ä so ä hungriger Junker hinter dem Faß her und bohrt sich, wie ich ihn kenn, in den Boden hinein heimlich ä kleines Loch. Und dann merkt er doch gleich: es lauft nix raus: Was wird er sagen? ›Der Jüd‹, wird er sagen, ›hat ja kä Pulver drinnen im Faß; dahinter steckt eppes was andres‹. Und was werd dann sein? Der Jüd werd gepackt, der Jüd kriegt gebunden de Händ auf den Rücken, der Jüd kriegt genommen sein Geld, der Jüd werd geworfen ins Kittchen. Denn alles, was es gibt Böses auf der Welt – der Jüd is dran schuld; der Jüd werd angeschaut als ä Hund und nix als ä Mensch, bloß weil er geboren is als ä Jüd!«

»Na, dann versteck mich in einer Last Fische!«

»Es geht nix, Herr! Gott soll mich strafen, das geht erst recht nix! An Polen sind heutßutag de Leut verhungert als wie de Wölfe: se stehlen mir meine Fisch und grabbeln mit de langen Finger bis auf den Grund und erwischen den Herrn.«

»Versteck mich meinetwegen in einem Fuder Teufel – nur bring mich nach Warschau!«

»Herr Ritter, jetzt horcht ämal gut ßu, was ich Euch will verßählen!« sprach der Jude, schob seine Ärmelaufschläge zurück und näherte sich Bulba mit beschwörend ausgebreiteten Armen. »Ich weiß schon, wie mer es können machen. Im ganzen Land werd doch jetzt nix wie gebaut, lauter feste Schlösser und neue Mauern um alle Städte. Massenweis haben se sich lassen kommen französische Baumeister aus Deutschland. De Straßen sind voll von Fuhren mit Ziegel und andre Stein. Soll sich der Herr hineinlegen unten im Wagen, und ich leg von oben auf ihn drauf Ziegelstein. – Der Herr ist blühend und stark – ä bissel schwer wird es sein, aber er hält es schon aus. Und unten im Wagen mach ich ä Loch, wodurch ich kann geben dem Herrn ßu essen eppes ä Kleinigkeit.«

»Tu, was du willst! Nur bring mich nach Warschau!«

Knapp eine Stunde später rasselte ein Fuder Ziegel zum Städtchen Uman hinaus, gezogen von zwei elenden Kleppern, auf deren einem, hochragend wie ein Meilenpfahl an der Straße, der tüchtige Jankel thronte. Der stoßende Gang des Pferdes erschütterte grausam sein dürres Gestell. Im gleichen Takte tanzten die grauen Peißes unter dem schmierigen Judenkäppchen.

Elftes Kapitel

Zu jener Zeit gab es an den Landstraßen noch keine Zöllner und Grenzer. Ohne Sorge vor diesem Schrecken aller unternehmenden Handelsleute konnte deshalb jeder seine Ware durchs Land führen. Wenn doch einmal einer die Ladung untersuchte, so tat er es auf eigne Faust. Voraussetzung war dabei immer, daß er der Kraft und Schwere seiner Faust auch wirklich vertrauen durfte, und daß der Inhalt des Fuders das Wagnis lohnte.

Ziegelsteine aber lockten keinen Strauchritter an; und so rasselte Jankels Wagen denn endlich wohlbehalten unter der Torwölbung hindurch in die Warschauer Hauptstraße. Bulba merkte in seinem Versteck fürs erste nichts von der Stadt als Lärm und Kutschergeschrei. Der Jude lenkte das staubbedeckte Rößlein, auf dem er schwankend thronte, nach mancherlei Umwegen in ein enges, finstres Gäßchen, das den Namen Dreck- oder Judengasse führte. In der Tat hausten hier auch fast sämtliche Juden von Warschau. Diese Straße erinnerte stark an einen Hinterhof im Armenviertel. Es sah nicht aus, als dringe ihr jemals ein Sonnenstrahl bis auf den Grund. Düster blickten die altersschwarzen Holzhäuser darein. Vereinzelt stand wohl ein Ziegelbau dazwischen, aber auch das Rot seiner Mauern hatte sich schon fast gänzlich zu Schwarz verdunkelt. Nur an den Giebeln oben leuchtete hier und da ein verputztes Stückchen Wand in der Sonne und tat mit seiner grellen Weiße den Augen weh. Allerlei Unrat lag am Boden herum: alte Dachrinnen, Lumpen, Küchenabfall, zerbrochne Töpfe. Jeder warf, was ihm im Weg war, kurzerhand vor die Tür hinaus – mochte sich, wer vorüberkam, dabei denken, was er sich dachte. Ein Reiter zu Pferd hätte mit gestrecktem Arm beinah die Wäschestangen erreichen können, die von Fenster zu Fenster quer über die Straße liefen, und an denen Strümpfe, Hosen, geräucherte Gänse und andre Herrlichkeiten baumelten. Hübsche junge Schicksen mit schmutzigen Wachsperlenschnüren um den Hals zeigten ihre Gesichter hinter den trüben Scheiben. Ein Haufe von ungewaschnen, zerlumpten krauslockigen Judenbengeln wälzte sich schreiend im Dreck. Ein rothaariger Jude, besprenkelt mit Sommersprossen wie ein Spatzenei, streckte den Kopf zum Fenster heraus und begann, als er Jankel erblickte, in seinem Kauderwelsch auf diesen einzureden; Jankel nickte ihm zu und lenkte sein Gespann durchs Tor in den Hof. Grade kam noch ein andrer Jude des Weges, er machte Halt und mischte sich in das Gespräch. Als Bulba sich endlich unter seinen Ziegeln hervorgearbeitet hatte, erblickte er drei Hebräer, die lebhaft durcheinander mauschelten.

Jankel trat auf Taraß zu und sagte ihm, sie wollten die Sache schon machen. Ostap säße im städtischen Gefängnis. Es würde ein schweres Stück Arbeit sein, die Wärter herumzukriegen, aber er hoffe dennoch, ihm Zutritt zu dem Kerker Ostaps zu verschaffen.

Bulba begab sich mit den drei Juden ins Haus.

Wieder erhoben die Hebräer ein großes Gemauschel in ihrer unverständlichen Sprache. Taraß schaute von einem zum andern. Ein Sturm von Gefühlen schüttelte ihn; aus seinen sonst so harten und ruhigen Augen brach ein heftiger Strahl von Hoffnung – wahnwitziger Hoffnung, wie sie den Menschen grade in der tiefsten Verzweiflung zuweilen packt; sein altes Herz schlug so voll und heftig, als sei er ein Jüngling.

»Hört einmal zu, ihr Juden!« sagte er, und seine Stimme hatte fast etwas Verzücktes. »Ihr bringt ja alles fertig in der Welt; und liegt ein Schatz auf dem Grunde des Meeres – ihr fischt ihn heraus. Es ist ja ein altes Sprichwort: Ein Jude ist fähig, den eignen Kopf zu stehlen, wenn er sonst nichts zum Stehlen erwischt. Befreit mir meinen Ostap! Helft ihm aus den Krallen dieses Teufelsgesindels! Ich hab dem Mann da fünftausend Dukaten versprochen, ich leg noch einmal fünftausend dazu. All mein Geld, das ich habe, meine kostbaren Becher und mein vergrabnes Gold, mein Haus und meine letzten Kleider verkauf ich; und ich geb es euch schriftlich auf Lebenszeit, daß ihr von allem, was ich noch jemals im Krieg erbeute, die Hälfte bekommt!«

»Es geht nix, goldner Herr, es geht nix!« sagte Jankel mit einem tiefen Seufzer.

»Gott straf mich, nein, es geht nix!« stimmte der rote Jude ein.

Die drei Juden wechselten Blicke.

»Nu–u, aber probieren…?« sagte der dritte und schaute, fast über sich selbst erschrocken, scheu auf die andern. »Wenn Gott will…«

Und nun begannen die drei auf deutsch zu verhandeln. So eifrig Bulba die Ohren spitzte, er verstand keine Silbe. Nur daß häufig der Name »Mardochai« fiel, wurde ihm klar.

»Horcht ämal, Herr!« sagte Jankel. »Mer müssen besprechen die Sache mit einem Mann – einem Mann, wie es noch niemals hat keinen gegeben ßu sein in der Welt. Straf mich Gott! Der is so weise als wie der grauße Salomo; und wenn er es nix macht – kä andrer macht es erst recht nix. Bleibt nur hier sitzen! Da is der Schlüssel. Und laßt bloß kä Seele von Menschen ins Zimmer!«

Die Hebräer verließen das Haus.

Taraß verschloß die Tür, stellte sich an das kleine Fenster und sah auf die schmutzige Gasse hinaus. Die drei Juden standen draußen und führten eine hitzige Unterhaltung. Ein vierter gesellte sich zu ihnen, und dann noch ein fünfter. Immer wieder erklang der Name: »Mardochai, Mardochai.« Die ganze Schar blickte nach dem einen Ende der Straße hinunter. Endlich trat dort über die Schwelle eines schmutzigen Hauses ein Fuß in jüdischem Schuh, über dem die Schöße des Kaftans flatterten.

»Mardochai, Mardochai!« schrieen die Hebräer wie aus einem Munde.

Ein hagrer Jude, dem aus dem faltenreichen Gesicht eine ungeheure Oberlippe ragte, etwas kleiner von Wuchs als Jankel, näherte sich der ungeduldigen Schar; alle seine Glaubensgenossen schnatterten in wildem Durcheinander rasend schnell auf ihn ein. Mardochai ließ die Augen öfter zu dem Fenster wandern, hinter dem Taraß stand. Dieser konnte leicht merken, daß von ihm die Rede war. Mardochai focht mit den Händen in der Luft, hörte zu, stellte hie und da eine Zwischenfrage, spuckte häufig zur Seite, hob die Schöße des Kaftans, wobei er eine äußerst schäbige Hose enthüllte, versenkte die Hände tief in die Taschen und holte irgendwelchen Klapperkram hervor. Schließlich erhoben die Hebräer ein solches Geschrei, daß der eine von ihnen, der den Auftrag hatte, Wache zu halten, das Warnungszeichen geben mußte. Taraß begann schon für seine Sicherheit zu fürchten, beruhigte sich aber bald wieder, kannte er doch den jüdischen Brauch, alles immer auf offner Straße zu verhandeln, und wußte er doch, daß aus diesem Gemauschel nicht einmal der Teufel selber klug werden konnte.

Nach einer kleinen Weile strömte die Judenschar zu ihm ins Zimmer. Mardochai trat auf Taraß zu, klopfte ihm auf die Schulter und sagte: »Wenn mir und der liebe Gott uns annehmen um de Sach, denn werd gewiß nix versäumt, was geschehn kann.«

Taraß musterte prüfend diesen weisesten Salomo, der je auf der Welt gelebt hatte, und schöpfte wieder einige Hoffnung. Mardochais Äußeres vermochte in der Tat Vertrauen einzuflößen. Diese Oberlippe war einfach ein Monstrum – sie konnte ihre Dicke nur Einwirkungen von fremder Hand verdanken. Der Bart des Juden zählte höchstens fünfzehn Haare, und die befanden sich alle auf der linken Seite. Sein Gesicht wies soviel Spuren von Püffen auf, die dem »weisen Salomo« für seine Frechheit versetzt worden waren, daß er sicher selber längst nicht mehr Buch über diese Beulen führte und sich entschlossen hatte, sie schlechtweg als Muttermale zu betrachten.

Mardochai empfahl sich mit seinen Freunden, die voll von Staunen ob seiner Weisheit waren. Bulba blieb allein. Er hatte Gefühle durchzukosten, die ihm bisher völlig fremd geblieben waren: zum erstenmal in seinem Leben befand er sich in fieberhafter Unruhe. Er war nicht mehr der unbeugsame, unerschütterliche, baumstarke Mann von einst, er war kleinmütig und schwach. Jedes Geräusch, jede Judengestalt, die am Ende der Gasse auftauchte, machten ihn zittern. In solchen Ängsten verbrachte er den Tag; er aß nicht, er trank nicht, seine Augen schweiften rastlos durch das niedrige Fenster auf die Straße.

Endlich, spät am Abend, erschienen Jankel und Mardochai. Taraß stand das Herz still.

»Nun? Wie ist es?« fragte er, ungeduldig wie ein wilder Steppengaul.

Aber bevor die Juden sich noch zu einer Antwort gesammelt hatten, sah Bulba, daß Mardochai seiner letzten einsamen Locke beraubt war, die sich heute früh, wenn auch in ziemlich ruppigem Zustand, doch immer noch hübsch kraus unter seinem Käppchen hervorgeschlängelt hatte. Der »weise Salomo« wollte augenscheinlich etwas sagen, aber er stammelte solch einen wirren Blödsinn hervor, daß Taraß nicht eine Silbe verstand. Auch Jankel hielt sich in einem fort die Hand vor den Mund, als hätte er sich heftig erkältet.

»Waih geschrien, mein goldner Herr!« sagte Jankel. »Es geht nix, de Zeiten sind ßu schlecht! Gott soll mich strafen: es geht nix! So ä gemeines Volk! Mer sollt ihnen spucken auf die Köpf! Mardochai muß es selber sagen! Mardochai hat Sachen gemacht – so was war noch nix da! – Dreitausend Soldaten bewachen das Gefängnis, morgen früh werden hingerichtet de ganzen Kosaken.«

Taraß schaute den Juden fest in die Augen. Zorn und Ungeduld waren aus seinem Blick verschwunden.

Jankel fuhr fort: »Und wenn der Herr noch möcht sehn den Herrn Sohn, dann muß es morgen sein ganz in der Früh, bevor daß aufgeht die Sonn! De Wächter lassen es ßu, und einer von de Aufseher hats üns versprochen. Bloß – se sollen haben kein Glück im ewigen Leben: waih geschrien, wie diese Gannefs aufs Geld sind! Schlimmer noch als wie ünsere Leut! Fufzig Dukaten hat ä jeder verlangt, und der Aufseher erst...!«

»Ist schon recht. Führ mich nur hin!« sagte Bulba entschlossen. Die Kraft war in sein Herz zurückgekehrt.

Jankel schlug ihm vor, er solle sich verkleiden und einen fremdländischen Grafen spielen, der grade aus Deutschland gekommen wäre. Das Gewand dafür hatte der schlaue Jude vorsorglich mitgebracht. Bulba erklärte sich einverstanden.

Es war schon Nacht. Der Hausherr, jener rothaarige Jude mit den Sommersprossen, schleppte so etwas wie eine dünne Matratze herbei, legte sie auf die Bank und breitete eine Matte darüber. Dies sollte Bulbas Lager sein. Jankel bettete sich am Boden auf eine Matratze von gleicher Art. Der rote Jude trank ein Schnäpschen und zog seinen Kaftan aus. Als er dann in Strümpfen und Schuhen durchs Zimmer stieg, glich er ganz merkwürdig einem magern Küken. Er kroch zum Schlafen mit seiner Schickse in eine Art Schrank. Vor dem Schrank lagen die beiden Söhne des Paares wie Hündchen auf dem bloßen Estrich. Taraß machte von seinem Lager keinen Gebrauch. Er saß, ohne sich von der Stelle zu rühren, und seine Finger trommelten leise auf der Tischplatte. Er hatte die Pfeife im Mund und rauchte so mächtig, daß der rote Jude im Halbschlaf niesen mußte und seine Nase unter der Decke versteckte.

Kaum zeigte sich das erste Dämmern des Morgens am Himmel, da gab Bulba Jankel einen Stoß mit dem Fuß. »Steh auf, Jude, und gib mir dein Grafengewand!«

Im Nu war Bulba umgezogen. Er schwärzte sich den Schnauzbart und die Brauen und zog sich ein dunkles Mützchen über den rasierten Schädel. So hätte ihn nicht einmal ein Kosak aus der eignen Gemeinde erkannt, keiner hätte ihm mehr gegeben als fünfunddreißig Jahre. Frische Röte lag auf seinen Wangen, und auch die Narben dienten nur dazu, ihm etwas Gebieterisches zu verleihen. Das goldgestickte Gewand kleidete ihn prächtig.

Die Straßen schliefen. Noch trug kein Handelsmann seinen Korb durch die Stadt. Bulba und Jankel gingen auf ein Gebäude zu, das im Umriß etwas von einem brütenden Reiher hatte. Es war sehr groß, niedrig, breit gelagert und düster, an seinem Ende erhob sich, gleich einem Vogelhals, ein langer, schlanker Turm, der oben ein überhängendes Satteldach trug. Dies Gebäude diente mannigfachen Zwecken: es vereinte in seinen Mauern die Kaserne, das Gefängnis und das Halsgericht. Unsere Wandrer traten durch das Tor in einen riesigen Saal, oder vielmehr einen überdeckten Hof. An die tausend Mann schliefen in dem einen Raum. In der Rückwand war eine niedrige Tür, vor der zwei Wachtposten saßen und ein sonderbares Spiel spielten, bei dem der eine dem andern abwechselnd mit zwei Fingern in den Handteller schlagen mußte. Sie schenkten den beiden Fremden keine Beachtung und hoben die Köpfe erst, als Jankel sagte:

»Wir sinds! Pst, pst, die Herren: Wir sind es!«

»Passiert!« brummte der eine Posten und öffnete mit der Linken die Tür, während er die Rechte dem Kameraden zum Schlage hinhielt.

Sie durchschritten einen schmalen, finstern Gang und kamen in einen zweiten Saal, der so groß wie der erste war und hoch oben in den Mauern kleine Fenster hatte.

»Wer da?« riefen mehrere Stimmen. »Hier darf keiner durch!« Eine ganze Schar von bis an die Zähne bewaffneten Kriegern verstellte den beiden den Weg.

»Wir sinds doch!« rief Jankel. »Gott der Gerechte, wir sind es, erlauchteste Herren!«

Aber das machte nicht den geringsten Eindruck. Da trat zum Glück ein dicker Kerl heran, der eine Art Vorgesetzter zu sein schien. Jedenfalls schimpfte er noch unflätiger als die andern.

»Wir sind es, bester Herr«, wendete Jankel sich an diesen Mann. »Ihr kennt uns doch schon: und der Herr wird Euch seine Dankbarkeit beweisen noch extra!«

»Laßt sie in drei Teufels Namen passieren, Kreuzsakrament!« brüllte der Dicke. »Sonst aber kommt mir keiner hier durch! Und wer seinen Säbel ablegt oder sich auf den Boden flätzt...!«

Den Schluß dieses gemessenen Befehls vernahmen Taraß und der Jude nicht mehr. Wieder hatte sie ein langer, finstrer Gang aufgenommen.

»Wir sind es...Ich bin es...Gut Freund!« sagte Jankel zu allen Leuten, die ihnen begegneten. Und den Posten am Ende des Ganges fragte er: »Nu–u, können wir rein?«

»Das schon; ich weiß nur nicht, ob ihr in das Gefängnis selbst hineinkommt. Der Jan ist abgelöst – für ihn steht jetzt ein andrer da«, erwiderte der Posten.

»Waih geschrien!« flüsterte der Jude. »Das is ä windige Geschicht, lieber Herr!«

»Vorwärts!« befahl Taraß verbissen.

Jankel gehorchte.

An der schmalen Treppe, die zur Tür des unterirdischen Verlieses hinabführte, stand ein Heiduck mit einem dreistöckigen Schnauzbart. Das oberste Stockwerk war nach hinten gebürstet, das zweite nach vorn, das unterste abwärts. Das gab dem Burschen große Ähnlichkeit mit einem Kater.

Der Jude machte sich ganz klein und pürschte sich von der Seite an den furchterregenden Kerl heran. »Eure hohe Erlaucht! Allerdurchlauchtigster Herr!«

»Du, Jude, meinst du eigentlich mich?«

»Wen soll ich denn meinen, wenn nix den allerdurchlauchtigsten Herrn?«

»Hm...aber ich bin doch bloß ein gemeiner Heiduck!« sagte der dreistöckige Schnauzbart und grinste geschmeichelt.

»Straf mich Gott, und ich hab geglaubt, es muß sein der Herr Marschall selbst in Person. O waih geschrien!« Der Jude drehte den Kopf hin und her und spreizte alle zehn Finger in die Luft. »Waih mer, bei der graußartigen Figur! Gott der Gerechte, genau wie ein Oberst, ausgespuckt wie ein Oberst! Da fehlt nich mehr so viel, denn is es ein Oberst! Man braucht den Herrn bloß ßu setzen auf einen seinen Gaul, welcher dahinsprengt ßu galoppieren so schnell wie ne Fliege, dann kann er gleich reiten entlang die Front und mustern de Regimenter!«

Der Heiduck strich sich das unterste Stockwerk seines Schnauzbartes und zog vor Vergnügen das Maul bis an die Ohren.

»Nu–u, ich sags ja! De Herren Soldaten!« fuhr der Jude fort. »Waih geschrien, was sind das fer prächtige Leut! Tressen und Litzen – das blänkert als wie de Sonn! Und de schönen Fräuleins – wenn se bloß ganz von weitem sehn, es kommt ä Soldat...hehehe...!« Der Jude legte schelmisch den Kopf auf die eine Schulter.

Der Heiduck zwirbelte das oberste Stockwerk seines Schnauzbartes und ließ vor Befriedigung eine Art Wiehern hören.

»Der Herr könnte mir tun eppes a kleinen Gefallen!« sagte Jankel. »Hier der Herr Fürst is gekommen ßu reisen aus fremde Länder und möcht sich ämal ä bissel anschaun de gefangnen Kosaken. Er hat noch niemals in seinem Leben gesehn, was das fer ä Volk is.«

Besuche von fremdländischen Grafen und Baronen waren in Polen durchaus keine Seltenheit. So manchen Gast dieser Art lockte die Neugier herbei, einmal diesen halbasiatischen Zipfel Europas kennen zu lernen. Moskowien und das Grenzland gehörten für die Begriffe dieser Leute zu Asien.

Der Heiduck verneigte sich also sehr tief und fand es am Platze, sich mit ein paar Worten als Europäer zu zeigen.

»Ich versteh nicht«, sagte er, »was Euer Durchlaucht an den Kerlen sehn will. Das sind ja Hunde und keine Menschen. Und ihren Ketzerglauben verachtet jeder.«

»Das lügst du in deinen Hals, elender Schurke!« wetterte Bulba. »Selber ein Hund, daß du's weißt! Nur noch einmal wag zu sagen, daß einer unsern Glauben verachtet! Euern Ketzerglauben verachtet allerdings jeder!«

»Hehe, mein Lieber«, sagte der Heiduck, »nun hab ich dich schon durchschaut. Du bist selbst einer von diesem Pack, grade so einer wie die da drinnen. Das werden wir gleich haben: ich ruf die Wache heraus!«

Taraß bereute seine Unbesonnenheit. Aber in seinem Zorn fiel ihm kein Weg ein, den Schaden wieder gutzumachen.

Zum Glück war Jankel geistesgegenwärtiger und nahm schleunigst das Wort: »Allerdurchlauchtigster Herr! Wenn ich Euch sag, der Herr is ä Graf – wie kann er da sein ä Kosak! Und setzen mer, nur ßum Beispiel, den Fall, er sollt sein ä Kosak – woher sollt er da haben genommen das feine Gewand und de gräfliche Positur?«

»Das erzähl einem Dummen!« sagte der Heiduck und riß schon sein großes Maul auf und wollte Lärm schlagen.

»Königliche Majestät!« jammerte Jankel. »Nix rufen! Um Gottes willen nix rufen! Wenn Ihr wollt halten reinen Mund, denn sollt Ihr kriegen von uns so schrecklich viel Geld, als wie Ihr noch niemals gesehn habt auf einem Haufen. Ihr sollt kriegen – ßwai goldne Dukaten.«

»P–hü! Zwei Dukaten. Zwei Dukaten sind für unsereins ein Dreck! Zwei Dukaten zahl ich dem Bader, wenn er mir bloß den halben Bart kratzt! Hundert Dukaten, Jude, und bar auf die Hand!« Grimmig zwirbelte der Heiduck seinen obersten Schnauzbart. »Her mit den hundert Dukaten, sonst ruf ich die Wache!«

»Waih geschrien! Ä so ä sündhaftes Geld!« klagte der Jude weinerlich und band zögernd den ledernen Beutel auf. Im Grund seiner Seele war er aber froh, daß er überhaupt nicht mehr im Sack hatte, und daß der Heiduck nur bis hundert zu zählen verstand. Und als er dann sah, wie der Kerl das Geld in seinem Handteller zweifelnd musterte, als bereue er schon, nicht mehr gefordert zu haben, da flüsterte Jankel Bulba erschrocken ins Ohr: »Gnädiger Herr! Wir müssen schnell schaun, daß mer uns dünnmachen! Ihr seht ja selber: das is ä so ä gemeines Volk...!«

»Was fällt denn dir ein, du Satansheiduck!« schrie Bulba. »Das Geld nimmt er, und die Gefangnen zeigt er uns nicht? Sofort zeigst du uns die Gefangnen! Wenn du das Geld nimmst, hast du kein Recht mehr...«

»Schert euch zum Teufel! Verstanden? Sonst schlag ich Alarm, und dann könnt ihr etwas erleben... Nehmt die Beine unter die Arme – ich rats euch im Guten...!«

»Gnädiger Herr!« rief Jankel ängstlich. »Schaun mer, daß mer verschwinden! Gott der Gerechte, es gibt sonst ä Unglück! Kriegen soll er de Kränk! Träumen soll er so schlecht, daß sichs ihm hebt zum Kotzen in seinem Hals!«

Bulba ließ den Kopf hangen, drehte sich auf dem Absatz um und ging langsam den Weg zurück, den er gekommen war.

Jankel, an dem die Trauer um die nutzlos geopferten Dukaten nagte, überhäufte ihn mit Vorwürfen. »Woßu habt Ihr ihm müssen machen den Krach? Laß er doch ruhig schimpfen, der Hundsfott, der ganz gewöhnliche! Das is doch ä Volk, was überhaupt nix gelernt hat wie Schimpfen. Waih geschrien, und das unverschämte Glück, was muß haben ä solchener Kerl! Hundert Dukaten fer nix, als daß er üns rausschmeißt! Und ünsere Leut – mer kriegen vom Kopfe gerissen de Peißes und kriegen so ßugerichtet de Nos, daß es is schmerzhaft ßum Anschaun; aber üns gibt keiner nich hundert Dukaten! Gott der Gerechte, was soll mer da sagen!«

Dem alten Bulba ging der Schmerz um den Fehlschlag viel tiefer – man sah es an dem schwelenden Feuer in seinen Augen.

»Vorwärts!« sagte er plötzlich und straffte die Schultern. »Ich will es sehen, wie sie ihn martern!«

»Waih geschrien, gnädiger Herr! Was is denn dabei ßu sehen? Helfen könnt Ihr ihm doch nix!«

»Vorwärts!« sprach Bulba.

Der Jude seufzte schwer und schlich ihm nach wie eine Wärterin ihrem Pflegebefohlnen.

Es hielt nicht schwer, den Marktplatz zu finden – von allen Seiten strömte das Volk ihm zu. In jenen rohen Zeiten galt eine Hinrichtung nicht nur dem Pöbel, sondern auch der vornehmen Welt als das beliebteste Schauspiel. Die frömmsten alten Betschwestern, die zartesten Mädchen und Frauen drängten sich in den Ring der Zuschauer – mochten ihnen auch nachher die ganze Nacht im Traum blutüberströmte Leichen erscheinen und sie aus dem Schlaf auffahren lassen mit einem wilden Gebrüll, wie man es sonst nur von betrunknen Kriegsknechten vernimmt. »Scheußlich, entsetzlich!« stöhnten diese gebrechlichen Wesen in wollüstigem Fieber und wendeten sich fröstelnd ab und drückten sich die Hände vor die Augen, rührten sich aber nicht vom Fleck, bis der Kopf des letzten Delinquenten gefallen war. Manch einer unter den Gaffern stand mit offnem Mund und gierig vorgereckten Händen und wäre am liebsten seinen Vordermännern auf die Köpfe gesprungen, die Exekution nur ja recht genau zu erblicken. Über die Schar der verschrumpften, kleinen, elenden Gesichter hob sich der rote, pausbackige Kopf eines Schlächters, der die Arbeit der Henker mit Kennerblicken verfolgte und sachkundige Bemerkungen darüber mit einem Schwertfeger tauschte, den er seinen Gevatter nannte, weil sie sich an einem schönen Feiertag einmal in der gleichen Kneipe besoffen hatten. Es gab Leute unter den Zuschauern, die sich lebhaft über die Einzelheiten der Hinrichtung stritten, und andre, die sogar Wetten abschlossen; die Mehrzahl aber gehörte zu der Menschensorte, die die ganze Welt und alles, was auf Erden geschehen kann, mit dem gleichen Stumpfsinn betrachtet und sich dadurch nicht einmal im Nasenbohren stören läßt.

In der vordersten Reihe, dicht hinter den schnauzbärtigen Stadtgardisten, stand ein adliger Junker – und war er keiner, so wollte er doch dafür gelten –, ein Bursch im Kriegerwams, der sich gewiß alles, was er besaß, auf den Leib gehängt hatte. Daheim in seiner Wohnung konnte schwerlich mehr zurückgeblieben sein als ein zerrissenes Hemd und etwa ein Paar alte Stiefel. Er trug gleich zwei Ketten mit Schaumünzen um den Hals, eine über der andern. Neben ihm stand seine Dulcinea, die Jungfer Wanda, und er drehte in einem fort den Kopf und gab acht, daß ja keiner ihr seidnes Gewand beschmutze. Dabei erklärte er ihr alles so erschöpfend genau, daß wirklich niemand in der Lage gewesen wäre, seine Mitteilungen nach irgendeiner Richtung hin zu ergänzen. »Holdseligste Wanda«, sagte er, »das ganze Volk, das Ihr hier versammelt seht, ist gekommen, weil es zusehn will, wie die Kosaken hingerichtet werden. Und der Mann, Holdseligste, den Ihr da oben seht: der das Beil und das andre Werkzeug in Händen hält – das ist nämlich der Henker. Der richtet nachher die Delinquenten hin. Und wenn er den Verbrecher rädert und die andern Martern anwendet, dann ist der Verbrecher noch am Leben; aber wenn er ihm den Kopf abhaut, dann, Holdseligste, ist er sofort tot. Zuerst wird er schreien und zappeln, aber wenn sein Kopf mal herunter ist, dann kann er nicht mehr schreien und nicht mehr essen und nicht mehr trinken, weil er dann nämlich keinen Kopf mehr hat, holdseligste Wanda.« So sprach der Junker, und sein Schatz horchte mit schaudernder Spannung auf seine Worte.

Die Dächer wimmelten von Menschen. Aus den Mansardenfenstern sahen die buntbemützten, schnauzbärtigen Köpfe des Gesindes. Auf den Balkonen saß unter Baldachinen der Adel. Um die Gitterstäbe der Brüstungen schlossen sich die hübschen Händchen lachender Damen, deren Zähne in zuckriger Weiße leuchteten. Erlauchte Herren mit kühnen Wänsten blickten gewichtig drein. Diener in prunkvollen Wämsern mit geschlitzten Hängeärmeln reichten Erfrischungen und Süßigkeiten herum. Hie und da warf eine übermütige schwarzäugige Schöne Kuchen und Früchte unter das Volk. Dann hielt die Menge der Hungerleider von Rittern die Kappen auf, und Sieger wurde, wer unter diesen Junkern in schäbigen roten Wämsern mit schwarz gewordnen Goldstickereien die längsten Arme hatte; er hauchte geziert einen Kuß auf die glücklich erhaschte Beute, drückte sie höflich ans Herz und schob sie ins Maul. An einem Fensterkreuz hing in vergoldetem Käfig ein Falke, der gleichfalls zuschauen durfte. Den einen Fuß hochgezogen, musterte er mit schiefgestelltem Kopf über den Schnabel hinweg neugierig die Menge.

Plötzlich erhob sich ein Murmeln; ringsum wurden Stimmen laut: »Sie kommen! Sie kommen! Das sind die Kosaken!«

Die Gefangnen schritten barhaupt einher; ihre Schöpfe waren lang, wilde Bärte starrten ihnen um Kinn und Wangen. Sie zeigten nicht Furcht, noch Trauer – stiller Hochmut sprach verhalten aus ihren Gesichtern. Die Kleider aus kostbarem Tuch waren verschlissen und hingen ihnen in elenden Lumpen um die Glieder. Die Kosaken schenkten dem Volk nicht Blick noch Gruß. – Allen voran schritt Ostap.

Was für Gefühle schüttelten den alten Taraß, als er den Sohn sah! Wie krampfte sich ihm das Herz zusammen! Umdrängt von der feindlichen Menge, stand er und schaute auf Ostap und verschlang jede seiner Bewegungen mit den Augen.

Die Kosaken hatten den Richtplatz erreicht. Ostap machte halt. Er sollte den bittern Todesbecher als erster trinken. Er musterte seine Kameraden zum Abschied, dann hob er die Hand gen Himmel und sprach laut und vernehmlich: »Herrgott, gönn es keinem von diesen ruchlosen Ketzern, daß er ein Stöhnen aus dem Mund eines gefolterten Christenmenschen vernimmt! Gib, daß keiner von uns sich nur ein einziges Wort entreißen läßt!« Und als er so gesprochen hatte, erstieg er das Schafott.

»Recht so, mein Sohn, recht so!« murmelte Bulba und senkte das graue Haupt.

Der Henker riß Ostap die zerlumpten Kleider vom Leib, er band ihm Hände und Füße und spannte sie in ein eigens dafür gemachtes Gestell. Und dann ... Schweigen wir von den höllischen Qualen, bei deren Schilderung sich jedem die Haare vor blassem Entsetzen sträuben müßten! Diese Martern waren eine Ausgeburt jener rohen und wilden Zeit, da der Mensch sein Leben einzig den blutigen Greueln des Krieges weihte und sein Herz gegen jede weiche Regung verhärtete. Umsonst bekämpften einige wenige edlere Geister diese sinnlosen Grausamkeiten. Umsonst erhoben der König und viele Ritter, die von aufgeklärterem Verstand waren, warnend die Stimmen und wiesen darauf hin, daß so harte Strafen die Rachsucht des Kosakenvolkes entflammen müßten. Die Macht des Königs und das Urteil der Klügsten im Land waren wie Rohr im Wind vor der frechen Zügellosigkeit der Magnaten, die den polnischen Reichstag durch ihre törichte Kurzsichtigkeit und ihre kindische Eitelkeit zum Spottbild einer Regierung machten.

Ostap ertrug die peinliche Befragung durch die Folter wie ein Riese der Vorzeit. Kein Schrei wurde laut, kein Stöhnen, auch dann nicht, als ihm Arme und Beine gebrochen wurden. Todesschweigen lag auf der Menge. Noch die fernsten unter den Gaffern vernahmen das gräßliche Krachen der Knochen. Alle die zarten Jüngferlein wendeten erbleichend die Köpfe ab. Kein Laut des Schmerzes entriß sich den Lippen des Gemarterten, kein Zittern lief über sein Antlitz.

Taraß stand in der Menge, den Kopf gesenkt und dennoch stolz erhobnen Blicks; voll düstrer Bewunderung murmelte er: »Recht so, mein Sohn, recht so!«

Dann aber, als Ostap der letzten Todesqual unterworfen wurde, wollte die Kraft ihm versagen. Er ließ die Augen über die Menge laufen: Barmherziger Gott, nichts als kalte, fremde Gesichter! Wäre nur einer von seinen Nächsten bei ihm gewesen in der Stunde des Todes! Nicht das Weinen und Jammern der schwachen Mutter begehrte er zu hören, nicht das leidenschaftliche Schluchzen eines jungen Weibes, das sich verzweifelt vor die weiße Brust schlüge und sich um ihn die lockigen Haare raufte; doch einen starken Mann sehnte seine Seele brennend herbei, der ihn mit guter Rede aufrichte und ihm Trost zuspreche in der Bitterkeit des Verscheidens. Seine Kraft zerbrach, er schrie aus der Angst seines Herzens: »Vater! Wo bist du? Hörst du nicht, was sie mir tun?«

»Ich hör es!« klang es stark durch die Stille; und jedem einzelnen unter dem zahllosen Volk kroch kalt ein Schauer den Rücken herunter.

Die reisigen Wächter durchforschten hastig die Menge. Jankel wurde bleich wie der Tod; und als die Reiter an ihm vorüber waren, sah er sich angstschlotternd um. Taraß aber stand nicht mehr hinter ihm, er war verschwunden, als sei er nie dagewesen.

Zwölftes Kapitel

Taraß blieb nicht lange verschwunden. An den Marken des Grenzlands sammelte sich ein Kosakenheer, das zählte einhundertzwanzigtausend Mann. Dies war keine kleine Abteilung mehr, keine Freischar, wie sie sonst wohl auf Beute auszog oder mit den Tataren scharmützelte. Nein, hier hatte sich ein ganzes Volk erhoben, weil seine Geduld am Rand war, weil es Rache nehmen wollte für die Verhöhnung seiner Rechte, für die Verachtung seiner Sitten, für die Kränkung seines ererbten Glaubens, für die Entweihung seiner Kirchen, für den Zwang der verhaßten Union, für die Ungebühr der fremden Junker, für die Schande der Judenherrschaft auf christlicher Erde, für alles, was von altersher den grimmen Haß der Kosaken nährte, ihn sich tiefer und tiefer in die Herzen fressen ließ.

Den Oberbefehl über diesen gewaltigen Heerbann führte der junge, aber tapfre und kluge Hetman Ostranitza. Ihm zur Seite stand sein hochbetagter, erfahrner Freund und Berater Gunja. Acht Obersten kommandierten die acht Regimenter, deren jedes zwölftausend Köpfe stark war. Zwei Feldzeugmeister und ein Generalwachtmeister bildeten den Stab des Hetmans. Der Generalkornett trug das große Heeresbanner voran; Fahnen und Standarten ohne Zahl flatterten über den Abteilungen, jeder Zug führte einen Roßschweif als Feldzeichen. Mit dem Fußvolk und der Reiterei marschierten ihre Chargen: Troßmeister, Feldwaibel, Regimentsschreiber. Die Freiwilligen gaben den Ausgehobnen an Zahl kaum etwas nach. Von überall her waren die Kosaken zu den Fahnen geströmt: aus Tschigirin, aus Perejaslaw, aus Baturin, aus Gluchow, von den Niederungen des Dnjeprs, von seinem Oberlauf, von seinen Inseln her. Zahllose Rosse, unabsehbare Wagenreihen wimmelten über die Felder.

Unter diesen acht Regimentern stand eins in besonderm Ansehen; sein Oberst war Taraß Bulba. Diese Ausnahmestellung im Kreis der Kameraden gaben ihm seine Jahre, seine reife Erfahrung, sein hohes strategisches Geschick, vor allem aber sein Haß gegen den Feind. Selbst den Kosaken schien seine schonungslose, unbarmherzige Härte manchmal über das Maß zu gehen. Scheiterhaufen und Galgen bezeichneten den Weg des Alten; das Kriegsziel, für das er im Rate sprach, hieß Ausrottung und Vernichtung.

Was frommt es, alle die Schlachten, in denen sich die Kosaken bewährten, und den Verlauf des Feldzugs zu schildern – das steht auf den Blättern der Chronik verzeichnet. Die Welt hat erfahren, wie der Russe für seinen Glauben zu kämpfen weiß. Keine Kraft über die Kraft des Glaubens! Unüberwindlich und drohend steht unser Glaube, ein Fels aus Urgestein in den Fluten der stürmischen See. Vom tiefsten Meeresgrund empor hoch gegen den Himmel reckt er seine unzerbrechlichen Wände, die ohne Fugen aus einem Stück gegossen sind. Weit in die Ferne trotzt er und bietet den eilenden Wolken die Stirn. Wehe dem Schiff, das gegen ihn anrennt! Zu Staub und Splittern zerschellen die schwankenden Masten, elend muß die Besatzung ertrinken, und das Jammergeschrei der Sterbenden füllt die Lüfte mit Schrecken.

Auf den Blättern der Chronik mag man es nachlesen, wie die polnischen Besatzungen aus den befreiten Städten flüchteten, wie die gewissenlosen jüdischen Pächter kurzerhand aufgeknüpft wurden, wie kläglich der königliche Feldherr Potocki mit seinem zahlreichen Heer dem siegreichen Ansturm der Kosaken weichen mußte, wie er, geschlagen und verfolgt, den besten Teil seiner Mannschaft in einem Flüßchen ertrinken sah. In dem Flecken Polonnoje schlossen ihn dann die Kosaken ein, und der polnische Führer in seiner Bedrängnis versprach ihnen bei seinem Eid völlige Genugtuung von seiten des Königs und der Regierung, bedingungslose Erneuerung der alten Rechte und Privilegien. Aber die Kosaken dachten nicht daran, auf diesen Vorschlag einzugehen – sie kannten zu gut den Wert eines polnischen Eides. Und Potocki hätte nie wieder zur Augenweide der Edeldamen und zum neidischen Ärger der andern Junker seinen kaukasischen Sechstausend-Gulden-Gaul kurbettieren lassen können, nie wieder hätte er sich im Reichstag prahlerisch in die Brust werfen, nie wieder den Senatoren üppige Mähler auftischen können, wäre ihm nicht die russische Geistlichkeit von Polonnoje rettend zu Hilfe gekommen. Als die Priester in ihren goldfunkelnden Meßgewändern mit den heiligen Bildern vors Tor zogen, an ihrer Spitze, das Kreuz in der Hand, die Mitra auf dem Haupt, der Bischof selbst, da neigten die Kosaken die Köpfe und zogen die Mützen. Niemand sonst in der Welt, auch nicht der König in Person, hätte ihren Sinn wenden können; ihrer heiligen Kirche aber wagten sie nicht den Gehorsam zu weigern, der Geistlichkeit ihres Glaubens fügten sie sich. Der Hetman und die Obersten beschlossen, Potocki freien Abzug zu gewähren. Nur ließen sie sich vorher einen feierlichen Schwur von ihm leisten, daß er hinfort nie wieder etwas gegen die Freiheit der rechtgläubigen Kirche unternehmen, daß er die alte Feindschaft vergessen, und daß er die Kosakenschaft für ewige Zeiten ungekränkt lassen wolle.

Ein einziger von den Obersten weigerte sich, solch einen Frieden anzuerkennen. Und dieser eine war Bulba. Er riß sich ein Büschel Haare aus seinem grauen Schopf und rief: »Hölle und Teufel, hör mich, Hetman, und hört mich, ihr Obersten: laßt euch doch nicht dumm machen wie alte Weiber! Wer glaubt denn einem Polacken? Daß euch der Schweinehund verrät, ist doch klar!«

Als aber der Heeresschreiber den Vertrag präsentierte und der Hetman von Amts wegen seinen schwerfälligen Namenszug darunter setzte, da riß Taraß seinen ehrlichen Degen, den kostbaren Türkensäbel von edelstem Stahl, aus der Scheide, brach ihn über dem Knie entzwei wie einen dürren Ast, warf die Stücke weit von sich, zur rechten das eine, das andre zur linken, und sprach: »Gehabt euch denn wohl! Wie diese zwei Stücke von meinem Pallasch nie wieder zusammenwachsen und einen ganzen Säbel geben, so sehn wir uns nie mehr auf dieser Welt, Kameraden! Vergeßt nicht, was ich euch heute zum Abschied sage!« Bei diesen Worten erhob sich seine Stimme zu seltsamer Kraft – jeden Menschen im ganzen Heer durchrann ein Schauer bei seiner prophetischen Rede. »Ich sag euch: in eurer Todesstunde werdet ihr an mich denken! Ihr meint wohl, jetzt habt ihr euch Frieden und Ruhe erkauft? Ihr meint wohl, jetzt könnt ihr die Herren spielen? Hat sich was mit dem Herrenspielen! Ihr sollt euch noch wundern! Dir, Hetman, werden die Polacken das Fell vom Schädel ziehn und es mit Häcksel ausstopfen; und so wird man deinen Kopf auf allen Jahrmärkten bewundern! Und ihr, ihr Herren, glaubt bloß nicht, daß ihr die Köpfe auf den Hälsen behaltet! Ihr verfault in feuchten Kellern zwischen engen steinernen Mauern, oder man schmort euch bei lebendigem Leib im Kessel wie Hammel – das werdet ihr sehn!« Und nun wendete sich Taraß an seine eignen Leute: »Euch aber, Burschen, frag ich, ob ihr einen ehrlichen Tod sterben wollt – nicht auf der Ofenbank oder bei der Alten im Bett, nicht besoffen hinter dem Kneipenzaun, daß ihr dann daliegt als ein verrecktes Aas – nein, einen frohen Kosakentod, alle zusammen auf einem Bett, wie der Bräutigam mit der Braut? Oder lockt es euch, heimzuziehn, euern Glauben abzuschwören und euch von den polackischen Pfaffen Kandare reiten zu lassen?«

»Wir gehn mit dir, Herr Oberst! Wir gehen mit!« schrie Taraß Bulbas ganzes Regiment vom ersten bis zum letzten Mann, und gar viele aus andern Regimentern gesellten sich zu seiner Schar.

»Dann: links um kehrt schwenkt! Mir nach!« sagte Taraß, drückte die Mütze fester in die Stirn, setzte sich im Sattel zurecht und rief mit warnend blitzenden Augen: »Daß keiner wage, uns ein tadelndes Wort zu sagen! – Und nun: hussa, Burschen, jetzt kriegen die Katholischen einmal Besuch!«

Er spornte den Gaul; Reiter und Fußvolk und eine Reihe von hundert Wagen folgten ihm. Taraß drehte wieder und wieder den Kopf, zornig drohte sein Blick den Zurückbleibenden. Niemand wagte, ihm in den Weg zu treten. Im Angesicht des ganzen Heeres zog sein Regiment ab.

Tief in Gedanken standen der Hetman und die Obersten. Lange fand keiner ein Wort. Schwarze Ahnungen lagen schwer auf jedem Herzen. Und sie sollten sich bald erfüllen. Taraß Bulbas prophetisches Wort traf ein. Gar nicht lange nach diesem Tag überfielen die Polen den Hetman verräterisch bei Kanew. Sein Kopf wurde auf den Pfahl gesteckt, und mit ihm die Köpfe der höchsten Würdenträger des Heeres.

Und was tat Taraß?

Taraß zog durch Polen, er legte achtzehn Städte und Dörfer in Asche, brannte an die vierzig Kirchen nieder und kam bis in das Vorland von Krakau. Viele polnische Junker mußten über die

Klinge springen, die reichsten und schönsten Schlösser wurden geplündert. Die Kosaken drangen in die wohlbehüteten Keller der Magnaten, hieben die Zapfen aus den Fässern und ließen den hundertjährigen Met und Wein auf den Boden plätschern. Sie rissen kostbare Gewänder und reiches Gerät aus den Schränken und warfen alles ins Feuer. »Nur nichts verschonen!« war Bulbas Befehl. Auch die schwarzäugigen Edelfrauen, die Fräulein mit weißen Brüsten und blühenden Wangen fanden kein Mitleid bei den Kosaken. Umsonst flohen sie schutzsuchend an die Altäre – Taraß verbrannte sie samt den Altären. Manch eine schöne Hand krallte aus der Glut verzweifelt gen Himmel, und Schreie gellten empor, die selbst die alte Erde erschütterten, die selbst die Gräser des Feldes erbarmend ihr Haupt hätten neigen lassen. Aber die rauhen Kosaken scherte das wenig, sie spießten die Säuglinge der wimmernden Frauen auf ihre Lanzen und schleuderten sie zu den Müttern in das Flammengewühl.

»So les ich euch die Totenmesse für meinen Ostap, ihr verfluchten Polacken!« sagte Taraß.

Solcher Totenmessen für Ostap las Taraß in Städten und Dörfern gar viele, bis endlich die polnische Regierung erkennen mußte, daß Bulbas Rachezug mehr war als einer der üblichen Raubüberfälle. Derselbe Potocki, der den Frieden von Polonnoje abgeschlossen hatte, wurde mit fünf Regimentern ausgeschickt und erhielt den Befehl, Taraß zu fangen, koste es, was es wolle.

Sechs Tage lang entrannen die Kosaken auf Schleichwegen ihren Verfolgern; fast brachen die Gäule bei den unerhörten Gewaltmärschen zusammen. Diesmal aber zeigte sich Potocki seiner Aufgabe gewachsen: er ging den Kosaken nicht von der Spur und stellte sie endlich am Ufer des Dnjestrs, wo Bulba sich in ein verlassenes, zu Trümmern zerfallnes festes Schloß geworfen hatte, damit sich Mann und Roß ein wenig verschnaufen könnten.

Hart über dem Steilhang des Stroms stand die Burg mit zerschossenem Wall und durchlöcherten Mauerresten. Schutt und Ziegelbrocken bedeckten den Gipfel des Felsens, der überhing und aussah, als wolle er jeden Augenblick in die Tiefe stürzen. Ein Abstieg zum Fluß war unmöglich, und von der Landseite schloß Potocki mit seinem Heer die Kosaken ein. Vier Tage lang schlugen sich die Belagerten wütend und schleuderten Ziegel und Feldsteine gegen den Feind. Dann aber gingen Proviant und Kraft auf die Neige. Taraß faßte den Entschluß, auszubrechen.

Schon hatten sich die Kosaken eine Bahn durch den Ring der Polen gehauen, und vielleicht wären ihnen die treuen Gäule noch einmal zur Rettung geworden; da hielt plötzlich Taraß mitten im tollsten Galopp an und schrie: »Halt! Ich hab meine Tabakpfeife verloren. Nicht einmal meine Pfeife sollen sie kriegen, die verfluchten Polacken!« Taraß Bulba beugte sich aus dem Sattel und spähte im Gras nach der Pfeife, seiner unzertrennlichen Gefährtin zu Wasser und zu Land, daheim und im Felde. Da aber fiel schon ein ganzer Schwarm Feinde über ihn her und hängte sich ihm an die mächtigen Schultern. Wohl schlug und trat er wütend um sich, doch heute schüttelte er damit die Heiducken nicht ab, wie einst in jüngeren Tagen.

»Ja, ja, alt wird man!« sagte der beleibte Graukopf und weinte bitterlich. Doch nicht seine Jahre trugen die Schuld – die Übermacht zwang ihn. Dreißig Mann wohl hielten ihn an Armen und Beinen.

»Haben wir dich Aasvogel endlich!« schrieen die Polacken. »Fragt sich jetzt nur noch, wie man dich Hundsfott am besten totmacht!«

Taraß wurde, mit Zustimmung Potockis, dazu verurteilt, vor versammeltem Heer lebendig verbrannt zu werden. In der Nähe stand ein abgestorbner Baum, dessen Krone vom Blitz zerschmettert war. Die Polen fesselten Taraß mit eisernen Ketten an den Stamm und zogen ihn hoch empor, daß alle ihn sehen könnten. Seine Hände wurden auf das Holz genagelt; dann ging man eilend daran, um den Baum einen Scheiterhaufen zu schichten. Taraß gönnte dem Scheiterhaufen keinen Blick, keinen Gedanken dem Feuer, in dem er verbrennen sollte – er schaute erregt in die Richtung, wo seine Kosaken noch mit den Polen kämpften. Da er so hoch hing, lag das alles vor ihm wie auf der flachen Hand.

»Vorwärts, Burschen, beeilt euch!« schrie er. »Besetzt den Hügel hinter dem Wald – den stürmen die Kerle nie!« Aber der Wind verwehte seine Worte. »Sie reiben sich auf für nichts und wieder nichts!« murmelte er in grimmer Verzweiflung. Da fiel sein Blick auf den Dnjestr, der blank die Sonne spiegelte. Ein Leuchten des Triumphs trat in seine Augen. Unten sahen hinter dichtem Buschwerk vier Boote hervor.

Taraß nahm alle Kraft seiner Stimme zusammen und brüllte gewaltig: »An den Fluß, an den Fluß, Burschen! Jagt den kleinen Weg am Hang hinunter, den linken von den zwei Wegen! Es liegen Kähne am Ufer! Nehmt sie nur alle – dann können sie euch nicht nach!«

Jetzt blies der Wind von der andern Seite, und die Kosaken verstanden jedes einzelne Wort. Taraß bekam von den Polacken zum Dank für seinen Rat eins mit der stumpfen Seite einer Axt auf den Kopf, daß sich alles vor seinen Augen drehte.

Die Kosaken sprengten in voller Flucht den Hangweg hinunter; doch die Verfolger waren ihnen dicht auf den Fersen. Und der schmale Pfad schlug ewig Bogen und führte weit um. »So geht das nicht, Kameraden!« sagten die Verfolgten und machten für einen Augenblick halt. Dann aber: ein wildes Ausholen mit den Knuten, ein gellender Pfiff, und ihre tatarischen Gäule lösten die Hufe vom Boden, streckten die Leiber in der Luft wie Schlangen, überflogen den Abgrund, platschten schwer in das Wasser des Flusses. Bloß zwei von den Kosaken sprangen zu kurz: sie krachten auf die Steine hinunter und ließen samt ihren Gäulen das Leben, ohne auch nur einen Schrei ausstoßen zu können. Die Kameraden waren derweil auf ihren Rossen schon ein Stück stromab geschwommen und banden die Kähne los. Die Polacken stutzten vor dem Abgrund, starr vor Staunen über das unerhörte Kosakenstücklein. Sollten auch sie den Sprung wagen, oder sollten sie nicht? Einer der polnischen Obersten, ein hitziges junges Blut, der leibliche Bruder der schönen Polin, die den armen Andri in ihre Netze gezogen hatte, überlegte nicht lange und setzte mit keckem Entschluß den Kosaken nach. Er überschlug sich mit seinem Gaul dreimal in der Luft und krachte senkrecht auf die spitzen Klippen nieder. Das scharfe Gestein riß seinen Leib in Stücke; Hirn und Blut spritzten auf das Gesträuch in den Spalten des Hanges.

Taraß erwachte aus seiner Betäubung; seine Augen suchten den Dnjestr: die Kosaken saßen in den Kähnen und legten sich fest in die Riemen. Ein Hagel von Kugeln schmetterte von der Höhe hinab, aber er traf nur das Wasser.

Helle Freude strahlte aus den Augen des alten Taraß. »Lebt wohl, Kameraden!« schrie er. »Vergeßt mich nicht; und im Frühjahr, da kommt ihr wieder und spielt den Kerlen tüchtig zum Tanz auf! – Na, und ihr, was habt ihr denn jetzt, ihr Satanspolacken? Glaubt ihr, es gibt etwas in der Welt, wovor der Kosak sich fürchtet? Werdet es schon noch erleben: es kommt die Zeit, da ihr merkt, was das heißt, der russische Glaube! Heute schon spüren es alle Völker, die nahen und fernen; einmal geschieht es – da steht im russischen Land ein russischer Zar auf, vor dem beugen sich alle Mächte der Welt!«

Die Flamme schlug aus dem Scheiterhaufen empor, züngelte prasselnd um Bulbas Füße und fraß gierig das Holz.

Aber wo ist auf Erden die Flamme, die Qual, die Kraft, die Herr zu werden vermöchte über die russische Kraft!

Kein kleiner Fluß ist der Dnjestr. Viel Buchten hat er, viel Schilfdickichte, viel Untiefen und viel gewaltige Tiefen. Hell klang der Schrei der Schwäne, stolz zog der Flug der Krickenten über den schimmernden Wasserspiegel; Schnepfen, rothalsige Wildhühner und andre Vögel schlüpften sichernd durch das Ufergebüsch...

Die Kosaken glitten auf ihren schmalen Kähnen geschwind stromab. Sie ruderten rüstig im Takt, wichen achtsam den Untiefen aus, scheuchten ängstlich flatternde Möwenschwärme auf und sprachen von Taraß Bulba, dem Hetman.

Abende auf dem Vorwerke bei Dikanjka und andere Erzählungen:

Vorwort

»Was ist das für eine neue Sache: ›Abende auf dem Vorwerke bei Dikanjka‹? Was sind das für ›Abende‹? Und die hat irgendein Bienenzüchter in die Welt hinausgeschleudert! Gott sei Dank, man hat wohl noch zuwenig Gänse gerupft, um Federn zu bekommen, und zu wenig Lumpen für Papier verbraucht! Noch zu wenig Volk und Gesindel jedes Standes hat sich die Finger mit Tinte beschmutzt! Jetzt bekommt auch so ein Bienenzüchter Lust, es den anderen gleichzutun! Es gibt wirklich so viel bedrucktes Papier, daß man nicht mehr weiß, was man darin alles einwickeln soll.«

Mein ahnungsvolles Herz hat alle diese Reden schon vor einem Monat gehört! Das heißt, ich will sagen, daß, wenn unsereiner, ein Vorwerksbewohner, seine Nase aus seiner Einöde in die große Welt steckt – du lieber Himmel! –, es für ihn dasselbe ist, wie in die Gemächer eines großmächtigen Herrn zu treten: alle umringen ihn sofort und beginnen ihn zum Narren zu halten; es wäre noch nicht so schlimm, wenn es nur die höheren Lakaien täten; nein, aber irgendein abgerissener Junge, ein Lausejunge, der im Hinterhofe herumwühlt, auch der fällt über einen her; und sie fangen an, mit den Füßen zu stampfen und zu fragen: »Wohin? Wohin? Was suchst du hier? Geh, du Bauer, pascholl!...« Ich will euch sagen... Aber was soll ich überhaupt sagen! Es fällt mir leichter, zweimal im Jahr nach Mirgorod hinüberzufahren, wo mich seit fünf Jahren weder ein Kanzlist vom Landgericht noch der ehrwürdige Herr Priester gesehen hat, als mich in dieser großen Welt zu zeigen; wenn man sich da aber gezeigt hat, so muß man, ob man will oder nicht, Antwort stehen.

Bei uns, meine lieben Leser – nichts für ungut (ihr nehmt es vielleicht übel, daß ein Bienenzüchter zu euch so einfach spricht wie zu seinem Schwager oder Gevatter) –, bei uns auf den Vorwerken ist es von jeher Sitte: sobald die Feldarbeiten zu Ende sind, der Bauer sich für den ganzen Winter zur Ruhe hinter den Ofen verkrochen und unsereins seine Bienen in den dunklen Keller gesperrt hat; wenn man weder Kraniche am Himmel noch Birnen auf dem Baume zu sehen bekommt –, dann leuchtet, sobald es Abend wird, irgendwo am Ende einer Straße ganz sicher ein Licht auf, man hört aus der Ferne Lachen und Singen, eine Balalaika klimpert, manchmal tönt auch eine Geige, man redet und lärmt... Das sind unsere ländlichen »Abende«! Sie gleichen mit Verlaub eueren Bällen; aber man kann nicht sagen, daß sie ihnen vollkommen glichen. Wenn ihr auf so einen Ball geht, so doch nur, um die Beine zu rühren und in die hohle Hand zu gähnen; bei uns versammelt sich aber ein Haufen von Mädchen in einer Stube gar nicht für einen Ball: sie kommen mit Spinnrocken und Flachskämmen. Anfangs sieht es so aus, als ob sie arbeiteten: die Spindeln surren, die Lieder fließen dahin, und keine blickt zur Seite; kaum kommen aber die Burschen mit dem Geiger in die Stube, da erhebt sich ein Geschrei, da beginnt ein Toben, da fängt man zu tanzen an, und es kommt manchmal auch zu solchen Scherzen, daß man es gar nicht wiedererzählen kann.

Das Schönste aber ist, wenn alle sich zu einem Haufen zusammendrängen und anfangen, Rätsel aufzugeben oder einfach zu schwatzen. Du lieber Gott! Was bekommt man da nicht alles zu hören! Wo kramen sie nur so viel altes Zeug aus! Was für gruselige Sachen schleppen sie da zusammen! Aber nirgends wurde wohl so viel Wunderbares erzählt wie an den Abenden beim Bienenzüchter Panjko dem Roten. Warum mich die Leute Panjko der Rote nennen, weiß ich bei Gott nicht zu sagen. Auch sind meine Haare, glaube ich, mehr grau als rot. Bei uns ist es aber, nehmt es nicht übel, einmal Sitte: wenn die Leute einem einen Spitznamen anhängen, so bleibt er in alle Ewigkeit hängen. Manchmal versammelten sich am Vorabend eines Feiertages die guten Menschen in der Hütte des Bienenzüchters zu Besuch, setzen sich an den Tisch – und dann braucht man nur zuzuhören. Man muß auch sagen, daß es nicht ganz einfache Menschen waren, nicht etwa Bauern vom Vorwerke; ihr Besuch würde für manchen, der selbst mehr als ein Bienenzüchter ist, eine Ehre bedeuten. Kennt ihr zum Beispiel Foma Grigorjewitsch, den Küster an der Kirche von Dikanjka? Ist das ein Kopf! Was der für Geschichten aufzutischen versteht! Zwei von ihnen werdet ihr in diesem Buche finden. Niemals hat er einen Schlafrock aus hausgewebter Leinwand getragen, wie ihr ihn bei so vielen Küstern auf dem Lande findet; selbst wenn ihr ihn an einem Wochentage besucht, empfängt er euch in einem Rock aus feinem Tuch von der Farbe eines kalten Kartoffelbreis – für dieses Tuch hat er in Poltawa fast sechs Rubel für den Arschin bezahlt. Kein Mensch auf dem ganzen Vorwerke wird behaupten, daß seine Stiefel nach Tran riechen; es ist aber einem jeden bekannt, daß er sie mit dem besten Gänseschmalz schmiert, das, glaube ich, mancher Bauer mit Vergnügen in seinen Brei tun würde. Niemand wird auch sagen, daß er sich je mit dem Schoße seines Rockes die Nase gewischt hätte, wie es oft Leute seines Standes tun; er holt aber aus dem Busen ein sorgfältig gefaltetes weißes Tuch, das ringsherum mit rotem Garn bestickt ist, legt es, nachdem er das Nötige verrichtet hat, immer zwölfmal zusammen und steckt es wieder in den Busen. Und einer der Gäste... Nun, dieser war ein so vornehmer Herr, daß man ihn sofort zu einem Assessor oder Sekretär machen könnte. Der erhebt manchmal den Finger, blickt auf dessen Spitze und beginnt zu erzählen – so hübsch und kunstvoll, wie es in den gedruckten Büchern steht! Manchmal hört man ihm zu und wird ganz nachdenklich. Kein Wort kann man verstehen. Wo hat er nur solche Worte her? Foma Grigorjewitsch hat ihm einmal eine schöne Parabel erzählt: ein Scholar, der bei einem Diakon in der Lehre war, kam einmal zu seinem Vater als solcher Lateiner zurück, daß er sogar unsere Christensprache verlernt hatte – allen Worten hängte er ein »us« an: die Schaufel hieß bei ihm »Schaufelus« und das Weib – »Weibus«. Einmal traf es sich, daß er mit seinem Vater ins Feld ging. Als der Lateiner eine Harke sah, fragte er seinen Vater: »Wie nennt man das bei euch, Vater?« Und dabei trat er aus Zerstreutheit der Harke auf die Zähne. Der Vater hatte noch nicht Zeit gehabt, zu antworten, als der Griff der Harke in die Höhe fuhr und den Sohn mit einem Schwung auf die Stirn traf. »Verfluchte Harke!« schrie der Scholar, sich mit der Hand an den Kopf greifend und einen Arschin hoch in die Luft springend: »Wie sie so weh tun kann, der Teufel möchte ihren Vater von einer Brücke herunterstoßen!« So hatte er sich plötzlich erinnert, wie das Ding hieß! – Diese Parabel gefiel dem kunstvollen Erzähler gar nicht. Ohne ein Wort zu sagen, stand er von seinem Platze auf, stellte sich breitbeinig ins Zimmer, neigte den Kopf etwas nach vorn, steckte die Hand in die rückwärtige Tasche seines erbsfarbenen Rockes, holte seine runde, lackierte Schnupftabaksdose hervor, klopfte mit dem Finger auf die auf dem Deckel gemalte Fratze irgendeines heidnischen Generals, nahm eine gar nicht kleine Portion des mit Asche und Liebstöckelblättern zerriebenen Tabaks, führte sie im Schwunge an die Nase, sog mit der Nase den ganzen Haufen ein, ohne dabei selbst den Daumen zu berühren – und sprach noch immer kein Wort. Als er aber in die andere Tasche griff und ein blaukariertes baumwollenes Tuch hervorholte, dann erst murmelte er etwas vor sich hin, ich glaube gar das Sprichwort: »Man soll nicht Perlen vor die Säue werfen...« – Jetzt wird es einen Streit geben –, dachte ich mir, als ich sah, wie Foma Grigorjewitsch seine Finger zu einer Feige zusammenzulegen begann. Zum Glück war es meiner Alten eingefallen, einen heißen Kuchen mit Butter auf den Tisch zu bringen. Alle machten sich an die Arbeit. Die Hand Foma Grigorjewitschs griff, statt jenem eine Feige zu zeigen, nach dem Kuchen, und alle fingen wie üblich an, die Kunst der Hausfrau zu rühmen. Wir hatten auch noch einen anderen Erzähler; aber dieser (eigentlich hätte ich ihn nicht zur Nacht erwähnen sollen!) pflegte so schreckliche Geschichten aufzutischen, daß die Haare zu Berge standen. Diese Geschichten habe ich hier absichtlich nicht aufgenommen: so könnte ich den guten Leuten solche Angst machen, daß sie den Bienenzüchter, Gott verzeihe mir, mehr als den Teufel fürchten würden. Wenn ich, so Gott will, das neue Jahr erlebe und ein neues Buch herausbringe, dann erst will ich die Leser mit den Gästen aus dem Jenseits und den Wundermären, die sich in alten Zeiten in unserem rechtgläubigen Lande zugetragen haben, erschrecken. Unter ihnen findet ihr vielleicht auch einige Geschichten vom Bienenzüchter selbst, die er seinen Enkeln erzählt hat. Wenn ihr bloß zuhören und lesen wollt: ich könnte, wenn ich nicht so faul wäre, um herumzukramen, auch noch zehn solche Bücher zusammenbringen.

Die Hauptsache hätte ich beinahe vergessen: wenn ihr, meine Herren, zu mir kommen wollt, so nehmt die gerade Landstraße nach Dikanjka. Ich habe diesen Ort mit Absicht auf dem Titelblatt genannt, damit ihr schneller auf unser Vorwerk kommt. Von Dikanjka habt ihr wohl schon genug gehört. Ich muß auch sagen, das Haus ist dort viel schöner als eine gewöhnliche

Bienenzüchterhütte. Vom Garten spreche ich schon gar nicht: in eurem Petersburg werdet ihr einen solchen sicher nicht finden. Und wenn ihr nach Dikanjka kommt, so fragt den ersten besten Jungen, der in einem schmutzigen Hemde die Gänse hütet: »Wo wohnt hier der Bienenzüchter Panjko der Rote?« – »Hier!« wird er sagen und mit dem Finger zeigen; und wenn ihr wollt, wird er euch auch zum Vorwerk führen. Aber ich bitte euch, die Hände nicht ruhig auf den Rücken zu legen und nicht zu stolz zu tun, denn die Straßen, die zu uns führen, sind nicht so glatt wie die vor euren Palästen. Selbst Foma Grigorjewitsch war einmal, als er vor zwei Jahren aus Dikanjka fuhr, mit seinem Wägelchen und mit der braunen Stute in einen Graben geraten, obwohl er selbst das Pferd lenkte und zu seinen eigenen Augen zuweilen auch gekaufte aufsetzte.

Wenn ihr aber zu Gast kommt, so werdet ihr solche Melonen bekommen, wie ihr sie vielleicht noch nie gegessen habt; was aber den Honig betrifft, so schwöre ich euch, daß ihr auf keinem Vorwerk einen besseren bekommen habt: denkt euch nur, wenn man eine Wabe ins Zimmer bringt, so geht ein Duft durchs ganze Zimmer, man kann sich gar nicht vorstellen, wie schön er ist: rein wie eine Träne oder wie teures Kristall, das man in den Ohrringen trägt. Und was für Pasteten wird euch meine Alte vorsetzen! Wenn ihr nur wüßtet, was es für Pasteten sind: wie Zucker, wie der reinste Zucker! Und die Butter läuft über die Lippen, wenn man sie nur in den Mund nimmt. Was für Meisterinnen sind doch die Weiber! Habt ihr schon mal Birnenkwaß mit Schlehdornbeeren getrunken, meine Herren, oder einen Obstschnaps mit Rosinen und Pflaumen? Oder habt ihr mal Gelegenheit gehabt, eine Milchsuppe mit Graupen zu essen? Mein Gott, was für Speisen gibt es nicht alles in der Welt! Wenn man zu essen anfängt, kann man sich gar nicht satt essen: die Süße ist unbeschreiblich! Im vergangenen Jahr... Aber was bin ich so ins Schwatzen gekommen?... Kommt doch zu mir, kommt recht bald; wir werden euch aber so bewirten, daß ihr es einem jeden erzählen werdet.

Bienenzüchter Panjko der Rote

Der Jahrmarkt zu Ssorotschinzy

I

> Will zu Hause nicht versauern,
> Führe mich doch aus dem Haus,
> In die Welt, wo Lärm und Braus,
> Wo die Mädchen Lieder singen,
> Wo die Burschen lustig springen.
>
> (Aus einer alten Legende)

Wie erquickend, wie herrlich ist so ein Sommertag in Kleinrußland. Wie ermattend heiß sind die Stunden, wenn der Mittag in Stille und Glut strahlt und der blaue, unermeßliche Ozean, der wie eine Kuppel von Wollust über der Erde schwebt, ganz versunken in Wonne, zu schlafen scheint, die Schöne mit seinen luftigen Armen umfangend und erdrückend! Keine Wolke steht auf ihm; kein Wort erschallt im Felde. Alles ist wie gestorben; nur oben in der Himmelstiefe zittert der Lerchensang, und die silbernen Lieder fliegen die luftigen Stufen zur verliebten Erde herab; nur ab und zu hört man den Schrei einer Möwe oder die helle Stimme einer Wachtel, die in der Steppe widerhallt. Träge und gedankenlos, wie Wandelnde ohne Ziel, stehen die in die Wolken ragenden Eichen, und die blendenden Blitze der Sonnenstrahlen entzünden auf einmal ganze Massen des malerischen Laubes und werfen auf andere einen Schatten so schwarz wie die Nacht, in dem nur bei starkem Winde goldene Funken aufleuchten. Smaragde, Topase und Saphire der ätherischen Insekten schwirren über den bunten, von stolzen Sonnenblumen überragten Gemüsegärten. Graue Heuschober und goldene Korngarben lagern wie ein Kriegsheer auf dem Felde, wie Nomaden auf seinem unermeßlichen Räume. Die unter der Last der Früchte sich beugenden breiten Äste der Kirsch-, Pflaumen-, Apfel-und Birnbäume, der Himmel und sein klarer Spiegel, der Fluß in seinem grünen, stolz erhobenen Rahmen ... wie voll Wollust und Wonne ist der kleinrussische Sommer!

In solchem Prunk glänzte einer der heißen Augusttage des Jahres achtzehnhundert ... achtzehnhundert ... ja, es werden wohl dreißig Jahre her sein, als die Straße schon zehn Werst vor dem Flecken Ssorotschinzy vom Volke wimmelte, das von allen nahen und fernen Vorwerken zum Jahrmarkt eilte. Schon seit dem frühen Morgen zogen sich in endloser Reihe die Ochsenkarren mit Salz und Fischen hin. Ganze Berge von in Heu verpackten Töpfen bewegten sich langsam und schienen sich in ihrem dunklen Kerker zu langweilen; nur hie und da guckte eine grellbemalte Schüssel oder ein Mohntopf prahlerisch aus dem hoch über den Wagen gespannten Flechtwerk hervor und zog die gerührten Blicke der Freunde von Luxus auf sich. Viele der Vorübergehenden blickten neidisch den hochgewachsenen Töpfer an, den Besitzer dieser Schätze, der seinen Waren mit langsamen Schritten folgte und seine tönernen Gecken und Koketten sorgfältig in das ihnen so verhaßte Heu einwickelte.

Abseits schleppte sich ein einsamer, von müden Ochsen gezogener, mit Säcken, Hanf, Leinwand und allerlei Hausrat beladener Wagen, dem sein Besitzer in reinem Leinenhemd und schmutziger Leinenhose folgte. Mit träger Hand wischte er sich den Schweiß ab, der in Strömen von seinem braunen Gesicht lief und sogar von seinem langen Schnurrbart tropfte, der von jenem unerbittlichen Friseur gepudert war, der ungerufen zu jeder Schönen und zu jedem Krüppel kommt und schon seit einigen Jahrtausenden das ganze menschliche Geschlecht gewaltsam pudert. Neben ihm schritt eine an den Wagen gebundene Stute, deren demütiges Aussehen von ihrem hohen Alter zeugte. Viele von den Leuten, besonders die jungen Burschen, griffen nach den Mützen, wenn sie diesen Mann einholten. Es war aber weder sein Schnurrbart noch sein würdiger Gang, was sie dazu trieb; man brauchte nur die Augen ein wenig zu heben, um den Grund dieser Hochachtung zu sehen: oben auf dem Wagen saß die hübsche Tochter mit dem runden Gesichtchen, den schwarzen Brauen, die sich wie runde Bogen über ihren heiteren braunen Augen wölbten, mit den sorglos lächelnden rosa Lippchen, mit den roten und blauen Bändern auf dem Kopfe, die zusammen mit den langen Zöpfen und einem Strauß von Feldblumen als eine reiche Krone auf ihrem entzückenden Köpfchen ruhten. Alles schien sie zu beschäftigen; alles war ihr neu und wunderbar... und die hübschen Äuglein liefen fortwährend von einem Ding zum anderen. Wie sollte sie sich auch nicht zerstreuen! Zum ersten Male auf dem Jahrmarkte! Ein achtzehnjähriges Mädchen zum ersten Male auf dem Jahrmarkte!... Aber keiner von all den Leuten, die zu Fuß und zu Wagen vorbeizogen, wußte, welche Mühe es sie gekostet hatte, beim Vater durchzusetzen, daß er sie mitnehme; er hätte es auch herzlich gern getan, wenn die böse Stiefmutter nicht wäre, die sich angewöhnt hatte, ihn ebenso geschickt zu lenken, wie er seine alte Stute, die jetzt zum Lohne für ihren langen Dienst verkauft werden sollte. Die energische Gattin... Aber wir haben vergessen, daß auch sie hoch oben auf dem Wagen thronte in einer schmucken grünwollenen Jacke, die wie Hermelin mit kleinen Schwänzchen besetzt war, nur daß diese Schwänzchen von roter Farbe waren; sie trug auch noch einen Rock, so bunt wie ein Schachbrett, und ein farbiges Häubchen aus Kattun, das ihrem roten vollen Gesicht eine besondere Würde verlieh, dem Gesicht, das zuweilen einen so unangenehmen, so wilden Ausdruck zeigte, daß jeder sich sofort beeilte, den entsetzten Blick auf das lustige Gesichtchen der Tochter zu richten.

Vor den Augen unserer Reisenden lag bereits der Psjol; schon wehte aus der Ferne eine Kühle, die nach der ermattenden, versengenden Hitze um so fühlbarer war. Durch die dunkel-und hellgrünen Blätter der auf der Wiese verstreuten Weiden, Birken und Pappeln leuchteten feurige, doch kalte Funken, und der schöne Fluß entblößte strahlend seine silberne Brust, auf die die grünen Locken der Bäume üppig herabfielen. So launisch, wie eine Schöne in den herrlichen Stunden, wenn der treue, so beneidenswerte Spiegel ihr stolzes und blendendes, strahlendes Haupt, ihre lilienweißen Schultern und den marmornen, von einer dunklen, vom blonden Kopf herabfallenden Haarflut beschatteten Hals einschließt, wenn sie verächtlich ihre Schmucksachen von sich wirft, um sie durch andere zu ersetzen, und ihre Launen kein Ende nehmen wollen, – so wechselt auch der Strom jedes Jahr seine Umgebung, wählt einen neuen Weg und umgibt sich mit neuen, abwechslungsreichen Landschaften. Die Reihen der Mühlen hoben die breiten Wellen auf ihre schweren Räder, warfen sie mächtig zurück, zerschlugen sie zu Wasserstaub und erfüllten mit diesem Staube und dem Lärm die ganze Umgebung. Der Wagen mit unseren Bekannten fuhr um diese Zeit über die Brücke, und der Fluß bot sich ihren Blicken in seiner ganzen Pracht und Größe wie ein einziges Stück Glas. Der Himmel, die grünen und blauen Wälder, die Menschen, die Wagen mit den Töpfen, die Brücken – alles stand auf einmal auf dem Kopfe und bewegte sich mit den Füßen nach oben, ohne in den blauen herrlichen Abgrund zu stürzen. Unsere Schöne wurde beim herrlichen Anblick nachdenklich und vergaß sogar, ihre Sonnenblumenkerne zu knacken, mit denen sie sich während der ganzen Fahrt mit großem Eifer beschäftigt hatte, als plötzlich die Worte: »Ei, was für ein Mädel!« an ihr Ohr schlugen. Sie wandte sich um und sah einen Haufen Burschen auf der Brücke stehen, von denen der eine, der etwas feiner gekleidet war als die anderen, einen weißen Kittel trug und eine graue Lammfellmütze aufhatte, die Hände in die Hüften gestemmt, kühn die Vorüberfahrenden ansah. Die Schöne konnte nicht umhin, sein sonnverbranntes, doch anmutiges Gesicht und seine feurigen Augen zu bemerken, die sie durchbohren wollten, und schlug die Augen nieder beim Gedanken, daß er vielleicht die Worte gesprochen, die sie gehört hatte. »Ein feines Mädel!« fuhr der Bursche im weißen Kittel fort, ohne ein Auge von ihr zu wenden. »Ich würde meine ganze Wirtschaft darum geben, wenn ich sie nur einmal küssen könnte!« Von allen Seiten erhob sich Gelächter; aber diese Begrüßung gefiel der aufgeputzten Lebensgefährtin des langsam dahinschreitenden Gemahls recht wenig; ihre roten Wangen wurden zu feuerroten, und ein Geprassel auserlesener Worte regnete auf den Kopf des lustigen Burschen herab.

»Ersticken sollst du, nichtsnutziger Barkenschlepper! Ein Topf möge deinem Vater auf den Schädel fallen! Auf dem Eise möge er ausgleiten! der verdammte Antichrist! Der Teufel möge ihm in jener Welt den Bart anbrennen!«

»Hört nur, wie die schimpft!« sagte der Bursche, sie anstarrend, gleichsam verblüfft durch eine so starke Salve unerwarteter Begrüßungen. »Wie tut bloß der hundertjährigen Hexe bei solchen Worten die Zunge nicht weh!«

»Der hundertjährigen...!« fiel die bejahrte Schöne ein. »Ruchloser, geh und wasch dich zuerst! Du unnützer Lump! Ich habe deine Mutter nie gesehen, aber ich weiß, daß auch sie nichts taugt. Auch dein Vater und deine Tante sind ein Gesindel! Der hundertjährigen!... er ist hinter den Ohren noch nicht trocken...«

In diesem Augenblick fing der Wagen an, von der Brücke herunterzufahren, und die letzten Worte waren nicht mehr zu verstehen; aber der Bursche wollte offenbar noch nicht aufhören: ohne sich lange zu besinnen, packte er einen Klumpen Schmutz und warf ihn ihr nach. Der Wurf war gelungener, als man hätte erwarten können: die ganze neue Kattunhaube wurde mit dem Schmutz bespritzt, und das Lachen der ausgelassenen Nichtstuer tönte mit doppelter Kraft. Die wohlbeleibte Kokette entbrannte vor Zorn; aber der Wagen war indessen schon ziemlich weit weggefahren, und ihre Rache wandte sich gegen die unschuldige Stieftochter und den langsamen Gatten, der, da er an solche Erscheinungen längst gewöhnt war, hartnäckiges Schweigen bewahrte und die aufrührerischen Reden der erzürnten Gattin kaltblütig hinnahm. Trotzdem knatterte und arbeitete ihre unermüdliche Zunge so lange, bis sie endlich in der Vorstadt bei ihrem alten Bekannten und Gevatter Zybulja anlangten. Die Begegnung mit dem Gevatter, den sie lange nicht mehr gesehen hatten, vertrieb für eine Zeitlang das unangenehme Erlebnis aus ihrem Sinn, indem sie unsere Reisenden veranlaßte, von dem Jahrmarkt zu sprechen und nach der langen Reise auszuruhen.

II

> Mein Gott, du lieber Gott! Was gibt
> es nicht alles auf so einem Jahrmarkt!
> Räder, Glas, Teer, Tabak, Riemen,
> Zwiebeln, Waren aller Art... und
> wenn ich auch dreißig Rubel in der
> Tasche hätte, könnte ich den ganzen
> Jahrmarkt doch nicht aufkaufen.

(Aus einem kleinrussischen Lustspiele)

Ihr habt wohl sicher einmal gehört, wie irgendwo in der Ferne ein Wasserfall herabstürzt, die ganze aufgestörte Umgebung mit Dröhnen erfüllend, so daß ein Chaos wunderlicher, unbestimmter Töne vor euch wirbelt. Nicht wahr, die gleichen Empfindungen erfassen euch plötzlich im Strudel eines ländlichen Jahrmarkts, wenn das ganze Volk zu einem einzigen Ungeheuer verschmilzt, das sich mit seinem ganzen Leibe über den Platz und die engen Gassen bewegt, schreit, tobt und johlt. Lärmen, Fluchen, Brüllen, Meckern, Blöken – alles fließt zu einem einzigen unharmonischen Geräusch zusammen. Ochsen, Säcke, Heu, Zigeuner, Töpfe, Weiber, Pfefferkuchen, Mützen – alles wirbelt in grellen, bunten unordentlichen Haufen und flimmert vor den Augen. Verschiedenstimmige Reden ertränken einander, und kein einziges Wort kann dieser Sintflut entgehen; kein einziger Schrei kann deutlich vernommen werden. Man hört nur an allen Enden und Ecken des Jahrmarkts den den Kauf besiegelnden Handschlag der Händler. Ein Wagen zerbricht, Eisen klirrt, die auf den Boden herabgeworfenen Bretter poltern, und der vom Schwindel erfaßte Kopf weiß nicht, wohin er sich wenden soll. Unser zugereister Bauer mit der schwarzbraunigen Tochter trieb sich schon lange im Gedränge herum: er trat an den einen Wagen, betastete die Waren auf einem anderen und erkundigte sich nach den Preisen; seine Gedanken drehten sich indessen ununterbrochen um die zehn Säcke Weizen und die alte Stute, die er zum Verkauf hergebracht hatte. Dem Gesicht der Tochter konnte man ansehen, daß es ihr nicht allzu angenehm war, sich zwischen den Wagen mit Mehl und Weizen herumzudrücken. Sie hätte gern dahin gewollt, wo unter leinenen Zeltdächern rote Bänder, Ohrringe, Kreuze aus Zinn und Messing und Dukaten hübsch aufgehängt waren. Aber auch hier fand sie vieles zur Beobachtung: es amüsierte sie außerordentlich, wenn ein Zigeuner und ein Bauer einander den Handschlag gaben und dabei selbst vor Schmerz schrien; wenn ein betrunkener Jude ein Bauernweib von hinten puffte; wenn die in Streit geratenen Händlerinnen einander mit Schimpfworten und Krebsen bewarfen; wenn ein Moskowiter mit der einen Hand seinen Ziegenbart streichelte und mit der anderen... Plötzlich spürte sie aber, wie sie jemand am gestickten Ärmel ihres Hemdes zupfte. Sie sah sich um, und der Bursche im weißen Kittel mit den strahlenden Augen stand vor ihr. Alle ihre Adern bebten, und ihr Herz klopfte so, wie es noch nie, bei keiner Freude und bei keinem Kummer geklopft hatte: so wunderbar und so wonnig kam es ihr vor, und sie konnte sich's nicht erklären, wie ihr geschah.

»Fürchte dich nicht, Herzchen, fürchte dich nicht!« sagte er ihr leise und ergriff ihre Hand. »Ich werde dir nichts Schlechtes sagen!«

– Vielleicht ist es auch wahr, daß du mir nichts Schlechtes sagen wirst –, dachte sich die Schöne, – aber es ist mir so wunderlich zumute... das macht gewiß der Böse! Ich weiß wohl selbst, daß es nicht recht ist, und doch habe ich nicht die Kraft, die Hand fortzuziehen. –

Der Bauer wandte sich um und wollte seiner Tochter etwas sagen, aber in diesem Augenblick hörte er plötzlich in der Nähe das Wort »Weizen«. Dieses magische Wort zwang ihn im Nu, sich zu den beiden laut sprechenden Kaufherren zu gesellen, und nichts vermochte mehr, seine auf sie gerichtete Aufmerksamkeit abzulenken. Die Kaufherren sprachen aber über den Weizen folgendermaßen.

III

Du staunst wohl über diesen Burschen:
Du findest keinen auf der Welt,
Der Schnaps so säuft, als wär' es
Wasser!

(Kotljarewskij »Äneis«)

»Du denkst also, Landsmann, daß unser Weizen keinen Käufer findet?« sprach ein Mensch, seinem Aussehen nach ein zugereister Kleinbürger aus irgendeinem Flecken, in teerbeschmutzter und fettiger Pluderhose zu einem anderen Mann, der einen blauen, stellenweise geflickten Kittel trug und eine riesengroße Beule auf der Stirn hatte.

»Da gibt es nicht viel zu denken: ich bin bereit, mir eine Schlinge um den Hals zu legen und an diesem Baume zu baumeln wie eine Wurst vor Weihnachten in der Stube, wenn wir auch nur ein Maß verkaufen.«

»Wen willst du zum Narren halten, Landsmann? Es gibt doch gar keine Zufuhr von Weizen, wir sind die einzigen«, entgegnete der Mann in der leinenen Pluderhose.

– Ihr könnt sagen, was ihr wollt –, dachte sich der Vater unserer Schönen, der sich kein Wort vom Gespräche der beiden Kaufherren entgehen ließ, – ich habe aber zehn Säcke im Vorrat. –

»Das ist es eben: wo der Teufel seine Hand im Spiel hat, kann man von einer Sache ebensoviel Nutzen erwarten wie von einem hungrigen Moskowiter«, sagte der Mann mit der Beule auf der Stirn bedeutungsvoll.

»Was für ein Teufel?« fragte der Mann in der leinenen Pluderhose.

»Hast du gehört, was die Leute sich erzählen?« fuhr der mit der Beule auf der Stirn fort, indem er ihn mit mürrischen Augen von der Seite ansah. – »Nun?«

»Nun, das ist es eben! Der Assessor – möge er sich nie mehr die Lippen nach dem herrschaftlichen Zwetschgenschnaps abwischen – hat für den Jahrmarkt einen so verdammten Ort bestimmt, daß man hier auch kein Körnchen verkaufen kann, selbst wenn man sich auf den Kopf stellt. Siehst du die alte zerfallene Scheune dort am Fuße des Berges? (Der neugierige Vater unserer Schönen rückte noch näher heran und schien ganz Ohr zu sein.) In dieser Scheune gibt es immer Teufelsspuk, und kein einziger Jahrmarkt an dieser Stelle ist ohne Unglück abgelaufen. Gestern ging der Gemeindeschreiber am späten Abend vorbei, da sah er, wie aus dem Dachfenster eine Schweineschnauze herausguckte, und sie grunzte ihn so an, daß es ihn kalt überlief. Jeden Augenblick kann der rote Kittel wieder auftauchen!«

»Was ist das für ein roter Kittel?« Hier standen aber unserem aufmerksamen Zuhörer die Haare zu Berge. Entsetzt wandte er sich um und sah, wie seine Tochter und der Bursche ruhig dastanden, sich umarmten, einander Liebeslieder sangen und alle Kittel in der Welt vergessen hatten. Das verscheuchte seine Angst und gab ihm seine frühere Sorglosigkeit wieder. »Ach so, Landsmann! Wie ich sehe, verstehst du dich aufs Umarmen! Ich aber habe erst am vierten Tage nach meiner Hochzeit gelernt, meine selige Chwessjka zu umarmen; und das auch nur dank meinem Gevatter, der es mich als Brautführer lehrte.«

Der Bursche merkte sofort, daß der Vater seiner Liebsten nicht allzu gescheit war, und er begann einen Plan auszuhecken, wie er ihn für sich gewinnen könnte.

»Du kennst mich wohl nicht, guter Mann, ich habe dich aber gleich erkannt.«

»Kann schon sein.«

»Wenn du willst, sag' ich dir deinen Vornamen und Zunamen und alles, was du willst: du heißt Ssolopij Tscherewik.«

»Stimmt, Ssolopij Tscherewik.«

»Schau mich mal gut an: erkennst du mich nicht?«

»Nein, ich erkenne dich nicht. Nimm's mir nicht übel: ich habe in meinem Leben schon so viele Fratzen gesehen, daß nur der Teufel sie alle behalten kann!«

»Dann ist es schade, daß du dich nicht an Golopupenkos Sohn erinnerst!«

»Bist du denn ein Sohn Ochrims?«

»Wer denn sonst?«

Die beiden Freunde zogen nun die Mützen, und das Küssen ging los. Der Sohn Golopupenkos beschloß sofort, ohne die Zeit zu verlieren, seinen neuen Bekannten zu übertölpeln.

»Nun, Ssolopij, wie du siehst, haben wir, ich und deine Tochter, uns so liebgewonnen, daß wir immer miteinander leben wollen.«

»Was meinst du, Paraska«, sagte Tscherewik, sich lachend an seine Tochter wendend, »soll man's vielleicht wirklich so machen, wie man so sagt, daß ihr zusammen auf dem gleichen Grase weidet? Wie? Abgemacht? Nun, mein neuer Schwiegersohn, jetzt müssen wir eins trinken!»

Und alle drei befanden sich bald in der bekannten Jahrmarktswirtschaft, unter dem Zelte der Jüdin, wo eine ganze Flotte von Flaschen, Krügen und Kruken jeder Art und jeden Alters herumstand.

»Ein tapferer Bursche! Das liebe ich!« sagte Tscherewik ein wenig angeheitert, als er sah, wie sein künftiger Schwiegersohn sich eine Kanne, die ein halbes Quart faßte, einschenkte, sie, ohne mit einer Wimper zu zucken, bis auf den Grund leerte und dann zerschlug, daß die Splitter nur so flogen. »Was sagst du dazu, Paraska? Was für einen Freier habe ich dir verschafft! Schau nur, schau, wie tapfer er säuft!...« Lachend und schwankend ging er mit ihr zu seinem Wagen zurück. Unser Bursche begab sich aber zu den Buden mit den Schnittwaren, wo selbst Kaufleute aus Gadjatsch und Mirgorod, jenen beiden berühmten Städten des Gouvernements Poltawa, ihren Handel trieben, um eine recht hübsche Holzpfeife mit schmuckem Messingbeschlag, ein rotgeblümtes Tuch und eine Mütze als Hochzeitsgeschenke für den Schwiegervater und alle anderen, denen es zukam, auszuwählen.

IV

> Wenn's auch dem Manne nicht behagt,
> Muß er, was seine Gattin sagt,
> Ihr zu Gefallen machen...

(Kotljarewskij)

»Nun, Weib, ich habe für unsere Tochter einen Bräutigam gefunden!«

»So, das ist just die richtige Zeit, um einen Bräutigam zu suchen. Ein Dummkopf bist du, und es ist dir wohl schon so beschieden, dein Lebtag so ein Dummkopf zu bleiben! Wo hast du es gesehen, wo hast du gehört, daß ein anständiger Mensch heutzutage einem Bräutigam nachläuft? Hättest du doch lieber daran gedacht, wie du deinen Weizen absetzt. Das wird wohl ein netter Bräutigam sein! Ich denke mir, der zerlumpteste aller Lumpen.«

»Warum nicht gar! Du hättest sehen sollen, was das für ein Bursche ist! Sein Kittel allein ist mehr wert als deine grüne Jacke und die roten Stiefel. Und wie tapfer er den Schnaps trinkt!... Der Teufel soll uns alle beide holen, wenn ich schon je gesehen habe, daß ein Bursche ein halbes Quart auf einen Zug leerte, ohne mit der Wimper zu zucken.«

»Ja, so ist es: jeder Säufer und Landstreicher, den du findest, ist dein Mann. Ich möchte wetten, daß es derselbe Taugenichts ist, der uns auf der Brücke zugesetzt hat. Schade, daß er mir bisher noch nicht unter die Augen gekommen ist, ich hätte's ihm schon gezeigt!«

»Und wenn es auch derselbe ist, Chiwrja, warum soll er ein Taugenichts sein?«

»Warum er ein Taugenichts ist? Ach, du hirnloser Kopf! Hast du so was gehört! Warum er ein Taugenichts ist? Wo hattest du deine närrischen Augen versteckt, als wir an den Mühlen vorbeifuhren? Man beleidigt sein Weib vor seiner mit Tabak beschmierten Nase, und das geht ihn gar nichts an.«

»Ich sehe noch immer nichts Schlimmes dabei: der Bursche ist gut! Selbst wenn er dir die Fratze für einen Augenblick mit Kot verkleistert hat.«

»Aha! Wie ich sehe, willst du mich nicht zu Worte kommen lassen! Was soll das heißen? Seit wann bist du so? Du hast wohl schon was getrunken, ohne etwas verkauft zu haben?«

Hier merkte Tscherewik selbst, daß er zu viel gesagt hatte, und bedeckte augenblicklich seinen Kopf mit den Händen, da er ohne Zweifel annehmen mußte, daß seine erzürnte Lebensgefährtin nicht säumen werde, ihm mit ihren ehelichen Krallen ins Haar zu fahren.

– Zum Teufel! Da habe ich die Hochzeit!– dachte er bei sich, indem er der gegen ihn vordringenden Gattin auswich.– So werde ich einem guten Menschen so mir nichts dir nichts absagen müssen. Du lieber Gott, was hast du uns Sündern für Plagen geschickt! Es gibt doch ohnehin so viel Mist in der Welt, und da hast du auch noch die Weiber erschaffen. –

V

Bück dich nicht, du Ahornbaum,
Solange du noch grün bist;
Klage nicht, du junger Bursch,
Solange du noch jung bist!

(Kleinrussisches Lied)

Zerstreut blickte der Bursche im weißen Kittel, neben seinem Wagen sitzend, auf das dumpf um ihn herum brausende Volk. Die müde Sonne verließ die Welt, nachdem sie den ganzen Morgen und Mittag gebrannt hatte, und der erlöschende Tag schminkte sich verführerisch in ein flammendes Rot. Blendend leuchteten die Spitzen der weißen Zelte und Buden, von einem kaum merkbaren feurig rosigen Schein übergossen. Die Scheiben der zu einem Haufen aufgeschichteten Fensterrahmen glühten; die grünen Flaschen und Gläser auf den Tischen der Schenkwirtinnen verwandelten sich in Feuer; die zu Bergen aufgehäuften Melonen, Wassermelonen und Kürbisse schienen aus Gold und dunklem Kupfer gegossen. Der Lärm nahm ab und wurde merklich dumpfer, und die müden Zungen der Händlerinnen, Bauern und Zigeuner regten sich immer träger und langsamer. Hier und da glomm ein Feuerchen auf, und der wohlduftende Dampf von gekochten Klößen schwebte über die stiller werdenden Straßen.

»Was bist du so traurig, Grizko?« rief ein langer, sonnverbrannter Zigeuner, indem er unseren Burschen auf die Schulter schlug. »Laß mir doch die Ochsen für zwanzig!«

»Du denkst nur an die Ochsen. Euer Volk denkt nur an Vorteile und wie ihr einen anständigen Menschen beschummeln und übers Ohr hauen könnt.«

»Pfui Teufel! Du bist ganz verrückt! Kommt das vielleicht aus Ärger, daß du dir selber eine Braut angehängt hast?«

»Nein, das ist nicht meine Art: ich halte mein Wort. Was ich einmal abgemacht habe, bleibt in Ewigkeit. Aber dieser alte Tscherewik hat wohl nicht für einen halben Heller Gewissen: erst hat er es versprochen und tritt dann zurück... Aber ihm kann man keine Vorwürfe machen: er ist nur ein Holzklotz. Das sind lauter Geschichten der alten Hexe, die wir Burschen heute auf der Brücke ordentlich ausgeschimpft haben! Ach, wenn ich ein Zar oder ein großmächtiger Herr wäre, so ließe ich selbst alle die Dummköpfe aufhängen, die sich von den Weibern satteln lassen...«

»Wirst du mir die Ochsen für zwanzig lassen, wenn wir den Tscherewik dazu bringen, daß er dir die Paraska gibt?«

Grizko sah ihn erstaunt an. In den braunen Zügen des Zigeuners lag etwas Boshaftes, Bissiges, Niedriges, zugleich aber Hochmütiges: jedermann, der ihn anblickte, mußte zugeben, daß in dieser wunderlichen Seele auch große Tugenden brodelten, für die es aber nur einen Lohn auf Erden gibt – den Galgen. Der zwischen der Nase und dem spitzen Kinn völlig eingefallene Mund, auf dem ständig ein giftiges Lächeln spielte, kleine, aber feurig lebhafte Augen und die in diesem Gesicht ständig wechselnden Blitze von Plänen und Unternehmungen – das alles schien eine eigentümliche, ebenso wunderliche Kleidung zu erfordern, die er auch wirklich anhatte. Dieser dunkelbraune Rock, der wohl bei der geringsten Berührung zu Staub zerfallen würde; lange, zottige, über die Schultern fallende Haare; die Schuhe, die er an den nackten braunen Füßen trug – alles schien mit ihm verwachsen zu sein und seine Natur auszumachen.

»Ich lasse sie dir nicht nur für zwanzig, sondern auch für fünfzehn, wenn du mich nur nicht belügst!« antwortete der Bursche, ohne die prüfenden Augen von ihm zu wenden.

»Für fünfzehn? Gut! Paß auf, vergiß es nicht: für fünfzehn! Da hast du einen blauen Lappen Anzahlung!«

»Und wenn du mich belügst?«

»Wenn ich dich belüge, so gehört die Anzahlung dir.«

»Gut, schlag ein!«

»Abgemacht!«

VI

Dieses Unglück: da kommt Roman, um mich durchzuwalken, und auch Ihr, Pan Choma, werdet nicht ohne Schläge davonkommen.

(Aus einem kleinrussischen Lustspiele)

»Hierher, Afanassij Iwanowitsch! Hier ist der Zaun etwas niedriger, hebt den Fuß und habt keine Angst: mein alter Narr schläft mit dem Gevatter heute nacht unter dem Wagen, damit ihm die Moskowiter nichts stibitzen.«

So ermutigte Tscherewiks strenge Gemahlin mit freundlichen Worten einen Popensohn, der ängstlich am Zaune klebte. Bald stieg er auf den Zaun und blieb oben unschlüssig wie ein langes, schreckliches Gespenst stehen, mit den Augen prüfend, wo es am besten wäre, hinunterzuspringen; schließlich polterte er ins Unkraut hinunter.

»Dieses Unglück! Habt Ihr Euch nicht wehgetan, habt Ihr Euch nicht, Gott behüte, den Hals gebrochen?« stammelte Chiwrja besorgt.

»Pst! Es ist nichts, es ist nichts, liebste Chawronja Nikiforowna!« flüsterte der Popensohn schmerzvoll, auf die Füße springend. »Abgesehen von den Bissen der Nesseln, dieser schlangenähnlichen Kräuter, wie sich der selige Protopope auszudrücken pflegte.«

»Kommt jetzt in die Stube, es ist niemand da. Ich hatte schon geglaubt, Afanassij Iwanowitsch, daß Ihr eine Beule oder Leibschmerzen habt; so lange habt Ihr Euch nicht sehen lassen. Wie geht es Euch? Ich habe gehört, daß Euer Herr Vater allerlei schöne Sachen bekommen hat!«

»Nicht der Rede wert, Chawronja Nikiforowna. Väterchen hat während der ganzen Fastenzeit nur an die fünfzehn Sack Sommergetreide, vier Sack Hirse und an die hundert Brote bekommen; wenn ich aber die Hühner zusammenzähle, so werden es auch keine fünfzig Stück sein; und die Eier sind zum größten Teil faul. Aber die wahrhaft süßen Gaben werde ich, bildlich gesprochen, einzig von Euch bekommen, Chawronja Nikiforowna!« fuhr der Popensohn fort, sie gerührt anblickend und näher heranrückend.

»Da habt Ihr eine Gabe, Afanassij Iwanowitsch!« sagte sie, indem sie die Schüsseln auf den Tisch setzte und geziert ihre Jacke zuknöpfte, als ob sie sie gar nicht absichtlich aufgeknöpft hätte: »Da sind Quarkkuchen, Klöße aus Weizenmehl, Krapfen und Fischklöße!«

»Ich möchte wetten, daß alldies von den geschicktesten Händen aus Evas Geschlecht zubereitet ist!« sagte der Popensohn, indem er sich an die Fischklöße machte und mit der anderen Hand die Krapfen an sich heranzog. »Aber, Chawronja Nikiforowna, mein Herz erwartet von Euch eine süßere Speise als alle diese Krapfen und Klöße.«

»Ich weiß wirklich nicht, was Ihr noch für eine Speise wollt, Afanassij Iwanowitsch!« antwortete die wohlbeleibte Schöne, die sich so stellte, als verstünde sie nichts.

»Selbstverständlich Eure Liebe, unvergleichliche Chawronja Nikiforowna!« flüsterte der Popensohn, in der einen Hand einen Quarkkuchen haltend und mit der anderen ihre breiten Hüften umschlingend.

»Was fällt Euch ein, Afanassij Iwanowitsch!« sagte Chiwrja, die Augen schamhaft senkend. »Ihr werdet vielleicht gar noch zu küssen anfangen!«

»Was dies betrifft, so will ich Euch etwas, wenn auch nur von mir selbst, erzählen«, fuhr der Popensohn fort: »Als ich beispielsweise noch im Seminar war, ich erinnere mich noch, als wäre es heute geschehen...« Aber in diesem Augenblick tönte vom Hofe her Hundegebell und ein Klopfen ans Tor. Chiwrja lief schnell hinaus und kam ganz blaß zurück.

»Afanassij Iwanowitsch, da sind wir hereingefallen: ein ganzer Haufe Menschen klopft ans Tor, und auch die Stimme des Gevatters glaube ich darunter zu hören...«

Der Quarkkuchen blieb dem Popensohn in der Kehle stecken... Er glotzte so mit den Augen, als hätte er eben einen Besuch von einem Gast aus der anderen Welt bekommen.

»Kriecht da hinauf!« schrie die erschrockene Chiwrja und zeigte auf die Bretter, die dicht unter der Decke auf zwei Balken lagen und auf denen allerlei Gerümpel aufgehäuft war.

Die Gefahr gab unserem Helden Mut. nachdem er ein wenig zu sich gekommen war, sprang er auf den Ofen und kroch von dort vorsichtig auf die Bretter; Chiwrja aber lief ganz außer sich zum Tor, denn das Klopfen wiederholte sich mit größerer Kraft und Ungeduld.

VII

Das ist ja ein blaues Wunder,
werter Herr!

(Aus einem kleinrussischen Lustspiele)

Auf dem Jahrmarkte hatte sich etwas Sonderbares zugetragen: überall war das Gerücht aufgekommen, daß irgendwo zwischen den Waren der rote Kittel aufgetaucht wäre. Einer Alten, welche Brezeln verkaufte, war der Satan in Gestalt eines Schweines erschienen, das sich ständig über die Wagen beugte, als suche es etwas. Dieses Gerücht verbreitete sich schnell an allen Ecken und Enden des nun ruhenden Lagers, und alle hielten es für ein Verbrechen, nicht daran zu glauben, obwohl die Brezelverkäuferin, deren wandernder Laden sich neben der Bude der Schenkwirtin befand, den ganzen Tag über ohne jeden Grund Verbeugungen gemacht und mit den Füßen Figuren beschrieben hatte, die an ihre leckere Ware erinnerten. Hierzu gesellten sich noch übertriebene Nachrichten von dem Wunder, das der Gemeindeschreiber in der eingefallenen Scheune gesehen hatte, so daß bei Anbruch der Nacht alle Leute sich enger aneinander drängten; die Ruhe war gestört, und die Furcht hinderte einen jeden, die Augen zu schließen; diejenigen aber, die nicht zu den Tapferen gehörten und ein Nachtlager in Wohnungen hatten, begaben sich dorthin. Unter den letzteren befand sich auch Tscherewik mit seinem Gevatter und der Tochter; mit den Gästen, die sich ihnen aufgedrängt hatten, machten sie den großen Lärm, der unsere Chiwrja so sehr erschreckte. Der Gevatter war schon etwas angetrunken. Das konnte man daraus ersehen, daß er mit seinem Wagen zweimal um den Hof herumfuhr, ehe er das Haus fand. Auch die Gäste waren alle in bester Laune und traten ganz ohne Umstände noch vor dem Wirt in die Stube. Die Gattin unseres Tscherewik saß wie auf Nadeln, als sie anfingen, in allen Ecken der Stube umherzuscharren.

»Nun, Gevatterin«, schrie der eintretende Gevatter, »schüttelt dich noch immer kein Fieber?«

»Ja, es ist mir nicht ganz wohl«, antwortete Chiwrja, unruhig zu den Brettern hinaufblickend, die unter der Decke lagen.

»Frau, hol mal vom Wagen das Fäßchen!« sagte der Gevatter zu seinem Weib, das mit ihm gekommen war. »Wir wollen mit den guten Menschen eins trinken, denn die verdammten Weiber haben uns solche Angst gemacht, daß es eine Schande ist. Bei Gott, Brüder, wir haben gar keinen Grund gehabt, heimzufahren!« fuhr er fort, aus einem irdenen Becher trinkend. »Ich setze meine neue Mütze zum Pfand, daß die Weiber sich über uns nur lustig gemacht haben. Und wenn es selbst der Satan wäre – was ist der Satan? Spuckt ihm auf den Kopf! Wenn er jetzt in diesem Augenblick hier erscheint, zum Beispiel vor mir, so will ich ein Hundesohn sein, wenn ich ihm nicht eine Feige zeige!«

»Warum bist du dann plötzlich ganz blaß geworden?« schrie einer der Gäste, der alle um einen Kopf überragte und immer den Tapferen spielte.

»Ich?...Gott sei mit euch! Ihr träumt wohl?«

Die Gäste lächelten; ein zufriedenes Lächeln zeigte sich auf dem Gesichte des redseligen Helden.

»Wie sollte er jetzt blaß werden!« fiel ein anderer ein. »Seine Wangen blühen wie Mohn; jetzt ist er keine Zybulja (Zwiebel) mehr, sondern eine rote Rübe, oder richtiger – der rote Kittel selbst, der die Leute so erschreckt hat.«

Das Fäßchen rollte über den Tisch und stimmte die Gäste noch lustiger. Nun machte sich unser Tscherewik, den der rote Kittel schon längst quälte, so daß sein neugieriger Geist für keinen Augenblick Ruhe fand, an den Gevatter heran.

»Sei so gut, Gevatter, erzähle es! Ich bitte immer und kann es doch nicht erleben, daß ich die Geschichte von diesem verdammten Kittel zu hören bekomme.«

»Ach, Gevatter! Eigentlich darf man so was nicht bei Nacht erzählen; höchstens um dir und den guten Leuten (er wandte sich dabei an die Gäste), die, wie ich sehe, ebenso gern wie du von diesem

Wunder hören wollen, einen Gefallen zu tun. Es sei. Hört also zu!«

Er kratzte sich die Schultern, wischte sich das Gesicht mit dem Rockschoß ab, legte beide Hände auf den Tisch und begann:

»Einmal wurde ein Teufel, ich weiß bei Gott nicht, für welche Schuld, aus der Hölle gejagt...«

»Wie ist es möglich, Gevatter,« unterbrach ihn Tscherewik, »daß man einen Teufel aus der Hölle gejagt hat?«

»Was soll ich machen, Gevatter! Man hat ihn eben hinausgejagt, einfach hinausgejagt, wie ein Bauer seinen Hund aus der Stube jagt. Vielleicht war ihm einmal der verrückte Gedanke gekommen, eine gute Tat zu tun; also wies man ihm die Tür. Nun hatte der arme Teufel solches Heimweh nach der Hölle, daß er sich hätte erhängen können. Was war da zumachen? Vor Kummer fing er zu trinken an. Er setzte sich in jener Scheune fest, die du dort am Fuße des Berges gesehen hast und an der jetzt kein guter Mensch vorübergeht, ohne vorher das Zeichen des Kreuzes zu machen, und wurde zu so einem Säufer, wie man ihn selbst unter den Burschen nicht findet: vom Morgen bis zum Abend sitzt er in der Schenke!...«

Der strenge Tscherewik unterbrach hier wieder unseren Erzähler:

»Gott weiß, was du sagst, Gevatter! Wie ist es möglich, daß jemand den Teufel in die Schenke hineinläßt? Er hat doch, Gott sei Dank, Krallen an den Pfoten und Hörnchen auf dem Kopfe.«

»Das ist es eben, daß er eine Mütze und Handschuhe anhatte. Wer kann ihn da erkennen? Er bummelte so lange, bis er alles versoff, was er bei sich hatte. Der Schenkwirt gab ihm lange auf Borg, hörte dann aber damit auf. So mußte der Teufel seinen roten Kittel fast um ein Drittel des Preises beim Juden verpfänden, der damals auf dem Jahrmarkte von Ssorotschinzy Branntwein ausschenkte. Er versetzte den Kittel und sagte zum Juden: ›Paß auf, Jud', wenn ein Jahr um ist, komme ich wieder, um den Kittel zu holen: heb ihn gut auf!‹ Und er verschwand, wie in die Erde gesunken. Der Jude sah sich den Kittel an: das Tuch war so fein, wie man es nicht mal in Mirgorod finden kann, und die rote Farbe leuchtete wie Feuer, so daß man sich gar nicht satt sehen konnte. Dem Juden kam es langweilig vor, auf die festgesetzte Zeit zu warten. Er kratzte sich an den Schläfenlocken und verkaufte den Kittel einem vorbeifahrenden Pan fast für ganze fünf Dukaten. An den Termin dachte der Jude nicht mehr. Aber eines Abends kam zu ihm ein Mann. ›Nun, Jud', gib mir meinen Kittel wieder!‹ Der Jude erkannte ihn anfangs nicht, und nachher, als er ihn erkannte, tat er so, als hätte er ihn nie gesehen. ›Was für einen Kittel? Ich habe gar keinen Kittel! Ich weiß nichts von deinem Kittel!‹ Jener zog ab. Aber am Abend, als der Jude seine Bude geschlossen und sein Geld in den Truhen gezählt hatte, als er sich ein Laken umwarf und anfing, auf Judenart zu Gott zu beten, hörte er plötzlich ein Geräusch... Und er sieht: aus jedem Fenster blickt eine Schweineschnauze herein...«

In diesem Augenblick ertönte wirklich ein unbestimmtes Geräusch, das ähnlich wie Schweinegrunzen klang; alle erbleichten... Der Schweiß trat dem Erzähler in die Stirn.

»Was ist denn?« fragte Tscherewik erschrocken.

»Nichts!...« antwortete der Gevatter, am ganzen Körper zitternd.

»Wie?« fragte einer der Gäste.

»Hast du was gesagt?...«

»Nein!« – »Wer hat denn gegrunzt?«

»Gott weiß, warum wir uns so aufregen! Es ist doch nichts!«

Alle fingen an, sich ängstlich umzusehen und in den Ecken herumzuscharren. Chiwrja war vor Schreck mehr tot als lebendig. »Ach, ihr Weibsbilder!« sagte sie laut, »ihr wollt noch Kosaken und Männer sein! Euch müßte man Spindeln und Flachskämme in die Hand geben! Einer hat vielleicht, Gott behüte, was verbrochen... oder unter jemand hat vielleicht eine Bank geknarrt, und ihr seid gleich aufgefahren wie Verrückte!«

Diese Worte beschämten unsere Helden und gaben ihnen Mut. Der Gevatter trank einen Schluck aus seinem Becher und erzählte weiter: »Der Jude erstarrte vor Schreck; aber die Schweine krochen mit ihren stelzenlangen Beinen durch die Fenster herein und machten den Juden mit dreimal geflochtenen Peitschen wieder lebendig und zwangen ihn, höher als bis zu diesem Balken zu springen. Der Jude fiel in die Knie und gestand alles... Aber den Kittel konnte niemand zurückgeben. Ein Zigeuner hatte den Pan unterwegs bestohlen und den Kittel einer Händlerin verkauft; jene brachte ihn wieder auf den Jahrmarkt von Ssorotschinzy, aber seit jener Zeit wollte niemand was bei ihr kaufen. Die Händlerin wunderte sich lange und merkte endlich, daß der rote Kittel an allem schuld war; nicht umsonst hatte sie, als sie ihn anzog, gefühlt, daß sie etwas drückte. Ohne lange nachzudenken, warf sie ihn ins Feuer – aber das teuflische Gewand wollte nicht brennen!... ›Das ist ja ein Geschenk des Teufels!‹ Die Händlerin kam auf den Einfall, den Kittel einem Bauern zuzustecken, der mit Butter zum Jahrmarkt fuhr. Der Dummkopf freute sich darüber, aber seine Butter wollte ihm niemand abnehmen.

›Das war gewiß eine böse Hand, die mir den Kittel zugesteckt hat!‹ Er nahm die Axt und hieb den Kittel in Stücke; aber sieh – ein Stück kriecht zum anderen, und der Kittel ist wieder ganz! Nun bekreuzigte er sich, hieb mit der Axt zum zweiten Male drein, warf die Stücke über den ganzen Platz und fuhr heim. Seit jener Zeit geht der Teufel mit der Schweineschnauze jedes Jahr, gerade zur Zeit des Jahrmarkts, über den Platz, grunzt und sucht die Stücke seines Kittels zusammen. Man sagt, daß ihm jetzt nur noch der linke Ärmel fehle. Die Leute hüten sich seit jener Zeit vor jenem Orte, und es sind bald zehn Jahre her, daß dort kein Jahrmarkt mehr gewesen ist. Jetzt mußte der Teufel den Assessor reiten, daß er den Jahr...«

Die andere Hälfte des Wortes erstarb dem Erzähler auf den Lippen: das Fenster krachte, die Scheiben sprangen klirrend heraus, und eine schreckliche Schweinefratze guckte herein, die Augen rollend, als wollte sie fragen:»Und was treibt ihr hier, ihr guten Leute?«

VIII

...Er zittert wie ein feiger Hase
Und zieht den Schwanz ein
wie ein Hund,
Der Tabak quillt ihm aus der Nase.

(Kotljarewskij »Äneis«)

Entsetzen lähmte alle, die in der Stube waren. Der Gevatter erstarrte mit offenem Munde zu Stein; seine Augen traten so weit aus den Höhlen, als ob sie schießen wollten; die gespreizten Finger ragten unbeweglich in die Luft. Der lange Held sprang in unüberwindlicher Angst zur Decke und stieß mit dem Kopf gegen den Balken; die Bretter verschoben sich, und der Popensohn stürzte mit Donnergepolter zu Boden.

»Au! Au! Au!« schrie einer verzweifelt, entsetzt auf die Bank stürzend und mit den Armen und Beinen zappelnd.

»Hilfe!« schrie ein anderer, indem er sich mit einem Schafspelz bedeckte.

Der Gevatter, den dieser zweite Schreck aus der Erstarrung gerissen hatte, versteckte sich krampfhaft unter den Rock seiner Gattin. Der lange Held kroch in den Ofen und schlug selbst die Klappe hinter sich zu. Tscherewik sprang wie mit heißem Wasser begossen auf, stülpte sich statt einer Mütze einen Topf über den Kopf, stürzte zur Tür und rannte wie wahnsinnig durch die Straßen, ohne den Boden unter den Füßen zu fühlen; erst die Ermüdung zwang ihn, den schnellen Lauf zu verlangsamen. Sein Herz klopfte wie eine Stampfmühle; der Schweiß lief ihm in Strömen vom Gesicht. Er war schon bereit, vor Erschöpfung umzufallen, als es ihm plötzlich vorkam, als liefe ihm jemand nach... Sein Atem stockte...

»Der Teufel! Der Teufel!« schrie er, seine Kräfte verdreifachend, und einen Augenblick später fiel er, fast besinnungslos, zu Boden.

»Der Teufel! Der Teufel!« schrie es hinter ihm her, und er hörte noch, wie etwas mit großem Lärm gegen ihn losstürzte. Hier schwand sein Bewußtsein, und er blieb wie der schreckliche Bewohner eines engen Sarges stumm und regungslos mitten auf der Straße liegen.

IX

Vorne geht es noch, aber hinten ist es,
bei Gott, der Teufel!

(Aus einem Volksmärchen)

»Hörst du, Wlas?« sagte einer aus der Schar, die im Freien übernachtete, aus dem Schlafe auffahrend. »Neben uns hat eben jemand den Teufel genannt!«

»Was geht es mich an?« brummte der Zigeuner, der neben ihm lag, und streckte sich. »Von mir aus könnte er auch dessen ganze Sippe erwähnen!«

»Er schrie aber so, als ob ihn jemand würgte!«

»Der Mensch kann sich im Schlafe alles einbilden!«

»Kannst sagen, was du willst, man muß doch nachschauen. Mach mal Feuer!«

Der andere Zigeuner stand brummend auf, beleuchtete sich zweimal mit Funken wie mit Blitzen, blies den Zunder mit dem Munde an und machte sich auf den Weg mit seiner Lampe – der gewöhnlichen kleinrussischen Lampe, die aus einem mit Hammeltalg gefüllten Topfscherben besteht – vor sich herleuchtend.

»Halt! Hier liegt etwas. Leuchte her!«

Zu ihnen gesellten sich noch einige Menschen.

»Was liegt da, Wlas?«

»Es sieht so aus, als ob es zwei Menschen wären, der eine oben, der andere unten. Wer von beiden der Teufel ist, kann ich nicht erkennen!«

»Wer liegt denn oben?«

»Ein Weib!«

»Dies ist eben der Teufel!«

Ein allgemeines Gelächter weckte fast die ganze Straße.

»Ein Weib ist auf den Mann gestiegen, das Weib wird wohl wissen, wie man reitet!« sagte einer aus der Menge.

»Schaut nur, Brüder!« sagte ein anderer, einen Scherben von dem Topfe aufhebend, von dem nur noch eine Hälfte auf dem Kopfe Tscherewiks geblieben war. »Was für eine Mütze sich der Bursch aufgesetzt hat!«

Der anwachsende Lärm und das Lachen riefen unsere Toten ins Leben zurück: es waren Ssolopij und dessen Gattin, die von der eben ausgestandenen Angst noch erfüllt, lange und entsetzt mit starren Augen auf die braunen Gesichter der Zigeuner blickten. Von dem unsicher flackernden Lichte erhellt, erschienen diese wie ein Heer von Gnomen, in der Dunkelheit der tiefsten Nacht von schweren unterirdischen Dämpfen umschwebt.

X

Verschwinde, Blendwerk des Satans!

(Aus einem kleinrussischen Lustspiele)

Die Kühle des Morgens wehte über dem erwachten Ssorotschinzy. Aus allen Schornsteinen stiegen Rauchwolken der aufgehenden Sonne entgegen. Der Jahrmarkt brauste. Schafe blökten, Pferde wieherten; das Schnattern der Gänse und der Händlerinnen zog über das ganze Lager, und das schreckliche Gerede vom roten Kittel, das dem Volke in der geheimnisvollen Stunde der Dämmerung solche Angst gemacht hatte, verschwand mit dem Anbruch des Morgens.

Gähnend und sich streckend schlummerte Tscherewik in der strohgedeckten Scheune des Gevatters, zwischen den Ochsen, Mehl-und Weizensäcken; er schien gar keinen Wunsch zu haben, sich von seinen Träumen zu trennen, als er plötzlich eine Stimme vernahm, die ihm ebenso bekannt vorkam wie die Zufluchtsstätte seiner Faulheit – der gesegnete Ofen seiner Stube oder wie die einer entfernten Verwandten gehörende Schenke, die sich keine zehn Schritt von seiner Schwelle befand.

»Steh auf, steh auf!« schrie ihm die zärtliche Gattin ins Ohr, indem sie ihn aus aller Kraft am Arm zerrte.

Tscherewik blähte, statt zu antworten, die Backen auf und fuchtelte mit den Armen, als ob er trommeln wollte.

»Verrückter!« schrie sie, dem Schwunge seiner Hand ausweichend, mit dem er sie beinahe getroffen hätte.

Tscherewik erhob sich, rieb sich die Augen und sah sich um.

»Hol' mich der Teufel, wenn mir deine Fratze nicht wie eine Trommel vorkam, auf der ich wie ein Soldat den Zapfenstreich schlagen mußte, von denselben Schweinefratzen gezwungen, von denen der Gevatter erzählt hat...«

»Hör auf, hör auf, dummes Zeug zu schwatzen! Geh, führ die Stute endlich zum Verkauf. Die Leute müssen ja wirklich über uns lachen: wir sind zum Jahrmarkt gekommen und haben noch keine Handvoll Hanf verkauft...«

»Wie kann ich hingehen, Frau?« fiel ihr Ssolopij ins Wort. »Man wird uns jetzt nur auslachen.«

»Geh, geh! Man lacht auch ohnehin über dich!«

»Du siehst doch, daß ich mich noch nicht gewaschen habe«, fuhr Tscherewik fort, gähnend und sich den Rücken kratzend; er bemühte sich, etwas Zeit für seine Faulheit zu gewinnen.

»So ungelegen ist dir jetzt der Einfall gekommen, auf Reinlichkeit zu achten! Wann denkst du sonst daran? Da ist ein Handtuch, wisch dir deine Larve ab.«

Sie ergriff etwas, das zu einem Knäuel zusammengerollt lag und schleuderte es entsetzt von sich: es war ein Aufschlag des roten Kittels!

»Geh, geh an deine Sache«, wiederholte sie, sich beherrschend, als sie sah, daß ihr Gatte vor Angst kein Bein rühren konnte und mit den Zähnen klapperte.

»Das wird jetzt ein gutes Geschäft sein!« brummte er vor sich hin, indem er die Stute losband und auf den Marktplatz führte. »Nicht umsonst war es mir, als ich zu diesem verdammten Jahrmarkt fuhr, so schwer ums Herz, als hätte mir jemand eine krepierte Kuh auf den Buckel geladen; auch wollten die Ochsen unterwegs von selbst zweimal umkehren. Ich glaube gar, wir sind auch an einem Montag abgefahren. Daher kommt das ganze Übel!... Auch dieser verdammte Teufel ist mir zu unruhig: er könnte doch wirklich den Kittel ohne einen Ärmel tragen: aber er muß den Leuten keine Ruhe gönnen. Wäre ich beispielsweise ein Teufel – Gott möge es verhüten –, würde es mir da einfallen, nachts den verdammten Fetzen nachzulaufen?« Das Philosophieren unseres Tscherewik wurde hier durch eine laute und schrille Stimme unterbrochen. Vor ihm stand ein langer Zigeuner.

»Was verkaufst du, guter Mann?«

Der Verkäufer schwieg eine Weile, maß den Zigeuner vom Kopf bis zu den Füßen und sagte dann mit ruhiger Miene, ohne stehenzubleiben und ohne die Zügel aus der Hand zu lassen: »Du siehst doch selbst, was ich verkaufe!«

»Riemen?« fragte der Zigeuner mit einem Blick auf die Zügel in Tscherewiks Hand.

»Ja, Riemen, wenn eine Stute einem Riemen ähnlich sieht.«

»Hol's der Teufel, Landsmann, du hast sie wohl mit Stroh gefüttert!«

»Mit Stroh?«

Tscherewik wollte die Zügel anziehen, um seine Stute zu zeigen und den schamlosen Verleumder Lügen zu strafen; aber seine Hand fuhr ihm mit ungewöhnlicher Leichtigkeit ans Kinn. Er blickte hin und sah die durchschnittenen Zügel, und an die Zügel gebunden – o Grauen! seine Haare standen ihm zu Berge – ein Stück vom Ärmel des roten Kittels!... Er spuckte aus und lief, sich bekreuzigend und mit den Armen fuchtelnd, von dieser unerwarteten Bescherung fort und verschwand flinker als ein junger Bursche in der Menge.

XI

Für mein Getreide krieg' ich auch
noch Prügel.

(Sprichwort)

»Faßt ihn! Faßt ihn!« schrien einige Burschen am schmalen Ende der Straße, und Tscherewik fühlte sich plötzlich von kräftigen Händen gepackt.

»Bindet ihn! Es ist derselbe, der dem guten Mann die Stute gestohlen hat.«

»Gott mit euch! Warum bindet ihr mich?«

»Er fragt noch! Warum hast du aber einem zugereisten Bauern, Tscherewik, die Stute gestohlen?«

»Ihr seid von Sinnen, Burschen! Wo hat man je gesehen, daß ein Mensch sich selbst bestiehlt?«

»Alte Scherze! Alte Scherze! Warum bist du dann so gerannt, als wäre dir der Satan selbst auf den Fersen?«

»Man muß wohl laufen, wenn so ein Satanskittel...«

»He, Liebster, das kannst du anderen vorlügen. Du wirst jetzt vom Assessor was Schönes erleben, damit du die Leute nicht mehr mit Teufelsgeschichten erschreckst.«

»Faßt ihn! Faßt ihn!« ertönte ein Geschrei am anderen Ende der Straße. »Da ist er, der Flüchtling!«

Unser Tscherewik erblickte seinen Gevatter im jämmerlichsten Zustande, die Hände im Rücken gebunden und von einigen Burschen geführt.

»Wunder über Wunder!« sagte einer von diesen. »Ihr hättet nur hören sollen, was dieser Spitzbube erzählt, dem man gleich auf den ersten Blick den Dieb ansieht. Als man ihn fragte, warum er wie wahnsinnig rannte, sagte er: ›Als ich die Hand in die Tasche steckte, um eine Prise zu nehmen, zog ich statt der Dose ein Stück von dem teuflischen Kittel heraus, das gleich rot aufflammte.‹ Deshalb sei er davongerannt!«

»He, he! Es sind zwei Vögel aus dem gleichen Nest! Man binde sie zusammen.«

XII

»Was habe ich verbrochen, liebe Leute?
Was glotzt ihr so?« sprach unser Junger Mann.
»Was faßt ihr mich wie einen Schurken an?«
Und Tränen liefen über seine Wangen,
Dieweil sich Seufzer seiner Brust Entrangen.

(Artemowskij-Gulak »Herr und Hund«)

»Hast du vielleicht wirklich was stibitzt, Gevatter?« fragte Tscherewik, mit seinem Gevatter gebunden unter einem Strohdache liegend.

»Auch du kommst mir damit, Gevatter! Hände und Füße sollen mir verdorren, wenn ich je etwas gestohlen habe, außer den Quarkkuchen mit Sahne bei meiner Mutter, und auch das, als ich erst zehn Jahre alt war.«

»Wofür trifft uns denn diese Strafe? Dir geht es noch nicht so schlecht: dich beschuldigt man wenigstens, du hättest wen anders bestohlen; aber mich Unseligen verleumdet man, ich hätte mir selbst eine Stute stibitzt. Es ist uns wohl beiden beschieden, kein Glück im Leben zu haben, Gevatter!«

»Wehe uns armen Waisen!«

Die beiden Gevattern fingen an, laut zu schluchzen.

»Was ist mit dir los, Ssolopij?« fragte Grizko, der in diesem Augenblick eintrat. »Wer hat dich gebunden?«

»Ach, Golopupenko, Golopupenko!« schrie Ssolopij erfreut. »Gevatter, das ist der Bursch, von dem ich dir erzählte. Ist das ein tapferer Kerl! Gott soll mich hier auf der Stelle erschlagen, wenn er nicht vor meinen Augen einen Krug, fast so groß wie dein Kopf, auf einen Zug austrank und dabei mit keiner Wimper zuckte!«

»Warum hast du dann einem so vortrefflichen Burschen nicht den Gefallen getan, Gevatter?«

»Nun siehst du es«, fuhr Tscherewik fort, sich an Grizko wendend, »Gott hat mich wohl dafür gestraft, daß ich mich an dir vergangen habe. Vergib mir, guter Mann! Bei Gott, ich möchte für dich alles tun... Aber was kann ich machen? In meiner Alten sitzt der Teufel.«

»Ich trage nicht nach, Ssolopij! Wenn du willst, befreie ich dich!«

Er winkte den Burschen, und die gleichen Burschen, die Ssolopij bewacht hatten, eilten, ihn loszubinden.

»Dafür machst auch du, was sich gehört: eine Hochzeit! Und wir wollen so lustig sein, daß hinterher ein Jahr lang die Füße vom Tanzen wehtun!«

»Gut! Das ist gut!« sagte Ssolopij und schlug die Hände zusammen. »Es ist mir jetzt so froh zumute, als hätten mir die Moskowiter meine Alte entführt! Was gibt's da noch viel zu denken! Ob's recht ist oder nicht, wir feiern heute noch die Hochzeit, und die Sache hat ein Ende!«

»Paß auf, Ssolopij, in einer Stunde bin ich bei dir; jetzt aber geh heim, dort erwarten dich Leute, die dir die Stute und den Weizen abkaufen wollen!«

»Wie, ist denn die Stute wieder da?«

»Ja, sie ist wieder da!«

Tscherewik erstarrte vor Freude und blickte dem fortgehenden Grizko nach.

»Nun, Grizko, haben wir unsere Sache vielleicht schlecht gemacht?« fragte der lange Zigeuner den eilenden Burschen.

»Die Ochsen sind jetzt doch mein?«

»Sie sind dein, sie sind dein!«

XIII

> Fürchte dich nicht, Mütterchen
> Zieh die roten Schuhe an.
> Tritt die Feinde
> Mit den Füßen,
> Daß die Eisen
> Laut erklirren!
> Daß die Feinde
> Schweigen, schweigen!
>
> (Hochzeitslied)

Das hübsche Kinn auf den Ellenbogen gestützt, saß Paraska nachdenklich allein in der Stube. Viele Träume umschwebten ihren blonden Kopf. Ab und zu glitt ein leichtes Lächeln über ihre roten Lippen, und ein freudiges Gefühl hob ihre dunklen Brauen in die Höhe; manchmal aber senkte sich eine Wolke von Nachdenklichkeit auf ihre hellen braunen Augen.

»Was nun, wenn das, was er sagt, nicht in Erfüllung geht?« flüsterte sie mit einem Ausdruck des Zweifels. »Was, wenn man mich ihm nicht gibt? Wenn... Nein, nein; es darf nicht sein! Die Stiefmutter tut alles, was ihr nur einfällt; warum soll ich nicht alles tun dürfen, was mir einfällt? Eigensinnig bin ich auch. Wie schön er doch ist! Wie wunderbar leuchten seine schwarzen Augen! Wie lieb sagt er mir: ›Parassja, mein Täubchen!‹ Wie gut steht ihm sein weißer Kittel! Wenn er auch noch einen etwas schöneren Gürtel dazu hätte!... Ich will ihm schon einen weben, wenn wir in unsere neue Stube einziehen. Ich kann nicht ohne Freude daran denken«, fuhr sie fort, indem sie einen kleinen, mit rotem Papier umklebten Spiegel aus dem Busen zog, den sie auf dem Jahrmarkte gekauft hatte, und mit heimlicher Freude hineinschaute, »wie ich dann irgendwo ihr begegne und mich vor ihr um nichts in der Welt verbeuge, und wenn sie auch zerspringt. Nein, Stiefmutter, du hast deine Stieftochter genug geschlagen! Eher wird Sand auf dem Steine wachsen oder die Eiche sich wie eine Weide zum Wasser neigen, als daß ich mich vor dir verneige! Ja, ich habe es vergessen ... ich will doch eine Haube anprobieren, und wenn auch die der Stiefmutter, wie mag sie mir wohl stehen?«

Hier erhob sie sich mit dem Spiegelchen in der Hand, den Kopf darübergebeugt, und ging zitternd durch die Stube, als fürchtete sie, hinzufallen: sie sah vor sich statt des Fußbodens die Decke mit den darunterliegenden Brettern, von denen kürzlich der Popensohn herabgefallen war, und die Borde mit den Töpfen.

»Was ist denn mit mir, ich bin ganz wie ein Kind!« rief sie lachend: »Ich fürchte, einen Schritt zu machen!«

Und sie fing an, mit den Füßen zu stampfen, immer mutiger, schließlich sank ihre linke Hand herab und stemmte sich in die Seite, und sie begann zu tanzen, mit den Schuheisen klirrend, den Spiegel vor sich haltend und dabei ihr Lieblingslied singend:

»Liebliches Immergrün,
Neige dich tief!
Liebster, Schwarzäugiger,
Rücke zu mir!
Liebliches Immergrün,
Neige dich tiefer!
Liebster, Schwarzäugiger,
Rücke noch näher!«

Tscherewik blickte in diesem Augenblick zur Türe herein und blieb, als er seine Tochter vor dem Spiegel tanzen sah, stehen. Lange sah er zu und lachte über die seltsame Laune des Mädchens, das, ganz von ihren Gedanken hingerissen, nichts zu sehen und zu hören schien; als er aber die ihm bekannten Töne des Liedes hörte, geriet sein Blut ins Wallen: die Hände stolz in die Seiten gestemmt, trat er vor und begann, sich niederkauernd und wieder aufrichtend, zu tanzen, und vergaß alle seine Geschäfte. Das laute Lachen des Gevatters ließ alle beide zusammenfahren.

»Das ist schön, Vater und Tochter feiern hier selbst Hochzeit! Geht schneller hin: der Bräutigam ist gekommen.«

Paraska wurde bei den letzten Worten noch röter als das rote Band, das sie auf dem Kopfe hatte, und ihr sorgloser Vater erinnerte sich erst jetzt, warum er hierhergekommen war.

»Nun, Tochter, komm schneller! Chiwrja ist vor Freude darüber, daß ich die Stute verkauft habe, fortgelaufen«, sagte er, sich ängstlich umblickend, »fortgelaufen, um sich allerlei Röcke und Weiberlumpen zu kaufen, also müssen wir die Sache vor ihrer Rückkehr erledigen!«

Paraska hatte kaum die Schwelle der Stube überschritten, als sie sich schon auf den Armen des Burschen im weißen Kittel fühlte, der sie mit einer Menge Volkes draußen auf der Straße erwartete.

»Gott segne euch!« sagte Tscherewik, die Hände zusammenfaltend. »Sollen sie so leben, wie man die Kränze flicht!«

Hier entstand plötzlich im Volke ein Lärm.

»Ich will eher zerspringen, als daß ich das zulasse!« schrie die Lebensgefährtin Ssolopijs, die jedoch von der Menge unter Gelächter zurückgedrängt wurde.

»Wüte nicht, wüte nicht, Frau!« sagte Tscherewik kaltblütig, als er sah, daß einige kräftige Zigeuner sie an den Händen festhielten. »Was geschehen, ist geschehen; ich liebe nicht, etwas zu ändern!«

»Nein, nein! das wird nicht sein!« schrie Chiwrja, aber niemand hörte auf sie; einige Paare umringten das neue Paar und schützten es durch eine undurchdringliche tanzende Mauer.

Ein sonderbares, unsagbares Gefühl müßte sich eines jeden bemächtigen, welcher sähe, wie beim ersten Geigenstrich des Spielmanns im groben Rock mit dem langen gedrehten Schnurrbart sich alles, ob es wollte oder nicht, zu einem Ganzen vereinigte und zur Eintracht überging. Leute, über deren mürrisches Gesicht wohl noch nie ein Lächeln geglitten war; stampften mit den Füßen und zuckten mit den Schultern. Alles stürmte dahin, alles tanzte. Aber ein noch seltsameres, noch rätselhafteres Gefühl müßte sich in der Tiefe der Seele beim Anblick der alten Frauen regen, deren uralte Gesichter schon die Gleichgültigkeit des Grabes atmeten, die sich aber unter den neuen, lachenden, lebendigen Menschen drängten Die Sorglosen! Selbst ohne kindliche Freude, ohne einen Funken von Mitgefühl, nur vom Rausch allein, wie leblose Automaten, von einem Mechaniker gezwungen, Bewegungen zu machen, die an menschliche Bewegungen erinnern, bewegten sie leise ihre berauschten Köpfe und hüpften im Takt mit dem tanzenden Volke, ohne auch nur einen Blick auf das tanzende junge Paar zu werfen.

Das Lärmen, Lachen und Singen ließ sich immer leiser und leiser vernehmen. Die Fiedel erstarb, und die unklaren Töne wurden immer schwächer und verloren sich in der leeren Luft. Noch hallte irgendwo ein Stampfen, etwas, was an das Brausen eines fernen Meeres erinnerte, und bald wurde alles leer und stumm.

Entschwindet uns nicht ebenso die Freude, der schöne und unbeständige Gast, während sich noch ein einzelner Ton vergeblich bemüht, die Heiterkeit auszudrücken? In seinem eigenen Echo hört er schon Trauer und Einsamkeit, und er lauscht ihnen mit wildem Entsetzen. Verlieren sich nicht ebenso die lustigen Freunde einer stürmischen und freien Jugend einer nach dem anderen, ihren alten Genossen allein zurücklassend? So trüb ist es dem Verlassenen zumute! So schwer und traurig wird es ihm ums Herz, und nichts vermag ihm zu helfen!

Johannisnacht (Eine wahre Begebenheit, erzählt vom Küster der X-schen Kirche)

Eine wahre Begebenheit, erzählt vom Küster der X-schen Kirche

Foma Grigorjewitsch hatte eine Eigentümlichkeit: er konnte es auf den Tod nicht leiden, dieselbe Geschichte zweimal zu wiederholen. Und wenn es auch manchmal jemand fertigbrachte, ihn zu bewegen, daß er eine seiner Geschichten zum zweitenmal erzählte, so fügte er jedesmal etwas Neues ein oder änderte die Erzählung so, daß man sie gar nicht wiedererkennen konnte. Einmal gelang es einem jener Herren – wir einfachen Leute wissen gar nicht, wie wir sie nennen sollen: Schreiber sind sie ja eigentlich nicht, eher so was wie die Makler auf unseren Jahrmärkten: sie schleppen, betteln und stehlen sich alles mögliche zusammen und machen dann daraus jeden Monat oder jede Woche ein Büchlein so dünn wie ein Abc-Buch –, es gelang also einem jener Herren, diese Geschichte von ihm herauszulocken, und Foma Grigorjewitsch hatte das ganz vergessen. Aber eines Tages kommt dieser selbe junge Herr aus Poltawa in einem erbsgrauen Rock gefahren und bringt ein kleines Büchlein mit; er schlägt es in der Mitte auf und zeigt es uns. Foma Grigorjewitsch ist schon im Begriff, sich die Brille aufzusetzen, aber es fällt ihm ein, daß er vergessen hat, sie mit Faden und Wachs festzumachen; darum gibt er das Büchlein mir. Da ich lesen gelernt habe und keine Brille brauche, so begann ich zu lesen. Ich hatte aber noch keine zwei Seiten umgeblättert, als er mich bei der Hand packte.

»Wartet! Sagt mir zuvor, was Ihr da lest?«

Ich muß gestehen, daß mich diese Frage etwas verblüffte.

»Was ich lese, Foma Grigorjewitsch? Eure eigene wahrhafte Geschichte. Eure eigenen Worte.«

»Wer hat Euch gesagt, daß das meine eigenen Worte sind?«

»Was für einen Beweis wollt Ihr denn noch? Da steht es ja ausdrücklich gedruckt: Erzählt vom Küster Soundso.«

»Spuckt dem auf den Kopf, der das gedruckt hat! Er lügt, der verdammte Moskowiter! Sind das meine Worte? Es klingt, als hätte ihm der Teufel eine Schraube im Kopfe losgemacht! Hört zu, ich will euch die Geschichte selbst erzählen.«

Wir rückten alle an den Tisch heran, und er erzählte:

»Mein Großvater (Gott hab' ihn selig! Möge er in jener Welt nichts als Weizenbrot und Mohnkuchen mit Honig zu essen bekommen!) verstand großartig zu erzählen. Wenn er erzählte, konnte man den ganzen Tag auf einem Platze sitzen und nur immer zuhören. Es ist kein Vergleich mit den heutigen Possenreißern, die so lügen und dabei noch eine solche Sprache führen, als hätte man ihnen drei Tage lang nichts zu essen gegeben; man möchte am liebsten seine Mütze nehmen und davonlaufen. Ich erinnere mich noch, als ob es heute gewesen wäre – meine selige Mutter war noch am Leben –, ich erinnere mich noch, wie sie an manchem langen Winterabend, wenn draußen der Frost krachte und das schmale Fenster unserer Wohnstube mit Schnee vermauerte, wie sie da am Spinnrocken saß, den langen Faden zog, mit dem Fuß eine Wiege schaukelte und dazu ein Lied sang, das mir noch heute in den Ohren klingt. Die Talglampe beleuchtete wie vor Schreck zitternd und flackernd die Stube. Die Spindel summte, und wir Kinder drängten uns um den Großvater zusammen, der vor Alter seit fünf Jahren nicht mehr vom Ofen heruntergekrochen war, und hörten ihm zu. Aber die wunderbaren Mären von den alten Tagen, von den Feldzügen der Saporoger Kosaken, von den Polen, von den Heldentaten eines Podkowa, eines Poltora-Koschucha oder eines Ssagaidatschnij packten uns nicht so sehr wie die Erzählungen von alten seltsamen Begebenheiten, bei denen es uns kalt überlief und unsere Haare zu Berge standen. Manchmal jagten uns diese Erzählungen solchen Schrecken ein, daß wir dann den ganzen Abend Gott weiß was für Spuk sahen. Und wenn es manchmal vorkam, daß ich nachts hinausgehen mußte, so glaubte ich immer, es habe sich inzwischen ein Gast aus jener Welt in mein Bett gelegt. Der Himmel strafe mich, so daß ich nie wieder Gelegenheit habe, diese Geschichte zu erzählen, wenn ich nicht gar oft meinen eigenen Rock am Kopfende meines Bettes für einen zusammengerollten Satan hielt. Das Wichtigste an den Erzählungen meines Großvaters aber war, daß er niemals log und nur von solchen Dingen sprach, die sich wirklich zugetragen hatten.

Eine seiner wunderlichen Geschichten will ich euch jetzt wiedererzählen. Ich weiß wohl, daß es unter den Gerichtsschreibern und anderen Leuten, die weltliche Bücher lesen, gescheite gibt, die sich zwar in einem ganz gewöhnlichen Gebetbuche nicht auskennen, aber dafür um so besser zu spotten verstehen. Was man ihnen auch erzählt, sofort fangen sie zu grinsen an. Ein furchtbarer Unglaube hat sich in der Welt breit gemacht! Was soll ich noch viel darüber sprechen? Gott und die Heilige Jungfrau mögen mich verdammen, ihr werdet es mir vielleicht gar nicht glauben: aber als ich einmal die Rede auf die Hexen brachte, so fand sich wirklich ein Frechling, der nicht einmal an die Hexen glaubte! Ich lebe ja, Gott sei Dank, schon so viele Jahre auf der Welt und habe schon solche Ketzer gesehen, für die es leichter ist, in der Beichte zu lügen, als für unsereinen, eine Prise Tabak zu nehmen; und selbst diese Ketzer bekreuzigten sich, wenn sie einmal etwas von einer Hexe hörten. Ich wollte, es wäre ihnen einmal im Traum... ich will lieber gar nicht sagen, wer ihnen im Traum erscheinen soll... Was soll ich noch viel von solchen Leuten sprechen!

Vor mehr als hundert Jahren – so erzählte der Großvater – war unser Dorf so ganz anders, daß es niemand wiedererkennen würde! Es war nur ein Weiler, ein ganz elender Weiler! An die zehn ungetünchte und ungedeckte Bauernhäuser standen unordentlich mitten im Felde. Es gab weder einen Zaun noch einen ordentlichen Schuppen, wo man einen Wagen oder ein Stück Vieh hätte einstellen können. Und so lebten die Reichen; und wie wir Armen lebten, das hättet ihr sehen sollen: ein Loch in der Erde – das war das ganze Haus! Nur wenn Rauch aufstieg, konnte man merken, daß da ein Christenmensch wohnte. Ihr werdet fragen, warum die Menschen so lebten? Armut war es ja eigentlich nicht, denn damals zog fast ein jeder als Kosake durch die Welt und erbeutete in fremden Ländern genug Reichtümer. Es hatte aber gar keinen Zweck, sich ein anständiges Haus zu bauen; denn es trieb sich damals allerlei Gesindel in der Gegend herum: Krimer Tataren, Polen, Litauer... Es kam auch vor, daß eigene Landsleute in Scharen angeritten kamen und plünderten. Alles mögliche kam vor.

In diesem Weiler zeigte sich manchmal ein Mann oder, richtiger gesagt, ein Teufel in Menschengestalt. Woher er kam und wozu er kam, das wußte kein Mensch. Er vergnügte sich, soff und verschwand gleich wieder, wie wenn ihn die Erde verschlungen hätte. Und bald war er schon wieder da, wie vom Himmel gefallen, und trieb sich im Kirchdorfe umher, von dem jetzt keine Spur mehr zu sehen ist und das sich vielleicht kaum hundert Schritte von Dikanjka befand. Eine lustige Kumpanei scharte sich um ihn, man lachte und sang, warf das Geld mit vollen Händen umher und ließ den Schnaps wie Wasser fließen... Manchmal machte er sich an die jungen Mädchen heran, schenkte ihnen so viele Bänder, Ohrringe und Halsketten, daß sie gar nicht wußten, wo sie alles hintun sollten! Die jungen Mädchen wurden freilich manchmal nachdenklich, wenn sie von ihm so beschenkt wurden: Gott allein weiß, ob die Sachen nicht doch durch unreine Hände gegangen waren. Die leibliche Tante meines Großvaters, die um jene Zeit an der heutigen Oposchnjaner Landstraße eine Schenke hielt, in der Bassawrjuk (so hieß dieser teuflische Mensch) öfters zechte, pflegte zu sagen, daß sie von ihm um nichts in der Welt ein Geschenk annehmen würde. Andererseits, wie konnte man ein Geschenk zurückweisen? Einen jeden überlief es kalt, wenn Bassawrjuk seine borstigen Brauen zusammenzog und einen so böse ansah, daß man am liebsten davonlaufen würde. Nahm man aber etwas von ihm an, so kam schon in der nächsten Nacht so ein gehörnter Kerl aus dem Sumpf zu Besuch und würgte, wenn man ein Halsband angenommen, am Halse, biß in die Finger, wenn man einen Ring, oder zerrte am Zopfe, wenn man ein Haarband bekommen hatte. Nein, auf solche Geschenke verzichtete man lieber! Das Unglück aber war, daß man sie unmöglich loswerden konnte: warf man so einen teuflischen Ring oder eine Halskette ins Wasser, so schwamm das Ding oben auf der Oberfläche und kehrte in die Hand zurück, die es fortgeworfen.

Im Dorfe war eine Kirche; ich glaube, sie war gar dem heiligen Pantelej geweiht. An der Kirche wirkte als Priester P. Afanassij, seligen Andenkens. Als er merkte, daß Bassawrjuk selbst am heiligen Ostersonntag nicht in den Gottesdienst kam, wollte er ihm Vorwürfe machen und eine Kirchenbuße auferlegen. Aber wo! Er kam kaum mit heiler Haut davon. ›Hör' einmal, Herr!‹ herrschte ihn jener an. ›Kümmere dich lieber um deine Sachen, anstatt dich in fremde zu mischen, wenn du nicht willst, daß man dir deinen Bockhals mit heißem Brei verkleistert!‹ Was konnte man mit diesem Verdammten anfangen? P. Afanassij erklärte nur, daß er einen jeden, der mit Bassawrjuk verkehrte, für einen Ungläubigen und Feind der Christenkirche und des ganzen Menschengeschlechts halten würde.

Im gleichen Dorfe lebte ein Kosak namens Korsh. Und dieser Korsh hatte einen Arbeiter, den die Leute Pjotr Besrodnyj, das ist ›Elternlos‹ nannten, wahrscheinlich darum, weil er weder seinen Vater noch seine Mutter kannte. Der Kirchenälteste sagte, daß seine Eltern im Jahre nach seiner Geburt an der Pest gestorben wären; aber die Tante meines Großvaters wollte daran nicht glauben und gab sich die größte Mühe, den armen Pjotr mit Verwandtschaft zu versehen, obwohl er diese genausoviel brauchte wie wir den vorjährigen Schnee. Die Tante pflegte zu sagen, sein Vater lebe auch jetzt noch unter den Saporoger Kosaken; er sei in türkischer Gefangenschaft gewesen, habe Gott weiß was für Marter erlitten und sei durch irgendein Wunder entflohen. Die schwarzbraunen Mädchen und jungen Weiber kümmerten sich wenig um seine Abstammung. Sie sagten nur, daß, wenn man ihm einen neuen Überrock mit rotem Gürtel anziehen, eine neue schwarze Lammfellmütze mit schmuckem Boden aus blauem Tuch aufsetzen, einen türkischen Säbel anschnallen und in die eine Hand eine Peitsche und in die andere eine hübsch verzierte Pfeife geben würde, er alle anderen Burschen in die Tasche stecken könnte. Leider hatte aber der arme Petrusj nur einen einzigen grauen Kittel, in dem mehr Löcher waren, als mancher Jude Dukaten in der Tasche hat. Das wäre noch nicht so schlimm; weit schlimmer war, daß der alte Korsh ein Töchterchen hatte, so hübsch, wie ihr ein ähnliches wohl noch nie gesehen habt. Die Tante meines gottseligen Großvaters berichtete – und ein Frauenzimmer, das wißt ihr doch selbst, wird eher, mit Verlaub zu sagen, den Teufel küssen als ein anderes Weibsbild eine Schönheit nennen –, sie berichtete, daß die vollen Bäckchen des Kosakenmädels so frisch und rosig waren wie die allerzartesten rosenfarbenen Mohnblüten, wenn sie, in Gottes Tau gebadet, aufleuchten, ihre Blättchen entfalten und sich der aufgegangenen Sonne zu Ehren schmücken; daß ihre Augenbrauen so schwarz wie die Schnüre waren, die die Mädchen heutzutage für ihre Kreuze und Schmuckmünzen bei den moskowitischen Hausierern kaufen, und sich gleichmäßig um ihre klaren Augen schwangen, wie um sich in ihnen zu spiegeln; daß ihr Mündchen, nach dem sich damals alle Burschen die Finger leckten, wie geschaffen dazu schien, mit Nachtigallenstimme zu singen; daß ihr Haar, so schwarz wie die Rabenflügel und so weich wie der junge Flachs (damals flochten unsere jungen Mädchen ihr Haar noch nicht zu kleinen, mit hübschen grellfarbigen Bändern durchzogenen Zöpfen), in freien Locken auf das goldgestickte Überkleid niederfiel. Ach, möge Gott mich strafen, so daß ich nie wieder in der Kirche das Halleluja singe, wenn ich sie nicht gleich auf der Stelle abküssen würde, trotz der grauen Haare, die sich schon auf meinem Schädel zeigen, und trotz meiner Alten, die mir auf dem Halse wie ein Star im Auge sitzt. Nun, wenn ein Bursch und ein Mädel nahe beieinander leben … da wißt ihr doch selbst, was daraus werden kann. Man konnte oft in aller Herrgottsfrühe die Spuren der roten Stiefelchen mit den eisenbeschlagenen Absätzen auf der Stelle sehen, wo Pidorka mit ihrem Petrusj geschwatzt hatte. Der alte Korsh hätte wohl nichts Schlimmes geahnt; aber einmal – und das kann ja nur eine Finte des Teufels gewesen sein –, einmal fiel es dem Petrusj ein, ohne sich recht im finstern Hausflur umzusehen, das Mädel sozusagen von ganzer Seele auf die rosigen Lippen zu küssen, daß es nur so knallte, und dieser selbe Teufel – mag doch dem Hundesohn das heilige Kreuz im Traume erscheinen! – stiftete den alten Brummbären an, in diesem Augenblick die Tür zu öffnen. Korsh erstarrte zu einem Stück Holz, riß das Maul auf und hielt sich mit der Hand am Türpfosten fest. Der verdammte Kuß hatte ihn ganz betäubt. Er klang in seinen Ohren lauter als der Schlag mit dem Stößel gegen die Mauer, mit dem heutzutage der Bauer, in Ermangelung von Gewehr und Schießpulver, in der Johannisnacht die bösen Geister von seiner Stube verjagt.

Als er wieder zur Besinnung kam, nahm er seiner Vorfahren Reitpeitsche vom Nagel und wollte sie schon auf dem Rücken des armen Petrusj tanzen lassen, als plötzlich Pidorkas sechsjähriger Bruder Iwasj herbeigelaufen kam, die Beine des Vaters erschrocken umklammerte und flehte: ›Vater, Vater, schlag den Petrusj nicht!‹ Was war da zu tun? Das Herz des Vaters ist doch nicht von Stein. Er hängte die Reitpeitsche wieder an den Nagel, führte Petrusj aus der Stube hinaus und sagte ihm: ›Wenn du dich jemals wieder in meiner Stube oder auch nur draußen vor dem Fenster zeigst, so höre, Petro: bei Gott, dann ist es um deinen schwarzen Schnurrbart und deinen Kosakenschopf, den du dir zweimal um das Ohr wickeln kannst, geschehen – ich will nicht Terentij Korsh heißen, wenn dann der Schopf nicht Abschied von deinem Schädel nimmt!‹ Nachdem er dies gesagt hatte, gab er ihm einen leichten Stoß ins Genick, so daß Petrusj hinausflog. Das hatten sie also von der Küsserei! Die beiden Täubchen hatten nun schweren Kummer. Um diese Zeit tauchte im Dorfe das Gerücht auf, daß zu Korsh öfters ein Pole ins Haus kam; ein Pole in goldstrotzendem Rock, mit langem Schnurrbart, mit Säbel und Sporen und Taschen, die so klirrten wie der Klingelbeutel, den unser Meßner Taras in der Kirche umgehen läßt. Es ist doch wirklich nicht schwer zu erraten, wozu man zu einem Vater kommt, der ein schwarzbrauiges Töchterchen hat. Eines Tages nahm Pidorka ihren Bruder Iwasj auf die Arme und sagte unter Tränen: ›Iwasj, lieber Iwasj! Lauf zu Petrusj, mein goldenes Kind, so schnell wie der Pfeil aus dem Bogen, und erzähle ihm alles: wie gern möchte ich seine braunen Augen, sein weißes Antlitz küssen, aber mein Schicksal will das nicht. Mehr als ein Handtuch habe ich mit heißen Tränen durchweicht. So schwer, so traurig ist mir ums Herz. Mein eigener Vater ist mir feind: er zwingt mich, den Polen, den ich nicht liebe, zu heiraten. Sag ihm noch, daß man auch schon die Hochzeit vorbereitet; es wird aber keine Musik auf meiner Hochzeit geben: statt der Leiern und Flöten wird der Gesang des Küsters tönen. Ich werde nicht mit meinem Bräutigam zum Tanze gehen; hinaustragen wird man mich. Dunkel, ach so dunkel wird meine Kammer sein! Aus Ahornbrettern gebaut, mit einem Kreuz statt des Schornsteins auf dem Dache!‹ Wie versteinert hörte Petro zu, als das unschuldige Kind Pidorkas Worte nachlallte. ›Und ich Unglücklicher dachte schon daran, nach der Krim oder zu den Türken zu ziehen, viel Gold zu erbeuten und mit all dem Reichtum zu dir, meine Schöne, zurückzukehren. Doch das soll nicht sein. Ein böser Blick hat uns getroffen. Auch ich werde Hochzeit haben, mein teures Fischchen, aber auf meiner Hochzeit wird nicht einmal ein Küster singen – statt des Priesters wird ein schwarzer Rabe mir zu Häupten krächzen; das weite Feld wird meine Stube sein und die graue Wolke mein Dach. Der Adler wird mir die braunen Augen aushacken, der Regen wird meine Kosakenknochen auswaschen, und der Sturm wird sie austrocknen. Was fang' ich an? Wem soll ich klagen, wen soll ich anklagen? So hat's wohl Gott gewollt! Verloren ist verloren!‹ Und mit diesen Worten ging er in die Schenke.

Die Tante meines gottseligen Großvaters war ein wenig erstaunt, als Petrusj in die Schenke kam, und dazu noch zu einer Zeit, wo ein anständiger Mensch zur Frühmesse geht; sie glotzte ihn an wie aus dem Schlafe aufgeschreckt, als er von ihr einen Krug Branntwein verlangte, so groß wie ein halber Eimer. Aber vergebens suchte der Arme sein Leid im Schnapse zu ertränken. Der Schnaps brannte ihm auf der Zunge wie Brennesseln und schmeckte bitterer als Wermut. Er warf den Krug zu Boden. ›Traure doch nicht, Kosak!‹ dröhnte plötzlich ein Baß über seinem Kopfe. Er sah sich um: es war Bassawrjuk! Herrgott, diese Fratze! Die Haare wie Borsten, die Augen wie beim Ochsen. ›Ich weiß wohl, was dir fehlt: das da!‹ Mit teuflischem Grinsen ließ er den Lederbeutel, den er am Gürtel trug, erklirren. Petrusj fuhr zusammen. ›He, he! Wie das funkelt!‹ brüllte Bassawrjuk, indem er sich Dukaten auf die Hand schüttete. ›He, he, wie das klimpert! Und für einen ganzen Berg solcher Dinger wird man von dir nur eine einzige Tat verlangen‹ – ›Satan!‹ schrie Petrusj. ›Gib's her! Ich bin zu allem bereit!‹ Sie waren bald einig. ›Paß auf, Petrusj, du bist mir gerade zur rechten Zeit in den Weg gekommen: morgen ist der Johannistag. Nur in dieser einen Nacht im Jahre blüht das Farnkraut. Verpasse es nicht! Ich werde dich um Mitternacht im Bärengraben erwarten!‹

Ich glaube, die Hühner warten nicht so sehnsüchtig auf die Stunde, wo die Bäuerin ihnen ihr Futter ausstreut, wie Petrusj auf den Abend wartete. Jeden Augenblick sah er hin, ob die Schatten der Bäume nicht länger würden, ob die sinkende Sonne sich nicht schon rötete: und je länger er warten mußte, um so ungeduldiger wurde er. Wie langsam die Zeit vergeht! Gottes

Tag hat wohl irgendwo sein Ende verloren und kann es nicht wiederfinden. Nun ist die Sonne fort. Der Himmel rötet sich auf der einen Seite. Und schon wird er trüb. Im Felde wird es kälter. Es dämmert und ist schon ganz dunkel. Endlich! Als er sich auf den Weg machte und behutsam durch das Waldesdickicht in eine tiefe Schlucht, die man den Bärengraben nennt, hinabstieg, wollte ihm das Herz aus der Brust springen. Bassawrjuk erwartete ihn schon. Stockfinster war es. Hand in Hand schlichen sie durch das Moor, bei jedem Schritt stolpernd und sich in den Dornenbüschen verfangend. Endlich kamen sie auf einen freien Platz. Petro sah sich um: noch niemals war er an dieser Stelle gewesen. Auch Bassawrjuk blieb stehen.

›Siehst du, hier sind vor dir drei kleine Hügel. Allerlei Blumen werden auf ihnen erblühen, aber alle überirdischen Mächte mögen dich davor bewahren, auch nur eine von ihnen zu brechen! Doch wenn das Farnkraut erblüht, faß es und renne davon, ohne dich umzublicken, was du auch hinter dir zu sehen meinst.‹

Petro wollte noch etwas fragen... aber der war schon verschwunden. Nun ging er zu den drei Hügeln; wo sind die Blumen? Nichts ist zu sehen. Schwarzes Steppengras überwucherte alles. Da wetterleuchtete es plötzlich, und vor ihm erschien ein ganzes Beet voll wunderbarer Blumen, wie er sie noch nie gesehen hatte; daneben waren auch die einfachen Blätter des Farnkrauts. Petro fing schon an zu zweifeln; beide Hände in die Hüften gestemmt, stand er nachdenklich vor den Blumen und fragte sich:

›Was ist denn dabei? Zehnmal am Tage sehe ich allerlei Kräuter; was ist denn das für ein Wunder? Macht sich am Ende diese Teufelsfratze über mich lustig?‹

Aber sieh: da blüht schon eine kleine rote Knospe und bewegt sich, wie wenn sie lebendig wäre. Das ist doch wirklich wunderbar! Sie bewegt sich und wird immer größer und größer und glüht rot wie eine brennende Kohle. Ein Sternchen flackert auf, es knistert leise, und die Blüte entfaltet sich vor seinen Augen wie eine Flamme und beleuchtet die anderen Blumen, die daneben stehen.

›Jetzt ist's Zeit!‹ sagte sich Petro und streckte die Hand aus. Und er sah, wie sich Hunderte zottiger Hände nach der gleichen Blume ausstreckten; und er hörte, wie hinter ihm jemand von Ort zu Ort herumlief. Er schloß die Augen, zog am Stengel, und die Blüte blieb in seiner Hand. Sofort wurde alles still. Auf einem Baumstumpfe saß plötzlich Bassawrjuk da, ganz blau angelaufen wie eine Leiche. Er rührte keinen Finger. Seine Augen starrten auf etwas, das nur er allein sehen konnte; der Mund stand halb offen, aber er sprach kein Wort. Ringsum blieb alles stumm und unbeweglich. Herrgott, wie unheimlich!... Da erklang aber ein Pfiff, vor dem Petro das Herz stehenblieb, und es dünkte ihn, als ob das Gras rauschte und die Blumen zueinander sprächen mit Stimmchen, so dünn wie silberne Glöckchen; die Bäume dröhnten wütende Flüche... Bassawrjuks Gesicht wurde plötzlich lebendig, und seine Augen leuchteten auf. ›Endlich ist sie zurück, die Hexe!‹ brummte er durch die Zähne. ›Paß auf, Petro, gleich wird vor dir ein schönes Weib erscheinen: tu alles, was sie dir befiehlt, sonst bist du für ewig verloren!‹ Nun zerteilte er das Dornengestrüpp mit seinem Knotenstock, und vor ihm stand plötzlich eine Hütte, wie es im Märchen heißt: ›ein Hüttchen auf Hühnerfüßchen‹. Bassawrjuk schlug mit der Faust gegen die Wand, und die ganze Hütte erbebte. Ein großer schwarzer Hund kam winselnd hervor, verwandelte sich sofort in eine Katze und sprang ihnen in die Augen. ›Nicht so wild, nicht so wild, alte Hexe!‹ sagte Bassawrjuk und fügte noch so ein Wörtlein hinzu, daß jeder anständige Mensch sich dabei die Ohren zugehalten hätte. Und siehe da: statt der Katze stand schon ein altes Weib, so runzlig wie ein gebackener Apfel, und krümmte den Rücken; die Nase und das Kinn sahen zusammen wie ein Nußknacker aus. – Eine nette Schönheit! – dachte sich Petro, und es überlief ihn kalt. Die Hexe entriß ihm die Blume, beugte sich über sie, flüsterte unverständliche Worte und besprengte sie mit irgendeinem Wasser. Funken stoben ihr aus dem Munde, Schaum trat ihr auf die Lippen. ›Wirf sie hin!‹ sagte sie, indem sie ihm die Blume zurückgab. Petro warf die Blume in die Luft und – o Wunder! sie fiel nicht gerade hin, sondern schwebte noch lange als leuchtende kleine Kugel im Dunkeln, wie ein Boot durch die Luft; dann begann sie langsam zu sinken und fiel schließlich zu Boden, so fern von ihnen, daß das leuchtende Sternchen nicht größer erschien als ein Mohnkorn. ›Hier!‹ sagte heiser die

Alte; Bassawrjuk reichte ihr einen Spaten und rief: ›Grabe hier an dieser Stelle, Petro; du wirst hier so viel Gold finden, als weder du noch Korsh je im Traume gesehen habt.‹ Petro spie sich in die Hände, ergriff den Spaten, trat mit dem Fuß darauf und wendete die Erde um, einmal, noch einmal, ein drittes und viertes Mal...er stieß auf etwas Hartes!...Der Spaten klirrte und wollte nicht tiefer eindringen. Nun sahen seine Augen ganz deutlich eine kleine eisenbeschlagene Truhe. Er wollte mit der Hand nach ihr greifen, aber die Truhe begann immer tiefer in die Erde zu versinken; und hinter sich hörte er ein Lachen, das ganz wie das Zischen von Schlangen klang. ›Das Gold kriegst du nicht, ehe du nicht Menschenblut vergossen hast!‹ sagte die Hexe und stellte vor ihn ein etwa sechsjähriges Kind, das in ein weißes Laken eingehüllt war; sie machte ihm ein Zeichen, daß er dem Kinde den Kopf abhacken müsse. Petro erstarrte. Es ist doch wirklich keine Kleinigkeit, so mir nichts dir nichts einem Menschen den Kopf abzuhacken, und dazu noch einem unschuldigen Kinde! Voller Wut riß er das Laken vom Kopfe des Kindes, und was sah er? Vor ihm stand Iwasj! Das arme Kind hielt seine Händchen gekreuzt und sein Köpfchen gesenkt...Wie toll sprang Petro mit dem Messer auf die Hexe und holte zu einem Schlage aus...

›Und was versprachst du für das Mädchen?...‹ dröhnte Bassawrjuks Stimme; im gleichen Augenblick hatte Petro das Gefühl, als ob ihn ein Schuß in den Rücken getroffen hätte. Die Hexe stampfte mit dem Fuß: eine blaue Flamme schlug aus dem Boden empor...Die Stelle am Boden leuchtete auf und wurde durchsichtig wie Kristall, und Petro konnte alles, was in der Erde war, wie auf der flachen Hand sehen. Dukaten und Edelsteine in Kisten und Töpfen lagen haufenweise unter der Stelle, auf der sie standen. Petros Augen brannten vor Gier...es schwindelte ihm...Wie ein Besessener holte er mit dem Messer aus, und unschuldiges Blut spritzte ihm in die Augen...Ein teuflisches Lachen dröhnte von allen Seiten. Fürchterliche Ungeheuer sprangen scharenweise vor ihm. Die Hexe krallte ihre Hände in die geköpfte Leiche und sog wie ein Wolf das Blut...Alles drehte sich um Petro im Kreise herum! Er nahm seine letzten Kräfte zusammen und begann zu laufen. Alles, was er sah, war von einem roten Licht Übergossen. Alle Bäume schienen in Blut getaucht, sie leuchteten und stöhnten. Das Himmelsgewölbe glühte und bebte...Feuerflecke zuckten wie Blitze vor seinen Augen. Mit dem Aufwand seiner letzten Kräfte erreichte er seine Hütte und fiel wie ein Stein zu Boden. Und ihn überfiel ein Schlaf so fest und tief wie der Tod.

Zwei Tage und zwei Nächte schlief Petro, ohne aufzuwachen. Als er am dritten Tage erwachte, starrte er lange in die Ecken seiner Stube. Vergeblich suchte er sich auf irgend etwas zu besinnen: sein Gedächtnis war wie die Tasche eines alten Geizhalses, aus der man keinen Heller herauslocken kann. Er reckte sich und hörte plötzlich zu seinen Füßen ein Klirren. Er sah hin: zwei Säcke voll Gold lagen am Boden. Erst jetzt erinnerte er sich wie an einen Traum, daß er irgendeinen Schatz gesucht, und wie er sich allein im Walde gefürchtet hatte...Aber um welchen Preis er den Schatz erlangt hatte, das konnte er unmöglich begreifen.

Als Korsh die Goldsäcke sah, wurde er weich wie Butter. ›Ach dieser Petrusj! Habe ich ihn denn nicht geliebt? War er mir nicht stets wie ein eigener Sohn?‹ Und der alte Brummbär begann zu lügen, daß dem Petrusj die Tränen in die Augen traten. Pidorka erzählte ihm, daß vorbeiziehende Zigeuner den Iwasj gestohlen hätten; aber Petrusj konnte sich auf das Kind gar nicht besinnen, so hatte ihn der Teufelsspuk verwirrt! Nun hatte es keinen Zweck, noch länger zu warten. Den Polen schmiß man hinaus und machte sich an die Hochzeitsfeier: man buk Berge von Kuchen, stickte zahllose Handtücher und Kopftücher, rollte ein Faß Branntwein aus dem Keller herauf, setzte das junge Paar an den Tisch, schnitt das Hochzeitsbrot auf, ließ die Leiern, Zimbeln und Flöten erschallen – und es ging los...

In alten Zeiten wurde eine Hochzeit ganz anders gefeiert als heute. Wenn die Tante meines Großvaters von so einer Hochzeit erzählte, so wurde man vom bloßen Zuhören lustig! Wie die Mädels in schmuckem Kopfputz aus gelben, blauen und rosa Bändern, die oben von einer goldenen Tresse zusammengehalten waren, in feinen, an den Nähten mit roter Seide und von oben bis unten mit kleinen silbernen Blumen bestickten Hemden in Saffianstiefelchen auf hohen eisenbeschlagenen Absätzen so majestätisch wie die Pfauen und so laut rauschend wie der Sturmwind durch die Stube sprangen. Wie die jungen Frauen in bootförmigen Hauben aus Goldbrokat mit kleinen Ausschnitten am Nacken, aus denen die goldenen Käppchen mit den beiden Hörnchen aus feinstem schwarzem Lammfell, das eine nach vorn und das andere nach hinten, hervorguckten, in blauen Überkleidern aus bestem Seidenstoff mit roten Klappen, in würdiger Haltung, die Hände in die Hüften gestemmt, eine nach der anderen hervortraten und gemessenen Schrittes den Hoppak tanzten. Wie die Burschen in hohen Kosakenmützen, feinen Tuchröcken mit silbergestickten Gürteln, die Pfeife im Munde, wie die Teufel um das Weibsvolk scharwenzelten und schwatzten. Als der alte Korsh die Jungen sah, konnte er sich nicht länger halten und ließ seine alten Tage wieder aufleben. Mit einer Leier in der Hand, aus der Pfeife paffend und zugleich etwas singend, einen Becher auf dem Kopfe, begann der Alte beim lauten Geschrei der lustigen Gäste zu hopsen. Was die Menschen nicht alles erfinden können, wenn sie angeheitert sind! Manchmal verkleidete man sich so, daß man überhaupt keinem Menschen ähnlich sah. Mit den Maskeraden bei den heutigen Hochzeiten ist es gar nicht zu vergleichen. Was treibt man denn heute? Man verkleidet sich als Zigeunerinnen und als Moskowiter, und das ist alles. Nein, da verkleidete sich damals der eine als Jude und der andere als Teufel, erst küßten sie sich und dann packten sie einander bei den Schöpfen... Gott sei ihnen gnädig! Man lachte so, daß man sich den Bauch halten mußte. Oder man zog sich türkische und tatarische Kleider an; die Goldstickereien leuchteten wie das Feuer... Und manchmal trieb man solche Späße, daß es nötig wäre, die Heiligenbilder aus der Stube hinauszutragen! Mit der Tante meines gottseligen Großvaters, die dieser Hochzeit beiwohnte, begab sich eine lustige Geschichte: sie hatte ein weites tatarisches Gewand an und ging mit einem Becher in der Hand von Gast zu Gast, um alle zu bewirten. Nun stiftete der Teufel einen an, sie von hinten mit Branntwein zu begießen; und ein anderer schlug in diesem Augenblick Feuer und zündete den Branntwein an... die Flamme loderte empor... Die arme Tante erschrak so sehr, daß sie sich vor allen Leuten die Kleider vom Leibe zu reißen begann. Da gab es einen Lärm, ein Lachen und ein Durcheinander wie bei einem Jahrmarkt. Mit einem Wort, selbst die ältesten Leute konnten sich an keine so lustige Hochzeit erinnern.

Pidorka und Petrusj lebten nun zusammen wie reiche Leute, von allem hatten sie genug, alles glänzte wie Gold... Und doch schüttelten die Leute die Köpfe. ›Vom Teufel kommt nichts Gutes!‹ klang es wie aus einem Munde. ›Woher kann er den Reichtum haben, wenn nicht vom Versucher des rechtgläubigen Christenvolkes? Wo hat er einen solchen Haufen Gold hernehmen können? Warum ist Bassawrjuk gerade an dem Tag, als Petrusj so plötzlich reich wurde, spurlos verschwunden?‹ Man sieht ja: nicht alles, was die Leute reden, ist eitles Gerede! In der Tat: es verging kein Monat, und Petrusj war nicht wiederzuerkennen. Woher das kam und was mit ihm geschehen war, das wußte Gott allein. Er saß immer auf einem Fleck und sprach kein Wort; er dachte und spintisierte und wollte sich wohl auf etwas besinnen. Wenn es Pidorka zuweilen gelang, ihn zum Sprechen zu bringen, so vergaß er sich und heiterte sich sogar etwas auf; kaum fiel aber sein Blick auf die Goldsäcke, so schrie er gleich: ›Halt, halt, ich hab's vergessen!‹ Und er versank in Gedanken und suchte sich wieder auf etwas zu besinnen. Manchmal, wenn er lange so auf einem Fleck saß, schien es ihm, daß das Vergessene ihm gleich wieder einfallen würde... aber gleich war alles wieder weg. Er sitzt in der Schenke; man kredenzt ihm Schnaps; der Schnaps brennt ihm auf der Zunge; der Schnaps widert ihn an; jemand geht auf ihn zu und klopft ihm auf die Schulter... Das ist alles, worauf er sich besinnen kann; alles übrige ist wie im Nebel. Der Schweiß rinnt ihm vom Gesicht, und er setzt sich wieder ganz entkräftet auf seinen Platz.

Alles mögliche versuchte Pidorka: sie befragte Wahrsager, ließ Zinn gießen und Wasser besprechen – nichts wollte helfen. So verging der ganze Sommer. Viele Kosaken hatten schon die Heu- und die Kornernte eingebracht, und die kühneren waren schon ins Feld gezogen. Schwärme von Wildenten drängten sich noch in unseren Sümpfen, aber der Zaunkönig war schon längst verschwunden. Die Steppe war rot von Heidekraut. Getreidehaufen lagen bunt wie Kosakenmützen im Felde umher. Auf den Straßen konnte man schon mit Reisig und Brennholz beladene Wagen sehen. Die Erde war hart geworden und stellenweise gefroren.

Schon fielen Schneeflocken vom Himmel herab, und die Baumäste hüllten sich in Rauhreif wie in Hasenfelle. Schon ging an klaren Frosttagen der rotbrüstige Gimpel wie ein eitler polnischer Edelmann über den Schneehaufen spazieren und pickte sich Körner. Kinder jagten mit Riesenstöcken hölzerne Kreisel über das Eis, während ihre Väter ruhig auf den Öfen lagen und nur ab und zu mit der brennenden Pfeife in den Zähnen vor das Haus traten, um mit einem kräftigen Worte auf den so frühzeitigen Frost zu schimpfen, oder um sich auszulüften, oder um das Korn im Flur noch einmal durchzudreschen. Und dann kam wieder die Schneeschmelze, die Zeit, ›wo der Hecht mit dem Schwänze das Eis durchschlägt‹. Petro war aber immer derselbe, war sogar noch trübsinniger geworden. Wie angekettet saß er mitten in der Stube vor den Goldsäcken, verwildert, über und über mit Haaren bewachsen, und sah gar schrecklich aus. Er dachte immer an dasselbe, wollte sich immerauf etwas besinnen und ärgerte sich und wütete, weil er es nicht konnte. Manchmal erhob er sich wie wild von seinem Platz, schwang die Arme, starrte auf einen Punkt, als ob er etwas erhaschen wollte; seine Lippen bewegten sich, als wollten sie irgendein längst vergessenes Wort aussprechen, und erstarrten gleich wieder... Rasende Wut überfiel ihn; wie ein Besessener nagte und biß er sich die Hände und raufte sich die Haare, bis er wieder still wurde und wie ohnmächtig niederfiel; und dann begann er von neuem nachzusinnen, zu wüten und sich zu quälen... Das war wie eine Strafe Gottes. Pidorka hatte keine Freude am Leben mehr. In der ersten Zeit fürchtete sie immer, allein mit ihm in der Stube zu bleiben; später gewöhnte sie sich an ihr Unglück. Aber die frühere Pidorka war nicht mehr wiederzuerkennen. Die Wangen waren blaß, die Lippen lächelten niemals; ganz abgezehrt war sie, ausgeweint waren ihre einst so klaren Augen. Jemand, der mit ihr Mitleid hatte, gab ihr einmal den Rat, zu der Zauberin zu gehen, die im Bärengraben hauste und von der es hieß, daß sie alle Krankheiten heilen könne. Pidorka entschloß sich, dieses letzte Mittel zu versuchen; mit vielen Worten überredete sie die Alte, mit ihr mitzukommen. Es war in der Abendstunde, gerade am Vorabend der Johannisnacht. Petro lag bewußtlos auf der Bank und sah den Gast gar nicht. Aber allmählich richtete er sich auf und heftete seinen Blick auf die Zauberin. Und plötzlich erbebte er wie auf dem Blutgerüst; die Haare standen ihm zu Berge... und er lachte so wild auf, daß Entsetzen Pidorka ins Herz schnitt. ›Nun weiß ich es! Nun weiß ich es!‹ schrie er ganz außer sich vor Freude. Er ergriff eine Axt und ließ sie aus aller Kraft auf die Alte niedersausen. Die Axt drang vier Zoll tief in die Eichentür hinein. Die Alte war verschwunden und ein Kind von sechs Jahren, in weißem Hemd, mit verhülltem Kopfe stand plötzlich mitten in der Stube... Das Laken, in das es gehüllt war, fiel herunter. ›Iwasj!‹ schrie Pidorka und stürzte auf ihn hin. Doch das Gespenst war plötzlich vom Kopf bis zu den Füßen mit Blut bedeckt und erleuchtete die ganze Stube mit rotem Lichte... Außer sich vor Angst lief Pidorka auf den Flur hinaus; sie besann sich aber und wollte in die Stube zurück, um den Bruder zu retten. Aber vergebens! Die Tür war so fest zugeschlagen, daß sie sie nicht mehr öffnen konnte. Die Leute liefen zusammen, begannen zu klopfen, schlugen die Tür ein – keine Seele war in der Stube! Alles war voller Rauch, und in der Mitte, wo Petrusj gestanden hatte, lag ein Häufchen Asche, von dem hie und da Rauch aufstieg. Man stürzte zu den Säcken: statt der Dukaten lagen nur Scherben darin. Mit glotzenden Augen, aufgerissenen Mäulern, so starr, daß keiner den Schnurrbart zu rühren wagte, standen die Kosaken wie angewurzelt da. Solche Angst hatte ihnen dieses Wunder eingejagt!

Was weiter geschah, weiß ich nicht mehr. Pidorka gelobte, eine Pilgerfahrt zu unternehmen; sie sammelte die Habe zusammen, die ihr vom Vater übriggeblieben war, und nach einigen Tagen war jede Spur von ihr verschwunden. Niemand wußte zu sagen, wohin sie gegangen war. Übereifrige alte Weiber erklärten bereits, sie hätte sich dorthin begeben, wohin Petrusj verschwunden war; aber ein Kosak, der aus Kijew kam, erzählte, er habe dort im Höhlenkloster eine Nonne gesehen, die zu einem Gerippe abgemagert war und immerfort betete und in der die Landsleute allen Anzeichen nach Pidorka erkannt hätten; daß noch niemand von ihr auch ein einziges Wort gehört habe; daß sie zu Fuß nach Kijew gekommen sei und für das wundertätige

Bild der Mutter Gottes eine Fassung mitgebracht habe, die so dicht mit leuchtenden Edelsteinen besetzt gewesen sei, daß man die Augen schließen müßte, wenn man nur hinblickte. Aber, mit Verlaub, damit war die Geschichte noch nicht zu Ende. Am selben Tage, als der Teufel Petrusj geholt hatte, tauchte Bassawrjuk wieder im Dorfe auf; aber jetzt mied man ihn noch mehr als früher. Nun wußte man, was er für einer war: doch niemand anders als der leibhaftige Satan, der Menschengestalt angenommen hatte, um Schätze aus der Erde zu graben; und da er mit seinen unreinen Händen keinen Schatz heben konnte, verführte er junge Burschen dazu. Im gleichen Jahre verließen alle Leute ihre Lehmhütten und zogen ins Kirchdorf; aber auch dort fanden sie keine Ruhe vor dem verdammten Bassawrjuk. Die Tante meines gottseligen Großvaters erzählte, er sei auf sie ganz besonders wütend gewesen, weil sie ihre Schenke auf der Oposchnjaner Landstraße aufgegeben hatte; er habe immer versucht, an ihr Rache zu nehmen. Einmal waren die Dorfältesten in der Schenke versammelt und unterhielten sich, wie man so sagt, nach Rang und Amt am Tisch, auf dem ein gebratener Hammel stand; es wäre wohl eine Sünde, zu sagen, daß der Hammel klein gewesen sei. Man sprach über dies und jenes, auch über allerlei Mirakel und Wunder. Und plötzlich schien es, und nicht nur einem einzelnen – das wäre ja noch nicht so wichtig –, aber allen schien es, als ob der Hammel den Kopf erhöbe, als ob seine Augen sich belebten und leuchteten und als ob ihm plötzlich ein schwarzer struppiger Schnurrbart gewachsen wäre, den er bedeutungsvoll bewegte. Im Hammelkopf erkannten alle sofort Bassawrjuks Fratze; die Tante meines Großvaters glaubte schon, er würde gleich Schnaps verlangen... Die ehrenwerten Dorfältesten griffen nach ihren Mützen und rannten davon. Ein anderes Mal ereignete sich folgende Geschichte: Der Kirchenälteste, der die Angewohnheit hatte, ab und zu ein Zwiegespräch mit Großvaters Schnapsglas zu führen, sah einmal, als er es noch keine zweimal geleert hatte, wie das Glas sich vor ihm höchst ehrfurchtsvoll verneigte. ›Daß dich der Teufel!‹ rief er aus und begann sich zu bekreuzigen... Auch seine Ehehälfte erlebte ein ähnliches Wunder; kaum hatte sie in einem riesigen Trog Teig zu kneten begonnen, als der Trog plötzlich in die Höhe sprang. ›Halt! Halt!‹ Aber der Trog hörte nicht auf sie: stolz und würdevoll tanzte er durch die Stube... Lacht nur darüber! Aber unseren Großvätern war es gar nicht so lustig zumute. Obwohl P. Afanassij mit dem Weihwasserfaß durchs ganze Dorf ging und den Teufel mit dem Weihwedel zu vertreiben suchte, klagte die Tante meines gottseligen Großvaters noch lange Zeit darüber, daß jemand jeden Abend aufs Dach klopfte und an den Wänden kratzte. Was soll ich noch viel erzählen! Jetzt scheint auf der Stelle, wo unser Dorf steht, alles ruhig; es ist aber noch gar nicht so lange her – mein seliger Großvater und ich haben es noch erlebt –, daß an der verfallenen Schenke, die die unsauberen Geister noch lange Zeit auf eigene Kosten auszubessern trachteten, kein Christenmensch vorbeigehen konnte. Aus dem verrußten Schornsteine stiegen dichte Rauchwolken empor, so hoch, daß einem die Mütze vom Kopfe fiel, wenn man hinaufsah, und aus dem Rauche fielen glühende Kohlen über die ganze Steppe; und der Teufel – ich sollte ihn, den Hundesohn, gar nicht nennen! – heulte so jämmerlich in seinem Loch, daß die erschrockenen Raben sich scharenweise aus dem nahen Eichenwalde erhoben und mit wildem Geschrei durch den Himmel jagten.«

Die Mainacht oder Die Ertrunkene

I Ganna

Das hellklingende Lied ergoß sich wie ein Strom durch die Straßen des Kirchdorfes. Es war um die Stunde, wo die von den Mühen und Sorgen des Tages ermüdeten Burschen und Mädchen sich lärmend im Kreise versammeln, um im heiteren Glänze des Abends ihre Freude in Tönen zu ergießen, die stets auch von Trauer begleitet sind. Der verträumte Abend umfing nachdenklich den blauen Himmel und verwandelte alles in Ungewißheit und Ferne. Schon war die Dämmerung angebrochen, die Lieder wollten aber immer noch nicht verstummen. Mit der Laute in der Hand hat der junge Kosak Lewko, der Sohn des Dorfamtmannes, den Kreis der Sänger verlassen. Die Lammfellmütze auf dem Kopfe, schlendert er tänzelnd durch die Gasse und zupft mit der Hand die Saiten. Da bleibt er vor der Tür eines Häuschens stehen, das von niederen Kirschbäumen umgeben ist. Wessen Haus ist es? Und wessen Tür? Nachdem er eine Weile geschwiegen, griff er in die Saiten und stimmte das Lied an:

> »Die Sonne steht niedrig,
> Der Abend ist nahe,
> O tritt aus dem Hause,
> Geliebteste Seele!«

»Nein, sie schläft wohl fest, meine helläugige Schöne!« sagte der Kosak, als er das Lied beendet, sich dem Fenster nähernd. »Galja, Galja! Schläfst du oder willst du nicht zu mir kommen? Du fürchtest wohl, daß uns hier jemand erblickt, oder du hast vielleicht keine Lust, dein weißes Gesichtchen in die kühle Luft hinauszustecken? Fürchte nichts, es ist niemand da. Der Abend ist warm. Und wenn sich jemand zeigt, so hülle ich dich in meinen Kittel, umwickle dich mit meinem Gürtel, bedecke dich mit meinen Händen – und niemand wird uns sehen. Und wenn ein kalter Hauch kommt, so drücke ich dich an mein Herz, wärme dich mit meinen Küssen, ziehe meine Mütze über deine weißen Füßchen, mein Herz, mein Fischchen, mein Schmuck. Blick nur für ein Weilchen heraus! Streck wenigstens dein weißes Händchen durchs Fenster... Nein, du schläfst nicht, stolzes Mädchen«, sagte er lauter und mit einer Stimme, mit der einer, der plötzliche Demütigung fürchtet, zu sprechen pflegt. »Dir beliebt es, mich zu höhnen – so lebe wohl!«

Er wandte sich ab, schob die Mütze aufs Ohr und ging stolz vom Fenster weg, leise auf der Laute klimpernd. Die hölzerne Türklinke wurde indessen umgedreht, die Tür ging knarrend auf, und ein Mädchen von siebzehn Lenzen kam, von Abenddämmerung umschleiert, scheu nach allen Seiten spähend, ohne die Klinke aus der Hand zu lassen, über die Schwelle. Im Dämmerlichte glühten so freundlich wie Sterne ihre Augen, leuchtete der rote Korallenhalsschmuck, und den Adleraugen des Burschen entging nicht einmal die Röte, die schamhaft auf ihren Wangen aufleuchtete.

»Wie ungeduldig du bist!« sagte sie ihm leise. »Gleich bist du böse! Warum hast du diese Stunde gewählt? Eine Menge Leute treibt sich auf den Straßen herum... Ich zittere am ganzen Leibe...«

»Zittere nicht, meine rote Maßholderbeere! Schmieg dich fester an mich!« sagte der Bursche, sie umarmend, die Laute, die er an einem langen Riemen am Halse hängen hatte, von sich werfend und sich neben dem Mädchen vor die Tür setzend. »Du weißt doch, wie bitter es mir ist, dich auch nur eine Stunde nicht zu sehen.«

»Weißt du auch, was ich mir denke?« unterbrach ihn das Mädchen und richtete die Augen nachdenklich auf ihn. »Mir ist's, als ob mir jemand ins Ohr raune, daß wir uns von nun an nicht mehr so oft sehen werden. Schlecht sind die Menschen bei euch: die Mädchen blicken so neidisch, und die Burschen... Ich merke sogar, daß meine Mutter seit einiger Zeit strenger auf mich aufpaßt. Ich muß gestehen, daß es mir in der Fremde lustiger zumute war.«

Eine schmerzvolle Bewegung ging bei den letzten Worten durch ihr Gesicht.

»Zwei Monate bist du erst in der Heimat, und schon sehnst du dich von hier fort! Oder bin ich dir vielleicht zuwider?«

»Oh, du bist mir nicht zuwider!« versetzte sie lächelnd. »Ich liebe dich, du schwarzbrauiger Kosak! Ich liebe dich, weil du so schwarze Augen hast, und wenn du mich mit ihnen anblickst, so lächelt es in meiner Seele, und es wird in ihr so lustig und so wohl; ich liebe dich, weil du so freundlich den schwarzen Schnurrbart bewegst, weil du singst und die Laute spielst, wenn du durch die Straße gehst, und es ist eine Freude, dir zuzuhören.«

»Oh, meine Galja!« rief der Bursche, sie küssend und noch fester an seine Brust drückend.

»Warte, Lewko, hör auf! Sag mir zuerst, hast du schon mit deinem Vater gesprochen?«

»Was?« sagte er, wie aus dem Schlafe erwachend. »Daß ich dich heiraten will und du die Meine werden willst? Ja, ich habe mit ihm gesprochen.« Aber das Wort »gesprochen« klang so traurig aus seinem Munde.

»Und was sagte er?«

»Was soll ich mit ihm anfangen? Der alte Kerl stellte sich wie immer taub: er hörte nicht und schimpft noch auf mich, daß ich mich, Gott weiß wo, herumtreibe und mit den Burschen in den Straßen herumtolle. Gräme dich nicht, meine Galja! Ich gebe dir mein Kosakenwort, daß ich ihn noch umstimme.«

»Ja, du brauchst nur ein einziges Wort zu sagen, Lewko, und alles wird nach deinem Willen geschehen. Ich weiß es ja aus eigener Erfahrung: wie oft möchte ich mich dir widersetzen, wenn du aber auch nur ein einziges Wort sagst, so tue ich, ob ich will oder nicht, alles, was du verlangst. Schau nur, schau!« fuhr sie fort, den Kopf an seine Schulter lehnend und die Augen in die Höhe hebend, wo der grenzenlose warme Himmel der Ukraine blaute, unten von den krausen Zweigen der Kirschbäume verhängt. »Schau nur; da blicken in der Ferne die Sternchen: eins, zwei, drei, vier, fünf... Nicht wahr, das sind doch die Engel Gottes, die die Fensterchen ihrer lichten Stübchen im Himmel aufmachen und auf uns herabblicken? Ist es nicht so, Lewko? Sie blicken doch auf unsere Erde herab? Ach, hätten doch die Menschen Flügel wie die Vögel und könnten in die Höhe emporfliegen. Es ist schrecklich, daran zu denken! Kein einziger Eichbaum ragt bei uns in den Himmel hinauf. Und doch sagen die Leute, daß irgendwo in einem fernen Lande so ein Baum steht, dessen Gipfel im Himmel rauscht, und daß Gott auf ihm in der Nacht vor dem lichten Osterfeste zur Erde herabsteigt.«

»Nein, Galja, Gott hat eine lange Leiter, die vom Himmel zur Erde reicht. Die heiligen Erzengel stellen sie in der Nacht vor dem Ostersonntag auf, und kaum tritt Gott auf die erste Sprosse, als alle die unreinen Geister kopfüber in die Hölle stürzen, so daß am Festtage Christi kein böser Geist mehr auf Erden bleibt.«

»So leise wiegt sich das Wasser, wie ein Kind in der Wiege«, fuhr Ganna fort, auf den Teich weisend, der von mürrischen dunklen Ahornbäumen umstanden war und von Weiden, die ihre trauernden Zweige in ihn versenkt hielten, beweint wurde. Wie ein kraftloser Greis hielt er den fernen dunklen Himmel in seinen kalten Armen, überschüttete mit eisigen Küssen die feurigen Sterne, die in der warmen Nachtluft trübe leuchteten, als ahnten sie schon das baldige Erscheinen der strahlenden Königin der Nacht. Am Waldrande auf dem Berge schlummerte ein altes hölzernes Haus mit geschlossenen Fensterläden, Moos und wildes Gras überwucherten sein Dach; lockige Apfelbäume verwilderten vor seinen Fenstern; der Wald umfing es mit seinem Schatten und warf ein unheimliches Dunkel darauf; ein Nußbaumgehölz breitete sich zu seinen Füßen aus und fiel zum Teiche herab.

»Ich erinnere mich wie im Traume«, sagte Ganna, ohne die Augen von ihm zu wenden; »es ist lange, lange her, als ich noch klein war und bei meiner Mutter wohnte, erzählte man sich etwas Schreckliches über dieses Haus. Lewko, du weißt es wohl, erzähl' es mir!...«

»Denk nicht daran, meine Schöne! Was doch die Weiber und dummes Volk nicht alles erzählen können. Du kommst nur um deine Ruhe, wirst dich fürchten und nicht gut schlafen können.«

»Erzähle, erzähle, liebster schwarzbrauiger Bursche!« sagte sie, ihr Gesicht an seine Wange schmiegend und ihn umarmend. »Nein, du liebst mich nicht, du hast wohl ein anderes Mädchen! Ich werde mich nicht fürchten, ich werde die Nacht ruhig schlafen. Aber wenn du es mir nicht erzählst, werde ich nicht einschlafen können. Ich werde mich quälen und immerzu denken...erzähle, Lewko...«

»Die Leute haben wohl recht, wenn sie sagen, daß in den Mädchen ein Teufel sitzt, der ihre Neugier aufstachelt. Hör also zu! Vor langer Zeit, mein Herzchen, lebte in diesem Hause ein Hauptmann. Der Hauptmann hatte ein Töchterlein, ein feines Fräulein, so weiß wie Schnee, wie dein Gesicht. Des Hauptmanns Frau war schon längst tot, und der Hauptmann wollte sich eine andere Frau nehmen. ›Wirst du mich noch so liebkosen wie früher, Vater, wenn du dir eine andere Frau nimmst?‹ – ›Gewiß, Töchterchen, ich werde dich noch fester als früher an mein Herz drücken! Noch herrlichere Ohrringe und Geschmeide werde ich dir schenken!‹ Der Hauptmann brachte die junge Frau in sein neues Haus. Schön war die junge Frau. Rotwangig und weiß war sie; sie blickte aber die Stieftochter so schrecklich an, daß jene aufschrie, als sie sie sah. Den ganzen Tag sprach die strenge Stiefmutter kein Wort. Die Nacht brach an; der Hauptmann ging mit seiner jungen Frau in die Schlafkammer, und auch das weiße Fräulein schloß sich in ihrem Kämmerlein ein. Bitter war es ihr zumute, und sie fing zu weinen an. Plötzlich sieht sie, wie eine schreckliche schwarze Katze zu ihr geschlichen kommt: ihr Fell brennt und die eisernen Krallen klopfen laut auf den Dielenbrettern. In ihrer Angst springt sie auf die Bank – die Katze ihr nach; sie springt von der Bank auf das Bett – die Katze folgt ihr auch aufs Bett, springt ihr an den Hals und fängt sie zu würgen an. Das Mädchen schreit auf, reißt die Katze von sich los und schleudert sie zu Boden – doch die schreckliche Katze schleicht schon wieder auf sie zu. Unheimlich wurde es dem Mädchen zumute. An der Wand hing ihres Vaters Säbel. Sie ergriff ihn und ließ ihn auf den Boden niedersausen – die eine Tatze mit den Eisenkrallen flog zur Seite, und die Katze verschwand winselnd in einer dunklen Ecke. Den ganzen nächsten Tag kam die junge Hauptmannsfrau nicht aus ihrer Kammer; am dritten Tage zeigte sie sich mit verbundener Hand. Da erriet das arme Fräulein, daß ihre Stiefmutter eine Hexe war und daß sie ihr eine Hand abgehauen hatte. Am vierten Tage mußte das Fräulein auf Befehl des Hauptmanns wie eine Bauernmagd Wasser schleppen und die Stube kehren und durfte nicht mehr in die herrschaftlichen Stuben kommen. Schwer war es der Armen ums Herz, sie konnte aber nichts dagegen tun und mußte sich dem Willen des Vaters fügen. Am fünften Tage jagte der Hauptmann seine Tochter barfuß aus dem Hause und gab ihr nicht mal ein Stück Brot auf den Weg. Nun bedeckte das Fräulein ihr weißes Gesicht mit den Händen und begann bitterlich zu weinen: ›Du hast deine leibliche Tochter zugrunde gerichtet, Vater! Die Hexe hat deine sündige Seele ins Verderben gestürzt! Gott verzeihe dir – mich Unselige will Er aber wohl nicht länger auf dieser Welt leben lassen!‹... Und nun, siehst du...« Lewko wandte sich zu Ganna und zeigte mit dem Finger auf das Haus. »Siehst du: dort hinter dem Hause ist die steilste Stelle! Von diesem Ufer herab stürzte sich das Fräulein ins Wasser, und von nun an war sie nicht mehr unter den Lebenden...«

»Und die Hexe?« unterbrach ihn Ganna ängstlich, die tränenfeuchten Augen auf ihn richtend.

»Die Hexe? Die alten Weiber erzählen sich, daß seit jener Zeit alle Ertrunkenen in mondhellen Nächten aus dem Flusse in den Garten des Hauptmanns kämen, um sich im Mondlichte zu wärmen, und daß des Hauptmanns Tochter ihre Anführerin sei. Eines Nachts sah sie ihre Stiefmutter am Ufer des Teiches stehen; sie fiel über sie her und schleppte sie mit Geschrei ins Wasser. Die Hexe ersann aber auch hier Rettung: sie verwandelte sich unter dem Wasser in eine Ertrunkene und entkam so der Peitsche aus grünem Schilf, mit der die Ertrunkenen sie züchtigen wollten. Wer wird aber den Weibern glauben! Sie erzählen auch noch, daß das Fräulein allnächtlich alle Ertrunkenen um sich versammelt und ihnen einer nach der anderen ins Gesicht blickt, um unter ihnen die Hexe wiederzufinden; bis jetzt hat sie sie aber noch nicht wiedergefunden. Und wenn ihr einer von den lebenden Menschen in die Hände kommt, zwingt sie auch ihn, die Hexe zu suchen, und droht, ihn zu ertränken, wenn er es nicht tut. So erzählen sich die alten Leute, Galja!...Der jetzige Besitzer will an dieser Stelle eine Schnapsbrennerei bauen und hat schon sogar einen Schnapsbrenner hergeschickt... Ich höre aber Stimmen. Das sind die Unsrigen, die vom Singen zurückkommen. Leb wohl, Galja! Schlafe ruhig und denke nicht an diese Weibermärchen.«

Mit diesen Worten umarmte er sie noch fester, küßte sie und ging davon.

»Leb wohl, Lewko!« sagte Ganna, den Blick nachdenklich auf den dunklen Wald gerichtet.

Ein riesenhafter feuerroter Mond begann um diese Zeit aus der Erde zu steigen. Die eine Hälfte steckte noch unter der Erde, aber die ganze Welt war schon von einem seltsamen feierlichen Lichte erfüllt. Funken glühten im Teiche auf. Der Schatten der Bäume trennte sich sichtbar vom dunklen Laub.

»Leb wohl, Ganna!« erklang es hinter ihr, und sie fühlte einen Kuß auf der Wange.

»Du bist also zurückgekehrt!« sagte sie, sich umsehend. Sie erblickte aber einen fremden Burschen und wandte sich von ihm weg.

»Leb wohl, Ganna!« ertönte es wieder, und wieder küßte sie jemand auf die Wange.

»Da hat der Teufel schon wieder einen anderen hergebracht!« versetzte sie voller Zorn.

»Leb wohl, liebe Ganna!«

»Da ist ja auch schon der Dritte!«

»Leb wohl, leb wohl, leb wohl, Ganna!«

Und die Küsse regneten von allen Seiten auf sie herab.

»Da ist ja eine ganze Bande!« schrie Ganna, sich von einer ganzen Schar von Burschen losreißend, die sie um die Wette umarmten. »Wie, wird ihnen nur das ewige Küssen nicht zu dumm? Bei Gott, bald wird man sich nicht mehr auf der Straße zeigen dürfen!« Gleich nach diesen Worten fiel die Tür zu, und man hörte noch, wie der eiserne Riegel vorgeschoben wurde.

II Der Amtmann

Kennt ihr die ukrainische Nacht? Oh, ihr kennt die ukrainische Nacht nicht! Betrachtet sie nur recht genau: mitten vom Himmel blickt der Mond herab; das unermeßliche Himmelsgewölbe dehnt sich und wird noch unermeßlicher; es glüht und atmet; die ganze Erde ruht in silbernem Lichte; die wunderbare Luft ist kühl und schwül zugleich, von Wollust erfüllt, von einem Ozean von Wohlgerüchen durchströmt. Göttliche Nacht! Unbeweglich und begeistert stehen die Wälder, von Dunkel erfüllt, ungeheure Schatten vor sich werfend. Still und regungslos ruhen die Teiche; ihre kalten dunklen Gewässer sind von düstern, dunkelgrünen Mauern der Gärten eingefaßt. Das jungfräuliche Dickicht der Faulbeer- und Kirschbäume hat die Wurzeln scheu in die Kühle der Quellen versenkt und raschelt ab und zu gleichsam zürnend mit den Blättern, wenn der herrliche Nachtwind, schnell heranschleichend, sie küßt. Die ganze Landschaft schläft. Doch oben atmet alles, alles ist wunderbar, alles feierlich. Die Menschenseele aber dehnt sich ins Unermeßliche, und Scharen silberner Visionen erstehen schlank in ihrer Tiefe. Göttliche Nacht! Bezaubernde Nacht! Und plötzlich ist alles lebendig geworden: die Wälder, die Teiche, die Steppen. Man hört das majestätische Schmettern der ukrainischen Nachtigall, und selbst der Mond in der Mitte des Himmels scheint ihr zu lauschen... Wie verzaubert schlummert auf seiner Anhöhe das Dorf. Noch weißer, noch schöner leuchten im Mondenscheine die Haufen der Häuschen; noch blendender heben sich in der Finsternis ihre niederen Mauern ab. Die Lieder sind verstummt. Alles ist still. Die frommen Leute schlafen schon. Nur hie und da leuchtet ein schmales Fensterchen. Vor den Schwellen einzelner Häuser sitzt noch eine verspätete Familie beim Nachtmahl.

»Der Hoppak wird aber ganz anders getanzt! Jetzt verstehe ich, warum aus dem Tanz nichts wird. Was erzählt also der Gevatter?... Vorwärts: Hopp trala! Hopp trala! Hopp, hopp, hopp!« Dieses Selbstgespräch führte ein etwas angeheiterter Bauer mittleren Alters, durch die Straße tanzend. »Bei Gott, der Hoppak wird ganz anders getanzt. Was soll ich lügen? Bei Gott, ganz anders! Nun: Hopp trala! Hopp trala! Hopp, hopp, hopp!«

»Ganz närrisch ist der Mensch geworden! Wenn's noch ein junger Bursche wäre, aber so ein alter Saubär tanzt den Kindern zum Spott nachts auf der Straße!« rief im Vorübergehen eine ältere Frau mit einem Bündel Stroh in der Hand. »Geh nach Hause! Es ist schon längst Zeit, schlafen zu gehen!«

»Ich geh' schon!« sagte der Bauer, stehenbleibend. »Ich geh' schon. Auf den Amtmann pfeife ich. Was bildet er sich nur ein? Daß ihn der Teufel! Er glaubt wohl, daß er, wenn er Amtmann ist, auch das Recht hat, die Leute bei Frost mit kaltem Wasser zu begießen und hochnäsig zu tun! Und wenn er auch Amtmann ist, so bin ich mein eigener Amtmann. Gott strafe mich, ich bin wahrlich mein eigener Amtmann. So ist es, und nicht anders...«, fuhr er fort, auf das erste beste Haus zugehend. Er blieb vor dem Fenster stehen und versuchte, mit den Fingern über die Fensterscheibe gleitend, die hölzerne Klinke zu finden. »Weib, mach auf! Weib, mach schneller auf, wenn man's dir sagt! Der Kosak will zu Bett!«

»Wo willst du hin, Kalennik? Bist an ein fremdes Haus geraten!« schrien lachend hinter ihm die Mädchen, die vom lustigen Sang heimgingen. »Sollen wir dir dein Haus zeigen?«

»Zeigt es mir, meine lieben Fräulein!«

»Fräulein? Habt ihr's gehört?« rief eines der Mädchen aus. »Wie höflich Kalennik heute ist! Dafür müssen wir ihm sein Haus zeigen...Aber nein, zuerst mußt du uns etwas vortanzen!«

»Vortanzen?...Was doch diese Mädchen für Einfälle haben!« sagte Kalennik gedehnt, lachend und mit dem Finger drohend. Er stolperte, da seine Beine unmöglich auf einem Fleck stehen konnten. »Erlaubt ihr, daß ich euch küsse! Alle will ich küssen, alle der Reihe nach!...«

Und er lief ihnen im Zickzack nach. Die Mädchen erhoben ein Geschrei und rannten wild durcheinander; als sie aber sahen, daß Kalennik nicht allzu schnell laufen konnte, faßten sie Mut und liefen auf die andere Seite der Straße hinüber.

»Da ist dein Haus;« schrien sie ihm zu und zeigten auf ein Haus, das größer als die anderen war und dem Amtmann gehörte.

Kalennik begab sich gehorsam auf jene Seite, von neuem auf den Amtmann schimpfend.

Wer ist aber der Amtmann, über den so unehrerbietig gesprochen wird? Oh, dieser Amtmann ist die wichtigste Person im Dorfe! Bis Kalennik sein Ziel erreicht hat, werden wir sicher Zeit haben, einiges über ihn zu erzählen. Alle Leute im Dorfe greifen nach den Mützen, wenn sie ihn sehen, und die jüngsten Mädchen sagen ihm guten Tag. Wer von den Burschen hätte nicht Lust, Amtmann zu sein? Der Amtmann hat freien Zutritt zu allen Schnupftabakdosen, und der stärkste Bauer steht respektvoll ohne Mütze da, solange die dicken und groben Finger des Amtmannes in der Tabakdose herumwühlen. In der Bauernversammlung und in der Gemeinde hat der Amtmann immer die Oberhand, obwohl seine Macht sich nur auf einige Stimmen beschränkt; er kann, wenn's ihm paßt, jeden hinausschicken, die Straße zu ebnen und auszubessern oder Gräben anzulegen. Der Amtmann ist mürrisch, blickt immer streng drein und macht nicht viel Worte. Vor vielen Jahren, als die große Zarin Katharina, seligen Angedenkens, in die Krim reiste, war er auserwählt, sie bei dieser Reise zu begleiten; ganze zwei Tage bekleidete er dieses Amt und hatte sogar die Ehre, auf dem Bock neben dem Kutscher der Zarin zu sitzen. Seit jener Zeit hat er die Angewohnheit, den Kopf nachdenklich und würdevoll zu senken, den langen, nach unten gedrehten Schnurrbart zu streichen und strenge Falkenblicke um sich zu werfen. Seit jener Zeit pflegt der Amtmann, ganz gleich, mit welchen Worten man sich an ihn wendet, die Rede immer darauf zu bringen, daß er die Zarin gefahren und auf dem Bocke ihrer Kutsche gesessen habe. Der Amtmann pflegt sich manchmal taub zu stellen, besonders wenn er Dinge zu hören bekommt, die ihm nicht angenehm sind. Der Amtmann hält nicht viel von Staat: immer trägt er einen Kittel aus schwarzem, hausgewebtem Tuch und einen bunten wollenen Gürtel, und niemand hat ihn je in einer anderen Kleidung gesehen, höchstens noch in der Zeit, als die Zarin in die Krim reiste: denn damals trug er einen blauen Kosakenrock. An diese Zeit kann sich aber wohl kaum jemand im ganzen Dorfe erinnern; und den blauen Rock bewahrt er unter Schloß in seinem Kasten. Der Amtmann ist Witwer; in seinem Hause wohnt aber seine Schwägerin, die ihm Mittag-und Abendbrot kocht, die Bänke scheuert, die Wände weißt, Flachs zu seinen Hemden spinnt und die ganze Wirtschaft versieht. Im Dorfe erzählt man sich, sie sei gar keine richtige Schwägerin; wir haben aber schon gesehen, daß der Amtmann viele Feinde hat, die gern üble Gerüchte über ihn verbreiten. Dieses Gerede kam vielleicht auch daher, daß die Schwägerin es nicht gern sah, wenn der Amtmann aufs Feld ging, wo Schnitterinnen arbeiteten, oder einen Kosaken besuchte, der ein junges Töchterchen hatte.

Der Amtmann ist einäugig; sein einziges Auge ist aber ein wahrer Schelm und kann schon aus der Ferne ein hübsches Bauernmädel erkennen. Bevor er es aber auf ein hübsches Gesichtchen richtet, sieht er sich erst ordentlich um, ob die Schwägerin nicht aufpaßt. Nun haben wir fast alles Nötige vom Amtmann erzählt; der betrunkene Kosak Kalennik hat aber noch nicht einmal die Hälfte des Weges zurückgelegt und traktiert den Amtmann noch lange mit den ausgesuchtesten Worten, die ihm auf seine träge lallende Zunge kommen.

III Ein unerwarteter Nebenbuhler Eine Verschwörung

»Nein, nein, Burschen, ich will nicht! Was ist das für eine Bummelei? Wie, wird euch das ewige Herumtollen nicht zu dumm? Man hält uns auch schon ohnehin für Gott weiß was für wilde Kerle. Geht lieber schlafen!« So sprach Lewko zu seinen ausgelassenen Freunden, die ihn zu neuen Streichen ermunterten. »Lebt wohl, Brüder! Gute Nacht!« Und er ging mit schnellen Schritten davon.

»Ob meine helläugige Ganna schläft?« fragte er sich, auf das uns wohlbekannte Haus unter den Kirschbäumen zugehend. In der Stille hörte er ein leises Gespräch. Lewko blieb stehen. Zwischen den Bäumen schimmerte ein weißes Hemd... – Was soll das bedeuten? – fragte er sich, näher heranschleichend und sich hinter einem Baume versteckend. Er sah vor sich ein mondlichtübergossenes Mädchengesicht. Es war Ganna! Wer ist aber der große Mann, der mit dem Rücken zu ihm steht? Vergeblich sah er hin: der Schatten hüllte den Fremden vom Kopf bis zu den Füßen ein. Nur von vorn war er etwas beleuchtet; wenn aber Lewko auch nur den kleinsten Schritt wagte, setzte er sich der Unannehmlichkeit aus, entdeckt zu werden. Er lehnte sich still an den Baum und entschloß sich, ruhig auf einem Fleck zu stehen. Das Mädchen hatte eben ganz deutlich seinen Namen genannt.

»Lewko? Lewko ist ja noch ein grüner Junge!« sagte mit heiserer gedämpfter Stimme der große Mann. »Wenn ich ihn einmal bei dir treffe, raufe ich ihm den Schopf aus...«

»Ich möchte doch gern wissen, welcher Schelm da prahlt, daß er mir den Schopf ausraufen wird!« sagte Lewko leise vor sich hin und reckte den Hals, um ja kein Wort zu verlieren. Doch der Unbekannte sprach weiter so leise, daß man kein Wort verstehen konnte.

»Wie, schämst du dich nicht?« sagte Ganna, als jener mit seiner Rede fertig war. »Du lügst, du betrügst mich; du liebst mich nicht, ich werde dir niemals glauben, daß du mich je geliebt hast!«

»Ich weiß,« fuhr der große Mann fort, »Lewko hat dir viel Unsinn vorgeredet und den Kopf verdreht« (hier kam es dem Burschen vor, als ob die Stimme des Fremden ihm nicht ganz unbekannt wäre und als ob er sie schon einmal gehört hätte); »ich werd' es aber dem Lewko schon zeigen!« fuhr der Unbekannte im gleichen Tonfall fort. »Er glaubt wohl, daß ich seine Streiche nicht sehe. Er wird schon meine Fäuste kennenlernen, der Hundesohn!«

Bei diesem Worte konnte Lewko seinen Zorn nicht länger bemeistern. Er kam drei Schritte näher und holte mit aller Kraft zu einer Ohrfeige aus, die den Unbekannten, trotz seiner offensichtlichen Kraft, umgeworfen hätte; aber in diesem Augenblick fiel das Licht auf das Gesicht des Unbekannten, und Lewko erstarrte, als er seinen Vater vor sich stehen sah. Er äußerte sein Staunen nur durch ein unwillkürliches Kopfschütteln und ein leises Pfeifen durch die Zähne. In der Nähe raschelte etwas; Ganna flog schnell ins Haus und schlug die Tür hinter sich zu.

»Leb wohl, Ganna!« rief in diesem Augenblick einer der Burschen, leise heranschleichend und den Kopf des vermeintlichen Mädchens mit den Armen umschlingend; er prallte aber entsetzt zurück, als er auf einen struppigen Schnurrbart stieß.

»Leb wohl, Schöne!« rief ein anderer; dieser flog Hals über Kopf zur Seite, von einem heftigen Stoß mit dem Kopfe getroffen.

»Leb wohl, leb wohl, Ganna!« riefen mehrere Burschen, sich ihm an den Hals hängend.

»Versinkt in die Erde, verdammte Bengel!« schrie der Amtmann, um sich schlagend und mit den Füßen stampfend. »Was bin ich für eine Ganna? Schert euch mitsamt euren Vätern auf den Galgen, ihr Teufelssöhne! Was klebt ihr an mir wie die Fliegen am Honig?! Ich werd' euch die Ganna zeigen!...«

»Der Amtmann! Der Amtmann! Es ist der Amtmann!« schrien die Burschen und stoben nach allen Seiten auseinander.

»So, so, Vater!« sagte Lewko, als er von seinem Erstaunen wieder zur Besinnung gekommen war, dem sich schimpfend zurückziehenden Amtmann nachblickend. »Solche Streiche machst du also? Das ist gut! Und ich habe immer gestaunt und mich gefragt, was das zu bedeuten hat, daß du dich immer taub stellst, wenn ich mit dir von der Sache zu sprechen anfange. Warte nur, du alter Knasterbart, ich will dir schon zeigen, was das heißt, sich vor den Fenstern junger Mädchen herumzutreiben und den anderen die Bräute abspenstig zu machen! Heda, Burschen, hierher!« schrie er und winkte den Burschen, die sich wieder versammelten, mit der Hand. »Kommt her! Ich riet euch eben, schlafen zu gehen; jetzt habe ich mich eines anderen besonnen und bin bereit, die ganze Nacht mit euch zu bummeln.«

»Das ist vernünftig!« sagte ein breitschultriger und stämmiger Bursche, der als erster Bummler und Herumtreiber im Dorfe galt. »Es ist mir so öde zumute, wenn ich nicht Gelegenheit habe, ordentlich zu bummeln und Streiche anzustellen. Dann ist es mir, als ob mir etwas fehle. Als ob ich meine Mütze oder Pfeife verloren hätte; mit einem Worte, als ob ich gar kein richtiger Kosak wäre.«

»Seid ihr bereit, den Amtmann heute ordentlich rasend zu machen?«

»Den Amtmann?«

»Ja, den Amtmann. Was bildet er sich ein?! Er kommandiert hier so, als ob er ein Hetman wäre. Es genügt ihm wohl nicht, daß er uns wie seine Knechte behandelt, er macht sich auch noch an unsere Mädchen heran. Ich glaube, daß es im ganzen Dorfe nicht ein hübsches Mädchen gibt, dem der Amtmann nicht nachstellte.«

»Ja, so ist es, so ist es!« riefen die Burschen wie aus einem Munde.

»Was sind wir denn für Knechte, Kinder? Sind wir nicht vom gleichen Stamme wie er? Wir sind ja, Gott sei Dank, freie Kosaken! Burschen, zeigen wir ihm, daß wir freie Kosaken sind!«

»Ja, wollen wir es ihm zeigen!« schrien die Burschen. »Und wenn wir schon einmal den Amtmann vornehmen, so dürfen wir den Schreiber nicht vergessen!«

»Gewiß, wir vergessen auch den Schreiber nicht! Gerade habe ich mir ein hübsches Liedchen auf den Amtmann erdacht. Kommt, ich will es euch beibringen«, fuhr Lewko fort, mit der Hand auf die Saiten der Laute schlagend. »Und dann noch etwas: ihr müßt euch alle umkleiden, was für Gewänder ihr gerade erwischt!«

»Auf, ihr Kosakenseelen!« rief der stämmige Bursche, die Beine zusammenschlagend und in die Hände klatschend. »Ist das herrlich! Schön ist die Freiheit! Wenn ich zu tollen anfange, so ist es mir, als ob die alten Tage wiederkehrten. So schön und frei ist mir ums Herz, und die Seele ist wie im Paradiese... Hallo, Burschen, auf!...«

Die Schar raste lärmend durch die Straßen. Die frommen alten Frauen erwachten, schlugen die Fenster auf, bekreuzigten sich mit schläfrigen Händen und sprachen: »So, jetzt beginnen die Burschen zu tollen!«

IV Die Burschen tollen

Nur in einem Hause am Ende der Straße brannte noch Licht. Das war die Behausung des Amtmannes. Der Amtmann war mit seinem Nachtmahl schon längst fertig und wäre zweifellos auch schon schlafen gegangen, aber er hatte den Schnapsbrenner zu Gast. Diesen hatte der Gutsbesitzer, der im freien Kosakenlande ein kleines Grundstück besaß, hergeschickt, um eine Brennerei einzurichten. Der Gast saß auf dem Ehrenplatze unter den Heiligenbildern. Es war ein kleines, dickes Männchen mit kleinen, immer lachenden Äuglein, in denen die ganze Freude zu lesen war, mit der er seine kurze Pfeife rauchte, wobei er jeden Augenblick ausspuckte und den sich zu Asche verwandelnden Tabak mit dem Finger niederdrückte. Die Rauchwolken breiteten sich schnell über ihn aus und hüllten ihn in blaugrauen Nebel. Man hatte den Eindruck, als ob der dicke Schornstein irgendeiner Schnapsbrennerei, dem es zu dumm geworden, ewig auf dem Dache zu stehen, sich einmal entschlossen hätte, einen Spaziergang zu machen, und nun manierlich am Tische des Amtmannes sitze. Unter seiner Nase sträubte sich ein kurzer, dichter Schnurrbart; durch die vom Tabakrauch geschwängerte Atmosphäre war er so undeutlich zu sehen, daß man ihn für eine Maus halten könnte, die der Schnapsbrenner, das Monopol des Speicherkaters verletzend, gefangen habe und im Munde halte. Der Amtmann saß als Hausherr im bloßen Hemd und in einer weiten Leinwandhose. Sein Adlerauge blinzelte und erlosch allmählich wie die Abendsonne. Am Ende des Tisches saß, die Pfeife im Munde, einer der Dorfpolizisten, der zum Kommando des Amtmanns gehörte; aus Respekt vor dem Hausherrn hatte er seinen Kittel an.

»Habt Ihr die Absicht«, wandte sich der Amtmann an den Schnapsbrenner, gähnend und seinen Mund bekreuzigend, »Eure Brennerei bald aufzubauen?«

»Wenn Gott uns hilft, so werden wir vielleicht schon diesen Herbst zu brennen anfangen. Ich möchte wetten, daß der Herr Amtmann schon zum Feste Maria Geburt mit seinen Füßen deutsche Brezeln schreiben wird.«

Als der Schnapsbrenner diese Worte gesprochen hatte, verschwanden seine Äuglein ganz; an ihrer Stelle zogen sich Strahlen bis zu den Ohren hin; der ganze Körper erbebte vor Lachen, und die lustigen Lippen ließen für einen Augenblick die rauchende Pfeife los.

»Das gebe Gott!« sagte der Amtmann, indem sein Gesicht etwas wie ein Lächeln ausdrückte. »Es gibt jetzt, Gott sei Dank, schon einige Schnapsbrennereien. Aber in der guten alten Zeit, als ich die Zarin auf der Perejeslawschen Landstraße begleitete und der selige Besborodko...«

»Von was für Zeiten sprichst du, Gevatter! Von Krementschug bis Romny gab es damals kaum zwei Brennereien. Heute aber... Hast du gehört, was die verdammten Deutschen erfunden haben? Man sagt, sie werden den Schnaps bald nicht mehr mit Holz, wie alle ordentlichen Christen, sondern mit irgendeinem teuflischen Dampf brennen.« Bei diesen Worten blickte der Schnapsbrenner nachdenklich auf seine Hände, die er auf dem Tische gespreizt hielt. »Wie sie das mit Dampf machen wollen, das weiß ich bei Gott nicht!«

»Was für Dummköpfe sind doch die Deutschen, Gott verzeih' es mir!« sagte der Amtmann. »Ich würde diese Hundesöhne mit Stöcken verprügeln! Wer hat es je gehört, daß man mit Dampf irgend etwas kochen kann? Wenn es so wäre, könnte man ja keinen Löffel Kohlsuppe an den Mund führen, ohne sich die Lippen zu versengen, wie man ein Ferkel anzusengen pflegt...«

»Wirst du nun die ganze Zeit hier bei uns ohne deine Frau leben, Gevatter?« mischte sich die Schwägerin ins Gespräch ein, die mit gekreuzten Beinen auf der Ofenbank hockte.

»Was brauche ich sie? Wenn es noch was Rechtes wäre...«

»Ist sie denn nicht hübsch?« fragte der Amtmann, sein Auge auf ihn richtend.

»Ach was, hübsch! Sie ist so alt wie der Teufel, und ihre Fratze ist voller Runzeln wie ein leerer Beutel.« Die gedrungene Gestalt des Schnapsbrenners erbebte vor lautem Lachen.

In diesem Augenblick begann jemand draußen hinter der Tür zu scharren; die Tür ging auf, und ein Bauer trat, ohne die Mütze abzunehmen, über die Schwelle. Mitten in der Stube blieb er nachdenklich stehen, riß den Mund auf und starrte auf die Decke. Es war unser Freund Kalennik.

»Nun bin ich nach Hause gekommen!« sagte er, sich auf eine Bank neben der Tür setzend und den Anwesenden nicht die geringste Beachtung schenkend. »Wie der Satan doch diesen Weg in die Länge gezogen hat! Man geht und geht und sieht gar kein Ende! Mir ist's, als ob mir jemand die Beine wund geschlagen hätte. Weib, gib einmal den Schafspelz her, damit ich ihn mir unter die Beine lege! Zu dir auf den Ofen komm' ich nicht, bei Gott nicht, meine Beine tun mir zu sehr weh! Gib doch den Schafspelz her, er liegt dort neben dem Heiligenbilde. Paß nur auf, daß du dabei den Topf mit dem geriebenen Tabak nicht umwirfst. Oder nein, rühr ihn lieber gar nicht an! Vielleicht bist du heute betrunken... Laß, ich hol' ihn mir selbst.« Kalennik wollte aufstehen; aber eine unwiderstehliche Kraft hielt ihn auf der Bank fest.

»Das seh' ich gern«, sagte der Amtmann, »wenn einer in eine fremde Stube kommt und wie bei sich zu Hause kommandiert! Schmeißt den Kerl hinaus!...«

»Laß ihn doch ausruhen, Gevatter!« sagte der Schnapsbrenner, die Hand des Amtmanns ergreifend. »Er ist ein nützlicher Mensch: wenn es mehr solche Leute gäbe, würde unsere Brennerei blühen...«

Es war aber nicht Gutmütigkeit, die ihn zu diesen Worten bewegte. Der Schnapsbrenner war abergläubisch und meinte, daß es genüge, einen Menschen, der sich eben auf eine Bank gesetzt hat, zu verjagen, um allerlei Unglück heraufzubeschwören.

»Ich glaube, ich werde alt!« brummte Kalennik und streckte sich auf der Bank aus. »Wenn ich wenigstens betrunken wäre; aber ich bin gar nicht betrunken, bei Gott, ich bin nicht betrunken! Was soll ich lügen? Ich bin bereit, es auch dem Amtmann selbst zu sagen. Was ist mir der Amtmann? Verrecken soll er, der Hundesohn! Ich spucke auf ihn! Mag ihn, den einäugigen Teufel, ein Wagen überfahren! Bei solchem Frost begießt er Menschen mit Wasser...«

»Da schau! Ein Schwein kommt in die Stube und legt die Pfoten gleich auf den Tisch«, sagte der Amtmann, sich zornig von seinem Platze erhebend; in diesem Augenblick flog aber ein gewichtiger Stein durchs Fenster, zertrümmerte die Scheibe und fiel ihm vor die Füße. Der Amtmann blieb stehen...»Wenn ich nur wüßte«, sagte er, den Stein aufhebend, »welcher Galgenstrick den Stein hereingeworfen hat, so würde ich ihn schon lehren, Steine zuwerfen! Was sind das für Streiche!« fuhr er fort, den Stein, den er noch immer in der Hand hielt, mit brennenden Blicken betrachtend. »Ersticken soll er an diesem Stein...«

»Halt, halt! Behüt dich Gott, Gevatter!« fiel ihm der Schnapsbrenner ganz bleich in die Rede. »Gott behüte dich in dieser und in jener Welt davor, einen Menschen mit solchen Flüchen zu segnen!«

»Was bist du für ein Fürsprech? Soll er nur verrecken!«

»Schweig, Gevatter! Du weißt wohl nicht, was meiner seligen Schwiegermutter zugestoßen ist?«

»Deiner Schwiegermutter?« »Ja, meiner Schwiegermutter. Eines Abends, es mag eine Weile früher gewesen sein als heute, setzten sie sich zum Abendessen: die selige Schwiegermutter, der selige Schwiegervater, außerdem der Knecht, die Magd und an die fünf Stück Kinder. Die Schwiegermutter tat einige Knödel aus dem großen Kessel in die Schüssel, damit sie etwas abkühlten. Nach der Arbeit waren nämlich alle hungrig und wollten nicht warten, bis die Knödel kalt werden. Sie spießten sie auf lange Holzstäbchen auf und begannen zu essen. Plötzlich erscheint irgendein Mann in der Stube, Gott allein weiß, wer er ist, und bittet, an der Mahlzeit teilnehmen zu dürfen. Wie soll man einem hungrigen Mann nicht zu essen geben? Man gab auch ihm einen Holzstab. Der Gast begann aber die Knödel so schnell zu vertilgen wie eine Kuh Heu. Ehe jeder andere einen Knödel gegessen und das Stäbchen wieder in die Schüssel gesteckt hatte, um sich einen zweiten zu holen, war ihr Boden schon so glatt wie der Dreschboden im Herrenhause. Die Schwiegermutter tat neue Knödel in die Schüssel: sie glaubte, der Gast hätte sich satt gegessen und werde etwas genügsamer sein. Fällt ihm aber gar nicht ein: er greift noch eifriger zu und leert auch die zweite Schüssel! – Krepieren sollst du an den Knödeln! – sagte sich die hungrige Schwiegermutter. In diesem Augenblick blieb ihm aber ein Knödel im Halse stecken, und er fiel um. Alle stürzten zu ihm hin – seine Seele hatte aber schon den Leib verlassen, er war erstickt!«

»Ganz recht ist's ihm geschehen, dem verfluchten Fresser!« sagte der Amtmann.

»Ja, das sollte man meinen, es kam aber ganz anders: seit jener Zeit ließ er der Schwiegermutter keine Ruhe. Sobald die Nacht anbricht, schleppt sich auch schon der Tote herbei. Der Verdammte setzt sich rittlings auf den Schornstein und hält einen Knödel zwischen den Zähnen. Bei Tage ist alles ruhig und von ihm nichts zu hören und zu sehen; kaum fängt es aber zu dämmern an, so sieht man den Hundesohn schon oben auf dem Schornstein sitzen...«

»Mit einem Knödel zwischen den Zähnen?«

»Mit einem Knödel zwischen den Zähnen!«

»Es ist wunderlich, Gevatter! Auch ich habe etwas Ähnliches von meiner Seligen gehört...«

Der Amtmann kam nicht weiter. Vor dem Fenster ertönte ein Lärm und das Stampfen von Tanzenden. Zuerst klirrten leise die Saiten einer Laute, und dann gesellte sich eine Stimme dazu. Die Saiten tönten immer lauter; mehrere Stimmen fielen ein, und wie ein Sturmwind brauste das Lied:

»Burschen, habt ihr's schon gehört?
Sind wir dumme grüne Jungen?
Unsres Amtmanns Schädel ist
Wie ein trocknes Faß gesprungen.
Böttcher, mußt ihm auf den Kopf
Einen Eisenreifen jagen;
Daß der Reifen fester sitzt,
Mußt du ihn mit Stöcken schlagen.
Ist einäugig, alt und grau,
Aber lüstern wie ein Affe:
Jedem Mädchen steigt er nach
Wie ein dummer junger Laffe.
Amtmann, laß die Mädchen sein:
Stehst mit einem Fuß im Grabe!
Sonst rauft man dir aus den Schopf
Und verhaut dich, alter Knabe!«

»Es ist ein hübsches Lied, Gevatter!« sagte der Schnapsbrenner, den Kopf etwas auf die Seite geneigt und sich an den Amtmann wendend, der vor Erstaunen über diese Frechheit ganz starr geworden war. »Ein hübsches Lied! Es ist nur schade, daß darin so respektwidrig vom Amtmann gesprochen wird...«

Er spreizte seine Hände wieder auf dem Tische aus und machte sich bereit, mit süßer Rührung in den Augen, noch weiter zuzuhören; vor dem Fenster tönte Lachen und der Ruf: »Noch einmal! Noch einmal!« Ein scharfblickendes Auge hätte aber sofort bemerkt, daß es nicht Erstaunen war, was den Amtmann erstarren machte. So läßt ein alter geübter Kater eine unerfahrene Maus manchmal um seinen Schwanz herumlaufen und legt sich dabei schnell einen Plan zurecht, wie ihr der Weg abzuschneiden sei. Das einzige Auge des Amtmanns war noch auf das Fenster gerichtet, aber seine Hand hatte schon dem Polizisten ein Zeichen gegeben und die Holzklinke der Tür ergriffen, als sich plötzlich auf der Straße lautes Geschrei erhob. Der Schnapsbrenner, der sich, neben seinen anderen Vorzügen, auch durch Neugierde auszeichnete, stopfte sich schnell etwas Tabak in die Pfeife und lief auf die Straße hinaus; die mutwilligen Burschen waren aber schon nach allen Seiten auseinandergestoben.

»Nein, du entwischst mir nicht!« schrie der Amtmann, der einen Menschen in einem schwarzen, mit dem Fell nach außen gewendeten Schafspelz gepackt hatte. Der Schnapsbrenner benutzte den Augenblick und lief herbei, um dem Unfugstifter ins Gesicht zu blicken; voller Angst taumelte er aber zurück, als er einen langen Bart und eine schrecklich angemalte Fratze sah. »Nein, du entwischst mir nicht!« schrie der Amtmann, seinen Gefangenen in den Hausflur schleppend; dieser leistete aber nicht den geringsten Widerstand und folgte so ruhig dem Amtmann, als ginge er in seine eigene Stube. »Karpo, schließ die Kammer auf!« wandte sich der Amtmann zum Polizisten. »Wir wollen ihn in die dunkle Kammer sperren! Dann wollen wir den Schreiber wecken, die anderen Polizisten versammeln, alle diese Taugenichtse einfangen und heute noch das Urteil fällen!«

Der Polizist ließ das kleine Vorhängeschloß in dem Flur erklirren und sperrte die Kammer auf. In diesem Augenblick machte sich der Gefangene die Dunkelheit zunutze und riß sich plötzlich mit unerwarteter Kraft aus den Händen des Polizisten los.

»Wo willst du hin?« brüllte der Amtmann, ihn noch fester am Kragen packend. – »Laß los, das bin ich!«ertönte eine hohe Stimme.

»Das wird dir nichts nützen! Das wird dir nichts nützen, Bruder! Du kannst von mir aus wie ein Teufel und nicht nur wie ein Weib winseln – mich führst du nicht an!« Und mit diesen Worten stieß er ihn in die dunkle Kammer mit solcher Kraft, daß der arme Gefangene stöhnend zu Boden fiel. Der Amtmann selbst begab sich aber in Begleitung des Polizisten ins Haus des Schreibers; ihnen folgte, wie ein Dampfschiff qualmend, der Schnapsbrenner.

Nachdenklich gingen alle drei mit gesenkten Köpfen; als sie aber in eine dunkle Nebengasse einbogen, schrien sie entsetzt auf, da jeder von ihnen einen heftigen Schlag auf die Stirn bekommen hatte; der gleiche Schrei tönte ihnen als Antwort entgegen. Der Amtmann kniff sein Auge zusammen und sah vor sich zu seinem Erstaunen den Schreiber mit zwei Polizisten.

»Ich geh' eben zu dir, Herr Schreiber!« »Und ich geh' zu deiner Gnaden, Herr Amtmann!«

»Seltsame Dinge geschehen hier, Herr Schreiber!« »Ja, seltsame Dinge, Herr Amtmann!«

»Was ist denn los?« »Die Burschen toben, treiben sich in Haufen auf den Straßen herum und machen Unfug! Deine Gnaden benennen sie mit solchen Worten, daß ich mich schäme, sie wiederzugeben. Selbst ein betrunkener Moskowiter würde sich scheuen, solche Worte mit seiner gotteslästerlichen Zunge nachzusprechen.«

(Der hagere Schreiber, der eine Pluderhose aus hausgeweberter Leinwand und eine hefefarbige Weste trug, reckte bei jedem dieser Worte den Hals und brachte ihn dann schnell wieder in die gewöhnliche Stellung.) »Kaum war ich ein wenig eingeschlummert, als die verfluchten Taugenichtse mich mit ihrem Geklapper und ihren schamlosen Liedern weckten! Ich wollte ihnen einen ordentlichen Denkzettel geben; bis ich mir aber meine Weste anzog, liefen sie schon nach allen Seiten auseinander. Der Hauptsträdelsführer entging uns jedoch nicht. Jetzt singt er seine Lieder in der Stube, wo man bei uns die Zuchthäusler zu halten pflegt. Meine Seele brennt darauf, zu erfahren, wer dieser Vogel sei, aber seine Fratze ist mit Ruß geschwärzt wie bei einem Teufel, der für die Sünder Nägel schmiedet.«

»Wie ist er gekleidet, Herr Schreiber?« »Einen schwarzen Schafspelz hat der Hundesohn an, Herr Amtmann, mit dem Fell nach außen gekehrt!«

»Lügst du auch nicht, Herr Schreiber? Wie, wenn dieser Taugenichts jetzt bei mir in meiner Kammer sitzt?« »Nein, Herr Amtmann! Du selbst, nimm es mir nicht übel, sündigst gegen die Wahrheit.«

»Gebt Licht her! Wollen wir ihn uns anschauen.«

Man brachte Licht, machte die Tür auf, und der Amtmann schrie vor Verwunderung auf, als er seine Schwägerin vor sich erblickte.

»Sag einmal, bitte«, sagte sie, auf ihn zugehend, »hast du nicht den letzten Rest deines Verstandes verloren? War in deinem einäugigen Schädel auch nur ein Tröpfchen Hirn, als du mich in die dunkle Kammer stießest? Es ist noch ein Glück, daß ich mir nicht den Kopf am eisernen Haken zerschlug. Hab' ich dir denn nicht zugeschrien, daß ich es bin? Hast mich, verfluchter Bär, mit deinen eisernen Tatzen gepackt und hineingestoßen! Mögen dich auf jener Welt ebenso die Teufel stoßen! ...«

Die letzten Worte sprach sie schon auf der Straße, wohin sie sich in irgendeiner persönlichen Angelegenheit begeben hatte.

»Ja, jetzt sehe ich, daß du es bist!« sagte der Amtmann, der nun wieder zu sich gekommen war.

»Was sagst du nun, Herr Schreiber, ist dieser verdammte Tunichtgut kein Schelm?«

»Er ist wohl ein Schelm, Herr Amtmann!« »Ist es nicht Zeit, alle diese Taugenichtse einmal vorzunehmen und zu zwingen, etwas Vernünftiges zu tun?«

»Es ist längst Zeit, Herr Amtmann!«

»Diese Narren haben sich... Der Teufel! Eben kam es mir vor, als hörte ich meine Schwägerin auf der Straße schreien... Diese Narren haben sich eingebildet, daß ich ihresgleichen sei! Sie denken sich, ich sei wie sie ein einfacher Kosak!« Der Amtmann hüstelte, zog seine Stirn kraus und blickte auf, woraus man schließen konnte, daß er die Rede auf sehr wichtige Dinge bringen wollte. »Im Jahre eintausend... in diesen verdammten Jahreszahlen kenne ich mich nie aus! Also im Jahre soundsoviel erging an den damaligen Kommissär Ljedastschij der Befehl, unter allen Kosaken den gescheitesten auszuwählen ... Oh!« (Der Amtmann sprach dieses ›Oh‹ mit erhobenem Finger.) »Den allergescheitesten, um die Zarin zu begleiten. Damals war ich ...«

»Was soll man darüber noch viel reden! Jedermann weiß es schon, Herr Amtmann! Alle wissen, wie du dir die zarische Gnade verdient hast. Gestehe aber jetzt, daß ich recht habe: du hast ein wenig gelogen, als du sagtest, daß du den Taugenichts in dem mit dem Fell nach außen gewendeten Schafspelz erwischt hast!«

»Was aber jenen Teufel in dem nach außen gewendeten Schafspelz betrifft, so soll man ihn als warnendes Beispiel für die anderen in Ketten schlagen und exemplarisch bestrafen! Damit die Leute wissen, was die Obrigkeit bedeutet! Von wem ist denn der Amtmann eingesetzt, wenn nicht vom Zaren? Nachher kommen auch die anderen Burschen dran: ich habe noch nicht vergessen, wie diese Lausejungen in meinen Gemüsegarten eine Herde Schweine getrieben haben, die mir den ganzen Kohl und alle Gurken auffraßen! Ich habe noch nicht vergessen, wie diese Teufelssöhne sich weigerten, mein Korn zu dreschen! Ich habe noch nicht vergessen ... Sie können aber von mir aus in die Erde versinken, ich muß vorerst erfahren, wer dieser Schelm im schwarzen Schafspelz ist.«

»Der wird wohl ein flinker Vogel sein!« versetzte der Schnapsbrenner, dessen Backen während des ganzen Gesprächs sich ununterbrochen wie ein Belagerungsgeschütz mit Rauch luden, und dessen Lippen, nachdem sie die kurze Pfeife losgelassen, eine ganze Rauchfontäne von sich gaben. »Es wäre gut, einen solchen Menschen für jeden Fall in der Brennerei zu haben; noch besser wäre es, ihn wie einen Kronleuchter auf den höchsten Wipfel einer Eiche aufzuhängen.«

Dieser Witz kam dem Schnapsbrenner selbst gar nicht übel vor, und er belohnte sich selbst, ohne erst den Beifall der anderen abzuwarten, mit einem heiseren Lachen.

Indessen näherten sie sich einem niederen, halb in die Erde eingesunkenen Häuschen. Die Neugierde unserer Freunde hatte sich gesteigert, und sie drängten sich vor die Tür. Der Schreiber holte einen Schlüssel aus der Tasche, und das Vorhängeschloß erklirrte; der Schlüssel war aber von seinem Kasten. Die Ungeduld war noch größer geworden. Er steckte die Hand in die Tasche, wühlte lange herum, fand aber zuerst nichts als allerlei Überreste.

»Hier!« sagte er endlich, sich vorbeugend und den Schlüssel aus der Tiefe der geräumigen Tasche hervorholend, mit der seine Pluderhose ausgestattet war.

Bei diesem Worte verschmolzen die Herzen unserer Helden gleichsam zu einem einzigen Herzen, und dieses Riesenherz klopfte so laut, daß selbst das Klirren des Schlosses dieses Pochen nicht zu übertönen vermochte. Die Tür ging auf und ... und der Amtmann wurde blaß wie Leinwand; den Schnapsbrenner überlief es kalt, und seine Haare standen zu Berge, als wollten sie in den Himmel fliegen; das Gesicht des Schreibers zeigte höchstes Entsetzen; die Polizisten wuchsen an die Erde fest und waren nicht imstande, ihre Mäuler, die sie wie auf Verabredung aufgerissen hatten, zu schließen: vor ihnen stand die Schwägerin.

Obwohl sie nicht weniger erstaunt war, kam sie doch einigermaßen zu sich und machte Anstalten, sich ihnen zu nähern.

»Halt!« schrie der Amtmann mit wilder Stimme auf und schlug die Tür sofort wieder zu. »Meine Herren, es ist der Satan!« fuhr er fort. »Feuer! Schafft schnell Feuer her! Ich will das ärarische Gebäude nicht schonen! Zündet anzündet an, damit vom Teufel nicht einmal die Knochen auf der Erde zurückbleiben!«

Die Schwägerin schrie entsetzt auf, als sie hinter der Tür das schreckliche Urteil hörte.

»Was fällt euch ein, Brüder!« sagte der Schnapsbrenner. »Ihr habt doch Gott sei Dank schon graues Haar auf den Köpfen, seid aber immer noch nicht vernünftig geworden: mit einfachem Feuer ist so eine Hexe nicht umzubringen! Einem Werwolf kann man nur mit dem Feuer aus einer Pfeife beikommen. Wartet, ich will es gleich machen!«

Nachdem er das gesagt hatte, schüttete er die glühende Asche aus der Pfeife auf eine Handvoll Stroh und begann zu blasen. Die arme Schwägerin hatte vor Verzweiflung Mut bekommen und fing an, die Leute anzuflehen und ihnen ihren Vorsatz auszureden.

»Wartet, Brüder! Warum wollt ihr so mir nichts dir nichts eine Sünde auf eure Seele laden? Vielleicht ist es auch nicht der Satan!« sagte der Schreiber. »Wenn es, ich meine das Wesen, das dort sitzt, sich entschließt, das Zeichen des Kreuzes zu machen, so ist es ein sicherer Beweis dafür, daß es nicht der Teufel ist.«

Dieser Vorschlag wurde von allen Seiten gebilligt.

»Paß auf, Satan!« fuhr der Schreiber fort, die Lippen an eine Ritze der Tür drückend. »Wenn du dich nicht vom Fleck rührst, machen wir die Tür auf.«

Die Tür wurde aufgemacht.

»Bekreuzige dich!« sagte der Amtmann, nach allen Seiten blickend, wie wenn er für den Fall eines Rückzuges einen möglichst gefahrlosen Platz suche.

Die Schwägerin bekreuzigte sich.

»Der Teufel! Das ist ja wirklich die Schwägerin!«

»Welche höllische Macht hat dich in dieses Loch gestoßen, Gevatterin?«

Die Schwägerin berichtete schluchzend, wie die Burschen sie auf der Straße gepackt und trotz ihres Widerstandes durch das breite Fenster der Stube hineingeworfen und das Fenster mit dem Laden verschlossen hatten. Der Schreiber warf einen Blick auf das Fenster; die Angeln des breiten Ladens waren heruntergerissen, und er war oben nur von einem Holzbalken festgehalten.

»Gut so, einäugiger Satan!« schrie sie auf, auf den Amtmann zugehend, der vor ihr zurückwich und sie noch immer mit seinem Auge anstarrte. »Ich kenne deine Absicht: du freutest dich schon über die Gelegenheit, mich aufzufressen, damit du dann ungehindert den Mädchen nachstellen kannst und damit niemand mehr sieht, wie sich so ein Greis zum Narren macht. Du glaubst wohl, ich weiß nicht, worüber du heute abend mit der Ganna gesprochen hast? Oh, ich weiß alles! Mich kann man nicht so leicht anführen, am allerwenigsten ein so blöder Kopf wie du. Ich war langmütig genug, aber wenn meine Geduld einmal reißt, sollst du es mir nicht übelnehmen ...«

Nachdem sie das gesagt hatte, zeigte sie ihm die Faust und entfernte sich schnell, den Amtmann in seiner Erstarrung zurücklassend.

– Nein, da hat sich wirklich der Satan hineingemischt! – dachte sich jener, sich kräftig den Kopf kratzend.

»Erwischt!« riefen die Polizisten, die in diesem Augenblick herbeikamen.

»Wen habt ihr erwischt?« fragte der Amtmann.

»Den Teufel im umgewendeten Schafspelz.«

»Gebt ihn her!« schrie der Amtmann, den Gefangenen an den Händen packend. »Ihr seid von Sinnen: das ist ja der besoffene Kalennik!«

»Der Teufel! Wir hatten ihn ja schon fest in der Hand, Herr Amtmann!« antworteten die Polizisten. »In der Gasse umringten uns die verdammten Burschen, fingen zu tanzen an, uns zu zupfen, die Zungen auszustrecken und ihn uns aus den Händen zu reißen ... Daß euch der Teufel!... Gott allein weiß, wie wir statt seiner diesen Vogel da erwischt haben!«

»Kraft meiner Gewalt und der Gewalt der ganzen Dorfgemeinde erlasse ich den Befehl«, sagte der Amtmann, »jenen Räuber augenblicklich einzufangen! In gleicher Weise alle diejenigen, die ihr auf den Straßen ergreift, zu mir zu bringen, damit ich sie aburteile!...«

»Erbarme dich, Herr Amtmann!« riefen einige von den Polizisten, sich vor ihm bis zur Erde verneigend. »Hättest du doch diese Fratzen selbst gesehen! Gott strafe uns, aber solange wir auf der Welt und getauft sind, haben wir solche abscheuliche Fratzen noch nicht gesehen! Wie leicht kann da ein Unglück passieren, Herr Amtmann! Sie können ja einen anständigen Menschen so erschrecken, daß einen hinterher keine weise Frau mehr kurieren kann.«

»Ich will euch den Schreck zeigen! Ihr wollt mir nicht gehorchen? Ihr steckt wohl mit den anderen unter einer Decke, Rebellen! Was fällt euch ein? Ihr begünstigt den ganzen Unfug!... Ihr... Ich werde es dem Kommissär melden! Sofort, hört ihr? – Augenblicklich! Lauft schnell hin, fliegt wie die Vögel! Ich will euch... Ihr sollt mir...«

Alle liefen auseinander.

V Die Ertrunkene

Ohne sich irgendwelche Sorgen zu machen, ohne sich um die abgesandten Verfolger zu kümmern, näherte sich indessen der Urheber dieses ganzen Wirrwarrs dem alten Hause und dem Teiche. Ich glaube, ich brauche nicht zu sagen, daß es Lewko war. Sein schwarzer Schafspelz stand vorn offen; er hielt die Mütze in der Hand; der Schweiß rann von seiner Stirn in Strömen. Majestätisch und düster hob sich das Ahorngehölz vom mondhellen Himmel ab. Der regungslose Teich wehte den müden Wanderer mit Kühle an und lockte ihn, an seinen Ufern auszuruhen. Alles war still; nur im tiefen Waldesdickicht schallte das Schmettern einer Nachtigall. Unüberwindliche Schläfrigkeit drückte dem Burschen die Augenlider zu; die müden Glieder wollten erstarren und Vergessen finden; der Kopf sank auf die Brust herab...»Nein, so schlafe ich hier noch ein!« sagte er, aufstehend und sich die Augen reibend. Er sah sich um: die Nacht vor ihm schien noch leuchtender. Ein seltsames, bezauberndes Leuchten gesellte sich zu dem Glanz des Mondes. Noch nie hatte er dergleichen gesehen. Ein silberner Nebel senkte sich auf das ganze Land. Der Duft der blühenden Apfelbäume und Nachtblumen ergoß sich über die ganze Erde. Erstaunt blickte er auf den unbeweglichen Wasserspiegel des Teiches: das alte Herrenhaus zeichnete sich darin gestürzt, aber klar und seltsam majestätisch ab. Statt der düsteren Fensterläden sah er lustig erleuchtete Glasfenster und Glastüren. Durch die Scheiben schimmerte Vergoldung. Und da kam es ihm vor, als ginge eines der Fenster auf. Mit angehaltenem Atem, ohne mit einem Muskel zu zucken und ohne den Blick vom Teiche zu wenden, glaubte er in die Tiefe des Wassers versetzt zu sein und seltsame Dinge zu sehen: zuerst erscheint im Fenster ein weißer Ellenbogen, dann stützt sich ein liebliches Köpfchen mit glänzenden Augen, die durch die dunkelblonden Haarfluten hindurch leuchten, auf diesen Ellenbogen; und er sieht, wie das Köpfchen leise nickt und lächelt...Sein Herz fing plötzlich zu klopfen an...Das Wasser kräuselte sich, und das Fenster wurde wieder geschlossen. Still ging er vom Teiche fort und sah das Haus an: die düsteren Fensterläden standen offen, die Scheiben glänzten im Mondlichte. – So wenig ist dem Gerede der Menschen zu trauen – dachte er sich. – Das Haus ist ja nagelneu, die Farben sind frisch, als ob man sie heute erst hingeschmiert hätte. Hier wohnt ja jemand! – Schweigend kam er näher, im Hause blieb aber alles still. Laut und wohltönend klangen die herrlichen Lieder der Nachtigallen, und wenn sie in Ermattung und Wonne zu ersterben schienen, hörte man das Rascheln und Zirpen der Grillen und das Schnarren eines Sumpfvogels, der mit seinem nassen Schnabel auf den grenzenlosen Wasserspiegel hieb. Lewko spürte in seinem Herzen eine süße Stille und Weite. Er stimmte die Laute, schlug die Saiten und sang:

»O du heitrer Mond,
Rote Abendglut,
Leuchtet in das Haus,
Wo mein Mädchen ruht!«

Das Fenster ging leise auf, und dasselbe Köpfchen, dessen Spiegelbild er im Teiche gesehen hatte, blickte heraus und lauschte andächtig dem Gesang. Die langen Wimpern beschatteten die Augen. Das Gesicht war ganz bleich wie Leinwand, wie Mondschein; doch wie herrlich, wie wunderschön! Sie lachte auf...Lewko fuhr zusammen.

»Sing mir irgendein Lied, junger Kosak!« sagte sie leise, den Kopf auf die Seite neigend und die dichten Wimpern herablassend.

»Welches Lied soll ich dir singen, mein schönes Fräulein?«

Stille Tränen rollten über ihr blasses Gesicht.

»Bursche«, sagte sie, und etwas unsagbar Rührendes klang aus ihren Worten, »Bursche, finde mir meine Stiefmutter! Ich werde nicht geizen. Ich will dich belohnen. Ich werde dich reich und prächtig beschenken! Ich habe seidengestickte Gewänder, Korallen und Geschmeide. Ich werde dir einen mit Perlen bestickten Gürtel schenken. Ich habe auch Gold...Bursche, finde mir meine Stiefmutter! Sie ist eine furchtbare Hexe: ich hatte vor ihr keine Ruhe auf dieser Welt. Sie peinigte mich und ließ mich arbeiten wie eine gemeine Bauernmagd. Blick mir nur ins Gesicht: sie hat mit ihren unsauberen Zauberkünsten jedes Rot von meinen Wangen vertrieben. Blick nur meinen weißen Hals an: sie lassen sich nicht abwaschen, sie lassen sich niemals abwaschen, diese blauen Flecke, die von ihren eisernen Krallen kommen! Blicke meine weißen Füße an: sie sind viel gegangen, doch nicht auf Teppichen, sondern über glühenden Sand, über feuchte Erde und stechende Dornen! Und meine Augen, sieh nur meine Augen an, sie sind vor Tränen erblindet... Finde sie mir, finde sie mir, Bursche, finde mir meine Stiefmutter!...«

Ihre Stimme, die immer lauter klang, stockte plötzlich. Tränenströme rollten über ihr blasses Gesicht. Ein seltsam schweres Gefühl, voller Mitleid und Trauer, preßte dem Burschen das Herz zusammen.

»Ich bin für dich zu allem bereit, mein Fräulein«, sagte er in höchster Erregung, »aber wie und wo soll ich sie finden?«

»Sieh nur, sieh!« sagte sie schnell. »Sie ist hier. Sie spielt und tanzt auf dem Ufer mit meinen Mädchen den Reigen und wärmt sich im Mondlichte. Sie ist aber listig und schlau. Sie hat die Gestalt einer Ertrunkenen angenommen; ich weiß aber, ich fühle es, daß sie hier ist. Schwer und schwül ist es mir in ihrer Nähe. Weil sie hier ist, kann ich nicht mehr so leicht und frei wie ein Fisch schwimmen. Ich ertrinke und sinke zu Boden wie ein Stein. Finde sie mir, Bursche!«

Lewko blickte aufs Ufer: im feinen silbernen Nebel schimmerten Mädchen, so leicht wie Schatten, in weißen Hemden, so weiß wie die maiblumengeschmückte Wiese; goldene Ketten und Dukaten funkelten an ihren Hälsen; sie waren aber bleich; ihre Leiber waren wie aus durchscheinenden Wolken gewoben und leuchteten durchsichtig im silbernen Mondlichte. Der Reigen kam immer näher, und er konnte schon die Stimmen erkennen.

»Laßt uns das Rabenspiel spielen, laßt uns das Rabenspiel spielen!« Die Stimmen klangen wie das Rauschen des Schilfes am Ufer, wenn es in der stillen Dämmerstunde von den lustigen Lippen des Windes berührt wird.

»Wer soll aber der Rabe sein?«

Ein Los wurde geworfen, und eines der Mädchen trat aus dem Reigen hervor. Lewko betrachtete sie, ihr Gesicht und ihr Kleid war ganz wie bei den anderen, man sah aber, daß sie ungern diese Rolle spielte. Die übrigen Mädchen stellten sich in einer langen Reihe auf und flohen vor den Angriffen des bösen Feindes.

»Nein, ich will nicht Rabe sein!« sagte das Mädchen mit ermatteter Stimme. »Ich bringe es nicht übers Herz, der armen Mutter die Küchlein zu nehmen!«

– Du bist nicht die Hexe! – sagte sich Lewko.

»Wer wird nun der Rabe sein?«

Die Mädchen wollten schon wieder losen.

»Ich werde Rabe sein!« meldete sich eine aus ihrer Mitte.

Lewko betrachtete aufmerksam ihr Gesicht. Schnell und kühn setzte sie den übrigen nach und wandte sich nach allen Seiten, um ihr Opfer zu erjagen. Da merkte Lewko, daß ihr Leib nicht so leuchtend war wie bei den anderen: ein schwarzer Kern war in der Helle zu sehen. Plötzlich erklang ein Schrei: der Rabe stürzte sich auf eines der Mädchen und packte es, und Lewko glaubte an ihren Händen Krallen und auf ihrem Gesicht eine boshafte Freude zu sehen.

»Die Hexe!« sagte er, auf sie mit dem Finger zeigend und sich nach dem Hause umwendend.

Das Fräulein lachte auf, und die Mädchen führten ihre Genossin, die den Raben gespielt hatte, schreiend fort.

»Womit soll ich dich belohnen, Bursche? Ich weiß, daß du kein Gold brauchst. Du liebst die Ganna; aber dein strenger Vater will es nicht haben, daß du sie heiratest. Nun wird er dich nicht mehr hindern können: nimm diesen Zettel und bring ihn ihm...«

Das Fräulein streckte ihm ihr weißes Händchen hin, und ihr Gesicht erstrahlte in wunderbarem Lichte... Mit unsagbarem Zittern und Herzklopfen griff er nach dem Zettel und... erwachte.

VI Das Erwachen

»War es denn nur ein Traum?« fragte sich Lewko, sich von dem Hügel erhebend. »Es war ja so lebendig wie im Wachen!... Seltsam, seltsam!« wiederholte er, sich umsehend. Der Mond, der gerade über seinem Kopfe stand, wies auf Mitternacht; rings war es still; vom Teiche kam ein kühler Hauch gezogen; über ihm erhob sich das alte traurige Haus mit den geschlossenen

Fensterläden; Moos und Unkraut bezeugten, daß die Menschen es längst verlassen hatten. Er öffnete seine Hand, die er im Schlafe geballt hatte, und schrie vor Bestürzung auf, als er in ihr den Zettel gewahrte. »Ach, wenn ich doch lesen könnte!« sagte er sich, den Zettel hin und her wendend. In diesem Augenblick ertönte hinter seinem Rücken Lärm.

»Fürchtet euch nicht, greift zu! Was habt ihr Angst? Wir sind ja unser zehn! Ich möchte wetten, daß es ein Mensch und kein Teufel ist!« So rief der Amtmann seinen Begleitern zu, und Lewko fühlte sich plötzlich von mehreren Händen gepackt, von denen einige vor Angst zitterten. »Wirf mal endlich deine schreckliche Larve ab, Freund! Es ist genug, die Leute zu foppen!« sagte der Amtmann, ihn am Kragen packend. Plötzlich erstarrte er und glotzte mit seinem einzigen Auge. »Lewko! mein Sohn!« schrie er zurückweichend und die Hände sinken lassend. »Du bist es also, du Hundesohn! Du Teufelsbrut! Ich aber zerbreche mir den Kopf, welch ein Schelm, welch ein Teufel diesen Unfug treibt. Und nun stellt es sich heraus, daß du es bist, der wie ein Räuber die Straßen unsicher macht und Spottlieder verfaßt ungekochter Haferbrei soll deinem Vater in der Kehle steckenbleiben!... So, so, Lewko! Was soll das heißen? Dir juckt wohl der Rücken? Bindet ihn!«

»Wart einmal, Vater, ich muß dir diesen Zettel übergeben«, sagte Lewko.

»Ich hab' jetzt keine Zeit für Zettel, mein Liebster! Bindet ihn!«

»Wart einmal, Herr Amtmann!« sagte der Schreiber, den Zettel entfaltend. »Es ist die Handschrift des Kommissärs.«

»Des Kommissärs?« wiederholten die Polizisten mechanisch.

– Des Kommissärs? Merkwürdig! Das ist noch unverständlicher! – dachte sich Lewko.

»Lies doch, lies«, sagte der Amtmann. »Was schreibt denn der Kommissär?«

»Laßt uns hören, was der Kommissär schreibt!« sagte der Schnapsbrenner, Feuer anschlagend, um seine Pfeife in Brand zu stecken.

Der Schreiber räusperte sich und begann zu lesen:

»»Befehl an den Amtmann Jewtuch Makogonenko. Es ist uns zu Ohren gekommen, daß du, alter Narr, statt die Steuerrückstände einzutreiben und Ordnung im Dorfe zu schaffen, ganz närrisch geworden bist und allerlei üble Dinge anstellst...««

»Bei Gott«, unterbrach der Amtmann den Schreiber, »kein Wort kann ich davon verstehen!«

Der Schreiber begann von neuem:

»»Befehl an den Amtmann Jewtuch Makogonenko. Es ist uns zu Ohren gekommen, daß du, alter Narr...««

»Halt, halt, es ist nicht nötig!« schrie der Amtmann. »Ich höre zwar kein Wort, aber ich weiß, daß es noch nicht die Hauptsache ist. Lies weiter!«

»»Aus diesem Grunde befehle ich dir, deinen Sohn Lewko Makogonenko unverzüglich mit der Kosakentochter Ganna Petrytschenko aus dem gleichen Dorfe zu verheiraten; ferner die Brücken auf der Landstraße auszubessern und ohne mein Wissen keine Gutspferde den jungen Herren vom Gericht zu geben, und wenn sie auch direkt aus dem Amte kommen. Wenn ich aber bei meiner Ankunft vorliegenden Befehl nicht ausgeführt finde, so wirst du dich dafür zu verantworten haben. Kommissär und Oberleutnant a. D. Kosjma Derkatsch-Drischpanowskij.««

»So!« versetzte der Amtmann, der mit offenem Munde dastand. »Hört ihr es, habt ihr es gehört? Der Amtmann ist für alles verantwortlich, und darum müßt ihr ihm gehorchen! Unbedingt gehorchen! Sonst dürft ihr es mir nicht übelnehmen... Und dich«, fuhr er fort, sich an Lewko wendend, »dich muß ich laut Befehl des Kommissärs verheiraten – obwohl es mich wundernimmt, wie er dies erfahren hat; zuvor wirst du aber meine Peitsche kosten! Kennst du die Peitsche, die bei mir an der Wand neben dem Heiligenbilde hängt? Ich will sie morgen instand setzen... Wo hast du den Zettel her?«

Lewko war trotz des Erstaunens über die unerwartete Wendung seiner Affäre vernünftig genug, sich eine Antwort zurechtzulegen und die Wahrheit über die Herkunft des Zettels zu verschweigen. »Gestern abend«, sagte er, »ging ich in die Stadt und begegnete dem Kommissär, der gerade in seinen Wagen stieg. Als er hörte, daß ich aus diesem Dorfe bin, gab er mir den

Zettel und beauftragte mich, dir mündlich auszurichten, Vater, daß er auf dem Rückwege uns besuchen und bei uns zu Mittag essen wird.«

»Hat er das gesagt?«

»Ja, das hat er gesagt.«

»Habt ihr's gehört?« sagte der Amtmann, sich mit wichtiger Gebärde an sein Gefolge wendend. »Der Kommissär wird in eigener Person zu uns, das heißt zu mir, zum Mittagessen kommen. Ja!« Der Amtmann hob bei diesem Worte einen Finger in die Höhe und neigte den Kopf zur Seite, als lausche er auf etwas. »Der Kommissär, hört ihr es, der Kommissär wird bei mir zu Mittag essen! Wie glaubst du, Herr Schreiber, und du, Gevatter, ist das nicht eine große Ehre? Wie?«

»Soweit ich mich erinnere«, sagte der Schreiber, »hat noch kein einziger Amtmann einen Kommissär bei sich zum Mittagessen gehabt.«

»Es gibt eben Amtmänner und Amtmänner!« sagte der Amtmann mit selbstzufriedener Miene. Sein Mund verzog sich, und aus seinen Lippen ertönte etwas wie ein schweres heiseres Lachen, das eher an das Dröhnen eines fernen Donners erinnerte. »Wie glaubst du, Herr Schreiber, sollte man nicht dem vornehmen Gast zu Ehren den Befehl geben, daß jedes Haus wenigstens ein Küken, meinetwegen auch noch etwas Leinwand und sonst noch was beistellt?... Wie?«

»Gewiß sollte man es, Herr Amtmann!«

»Und wann machen wir Hochzeit, Vater?« fragte Lewko.

»Hochzeit? Ich will dir die Hochzeit zeigen!... Aber dem hohen Gast zuliebe... soll euch der Pope morgen trauen. Hol' euch der Teufel: Soll nur der Kommissär sehen, wie prompt seine Befehle ausgeführt werden. Aber jetzt, Kinder, geht zu Bett! Marsch nach Hause!... Der heutige Fall erinnerte mich an die Zeit, wo ich...« Der Amtmann nahm bei diesen Worten die bekannte wichtige Miene an.

»Jetzt fängt der Amtmann gleich wieder zu erzählen an, wie er die Zarin begleitet hat!« sagte Lewko und eilte freudig mit raschen Schritten dem bekannten Hause unter den niedrigen Kirschbäumen zu. – Gott schenke dir ewige Seligkeit, gutes, schönes Fräulein! – dachte er bei sich. – Möge es dir vergönnt sein, in jener Welt ewig unter den heiligen Engeln zu lächeln! Keinem Menschen erzähle ich von dem Wunder, das mir in dieser Nacht geschehen ist; nur dir allein, Ganna, werd' ich es anvertrauen: du allein wirst mir glauben und mit mir für die Seele der unglücklichen Ertrunkenen beten! – Mit diesen Worten näherte er sich dem Hause. Das Fenster stand offen. Die Mondstrahlen fielen auf Ganna, die vor dem Fenster schlief. Ihr Kopf ruhte auf dem Arm. Die Wangen glühten sanft. Die Lippen bewegten sich und nannten kaum hörbar seinen Namen.

»Schlaf, meine Schöne! Träume vom Schönsten, was es auf der Erde gibt; aber auch der schönste Traum wird nicht schöner als unser Erwachen sein!« Er bekreuzigte sie, schloß das Fenster und ging leise fort. Nach einer Weile schlief schon das ganze Dorf. Nur der Mond allein schwebte strahlend und wunderbar durch die unermeßlichen Räume des herrlichen ukrainischen Himmels. Ebenso majestätisch atmete die Höhe, und die Nacht, die göttliche Nacht, verglühte in feierlicher Pracht. Ebenso herrlich lag die Erde in wunderbarem Silberglanze; aber niemand berauschte sich an diesem Anblick. Alles lag im Schlafe. Das Schweigen wurde nur ab und zu durch das Gebell der Hunde unterbrochen, und lange noch trieb sich der betrunkene Kalennik durch die schlafenden Straßen herum, immer noch auf der Suche nach seinem Hause.

Der verlorene Brief (Eine wahre Begebenheit, erzählt vom Küster der X-schen Kirche)

Eine wahre Begebenheit, erzählt vom Küster der X-schen Kirche

Ihr wollt also, daß ich euch noch mehr von meinem Großvater erzähle? Gern, warum soll ich euch nicht mit einer Geschichte erfreuen? Ach, ihr alten Zeiten! Welch eine Freude, welch eine Lust dringt ins Herz, wenn man hört, was vor langer, langer Zeit, deren Jahr und Monat niemand angeben kann, in der Welt geschah! Wenn aber irgendein Verwandter, ein Großvater oder Urgroßvater in die Geschichte verwickelt ist, so ist es aus: mag mir der Lobgesang auf die heilige Märtyrerin Warwara in der Kehle steckenbleiben, wenn es mir nicht so vorkommt, als handle die Geschichte von mir, als wäre ich in die Seele des Urgroßvaters hineingekrochen, oder als ob die Seele des Urgroßvaters in mir spukte... Das Ärgste sind aber für mich unsere Mädels und jungen Weiber; kaum komme ich ihnen vor die Augen, als sie schon gleich anfangen: »Foma Grigorjewitsch, Foma Grigorjewitsch! Bitte, ein recht gruseliges Märchen! Bitte, bitte!...«

Taratata, taratata, und es geht los... Ich erzähle ihnen gern so ein Märchen, aber man sehe mal, was nachher mit ihnen im Bette los ist. Ich weiß ja, daß eine jede unter ihrer Decke zittert, wie wenn sie den Schüttelfrost hätte, und sich mit dem Kopf unter den Pelz verkriechen möchte. Wenn nur eine Ratte an einem Topf scharrt oder sie selbst mit dem Fuße einen Schürhaken streift – gleich fällt ihr, Gott bewahre, das Herz in die Fersen. Am anderen Tage aber bestürmt sie einen wieder, als ob nichts geschehen wäre: man soll ihr ein gruseliges Märchen erzählen, und basta. Was soll ich euch nun erzählen? Manchmal fällt mir auch nichts ein... Gut, ich erzähle euch, wie die Hexen mit meinem seligen Großvater Schafskopf gespielt haben. Aber ich bitte euch im voraus, meine Herrschaften, bringt mich nicht aus dem Konzept, sonst gibt es einen Brei, daß man sich schämen muß, ihn in den Mund zu nehmen. Mein seliger Großvater, muß ich sagen, gehörte seinerzeit durchaus nicht zu den gewöhnlichen Kosaken. Er verstand zu lesen, verstand auch kunstgerecht zu schreiben. An Feiertagen konnte er den Apostel so herunterleiern, daß sich jetzt auch mancher Popensohn vor ihm verstecken könnte. Nun, ihr wißt ja selbst, wie es damals war, wenn man die Schriftkundigen von ganz Baturin versammeln wollte, so brauchte man nicht mal die Mützen hinzuhalten, man könnte sie alle in die hohle Hand einsammeln. Darum ist es auch kein Wunder, daß jeder, der dem Großvater begegnete, sich vor ihm tief verneigte.

Einmal fiel es dem hochwohlgeborenen Herrn Hetman ein, in irgendeiner Sache einen Brief an die Zarin zu schicken. Der damalige Heeresschreiber – hol' ihn der Teufel, ich kann mich auf seinen Namen nicht besinnen... Wiskrjak? Nein, nicht Wiskrjak; Motusotschka? Nein, nicht Motusotschka; Golopuzek? Nein, nicht Golopuzek... ich weiß nur, daß es ein schwieriger Name war, der so komisch anfing – er ließ also den Großvater zu sich kommen und sagte ihm, daß der Hetman selbst ihn als einen Boten mit dem Brief zur Zarin schicken wolle. Mein Großvater machte keine großen Vorbereitungen: er nähte den Brief in seine Mütze ein, schmatzte seine Frau und seine zwei Ferkel, wie sie selbst nannte, ab, von denen der eine vielleicht mein Vater war, und wirbelte solchen Staub auf, als ob fünfzehn Burschen mitten auf der Straße Fangball spielten. Am anderen Tage, als der Hahn noch nicht zum vierten Male gekräht hatte, war mein Großvater schon in Konotop. Dort war gerade Jahrmarkt: auf den Straßen trieb sich so viel Volk herum, daß es vor den Augen flimmerte. Da es aber noch sehr früh war, schlief noch alles auf der Erde hingestreckt. Neben einer Kuh lag ein besoffener Bursche mit einer Nase so rot wie ein Gimpel; etwas weiter schnarchte sitzend eine Händlerin mit Feuersteinen, Waschblau, Schrot und Brezeln; unter einem Wagen lag ein Zigeuner; auf einem Wagen mit Fischen – ein Fuhrmann; mitten auf der Straße lag mit gespreizten Beinen ein bärtiger Moskowiter mit Gürteln und Fausthandschuhen... mit einem Worte, jegliches Gesindel, wie man es auf jedem Jahrmarkt trifft. Der Großvater machte halt, um sich alles genau anzusehen. In den Buden wurde es indes allmählich lebendig: die Jüdinnen klapperten mit ihren Flaschen, hie und da stieg Rauch in Ringen empor, und der Geruch von heißen Puffern zog über das ganze Lager. Dem Großvater fiel es plötzlich ein, daß er weder ein Feuerzeug noch Tabak vorrätig hatte; so fing er an, sich auf dem Jahrmarkte herumzutreiben. Er war noch keine zwanzig Schritte weit gegangen, als ihm ein Saporoger entgegenkam. Ein Bummler, das sieht man ihm schon am Gesicht an! Feuerrote Pluderhosen, ein blauer Rock, ein grellfarbiger Gürtel, ein Säbel an der Hüfte und eine Pfeife an einer Messingkette, die bis zu den Fersen herunterhängt – mit einem Worte ein richtiger Saporoger! Ach, ist das ein Völkchen! Der richtet sich auf, streicht sich den kühnen Schnurrbart, läßt die Hufeisen erklirren, und es geht los! Und wie: die Füße tanzen wie die Spindel in Weiberhänden; wie ein Wirbelwind saust seine Hand durch alle Saiten der Leier, und gleich stemmt er sie in die Hüften, kauert nieder und richtet sich wieder auf, und wirbelt im Tanze, und sein Lied fließt dahin – seine Seele frohlockt!... Nein, diese Zeit ist vorbei, man bekommt keinen Saporoger mehr zu sehen! Ja. So trafen sie sich, ein Wort gab das andere, und die Bekanntschaft war schnell gemacht. Sie redeten und redeten, und mein Großvater hatte seine Reise schon ganz vergessen. Es ging ein Saufen los wie auf einer Hochzeit vor den großen Fasten. Aber sie bekamen es schließlich satt, Töpfe entzweizuschlagen und Geld unter das Volk zu werfen, auch kann man doch nicht ewig auf dem Jahrmarkte bleiben! So verabredeten die neuen Freunde, sich nicht mehr zu trennen und die Reise gemeinsam fortzusetzen. Es war schon längst gegen Abend, als sie in die freie Steppe hinausritten. Die Sonne hatte sich schon zur Ruhe begeben; hie und da glühten noch statt ihrer rötliche Streifen; die Wiesen leuchteten bunt wie die Feiertagsröcke schwarzbrauiger junger Weiber. Unser Saporoger kam furchtbar ins Schwatzen. Mein Großvater und noch ein lustiger Patron, der sich zu ihnen gesellt hatte, glaubten schon, daß er vom Teufel besessen sei. Wo nahm er bloß all das Zeug her, alle die wunderlichen Geschichten und Schnurren, daß mein Großvater sich die Seiten halten mußte und ihm vor Lachen beinahe der Bauch zersprang?! Aber in der Steppe wurde es immer finsterer, und auch die Rede des Burschen wurde immer unzusammenhängender. Endlich verstummte unser Erzähler ganz und begann beim geringsten Geräusch zu zittern.

»He, he, Landsmann! Du scheinst mir wirklich die Eulen zu zählen. Sehnst du dich gar nicht nach deinem Hause und nach dem Ofen?«

»Vor euch will ich nichts verheimlichen«, sagte er, plötzlich stehenbleibend und sie unverwandt anstarrend. »Wißt ihr denn auch, daß ich meine Seele schon längst dem Bösen verschrieben habe?«

»Als ob es ein Wunder wäre! Wer hat nicht schon mit dem Bösen zu tun gehabt? In solchen Fällen muß man auch bummeln, daß es nur so kracht!«

»Ach, Burschen, ich möchte schon bummeln, aber heute nacht läuft der Termin ab! Brüder«, sagte er und packte ihre Hände, »gebt mich nicht preis! Durchwacht diese eine Nacht! Mein Lebtag werde ich euch den Freundschaftsdienst nicht vergessen!«

Warum soll man einem Menschen in solcher Not nicht helfen? Mein Großvater sagte ihm geradeheraus, er würde sich eher seinen Kosakenschopf abscheren lassen, als dulden, daß der Teufel mit seiner Hundeschnauze eine Christenseele beschnüffelt.

Unsere Kosaken wären vielleicht noch weiter geritten, aber der Himmel verdunkelte sich plötzlich so, als wäre er mit einem schwarzen Tuche bedeckt, und auf der Steppe wurde es ebenso finster wie unter einem Schafspelze. In der Ferne blinkte ein Lichtschein, und die Pferde, die die nahe Krippe witterten, eilten vorwärts, die Ohren spitzend und die Augen in die Finsternis bohrend. Der Lichtschein schien ihnen entgegenzueilen, und vor den Kosaken tauchte eine Schenke auf, die so schief stand wie ein Weib auf dem Heimwege von einer lustigen Taufe. Um jene Zeit waren die Schenken ganz anders als jetzt. Man hatte nicht nur keinen Platz, um seine Glieder im Tanze zu recken, man konnte sich nicht mal hinlegen, wenn man einen Rausch hatte und die Füße wunderliche Kringel auf dem Boden beschrieben. Der ganze Hof war mit Frachtwagen vollgepfropft, unter den Dachvorsprüngen, in den Krippen, im Flur schnarchten die Menschen wie die Kater, die einen zusammengekrümmt, die anderen ausgestreckt. Der Schenkwirt saß allein vor einem Lichte und schnitt Kerben in einen Stock, welche besagten, wieviel Quart und halbe Quart die Fuhrleute gesoffen hatten. Mein Großvater ließ sich ein Drittel Eimer Schnaps für alle drei geben und ging in die Scheune. Alle drei legten sich nebeneinander hin. Er hatte sich noch nicht mal umgedreht, als er sah, daß seine Landsleute schon schliefen. Mein Großvater weckte den dritten Kosaken, der sich zu ihnen gesellt hatte, und erinnerte ihn an das Versprechen, das sie dem Kameraden gegeben hatten. Jener richtete sich halb auf, rieb sich die Augen und schlief wieder ein. Es war nichts zu machen, mein Großvater mußte nun allein wachen. Um den Schlaf irgendwie zu verscheuchen, sah er sich alle Wagen an, ging zu den Pferden, steckte sich seine Pfeife an, kam zurück und setzte sich neben die Seinen. Alles war still, nicht mal eine Fliege hörte man summen. Plötzlich war es ihm, als wenn hinter dem nächsten Wagen etwas Graues die Hörner zeige ... Da begannen aber seine Augen zuzufallen, so daß er sie mit den Fäusten reiben und mit dem noch übriggebliebenen Schnaps waschen mußte. Sobald sie etwas klarer wurden, verschwand alles wieder. Schließlich zeigte sich nach einer Weile das Ungeheuer wieder hinter dem Wagen ... Mein Großvater riß die Augen auf, so weit er konnte; aber die verdammte Schläfrigkeit hüllte alles vor ihm in einen Nebel; seine Arme erstarrten, der Kopf sank auf die Brust, und ihn übermannte ein so fester Schlaf, daß er wie tot umfiel. Lange schlief der Großvater; erst als die Sonne ihm ordentlich auf den rasierten Scheitel brannte, sprang er auf die Beine. Nachdem er sich zweimal gestreckt und sich den Rücken gekratzt hatte, merkte er, daß schon nicht mehr so viele Wagen dastanden wie gestern. Die Fuhrleute waren wohl vor Tagesanbruch weggefahren. Er schaut nach den Seinen: der Kosak schläft, der Saporoger ist aber weg. Er fängt zu fragen an, aber niemand weiß was; nur sein Kittel liegt noch auf dem Platz. Meinen Großvater packte die Angst, und er wurde nachdenklich. Er sah nach den Pferden – keines war mehr da, weder das seine noch das des Saporogers! Was mochte das bedeuten? Wenn den Saporoger der Teufel geholt hat, wer hat dann die Pferde genommen? Nachdem er sich das alles überlegt hatte, kam er zum Schluß, daß der Teufel wohl zu Fuß gekommen sei, da es aber zur Hölle gar nicht so nahe wäre, so hätte er auch sein Pferd gestohlen. Es tat ihm sehr weh, daß er sein Kosakenwort nicht gehalten hatte.

– Nichts zu machen –, sagte er sich, – ich geh' zu Fuß weiter: vielleicht treffe ich unterwegs einen Pferdehändler, der vom Jahrmarkt fährt, dann kaufe ich mir ein Pferd. – Wie er aber nach seiner Mütze greift, so ist auch die Mütze weg. Der selige Großvater schlug die Hände über dem Kopfe zusammen, denn es fiel ihm ein, daß er gestern mit dem Saporoger die Mütze vertauscht hatte. Wer kann sie gestohlen haben, wenn nicht der Teufel! Einen schönen Lohn kriegt er vom Hetman! Schön hat er den Brief an die Zarin besorgt! Nun fing mein Großvater an, den Teufel mit solchen Namen zu traktieren, daß der in seiner Hölle wohl mehr als einmal niesen mußte. Aber das Schimpfen nützt wenig; und soviel sich der Großvater auch den Nacken kratzte, er konnte sich nichts ausdenken. Was war da zu machen? Nun wandte er sich an fremden Verstand: er versammelte alle guten Leute, alle Fuhrleute und Durchreisenden, die in der Schenke waren, und erzählte ihnen, was für ein Unglück ihm zugestoßen sei. Die Fuhrleute dachten lange nach, das Kinn auf die Peitschenstiele gestützt, schüttelten die Köpfe und sagten, sie hätten noch nie in der Christenwelt von so einem Wunder gehört, daß ein Brief des Hetmans vom Teufel gestohlen worden sei. Andere fügten noch hinzu, daß wenn der Teufel oder ein Moskowiter etwas gestohlen habe, man jede Hoffnung aufgeben müsse. Nur der Schenkwirt allein saß schweigend in seiner Ecke. Mein Großvater machte sich an ihn heran. Wenn ein Mensch schweigt, so weiß er wohl viel. Der Schenkwirt war aber gar nicht gesprächig, und hätte der Großvater nicht fünf Gulden aus der Tasche geholt, so hätte er von ihm nichts herausbekommen.

»Ich will dich lehren, wie du deinen Brief finden kannst«, sagte er, indem er meinen Großvater auf die Seite führte. Dem Großvater fiel ein Stein vom Herzen. »Ich sehe es dir an den Augen an, daß du ein Kosak bist und kein Weib. Also paß auf! Nicht weit von der Schenke führt ein Weg nach rechts in den Wald. Sobald es im Felde dämmert, mache dich bereit. Im Walde leben Zigeuner, und sie kommen in solchen finsteren Nächten, wo nur die Hexen auf ihren Schürhaken herumreiten, aus ihren Löchern gekrochen, um Eisen zu schmieden. Was sie aber in Wirklichkeit treiben, brauchst du nicht zu wissen. Du wirst im Walde hämmern hören, du sollst aber nicht dahin gehen, wo gehämmert wird; du wirst vor dir einen schmalen Pfad sehen, der an einem angebrannten Baumstamm vorbeiführt: diesen Pfad sollst du einschlagen und immer weitergehen ... Dornen werden dich stechen, dichtes Haselgebüsch wird dir den Weg versperren, du aber geh immer weiter. Erst wenn du an einen Bach gekommen bist, darfst du stehenbleiben. Dort wirst du das erblicken, was du brauchst. Vergiß auch nicht, dir das in die Taschen zu stopfen, wofür die Taschen gemacht sind... Du verstehst wohl: es ist etwas, was die Teufel und die Menschen gern mögen.« Nach diesen Worten ging der Schenkwirt in seine Kammer und wollte kein Wort mehr sagen.

Man kann von meinem seligen Großvater nicht behaupten, daß er zu den Ängstlichen gehörte; wenn er einem Wolf begegnete, so packte er ihn einfach am Schwanz; wenn er mit den Fäusten durch einen Haufen Kosaken ging, so fielen diese wie die Birnen zu Boden. Und doch überlief es ihn kalt, als er in der finsteren Nacht in den Wald kam. Kein Sternchen am Himmel. Finster und dumpf wie in einem Weinkeller; er hörte nur, wie hoch oben über seinem Kopfe ein kalter Wind durch die Baumwipfel fuhr und wie die Bäume gleich berauschten Kosakenköpfen wackelten und ihre Blätter trunkene Worte flüsterten. Plötzlich wehte es ihm so kalt entgegen, daß er schon an seinen Schafspelz dachte, und da war es ihm auch, als fingen hundert Hämmer zu klopfen an, so daß es ihm im Kopfe widerhallte. Der ganze Wald wurde für einen Augenblick wie von einem Wetterleuchten erhellt. Mein Großvater erblickte gleich einen Pfad, der sich zwischen niedrigem Gebüsch schlängelte. Da ist auch schon der angebrannte Baumstamm, da sind die Dornenbüsche! Alles war genau so, wie man es ihm gesagt hatte; nein, der Schenkwirt hatte ihn nicht betrogen. Es war aber doch kein Vergnügen, sich durch die stechenden Sträucher durchzuarbeiten; noch nie im Leben hatte er gesehen, daß die verfluchten Dornen und Äste so schmerzhaft stechen können. Allmählich kam er auf einen freien Platz heraus und merkte, daß die Bäume immer weiter voneinander abstanden und so dick waren, wie er sie auch jenseits Polens nicht gesehen hatte. Zwischen den Bäumen schimmerte auch ein Bach, schwarz wie brünierter Stahl. Lange stand der Großvater am Ufer und blickte nach allen Seiten. Am anderen Ufer brennt ein Feuer; bald scheint es verlöschen zu wollen und bald spiegelt es sich wider im Bache, der so aufzuckt wie ein polnischer Schlachtschitz in Kosakentatzen. Da ist auch eine Brücke. »Nun über diese Brücke kann höchstens ein Teufelswagen fahren.« Der Großvater trat aber tapfer auf die Brücke und war schneller, als mancher braucht, um die Schnupftabakdose aus der Tasche zu holen und eine Prise zu nehmen, schon am anderen Ufer. Jetzt erst sah er hier Leute am Feuer sitzen, und diese hatten solche Fratzen, daß er zu einer anderen Zeit Gott weiß was gegeben hätte, um der Bekanntschaft mit ihnen zu entgehen. Aber jetzt mußte er wohl oder übel ihre Bekanntschaft machen. Mein Großvater verbeugte sich tief und sagte: »Gott helfe euch, ihr guten Leute!« Aber auch nicht einer nickte mit dem Kopfe: sie sitzen da und schweigen und werfen etwas ins Feuer. Er sah einen freien Platz und setzte sich ohne Förmlichkeiten zu ihnen. Die Fratzen sagen kein Wort, auch der Großvater sagt kein Wort. Lange saßen sie schweigend da. Das wurde dem Großvater langweilig; er holte aus der Tasche seine Pfeife und sah sich um, aber keiner blickte ihn an. »Euer Gnaden, seid so gut, wie sage ich es Euch...« (mein Großvater hatte viel unter Menschen gelebt und verstand es, höflich zu sprechen, so daß er sich vielleicht auch vor dem Zaren nicht blamiert hätte), »so daß ich beispielsweise weder mich selbst vergesse noch Euch zu nahe trete: eine Pfeife habe ich wohl, aber nichts, um sie anzustecken.« Auf diese Rede sagte niemand ein Wort; nur eine von den Fratzen hielt dem Großvater ein brennendes Scheit gerade vors Gesicht, so daß, hätte er sich nicht gebückt, er wohl dem einen Auge für immer hätte Ade sagen müssen. Als er schließlich sah, daß die Zeit unnütz verging, entschloß er sich, ganz gleich, ob die unsaubere Brut ihm zuhören würde oder nicht die ganze Geschichte zu erzählen. Sie sperrten die Mäuler auf, spitzten die Ohren und streckten die Pfoten aus. Der Großvater merkte, was sie wollten, nahm das ganze Geld, das er bei sich hatte, zusammen und warf es ihnen wie Hunden vor. Kaum hatte er das Geld hingeworfen, als alles vor ihm durcheinandergeriet; die Erde erzitterte, und er – er konnte selbst nicht erklären, wie – in die Hölle geraten war. »Du meine Güte!« schrie der Großvater auf, als er sich ordentlich umsah. Was für Ungeheuer! Was für Fratzen! Eine solche Menge von Hexen wie Schnee vor Weihnachten; aufgeputzt und angemalt wie die Fräulein auf dem Jahrmarkte. Und alle, so viel ihrer da waren, tanzten irgendeinen teuflischen Tanz. Was für ein Staub wirbelte da empor, mein Gott! Jeder Christenmensch müßte beim bloßen Anblick zittern, wie hoch diese Teufelsbrut hopste. Großvater mußte aber trotz seiner Angst lachen, als er sah, wie die Teufel mit Hundeschnauzen auf dünnen Beinchen schweifwedelnd um die Hexen herumscharwenzelten wie die Burschen um hübsche junge Mädchen, und die Musikanten auf ihren eigenen Backen wie auf Pauken mit den Fäusten trommelten und mit den Nasen wie auf Waldhörnern trompeteten. Als sie den Großvater erblickten, stürzte sich die ganze Horde über ihn: Schweineschnauzen, Hundeschnauzen, Bockschnauzen, Gänseschnauzen, Pferdeschnauzen – alle reckten sich, als wollten sie ihn küssen. Der Großvater spuckte vor Ekel aus! Schließlich packten sie ihn und setzten ihn an einen Tisch, der vielleicht so lang war wie die Straße von Konotop nach Baturin. »Nun, das ist nicht so schlimm«, sagte sich der Großvater, als er auf dem Tische Schweinefleisch, Würste, Kraut mit kleingeschnittenen Zwiebeln und viele andere Leckerbissen sah. »Das Teufelsgesindel scheint die Fasten nicht zu halten!« Mein Großvater, müßt ihr wissen, ließ sich nie eine Gelegenheit entgehen, einen guten Bissen zu sich zu nehmen. Der Selige hatte stets guten Appetit, und darum rückte er, ohne viel zu reden, eine Schüssel mit kleingeschnittenem Speck und einen Schinken zu sich heran, ergriff eine Gabel, nicht viel kleiner als die Gabel, mit der der Bauer Heu auflädt, nahm mit ihr ein ordentliches Stück, hielt eine Scheibe Brot darunter und beförderte es ... in ein fremdes Maul, das dicht neben seinen eigenen Ohren auftauchte, und er hörte sogar, wie das Maul kaute und mit den Zähnen klapperte, so daß man es am ganzen Tisch hörte. Der Großvater sagte nichts, nahm ein anderes Stück und glaubte es schon mit den Lippen zu berühren, es kam aber wieder in eine fremde Kehle. Auch das dritte Mal erwischte er nichts. Der Großvater wurde wütend; er vergaß seine Angst und in wessen Händen er sich befand, und fiel über die Hexen her: »Ihr wollt euch vielleicht über mich lustig machen, ihr Herodesbrut! Wenn ihr mir nicht sofort meine Kosakenmütze herausgebt, so will ich katholisch sein, wenn ich euch nicht eure Schweineschnauzen in den Nacken drehe!« Noch hatte er die letzten Worte nicht gesprochen, als alle die Ungeheuer die Zähne fletschten und ein solches Gelächter anstimmten, daß es dem Großvater ganz kalt ums Herz wurde.

»Gut!« kreischte eine der Hexen, die der Großvater für die Oberhexe hielt, weil ihre Fratze noch hübscher war als die der anderen. »Wir wollen dir die Mütze herausgeben, aber nicht eher, als bis du mit uns dreimal Schafskopf gespielt hast.«

Was war da zu machen? Ein Kosak soll sich mit Weibern hinsetzen, um Schafskopf zu spielen! Der Großvater weigerte sich lange, setzte sich aber schließlich doch hin. Man brachte Karten, so fettig wie die Karten, die bei uns die Popentöchter schlagen, um aus ihnen etwas über ihre künftigen Bräutigame zu erfahren.

»Hör also!« bellte die Hexe wieder: »Wenn du auch nur einmal gewinnst, so ist die Mütze dein; wenn du aber alle dreimal Schafskopf bleibst, so nimm es nicht übel: dann wirst du nicht nur deine Mütze, sondern vielleicht auch die Welt nicht mehr wiedersehen!«

»Gib die Karten, Hexe! Komme, was kommen mag.«

Die Karten werden verteilt. Der Großvater nimmt die seinen in die Hand: so ein Schund, daß er sie gar nicht anschauen möchte; wenn auch nur zum Spaß ein einziger Trumpf dabei wäre! Eine Zehn ist die höchste Karte, und kein einziges Paar dabei; die Hexe spielt aber immer Fünfer aus. So mußte der Großvater Schafskopf bleiben! Kaum war der Großvater Schafskopf geworden, als die Schnauzen von allen Seiten zu wiehern, zu bellen und zu grunzen anfingen: »Schafskopf, Schafskopf, Schafskopf!«

»Platzen sollt ihr, ihr Teufelsbrut!« schrie der Großvater, indem er sich die Ohren mit den Fingern zustopfte. – Na, – denkt er sich –, die Hexe wird wohl beim Mischen geschwindelt haben, diesmal will ich selbst die Karten geben. – Er verteilte die Karten, gab den Trumpf an und blickte in sein Spiel: die Karten sind gut, auch Trümpfe sind dabei. Anfangs ging die Sache nicht schlecht; aber die Hexe spielte eine Fünf mit allen vier Königen aus! Der Großvater hatte aber lauter Trümpfe. Ohne lange zu überlegen, stach er alle Könige mit den Trümpfen!

»He, he, das ist nicht Kosakenart! Womit stichst du, Landsmann?«

»Was heißt, womit? Mit den Trümpfen!«

»Bei euch sind es vielleicht Trümpfe, bei uns sind es keine.«

Er schaut hin: es ist in der Tat nur eine einfache Farbe. Was für Zauber! So mußte er auch zum zweitenmal Schafskopf bleiben, und die Teufelsbrut schrie wieder aus vollem Halse: »Schafskopf! Schafskopf!« daß der ganze Tisch wackelte und die Karten sprangen. Der Großvater kam ins Feuer und verteilte die Karten zum letztenmal. Alles geht wieder gut. Die Hexe spielt wieder einen Fünfer aus; der Großvater deckt ihn und kauft sich eine ganze Handvoll Trümpfe dazu. »Trumpf!« schrie er und haute die Karte so auf den Tisch, daß sie sich bog; die Hexe deckte ihn aber, ohne ein Wort zu sagen, mit einer gewöhnlichen Acht. »Womit stichst du denn, alter Teufel?« Die Hexe hob die Karte auf, und unter ihr lag eine einfache Sechs. »Ist das ein Teufelsschwindel!« sagt der Großvater und schlägt aus Leibeskraft mit der Faust auf den Tisch. Zum Glück hat die Hexe schlechte Karten, der Großvater hat aber wie zum Fleiß Paare. Er fängt an, zuzukaufen, aber er bekommt solchen Schund, daß er die Hände sinken läßt. Es gibt nichts mehr zuzukaufen. Nun spielt er, ohne zu schauen, eine einfache Sechs aus; die Hexe deckt sie. »Da schau! Was ist das? Da scheint etwas nicht zu stimmen!« Nun tat der Großvater die Karten heimlich unter den Tisch und schlug ein Kreuz über sie; auf einmal hat er ein Trumpfas, einen Trumpfkönig und einen Trumpfbuben, und statt der Sechs hat er eine Dame ausgespielt. »Was war ich doch für ein Narr! Trumpfkönig! Was, kannst du ihn stechen? Was, du Katzenbrut? Willst du vielleicht ein As? As! Bube!...« Ein Donner dröhnte durch die ganze Hölle; die Hexe bekam Krämpfe, und plötzlich flog die Mütze dem Großvater gerade ins Gesicht. »Nein, das ist mir zu wenig!« schrie der Großvater, nachdem er sich die Mütze aufgesetzt hatte, neuen Mut fassend: »Wenn mein tapferes Pferd nicht auf der Stelle vor mir erscheint, so soll mich hier an diesem unreinen Ort der Donner treffen, wenn ich nicht über euch alle das heilige Kreuz schlage!« Schon hob er die Hand, als vor ihm plötzlich Pferdegebeine klapperten.

»Da hast du dein Pferd!«

Der Ärmste weinte wie ein törichtes Kind, als er die Gebeine sah. »Gebt mir doch irgendein Pferd, damit ich aus eurem Nest herauskomme!« Der Teufel knallte mit der Peitsche, ein Pferd fuhr wie eine Flamme vor ihm auf, und der Großvater flog wie ein Vogel empor.

Aber es wurde ihm unheimlich zumute, als das Pferd, ohne auf seine Schreie und auf die Zügel zu achten, über Gräben und Abgründe dahinsprengte. Er kam bei diesem Ritt an solche Orte, daß einen das Zittern überkam, wenn er davon erzählte. Er blickt vor sich hinab und erschrickt noch mehr: ein Abgrund mit steilem Rand! Das Teufelsvieh macht sich aber nichts draus und springt einfach über den Abgrund. Der Großvater versucht sich festzuhalten, aber es gelingt ihm nicht. Über Baumstrünke und Erdbuckel flog er Hals über Kopf in den Abgrund und schlug sich unten am Boden so fest an, daß es ihm vorkam, als gebe er den Geist auf. Jedenfalls wußte er nicht mehr, was mit ihm in dieser Zeit geschah; und als er ein wenig zu sich kam und sich umsah, da war es schon ganz hell geworden. Er unterschied eine ihm bekannte Gegend, und er lag auf dem Dache seines eigenen Hauses.

Der Großvater bekreuzigte sich, als er heruntergeklettert war. So ein Teufelsspuk! Was für Wunder ein Mensch erleben kann! Er sieht seine Hände an, die Hände sind voll Blut; er blickt in das Wasserfaß – auch sein Gesicht ist voll Blut. Er wäscht sich ordentlich, um die Kinder nicht zu erschrecken, und tritt leise in die Stube; die Kinder kommen ihm rücklings entgegen und sagen: »Schau, schau, die Mutter springt wie verrückt!« Und in der Tat: sein Weib schläft vor dem Flachskamm, hält die Spindel in der Hand und springt im Schlafe auf der Bank auf und nieder. Der Großvater nahm sie still bei der Hand und weckte sie, »Guten Tag, Frau! Bist du ganz wohl?« Jene glotzte ihn lange an; endlich erkannte sie den Großvater und erzählte ihm, es hätte ihr geträumt, der Ofen sei in der Stube herumgefahren und habe mit der Schaufel alle Töpfe und Schüsseln hinausgejagt... und weiß der Teufel was noch alles. »Nun«, sagte der Großvater, »du hast es geträumt, ich aber sah den Teufelsspuk im Wachen. Ich sehe, wir müssen unser Haus mit Weihwasser besprengen. Jetzt darf ich aber nicht länger säumen.« Nachdem er dies gesagt und ein wenig ausgeruht hatte, holte er das Pferd aus dem Stall und machte nicht eher halt, weder bei Tag noch bei Nacht, als bis er sein Ziel erreicht und den Brief der Zarin selbst eingehändigt hatte. Dort sah der Großvater solche Wunderdinge, daß er noch lange davon erzählen konnte: wie man ihn in einen Palast führte, der so hoch war, daß man zehn Häuser übereinanderstellen könnte, und das hätte noch nicht gereicht; wie er erst in ein Zimmer hineinblickte – niemand drin; in ein anderes – niemand drin; in ein drittes niemand drin; selbst im vierten war niemand drin; erst im fünften Zimmer sitzt sie selbst mit goldener Krone, in einem nagelneuen grauen Kittel und roten Stiefeln und ißt goldene Klöße; wie sie ihm die ganze Mütze mit blauen Scheinen vollstopfen ließ; wie...er konnte sich an alles gar nicht mehr erinnern! An seine Plage mit den Teufeln dachte der Großvater nicht mehr, und wenn ihn manchmal jemand daran erinnerte, so schwieg er, als ginge es ihn nichts an, und es kostete große Mühe, ihn zu bewegen, alles zu erzählen. Und wohl zur Strafe dafür, daß er sich damals nicht beeilt hatte, das Haus mit Weihwasser zu besprengen, geschah mit seiner Frau jedes Jahr um dieselbe Zeit das Wunder, daß sie immerzu tanzen mußte. Was sie auch anfangen mochte, die Füße zuckten ganz von selbst, und etwas stieß sie, einen richtigen Tanz aufzuführen.

Die Nacht vor Weihnachten

Der letzte Tag vor Weihnachten war zu Ende. Eine klare Winternacht brach an; die Sterne erstrahlten am Himmel; der Mond erhob sich majestätisch, um den guten Menschen und der ganzen Welt zu leuchten, damit jeder recht lustig die Koljadalieder singe und den Heiland preise.

Der Frost hatte seit dem Morgen zugenommen; dafür war es aber so still, daß man das Knirschen des gefrorenen Schnees unter den Stiefeln eine halbe Werst weit hören konnte. Noch war keine einzige Gesellschaft von Burschen unter den Fenstern erschienen; nur der Mond allein blickte verstohlen in die Stuben, als wolle er die sich putzenden Mädchen rufen, damit sie schneller auf den knirschenden Schnee hinauslaufen. Da stieg aus dem Schornstein eines Hauses eine dichte Rauchwolke empor, und zugleich mit dem Rauch fuhr eine Hexe auf einem Besenstiel in die Höhe.

Wäre um diese Zeit der Assessor von Ssorotschinzy mit einer Troika von Bürgerpferden, in seiner mit Lammfell besetzten, nach Muster der Ulanenmützen gearbeiteten Mütze, in seinem blauen, mit schwarzem Schaffell gefütterten Pelz, mit seiner teuflisch geflochtenen Peitsche, mit der er seinen Kutscher anzutreiben pflegte, vorübergefahren, so hätte er sie ganz gewiß bemerkt, denn dem Assessor von Ssorotschinzy kann keine Hexe in der Welt entgehen. Er weiß ganz genau, wie viele Ferkel das Schwein einer jeden Frau wirft, wieviel Leinwand sie in der Truhe liegen hat und welche Kleidungs-oder Wirtschaftsgegenstände der brave Mann am Sonntag in der Schenke versetzt. Aber der Assessor von Ssorotschinzy kam nicht vorbei; was gehen ihn auch fremde Angelegenheiten an: er hat ja seinen eigenen Bezirk. Die Hexe stieg indessen so hoch hinauf, daß sie nur noch als ein kleiner schwarzer Fleck zu sehen war. Wo sich aber dieser Fleck nur zeigte, dort verschwand ein Stern nach dem anderen. Die Hexe hatte bald ihrer einen ganzen Ärmel voll. Drei oder vier funkelten noch am Himmel. Plötzlich zeigte sich an der entgegengesetzten Seite ein anderes Fleckchen; es wurde größer, nahm an Breite zu und war bald kein bloßer Fleck mehr. Ein Kurzsichtiger hätte sogar die Räder vom Kommissärswagen statt einer Brille auf die Nase setzen können, aber auch dann würde er nicht erkennen, was das war. Von vorn besehen, sah es ganz wie ein Deutsche aus: eine schmale Schnauze, die sich fortwährend bewegte und alles beschnüffelte, worauf sie stieß, lief wie bei unseren Schweinen in ein rundes Fünfkopekenstück aus; die Beine waren so dünn, daß der Amtmann von Jareskow sie schon beim ersten Sprunge im Kosakentanz gebrochen haben würde, wenn er sie hätte. Von rückwärts sah es dafür ganz wie der Gouvernementsanwalt in Uniform aus, denn es hatte hinten einen spitzen und langen Schwanz hängen, wie ihn ein moderner Uniformfrack hat; nur an dem Bocksbart unter der Schnauze, an den kleinen Hörnchen auf dem Kopfe und daran, daß es nicht weißer war als ein Schornsteinfeger, könnte man erkennen, daß es weder ein Deutscher noch der Gouvernementsanwalt, sondern einfach der Teufel war, dem nur diese letzte Nacht blieb, in der er sich auf der Welt herumtreiben und die guten Menschen zur Sünde verführen durfte. Morgen schon mußte er beim ersten Glockenschlage der Frühmesse mit eingezogenem Schwanz schleunigst in sein Loch fahren.

Der Teufel schlich sich indessen leise an den Mond heran und streckte schon die Hand aus, um ihn zu packen, zog sie aber gleich wieder zurück, als ob er sich verbrannt hätte, sog an den Fingern und zappelte mit einem Bein. Dann lief er an den Mond von einer anderen Seite heran, sprang aber wieder weg und zog die Hand zurück. Trotz dieser Mißerfolge ließ der schlaue Teufel von seinen Streichen nicht ab. Er lief wieder an den Mond heran, packte ihn mit beiden Händen zugleich und warf ihn, wie ein Bauer, der Feuer für seine Pfeife mit bloßen Händen holt, Grimassen schneidend und fortwährend blasend, aus der einen Hand in die andere; schließlich steckte er ihn schnell in die Tasche und rannte weiter, als wäre nichts geschehen.

In Dikanjka merkte niemand, daß der Teufel den Mond gestohlen hatte. Allerdings hatte der Gemeindeschreiber, als er auf allen vieren aus der Schenke kam, gesehen, daß der Mond am Himmel plötzlich tanzte, was er auch unter Schwüren dem ganzen Dorfe versicherte; aber die Bürger schüttelten die Köpfe und lachten ihn sogar aus. Was mochte aber den Teufel zu so einer gesetzwidrigen Tat bewogen haben? Das hatte folgenden Grund: er wußte, daß der reiche Kosak

Tschub vom Küster zu Kutja eingeladen war, welchem Schmause außerdem der Amtmann, ein mit dem Küster verwandter bischöflicher Chorsänger, der einen blauen Rock trug und eine tiefere Stimme hatte als der tiefste Baß, der Kosak Swerbygus und noch manche andere Gäste beiwohnen sollten; außer der Kutja würde es auch noch einen süßen Fruchtschnaps, einen Safranschnaps und viele andere Speisen geben. Indessen sollte die Tochter Tschubs, das schönste Mädel im ganzen Dorfe, zu Hause bleiben, und zu dieser Tochter würde sicher der Schmied kommen, ein kräftiger Bursche, der dem Teufel noch unangenehmer war als die Predigten des P. Kondrat. Der Schmied befaßte sich in seiner freien Zeit mit Malen und galt als der beste Maler in der ganzen Gegend. Selbst der Hauptmann L-ko, der damals noch lebte, ließ ihn einmal eigens nach Poltawa kommen, um einen Bretterzaun an seinem Hause anzustreichen. Alle Schüsseln, aus denen die Kosaken von Dikanjka ihre Rübensuppe aßen, waren von diesem Schmied bemalt. Der Schmied war ein gottesfürchtiger Mann und malte oft Heiligenbilder; auch jetzt noch kann man in der Kirche von T. seinen Evangelisten Lucas sehen. Doch der Triumph seiner Kunst war das von ihm an der Wand der rechten Vorhalle der Kirche gemalte Bild, auf dem er den heiligen Petrus dargestellt hatte, wie er am Tage des Jüngsten Gerichts, mit den Schlüsseln in der Hand, den bösen Geist aus der Hölle vertreibt; der erschrockene Teufel wirft sich, sein Ende ahnend, hin und her, während ihn die bis dahin eingekerkerten Sünder mit Peitschen, Holzscheiten und allem, was ihnen in die Hände fällt, schlagen und hinausjagen. Als der Maler an diesem Bilde arbeitete und es auf einem großen Brette malte, hatte sich der Teufel alle Mühe gegeben, ihn zu stören: er stieß ihn unsichtbar an der Hand und holte aus der höllischen Esse Asche und streute sie aufs Bild; das Bild wurde aber trotz alledem vollendet, das Brett in die Kirche gebracht und an der Wand der Vorhalle befestigt, und der Teufel hatte seitdem geschworen, sich am Schmied zu rächen.

Nur eine Nacht noch durfte er sich auf Gottes Welt herumtreiben; aber auch in dieser Nacht suchte er ein Mittel, um seinen Zorn an dem Schmied auszulassen. Zu diesem Zweck entschloß er sich, den Mond zu stehlen, wobei er seine Hoffnung darauf setzte, daß der alte Tschub faul und schwerfällig war und daß er gar nicht nahe vom Küster wohnte; der Weg führte hinter dem Dorfe an den Mühlen und am Friedhof vorbei und machte einen Bogen um einen Graben. In einer Mondnacht hätte sich Tschub vielleicht noch vom Fruchtschnaps und vom Safranschnaps verlocken lassen können, aber bei dieser Finsternis würde es wohl kaum jemand gelingen, ihn von seinem Ofen herunterzuschleppen und aus dem Hause zu bringen. Der Schmied, der mit ihm seit längerer Zeit verfeindet war, würde es trotz seiner Kraft nicht wagen, in Tschubs Anwesenheit das Töchterchen aufzusuchen.

Als der Teufel also den Mond in die Tasche gesteckt hatte, wurde es in der ganzen Welt plötzlich so finster, daß nicht jeder den Weg zur Schenke, geschweige denn zum Küster gefunden hätte. Die Hexe, die sich plötzlich im Dunkeln sah, schrie auf. Der Teufel tänzelte auf sie zu, faßte sie unterm Arm und begann ihr dasselbe ins Ohr zu flüstern, was man den Weibern gewöhnlich zuzuflüstern pflegt. Wunderlich ist es in unserer Welt eingerichtet! Alles, was da lebt, ist bemüht, einander alles abzugucken und sich gegenseitig nachzuäffen. Einst pflegten in Mirgorod nur der Richter und der Stadthauptmann im Winter mit Tuch überzogene Pelze zu tragen, während die niedere Beamtenschaft ungedeckte Nacktpelze trug; jetzt haben sich sogar der Assessor und der Unterrendant neue Pelze aus bestem Lammfell mit Tuchüberzug geleistet. Der Kanzlist und der Gemeindeschreiber hatten sich vor zwei Jahren blauen Baumwollstoff zu sechzig Kopeken den Arschin gekauft. Der Kirchendiener hat sich für den Sommer eine Pluderhose aus Nanking und eine Weste aus gestreiftem Kammgarn machen lassen. Mit einem Worte, alles will nach was aussehen! Wann werden die Menschen einmal aufhören, den Nichtigkeiten dieser Welt nachzugehen! Ich wette, es wird vielen merkwürdig vorkommen, daß der Teufel die gleichen Wege geht. Das Ärgerlichste aber ist, daß er sich wohl für einen schönen Mann hält, während man sich schämen muß, seine Fratze auch nur anzusehen. Er hat eine hundsgemeine Fratze; wie Foma Grigorjewitsch zu sagen pflegt, und doch versucht auch er, einer Hexe den Hof zu machen! Aber am Himmel und unter dem Himmel war es so finster geworden, daß man gar nichts sehen konnte, was zwischen den beiden sich weiter abspielte.

»Du bist also noch nicht beim Küster in seinem neuen Hause gewesen, Gevatter?« fragte der Kosak Tschub, aus seinem Hause tretend, einen langen Bauern in kurzem Schafspelz und mit einem dichten Bart, der davon zeugte, daß ihn das gebrochene Sensenstück, mit dem sich die Bauern in Ermangelung eines Rasiermessers zu rasieren pflegen, seit mehr als zwei Wochen nicht berührt hatte. »Dort wird es einen schönen Schmaus geben!« fuhr Tschub schmunzelnd fort. »Daß wir nur nicht zu spät kommen!«

Bei diesen Worten rückte Tschub den Gürtel zurecht, der seinen Pelz fest umspannte, drückte sich die Mütze tiefer ins Gesicht, nahm die Peitsche, den Schrecken und die Furcht aller zudringlichen Hunde, blickte aber nach oben und hielt inne... »Zum Teufel! Schau!... Schau, Panas!...«

»Was?« fragte der Gevatter und hob ebenfalls seinen Kopf.

»Du fragst noch? Der Mond ist weg!«

»Verdammt! Der Mond ist wirklich weg.«

»Das ist es eben, daß er weg ist!« sagte Tschub etwas ärgerlich über die unerschütterliche Gleichgültigkeit des Gevatters. »Du kümmerst dich wohl nicht darum.«

»Was soll ich denn machen?«

»Mußte sich da ein Teufel einmischen der Hund soll nicht erleben, am Morgen ein Glas Schnaps zu trinken!... Es ist wie ein Spott!... Als ich noch in der Stube saß, sah ich eigens zum Fenster hinaus: eine wunderbare Nacht! Ganz hell war es, der Schnee glänzte im Mondlichte, und alles war so klar zu sehen wie bei Tage. Kaum bin ich aber aus der Stube getreten, so ist es so finster geworden, daß man die Hand vor den Augen nicht sieht!« – Mag er sich alle Zähne an einem harten Buchweizenkuchen ausbrechen! –

Tschub brummte und fluchte noch lange, überlegte sich aber zugleich, wozu er sich entschließen solle. Gar zu gern hätte er beim Küster über allerlei Unsinn geschwatzt; der Amtmann, der zugereiste Baß und der Teerbrenner Mikita, der alle zwei Wochen zum Markt nach Poltawa fuhr und solche Witze zu machen pflegte, daß die Bürger sich den Bauch vor Lachen hielten, waren schon sicher da. Tschub sah schon in Gedanken den süßen Fruchtschnaps auf dem Tische stehen. Das alles war allerdings verlockend; aber die Dunkelheit der Nacht weckte in ihm die Faulheit, die alle Kosaken so lieben. Wie schön wäre es jetzt, mit eingezogenen Beinen auf dem Ofen zu liegen, ruhig die Pfeife zu rauchen und im süßen Schlummer die Lieder lustiger Burschen und Mädchen zuhören, die sich in Scharen vor den Fenstern drängen! Er hätte sich ohne Zweifel für das letztere entschieden, wenn er allein gewesen wäre; aber zu zweit war es nicht so langweilig und schrecklich, durch die finstere Nacht zu gehen; auch wollte er nicht vor den anderen faul und feige erscheinen. Als er mit dem Schimpfen fertig war, wandte er sich wieder an den Gevatter.

»Der Mond ist also weg, Gevatter?«

»Er ist weg.«

»Wirklich seltsam! Gib mir mal eine Prise! Du hast einen feinen Tabak, Gevatter! Wo hast du ihn her?«

»Was, zum Teufel, fein?!« erwiderte der Gevatter und klappte die aus Birkenrinde angefertigte und mit einem Stichmuster verzierte Dose zu. »Nicht mal eine alte Henne würde von diesem Tabak niesen!«

»Ich kann mich noch erinnern«, fuhr Tschub in demselben Tone fort, »der selige Schenkwirt Susulja hat mir einmal einen Tabak aus Njeschin mitgebracht. Ach, war das ein Tabak! Ein guter Tabak war das! Was fangen wir nun an, Gevatter? Es ist ja dunkel.«

»Bleiben wir vielleicht zu Hause?« sagte der Gevatter, nach der Türklinke greifend.

Hätte der Gevatter das nicht gesagt, so würde sich Tschub wohl entschlossen haben, zu Hause zu bleiben; jetzt aber stieß ihn etwas, dem Gevatter zu widersprechen. »Nein, Gevatter, wollen wir gehen! Es ist nicht anders möglich, wir müssen gehen!«

Als er das gesagt hatte, ärgerte er sich schon gleich über seine Worte. Es war ihm sehr unangenehm, sich in einer solchen Nacht hinzuschleppen, aber ihn tröstete der Gedanke, daß er es selbst so gewollt hatte und anders handelte, als man ihm geraten hatte.

Der Gevatter zeigte als ein Mann, dem es ganz gleich war, ob er zu Hause saß oder sich draußen herumtrieb, nicht den leisesten Verdruß; ersah sich um, kratzte sich mit dem Peitschenstiel die Achseln, und die beiden Gevattern machten sich auf den Weg.

Nun wollen wir sehen, was die schöne Tochter allein treibt. Oksana war noch nicht siebzehn Jahre alt, als schon beinahe in der ganzen Welt, wie diesseits von Dikanjka, so auch jenseits von Dikanjka, die Leute von nichts anderem sprachen als von ihr. Die Burschen erklärten einstimmig, daß es ein schöneres Mädel im ganzen Dorfe niemals gegeben habe und auch niemals geben werde. Oksana wußte und hörte alles, was über sie gesprochen wurde, und war so launisch, wie es einem schönen Mädchen geziemt. Hätte sie nicht den Rock und die Jacke einer Bäuerin, sondern irgendein städtisches Morgenkleid getragen, so würde bei ihr wohl keine einzige Zofe aushalten können. Die Burschen liefen ihr scharenweise nach; sie verloren aber die Geduld, verließen einer nach dem anderen die eigensinnige Schöne und wandten sich anderen, weniger launischen Mädchen zu. Nur der Schmied allein war eigensinnig und gab seine Bemühungen nicht auf, obwohl sie ihn nicht besser als die anderen behandelte. Als der Vater gegangen war, putzte und zierte sich Oksana noch lange vor dem kleinen Spiegel im Zinnrahmen und konnte sich gar nicht genug bewundern.

»Warum ist es den Leuten bloß eingefallen, zu verbreiten, daß ich hübsch sei?« sagte sie gleichsam zerstreut, nur um über irgendwas mit sich selber zu plaudern. »Die Leute lügen, ich bin gar nicht hübsch.«

Aber das frische, lebhafte, kindlich jugendliche Gesicht mit den glänzenden schwarzen Augen und dem unsagbar angenehmen Lächeln, das die Seele versengte, bewies ihr plötzlich das Gegenteil.

»Sind denn meine schwarzen Brauen und Augen«, fuhr die Schöne fort, ohne den Spiegel fortzulassen, »wirklich so schön, daß es nicht ihresgleichen auf der Welt geben soll? Was ist denn an dieser Stumpfnase so hübsch? Was an den Wangen, an den Lippen? Sind denn meine schwarzen Zöpfe wirklich so schön? Ach, man könnte vor ihnen am Abend erschrecken: sie winden sich wie lange Schlangen um meinen Kopf. Jetzt sehe ich, daß ich gar nicht hübsch bin!« Sie rückte den Spiegel etwas von sich fort und rief: »Nein, ich bin schön! Ach, wie schön! Wunderbar! Welch eine Freude bringe ich dem, dessen Frau ich werde! Wie wird mich mein Mann bewundern! Er wird vor Freude ganz außer sich sein! Er wird mich zu Tode küssen.«

»Ein wunderliches Mädel!« flüsterte der Schmied, der leise eingetreten war. »Sie ist so gar nicht eitel! Eine ganze Stunde steht sie vor dem Spiegel, kann sich gar nicht sattsehen und rühmt sich dabei ganz laut!«

»Ja, ihr Burschen, passe ich denn zu euch? Schaut mich nur an«, fuhr die hübsche Kokette fort. »Wie schwebend ist mein Gang. Mein Hemd ist mit roter Seide gestickt. Und was für Bänder habe ich auf dem Kopfe! Euer Lebtag werdet ihr keine so schönen Tressen sehen. Das alles hat mir mein Vater gekauft, damit mich der schönste Bursche der Welt heiratet.« Sie lächelte, drehte sich um und erblickte den Schmied...

Sie schrie auf und blieb mit strenger Miene vor ihm stehen.

Der Schmied ließ seine Hände sinken.

Es läßt sich schwer sagen, was das braune Gesicht des herrlichen Mädchens ausdrückte: es war Strenge darin, und durch die Strenge hindurch ließ sich auch ein eigentümlicher Hohn über den verblüfften Schmied erkennen; auch hatte der Verdruß ihr Gesicht mit kaum wahrnehmbarer Röte gefärbt, und alles zusammen war so unbeschreiblich schön, daß man sie eine Million mal küssen könnte: das wäre das beste, was man hätte tun können.

»Warum bist du hergekommen?« begann Oksana. »Möchtest du denn, daß ich dich mit der Schaufel hinausjage? Ihr versteht es alle gut, euch an uns heranzumachen. Ihr wittert es gleich, wenn die Väter nicht zu Hause sind. Oh, ich kenne euch! Ist mein Koffer fertig?«

»Er wird fertig, mein Herzchen, nach den Feiertagen wird er fertig. Wenn du nur wüßtest, wieviel ich an ihm herumgearbeitet habe: zwei Nächte habe ich meine Schmiede nicht verlassen. Dafür hat auch keine Popentochter so einen Koffer. Zu den Beschlägen nahm ich ein Eisen, wie ich es nicht mal zum Wagen des Hauptmanns genommen habe, als ich bei ihm in Poltawa arbeitete. Und wie schön er bemalt sein wird! Du kannst mit deinen weißen Füßchen die ganze Gegend durchlaufen und wirst keinen ähnlichen Koffer finden! Über den ganzen Grund werden rote und blaue Blumen verstreut sein. Es wird leuchten wie Feuer. Sei mir also nicht böse! Laß mich wenigstens mit dir sprechen, dich wenigstens anschauen!«

»Wer verbietet dir das? Sprich und schau!«

Sie setzte sich auf die Bank, blickte wieder in den Spiegel und begann ihre Zöpfe auf dem Kopfe zu ordnen. Sie blickte auf ihren Hals, auf das neue, mit Seide gestickte Hemd, und ein leises Gefühl von Selbstzufriedenheit spiegelte sich auf ihren Lippen, auf den frischen Wangen und leuchtete aus ihren Augen.

»Erlaube mir, daß ich mich neben dich setze!« sagte der Schmied.

»Setz dich«, versetzte Oksana, den gleichen Ausdruck auf den Lippen und in den selbstzufriedenen Augen bewahrend.

»Wunderbare, herrliche Oksana, erlaube, daß ich dich küsse!« sagte der Schmied ermutigt und drückte sie an sich, mit der Absicht, einen Kuß zu erwischen. Aber Oksana zog ihre Wangen, die sich schon in nächster Nähe der Lippen des Schmiedes befanden, zurück und stieß ihn von sich. »Was möchtest du noch? Wenn er Honig hat, muß er auch gleich einen Löffel haben! Geh weg, deine Hände sind härter als Eisen. Auch du selbst riechst nach Rauch. Ich glaube, du hast mich ganz mit Ruß beschmiert.«

Sie nahm wieder den Spiegel vor und begann sich von neuem zu putzen.

– Sie liebt mich nicht! – dachte der Schmied bei sich und ließ den Kopf sinken. – Für sie ist alles eine Spielerei, ich stehe aber vor ihr wie ein Narr und kann von ihr kein Auge wenden! Ein wunderliches Mädel! Was gäbe ich nicht alles darum, zu erfahren, was sie im Herzen hat und wen sie liebt. Aber nein, sie kümmert sich um niemand. Sie bewundert nur sich selbst; sie quält mich Armen, und ich kann vor Trauer die Welt nicht sehen. Ich liebe sie aber so, wie noch kein Mensch auf der Welt geliebt hat oder lieben wird. –

»Ist es wahr, daß deine Mutter eine Hexe ist?« fragte Oksana und lachte. Der Schmied fühlte, wie in seinem Innern alles zu lachen anfing. Dieses Lachen hallte plötzlich in seinem Herzen und in den leise erzitternden Adern wider; gleich darauf spürte er aber wieder Ärger, daß es nicht in seiner Gewalt war, dieses so hübsch lachende Gesicht zu küssen.

»Was geht mich meine Mutter an? Du bist mir Mutter und Vater und alles, was mir auf der Welt teuer ist. Wenn mich der Zar zu sich riefe und mir sagte: ›Schmied Wakula, bitte mich um alles, was es in meinem Zarenreiche Schönes gibt, ich will dir alles geben. Ich werde dir eine goldene Schmiede bauen lassen, und du wirst mit silbernen Hämmern schmieden.‹ ›Ich will nicht‹, würde ich dem Zaren sagen, ›ich will weder Edelsteine, noch eine goldene Schmiede, noch dein ganzes Zarenreich. Gib mir lieber meine Oksana!‹«

»Siehst du, was du für einer bist: Aber mein Vater ist auch nicht so dumm. Paß auf, er wird noch deine Mutter heiraten!« sagte Oksana mit schelmischem Lächeln. »Aber warum kommen die Mädchen nicht... Was soll das bedeuten? Es ist schon längst Zeit, vor den Fenstern Weihnachtslieder zu singen, mir wird es langweilig!«

»Denk nicht an sie, meine Schöne!«

»Warum nicht gar! Mit ihnen werden wohl auch die Burschen mitkommen. Da wird es einen Ball geben. Ich stelle mir vor, was für spaßige Geschichten sie erzählen werden!«

»Es ist dir also lustig mit ihnen?«

»Jedenfalls lustiger als mit dir. Ah! Jemand klopft; es sind sicher die Mädchen mit den Burschen.«

– Was soll ich noch länger warten? – sagte der Schmied zu sich selbst. – Sie macht sich über mich lustig. Ich bin ihr ebensoviel wert wie ein verrostetes Hufeisen. Wenn dem aber wirklich so ist, so soll wenigstens kein anderer über mich lachen. Wenn ich nur sicher merke, daß ihr ein anderer besser gefällt als ich, so will ich es ihm schon austreiben...

Ein Klopfen an der Tür und ein scharf in der kalten Luft klingender Ruf »Mach auf!« unterbrachen seine Gedanken.

»Wart, ich mache selbst auf«, sagte der Schmied und trat in den Flur mit der Absicht, dem ersten besten, der ihm vor die Augen kam, die Rippen einzuschlagen.

Der Frost nahm zu, und oben in der Höhe wurde es so kalt, daß der Teufel von einem Huf auf den anderen sprang und sich in die Faust blies, um seine erfrorenen Hände ein wenig zu erwärmen. Es ist auch kein Wunder, wenn es einen fror, der sich Tag für Tag in der Hölle herumtrieb, wo es bekanntlich nicht so kalt ist wie bei uns im Winter, und wo er mit einer weißen Mütze auf dem Kopfe wie ein Koch vor dem Herde stand und die Sünder mit solchem Vergnügen briet, wie ein Weib zu Weihnachten eine Wurst brät.

Die Hexe spürte auch den Frost, obwohl sie warm gekleidet war; darum hob sie die Arme in die Höhe, schob ein Bein zurück, nahm die Haltung eines auf Schlittschuhen dahinsausenden Menschen ein und fuhr, ohne ein Glied zu rühren, durch die Luft, wie einen steilen Eisberg hinunterfahrend, in einen Schornstein.

Der Teufel folgte ihr auf die gleiche Weise. Da aber dieses Vieh flinker ist als mancher Geck in Strümpfen, so ist es kein Wunder, daß er gleich an der Mündung des Schornsteins seiner Geliebten an den Hals fuhr; so befanden sich die beiden auf einmal in einem geräumigen Ofen zwischen den Töpfen.

Die heimgekehrte Reiterin machte leise das Ofentürchen auf, um zu sehen, ob ihr Sohn Wakula keine Gäste in die Stube geladen hätte; als sie aber sah, daß niemand da war außer einigen Säcken, die mitten in der Stube lagen, kam sie aus dem Ofen gekrochen, warf den warmen Pelz ab, zupfte ihre Kleider zurecht, und niemand hätte ihr ansehen können, daß sie vor einer Minute auf einem Besen geritten war.

Die Mutter des Schmiedes Wakula war nicht mehr als vierzig Jahre alt. Sie war weder schön noch häßlich. Es ist auch schwer, in diesem Alter schön zu sein. Doch verstand sie es, die gesetztesten Kosaken (die sich, nebenbei bemerkt, wenig um die Schönheit kümmerten) so an sich zu fesseln, daß selbst der Amtmann, der Küster Ossip Nikiforowitsch (natürlich wenn die Küsterin nicht zu Hause war), der Kosak Kornij Tschub und der Kosak Kaßjan Swerbygus sie aufzusuchen pflegten. Zu ihrer Ehre muß gesagt werden, daß sie mit ihnen vorzüglich umzugehen verstand: keinem von ihnen kam es in den Sinn, daß er einen Nebenbuhler habe. Ging ein frommer Bauer oder ein Edelmann, wie die Kosaken sich selbst nennen, in seinem Mantel mit der Kapuze am Sonntag zur Kirche, oder, bei schlechtem Wetter, in die Schenke, wie sollte er da nicht bei Ssolocha einkehren, um ein paar fette Quarkkuchen mit Sahne zu essen und ein wenig mit der gesprächigen und gefälligen Hausfrau in der warmen Stube zu schwatzen? Der Edelmann machte zu diesem Zweck einen großen Umweg, ehe er die Schenke erreichte, und das nannte er »unterwegs einkehren«. Und wenn Ssolocha mal an einem Feiertag in ihrem grellen Rock und Nankingjacke und dem blauen, mit goldenen Streifen benähten Überrock in die Kirche kam und sich direkt neben dem rechten Chor aufstellte, so mußte der Küster unbedingt hüsteln und unwillkürlich nach jener Seite hinüberblinzeln; der Amtmann strich sich den Schnurrbart, wickelte sich seinen Kosakenzopf ums Ohr und sagte zu dem neben ihm stehenden Nachbarn: »Ach, ist das ein feines Frauenzimmer! Ein Teufelsweib!« Ssolocha grüßte jeden Menschen, und jeder glaubte, sie grüße ihn allein.

Aber jeder, der Lust hat, sich in fremde Angelegenheiten zu mischen, könnte sofort merken, daß Ssolocha den Kosaken Tschub am freundlichsten behandelte. Tschub war Witwer. Vor seinem Hause standen immer acht Schober Getreide. Zwei Paar kräftige Ochsen streckten ihre Köpfe aus dem Flechtwerk des Stalles auf die Straße hinaus und brüllten, sooft sie die Gevatterin – die Kuh, oder den Gevatter – den dicken Stier, kommen sahen. Ein bärtiger Ziegenbock stieg sogar aufs Dach hinauf und meckerte mit einer so schrillen Stimme wie der Stadthauptmann, um die im Hofe herumspazierenden Truthennen zu necken, und kehrte den Rücken, wenn er seine Feinde, die Jungen, erblickte, die sich über seinen Bart lustig machten. In den Truhen Tschubs gab es viel Leinwand, teure Kaftans und altertümliche Röcke mit goldenen Tressen: seine verstorbene Frau hielt viel auf Putz. In seinem Gemüsegarten wurden außer Mohn, Kohl und Sonnenblumen alljährlich auch zwei Beete Tabak gesät. Ssolocha hielt es für gar nicht so ohne, dies alles mit ihrer eigenen Wirtschaft zu vereinigen und malte sich schon im voraus

aus, welche Ordnung in der Wirtschaft herrschen würde, wenn sie in ihre Hände käme; darum verdoppelte sie ihr Wohlwollen gegen den alten Tschub. Damit aber ihr Sohn Wakula sich nicht an Tschubs Tochter heranmache, alles einheimse und ihr die Möglichkeit nehme, sich in etwas einzumischen, griff sie nach dem üblichen Mittel aller vierzigjährigen Weiber: sie bemühte sich, den Schmied mit Tschub so oft als möglich zu entzweien. Vielleicht waren diese schlauen Ränke und ihre Gewandtheit schuld daran, daß die alten Weiber manchmal, besonders wenn sie bei einer lustigen Versammlung etwas zu viel getrunken hatten, davon redeten, Ssolocha sei wahrlich eine Hexe; der Bursche Kisjakolupenko habe bei ihr hinten einen Schwanz von der Größe einer Weiberspindel gesehen; erst am letzten Donnerstag sei sie in Gestalt einer schwarzen Katze über die Straße gelaufen; zu der Popenfrau sei aber einmal eine Sau gekommen, die wie ein Hahn gekräht, den Hut des P. Kondrat aufgesetzt habe und wieder weggelaufen sei...

Einmal traf es sich, daß, als die alten Weiber darüber redeten, ein gewisser Kuhhirt Tymisch Korostjawyj herbeikam. Er unterließ es nicht, zu erzählen, wie er im Sommer, kurz vor den Petrifasten, sich im Stalle schlafen gelegt und ein Bündel Stroh unter den Kopf gelegt habe und wie er mit eigenen Augen gesehen hätte, daß die Hexe mit aufgelöstem Zopf, in bloßem Hemd angefangen habe, die Kühe zu melken; er hätte sich gar nicht rühren können, so behext sei er gewesen; auch hätte sie ihm die Lippen mit etwas so Abscheulichem beschmiert, daß er nachher den ganzen Tag spucken mußte. Das alles war jedoch zweifelhaft, da doch nur der Assessor von Ssorotschinzy allein eine Hexe zu sehen vermag. Darum wehrten sich alle angesehenen Kosaken gegen dieses Gerücht. »Sie lügen, die Hundeweiber!« war ihre gewöhnliche Antwort.

Als Ssolocha aus dem Ofen gekrochen war und ihre Kleider zurechtgezupft hatte, fing sie als gute Hausfrau an, die Stube aufzuräumen und alles auf seinen Platz zu stellen; aber die Säcke rührte sie nicht an: »Wakula hat sie gebracht; soll er sie auch selbst hinaustragen!« Der Teufel hatte sich indessen, als er in den Schornstein hineinflog, zufällig umgeschaut und Tschub Arm in Arm mit dem Gevatter schon recht weit vom Hause erblickt. Er fuhr sofort aus dem Ofen, lief ihnen über den Weg und begann die Haufen des gefrorenen Schnees auf allen Seiten aufzuwühlen. Es erhob sich ein Schneegestöber. Die ganze Luft wurde weiß. Der Schnee wirbelte so, daß man ein weißes Netz zu sehen glaubte, und drohte die Augen, Münder und Ohren der Fußgänger zuzukleben. Der Teufel flog wieder in den Schornstein hinein, fest davon überzeugt, daß Tschub mit dem Gevatter heimkehren, den Schmied bei sich antreffen und ihn sicherlich so traktieren würde, daß er lange Zeit nicht mehr imstande sein werde, einen Pinsel in die Hand zu nehmen und verletzende Karikaturen zu malen.

Und in der Tat, kaum hatte sich das Schneegestöber erhoben und der Wind angefangen, ihn in die Augen zu stechen, äußerte Tschub schon Reue; er zog sich die Kapuze tiefer über die Ohren und fluchte auf sich selbst, den Gevatter und den Teufel. Sein Ärger war übrigens geheuchelt. Tschub war über den Schneesturm sehr froh. Bis zum Hause des Küsters hatten sie etwa achtmal so weit zu gehen, als sie schon zurückgelegt hatten. Die Wanderer kehrten um. Der Wind blies ihnen jetzt in den Nacken, aber durch das Schneegestöber war nichts zu sehen.

»Halt, Gevatter! Ich glaube, wir sind auf einem falschen Wege«, sagte Tschub, nachdem sie eine kurze Strecke gegangen waren. »Ich sehe kein einziges Haus. Ach, dieser Schneesturm! Bieg doch etwas seitwärts ab, Gevatter, vielleicht findest du einen Weg; ich will indessen hier suchen. Was für ein Teufel treibt uns auch bei solchem Unwetter aus dem Hause! Vergiß nicht, zu schreien, wenn du den Weg gefunden hast. Ach, was für einen Haufen von Schnee hat mir der Satan in die Augen gejagt!«

Vom Wege war aber nichts zu sehen. Der Gevatter, der seitwärts abgebogen war, irrte in seinen langen Stiefeln hin und her und stieß schließlich auf die Schenke. Dieser Fund hatte ihn dermaßen erfreut, daß er alles vergaß, den Schnee von sich abschüttelte und in den Flur trat, ohne sich im geringsten um den auf der Straße zurückgebliebenen Gevatter zu kümmern. Tschub kam es indessen vor, daß er den Weg gefunden habe. Er blieb stehen und schrie aus vollem Halse; als er aber sah, daß der Gevatter nicht kam, entschloß er sich, allein weiterzugehen. Als er eine kurze Strecke gegangen war, erblickte er sein eigenes Haus. Ganze Berge von Schnee lagen vor dem Hause und auf dem Dache. Er schlug die von Kälte erstarrten Hände gegeneinander und fing dann an, an die Tür zu klopfen und seiner Tochter gebieterisch zuzurufen, daß sie aufmachen solle.

»Was suchst du hier?« schrie ihn streng der Schmied an, der aus dem Hause trat.

Als Tschub die Stimme des Schmiedes erkannte, trat er einige Schritte zurück. – Nein, das ist nicht mein Haus –, sagte er sich, – in mein Haus wird sich der Schmied nicht verirren. Und wenn ich es genau anschaue, so ist es auch nicht das Haus des Schmiedes. Wessen Haus mag es wohl sein? Jetzt weiß ich es, wie hab' ich es nur nicht gleich erkannt?! Das ist das Haus des lahmen Ljewtschenko, der sich neulich ein junges Weib genommen hat. Nur sein Haus sieht dem meinigen ähnlich. Darum kam es mir eben so merkwürdig vor, daß ich so schnell heimgekommen war. Aber Ljewtschenko sitzt beim Küster, das weiß ich bestimmt. Was hat dann hier der Schmied zu suchen?...He, he, he! Er besucht seine junge Frau. So ist es! Schön! Jetzt weiß ich alles. –

»Wer bist du und was treibst du dich an den Türen herum?« sagte der Schmied noch strenger und kam noch näher.

– Nein, ich will ihm nicht sagen, wer ich bin –, dachte sich Tschub. – Der Verdammte könnte mich noch prügeln! – Er verstellte seine Stimme und antwortete: »Das bin ich, guter Mann! Ich bin gekommen, um euch zum Vergnügen einige Koljadalieder vor den Fenstern zu singen.«

»Scher dich zum Teufel mit deinen Koljadaliedern!« schrie Wakula wütend. »Was stehst du noch da? Hörst du! Scher dich auf der Stelle!«

Tschub hatte auch selbst diese vernünftige Absicht gefaßt, aber es ärgerte ihn, daß er dem Befehle des Schmiedes gehorchen mußte. Es war, als ob ihn ein böser Geist reize und nötige, dem Schmied zu widersprechen. »Warum schreist du so!« sagte er mit der gleichen Stimme. »Ich will Koljadalieder singen und basta!«

»Aha, ich sehe, mit Worten kann ich dich nicht zur Vernunft bringen!« Gleich nach diesen Worten fühlte Tschub einen recht schmerzvollen Schlag auf der Schulter.

»Ich glaube gar, du fängst zu hauen an!« sagte er, ein wenig zurückweichend.

»Geh, geh!« schrie der Schmied und versetzte Tschub einen zweiten Schlag.

»Was hast du nur!« rief Tschub mit einer Stimme, welche Schmerz, Ärger und Furcht ausdrückte. »Wie ich sehe, haust du wirklich, und zwar so, daß es weh tut!«

»Geh, geh!« schrie der Schmied und schlug die Tür zu.

»Seh' ihn nur einer an, wie tapfer er ist!« sagte Tschub, als er allein auf der Straße geblieben war. »Versuch's nur, komm mal näher! Was bist du für einer! Vielleicht ein großes Tier? Du glaubst wohl, daß ich keinen Richter finde? Nein, mein Lieber, ich gehe, ich gehe direkt zum Kommissär. Du sollst was erleben! Ich gebe nichts drauf, daß du Schmied und Maler bist. Aber ich möchte mir mal meinen Rücken und meine Schultern ansehen: ich glaube, es werden blaue Flecke da sein. Wahrscheinlich hat er mich ordentlich verprügelt, der Teufelssohn. Schade, daß es so kalt ist und ich den Pelz nicht gern ausziehen möchte. Warte nur, du Satansschmied, der Teufel wird schon dich und deine Schmiede kaputt schlagen, du wirst mir schon tanzen! So ein verfluchter Galgenstrick! Doch halt, er ist jetzt nicht zu Hause. Ssolocha sitzt wohl allein da. Hm!...Das ist ja gar nicht so weit – warum soll ich nicht einkehren?...Es ist jetzt so eine Zeit, daß uns wohl niemand erwischen wird. Vielleicht gelingt es mir auch, mit ihr...Wie tüchtig er mich verprügelt hat, der verdammte Schmied!«

Tschub kratzte sich den Rücken und ging in die entgegengesetzte Richtung. Das Vergnügen, das ihn bei Ssolocha erwartete, linderte ein wenig seinen Schmerz und machte ihn sogar gegen den Frost unempfindlich, der auf allen Straßen knirschte und nicht mal vom Heulen des Schneesturms übertönt wurde. Auf seinem Gesicht, dessen Bart und Schnurrbart vom Schneesturme schneller eingeseift worden waren, als es jeder Barbier fertigbringt, der sein Opfer tyrannisch an der Nase packt, zeigte sich ab und zu eine sauersüße Miene. Wenn der Schnee nicht so vor den Augen herumwirbelte, hätte man noch lange sehen können, wie Tschub immer wieder stehenblieb, sich den Rücken kratzte, dabei sagte: »Er hat mich ordentlich verprügelt, der verdammte Schmied!« und seinen Weg fortsetzte.

Als der flinke Stutzer mit dem Schwanz und dem Ziegenbart aus dem Schornstein flog und wieder in den Schornstein fuhr, blieb seine Tasche, die an seiner Seite hing und in die er den gestohlenen Mond gesteckt hatte, zufällig im Ofen hängen und ging auf, und der Mond benutzte die Gelegenheit und flog aus dem Schornsteine Ssolochas in den Himmel hinauf. Alles wurde sofort hell. Der Schneesturm war sofort vergessen. Der Schnee funkelte als ein großes silbernes Feld, von Kristallsternen übersät. Der Frost schien nachgelassen zu haben. Scharen von Burschen und Mädchen mit Säcken in der Hand zeigten sich auf den Straßen. Die Lieder erklangen, und es gab fast kein Haus, vor dem sich nicht die Sänger drängten.

Wunderbar leuchtet der Mond! Es ist schwer zu beschreiben, wie schön es ist, sich in einer solchen Nacht unter den Scharen der lachenden und singenden Mädchen und Burschen zu tummeln, die zu allen Spaßen und Streichen zu haben sind, die eine so lustig lachende Nacht nur eingeben kann. Unter dem dicken Pelz ist es warm; vor Frost glühen die Wangen noch lebhafter, und der Teufel selbst scheint die Jugend zu tollen Streichen anzustiften.

Scharen von Mädchen mit Säcken brachen in Tschubs Haus ein und umringten Oksana. Das Schreien, Lachen und Schwatzen betäubte den Schmied. Alle beeilten sich, der Schönen etwas Neues zu erzählen, luden ihre Säcke aus und prahlten mit den Kuchen, Würsten und Krapfen, die sie für ihren Gesang schon bekommen hatten. Oksana schien sehr vergnügt und froh, schwatzte bald mit der einen, bald mit der anderen und lachte ohne Ende.

Mit Neid und Ärger sah der Schmied diese Heiterkeit und verfluchte diesmal die Koljadalieder, obwohl er auf sie sonst ganz versessen war.

»Ach, Odarka!« sagte die lustige Schöne, sich zu einem der Mädchen wendend, »du hast ja neue Schuhe. Ach, wie schön die sind! Mit Gold verziert! Du hast es gut, Odarka, du hast einen Menschen, der dir alles kauft, aber ich habe niemand, der mir so hübsche Schuhe schenkt.«

»Gräm dich nicht, meine herrliche Oksana!« fiel ihr der Schmied ins Wort. »Ich will dir solche Schuhe verschaffen, wie sie nicht jedes Edelfräulein trägt.«

»Du?« sagte Oksana und streifte ihn mit einem schnellen und hochmütigen Blick. »Ich will mal schauen, wo du mir solche Schuhe verschaffst, die ich anziehen könnte. Höchstens bringst du mir die Schuhe, die die Zarin trägt.«

»Seht einmal, was sie für Schuhe möchte!« schrie lachend die ganze Mädchenschar.

»Ja!« fuhr die Schöne stolz fort. »Ihr sollt alle meine Zeugen sein: wenn der Schmied Wakula mir die Schuhe bringt, die die Zarin trägt, so gebe ich mein Wort darauf, daß ich sofort seine Frau werde.«

Die Mädchen führten die launische Schöne mit sich fort.

»Lach nur! Lach!« sagte der Schmied, gleich nach ihnen aus der Stube tretend. »Ich lache auch selbst über mich! Ich zerbreche mir den Kopf, wo ich nur meinen Verstand habe. Sie liebt mich nicht, soll sie nur gehen! Als ob es in der ganzen Welt nur die eine Oksana gäbe. Gott sei Dank, es gibt auch noch andere hübsche Mädchen im Dorfe. Was ist auch diese Oksana? Aus ihr wird niemals eine gute Hausfrau werden: sie versteht sich nur auf Putz. Nein, es ist genug! Es ist Zeit, diese Kindereien aufzugeben.«

Aber gerade in demselben Augenblick, als der Schmied sich vornahm, fest zu sein, führte ihm irgendein böser Geist Oksanas lachendes Bild vor Augen, wie sie höhnisch sagte: »Schmied, hol mir die Schuhe der Zarin, dann werde ich deine Frau!« Alles geriet in ihm in Aufruhr, und er dachte nur noch an Oksana.

Die Scharen der Singenden, die Burschen und Mädchen getrennt, liefen aus der einen Straße in die andere. Der Schmied schritt aber dahin, ohne etwas zu sehen und ohne an der Lustbarkeit teilzunehmen, die er einst mehr als alle anderen geliebt hatte.

Der Teufel war indessen bei Ssolocha im Ernst zärtlich geworden: er küßte ihr die Hand mit denselben Grimassen, mit denen der Assessor der Popentochter die Hand küßt, drückte seine Hand aufs Herz, stöhnte und sagte geradeheraus, wenn sie nicht seine Leidenschaft befriedigen und ihn, wie es üblich ist, belohnen würde, er zu allem fähig wäre: er würde ins Wasser gehen und seine Seele direkt in die Hölle schicken. Ssolocha war nicht so grausam; außerdem steckte sie ja bekanntlich mit dem Teufel unter einer Decke. Sie liebte es wirklich, die Scharen der ihr nachlaufenden Verehrer zu sehen, und war selten ohne Gesellschaft. Diesen Abend glaubte sie aber allein verbringen zu müssen, da alle angesehenen Bürger beim Küster zur Kut ja eingeladen waren. Aber es kam anders: kaum hatte der Teufel seine Forderung ausgesprochen, als sich plötzlich das Klopfen und die Stimme des dicken Amtmanns vernehmen ließen. Ssolocha lief zur Tür, um ihn hereinzulassen, und der flinke Teufel kroch in einen der Säcke.

Nachdem der Amtmann den Schnee von seiner Kapuze abgeschüttelt und ein Glas Schnaps, das ihm Ssolocha reichte, ausgetrunken hatte, erzählte er, er sei nicht zum Küster gegangen, weil sich ein Schneesturm erhoben habe; da er aber in ihrem Hause Licht gesehen habe, sei er bei ihr eingekehrt, um den Abend mit ihr zu verbringen.

Der Amtmann hatte kaum Zeit gehabt, dies zu sagen, als vor der Tür das Klopfen und die Stimme des Küsters erklangen. »Versteck mich irgendwo«, flüsterte der Amtmann, »ich habe jetzt keine Lust, mit dem Küster zusammenzutreffen.«

Ssolocha dachte lange nach, wo sie einen so beleibten Gast verstecken könnte; endlich wählte sie den größten Kohlensack, schüttete die Kohlen in einen Zuber, und der dicke Amtmann kroch mit Schnurrbart, Kopf und Kapuze in den Sack.

Der Küster kam ächzend und die Hände reibend in die Stube und berichtete, daß zu ihm niemand gekommen sei und daß er herzlich froh sei über diese Gelegenheit, sich bei ihr ein wenig zu »vergnügen«. Selbst der Schneesturm hätte ihn davon nicht abhalten können. Nun kam er näher auf sie zu, hüstelte, lächelte, berührte mit seinen langen Fingern ihren bloßen vollen Arm und fragte mit einer Miene, in der zugleich Schlauheit und Selbstzufriedenheit lagen: »Was habt Ihr da, herrliche Ssolocha?« Und als er das sagte, sprang er etwas zurück. »Was wird es denn sein? Ein Arm, Ossip Nikiforowitsch!« antwortete Ssolocha.

»Hm! Ein Arm! He, he, he!« sagte der mit diesem Anfang herzlich zufriedene Küster und ging einmal durch die Stube.

»Und was habt Ihr hier, teuerste Ssolocha?« fragte er mit der gleichen Miene, wieder an sie herantretend, leicht ihren Hals berührend und wieder zurückspringend.

»Als ob Ihr es nicht seht, Ossip Nikiforowitsch!« antwortete Ssolocha. »Es ist ein Hals, und am Halse ein Halsband!«

»Hm! Am Halse ein Halsband! He, he, he!« Der Küster ging wieder durch die Stube und rieb sich die Hände.

»Und was habt Ihr hier, unvergleichliche Ssolocha?...«

Es ist unbekannt, was der lüsterne Küster jetzt mit seinen langen Fingern berührt hätte, wenn sich nicht in diesem Augenblick das Klopfen und die Stimme des Kosaken Tschub hätten vernehmen lassen.

»Ach Gott, ein Fremder!« rief der Küster erschrocken.

»Wenn man eine Person meines Standes hier antrifft, was dann?... Das wird auch Pater Kondrat zu Ohren kommen...«

Aber die Befürchtungen des Küsters waren anderer Natur: er fürchtete mehr, seine Ehehälfte könnte das erfahren, die mit ihrer starken Hand seinen dicken Zopf schon ohnehin zu einem ganz dünnen gemacht hatte. »Um Gottes willen, tugendhafte Ssolocha!« sprach er, am ganzen Leibe zitternd: »Eure Güte, wie es im Evangelium Lucá steht, Kapitel drei...drei...Man klopft, bei Gott, man klopft! Ach, versteckt mich doch irgendwo!«

Ssolocha schüttete die Kohlen aus einem andern Sack in den Zuber, und der nicht allzu umfangreiche Küster kroch hinein und setzte sich ganz auf den Boden, so daß man auf ihn noch einen halben Sack Kohlen hätte schütten können.

»Guten Tag, Ssolocha!« sagte Tschub, in die Stube tretend. »Du hast mich vielleicht nicht erwartet? Du hast mich doch wirklich nicht erwartet? Vielleicht habe ich gestört?...« fuhr Tschub fort und zeigte eine lustige und vielsagende Miene, an der man erkennen konnte, daß sein schwerfälliger Kopf sich bemühte und anschickte, einen recht spitzen und schlauen Witz loszulassen. »Vielleicht hast du dich hier schon mit jemand vergnügt?... Vielleicht hast du schon jemand versteckt, wie?« Entzückt über diese Bemerkung, lachte Tschub auf, innerlich darüber triumphierend, daß er allein die Gunst Ssolochas genieße. »Nun, Ssolocha, gib mir jetzt einen

Schnaps. Ich glaube, mir ist die Kehle von dem verfluchten Frost eingefroren. Mußte auch Gott zu Weihnachten eine solche Nacht schicken! Wie der Schneesturm ausbrach... Ssolocha... Die Hände sind mir ganz erstarrt: ich bringe den Pelz gar nicht auf! Wie der Schneesturm ausbrach...«

»Mach auf!« ertönte von der Straße her eine Stimme, von einem Schlag gegen die Tür begleitet.

»Jemand klopft!«sagte Tschub und hielt plötzlich inne.

»Mach auf!« schrie die Stimme noch lauter.

»Das ist der Schmied!« sagte Tschub, nach seiner Kapuze greifend. »Hörst du, Ssolocha: versteck mich, wo du willst; ich will um nichts in der Welt dieser verfluchten Mißgeburt vor die Augen kommen, sollen diesem Teufelssohn unter den Augen Blasen wachsen, eine jede so groß wie ein Heuschober!«

Ssolocha, die gleichfalls erschrocken war, rannte wie verrückt umher und machte in ihrer Zerstreutheit Tschub ein Zeichen, er solle in den gleichen Sack hineinkriechen, in dem schon der Küster saß. Der arme Küster konnte nicht einmal durch Husten oder Ächzen seinen Schmerz zeigen, als sich der schwere Mann ihm fast auf den Kopf setzte und ihm seine hartgefrorenen Stiefel gegen die beiden Schläfen preßte.

Der Schmied trat ein und fiel fast, ohne ein Wort zu sagen und ohne die Mütze abzunehmen, auf eine Bank nieder. Man konnte ihm ansehen, daß er sehr schlechter Laune war.

Während Ssolocha die Tür hinter ihm schloß, klopfte schon wieder jemand. Das war der Kosak Swerbygus. Diesen könnte sie unmöglich in einem Sack verstecken, denn einen solchen Sack gibt es gar nicht. Er war dicker als selbst der Amtmann und länger als Tschubs Gevatter. Darum führte ihn Ssolocha in den Gemüsegarten, um dort von ihm alles zu hören, was er ihr sagen wollte.

Der Schmied blickte zerstreut in alle Ecken seiner Stube und horchte von Zeit zu Zeit auf die Koljadalieder, die über das ganze Dorf klangen; schließlich heftete er seinen Blick auf die Säcke.

»Warum liegen diese Säcke hier? Es ist längst Zeit, sie wegzuräumen. Wegen dieser dummen Liebe bin ich ganz närrisch geworden. Morgen ist Feiertag, und in der Stube liegt noch allerlei Kehricht herum. Ich will sie in die Schmiede tragen!«

Der Schmied hockte sich neben den großen Säcken hin, band sie fest zu und wollte sie auf seine Schultern heben. Aber seine Gedanken weilten offenbar ganz wo anders; sonst hätte er hören müssen, wie Tschub zischte, als er mit dem Strick, mit dem er den Sack zuband, auch sein Haar einklemmte, und wie der dicke Amtmann ziemlich laut aufschluckte.

– Will mir denn diese nichtsnutzige Oksana gar nicht aus dem Kopf? – sagte der Schmied zu sich selbst. – Ich will an sie gar nicht denken, und doch denke ich wie zum Trotz nur an sie. Warum kommt mir dieser Gedanke gegen meinen Willen immer wieder in den Sinn? Verdammt! Die Säcke scheinen schwerer geworden zu sein. Es liegt sicher auch etwas anderes drin außer der Kohle. Ein Narr bin ich! Ich habe ja ganz vergessen, daß mir jetzt alles schwerer vorkommt. Einst konnte ich mit einer Hand ein kupfernes Fünfkopekenstück oder ein Hufeisen zusammenbiegen und wieder geradebiegen, und jetzt kann ich nicht mehr einige Kohlensäcke heben. Bald wird mich noch der Wind umwerfen... Nein! – rief er, nach kurzem Besinnen, neuen Mut fassend. – Bin ich denn ein Weib! Ich werde niemand erlauben, über mich zu lachen! Und wenn es auch zehn solche Säcke sind, ich hebe alle auf! – Und er lud sich rüstig alle Säcke, die auch zwei starke Männer nicht hätten tragen können, auf die Schultern. – Ich nehme auch diesen mit –, fuhr er fort, den kleinsten Sack hebend, auf dessen Boden zusammengerollt der Teufel lag. – Ich glaube, ich habe darin mein Werkzeug liegen. – Mit diesen Worten verließ er die Stube, das Liedchen vor sich hinpfeifend:

»Laßt euch nicht mit Weibern ein...«

Immer lauter und lauter klangen auf den Straßen die Lieder, das Lachen und Schreien. Die sich drängenden Scharen vergrößerten sich durch den Zufluß von Leuten aus den Nachbardörfern. Die Burschen tollten und tobten nach Herzenslust. Bald erklang zwischen den Koljadaliedern ein lustiges Lied, das einer der jungen Kosaken auf der Stelle verfaßt hatte; bald brüllte jemand in der Menge statt eines Koljadaliedes das Silvesterlied:

»Will mein Glück versuchen:
Gebt mir einen Kuchen,
Auch ein Häuflein Brei,
Eine Wurst, ein Ei!«

Lautes Lachen belohnte den Spaßvogel. Die kleinen Fenster gingen in die Höhe, und alte Frauen (die allein mit den gesetzten Vätern zu Hause geblieben waren) streckten ihre dürren Hände mit einer Wurst oder einem Stück Kuchen aus dem Fenster. Die Burschen und die Mädchen hielten um die Wette ihre Säcke unter und fingen die Beute auf. An einer Stelle hatten die Burschen einen ganzen Haufen von Mädchen umringt: da gab es Lärm und Geschrei; der eine warf einen Schneeball, der andere raubte einen mit allerlei Sachen angefüllten Sack. An einer anderen Stelle lauerten die Mädchen einem Burschen auf, stellten ihm ein Bein, und er flog mit dem Sack zu Boden. Es sah so aus, als ob sie die ganze Nacht sich so vergnügen wollten. Und die Nacht war wie zum Fleiß so hell und mild! Und das Mondlicht schien im Glänze des Schnees noch weißer!

Der Schmied blieb mit seinen Säcken stehen. Er glaubte im Haufen der Mädchen die Stimme und das feine Lachen Oksanas zu hören. Ein Zittern lief ihm durch alle Adern; er warf die Säcke zu Boden, so daß der Küster, der sich auf dem Boden des einen befand, vor Schmerz aufstöhnte und der Amtmann aus vollem Halse aufschluckte, und ging mit dem kleinen Sacke über der Schulter dem Haufen der Burschen nach, die einem Haufen von Mädchen folgten, unter denen er die Stimme Oksanas gehört zu haben glaubte.

– Ja, sie ist es! Sie steht wie eine Zarin da und läßt ihre schwarzen Augen funkeln. Der hübsche Bursche erzählt ihr etwas; es ist wohl etwas Lustiges, denn sie lacht. Aber sie lacht ja immer. – Der Schmied drängte sich unwillkürlich, ohne es selbst zu merken, durch die Menge und stand neben ihr.

»Ach, Wakula, du bist hier? Guten Abend!« sagte die Schöne mit dem Lächeln, das Wakula fast verrückt machte. »Nun, hast du mit deinem Singen viel verdient? Gott, was für ein kleiner Sack! Und hast du mir die Schuhe, die die Zarin trägt, verschafft? Bringe mir die Schuhe, und ich heirate dich!...« Sie lachte und lief mit dem Haufen der Mädchen davon.

Wie angewurzelt stand der Schmied auf einem Fleck. – Nein, ich kann nicht mehr, es geht über meine Kraft...–, sagte er endlich. – Mein Gott, warum ist sie so teuflisch schön? Ihr Blick, ihre Rede, alles versengt mich durch und durch...Nein, ich kann mich nicht mehr beherrschen. Es ist Zeit, allem ein Ende zu machen. Mag meine Seele zugrunde gehen! Ich geh' und ertränke mich im Eisloch, und niemand sieht mich mehr! –

Er ging mit festen Schritten voraus, holte die Mädchenschar ein, erreichte Oksana und sagte mit fester Stimme: »Leb wohl, Oksana! Such dir einen Bräutigam, wie du ihn willst, halte zum Narren, wen du willst, mich aber wirst du auf dieser Welt nicht mehr erblicken.«

Die Schöne schien erstaunt, sie wollte etwas sagen, aber der Schmied winkte mit der Hand ab und lief davon.

»Wo willst du hin, Wakula?« schrien die Burschen, als sie den Schmied so laufen sahen.

»Lebt wohl, Brüder!« rief ihnen der Schmied zu. »Wenn Gott will, sehen wir uns in jener Welt wieder; auf dieser Welt werden wir uns nicht mehr gemeinsam vergnügen! Lebt wohl! Behaltet mich in gutem Andenken! Sagt dem Pater Kondrat, er möge eine Messe für meine sündige Seele lesen. Die Kerzen vor den Bildern des Wundertäters und der Mutter Gottes habe ich Sünder nicht bemalt: so verstrickt war ich in irdische Dinge. Meine ganze Habe, die sich in meiner Truhe findet, gehört der Kirche. Lebt wohl!«

Nach diesen Worten lief der Schmied mit dem Sack auf dem Buckel weiter.

»Er ist verrückt!« sagten die Burschen.

»Eine verlorene Seele!« murmelte fromm eine vorübergehende Alte. »Ich will mal gleich hingehen und den Leuten erzählen, wie der Schmied sich erhängt hat!«

Nachdem Wakula durch einige Straßen gelaufen war, blieb er endlich stehen, um Atem zu holen. – Wo laufe ich denn wirklich hin? – fragte er sich. – Als wenn schon alles verloren wäre. Ich will noch ein Mittel versuchen und zum dicken Saporoger Pazjuk gehen. Man sagt, daß er alle Teufel in der Welt kennt und alles machen kann, was er will. Ich geh' zu ihm hin, meine Seele geht doch sowieso zugrunde. –

Der Teufel, der lange unbeweglich im Sack gelegen hatte, begann bei diesen Worten vor Freude zu tanzen; aber der Schmied glaubte, daß er den Sack irgendwie selbst mit der Hand gestoßen hatte, schlug mit seiner kräftigen Faust darauf, schüttelte ihn auf den Schultern und ging zum dicken Pazjuk.

Dieser dicke Pazjuk war einst wirklich Saporoger gewesen; niemand wußte, ob man ihn aus der Ssjetsch vertrieben hatte oder ob er von selbst weggelaufen war. Er lebte schon seit langem, seit zehn, vielleicht auch seit fünfzehn Jahren in Dikanjka; anfangs lebte er wie ein echter Saporoger: er arbeitete nicht, schlief drei Viertel des Tages, aß wie sechs Erntearbeiter und trank auf einen Zug einen ganzen Eimer; das alles fand in ihm auch Platz, denn Pazjuk war zwar klein von Wuchs, aber von einem sehr beträchtlichen Umfang. Auch trug er so weite Pluderhosen, daß seine Beine, so große Schritte er auch machen mochte, überhaupt nicht zu sehen waren und man den Eindruck hatte, als ob ein Branntweinfaß auf der Straße daherrolle. Vielleicht hieß er nur deswegen der Dicke. Es waren kaum einige Wochen nach seiner Ankunft im Dorfe vergangen, als schon alle wußten, daß er ein Hexenmeister sei. Wenn jemand an etwas erkrankte, so ließ er gleich den Pazjuk kommen; Pazjuk brauchte nur einige Worte zu flüstern, und die Krankheit war wie weggeblasen. Es kam vor, daß einem hungrigen Edelmann eine Fischgräte im Halse stecken blieb; Pazjuk verstand ihm so geschickt mit der Faust auf den Rücken zu klopfen, daß die Gräte sofort den vorgeschriebenen Weg einschlug, ohne der adligen Kehle irgendeinen Schaden zuzufügen. In der letzten Zeit sah man ihn selten. Der Grund davon war vielleicht seine Faulheit, vielleicht auch der Umstand, daß es ihm von Jahr zu Jahr schwerer fiel, durch die Türen zu kommen. Nun mußten die Bürger, die von ihm etwas wollten, sich selbst zu ihm bemühen.

Der Schmied öffnete nicht ohne Furcht die Tür und sah Pazjuk nach türkischer Sitte mit untergeschlagenen Beinen auf dem Boden vor einem kleinen Fasse kauern, auf dem eine Schüssel mit Klößen stand. Diese Schüssel stand wie mit Absicht in der Höhe seines Mundes. Ohne einen Finger zu rühren, hielt er den Kopf über die Schüssel geneigt, schlürfte die Brühe und packte ab und zu mit den Zähnen einen Kloß.

– Nein –, dachte sich Wakula, – dieser ist noch fauler als Tschub: jener ißt wenigstens mit einem Löffel, aber dieser will nicht mal eine Hand heben! –

Pazjuk war wohl von seinen Klößen ganz in Anspruch genommen und schien das Eintreten des Schmiedes gar nicht bemerkt zu haben, welcher sich vor ihm schon an der Schwelle tief verbeugte.

»Ich komme zu deiner Gnaden, Pazjuk!« sagte Wakula und verbeugte sich wieder.

Der dicke Pazjuk hob den Kopf und fing wieder an, die Klöße zu verschlingen.

»Die Leute sagen, nimm es nicht übel...«, sagte der Schmied, sich zusammennehmend. »Ich sage das, nicht um dich irgendwie zu beleidigen – die Leute sagen, du seist ein bißchen verwandt mit dem Teufel.«

Als Wakula diese Worte gesprochen hatte, erschrak er gleich, weil er dachte, er hätte es zu geradeheraus gesagt und die derben Worte nicht genügend gemildert; er erwartete, daß Pazjuk nun das Fäßchen mit der Schüssel packen und ihm an den Kopf werfen würde; darum neigte er sich ein wenig auf die Seite und hielt sich die Hand vor, damit ihm die heiße Brühe nicht das Gesicht bespritze.

Aber Pazjuk sah ihn an und fuhr fort, die Klöße zu verschlingen.

Der Schmied fühlte sich ermutigt und entschloß sich, fortzufahren. »Ich komme zu dir, Pazjuk. Gott gebe dir alles Gute und auch Brot in Proportion!« (Der Schmied verstand manchmal auch ein neumodisches Wörtchen zu gebrauchen; dies hatte er sich in Poltawa angewöhnt, als er dem Hauptmann den Bretterzaun anstrich.) »Ich Sünder muß zugrunde gehen! Nichts in der Welt kann mir helfen! Komme, was kommen mag. Nun muß ich den Teufel selbst um Hilfe bitten, Pazjuk«, sagte der Schmied, als er Pazjuks beharrliches Schweigen sah, »was soll ich machen?«

»Wenn du den Teufel brauchst, so geh zum Teufel!« antwortete Pazjuk, ohne ihn anzublicken und fortwährend seine Klöße verschlingend.

»Darum komme ich ja auch zu dir«, antwortete der Schmied mit einer Verbeugung. »Ich glaube, außer dir weiß niemand den Weg zu ihm.«

Pazjuk sagte kein Wort und verschlang die letzten Klöße.

»Erweise mir die Gnade, guter Mensch, schlag es mir nicht ab!« drang der Schmied in ihn. »Wenn du Schweinefleisch brauchst, oder Würste, oder Buchweizenmehl, oder sagen wir mal Leinwand, Hirse oder dergleichen… wie es unter guten Menschen üblich ist… so werde ich nicht geizen. Sag mir wenigstens, beispielsweise, wie man den Weg zu ihm findet?«

»Der braucht nicht weit zu gehen, der den Teufel auf dem Buckel hat«, sagte Pazjuk gleichgültig, ohne seine Stellung zu ändern.

Wakula starrte ihn an, als stünde auf seiner Stirn die Erklärung dieser Worte geschrieben. – Was sagt er? – fragte stumm seine Miene, während sein halbgeöffneter Mund bereit war, das erste Wort wie einen Kloß zu verschlingen.

Aber Pazjuk schwieg.

Da merkte Wakula, daß vor Pazjuk nun weder Klöße standen noch ein Faß; dafür befanden sich auf dem Boden vor ihm zwei Holzschüsseln: die eine mit Quarkkuchen, die andere mit Sahne gefüllt. Seine Gedanken und Augen richteten sich unwillkürlich auf diese Speisen: – Wir wollen mal sehen –, sagte er zu sich selbst, – wie Pazjuk die Quarkkuchen essen wird. Er wird sich wohl nicht bücken wollen, um sie wie die Klöße zu essen; auch ist es nicht so einfach: man muß ja erst den Quarkkuchen in die Sahne tunken. –

Kaum hatte er sich das gedacht, als Pazjuk den Mund öffnete, die Quarkkuchen ansah und den Mund noch weiter aufsperrte. Ein Quarkkuchen sprang aus der Schüssel, fiel klatschend in die Sahne, drehte sich auf die andere Seite um, hüpfte in die Höhe und flog ihm in den Mund. Pazjuk verzehrte ihn und machte wieder den Mund auf; ein zweiter Quarkkuchen wanderte ihm auf die gleiche Weise in den Mund. Ihm selbst blieb nur die Mühe, zu kauen und zu schlucken.

– Welch ein Wunder! – dachte der Schmied und riß vor Erstaunen weit den Mund auf; im gleichen Augenblick merkte er, daß auch ihm ein Quarkkuchen in den Mund hereinspringen wollte und seine Lippen schon mit Sahne beschmiert hatte. Der Schmied stieß den Quarkkuchen von sich, wischte sich den Mund ab und vertiefte sich in Gedanken darüber, was für Wunder es doch in der Welt gäbe und was für Kunststücke der Teufel dem Menschen beibringen könne; dabei dachte er sich wieder, daß Pazjuk allein ihm helfen könne.

– Ich will mich vor ihm noch einmal verbeugen… soll er es mir ordentlich erklären… Aber, verflucht! Heute ist ja Fasttag, und er ißt Quarkkuchen! Was bin ich doch wirklich für ein Narr: ich stehe da und nehme die Sünde in mich auf! Zurück!… – Und der fromme Schmied lief Hals über Kopf aus dem Hause.

Aber der Teufel, der im Sacke saß und sich schon im voraus freute, konnte es nicht verschmerzen, daß ihm eine so treffliche Beute entgehen sollte. Kaum hatte der Schmied den Sack heruntergelassen, als er heraussprang und sich ihm rittlings auf den Nacken setzte.

Den Schmied überlief es kalt; er erschrak, erbleichte und wußte nicht, was er tun sollte; er wollte schon ein Kreuz schlagen… Aber der Teufel beugte seine Hundeschnauze rasch zu seinem rechten Ohr und sagte: »Das bin ich, dein Freund; für meinen Freund und Kameraden will ich alles tun! Ich gebe dir Geld, so viel du willst!« piepste er ihm ins linke Ohr. »Oksana wird heute noch unser sein«, flüsterte er ihm wieder ins rechte Ohr.

Der Schmied stand nachdenklich da.

»Gut«, sagte er schließlich. »Um diesen Preis bin ich bereit, dir zu gehören!«

Der Teufel schlug die Hände über dem Kopfe zusammen und fing vor Freude an, auf dem Nacken des Schmiedes zu galoppieren. – Jetzt bist du hereingefallen, Schmied! – dachte er sich. – Jetzt will ich mich an dir für alle deine Malereien und Lügen, die du den Teufeln andichtest, rächen! Was werden meine Kameraden sagen, wenn sie erfahren, daß der frömmste Mann des Dorfes in meinen Händen ist! –

Hier lachte der Teufel vor Freude beim Gedanken, wie er in der Hölle das ganze geschwänzte Geschlecht necken würde, wie sich der lahme Teufel, der unter ihnen als der erfindungsreichste galt, ärgern würde.

»Nun, Wakula!« piepste der Teufel, immer noch auf dem Nacken des Schmiedes hockend, als fürchte er, daß jener ihm entwischen könne. »Du weißt, daß ohne einen Vertrag nichts gemacht wird.«

»Ich bin bereit!« sagte der Schmied. »Ich habe gehört, daß man bei euch die Verträge mit Blut unterschreibt; wart, ich will mal einen Nagel aus der Tasche holen!« Er langte mit der Hand nach hinten und packte den Teufel am Schwanze.

»Du Spaßvogel!« schrie der Teufel lachend. »Laß los, genug gescherzt!«

»Wart einmal, Liebster!« rief der Schmied. »Und wie gefällt dir so was?« Bei diesem Worte schlug er ein Kreuz, und der Teufel wurde so sanft wie ein Lamm. »Wart«, sagte er, indem er ihn am Schwänze zu Boden zerrte, »ich werde dich lehren, ehrliche Leute und brave Christen zur Sünde zu verleiten!«

Der Schmied setzte sich auf ihn rittlings und hob die Hand, um wieder ein Kreuz zu schlagen.

»Hab Erbarmen, Wakula!« stöhnte der Teufel jämmerlich. »Ich tue alles, was du willst. Laß nur meine Seele frei, damit ich Buße tue. Lege nicht das furchtbare Zeichen des Kreuzes auf mich!«

»Jetzt singst du schon ganz anders, verfluchter Deutscher! Nun weiß ich, was ich zu tun habe. Trage mich sofort auf deinem Rücken! Hörst du? Fliege wie ein Vogel!«

»Wohin?« fragte der Teufel traurig.

»Nach Petersburg, geradeswegs zu der Zarin!« Und der Schmied erstarrte vor Schreck, als er sich in die Luft emporgehoben fühlte.

Lange stand Oksana da und dachte über die seltsamen Worte des Schmieds nach. In ihrem Innern raunte ihr schon etwas zu, daß sie ihn grausam behandelt habe. – Was, wenn er sich wirklich zu etwas Schrecklichem entschließt? Das ist doch sehr leicht möglich! Vielleicht wird er sich aus Kummer in eine andere verlieben und sie aus Ärger für die Schönste im Dorfe erklären? – Aber nein, er liebt mich doch. Ich bin doch so schön! Er wird mir keine andere vorziehen; er scherzt nur und verstellt sich. Es werden keine zehn Minuten vergehen, und er kommt sicher wieder, um mich zu sehen. Ich bin in der Tat streng. Ich muß ihm einmal erlauben, mir gleichsam gegen meinen Willen einen Kuß zu rauben. Wie wird er sich da freuen! – Und die wetterwendische Schöne scherzte schon wieder mit ihren Freundinnen.

»Wartet mal«, rief die eine von ihnen, »der Schmied hat seine Säcke liegengelassen; seht nur, was es für merkwürdige Sachen sind! Er hat wohl für sein Singen ganz andere Gaben bekommen als wir; ich glaube, in jedem steckt ein ganzes Viertel von einem Hammel und dazu noch Würste und Brote ohne Zahl. Herrlich! Man kann die ganzen Feiertage schlemmen.«

»Sind das die Säcke des Schmieds?« fiel ihr Oksana ins Wort. »Wollen wir sie schnell zu mir in die Stube schleppen und nachschauen, was alles drinliegt.« Alle billigten lachend diesen Vorschlag.

»Wir können sie aber nicht aufheben!« schrie die ganze Schar plötzlich, indem sie sich bemühte, die Säcke von der Stelle zu rücken.

»Wartet einmal«, sagte Oksana, »wir wollen einen Schlitten holen und sie auf dem Schlitten zu mir schleppen.«

Und die ganze Schar machte sich auf, um einen Schlitten zu holen.

Den Gefangenen wurde es indessen recht langweilig, in den Säcken zu sitzen, obwohl der Küster in den seinigen mit dem Finger ein recht großes Loch gebohrt hatte. Wenn keine Leute dabei gewesen wären, so hätte er vielleicht ein Mittel gefunden, sich aus dem Sacke zu befreien; aber aus dem Sacke in Gegenwart aller herauszukriechen und sich lächerlich zu machen ... das hielt ihn zurück; er entschloß sich, zu warten, und ächzte nur leise unter den unhöflichen Stiefeln Tschubs. Tschub selbst dürstete nicht weniger nach Freiheit, da er unter sich etwas liegen fühlte, worauf es furchtbar unbequem zu sitzen war. Als er aber den Entschluß seiner Tochter hörte, beruhigte er sich und wollte nicht mehr herauskriechen, da er sich sagte, daß er bis zu seinem Hause noch mindestens hundert Schritte und vielleicht auch zweihundert zu gehen hätte; wäre er aber jetzt herausgekrochen, so müßte er sich erst schütteln, den Pelz zuknöpfen und den Gürtel zuziehen – welche Arbeit! Außerdem war auch seine Mütze bei Ssolocha geblieben. Sollten ihn schon lieber die Mädchen mit dem Schlitten nach Hause fahren.

Es kam aber ganz anders, als Tschub erwartet hatte. Während die Mädchen nach dem Schlitten liefen, kam der hagere Gevatter verstört und schlechter Laune aus der Schenke. Die Schenkwirtin hatte sich nicht entschließen wollen, ihm etwas auf Pump zu geben. Er wollte schon in der Schenke warten, ob nicht ein frommer Edelmann kommen und ihn freihalten würde; aber alle Edelleute waren wie zum Trotz zu Hause geblieben und aßen als ehrliche Christen ihre Kutja im Familienkreise. Indem der Gevatter nun über die allgemeine Sittenverderbnis und das hölzerne Herz der Jüdin, die den Schnaps ausschenkte, nachdachte, stieß er auf die Säcke und blieb erstaunt stehen. »Schau, was für Säcke jemand auf der Straße liegengelassen hat«, sagte er, sich nach allen Seiten umsehend. »Es ist wohl auch Schweinefleisch drin. Wer war so glücklich, eine solche Menge von Sachen für seinen Gesang zu bekommen!? Was für Riesensäcke! Wenn ich annehme, daß sie bloß mit Buchweizenbroten und Weizenfladen gefüllt sind, so wäre das schon gut; und selbst einfaches Brot wäre gar nicht übel: die Jüdin gibt für jedes Brot ein Achtel Schnaps. Ich will sie schnell wegschleppen, daß es nur niemand sieht.«

Mit diesen Worten lud er sich den Sack mit Tschub und dem Küster auf den Buckel, fühlte aber, daß er zu schwer war.

»Nein, allein kann ich ihn nicht tragen«, sagte er. »Da kommt aber wie gerufen der Weber Schapowalenko. Guten Abend, Ostap!«

»Guten Abend«, sagte der Weber und blieb stehen.

»Wohin gehst du?«

»Ich gehe bloß, wohin mich die Füße tragen.«

»Hilf mir mal, guter Mann, die Säcke tragen! Jemand hat sie mit den Gaben, die er für sein Singen bekam, auf der Straße liegengelassen. Das Gut wollen wir unter uns teilen.«

»Säcke? Was ist in den Säcken: Weißbrot oder Schwarzbrot?«

»Ich glaube, es ist von allem da.«

Sie rissen schnell zwei Stangen aus dem Zaun, legten einen Sack darauf und trugen ihn auf den Schultern fort.

»Wohin tragen wir ihn? In die Schenke?« fragte der Weber unterwegs.

»Ich habe es mir auch gedacht, ihn in die Schenke zu tragen, aber die verdammte Jüdin wird's ja nicht glauben, sie wird sich denken, daß wir ihn irgendwo gestohlen haben; außerdem komme ich ja eben aus der Schenke. Wir wollen ihn in mein Haus tragen. Dort wird uns niemand stören: mein Weib ist nicht daheim.«

»Ist sie wirklich nicht daheim?« fragte der vorsichtige Weber.

»Ich bin ja, Gott sei Dank, noch nicht ganz verrückt«, antwortete der Gevatter. »Auch der Teufel würde mich nicht dorthin bringen, wo sie jetzt ist. Ich glaube, sie wird sich mit den Weibern bis morgen früh herumtreiben.«

»Wer ist da?« rief die Frau des Gevatters, als sie den Lärm im Flur hörte, den die beiden Freunde mit ihrem Sack machten, und öffnete die Tür.

Der Gevatter erstarrte.

»Da haben wir es!« sagte der Weber und ließ die Hände sinken.

Die Frau des Gevatters war ein Juwel, wie man es nicht oft auf der Welt findet. Ebenso wie ihr Mann, war sie fast niemals zu Hause und trieb sich fast den ganzen Tag bei allerhand Basen und reichen alten Weibern herum, denen sie schmeichelte und bei denen sie mit großem Appetit aß; mit ihrem Mann prügelte sie sich nur am frühen Morgen, da sie ihn nur um diese Zeit manchmal zu sehen bekam. Ihr Haus war doppelt so alt als die Pluderhose des Gemeindeschreibers. Das Dach war an manchen Stellen ganz von Stroh entblößt. Vom Zaune waren nur noch Überreste zu sehen, weil kein Mensch, der sein Haus verließ, einen Stock zur Abwehr der Hunde mitzunehmen pflegte, in der Hoffnung, am Gemüsegarten des Gevatters vorbeizugehen und eine beliebige Stange aus dem Zaune herauszureißen zu können. Der Ofen wurde oft drei Tage nicht geheizt. Alles, was die zärtliche Gattin bei den guten Leuten erbettelte, pflegte sie möglichst gut vor ihrem Mann zu verbergen und nahm ihm auch oft seine Beute ab, wenn er noch nicht Zeit gehabt hatte, sie in der Schenke zu vertrinken. Der Gevatter gab ihr trotz seiner ständigen Gleichgültigkeit nicht gern nach und verließ daher das Haus fast immer mit einigen Beulen unter den Augen, während seine bessere Hälfte sich ächzend zu ihren alten Weibern begab, um über die Rauflust ihres Mannes und die Mißhandlungen, die sie erlitten, zu berichten.

Man kann sich nun leicht vorstellen, wie verblüfft der Weber und der Gevatter durch ihr unerwartetes Auftreten waren. Sie ließen den Sack auf den Boden nieder, stellten sich vor ihn hin und deckten ihn mit ihren Rockschößen zu; aber es war schon zu spät, die Frau des Gevatters konnte mit ihren alten Augen zwar nur schlecht sehen, bemerkte aber den Sack doch. »Das ist schön!« sagte sie mit einer Miene, in der etwas wie die Freude eines Habichts lag. »Das ist schön, daß ihr euch so viel zusammengesungen habt! So machen es die guten Leute immer; aber ich glaube, ihr habt es irgendwo stibitzt. Zeigt mir sofort, hört ihr, zeigt mir sofort euren Sack!«

»Der kahle Teufel wird dir was zeigen, aber nicht wir«, sagte der Gevatter und nahm eine stolze Haltung an.

»Was geht es dich an?« sagte der Weber. »Wir haben es zusammengesungen, und nicht du.«

»Nein, du wirst es mir zeigen, du nichtsnutziger Trunkenbold!« schrie das Weib, indem sie dem langen Gevatter einen Schlag unters Kinn versetzte und sich an den Sack heranmachte.

Aber der Gevatter und der Weber verteidigten den Sack tapfer und zwangen sie zum Rückzug. Sie hatten aber kaum Zeit, sich zu besinnen, als die Gevatterin mit dem Schürhaken in der Hand in den Flur herauslief. Sie schlug ihrem Mann mit dem Schürhaken flink auf die Hände, dem Weber auf den Rücken und stand schon neben dem Sack.

»Warum haben wir sie herangelassen?« sagte der Weber, als er wieder zu sich gekommen war.

»Ja, warum haben wir sie herangelassen? Sag, warum hast du sie herangelassen?« fragte der Gevatter kaltblütig.

»Euer Schürhaken ist wohl aus Eisen!« sagte der Weber nach kurzem Schweigen, sich den Rücken kratzend. »Meine Frau hat im vorigen Jahr auf dem Jahrmarkte einen Schürhaken gekauft, hat einen Viertelrubel dafür bezahlt: der ist nicht so übel... tut gar nicht weh...«

Die triumphierende Hausfrau stellte indessen das Talglämpchen auf den Boden, band den Sack auf und blickte hinein. Aber ihre alten Augen, mit denen sie den Sack so gut erspäht hatte, täuschten sie diesmal. »He, da liegt ja ein ganzer Eber!« rief sie, vor Freude in die Hände klatschend.

»Ein Eber! Hörst du: ein ganzer Eber!« sprach der Weber und stieß den Gevatter in die Seite. »Du allein bist schuld!« »Was ist da zu machen!« sagte der Gevatter achselzuckend.

»Was da zu machen ist? Warum stehen wir so da? Nehmen wir ihr den Sack weg! Pack an!«

»Geh weg, geh weg! Der Eber gehört uns!« schrie der Weber, vorrückend.

»Geh, geh, du Teufelsweib! Es ist nicht dein Gut!« schrie der Gevatter, sich ihr nähernd.

Die Gattin griff wieder zum Schürhaken. Aber Tschub kam in diesem Augenblick aus dem Sacke gekrochen, pflanzte sich mitten im Flur hin und reckte sich, wie ein Mensch, der soeben aus einem langen Schlaf erwacht ist.

Die Frau des Gevatters schrie auf, schlug sich mit den Händen auf die Hüften, und alle sperrten unwillkürlich die Mäuler auf.

»Warum sagt das dumme Weib, es sei ein Eber! Es ist doch gar kein Eber!« meinte der Gevatter, die Augen aufreißend.

»Sieh nur, was für ein Mensch in den Sack geraten ist!« sagte der Weber, vor Angst zurückweichend. »Du kannst sagen, was du willst, aber hier ist sicher der Teufel im Spiele. Der kann ja nicht mal durch ein Fenster kriechen!«

»Das ist ja mein Gevatter!« rief der Gevatter, ihn erkennend.

»Und was glaubtest du?« fragte Tschub mit einem Lächeln. »Was, habe ich euch nicht einen feinen Streich gespielt? Ihr wolltet mich schon wie Schweinefleisch aufessen? Wartet, ich will euch noch eine Freude machen: im Sacke liegt noch etwas, wenn auch kein Eber, so doch sicher ein Ferkel oder sonst was Lebendiges. Unter mir hat sich fortwährend etwas bewegt.«

Der Weber und der Gevatter stürzten sich über den Sack, die Hausfrau klammerte sich an ihn an der anderen Seite, und die Schlägerei wäre wohl wieder losgegangen, wenn nicht der Küster, welcher jetzt einsah, daß er sich nirgends mehr verstecken konnte, von selbst aus dem Sack herausgekommen wäre.

Die Frau des Gevatters erstarrte vor Schreck und ließ den Fuß los, an dem sie den Küster aus dem Sacke herauszerren wollte.

»Da ist noch einer!« rief der Weber erschrocken. »Der Teufel weiß, wie es jetzt in der Welt zugeht ... Der Kopf dreht sich einem im Kreise ... Man wirft jetzt weder Würste noch Brote, sondern Menschen in die Säcke!«

»Das ist ja der Küster!« sagte Tschub, der mehr erstaunt war als die anderen.

»Da haben wir's! Ei, diese Ssolocha! Einen Menschen in einen Sack zu tun ... Darum sah ich auch bei ihr die Stube voller Säcke ... Jetzt weiß ich alles: sie hatte in jedem Sack zwei Menschen sitzen. Und ich glaubte, daß sie mir allein ... So ein Weib ist also diese Ssolocha!«

Die Mädchen waren etwas erstaunt, als sie den einen Sack nicht mehr vorfanden.

»Nichts zu machen, wir müssen mit diesem einen fürliebnehmen«, stammelte Oksana.

Alle packten den Sack und luden ihn auf den Schlitten.

Der Amtmann entschloß sich, zu schweigen, denn er sagte sich, daß, wenn er schriee, man solle den Sack aufbinden und ihn herauslassen, die dummen Mädchen auseinanderlaufen würden: sie würden glauben, daß im Sacke der Teufel sitze; so würde er vielleicht bis morgen auf der Straße bleiben müssen.

Die Mädchen faßten sich indessen bei den Händen und sausten wie der Wind mit dem Schlitten über den knirschenden Schnee. Viele von ihnen setzten sich zum Spaß auf den Schlitten, manche stiegen sogar auf den Amtmann. Der Amtmann entschloß sich, alles zu ertragen. Endlich waren sie am Ziel, machten die Türen im Flur und in der Stube weit auf und schleppten den Sack mit Gelächter hinein.

»Wir wollen mal sehen, was drin ist«, riefen sie alle und begannen, den Sack eilig aufzubinden.

Da wurde aber das Schlucken, das den Amtmann während seines ganzen Aufenthalts im Sacke gequält hatte, so unerträglich, daß er aus vollem Halse zu schlucken und zu husten begann.

»Ach, da sitzt ja wer!« schrien alle und rannten erschrocken zur Tür.

»Zum Teufel! Wohin rennt ihr denn wie Verrückte?« fragte Tschub, in die Tür tretend.

»Ach, Vater!« sagte Oksana, »im Sacke sitzt wer!«

»Im Sacke? Wo habt ihr diesen Sack her?«

»Der Schmied hat ihn mitten auf der Straße liegengelassen«, antworteten alle zugleich.

– Ja, so ist es: hab' ich's nicht gesagt? dachte Tschub bei sich ... »Was seid ihr so erschrocken? Schauen wir mal nach. – Nun, guter Mann, nimm mir's nicht übel, daß ich dich nicht bei deinem Namen und Vaternamen rufe, komm mal aus dem Sack.«

Der Amtmann kroch heraus.

»Ach!« schrien die Mädchen.

– Auch der Amtmann war also in einem Sack –, sagte sich Tschub erstaunt und maß ihn vom Kopfe bis zu den Füßen.

»So, so! ... He! ...« Mehr konnte er nicht sagen.

Der Amtmann war selbst nicht weniger verlegen und wußte nicht was zu sagen.

»Es ist wohl recht kalt draußen?« fragte er, sich an Tschub wendend.

»Ein schönes Frostwetter«, antwortete Tschub. »Erlaube mir die Frage: Womit schmierst du dir die Stiefel: mit Schmalz oder mit Teer?« Er wollte gar nicht das sagen; er wollte eigentlich fragen: »Wie kommst du in diesen Sack, Amtmann?«, aber er konnte selbst nicht begreifen, warum er etwas ganz anderes gesagt hatte.

»Mit Teer ist es besser«, antwortete der Amtmann. »Nun leb wohl, Tschub!« Er zog sich die Kapuze über den Kopf und verließ die Stube.

»Warum habe ich ihn so dumm gefragt, womit er seine Stiefel schmiert?« sagte Tschub mit einem Blick auf die Tür, durch die der Amtmann gegangen war. »Ei, diese Ssolocha! So einen Menschen in einen Sack zu stecken!... Dieses Teufelsweib! Und ich Dummkopf... Wo ist er aber, der verfluchte Sack?«

»Ich habe ihn in die Ecke geworfen, es ist nichts mehr drin«, antwortete Oksana.

»Ich kenne diese Scherze, nichts drin! Gebt ihn mir mal her, da sitzt noch einer drin! Schüttelt ihn ordentlich... Was, nichts drin? Das verdammte Weibsbild! Und wenn man sie anschaut, ist sie wie eine Heilige, als hätte sie nie was anderes als Fastenspeisen im Munde gehabt!...«

Aber lassen wir Tschub in Muße seinem Ärger Luft machen und wenden wir uns wieder dem Schmied zu, denn die Uhr geht schon sicher auf neun.

Anfangs war es Wakula ganz unheimlich zumute, besonders als er von der Erde in eine solche Höhe stieg, daß er unten nichts mehr unterscheiden konnte und er wie eine Fliege dicht unter dem Monde vorbeiflog, so daß er, wenn er sich nicht etwas gebückt hätte, ihn mit seiner Mütze gestreift haben würde. Aber etwas später faßte er Mut und fing sogar an, sich über den Teufel lustig zu machen. Es amüsierte ihn außerordentlich, wie der Teufel, sooft er sein Kreuz aus Zypressenholz vom Halse nahm und ihm hinhielt, nieste und hustete. Er hob absichtlich die Hand, um sich den Kopf zu kratzen, aber der Teufel glaubte, daß er ihn bekreuzigen wolle, und flog noch rascher. In der Höhe war alles hell. Die von einem leichten silbernen Nebel erfüllte Luft war durchsichtig. Alles war deutlich zu sehen, und man konnte sogar erkennen, wie ein Hexenmeister, im Topfe sitzend, wie ein Wirbelwind an ihnen vorbeiflog; wie die Sterne, sich zu einem Haufen drängend, Blindekuh spielten; wie etwas abseits eine ganze Schar von Geistern schwärmte; wie ein im Mondscheine tanzender Teufel die Mütze zog, als er den dahersprengenden Schmied erblickte; wie ein Besen, auf dem wohl eine Hexe soeben irgendwohin geritten war, allein heimflog... Noch viele andere üble Dinge sahen sie unterwegs. Beim Anblick des Schmieds machte alles für einen Augenblick halt, flog dann weiter und setzte sein Tun fort; der Schmied flog immer weiter, und plötzlich erstrahlte unter ihm in einem Feuermeer Petersburg. (Es gab da gerade aus irgendeinem Grunde eine Festbeleuchtung.) Der Teufel verwandelte sich, als er den Schlagbaum passiert hatte, in ein Pferd, und der Schmied sah sich auf einmal auf einem guten Renner mitten auf der Straße.

Mein Gott! Ein Lärm, ein Dröhnen, ein Leuchten; zu beiden Seiten ragten vierstöckige Mauern; das Stampfen der Hufe und das Dröhnen der Räder hallte an vier Seiten wider; die Häuser schienen auf Schritt und Tritt zu wachsen und aus der Erde emporzusteigen; die Brücken zitterten; die Kutschen flogen; die Kutscher und die Vorreiter schrien; der Schnee knirschte unter den Tausenden der von allen Seiten fliegenden Schlitten; die Fußgänger drängten sich längs der mit Lämpchen übersäten Häuser, und ihre riesigen Schatten huschten über die Mauern und erreichten mit den Köpfen die Schornsteine und die Dächer.

Der Schmied sah sich erstaunt nach allen Seiten um. Es war ihm, als hätten alle diese Häuser auf ihn ihre zahllosen Feueraugen gerichtet und schauten ihn an. Er sah so viel Herren in mit Tuch gedeckten Pelzen, daß er gar nicht mehr wußte, vor wem er die Mütze ziehen sollte. – Mein Gott, wieviel Herrschaften es hier gibt! – dachte sich der Schmied. – Ich glaube, jeder, der hier in einem Pelze über die Straße geht, ist ein Assessor! Und die, die in diesen herrlichen Wagen mit den Glasscheiben herumfahren, sind, wenn nicht Stadthauptleute, so doch sicher Kommissäre und vielleicht noch mehr. – Seine Gedanken wurden durch eine Frage des Teufels unterbrochen: »Soll ich direkt zur Zarin laufen?« – Nein, ich fürchte mich –, dachte sich der Schmied. »Hier sind irgendwo, ich weiß nicht wo, die Saporoger abgestiegen, die im Herbst durch Dikanjka kamen. Sie fuhren aus der Ssjetsch mit Papieren zu der Zarin; mit ihnen sollte ich mich eigentlich beraten. He, Satan! Kriech mir mal in die Tasche und führe mich zu den Saporogern!«

Der Teufel magerte in einem Augenblick ab und wurde so klein, daß er dem Schmied ohne Mühe in die Tasche kriechen konnte. Und ehe sich Wakula umsah, stand er schon vor einem großen Hause, stieg die Treppe hinauf, öffnete eine Tür und taumelte ein wenig zurück, als er vor sich ein prächtig geschmücktes Zimmer erblickte; aber er faßte Mut, als er die gleichen

Saporoger erkannte, die durch Dikanjka gekommen waren und jetzt mit ihren geteerten Stiefeln auf seidenen Sofas saßen und den stärksten Tabak rauchten, den man Stengeltabak nennt.

»Grüß Gott, meine Herren! Helf euch Gott, so sehen wir uns wieder!« sagte der Schmied, näher herantretend und sich bis zur Erde verbeugend.

»Was ist das für ein Mann?« fragte einer, der dicht vor dem Schmied saß, einen anderen, der etwas weiter saß.

»Habt ihr mich denn nicht erkannt?« sagte der Schmied. »Ich bin es, der Schmied Wakula! Als ihr im Herbst durch Dikanjka kamt, wart ihr, Gott gebe euch jegliche Gesundheit und ein langes Leben, fast zwei Tage bei mir zu Gast. Ich habe euch damals das vordere Rad eures Wagens mit einem neuen Reifen beschlagen!«

»Aha!« sagte der gleiche Saporoger. »Es ist derselbe Schmied, der so fein malt. Guten Abend, Landsmann! Was hat dich Gott hergebracht?«

»Nun, ich wollte mir anschauen… man sagt…«

»Nun, Landsmann«, sagte der Saporoger, eine stolze Miene annehmend; er wollte zeigen, daß er auch Russisch zu sprechen verstand. »Eine große Stadt, nicht wahr?«

Der Schmied wollte sich nicht blamieren und als Neuling erscheinen; außerdem verstand auch er, wie wir es schon oben sahen, gebildet zu sprechen. »Eine respektable Gouvernementsstadt!« antwortete er gleichgültig. »Das muß ich sagen: die Häuser sind mächtig, und bedeutende Gemälde hängen darin. Viele Häuser sind mit Lettern aus Blattgold außerordentlich fein bemalt. Das muß man zugeben; eine wunderbare Proportion!«

Als die Saporoger hörten, wie frei sich der Schmied ausdrückte, gewannen sie von ihm einen für ihn sehr günstigen Eindruck. »Später wollen wir mit dir mehr reden, Landsmann. Jetzt müssen wir aber gleich zur Zarin.«

»Zur Zarin? Seid doch so freundlich, meine Herren, nehmt mich mit!«

»Dich?« sagte der Saporoger mit einer Miene, mit der ein Erzieher zu seinem vierjährigen Zögling spricht, wenn ihn dieser bittet, ihn auf ein echtes, großes Pferd zu setzen. »Was willst du dort? Nein, es geht nicht.« Dabei nahm er eine wichtige Miene an. »Wir werden mit der Zarin von unseren Angelegenheiten reden, Bruder.«

»Nehmt mich mit!« beharrte der Schmied. »Bitte sie!« flüsterte er dem Teufel zu, indem er mit der Faust auf die Tasche schlug.

Kaum hatte er das getan, als ein anderer Saporoger sagte: »Nehmen wir ihn doch mit, Brüder!«

»Gut, nehmen wir ihn mit!« sagten die anderen.

»Zieh die gleichen Kleider an, wie wir sie tragen.«

Der Schmied beeilte sich, einen grünen Kaftan anzuziehen, als die Tür plötzlich aufging und ein Mann mit Tressen meldete, daß es Zeit sei, zu fahren.

Es kam dem Schmied so wunderlich vor, als er in einer riesigen Kutsche dahinfuhr, die sich auf den Federn wiegte, als zu beiden Seiten die vierstöckigen Häuser zurückliefen und das Pflaster dröhnend wie von selbst unter die Hufe der Pferde zu rollen schien.

– Mein Gott, welch ein Licht! –, dachte der Schmied. – Bei uns ist es nicht mal am Tage so hell. –

Die Kutschen hielten vor dem Schlosse. Die Saporoger stiegen aus, traten in einen prächtigen Flur und gingen eine glänzend erleuchtete Treppe hinauf. »Was ist das für eine Treppe!« flüsterte der Schmied vor sich hin. »Es ist wirklich schade, sie mit Füßen zu treten. Diese Verzierungen! Man sagt, daß die Märchen lügen! Zum Teufel, sie lügen gar nicht! Mein Gott! Dieses Geländer! Was für eine Arbeit! Das Eisen allein hat wohl an die fünfzig Rubel gekostet!«

Die Saporoger stiegen die Treppe hinauf und durchschritten den ersten Saal. Scheu folgte ihnen der Schmied, der bei jedem Schritt fürchtete, auf dem Parkett auszugleiten. Sie durchschritten drei Säle, und der Schmied kam noch immer nicht aus dem Staunen heraus. Als sie in den vierten Saal kamen, ging er unwillkürlich auf ein Bild zu, das an der Wand hing. Es war die Heilige Jungfrau mit dem Kinde auf dem Arm.

»Was für ein Bild! Was für eine herrliche Malerei!« sagte er. »Man glaubt, sie wolle sprechen! Sie lebt förmlich! Und das Heilige Kind! Es faltet die Händchen und lächelt, das Arme! Und die Farben! Mein Gott, diese Farben! Ich meine, man hat hier auch nicht für eine Kopeke Ocker gebraucht, es ist lauter Karmin und Kupfergrün. Und das Blau leuchtet einfach! Eine herrliche Arbeit. Der Grund ist wohl mit dem teuersten Bleiweiß angelegt. Wie wunderbar diese Malerei auch ist, aber dieser Messinggriff«, fuhr er fort, an die Tür tretend und das Schloß betastend, »dieser Messinggriff ist noch mehr der Bewunderung wert. Diese saubere Arbeit! Ich denke, das haben alles deutsche Schmiede für viel Geld gemacht...«

Vielleicht hätte der Schmied noch viele Betrachtungen angestellt, wenn ihn nicht ein betreßter Lakai an den Arm gestoßen und ermahnt hätte, daß er nicht hinter den anderen zurückbleiben solle.

Die Saporoger durchschritten noch zwei Säle und blieben stehen. Hier wurden sie angewiesen, zu warten. Im Saale drängten sich mehrere Generäle in goldgestickten Uniformen. Die Saporoger verbeugten sich nach allen Seiten und stellten sich in einer Gruppe auf.

Eine Weile später trat in den Saal, von einem ganzen Gefolge begleitet, ein ziemlich stämmiger Mann von majestätischem Wuchs, in Hetmanuniform und in gelben Stiefeln. Seine Haare waren zerzaust, das eine Auge schielte etwas, das Gesicht drückte Hochmut und Erhabenheit aus, und alle Bewegungen zeugten von der Gewohnheit, zu befehlen. Alle Generäle, die bis dahin recht stolz in ihren goldenen Uniformen herumgegangen waren, gerieten in Unruhe und begannen unter tiefen Verbeugungen jedes seiner Worte, selbst seine leiseste Bewegung gleichsam aufzufangen. Aber der Hetman schenkte dem allen gar keine Beachtung, nickte kaum mit dem Kopfe und ging auf die Saporoger zu.

Die Saporoger verneigten sich vor ihm bis zur Erde.

»Seid ihr alle hier?« fragte er gedehnt und ein wenig durch die Nase.

»Ja, alle, Väterchen!« antworteten die Saporoger und verbeugten sich wieder.

»Vergeßt nicht, so zu reden, wie ich es euch gelehrt habe!«

»Nein, Väterchen, wir vergessen es nicht.«

»Ist das der Zar?« fragte der Schmied einen der Saporoger.

»Ach was, Zar! Es ist Potjomkin«, antwortete jener.

Im Nebenzimmer ließen sich Stimmen vernehmen, und der Schmied wußte nicht, wohin er seine Augen wenden sollte: eine solche Menge von Damen in Atlaskleidern mit langen Schleppen und von Höflingen in goldgestickten Röcken mit Zöpfen im Nacken trat in den Saal. Er sah nur ein Leuchten und weiter nichts.

Die Saporoger fielen plötzlich sämtlich zu Boden und schrien wie aus einem Munde: »Gnade, Mutter, Gnade!« Der Schmied, der nichts mehr sah, streckte sich gleich den anderen eifrig auf dem Boden aus.

»Steht auf!« erklang über ihnen eine gebieterische, aber zugleich angenehme Stimme. Einige Höflinge taten sehr geschäftig und stießen die Saporoger an.

»Wir stehen nicht auf, Mutter! – Wir stehen nicht auf! Wir sterben lieber, aber wir stehen nicht auf!« riefen die Saporoger.

Potjomkin biß sich auf die Lippen. Schließlich trat er selbst zu ihnen und flüsterte dem einen Saporoger gebieterisch etwas zu. Die Saporoger erhoben sich.

Nun wagte es auch der Schmied, den Kopf zu heben, und er erblickte eine nicht sehr große, sogar etwas beleibte Frau mit gepudertem Haar, blauen Augen und mit jener majestätisch lächelnden Miene, die es so gut verstand, sich alles Untertan zu machen, und die nur einer Herrscherin angehören konnte.

»Seine Durchlaucht hat mir versprochen, mich heute mit einem meiner Völker bekannt zu machen, das ich bisher noch nicht gesehen habe«, sagte die Dame mit den blauen Augen, indem sie die Saporoger neugierig musterte. »Seid ihr hier gut untergebracht?« fuhr sie fort und trat näher.

»Danke, Mutter! Der Proviant ist gut, obwohl die Hammel hier lange nicht so sind wie bei uns daheim – weshalb sollten wir nicht irgendwie leben können?...«

Potjomkin verzog das Gesicht, als er merkte, daß die Saporoger etwas ganz anderes sagten, als was er sie gelehrt hatte...

Einer der Saporoger trat nun mit stolzer Miene vor: »Wir bitten dich, Mutter! Womit hat dich dein treues Volk erzürnt? Haben wir es denn mit den heidnischen Tataren gehalten? Haben wir je Hand in Hand mit den Türken gehandelt? Haben wir dir mit einer Tat oder mit einem Gedanken die Treue gebrochen? Warum diese Ungnade? Erst hörten wir, daß du überall Festungen gegen uns bauen läßt; dann hörten wir, daß du aus uns Karabinerschützen machen lassen willst; jetzt hören wir von neuen Strafen. Was hat das Heer der Saporoger verbrochen? Vielleicht, daß es deine Armee über den Perekop geführt und deinen Generälen geholfen hat, die Tataren der Krim niederzumetzeln?...«

Potjomkin schwieg und putzte mit einem Bürstchen lässig die Brillanten, mit denen seine Finger besät waren.

»Was wollt ihr also?« fragte Katharina besorgt.

Die Saporoger sahen einander bedeutungsvoll an.

– Jetzt ist's Zeit! Die Zarin fragt, was wir wollen! – sagte der Schmied zu sich selbst und stürzte plötzlich zu ihren Füßen nieder.

»Eure zarische Majestät, laßt mich nicht strafen, erweist mir Eure Gnade! Woraus, nehmt es mir nicht übel, sind die Schuhe gemacht, die Eure zarische Gnaden an den Füßen haben? Ich glaube, kein Schuster in keinem Lande der Welt versteht solche Schuhe zu machen. Mein Gott, wenn meine Frau solche Schuhe anziehen könnte!«

Die Kaiserin lachte. Auch die Höflinge fingen zu lachen an. Potjomkin blickte finster drein und lächelte zugleich. Die Saporoger begannen den Schmied an den Arm zu stoßen, denn sie glaubten, er sei verrückt geworden.

»Steh auf!« sagte die Kaiserin freundlich. »Wenn du durchaus solche Schuhe haben willst, so ist das leicht gemacht. Bringt ihm sofort die kostbarsten mit Gold bestickten Schuhe! Diese Einfalt gefällt mir wirklich! Da habt Ihr«, fuhr die Kaiserin fort, indem sie einen Herrn mit einem vollen, aber etwas bleichen Gesicht anblickte, der etwas abseits von den anderen stand und dessen bescheidener Rock mit den großen Perlmutterknöpfen zeigte, daß er nicht zu den Höflingen gehörte, »da habt Ihr ein Eurer geistreichen Feder würdiges Thema!«

»Eure kaiserliche Majestät sind zu gnädig. Dazu bedarf es wenigstens eines Lafontaine!« antwortete der Mann mit den Perlmutterknöpfen mit einer Verbeugung.

»Auf Ehre, ich muß sagen, daß ich von Eurem ›Brigadier‹ noch immer hingerissen bin. Ihr lest wunderbar vor! Aber ich hörte«, wandte sich die Kaiserin an die Saporoger, »daß man bei euch in der Ssjetsch niemals heiratet.«

»Was sagst du bloß, Mutter! Du weißt doch selbst, daß kein Mann ohne Frau auskommen kann«, antwortete derselbe Saporoger, der früher mit dem Schmied gesprochen hatte, und der Schmied wunderte sich, als er hörte, wie dieser selbe Mann, der so gut gebildet zu sprechen verstand, mit der Zarin wie absichtlich in der gröbsten Bauernsprache redete. – Schlaue Leute! –, dachte er sich, – das tut er sicher nicht ohne Absicht. –

»Wir sind keine Mönche«, fuhr der Saporoger fort, »sondern sündige Menschen. Wie die ganze ehrliche Christenwelt sind wir auf Fleischspeisen versessen. Es sind nicht wenige unter uns, die Frauen haben, nur leben sie nicht mit ihren Frauen in der Ssjetsch. Manche haben ihre Frauen in Polen; andere haben ihre Frauen in der Ukraine; und andere haben ihre Frauen in der Türkei.«

In diesem Augenblick brachte man dem Schmied die Schuhe.

»Mein Gott, was für ein Schmuckstück!« rief er freudig und ergriff die Schuhe. »Eure zarische Majestät! Wenn Ihr solche Schuhe anhabt und wenn Ihr mit ihnen, Euer Wohlgeboren, aufs Eis geht, wie müssen dann die Füßchen selbst sein? Ich meine, die sind mindestens aus reinstem Zucker.«

Die Kaiserin, die wirklich die schlanksten und reizendsten Füßchen hatte, mußte lächeln, als sie dieses Kompliment aus dem Munde eines einfältigen Schmiedes hörte, welcher trotz seines braunen Gesichtes in seiner Saporogerkleidung als schöner Mann gelten konnte.

Erfreut durch diese wohlwollende Aufmerksamkeit, wollte der Schmied die Zarin schon ordentlich über alles ausfragen: ob es wahr sei, daß die Zaren nichts als Honig und Speck äßen, und dergleichen mehr; da er aber fühlte, daß die Saporoger ihn in die Seiten stießen, entschloß er sich, zu schweigen. Als die Kaiserin sich an die älteren Leute wandte und sie auszufragen begann, wie sie in der Ssjetsch lebten und was für Sitten sie da hätten, trat der Schmied zurück, beugte sich zu seiner Tasche, sagte leise: »Trage mich sofort von hier weg!« und befand sich plötzlich hinter dem Schlagbaum.

»Ertrunken! Bei Gott, ertrunken! Ich will nicht mehr vom Fleck kommen, wenn er nicht ertrunken ist!« stammelte die dicke Webersfrau, in einem Haufen der Weiber von Dikanjka mitten auf der Straße stehend.

»Bin ich denn eine Lügnerin? Habe ich jemand eine Kuh gestohlen? Habe ich jemand mit dem bösen Blick behext, daß man mir nicht glauben will?« schrie ein Weib in einem Kosakenkittel, mit einer violetten Nase, mit den Armen fuchtelnd. »Ich will nie wieder Wasser trinken wollen, wenn die alte Perepertschicha nicht mit eigenen Augen gesehen hat, wie der Schmied sich erhängt hat!«

»Der Schmied hat sich erhängt? Eine schöne Geschichte!« sagte der Amtmann, der gerade von Tschub kam. Er blieb stehen und drängte sich an die sprechenden Weiber näher heran.

»Sag lieber, du willst keinen Schnaps mehr trinken, du alte Säuferin!« antwortete die Webersfrau. »Man muß schon so verrückt sein wie du, um sich erhängen zu können! Er hat sich ertränkt! Er ist im Eisloch ertrunken! Das weiß ich so sicher, wie daß du soeben in der Schenke gewesen bist.«

»Schamlose! Was sie mir vorzuwerfen hat!« antwortete zornig das Weib mit der violetten Nase. »Hättest du doch lieber geschwiegen, du Nichtsnutzige! Weiß ich denn nicht, daß zu dir jeden Abend der Küster kommt?«

Die Webersfrau fuhr auf.

»Was, Küster? Zu wem kommt der Küster? Was lügst du?«

»Der Küster?« kreischte die Küsterin, die sich in ihrem mit blauem Nanking bezogenen Hasenpelz unter die Schreienden drängte. »Ich werde euch den Küster zeigen! Wer sprach eben vom Küster?«

»Zu dieser da kommt der Küster auf Besuch!« sagte das Weib mit der violetten Nase, auf die Webersfrau zeigend.

»Du bist es also, Hündin!« sagte die Küsterin, indem sie auf die Webersfrau losging. »Du bist also die Hexe, die ihn benebelt und mit ihren Teufelskräutern behext, daß er zu ihr kommt?«

»Laß mich in Ruhe, du Satan!« sagte die Webersfrau zurückweichend.

»Du verdammte Hexe, du sollst deine Kinder nicht wiedersehen! Nichtsnutzige! Pfui!« Und die Küsterin spuckte der Webersfrau gerade in die Augen. Die Webersfrau wollt es ihr mit dem gleichen vergelten, spuckte aber statt dessen auf den rasierten Kopf des Amtmanns, der, um alles besser zu hören, ganz dicht an die Streitenden getreten war.

»Gemeines Frauenzimmer!« rief der Amtmann, indem er sich das Gesicht mit dem Rockschöße abwischte und die Peitsche erhob. Diese Bewegung zwang alle, unter Fluchen nach allen Seiten auseinanderzugehen. »Diese Gemeinheit!« wiederholte der Amtmann, sich noch immer das Gesicht abwischend. »Der Schmied hat sich also ertränkt! Mein Gott! Was für ein guter Maler ist er aber gewesen! Was für feste Messer, Sicheln und Pflugscharen verstand er zu schmieden! Was für eine Kraft steckte in ihm! Ja«, fuhr er nachdenklich fort, »solche Menschen haben wir nicht viel im Dorf. Darum fiel es mir noch im Sacke auf, daß der Ärmste so übel gelaunt war. Da haben wir den Schmied! Eben lebte er noch, und nun ist er nicht mehr! Ich wollte gerade meine scheckige Stute beschlagen lassen!...« Von solchen christlichen Gedanken erfüllt, ging der Amtmann langsam heim.

Oksana verlor die Fassung, als diese Gerüchte sie erreichten. Sie traute zwar wenig den Augen der Perepertschicha und dem Gerede der Weiber: sie wußte, daß der Schmied gottesfürchtig genug war, um nicht seine Seele ins Verderben zu stürzen. Was aber, wenn er wirklich mit der Absicht weggegangen war, nie wieder ins Dorf zurückzukehren? So einen prächtigen Burschen wie diesen Schmied findet man aber auch an einem anderen Orte nicht wieder. Er hat sie doch so geliebt! Er hat länger als alle ihre Launen ertragen...Die Schöne wälzte sich die ganze Nacht unter ihrer Decke von der rechten Seite auf die linke und von der linken auf die rechte und konnte nicht einschlafen. Bald lag sie in bezaubernder Nacktheit, die das Dunkel der Nacht auch vor ihr selbst verhüllte, und schimpfte fast laut über sich selbst; bald wurde sie still und entschloß sich, an nichts mehr zu denken, und dachte dennoch. Sie glühte und war am Morgen schon bis über die Ohren in den Schmied verliebt.

Tschub äußerte weder Freude noch Trauer über das Schicksal des Schmiedes. Seine Gedanken waren nur mit dem einen beschäftigt: er konnte unmöglich die Treulosigkeit der Ssolocha vergessen und fuhr, so verschlafen er auch war, fort, laut auf sie zu schimpfen.

Der Morgen brach an. Die Kirche war schon vor Tagesanbruch voller Menschen. Die älteren Frauen in weißen Kopftüchern und weißen Tuchkitteln bekreuzigten sich andächtig an der Kirchtür. Die Edelfrauen in grünen und gelben Jacken, einige sogar in blauen Überkleidern, mit goldenen Streifen auf dem Rücken, standen vor ihnen. Die Mädchen, die auf den Köpfen ganze Kaufläden von Bändern und am Halse eine Menge von Perlenbändern, Kreuzen und Dukaten trugen, bemühten sich, so nahe als möglich an die Heiligenwand zu kommen. Ganz vorn standen aber die Edelleute und die einfachen Bauern mit Schnurrbärten, Schöpfen, dicken Hälsen und frischrasiertem Kinn, fast alle in Mänteln, unter denen weiße und bei manchen auch blaue Kittel hervorguckten. Auf allen Gesichtern, wohin man auch blickte, spiegelte sich die Feiertagsstimmung. Der Amtmann leckte sich schon die Lippen beim Gedanken an die Wurst, die er nach Beendigung des Fasttages essen würde; die Mädchen dachten daran, wie sie mit den Burschen auf dem Eise laufen würden; die alten Frauen flüsterten die Gebete andächtiger als je. Man hörte in der ganzen Kirche, wie der Kosak Swerbygus sich mit der Stirn bis zum Boden verbeugte. Nur Oksana allein stand wie geistesabwesend da: sie betete und betete auch nicht. In ihrem Herzen drängten sich viele verschiedene Gefühle, eines ärgerlicher und trauriger als das andere, so daß ihr Gesicht nur eine starke Erregung ausdrückte; in ihren Augen zitterten Tränen. Die Mädchen konnten den Grund nicht verstehen und ahnten nicht mal, daß der Schmied schuld daran war. Aber Oksana war nicht die einzige, die an den Schmied dachte. Alle Leute merkten, daß der Feiertag kein richtiger Feiertag war, daß gleichsam etwas fehlte. Zum Unglück war der Küster infolge seiner Reise im Sack heiser geworden und sang kaum hörbar mit zitternder Stimme; der zugereiste Sänger hatte zwar eine prächtige Baßstimme, aber es wäre doch unvergleichlich besser, wenn auch der Schmied dabei gewesen wäre, der, sooft man das »Vaterunser« oder »Und die Cherubime« sang, auf den Chor zu steigen und die Weise anzustimmen pflegte, die man in Poltawa singt. Außerdem war er der einzige, der das Amt eines Kirchenvorstands versah. Die Frühmesse war schon zu Ende, nach der Frühmesse kam das Hochamt...Wo war nun in der Tat der Schmied hingeraten?

Der Teufel flog während des Restes der Nacht mit dem Schmied auf dem Rücken noch schneller zurück, und Wakula befand sich im Nu neben seinem Hause. In diesem Augenblick krähte ein Hahn.

»Wohin?« schrie der Schmied, den Teufel, der davonlaufen wollte, am Schwanze packend. »Wart mal, Freund, das ist noch nicht alles, ich hab' mich bei dir noch nicht bedankt.«

Und er ergriff einen ordentlichen Stecken, versetzte ihm drei Hiebe, und der arme Teufel lief so schnell davon wie ein Bauer, dem der Assessor ordentlich eingeheizt hat. So war der Feind des Menschengeschlechts, statt andere Menschen zu foppen, zu verführen und zu narren, selbst genarrt worden.

Nun trat Wakula in den Flur, vergrub sich ins Heu und schlief bis zum Mittag durch. Als er erwachte und sah, daß die Sonne schon hoch am Himmel stand, erschrak er.

»Ich habe ja die Frühmesse und das Hochamt verschlafen!«

Und der gottesfürchtige Schmied versank in Trauer, da er sich sagte, Gott habe wohl zur Strafe für seinen sündigen Vorsatz, seine Seele zu verderben, den Schlaf über ihn geschickt, der ihn davon abhielt, an diesem hohen Feiertage zur Kirche zu gehen. Aber er beruhigte sich bald, indem er sich vornahm, in der folgenden Woche die Sünde dem Popen zu beichten und von diesem Tage an ein ganzes Jahr lang täglich fünfzig Kniefälle zu machen. Er blickte in die Stube hinein, es war aber niemand da: Ssolocha war wohl noch nicht heimgekommen.

Behutsam holte er aus dem Busen die Schuhe und wunderte sich wieder über die kostbare Arbeit und das wunderbare Erlebnis der letzten Nacht; er wusch sich, kleidete sich, so gut er konnte, an, zog die Kleider an, die er von den Saporogern bekommen hatte, holte aus der Truhe eine neue Lammfellmütze mit blauem Tuch, die er noch niemals aufgesetzt hatte, seit er sie in Poltawa gekauft; holte auch einen neuen Gürtel in allen Farben; tat das alles zusammen mit einer Kosakenpeitsche in ein Tuch und ging geradeswegs zu Tschub.

Jener sperrte die Augen auf, als der Schmied zu ihm kam, und wußte nicht, worüber er mehr staunen sollte: darüber, daß der Schmied von den Toten auferstanden war, daß er es gewagt hatte, zu ihm zu kommen, oder daß er sich wie ein Saporoger aufgeputzt hatte. Noch mehr staunte er aber, als Wakula das Tuch aufband, vor ihn eine nagelneue Mütze und einen Gürtel, wie man ihn im Dorfe noch niemals gesehen hatte, auf den Tisch legte, ihm zu Füßen fiel und mit flehender Stimme sagte: »Hab Erbarmen, Väterchen! Zürne nicht! Hier hast du eine Peitsche: schlage, so viel deine Seele verlangt. Ich liefere mich dir selbst aus und bekenne alles; schlag zu, aber zürne nicht. Du und mein verstorbener Vater wart ja einst wie zwei Brüder, ihr habt zusammen gegessen und getrunken.«

Tschub sah nicht ohne heimliche Freude, wie der Schmied, der sich sonst um keinen Menschen im Dorfe kümmerte, der mit der Hand Hufeisen und Fünfkopekenstücke wie Buchweizenfladen zusammendrückte, wie dieser selbe Schmied zu seinen Füßen lag. Um seine Würde zu wahren, nahm Tschub die Peitsche und schlug ihn dreimal auf den Rücken. »Nun, das genügt, steh auf! Hör stets auf alte Leute! Wir wollen alles vergessen, was zwischen uns war. Nun, sag jetzt, was du willst!«

»Gib mir Oksana zur Frau, Väterchen!«

Tschub dachte eine Weile nach und betrachtete die Mütze und den Gürtel: die Mütze war wunderbar, der Gürtel stand ihr nicht nach; er dachte an die treulose Ssolocha und sagte entschlossen: »Gut! Schicke deine Brautwerber her!«

»Ach!« schrie Oksana auf, über die Schwelle tretend und den Schmied erblickend, und richtete auf ihn erstaunt und freudig ihre Blicke.

»Schau nur, was ich dir für Schuhe mitgebracht habe!« sagte Wakula. »Es sind dieselben, die die Zarin trägt.«

»Nein, nein! Ich brauche keine Schuhe!« sagte sie, mit den Händen fuchtelnd und ihn unverwandt anblickend. »Ich will auch ohne die Schuhe...« Sie kam nicht weiter und errötete.

Der Schmied trat näher heran und ergriff ihre Hand; die Schöne schlug sogar die Augen nieder. Noch nie war sie so wunderbar schön gewesen. Der entzückte Schmied küßte sie still, ihr Gesicht erglühte in einem noch tieferen Rot, und sie wurde noch schöner.

Der Bischof, seligen Angedenkens, kam einmal durch Dikanjka, lobte die schöne Lage und hielt, als er durch die Straße fuhr, vor einem neuen Hause.

»Wem gehört dieses bemalte Haus?« fragte Seine Eminenz die hübsche Frau, die mit einem Kinde auf dem Arme vor der Tür stand.

»Dem Schmied Wakula!« antwortete ihm mit einer Verbeugung Oksana, denn sie war es.

»So schön! Eine schöne Arbeit!« sagte Seine Eminenz, die Türen und Fenster betrachtend. Die Fenster waren aber ringsherum mit roter Farbe gestrichen, und auf den Türen waren überall reitende Kosaken mit Pfeifen in den Zähnen dargestellt.

Noch mehr lobte aber Seine Eminenz Wakula, als sie erfuhr, daß er die Kirchenbuße eingehalten und die ganze linke Chorseite in der Kirche unentgeltlich mit grüner Farbe und roten Blumen bemalt hatte. Das ist aber noch nicht alles. An die Wand neben dem Kircheneingang malte Wakula den Teufel in der Hölle, einen so abscheulichen Teufel, daß alle, die vorbeigingen, ausspuckten; und die Weiber trugen ihre Kinder, wenn sie auf dem Arme zu weinen anfingen, an dieses Bild und sprachen: »Schau, was für ein Scheusal da hingemalt ist!« Und das Kind hielt seine Tränen zurück, schielte nach dem Bilde und schmiegte sich an die Brust seiner Mutter.

1

Musik und Jauchzen klangen hell durch Kiews Vorstadt. Der Sohn des Obersten Gorobetz hielt Hochzeit. Viel Gäste waren da geladen. Ja, in der alten Zeit verstand man's noch, mit Lust zu schmausen und zu zechen, verstand man es, so recht aus Herzensgrunde froh zu sein. Auf seinem braunen Gaule war der Kosak Mikitka zum Fest geeilt, geradeswegs vom tollen Becherschwingen auf dem Pereschlaier Feld. Dort hatte er die Junker des Polackenkönigs durch sieben Tage und durch sieben Nächte mit rotem Weine freigehalten.

Gekommen war auch des Obersten Gorobetz Blutsbruder Danilo Burulbasch, der seinen Hof zwischen den zwei Bergen drüben über dem Dnjepr hatte, und mit ihm sein junges Weib, Frau Katherina, und der kleine Sohn, den sie ihm erst vor einem Jahr geboren. Die Gästeschar bewunderte Frau Katherinens weiße Haut, die dichten Brauen, so köstlich schwarz wie deutscher Samt, die Jacke aus dem feinsten Tuch, den Rock von blauer Seide, die Saffianstiefel mit den silbernen Hufeisen unter den Hacken. Erstaunlich aber fand es jeder, daß ihr alter Vater nicht mitgekommen war. Der hauste erst seit einem Jahre wieder drüben über dem Fluß. Vorher hatte er durch zwanzig und ein Jahr außer Landes geweilt und niemals Botschaft heimgeschickt. Da er die Tochter endlich wiedersah, war sie schon Herrn Danilos Weib und lag im ersten Wochenbett. Der Alte hätte mancherlei erzählen können von Abenteuern und von Fahrten. Leicht kann erzählen, wer so lange Zeit in fremden Ländern war! Dort ist es nicht wie hier: dort lebt ein anderes Volk, das nicht einmal christliche Kirchen kennt. Aber nun war der Vater der Frau Katherina nicht zum Hochzeitsfest gekommen.

Ein warmer Würztrank aus Pflaumen und Rosinen wurde den Gästen aufgetischt, dazu aus großer Schüssel ein Hochzeitsbrot. Die Musikanten legten ihre Zimbeln, Geigen und Schellentrommeln für eine Weile weg und machten sich gar eifrig über den Brotlaib her. Denn in den waren Geldstücke für sie eingebacken. Bald aber wischten sich die jungen Frauen und die Mädel den Mund und stellten sich von neuem in einer langen Reihe auf. Die Burschen stemmten flott die Fäuste in die Hüften und warfen kecke Blicke. Schon zuckten ihre Füße, um auf die Schönen zuzutanzen, – da trat der alte Oberst aus dem Haus. Er trug zwei Heiligenbilder in den Händen, mit denen wollte er dem jungen Paar den Segen geben. Die Bilder hatte er von einem frommen Büßer, der Vater Bartholomäus hieß. Sie waren schlicht gefaßt und eingerahmt und prunkten nicht mit Gold noch Silber. Doch wer sie unter seinem Dache hatte, der war gefeit vor allen bösen Geistern. Der Oberst hob die Bilder und begann ein kurzes Gebet, – da schrie die Schar der Kinder, die stillvergnügt ihr Spiel am Boden trieb, erschrocken auf, und auch die Großen prallten jählings auseinander. Mitten im Kreis der Gäste stand ein Kosak, den keiner kannte. Er hatte vorhin den Kosakentanz so flott und so gelenkig aufgeführt, daß alle lachen mußten. Doch als der Oberst die geweihten Bilder hochhob, war der Fremde mit einem Schlag seltsam verwandelt. Die Nase schoß ihm in die Länge und krümmte sich zur Seite, die braunen Augen wurden grün, die Lippen blau, das Kinn begann zu zittern und spitzte sich gleich einer Lanze zu, ein Hauer wuchs ihm aus dem Mund, der Rücken wölbte sich zum Höcker; der Kosak war plötzlich ein uralter Mann.

»Er ist's, er ist's!« erklangen bange Stimmen. Erschrocken drängte sich das Volk zu Hauf.

»Der Zauberer ist wieder da!« schrieen die Mütter und schirmten ihre Kinder mit den Händen.

Beschwörend hob der Oberst die geweihten Bilder und rief feierlich:

»Heb dich von hinnen, Ausgeburt der Hölle! Hier ist nicht deines Bleibens!«

Fauchend und zähneknirschend gleich einem Wolf verschwand der schlimme Gast.

Durch die Menge ging nun ein Raunen und ein Fragen, – das gab ein Brausen wie das Meer im Sturm.

»Was hat es mit dem Zauberer für eine Bewandtnis?« fragten die jungen Leute, die ihn zum ersten Male sahen.

Die Alten schüttelten die Köpfe.

»Das hat nichts Gutes zu bedeuten!«

Hier stand ein Häuflein Leute im weiten Hof des Obersten und dort ein Häuflein Leute. Alle wollten Geschichten von dem bösen Zauberer hören. Doch jeder sagte etwas anderes, und sichere Kunde wußte keiner.

Der Oberst ließ ein Fäßchen Met anzapfen und viele Eimer griechischen Weins aus seinem Keller holen. Das brachte bald die alte Fröhlichkeit zurück. Die Musikanten spielten; die Mädchen und die jungen Frauen, die frischen Burschen in ihren roten Röcken stampften im feurigen Kosakentanz den Boden. Selbst mancher Alte mit neunzig und mit hundert Jahren, der einen Becher über den Durst getrunken hatte, wagte dreist ein Tänzchen und gedachte der schönen Zeit von einst, da auch er noch mit Gottes Hilfe ein rechter Kerl gewesen war. Tief in die Nacht hinein ward froh gezecht, so mörderlich gezecht, wie heutzutage kein Mensch mehr zechen kann. Als sich das Fest zum Ende neigte, fuhren aus der Gästeschar nur wenige heim. Gar viele betteten sich ihr Lager für die Nacht im weiten Hof des Obersten, noch mehr von den Kosaken blieben aber da liegen, wo sie waren, und schliefen ungewiegt: unter den Bänken, auf der bloßen Erde, neben den Gäulen, vor dem Kuhstall. Wo der gewaltige Rausch solch einen Kämpen hinwarf, da lag er fest und hob ein Schnarchen an, daß es ganz Kiew hören konnte.

2

Stilles Licht versilbert die Welt, – der Mond ist über den Bergkamm gestiegen. Er spreitet seinen Glanz gleich einem Nesseltuch aus seiner weißer Seide über die Dnjeprufer und scheucht die Schatten tief ins Fichtendickicht.

Mitten im Dnjepr schwimmt ein eichener Einbaum. Zwei junge Burschen sitzen vorn im Kahn. Sie tragen ihre schwarzen Lammfellmützen keck auf dem linken Ohr. Wie Funken vom Feuerstahl, so fahren unter ihren Rudern leuchtende Spritzer in die Luft. – Doch warum singen die Kosaken kein munteres Lied? Warum schelten sie nicht auf die Polackenpfaffen, die das rechtgläubige Volk im Grenzland katholisch taufen wollen? Warum sprechen sie nicht davon, wie ihre Scharen zwei Tage lang die Schlacht geschlagen haben, die man die Schlacht am Salzsee nennt? – Die Burschen wagen nicht zu singen, sie wagen nicht von kühnen Taten zu erzählen, da Herr Danilo, ihr Gebieter, tief in Gedanken ist. Der Ärmel seines roten Rockes ist aus dem Kahn geglitten und plätschert leis im Wasser. Frau Katherina wiegt in ihren Armen still das Kind und läßt die Augen ernst auf seinem Antlitz ruhn. Ihr Festgewand aus seinem Tuch ist übersprüht von grauem Wasserstaub.

Schön ist vom Dnjeprspiegel her die Schau auf hohe Berge, breite Wiesen, dunkelgrüne Wälder. Die Berge hier sind keine Berge, – sie haben keinen Fuß und strecken spitze Gipfel nach unten wie nach oben; drunten wie droben blaut hoch und weit der Himmelsraum. Die Wälder auf den Hügeln dort sind keine Wälder, – sie sind des Waldschrats zottiges Gelock; und drunten spielt die Flut um seinen Bart. Und unter seinem Bart wie über seinem Haupthaar blaut hoch und weit der Himmelsraum. Die Wiesen an den Ufern dort sind keine Wiesen, – sie sind der grüne Gürtel, der die Mitte des Himmels sanft umspannt; und unter diesem Gürtel wie über ihm lustwandelt durch den Himmelsraum der Mond.

Danilo sieht die Berge nicht und nicht die Wälder, – er sieht nur auf sein Weib.

»Mein junges Weib, geliebte Katherina, was für ein Kummer drückt dein Herz?«

»Kein Kummer drückt mein Herz, o mein Gemahl! Mir gehen bloß die schlimmen Dinge nach, die sie vom bösen Zauberer erzählten. Er war von klein auf schon so häßlich, daß kein anderes Kind je mit ihm spielen wollte. Ist das nicht furchtbar, Herr Danilo? Er glaubt, daß jeder ihn verlacht! Wenn ihm im Abenddunkel ein Mensch begegnet, meint er immer, der Fremde fletsche ihm zu Hohn und Spott die Zähne. Und kommt der Morgen, dann findet man den Mann, der ihm zur Nacht begegnet ist, tot auf der Straße liegen. Das ist so furchtbar, Herr Danilo, und will mir gar nicht aus dem Sinn,« sprach Katherina. Dann zog sie ihr gesticktes Tüchlein aus der Tasche und wischte ihrem kleinen Sohn die Stirn.

Danilo sagte kein Wort. Er spähte seitwärts in das Dunkel, wo durch die Stämme schwarz ein Erdwall lugte, der das Gemäuer einer alten Burg umschloß. Drei Falten traten auf Herrn Danilos Stirn, er strich sich seinen kecken Schnauzbart.

»Mag es auch schlimm sein,« sprach er, »daß er ein Zauberer ist, – weit schlimmer dünkt es mich, daß er ein sehr verdächtiger Nachbar ist! Was in drei Teufels Namen sucht er hier? Man munkelt, die Polacken wollen da eine Zwingburg aufrichten. Die sperrt uns dann den Weg zu unserm Lager hinter den Dnjeprschnellen. Sie sollen's nur versuchen! In Trümmer leg' ich ihm sein Teufelsnest, wenn ich herausbekomme, daß der Schuft geheime Ränke spinnt. Verbrannt wird dann der Zauberer; auch nicht den Raben soll etwas an ihm zu fressen bleiben! Gold und andres Gut gibt es in seiner Burg auch nicht zu wenig, – das halt' ich für gewiß. Dort drüben haust er, der verdammte Satan! Und hat er einen tüchtigen Haufen Gold, dann um so besser...! Wir kommen gleich vorbei an einem Feld voll Kreuzen, – das ist der Friedhof, wo die Knochen seiner schurkischen Ahnen modern. Von denen ist noch immer jeder gern bereit gewesen, sich gegen ein Stück Geld dem Teufel zu verschreiben mit Seel' und Leib und seinem schäbigen Rock dazu. – Und hat der Kerl solch einen Haufen Gold, – wozu soll man da lang' warten? Das ist so gute Beute wie im Krieg.«

»Ich weiß, was du im Sinn hast,« sagte Frau Katherina. »Und Böses ahnt mir von deinem Kampf mit ihm. Danilo, dein Atem geht so schwer, du schaust so grimmig drein, so finster dräuen deine Brauen...«

»Schweig, Weib!« rief Herr Danilo zornentbrannt.

»Wer sich mit euch befaßt, wird selber bald zum Weib. Bursch, gib mir Feuer für die Pfeife!« Der Bursche klopfte aus seiner Pfeife Glut und tat sie in die Pfeife seines Herrn.

»Ich soll mich vor dem Zauberer fürchten?« fuhr Herr Danilo fort. »Gott sei dafür bedankt: ein rechter Kosak fürchtet nicht Tod und Teufel und auch nicht das katholische Pfaffenpack. Das fehlte uns, daß wir auf Weiberrede horchten! Ist es nicht wahr, ihr Burschen? Unser Weib ist unsere Pfeife und der schneidige Pallasch!«

Kein Wort sprach Katherina. Über die stillen Wasser flog ihr Blick. Ein Windhauch ließ die Flut erschauern. Der breite Dnjepr schimmerte silbern wie eines Wolfes Fell bei Nacht.

Der Kahn fuhr näher an das Ufer und ihm entlang. Dort tauchte jetzt der Friedhof auf, – ein morsches Kreuz beim anderen. Zwischen den Gräbern wuchs kein Schneeballstrauch, kein Gras begrünte sie. Der Mond allein goß aus den Himmelshöhen sein kaltes Licht auf sie herab.

»Horcht, Burschen, hört ihr nichts? Es ist, als wenn da einer um Hilfe schreit!« sprach Herr Danilo.

»Ja, freilich! Und von da drüben kommt es.« Die Burschen zeigten nach dem Friedhof hin.

Doch es war wieder still. Der Kahn bog um die Felsenzunge, die in den Dnjepr vorsprang. Da plötzlich sanken den Burschen ihre Ruder aus den Händen; sie schauten wie versteint mit großen Augen. Auch Herr Danilo prallte bleich zurück: durch die Kosakenadern kroch das kalte Grauen.

Auf einem von den Gräbern drüben wankte das Kreuz. Lautlos stieg aus der Erde ein verdorrter Leichnam auf. Der Bart hing ihm bis an den Gürtel. Die Finger trugen lange Krallen, viel länger als die Finger selbst. Lautlos hob er die Arme zum Himmel auf. Sein Antlitz zuckte und verzerrte sich vor fürchterlicher Pein.

»Ich brenne...brenne!« stöhnte er mit gräßlich wilder Stimme. Ihr Laut ging einem wie ein Messer durch und durch.

Dann sank der Leichnam in sein Grab zurück.

Wieder wankte ein Kreuz, und wieder hob sich ein Leichnam empor, noch schrecklicher, gewaltiger von Wuchs noch als der erste. Er war mit grauem Moos bewachsen, bis an die Knie hing sein Bart. Er hatte noch viel längere Krallen. Und noch wilder klang sein Jammern:

»Ich brenne...brenne!«

Dann sank er in das Grab zurück.

Ein drittes Kreuz geriet ins Wanken, – ein dritter Leichnam stieg empor. Sein nacktes Gerippe ragte hoch in die Luft. Der Bart hing ihm bis auf die Füße herab. Die langen Krallen an den Fingern gruben sich in den Boden. Furchtbar hob er die Hände gen Himmel, – hinauf zum Monde schienen sie zu greifen. Die Stimme des Knochenmannes schrillte, als raspele eine Feile an seinem gilbenden Gebein...

Das Kind, das still im Mutterarm geschlummert hatte, erwachte und schrie auf. Auch über Katherinens Lippen kam ein Ruf des Schreckens. Den Burschen fielen die Mützen in den Dnjepr. Selbst Herrn Danilo schlotterten die Glieder.

Und plötzlich war der Spuk verweht, als sei er nie gewesen. Doch eine ganze Weile brauchten die Burschen noch, bis sie von neuem zu den Rudern griffen. Danilo schaute sorgenvoll auf Katherinen. Sie wiegte erschrocken das schreiende Kind. Er zog sie an sein Herz und küßte sie.

»Fürchte dich nicht, mein Weib! Sieh: es ist nichts!« sprach er und zeigte nach dem Ufer. »Der Zauberer will nur die Leute schrecken, daß sie dem Teufelsnest nicht nahe kommen. Damit schreckt er bloß Weiber! – Gib mir das Kind!«

Danilo nahm den kleinen Iwan und küßte ihn auf den Mund.

»Was, mein Iwan, du fürchtest dich vor dem Zauberer nicht? Sag: ›Vater, nein, ich fürcht' mich nicht, – ich bin doch ein Kosak!‹ – Hör auf und weine nicht! Jetzt sind wir gleich daheim!

Wir kommen heim, und Mutter kocht dir einen guten Brei und legt dich in die Wiege und singt dich in den Schlaf:

> Eia popeia,
> Mein Söhnchen, schlaf ein!
> Wachs fröhlich aus, zum Ruhm
> Für das Kosakentum,
> Zu Strafe und Gericht
> Für jeden schlechten Wicht!«

Und weiter dann sprach Herr Danilo zu seinem jungen Weib: »Horch, Katherina, ich glaube doch, dein Vater will nun einmal nicht in Frieden mit uns leben. Gleich, als er ankam, hat er so finster dreingesehn, als wär' er bös auf uns... Nun, wenn es ihm nicht recht ist, – warum bleibt er nicht weg? Er hat noch nie mit mir getrunken zur Ehre der Kosakenfreiheit. Er nimmt das Kind nicht auf den Arm! Im Anfang wollte ich ihm alles sagen, was mir am Herzen liegt. Allein mich warnte mein Gefühl, und ich hielt meinen Mund. Nein, er hat kein Kosakenherz! Wenn zwei Kosakenherzen sich begegnen, so sprängen sie am liebsten aus der Brust heraus, um sich zu grüßen. – Nun, liebe Burschen, sind wir bald am Ufer? Seid nur zufrieden, ihr sollt neue Mützen kriegen. Du, Stetzko, kriegst 'ne feine mit einem Rand von goldgesticktem Samt. Ich hab' sie einem Tataren abgenommen, zugleich mit seinem Kopf. Die ganze Rüstung hab' ich ihm genommen; bloß seine Seele ließ ich laufen. – Also, legt an! – Na sieh, Iwan, jetzt sind wir da, jetzt laß das Flennen! Da, nimm den Jungen, Katherina!«

Sie stiegen aus dem Kahn. Ein Strohdach lugte über den Berg hervor. Das war Danilos Vaterhaus. Dahinter kam ein zweiter Berg und dann ein weites, weites Feld... Dort magst du hundert Meilen wandern, – keinen Kosaken wird dein Auge sehn.

3

Der Hof des Herrn Danilo liegt zwischen zwei Bergen eingekesselt in einem engen Seitental des Dnjeprs. Das Haus ist schlicht und niedrig; es gleicht der Hütte eines einfachen Kosaken und hat nur eine Stube. Raum aber ist genug darin für Herrn Danilo selber und sein Weib, wie für die alte Magd und zehn erlesene junge Burschen. Oben läuft an der Wand ringsum ein Bort aus Eichenholz. Schüsseln und Töpfe stehen dicht gedrängt darauf, silberne Becher und mit Gold beschlagene Humpen, – Ehrengeschenke und Beute aus dem Krieg. Darunter hangen kostbare Musketen, Pistolen, Säbel, Lanzen, die der Tatar, der Türke, der Polock dem Herrn Danilo gutwillig oder wider Willen überlassen mußte. Davon können die vielen Scharten an den Waffen wohl ein Liedlein singen. Ruht des Kosaken Blick auf ihnen, dann denkt er seiner Taten. Unten zieht sich rings um die Stube eine gebohnte Eichenbank. Durch einen Ring im Dachgebälke laufen Stricke, an denen schwank die Wiege hängt. Der Boden des Gemachs ist festgestampft und glatt mit Lehm verstrichen. Auf den Wandbänken schlafen Herr Danilo und sein junges Weib, die alte Magd sucht sich ihr Lager am liebsten auf der Ofenbank, und in der Wiege wird das Kind geschaukelt und in Schlaf gesungen. Die Burschen aber liegen einfach auf dem nackten Boden. Doch der Kosak schläft besser noch im Hof und unter freiem Himmel. Er braucht nicht Pfühl, nicht Kissen. Unter den Nacken schiebt er sich ein Bündel Heu und streckt sich gemächlich in das Gras. Ihn freut es, wenn er bei Nacht erwacht, hinaufzuschaun zum Himmel, der hell von tausend Sternen blitzt, zu frösteln vor der Kühle, die frische Kraft in die Kosakenknochen gießt. Dann reckt er faul die Glieder, brummt schlafbetrunken vor sich hin, zündet sein Pfeifchen an und rollt sich fester in den Schafpelz ein.

Spät erst erwachte Burulbasch nach dem Gelage von gestern nacht. Er setzte sich in einer Ecke auf die Bank, und machte sich daran, den Türkensäbel scharf zu schleifen, den er sich kürzlich eingetauscht. Frau Katherina saß bei ihm und stickte goldene Ranken in ein Tuch von Seide.

Da trat mit finsterm Blick, die fremdländische Pfeife im Mund, der Vater der jungen Frau zur Tür herein, ging auf die Tochter zu und fragte sie mit barschen Worten, warum sie heute nacht so spät erst heimgekommen sei.

Danilo sprach und schliff dabei an seinem Säbel weiter:

»Schwäher, das fragst du klüger mich! Der Mann hat den Befehl im Haus, und nicht das Weib. Das ist bei uns so Brauch, nimm es nicht übel auf! Mag sein, daß es in fremden Ländern und bei den Heiden anders gehalten wird, – das ist mir nicht bekannt.«

Von Zorn gerötet war des Alten Antlitz, und seine Augen schossen Blitze:

»Wer soll denn auf die Tochter sehen, wenn es der Vater nicht mehr darf?« brummte er ergrimmt in seinen Bart. »Na, gut, dann frag' ich dich: wo hast du dich herumgetrieben bis in die späte Nacht?«

»Ja, wenn du mich fragst, Schwäher, kriegst du eine Antwort. Dann sag' ich dir, daß ich schon einige Jahre aus den Windeln bin. Ich hab' gelernt, auf meinem Gaul zu sitzen, ich hab' gelernt, den Pallasch in der Faust zu schwingen; und sonst noch was hab' ich gelernt: ich hab' gelernt, zu tun, was mir gefällt, und keinen um Erlaubnis anzugehn.«

»Ich seh' es schon, Danilo, du suchst Streit! Wer Heimlichkeiten hat, geht nicht auf guten Wegen.«

»Denk dir nur, was du willst!« sprach Herr Danilo. »Ich denk' mir auch etwas. Ich war, gottlob, noch nie an einer Tat beteiligt, die gegen meine Ehre ging. Ich bin noch immer für den rechten Glauben und die Heimat eingetreten, – anders als manche Vagabonden, die, weiß der liebe Gott wo, durch die Welt ziehn, wenn die rechtgläubige Christenheit auf Tod und Leben kämpft. Und später kommen sie dahergeschneit, das Korn zu ernten, das sie niemals säten. Kerle, die schlechter sind als selbst die Uniierten und nie in eine Kirche gehn...! Die Art von Leuten darf man eher fragen, wo sie sich all die Zeit herumgetrieben haben.«

»Kosak, ich sag' dir was...Ich kann schlecht schießen: bloß so auf hundert Faden treff' ich mit meiner Kugel dem Feind ins Herz. Und fechten kann ich auch nicht so besonders gut: ich hau' den andern bloß in Stücke, noch kleiner als die Graupen, die man bei euch zur Grütze nimmt.«

»Komm an!« sprach Herr Danilo, und seine Faust schlug mit dem Säbel einen gewaltigen Kreuzhieb durch die Luft, als wußte er nun ganz genau, warum er ihn geschliffen hatte.

»Danilo!« schrie Katherina auf und fiel ihm in den Arm und hängte sich an seinen Hals. »Hast du denn völlig den Verstand verloren? Besinne dich und sieh, wen du mit deinem Schwert bedrohst! Und Vater, du...! Dein Haar ist weiß wie Schnee, und bist doch hitzig wie ein junger Narr.«

»Weib!« schrie Danilo voller Wut. »Du weißt, ich will das nicht! Bekümmre dich um deinen Weiberkram!«

Schauerlich dröhnten die Säbel; Eisen drosch wider Eisen; ein dichter Funkenregen umsprühte die Kosaken. Weinend lief Katherina in die Kammer, warf sich da auf das Bett und hielt die Hände vor die Ohren. Und dennoch hörte sie die Hiebe, – so grimmig fochten die Kosaken. Es brach ihr fast das Herz, durch alle Glieder fuhr ihr der Hall der Schläge: ping – pang, ping – pang.

»Nein, ich ertrag' es nicht, nein, ich ertrag' es nicht! Vielleicht spritzt jetzt das rote Blut aus seinem weißen Leib; vielleicht versagt dem Liebsten schon die Kraft, – und ich...ich liege hier!«

Stockenden Atems, totenbleich, trat sie von neuem in die Stube.

Gewaltig schlugen die Kosaken zu, – keiner gewann die Oberhand. Katherinens Vater fällt aus, und Herr Danilo deckt sich; Herr Danilo fällt aus, ihr grimmer Vater deckt sich, – nun sind sie wieder gleich auf gleich. Sie kochen wild vor Zorn. Hui, holen ihre Arme aus, die Säbel dröhnen aufeinander, – und klirrend klatschen die zersprungenen Klingen an die Wand.

»Gott Lob und Dank in Ewigkeit!« rief Katherina und – schrie von neuem auf: nun packten die Kosaken die Musketen. Sie richteten die Feuersteine und spannten schnell die Hähne.

Danilo feuerte und – fehlte. Dann schoß der Vater. Er war alt, er sah wohl nicht mehr wie ein Junger, doch fest war seine Hand. Der Schuß brach los...Danilo wankte. Blut färbte seinen linken Ärmel.

»Nein!« schrie er auf. »So billig kaufst du mich nicht! Die linke Hand ist nicht der Hetman, die rechte ist der Hetman. Da an der Wand hängt meine türkische Pistole, – noch nie im Leben hat sie mich getäuscht. Komm von der Wand, mein treuer Kamerad! Hilf deinem alten Freunde!«

Danilo hob die Hand schon nach der Waffe.

»Danilo!« schrie Katherina und hängte sich verzweifelt an seinen Arm und stürzte ihm zu Füßen. »Ich bitte nicht für mich. Ich weiß ja meinen Weg. Unwürdig ist die Frau, die ihres Mannes Heimgang überlebt. Der Dnjepr, der tiefe, kalte Dnjepr wird mein Grab...Aber sieh doch auf deinen Sohn, Danilo! Wer gibt dem armen Jungen Obdach? Wer schenkt ihm Liebe? Wer wird ihn lehren, auf rabenschwarzem Roß dahinzufliegen, zu kämpfen für die Freiheit und den Glauben, zu zechen als ein fröhlicher Kosak? – Stirb und verdirb, mein Sohn! Stirb und verdirb! Dein Vater will nichts von dir wissen! Sieh, wie er hart sein Antlitz von dir wendet! – jetzt kenn' ich dich, Danilo! Du bist ein wildes Tier, du bist kein Mensch! Du hast ein Wolfsherz und den Sinn der falschen Natter! Ich glaubte einst, es flösse ein Tropfen gütigen Erbarmens durch deine Adern, es brennte in deinem Leib ein Funke menschlichen Gefühls. Wie töricht war ich doch! Dich freut das alles nur! Deine Gebeine werden im Grab vor Freude tanzen, wenn sie hören, wie die ehrlosen Bestien von Polacken einst deinen Sohn lebendig in die Flammen werfen. Jetzt kenn' ich dich! Du würdest ja mit Freuden aus deinem Grabe auferstehn und mit der Mütze die Glut anfachen, die sein Leben frißt!«

»Katherina, halt ein! Komm, mein Augapfel, mein Iwan, ich will dich küssen! Nein, nein, mein Kind, es soll dir keiner auch nur ein Härlein krümmen. Groß werden sollst du, deinem Heimatland zum Ruhm. Gleich einem Sturmwind sollst du herfliegen vor deinem Regiment, die samtene Mütze auf dem Kopf, den scharfen Pallasch in der Faust. – Vater, gib mir die Hand! Vergessen wir, was zwischen uns gewesen ist! Hab' ich dir Unrecht zugefügt, – verzeih es mir! –

Warum gibst du mir nicht die Hand?« so sprach Danilo zu Katherinens Vater. Doch der stand still auf einem Fleck, und seine Miene zeigte nicht Zorn noch Freundlichkeit.

»Vater!« rief Katherina. Sie schlang die Arme um den Alten und küßte ihn. »Sei wieder gut! Hat Herr Danilo dich gekränkt, – verzeih es ihm! Er tut es ja nicht wieder.«

»Allein um deinetwillen, Katherina, verzeih' ich ihm!« sprach der Alte. Er küßte sie, und drohend blitzten seine Augen.

Der Tochter rann ein Schauer durch die Glieder, – so seltsam deuchte sie sein Kuß, so seltsam das drohende Blitzen seiner Augen. Sie stützte sich schwer auf die Platte des Tisches, an dem ihr Gatte saß und sich den Arm verband.

Danilo ging es nah, wie unrecht und wie unkosakisch er gehandelt hatte, da er für eine Sache um Verzeihung bat, in der ihn nicht der Schatten einer Schuld traf.

4

Der Tag sah hell, doch ohne Sonnenschein, ins Fenster. Der Himmel war bewölkt. Ein feiner Regen sprühte über die Felder, die Wälder und den breiten Dnjepr. Frau Katherina wachte auf, es war jedoch kein fröhliches Erwachen. Ihre Augen waren verweint, ihr Herz bedrückt und angsterfüllt.

»Geliebter Mann, mir hat so wunderlich geträumt!«

»Was träumte dir, geliebte Katherina?«

»Mir hat geträumt – und es ist seltsam: so deutlich war der Traum, als sei er Wirklichkeit –, mit hat geträumt, mein Vater war der Unhold, den wir beim Obersten zur Hochzeit sahen. Ich bitte dich: gib nichts auf diesen Traum, – was träumt dem Menschen oft für dummes Zeug! Ich stand vor ihm und zitterte am ganzen Leib. Ich hatte solche Furcht, und seine Worte gossen zehrendes Gift in meine Adern. O wüßtest du, was er mir sagte...!«

»Was hat er dir gesagt, geliebte Katherina?«

»Er sagte mir: ›Sieh, Katherina, was für ein schmucker Bursch ich bin! Und daß ich häßlich wäre, – das lügen die Leute bloß in ihren Hals. Du findest keinen schöneren Gemahl. Schau mir nur in die Augen!‹ Und dann bohrte er seine blitzenden Augen in mein Gesicht, – ich schrie laut auf vor Schrecken und erwachte.«

»Ja, Träume, sagt man, reden oft die Wahrheit,« sprach Herr Danilo sinnend und fuhr fort: Du, Katherina, weißt du schon: es soll über den Bergen drüben nicht mehr ganz sicher aussehn. Man hört, daß die Polacken Unrat planen. Der alte Gorobetz hat Botschaft an mich geschickt: ich soll nicht schlafen. Da sorgt er sich umsonst, – ich schlaf' schon nicht. Zwölf tüchtige Verhaue hab' ich heut nacht gebaut mit meinen Burschen. Wir werden die Polackenschaft auf bleigegossene Pflaumen zu Gaste laden, und ihren edeln Junkern bring' ich mit dem Stock das Tanzen bei!«

»Und weiß der Vater schon davon?«

»Von deinem Vater hab' ich bald genug! Bis auf den heutigen Tag werd' ich nicht klug aus ihm. Er mag wohl manche schlimme Tat begangen haben dort unten in dem fernen Land. Was hat er sonst für einen Grund, sich so zu zeigen? Seit einem Monat haust er jetzt bei uns und hat sich doch noch niemals einen frohen Rausch gekauft, wie ein rechtschaffener Kosak. Met mag er keinen trinken, sagt er! Denk dir, Katherina: er mag den Met nicht trinken, den ich den Brester Juden abgepreßt hab'. – He, Bursch,« rief Herr Danilo, »mach dich auf die Strümpfe, lauf in den Keller und hol mir einen Krug vom Judenmet! – Nicht einmal Branntwein trinkt dein Vater! Ist das vielleicht nicht unnatürlich? Ich möchte wetten, Katherina: er glaubt auch nicht an unsern Heiland Jesum Christum. Was? Oder meinst du nicht?«

»Mein Gott, was du dir alles denkst, Herr...!«

»Das kann doch nicht mit rechten Dingen zugehn, Katherina?« fuhr Herr Danilo fort und nahm dem Burschen den Tonkrug aus der Hand. »Selbst die verfluchten Katholischen sind auf den Branntwein ganz versessen; bloß von den Moslim weiß man, daß sie keinen trinken. – Na, Stetzko, wie viel Met hast du dir zu Gemüt geführt im Keller unten?«

»Nur einen Schluck gekostet, Herr...«

»Das lügst du in deinen Hals, Hundsfott, verdächtiger! Wo jeder sieht, wie ihm die Fliegen um den Schnauzbart wimmeln. Und auch an deinen Augen sieht man's ganz genau: gut einen halben Eimer hast du dir durch die Gurgel laufen lassen. Ach, ihr Kosaken! Seid ihr ein tolles Volk! Alles schenkt ihr den Kameraden weg; bloß das, was trinkbar ist, – das sauft ihr gern allein. – Aber von mir kannst du nichts sagen, Katherina, ich war schon lange nicht mehr voll. Was? Oder...?«

»Das nennt er lange! Wo er erst am letzten...«

»Hab keine Angst, hab keine Angst! Ich trink' ja bloß den einen Krug! – Natürlich, der hat mir gerade jetzt gefehlt: da karrt der Teufel den türkischen Prior durch die Tür herein!« brummte Danilo vor sich hin.

Der Schwäher trat ins Zimmer, nahm die Mütze vom Kopf und zog den Gürtel glatt, an dem ein Säbel hing, der bunt von fremden Steinen funkelte.

»Was hat das zu bedeuten, Katherina?« fragte er. »Die Sonne steht zuhöchst am Himmel; warum ist denn das Mahl noch nicht gerüstet?«

»Das Mahl ist fertig, Vater; wir tragen es gleich auf. – Nimm du die Klöße aus dem Ofen!« sprach Katherina zu der alten Magd, die die hölzernen Teller wischte. »Nein, wart, ich nehm' sie selbst heraus. Ruf du die Burschen!«

Sie ließen sich im Kreis am Boden nieder, – gegenüber dem Herrgottswinkel der Herr Vater, zu seiner Linken Herr Danilo, zu seiner Rechten Katherina, und weiterhin die zehn erlesenen Kosaken des Herrn Danilo in blauen und in gelben Röcken.

»Ich mag die Klöße nicht!« sagte der Vater, als er gekostet hatte, und ließ den Löffel sinken. »Sie schmecken ja nach nichts.«

– Nimmt mich nicht wunder, wenn du jüdische Nudeln lieber frißt! dachte Danilo bei sich. Laut aber sagte er:

»Schwäher, wie kannst du sagen, die Klöße schmecken nach nichts? Sind sie vielleicht nicht gut gekocht? Meine Katherina versteht sich doch auf Klöße. So gut kriegt sie der Hetman selber nicht oft auf seinen Tisch. Und Klöße zu verachten, liegt kein Grund vor, – sie sind ein christliches Gericht! Alle Heiligen und alle gottgefälligen Christen haben Klöße sogar gern gegessen.«

Der Vater sagte kein Wort. Auch Herr Danilo aß schweigend fort.

Dann wurde ein gebratener Keiler mit Weißkohl und Pflaumen aufgetragen.

»Ich mag kein Schweinefleisch!« sprach Katherinens Vater und stocherte mit seinem Löffel in dem Kohl herum.

»Wie kann man Schweinefleisch nicht mögen!« erwiderte Danilo. »Türken und Juden bloß ekeln sich vor Schweinefleisch.«

Noch finsterer zog der Alte die Stirn in Falten. Er aß nur Mehlbrei und trank dazu anstatt des Branntweins eine schwärzliche Flüssigkeit, die er in einer Flasche bei sich im Busen trug.

Nach dem Essen machte Danilo ein gesundes Schläfchen, das bis zum Abend dauerte. Dann setzte er sich hin und schrieb ein Weilchen an der Musterungsrolle für das Kosakenheer. Katherina saß auf der Ofenbank und schaukelte mit ihrem Knie die Wiege.

Danilo sitzt und blickt mit einem Auge auf sein Schreibwerk, das andere Auge schweift unruhig zum Fenster. Hinter dem Fenster glänzen fern die Berge und der Dnjepr. Drüben über dem Dnjepr stehen blau die Wälder. Der nächtige Himmel ist fast wolkenlos.

Doch Herr Danilo werdet sein Auge nicht am hohen Himmel, noch an den blauen Wäldern: er späht hinab zur Felsenzunge, auf der die alte Burg steht. Ihm ist, als hätte er in einem kleinen Fenster der Burg ein Licht bemerkt. Aber es rührt sich nichts, – er hat sich wohl geirrt. Er hört nur, wie unten dumpf der Dnjepr rauscht. Im Dreitakt wechselnd klingt der Anschlag der Wellen an den Strand. Der Dnjepr tobt nicht. Er brummt und murrt verdrießlich wie ein alter Mann. Nichts ist ihm recht, nichts dünkt ihn mehr wie ehedem. Er hadert leise mit den Uferbergen, den Wäldern und den Wiesen und trägt die Klagen wider sie hinab zum Schwarzen Meer.

Da taucht im breiten Dnjeprspiegel schwarz ein Punkt auf. Es ist ein Kahn. Und oben in der Burg blinkt wiederum ein Licht.

Danilo pfeift, und auf den Pfiff tritt sein getreuer Bursche in die Stube.

»Du, Stetzko, nimm den Säbel und die Büchse und komm mit!«

»Du gehst?« sprach Katherina.

»Jawohl. Muß einmal nachsehn, ob auch alles in Ordnung ist!«

»Ich fürchte mich vor dem Alleinsein. Ich bin auch schon so müde... Lieber Gott, und wenn mir wieder das gleiche träumt...! Ich weiß auch nicht genau, ob es nicht mehr als nur ein Traum war, – so furchtbar deutlich stand das alles vor mir...«

»Die Alte ist bei dir; im Flur und auf dem Hofe schlafen die Kosaken...«

»Die Alte schnarcht ja schon, und auf die Burschen ist nicht viel Verlaß. Horch einmal, Herr Danilo: schließ du mich in die Stube ein und nimm den Schlüssel mit! Dann hab' ich nicht so Angst. Und die Kosaken sollen sich vor die Türe legen.«

»Ja, schon gut,« sprach Herr Danilo. Er wischte den Staub von der Muskete und schüttete Pulver auf die Pfanne.

Der treue Stetzko stand schon gerüstet und bereit. Danilo setzte die Lammfellmütze auf, er machte das Fenster zu, schob den Riegel vor die Tür, drehte den Schlüssel um und ging zwischen den schlafenden Kosaken durch über den Hof, gegen den Berg zu.

Ein frischer Windhauch kam vom Dnjepr. Hätte nicht in der Ferne eine Möwe ihr schrilles Klagen durch die Nacht geschickt, so wäre die Welt ganz stumm gewesen. Da plötzlich wurde ein Rascheln laut...Burulbasch und sein treuer Bursch verbargen sich in einem Schlehenstrauch. Den Berg herunter kam ein Mann. In seinem Gürtel staken zwei Pistolen und ein Säbel.

»Der Schwäher!« flüsterte Danilo. »Was tut er hier um diese Zeit, und wohin will er? – Stetzko, schlaf nicht, reiß deine Augen auf und sieh, wo der Herr Vater bleibt!«

Der Mann im roten Rocke schritt zur Felsenzunge am Fluß hinab.

»Ah! Dahin?« sprach Herr Danilo. »Was, Stetzko, er ist in das Zauberernest...?«

»Das ist er, nirgend anders hin,« gab der Kosak zur Antwort. »Sonst hätte er da drüben wieder zum Vorschein kommen müssen. Er ist dort bei der Burg verschwunden.«

»Ihm nach!« befahl Danilo. »Dahinter steckt etwas. – Na, Katherina, hab' ich's dir nicht gesagt, dein Vater ist ein schlechter Kerl? Wenn einer auch schon immer alles anders macht als jeder richtige Christenmensch...!«

Bald tauchten Herr Danilo und sein treuer Kosak dort unten bei der Felsenzunge auf. Dann waren sie verschwunden. Das Waldesdickicht, das die Burg umgab, barg sie vor jedem Blick. Hoch oben war ein kleines Fenster matt erhellt. Unten standen die zwei Kosaken und überlegten, wie sie hinaufgelangen könnten. Kein Tor und keine Tür zu sehen...Im Hofe freilich mußte ein Eingang sein. Unmöglich aber, in den Hof zu kommen...! Man hörte drinnen Kettengeklirr und das Getrappel vieler Hundefüße...

»Warum besinn' ich mich noch lang'?« spricht Herr Danilo und zeigt auf eine Eiche, die vor dem Fenster steht. »Bleib du hier unten, Stetzko! Ich klettere auf die Eiche, – von ihr kann ich gerade in das Fenster sehen.«

Er öffnet seinen Gurt und legt den Säbel ab, damit ihn dessen Klirren nicht verrate. Dann packt er einen Zweig und schwingt sich geschickt empor. Er setzt sich auf einen Ast dicht unterm Fenster und späht hinein. Im Zimmer brennt kein Licht, und dennoch ist es hell. Seltsame Zeichen sind an die Wand gemalt. Und Waffen hangen dort von unbekannter Art. Solches Gewaffen trägt nicht der Türke, nicht der Tatar der Krim, nicht der Polacke, auch der Christ nicht, und nicht das kriegerprobte Schwedenvolk. Mit weißem Linnen ist der Tisch bedeckt. Unter der Decke flattern Fledermäuse hin und her, und ihre Schatten huschen über Wände, Tür und Boden.

Lautlos dreht sich die Tür in ihren Angeln. Ins Zimmer tritt ein Mann in rotem Rock und geht schnell auf den Tisch zu.

Er ist's! Der Schwäher! – Herr Danilo duckt sich und schmiegt sich enger an den Stamm. Aber der Schwäher hat nicht Zeit, sich umzusehen, ob ihm ein ungebetener Gast ins Fenster späht. Mit finsterer Miene reißt er das Tuch vom Tisch... Und plötzlich strömt ein stilles, klar blaues Licht durch das Gemach. Nur schmale Streifen des goldigen Lichtes von vorhin schwimmen und schwanken gleich Marmoradern in dem blauen Meer. Nun setzt der Alte eine Schale auf den Tisch und wirft beschwörend Kräuterwerk hinein.

Danilo sieht: verschwunden ist der rote Rock, – der Schwäher steht in weiten Pluderhosen da, wie sie die Moslim tragen. Auf seinem Haupt sitzt eine wunderliche Mütze. Die ist mit Sprüchen in einer Schrift bestickt, die weder russisch ist noch polnisch. Auch das Gesicht des Alten wandelt sich: die Nase schießt ihm in die Länge und hängt ganz schief, der Mund reckt sich bis an die Ohren, ein Zahn wächst aus dem Mund hervor und krümmt sich einem Hauer gleich, – vor Herrn Danilo steht der Zauberer, den er in Kiew bei der Hochzeit sah.

– Wahr hat dein Traum gesprochen, Katherina! denkt Burulbasch.

Der Zauberer wandelt gemessenen Schrittes um den Tisch. Schneller wechseln die Zeichen an den Wänden. Wieder huschen die Fledermäuse hin und her und auf und nieder. Das blaue Licht stirbt allgemach. Nun ist es tot. Ein sanftes Rosenlicht weht durch die Stube. Wunderlieblich fließt dies Licht mit sanftem Rauschen still bis in die fernsten Winkel. Plötzlich verlischt es wieder, und schwarze Finsternis erfüllt den Raum. Ein Tönen ist in der Luft, wie wenn zur Abendzeit ein leiser Wind die Fluten kräuselt und das Gezweig der Silberweiden spielend ins Wasser taucht. Danilo meint dort in der Stube den blanken Mond zu sehen, und um ihn her den Sternenreigen an einem schwarzen Firmament, – ein Hauch der nächtigen Kühle streift sein Gesicht. Dann wieder meint Danilo – und er reißt sich derb am Schnauzbart, um sich zu überzeugen, daß er nicht träumt –, dann wieder meint er, er sähe plötzlich in der Stube nicht mehr den Himmel, sondern sein eigenes Schlafgemach. Da hangen die Tataren-und Türkensäbel an der Wand. Rings um die Wand zieht sich das Bort mit Töpfen und mit Humpen. Dort auf dem Tisch liegt Salz und Brot. Am Nagel hängt die Pfeife. Doch statt der Heiligenbilder schauen greuliche Fratzen aus den Rahmen. Und auf der Ofenbank... Aber ein Nebel sinkt und hüllt das Ganze ein. Wieder herrscht tiefe Finsternis. Und wieder erfüllt mit feinem Klingen das Rosenlicht den Raum, und wieder steht starr und stumm der Zauberer da, den wunderlichen Turban auf dem Kopf. Das Klingen wächst zu mächtiger Fülle und Tiefe an, das sanfte Rosenlicht wird stechend, – ein weißes Etwas, einer Wolke gleich, schwebt leicht inmitten des Gemachs.

Herrn Danilo will es scheinen, als ob die Wolke keine Wolke sei, als schwebe dort der Körper einer Frau. Nur weiß er nicht, aus welchem Stoff sie ist. Ist sie aus Luft gewoben? Sie steht, und ihre Füße treten nicht auf den Boden. Auch mit den Händen stützt sie sich nicht. Das Rosenlicht, die Zeichen an der Wand, – es schimmert alles durch sie hindurch. Nun regt sie leis den Kopf. Die Augen glänzen still in bleichem Blau. Das Haar, das ihr in Ringellocken auf die Schultern fällt, ist einem lichten Nebel gleich. Auf ihren Brauen dunkelt ein Hauch von Schwarz, in ihre Lippen strömt ein blasses Rot, wie wenn der Morgenröte erstes Ahnen über den farblos weißen Dämmerungshimmel schleicht...

O, das ist Katherina! – Danilo ist's, als schnürten schwere Fesseln seine Glieder. Er möchte aufschrein; seine Lippen bewegen sich, – es dringt kein Laut hervor.

Starr steht der Zauberer immer noch auf dem gleichen Fleck.

»Wo warst du?« spricht er. Und bang erbebt das Nebelbild.

»Ach! Warum hast du mich gerufen?« ächzt das Weib. »Mir war so froh zu Sinn. Ich war ja dort, wo ich geboren bin, wo ich durch fünfzehn Jahre lebte. Dort ist es schön. Wie grün und duftig ist die Wiese, die meine Kinderspiele sah! Dort blühen noch wie einst die Blumen; auch unser Garten ist noch da und unser Haus! So warm schlang ihren Arm um mich die Mutter! So voller Liebe war ihr Blick! Sie herzte mich und küßte mich auf Mund und Stirn. Es strählte mir ihr Kamm das blonde Haar... Ach, Vater!« Sie bohrt den Blick der blassen Augen in das Gesicht des Zauberers. »Ach, Vater, warum erstachst du meine Mutter?«

Zornig zeigt ihr der Zauberer die Faust.

»Hieß ich dich davon reden?«

Ein Zittern packt das schöne Luftgebilde.

»Wo ist jetzt deine Herrin?« spricht der Zauberer.

»Die Herrin Katherina liegt tief im Schlaf. Und ich war froh, – ich schwang mich auf und flog schnell in die Weite. Lang' hab' ich nach der Mutter mich gesehnt... Und plötzlich war ich fünfzehn Jahre, so wie einst. Leicht fühl' ich mich, dem kleinen Vogel gleich... – Ach, Vater, warum riefst du mich?«

»Weißt du, was ich dir gestern sagte?« forschte der Zauberer so leise, daß man es kaum vernahm.

»Ich weiß, ich weiß! Was gäbe ich darum, wenn ich's vergessen könnte! Ach, arme Katherina! Sie weiß so vieles nicht, was ihre Seele weiß!«

– Es ist die Seele meines Weibes! denkt Herr Danilo. Doch sich zu rühren wagt er nicht.

»Tu Buße, Vater! Ist es nicht furchtbar, daß nach jedem Mord, den du begehst, die Leichen deiner Väter aus den Gräbern steigen?«

»Schweig von den alten Sachen!« fällt ihr der Zauberer dräuend in die Rede. »Ich steh' auf meinem Willen! Ich zwinge dich, zu tun, was ich begehre! Und Katherina wird mich lieben!«

»Du bist ein Ungeheuer! Nein, du bist mein Vater nicht!« stöhnt sie. »In alle Ewigkeit soll nie geschehen, was du begehrst! Wohl hast du Macht, durch Höllenkünste die Seele Katherinens zu beschwören und sie zu peinigen, doch Gott allein hat die Gewalt, sie tun zu lassen, was Ihm gefällt. Nie, nie, solange ich in ihrem Leibe weile, zwingst du die arme Katherina zu lästerlicher Sündentat. Vater! Das furchtbare Gericht ist nah herangekommen! Und wärst du auch mein Vater nicht, – nie könntest du mich zwingen zu schändlichem Verrat an meinem treuen Mann! Und wäre mein Gemahl selbst bar der Treue, – niemals zwängst du mich zum Verrat an ihm. Denn Gott verwirft die eidvergessenen Ehebrecher.«

Sie wendet ihre blassen Augen nach dem Fenster, wo Herr Danilo lauscht, – sie steht zu Stein erstarrt.

»Wo schaust du hin? Wen siehst du dort?« schreit wild der Zauberer.

Das Luftbild Katherinens bebt vor Schrecken. Doch Herr Danilo ist schon unten. Er eilt mit dem getreuen Stetzko heim.

»Furchtbar, entsetzlich!« murmelt er, tief in Gedanken. Die bleiche Angst packt sein Kosakenherz. Schnell stürmt er durch den Hof. Dort schlafen die Kosaken noch fest und tief, wie da er ging. Nur einer aus der Schar hält Wache; er sitzt und raucht sein Pfeifchen.

Der Himmel funkelt grell von tausend Sternen...

5

Wie gut, daß du mich wecktest!« sprach Katherina. Sie rieb die Augen mit dem gestickten Ärmel ihres Hemdes und musterte Danilo freudig vom Kopf bis zu den Füßen. »Ich hab' so furchtbar schwer geträumt. Es lag ein Alb auf meiner Brust, daß ich nicht atmen konnte! Ich fühlte meinen Tod!«

»Was hat dir denn geträumt? War es nicht dies?« Und Burulbasch erzählte, was er gesehen hatte.

»Wie kannst du das denn wissen, mein Gemahl?« rief Katherina staunend. »Doch nein, gar viel von dem, was du erzählst, kam nicht in meinem Traume vor. Nein, ich hab' nicht geträumt, daß mir der Vater das Mütterlein erstach; auch von den Leichen, welche aus dem Grabe steigen, hab' ich im Traume nichts gesehn. Nein, nein, Danilo, es war nicht so, wie du erzählst. – O Gott im Himmel, was für ein schlimmer Mann mein Vater ist...!«

»Mich nimmt's nicht wunder, daß du so manches nicht gesehen hast. Du weißt ja nicht den zehnten Teil von dem, was deine Seele weiß. Weißt du auch, daß dein Vater der – Böse ist? Erst letztes Jahr, als ich mit den Polacken den Kriegszug gegen die Tataren machte – ich hatte mich ja leider Gottes mit dem Verrätervolk verbündet –, da sagte mir im Brüderkloster der Prior selbst – und, Weib, das ist ein heiliger Mann –, der Böse hätte Macht, die Seele jedes Menschen zu beschwören. Denn wenn der Mensch im Schlafe liegt, kann seine Seele wandeln. – Ich hatte ja in früheren Zeiten nie deines Vaters Angesicht gesehn. Hätt' ich gewußt, daß du den Mann zum Vater hast, – du wärest nie mein Weib geworden. Verlassen hätt' ich dich und nicht die Sünde auf mein Herz geladen, mich mit des Bösen Sippschaft zu verschwägern.

»Danilo!« rief Katherina und schlug weinend die Hände vors Gesicht. »Hab' ich mich gegen dich vergangen? Hab' ich dir je mein Wort gebrochen, mein Herr und mein Gemahl? Verdien' ich deinen Zorn? War ich nicht deine treue Magd? Hab' ich dir je ein böses Wort gesagt, wenn du mit einem Rausch vom lustigen Gelage kamst? Ist nicht der Knabe mit den schwarzen Brauen mein Sohn wie deiner?«

»Hör auf zu weinen, Katherina! Jetzt kenn' ich dich und lass' dich nicht um alles in der Welt. Die Sünde fällt allein auf deinen Vater.«

»Nein, nenne ihn nicht meinen Vater! Er ist mein Vater nicht. Vor Gottes Angesicht sag' ich ihm ab, sag' ich dem Vater ab! Der Böse ist er! Ein gottvergessener Schurke ist er! Zugrunde soll er gehn! Er mag ertrinken, – ich strecke keine Hand aus, ihn zu retten. Verdorren mag sein Hals, – ich reich' ihm keinen Tropfen Wasser. Nur du bist mir von heute an mein Vater!«

6

In Herrn Danilos tiefem Keller sitzt hinter einer Tür, die mit drei Schlössern wohlverwahrt ist, der alte Zauberer. Danilo hat ihm Eisenfesseln um Arme und um Beine schmieden lassen. Und drüben auf der Felsenzunge, die in den Dnjepr vorspringt, brennt lichterloh die Teufelsburg. Blutrote Flammen lecken am alten Mauerwerk empor. Nicht Hexerei und Satansdienst hat den Gefangenen in das Verlies geworfen, – darüber soll Gott richten. Er sitzt im Kerker für schändlichen Verrat. Er hat sich insgeheim verschworen mit dem Feind des rechten Glaubens, er hat das Volk des Grenzlandes an die Katholischen verkaufen und ihm den roten Hahn auf seine Kirchen setzen wollen.

Trübsinnig sitzt der Zauberer im Verlies. Schwarz wie die Nacht sind die Gedanken in seinem Kopf. Den einen Tag nur hat er noch zu leben. Morgen heißt's Abschied nehmen von der Welt. Morgen wird über ihn Gericht gehalten. Nicht leicht wird seine Strafe sein, – er darf sie gnädig nennen, wenn er lebendigen Leibes gebraten oder geschunden wird. Trübsinnig sitzt der Zauberer da und läßt die Ohren hangen. Mag sein, daß ihn jetzt vor dem Tod die Reue packt. Doch seiner Sünden sind zu viele, – niemals kann ihm Gott vergeben.

Zu Häupten des Gefangenen ist eine schmale Luke, mit daumendicken Eisenstangen übergittert. Kettenrasselnd erhebt der Alte sich. Kommt seine Tochter nicht vorbei? Sie ist sanftmütig und jeder Rachsucht bar, wie eine Taube. Vielleicht erbarmt sie sich des Vaters...

Doch niemand kommt. Da unten läuft ein Weg, aber kein Fuß beschreitet ihn. Noch weiter unten fließt der Dnjepr, – seine Wogen sind blind und taub für Menschenleid. Er gleitet ruhig durch die Wiesen, und seines Rauschens dumpfer Klang gießt Trauer in das Herz.

Da rührt sich etwas auf dem Weg, – es ist nur ein Kosak. Ein schwerer Seufzer hebt des Gefangenen Brust...

Nun aber klingt in der Ferne leise ein Schritt...Im Winde weht ein grünes Kleid...Ein goldener Kopfschmuck blitzt...Sie ist's! Er drängt sich dichter an die Gitterstäbe. Schon ist sie nah.

»Kind! Katherina! Sei barmherzig! Hab Mitleid mit dem Vater!«

Stumm bleibt die Schöne. Sie horcht nicht auf sein Flehen und schenkt dem Kerker keinen Blick. Sie ist vorbei. Er kann sie nicht mehr sehen. Leer ist die Welt. Der Dnjepr singt sein trübes Lied. Wehmut ergreift das Menschenherz...Doch weiß ein Zauberer, was Wehmut ist?

Zur Nacht neigt sich der Tag. Die Sonne sinkt. Schon ist sie fort. Kühl wird es. Dumpf in der Ferne brüllt ein Rind. Verlorene Laute klingen durch die Luft, – dort ziehn wohl Schnitter gemächlich plaudernd von der Arbeit heim. Ein Kahn schwimmt auf dem Dnjepr...

– Wer fragt nach dem Gefangenen! – Silbern hebt sich die Mondessichel ins Firmament empor...

Und wieder schurrt auf dem Weg ein Schritt...Es sieht sich schlecht im Dunkeln...Ja, es ist Katherina. Sie geht heim.

»Kind! In des Heilands Namen...Selbst der blutgierigen Wölfin Brut zerreißt die eigene Mutter nicht! Kind, Kind, vergönne deinem sündigen Vater einen Blick!« Sie stellt sich taub und bleibt nicht stehen.

»Kind, beim Gedächtnis deiner unglückseligen Mutter...« Sie hemmt den Schritt.

»Kind, hör mein letztes Wort!«

»Was rufst du mich, du Gottesleugner! Nenn mich nicht dein Kind! Ich hab' mich losgesagt von deiner Sippschaft. Warum beschwörst du das Gedächtnis meiner elend dahingefahrenen Mutter herauf?«

»Katherina! Ich steh' vor meinem Ende. Dein Mann wird mich, an eines wilden Rosses Schweif gebunden, über das Blachfeld schleifen lassen, – des sei gewiß. Wenn meine Strafe nicht noch härter wird...!«

»Keine Strafe in der Welt kommt deinen Sünden gleich. Nimm deine Strafe auf dich! Niemand wird für dich bitten.«

»Katherina, es ist ja nicht die Strafe, die mich schreckt, – mich schreckt die Qual in jener andern Welt...Du, Kind, bist ohne Schuld. Und deine Seele steigt einst ins Paradies empor zu

Gottes Thron. Die Seele deines gottvergessenen Vaters aber wird in dem ewigen Feuer brennen, das nie verlischt. Kein Tropfen Tau wird zu ihm niedersinken, kein Windhauch seine Stirne kühlen...«

»Die Strafe Gottes dir zu lindern, hab' ich nicht die Gewalt,« sprach Katherina und wendete sich ab.

»Kind, bleib und hör nur noch ein einziges Wort! Wohl hast du die Gewalt, – erretten kannst du meine Seele. Du weißt nicht, wie über alle Maßen groß des guten Gottes Gnade ist. Hast du denn vom Apostel Paulus nicht gehört? Kind, seiner Sünden Zahl war wie der Sand am Meer... Und da er Buße tat, ist er ein Heiliger geworden.«

»Was soll ich tun, damit ich deine Seele rette?« sprach Katherina. »Ich bin ein schwaches Weib...«

»Wenn ich nur aus dem Kerker könnte, – ich würfe alles hinter mich. Gib mir die Freiheit, – ich will Buße tun! Ich geh' ins Höhlenkloster, ich gürte das härene Gewand um meinen Leib, ich liege Tag und Nacht auf diesen Knien vor dem barmherzigen Gott. Nicht nur des Fleisches, – auch der Fische enthalt' ich mich. Und kein Gewandstück breit' ich zum Schlafen unter mich! Ich werde beten, beten, nichts als beten! Und nimmt die Gnade Gottes mir auch dann noch immer kein Quäntchen meiner Sündenlast vom Rücken, so lass' ich bis zum Hals mich in die Erde graben, lass' mich einmauern in die Klosterwand! Nicht Trank noch Speise soll über meine Lippen kommen, bis daß ich Hungers sterbe! Und all mein Hab und Gut geb' ich den Mönchen, auf daß sie durch vierzig Tage und durch vierzig Nächte die heilige Messe für mich lesen.«

Frau Katherina stand in bangen Zweifeln.

»Und sperrte ich die Schlösser auf, – die Fesseln kann ich dir nicht lösen.«

»Ich fürchte keine Fesseln,« sagte er. »Du sprichst von Fesseln? Ja, sie wollten sie mir um die Arme und die Beine schmieden. Ich aber machte ihnen einen Nebel vor die Augen, – statt meiner Arme lag auf ihrem Amboß ein Stück Holz. Sieh her, ich trage keine Fesseln!« Frei stand er mitten im Verlies. »Auch diese Mauern würde ich nicht fürchten und würde frei durch sie hindurchgehn. Aber dein Mann weiß nicht, was das für Mauern sind. Ein heiliger Büßer hat sie in alter Zeit gebaut, und keine Höllenkraft kann den Gefangenen aus diesem Kerker führen, wird nicht die Türe mit dem gleichen Schlüssel aufgesperrt, mit dem der Heilige in seinen Tagen die Zelle schloß. Solch eine Zelle will auch ich mir bauen, wenn du mir armem Sünder noch einmal in die Freiheit hilfst.«

»Gut denn: ich lass' dich frei!« sprach Katherina und schritt zur Tür. »Doch wenn du mich betrügst, wenn du, anstatt zu büßen, wieder zur Bruderschaft des Teufels schwörst...?«

»Nein, Katherina, kurz gemessen ist meine weitere Lebenszeit. Auch ohne Todesstrafe ist mir das Ende nah. Glaubst du, ich will mich selbst dem ewigen Feuer überliefern?

Der Schlüssel klang im Schloß.

»Leb wohl! Gott der Barmherzige soll dich schirmen, Kind!« Der Zauberer drückte auf Katherinens Stirne einen Kuß.

»Rühr mich nicht an, verruchter Sünder! Hebe dich fort von mir!« rief Katherina.

Doch er war schon verschwunden.

»Ich hab' ihn freigelassen!« sprach sie in jähem Schrecken, und ihre Augen irrten scheu von Wand zu Wand. »Wie tret' ich vor Danilo hin? Ich bin verloren! Lebend begraben muß ich mich, sonst weiß ich keinen Weg!« Sie sank mit bitterem Schluchzen auf den Klotz, wo ihr gefangener Vater gesessen hatte. »Ich habe eine Menschenseele errettet vom Verderben,« sprach sie zu sich. »Ich hab' ein gottgefälliges Werk getan... – Doch mein Gemahl, – zum erstenmal war ich ihm ungehorsam. Wie furchtbar kommt's mich an, ihm ins Gesicht zu lügen! – Horch, waren das nicht Schritte? Ja! Er ist es! Mein Gemahl!« schrie sie verzweifelt. Die Sinne schwanden ihr, sie schlug zu Boden.

7

Ich bin es, Tochter! Ich bin's, Liebling!« klang die Stimme der Magd, als Katherina zu Bewußtsein kam. Die Alte stand über sie gebeugt, und ihre dürre Hand besprengte die junge Frau mit kaltem Wasser.

»Wo bin ich?« fragte Katherina. Sie richtete sich auf und schaute um sich. »Da vor mir rauscht der Dnjepr, dort hinten ist der Berg... Sag, wohin hast du mich geführt?«

»Ich hab' dich nicht geführt, – ich trug dich auf den Armen aus dem dumpfen Keller. Sei nur nicht bang, ich hab' die Tür ganz richtig wieder zugeschlossen, daß Herr Danilo nichts merken kann.«

»Wo ist der Schlüssel?« rief Katherina und griff an ihren Gürtel. »Er ist nicht da!«

»Den nahm dir dein Gemahl vom Gürtel, Kind. Er schaut jetzt nach dem Zauberer.«

»Was?! – Weib, ich bin verloren!« schrie Katherina.

»Gott schütze uns in Gnaden vor dem Unglück, Kind! Wenn du nur reinen Mund hältst, Herrin, erfährt kein Mensch davon.«

»Er ist entwischt, der Satan, der verfluchte! Hörst du es, Katherina: er ist fort!« sprach Herr Danilo und trat zu seinem Weib. Zornfunken sprühten ihm aus den Augen. Der Säbel schwankte klirrend an seinem Gurt.

Halbtot vor Angst war Katherina.

»So hat ihn einer freigelassen, liebster Mann?« hauchte sie zitternd.

»Ja, freigelassen hat ihn einer, – da sprichst du schon die Wahrheit. Aber kein Mensch, – der Teufel war es, der ihn freiließ. Sieh: statt des Zauberers steckt ein Stück Holz in seinen Fesseln. Es muß wohl Gottes Wille sein, daß sich der Teufel nicht zu fürchten braucht vor ehrlichen Kosakenfäusten! Ja, wär' es nur von ferne möglich, daß ihm von den Kosaken einer fortgeholfen haben könnte, und ich, ich käme ihm darauf, – ich wüßte keinen Tod, der hart genug wäre für einen solchen schurkischen Verräter!«

»Und hätte ich's getan... so fuhr es Katherina wider Willen heraus. Doch sie verstummte gleich in jähem Schrecken.

»Und hättest du's getan, so wärst du nimmermehr mein Weib. Ich nähte dich in einen Sack und würfe dich in den Dnjepr, wo der Fluß am tiefsten ist!«

Katherinen bleibt jäh der Atem aus; und auf dem Kopfe sträubt sich ihr das Haar...

8

Am Grenzweg in der Schänke sitzen die Polacken schon durch zwei Tage und zwei Nächte und saufen mörderlich. Ein wüstes Volk ist da beisammen. Die Kerle planen einen Raubzug. Gar mancher hat die Hakenbüchse bei sich; die Sporen klingeln, und die Säbel rasseln. Die Junker lachen, sie prahlen mit erstunkenen und erlogenen Heldentaten, sie lästern unsern rechten Glauben, sie schelten das Volk des Grenzlands Sklavenpack, sie zwirbeln flott den Schnauzbart und lümmeln sich breitspurig auf den Bänken.

Auch einen Pfaffen haben sie bei sich, ein Musterbild von einem Pfaffen. Der paßt so recht zu dem Gesindel. Ein rechter Christenpriester sieht freilich anders aus. Der Schwarzrock säuft und tobt. Von Lästerreden schäumt sein Schandmaul.

Und wie die Herren, so die Knechte. Sie tragen die Ärmel ihrer schäbigen Röcke aufgekrempelt und werfen sich so wichtig in die Brust, als wären sie was Rechtes. Sie spielen Landsknecht und hauen sich die Karten um die Ohren. Sie führen Weiber mit sich, die nicht die ihren sind. Sie brüllen und sie raufen...

Die Junker sind wie toll und treiben wüsten Unflat. Sie haben einen Juden da. Den zupfen sie am Bart und malen ihm mit lästerlicher Hand das Kreuz auf seine schmutzige Stirn. Sie feuern blinde Schüsse auf ihre Frauenzimmer ab. Sie tanzen einen Krakauer mit ihrem ehrvergessenen Pfaffen...

Solch Ärgernis hat nicht einmal das heidnische Tatarenvolk auf unserer Russenerde vollführt, – Gott wird wohl unsere Sünden kennen, daß er uns diesen Schimpf als Strafe schickt!

Und mitten in dem wüsten Lärm, da reden zwei Polacken vom Hof des Herrn Danilo am andern Dnjeprufer. Auch von der schönen Katherina fällt ein Wort...

Nichts Gutes hat dies Gesindel hergeführt.

9

Am Tisch in seiner Stube sitzt Danilo. Er stützt den Kopf und spinnt trübselige Gedanken. Frau Katherina sitzt träumend auf der Ofenbank und summt ein Lied.

»Ich weiß nicht, was ich habe, Weib!« spricht Herr Danilo. »Mir tut der Kopf weh und das Herz weh. Kann es dir selber nicht erklären, was mich drückt. Ich spüre meinen Tod. Er wird wohl unterwegs sein.«

– O du mein liebster Mann! Schmieg deinen Kopf an meinen und jag die schwarzen Gedanken fort! denkt Katherina. Doch wagt sie nicht, es laut zu sagen. Sie fühlt sich schuldbeladen, – da schaffen ihr Danilos Küsse bittre Gewissenspein.

»Hör, was ich dir jetzt sage, Katherina!« spricht Herr Danilo ernst. »Verlasse meinen Sohn nicht, wenn ich nicht mehr da bin! Gott wird dir nie ein Glück mehr gönnen in dieser und der andern Welt, wenn du das Kind verläßt. Keine Ruhe fänden im Grab meine modernden Knochen, keine Ruhe fände meine unsterbliche Seele!«

»Was sprichst du, Herr Danilo? Hast sonst uns schwache Weiber ausgelacht! Und sprichst auf einmal heute selber wie ein schwaches Weib! Du lebst noch lange!«

»Nein, Katherina, meine Seele hört schon den Schritt des Todes. Traurig wird's auf der Erde, und schlimm sind diese Zeiten. Ach, ich gedenke meiner vergangenen Jahre, – sie kommen nicht wieder! Da führte noch er den Befehl, Konaschewitsch, der Alte, der Ruhm und die Ehre unseres Volkes! Ich seh', als wäre es gestern gewesen, die Regimenter vorbeiziehn! Das war eine große, goldene Zeit, Katherina! Auf rabenschwarzem Gaul saß der Hetman im Sattel, den blanken Stab in der Hand, umringt von seinem Gefolge. Von Hügel zu Hügel erfüllte die Mannschaft das Tal, – ein rotes Meer von Kosaken. Der Hetman sprach, und alles stand an den Boden geschmiedet. Der Alte weinte, da er der früheren Taten und Kämpfe gedachte. – Du weißt ja nicht, Katherina, wie herrlich wir da mit den Moslim rauften! Hier trag' ich am Kopf noch heute die Narbe von damals. Vier Kugeln schlugen vier Löcher in meinen Leib, und keine der Wunden ist je wieder völlig verharscht. Und wieviel Gold wir erbeutet! In ihre Mützen schöpften gemeine Kosaken die edeln Steine! Und wieviel Rosse wir mit uns geführt, – Katherina, wenn du das wüßtest...! – Ach, solche Kämpfe erleb' ich nie wieder! Ich bin ja nicht alt, und die Glieder sind rüstig, aber mir glitt das Schwert aus der Hand. Tatlos leb' ich dahin und weiß kaum selber, wozu ich lebe. Keine Ordnung herrscht mehr im Grenzland. Die Obersten knurren sich an wie die Hunde. Kein Haupt mehr über alle ist da. Unsere Junker folgen dem polnischen Brauch und lernten die polnische Tücke. Sie haben ihre Seelen verkauft, da sie sich fügten in die vermaledeite Union. Die Juden drücken den kleinen Mann. – O, du große vergangene Zeit! Wo sind meine Jahre geblieben? – Lauf in den Keller, Bursch, und hol mir vom besten Met eine Kanne! Ich will eins trinken zu Ehren des früheren Lebens und auf die Jahre der Jugend!«

Stetzko trat in die Stube und sprach:

»Herr, wir müssen Gäste empfangen! Das Tal herauf zieht ein Haufe Polacken!«

»Ich kann mir denken, weshalb sie kommen!« brummte Danilo und stellte sich auf die Füße. »Sattelt die Gäule, getreue Knechte! Rüstet euch und zieht blank! Vergeßt auch die bleiernen Pflaumen nicht, – Ehre, wem Ehre gebührt, dem Gast vor allem!«

Aber noch waren die braven Kosaken nicht aufgesessen, noch hatten sie nicht die Büchsen geladen, da wimmelten auch schon am Berg die Polacken so dicht, wie im Herbstwind die gelben Blätter zur Erde rieseln.

»Gäste genug, die wir grüßen müssen!« sagte Danilo und faßte die dicken Junker ins Auge, die sich an der Spitze der Feinde auf goldgeschirrten Gäulen gewichtig im Sattel wiegten. »So ist uns mit Gottes Hilfe doch noch ein fröhlicher Tanz beschieden! Freu dich noch einmal zum Abschied, Kosakenseele! Munter, Burschen, das Fest hat begonnen!«

Schon ist am Berge oben der Tanz im Gang. Der Schlachtrausch glüht in den Köpfen. Die Säbel dröhnen, die Kugeln schwirren, es wiehern und stampfen die Gäule. Man weiß nichts mehr vor Geschrei, man kann nichts sehen vor Rauch. Ein wildes Getümmel...! Doch der Kosak hat's in der Nase, wer Feind und wer Freund ist. Es pfeift die Kugel, – ein Reitersmann stürzt aus dem Sattel. Es saust der Pallasch, – ein Kopf ohne Leib rollt in den Staub, und wirre Reden lallt sein verzerrter Mund.

Doch über der Menge leuchtet der rote Boden von Herrn Danilos Mütze, es glänzt der goldene Gurt auf seinem blauen Rock. Wie ein Wirbelwind saust seinem Rappen die Mähne. Gleich einem Vogel im Flug ist Danilo bald hier und bald dort. Er schmettert den Schlachtruf, er schwingt den türkischen Pallasch und haut nach rechts und nach links. Hau zu, Kosak! Nur munter, Kosak! Berausche im Kampf dein tapferes Herz! Verschau dich nicht in goldene Panzer und Röcke von kostbarem Tuch! Tritt unter die Füße Gold und Gestein! Stich zu, Kosak! Nur munter, Kosak! Schau dich nicht um, – schon setzt der ehrvergessene Feind den roten Hahn auf deine Hütten und treibt das Vieh aus deinem Stall. In wildem Laufe sprengt Herr Danilo hinab; nun taucht der rote Mützenboden dicht vor dem Hof aus dem Gewühl. Und wo er dreinschlägt, lockert sich bald der Feinde Ring.

Schon eine Stunde, zwei Stunden schon und länger tobt die Schlacht. Wenig Krieger sind es geworden bei Freund und Feind. Doch Herr Danilo wird nicht müde. Mit seiner Lanze sticht er die Reisigen aus dem Sattel, das Fußvolk stampft er unter die Hufe des wackeren Gauls. Schon ist der Hof gesäubert. Schon wenden die Polacken sich zur Flucht. Danilo denkt an die Verfolgung, er sieht sich nach den Seinen um und will sie rufen, – da packt ihn eine tolle Wut. Dort auf dem Berg steht Katherinens Vater und zielt mit der Muskete her. Danilo sporn den Rappen und sprengt bergan... – Kosak, du reitest in den Tod! – Die Büchse kracht, der Zauberer verschwindet hinter dem Berg. Danilo wankt im Sattel, er stürzt, er liegt am Boden. Der treue Stetzko eilt herzu. Sein Herr liegt langgestreckt. Geschlossen sind die hellen Augen. Es kocht das rote Blut aus seiner Brust. Allein er spürt die Nähe des Getreuen, – matt öffnet er die Lider, in seinen Augen steht ein matter Glanz.

»Stetzko, leb wohl! Sag Katherinen, daß sie mir nicht den Sohn verläßt. Verlaßt auch ihr ihn nicht, ihr meine Treuen!«

Sprach's und verstummte. Gen Himmel schwang sich aus dem edeln Leib die rüstige Kosakenseele. Blau wurden Herrn Danilos Lippen. Er schlief den Schlaf, daraus kein Kosak erwacht.

Herzbrechend schluchzte der getreue Knecht und winkte Frau Katherinen mit der Hand.

»Komm, Herrin, eile schnell herbei! Der Rausch der Schlacht hat deinen Herrn gefällt. Da liegt er trunken an der feuchten Erde. Lang' wird er brauchen, bis er nüchtern wird.«

Frau Katherine rang die Hände und sank gleich einer abgemähten Garbe über den Leichnam hin.

»O mein Gemahl! Du liegst dort mit geschlossnen Augen? Steh auf, mein Falke, reich mir deine Hand, mein Augentrost, steh auf! Sieh mich noch einmal an, sag mir ein einziges Wort! Du schweigst, du bist so stumm, mein Herr und Gemahl! Blau ist dein Antlitz wie das Schwarze Meer. Dein Herz steht still! Warum bist du so kalt, Danilo? Sind meine Tränen denn nicht heiß genug, dich zu erwärmen? Ist denn mein Schmerzgeschrei nicht laut genug, dich zu erwecken? Wer führt hinfort dein Regiment, wer reitet vor der Front auf deinem schwarzen Hengst, wer feuert die Kosaken mit hellem Schlachtruf an, wer stürzt sich jetzt, den Pallasch in der Faust, als erster auf den Feind? Kosaken! Wo ist eure Ehre? Und wo blieb euer Ruhm? Bleich auf der feuchten Erde liegt euer Ruhm. Für ewig die Augen zugedrückt hat eure Ehre! – Begrabt mich! Legt mich zu ihm ins Grab! Schüttet mir Erde in die Augen! Preßt mir Bretter von Ahorn auf die weißen Brüste! Ach, meine Schönheit, – was ist sie mir nütze!«

Katherina weint und schlägt sich mit den Fäusten die Stirn.

In der Ferne hebt sich ein Staubgewölk, – Gorobetz, der Alte, der Oberst, sprengt in gestrecktem Lauf heran und bringt Entsatz...

10

Wunderbar ist der Dnjepr bei stillem Wetter, wenn seine reichen Wasser frei und glatt durch die Wälder und Berge gleiten. Kein leises Raunen, kein lautes Rauschen…Strömt des Flusses gewaltige Fläche talwärts, oder rührt sie sich nicht? Du schaust, und du kannst es nicht sehen. Dir ist, als wäre sie aus Glas gegossen, als zöge, blank und blau, ein Spiegelweg, breit ohne Maß, lang ohne Ziel, in weitem Bogen durch das grüne Tal. Froh senkt die Sonne ihre Strahlen hinab in die Kühle der gläsernen Flut, froh spiegeln sich dunkelnde Wälder in dem kristallenen Naß. Ihr Wälder, ihr grüngelockten! Ihr drängt euch über den kleinen Wiesenblumen ans Ufer, ihr beugt euch zum Wasser, euch drin zu beschauen, ihr könnt euch nicht sattsehen an euerm verklärten Abbild und lächelt ihm zu und grüßt es und winkt ihm mit nickenden Zweigen. Doch in die Mitte des Dnjeprs dürft ihr nicht schauen. Keiner als die Sonne da oben und als der Himmel, der blaue, blickt dort in die Flut. Selten nur fliegt ein Vogel bis über die Mitte des Dnjeprs. Prangender Strom! Dir kommt auf Erden kein Fluß gleich.

Wunderbar ist der Dnjepr auch in den linden Nächten des Sommers. Mensch, Tier und Vogel sind schlafen gegangen. Gottes gewaltiges Auge allein ruht auf Himmel und Erde; mit gewaltigem Arm schüttelt er seinen Ornat. Seinem Gewand entgleiten die Sterne und brennen und leuchten feierlich über der Welt und spiegeln sich alle, so viele es sind, in den Fluten des Dnjeprs. Dem mächtigen Strom kann keiner der Sterne entrinnen, – er müßte denn auch am Firmamente verlöschen. Die schwarzen Wälder, in deren Zweigen Schulter an Schulter die Raben schlafen, die Berge, die Gipfel aus brüchigem Urgestein in die Lüfte türmen, – sie beugen sich vor und wollen den Fluß mit ihrem breiten Schatten bedecken. Verlorene Mühe! Nichts in der Welt kann den Dnjepr bedecken. In satter Bläue gleitet sein Wasser, wie durch den Tag, so durch schweigende Nächte. Du siehst ihn, soweit das Auge des Menschen den Blick zu schicken vermag. Wo er sich, bang erschauernd vor der nächtigen Kühle, dicht an das Ufer schmiegt, da fährt er jäh aus dem Traum, da schießt er Blitze, grell silbern wie die Klinge des Türkensäbels. Gleich aber wiederum schläft er ein und sinkt zurück in sein stilles Blau. – Wunderbar ist der Dnjepr bei Nacht. Es ist auf Erden kein Fluß, der ihm gleichkommt.

Doch wenn sich blaue Wolken zu Bergen türmen, wenn die schwarzen Wälder bis in die Wurzeln wanken, wenn Eichen zur Erde krachen, wenn Blitze vom Himmel stürzen und die Welt mit jähem Licht überflackern, – furchtbar ist dann der Dnjepr! Donnernd stürzen die Wasserberge gegen die Felsen, schäumend und ächzend prallen sie zerbrochen zurück, bitterlich schluchzend werden sie sterbend zu Tale gerissen.

Dort, wo die Felsenzunge weit in den Dnjepr ragt, brandet das Wasser voll Wut um verkohlte Balken und feuergeschwärzte Steine. Dort bäumt sich mächtig ein Kahn in den Wellen und kracht beim Landen hart an das Gestade. – Wer ist es von den Kosaken, der sich getraut, im Kahn hinauszufahren, wenn Vater Dnjepr zürnt? Weiß er denn nicht, daß der Strom die Menschen in sich hineinschlingt wie Fliegen?

Der Kahn liegt fest. Der Zauberer springt auf den Strand. Umwölkt ist sein Gesicht, – ihn reuen die Opfer, die das Kosakenschwert dem toten Führer zum Totenfest geschlachtet: es fielen der polnischen Junker in kostbaren Röcken und Panzern vierzig und vier, dazu von ihren Knechten noch dreißig und drei. Die das Leben behielten, sind alle gefangen und wandern als Sklaven zu den Tagaren.

Zwischen Schutt und verkohltem Gebälk führen steinerne Stufen tief in die Erde. Der Zauberer steigt eilend hinab. Dort hat er seinen heimlichen Unterschlupf. Lautlos dreht sich die Tür in den Angeln. Der Zauberer tritt an den Tisch, der mit weißem Linnen bedeckt ist. Er stellt eine irdene Schale darauf. In die wirft er mit dumpfem Murmeln Kräuterwerk. Dann faßt seine Hand einen Krug, der aus fremdem Holze gedreht ist, schöpft Wasser und sprengt es zur Erde.

Ein sanftes Rosenlicht strömt still durch das Gemach und streift des Alten greuliches Gesicht. Das ist wie überströmt mit Blut, die tiefen Falten graben schwarze Rinnen hinein, und aus den Augen sprüht ein grünes Feuer.

Verruchter Sünder! Dein Bart ist grau, gefurcht von Runzeln ist dein Antlitz, verdorrt dein Leib, und sinnst doch Tag und Nacht auf lästerliche Taten!

Und sieh: inmitten des Gemachs schwebt brauend eine weiße Wolke. Ein Freudenstrahl bricht aus des Zauberers Augen...

Doch plötzlich steht er wie versteint, mit aufgesperrtem Munde. Was sieht er, daß er kein Glied bewegen kann. Warum sträubt sich sein Haar vor sinnlos wildem Schrecken?

Bannend schaut ein nie gesehenes Antlitz durch die Wolke zu ihm her. Ungebeten, ungerufen hat er sich zu Gast geladen. Diese Stirn und diese Brauen, diese Augen, diese Lippen sind ihm fremd. Nie ist ihm dies ernste Antlitz auf dem Lebensweg begegnet. Nichts, was Menschen schrecken könnte, liegt in diesen Zügen, – dennoch schüttelt ihn das Grauen. Reglos sehn die fremden Augen durch die Wolke. Und die Wolke schwindet. Immer schärfer, immer klarer zeichnen sich des Geisterhauptes bleiche Züge, seine strengen Augen bohren durch die Brust bis in die Seele.

Weiß wie ein Laken ist der Zauberer. Aus seiner Kehle bricht ein Schrei. Hat er geschrieen? Nein, die Stimme dünkt ihn fremd... – Zitternd stürzt seine Hand die Schale um, – er ist allein; leer lastet im Gemach die Dunkelheit.

11

Sei ruhig, Kind, ein Traum muß ja nicht gleich die Wahrheit sagen!« sprach Gorobetz, der alte Oberst.

»Leg dich zur Ruhe, Liebste!« so mahnte seines Sohnes junges Weib. »Ich ruf' die alte Kartenschlägerin, die kluge Frau, – sie weiß Bescheid mit allen bösen Mächten. Sie weiß dir wohl ein Mittel gegen deine Angst.«

»Fürchte dich nicht!« rief des Obersten Sohn und schlug an seinen Pallasch. »Dir soll kein Leid geschehn!«

Mit schwerbewölkter Stirn und trüben Augen vernahm Frau Katherina ihrer Freunde Trost und fand kein Wort.

Sie trug ja selber Schuld an ihrem Unglück. Hatte nicht ihre eigene Hand den Vater aus dem Verlies befreit?

Und endlich sagte sie:

»Er läßt mir keine Ruhe! Zehn Tage bin ich nun bei euch in Kiew, aber mein Leid ist nicht um einen Tropfen kleiner. Ich hab' geglaubt, ich könnte ruhig leben und meinen Sohn zum Rächer auferziehen...Furchtbar, furchtbar war die Gestalt, in der mein Vater im Traume zu mir trat. Gott halte solches Grauen in seiner Gnade von euch fern! Noch immer klopft mein Herz vor Schrecken. Er schrie: ›Ich steche dir dein Kind tot, wenn du nicht mein Weib wirst!‹«

Katherina schluchzte und lief zur Wiege. Das Kind hob kläglich weinend die Hände zu ihr auf. Der Sohn des Obersten kochte vor Zorn, da er das hörte. Auch Gorobetz, der Alte, fuhr grimmig auf.

»Soll er es doch versuchen, herzukommen, der Satan, der verfluchte! Dann merkt er bald, ob ich noch Kraft hab' in den alten Kosakenfäusten! Gott ist mein Zeuge, daß ich dem Bruder Burulbasch zu Hilfe eilte, was nur die Pferde laufen wollten! Aber es war in seinem heiligen Rate so beschlossen! Ich fand den Freund schon auf das kalte Bett gestreckt, das vielen aus der tapferen Kosakenschar zum letzten Bette wurde. Aber hab' ich ihm nicht ein üppiges Totenfest bereitet? Ist nur ein einziger von den Polacken lebend heimgekehrt? – Sei ruhig, Kind! Keiner krümmt dir ein Haar, solange wir beide leben, – ich und mein Sohn!«

So sprach der Oberst und trat an die Wiege hin. Der Kleine sah die silberbeschlagene rote Pfeife und sah den blanken Feuerstahl am Hals des Alten hangen. Er streckte seine Händchen danach aus und lachte.

»Der schlägt nach seinem Vater!« sprach der Oberst und gab dem Kind die Pfeife in die Hand. »Liegt doch der Kerl noch in der Wiege, aber das Rauchen, das gefällt ihm schon!«

Katherina seufzte und schaukelte die Wiege. Sie kamen überein, die Nacht zusammen zu verbringen. Nach einer Weile schliefen alle. Auch Katherinen fielen vor Müdigkeit die Augen zu.

Still war es in Hof und Hütte. Nur die Kosaken, die die Wache hatten, schliefen nicht.

Plötzlich fuhr Katherina mit einem wilden Aufschrei aus dem Schlummer und schreckte alle die andern jäh empor.

»Das Kind ist tot! Er hat das Kind erstochen!« schrie sie und stürzte auf die Wiege.

Die andern standen im Ring um sie, vor Schreck zu Stein erstarrt, da sie das Kind tot in der Wiege liegen sahen. Kein Laut kam über ihre Lippen; jeder Gedanke schwieg vor dieser unerhörten Greueltat. +

12

Ferne vom Grenzland, wenn du durch Polen fährst, und Lemberg, die menschenreiche Stadt, liegt hinter dir, da siehst du einen Zug von hohen Bergen. Gipfel bei Gipfel, schlagen sie die Erde in Fesseln von Urgestein und wuchten schwer auf ihr, daß das gewaltige Meer nicht stürmend in die Länder brechen kann. Einem Hufeisen von Riesengröße an Gestalt gleich, legt dies Gebirge seine Mauer zwischen Galizien und das Ungarland und zieht sich weit hinunter zur Walachei und bis nach Siebenbürgen. Berge von dieser Art kennt unsere Heimat nicht. Kein Auge mißt sie aus, und viele ihrer Gipfel betrat noch keines Menschen Fuß. Siehst du sie an, so mußt du glauben, es hätte sich bei Sturm das wilde Meer bis hierher Bahn gebrochen, und seine himmelhohen Wellen seien zu Stein erstarrt. Oder sind diese Berge schwere Wolken, die aus der Höhe stürzten und nun wegversperrend auf der Erde lasten? Grau wie die Wolken ist ja dieser Berge Kleid, und ihre weißen Gipfel leuchten und funkeln hell im Sonnenschein. Bis an den Steinwall der Karpathen hörst du die Leute russisch sprechen, und auch noch hinter ihnen klingt wohl hie und da ein Laut der Heimat auf. Ziehst du dann weiter, so kommst du in ein Land mit andrer Sprache und von anderm Glauben. Hier siedelt, an Menschen reich, das Volk der Ungarn. Die sitzen nicht schlechter auf dem Pferd, die fechten nicht schlechter, bechern auch nicht schlechter als das Kosakenvolk. Und locker sitzen ihnen in der Tasche die goldenen Dukaten, wenn es gilt, für ihre Gäule feines Zaumzeug oder für ihren eigenen Leib ein kostbares Gewand zu kaufen. – Weit und gewaltig sind die Seen dort im Bergland. Sie liegen reglos wie aus Glas, klar spiegeln sich in ihrer Flut die nackten Gipfel und die grünen Wälder...

Doch sieh: wer ist der Reiter, der da bei Nacht – mag sie von tausend Sternen funkeln, mag sie von Wolken schwer verhangen sein – einhersprengt auf kohlschwarzem Roß? Wer ist der Recke von übermenschlicher Gestalt, der durch die Berge jagt, und den das Wasser der breiten Seen trägt? Die Fluten spiegeln sein und des Riesenrosses Bild, sein langer Schatten betastet still die grünen Hänge. Hell glänzt sein goldtauschierter Panzer, auf seiner Schulter ruht der Speer, am Sattel klirrt das Schwert, der Helm ist aufgeschlagen, der schwarze Schnauzbart fliegt im Wind, die Augen sind geschlossen, die Lider zugedrückt, – er schläft und führt im Schlaf die Zügel. Den Arm um seinen Leib geschlungen, sitzt hinter ihm sein Page auf dem gleichen Roß, ein kleiner Knabe, bleich und schön und tief im Schlaf wie er.

Wer ist der Recke? Wohin führt sein Weg? Was treibt ihn wild durch des Gebirges Nacht?

Wer mag das wissen! Er reitet nicht seit gestern erst und ehegestern. Bei Tag, wenn hell die Sonne scheint, hat ihn noch nie ein Mensch erblickt. Nur einen langen Schatten sieht dann wohl des Gebirglers Auge flüchtig über die Hänge huschen und sucht am Himmel nach der Wolke, die ihn werfen könnte, und findet keine Wolke weit und breit. Doch führt die Nacht die Dunkelheit herauf, dann zeigt sich dir des Reiters mächtige Gestalt. Die stillen Seen spiegeln klar sein Bild, und zitternd jagt sein Schatten neben ihm dahin. Er sprengt von Berg zu Berg und reitet endlich den Krivan hinan. Dies ist der höchste Berg in den Karpathen, – er hebt sich wie ein König über seine Brüder. Auf seinem Gipfel zügelt der Recke seinen Gaul. Noch fester wird sein Schlaf. Die Wolken sinken tief herab und hüllen Roß und Reiter ein.

13

Sht...! Leise, Weib! Klopf nicht so laut: mein Knabe schläft! Nun schläft das Kind, – es hat so lang geschrieen. Ich will in den Wald gehn, Weib! O, sieh mich nicht so an! Ich fürchte mich vor dir: aus deinen Augen kriechen Zangen hervor, Zangen von Eisen, glühend rot! Hu, sind die lang! Du bist die Hexe; nicht? Nein, nein, wenn du die Hexe bist, dann mußt du fortgehn, – du stiehlst mir meinen Sohn. Der Oberst ist schön dumm: er glaubt, ich kann in Kiew lustig sein. Nein, hier ist mein Gemahl, hier ist mein Kind. Und wer soll denn das Haus bewachen? Leis', leis' hab' ich mich fortgemacht, – nicht Hund, nicht Katze haben es gehört. Jung werden willst du, Weib? Das ist nicht schwer. Du mußt nur tanzen. Sieh doch, wie ich tanzen kann...«

Katherina brach mitten in den wirren Reden ab und tanzte durch die Stube, die Arme eingestemmt, verstörten Blicks. Sie stampfte wimmernd mit den Füßen; doch ohne Takt und Regel klirrten die silbernen Hufeisen an ihren Hacken. Die aufgelösten schwarzen Flechten flogen ihr um den weißen Hals. Gleich einem bangen Vogel huschte sie hin und her und warf die Arme in die Luft. So elend sah sie aus, als müsse sie jeden Augenblick zusammenbrechen und aus dieser Welt entfliehn.

Voll Trauer stand die alte Amme an der Tür. Die hellen Tränen rollten still durch die Runzeln ihrer Wangen. Gleich schweren Steinen lag es den treuen Burschen auf der Brust, da sie die Herrin so erblickten. Und schon war Katherinens Kraft am Ende, sie stampfte nur noch matt den Boden, sie kam nicht mehr vom Fleck, und meinte doch zu tanzen.

»Ich hab' ein Halsband, Burschen!« rief sie zuletzt und ließ die Füße ruhn. »Ätsch, ihr habt keins! – Wo ist mein Vater?« schrie sie dann wild und riß den Türkendolch aus ihrem Gürtel. »Nein, nein, dies Messer taugt mir nicht!« Ein schwerer Kummer trat auf ihr Gesicht, aus ihren Augen schossen Tränen. »Meinem Vater sitzt das Herz tief drinnen, – das Messer ist zu kurz. Aus Eisen ist sein Herz, – die Hexe hat es geschmiedet an der Höllenglut. Warum kommt denn mein Vater nicht? Weiß er denn nicht, daß seine Stunde naht? Ich muß ihn doch erstechen. Er möchte wohl, ich soll ihn suchen und...« Sie brach ab und lachte herzzerreißend. »Da fällt mir gerade die lustige Geschichte ein, wie mein Gemahl begraben wurde. Er lebte noch, als sie sein Grab zuschaufelten... Haha, hab' ich da lachen müssen! – Hört alle zu, hört alle zu!« Und sie begann zu singen:

»In einem blut'gen Wagen
Fährt der Kosak durchs Land,
Zerschossen und zerschlagen,
Das Schwert in kalter Hand.
Das Schwert schlug scharf und gut,
Drum fließt von ihm das Blut
Als roter Bach zum Sand.
Am Bach, da steht ein Baum,
Ein Rabe sitzt darauf.
Ach Mutter, laß das Weinen,
Du weckst den Sohn nicht auf.
Dein Sohn hat sich erkoren
Ein Fräulein hochgeboren.
Wie eng ist doch sein Haus,
Führt keine Tür heraus.
Kein Fenster in der Wand...
Lud einst der Fisch die Krebsin zum Tanz...
Und wer mich nicht leiden mag, bleib' mir gewogen!«

So brachte sie allerlei Lieder wirr durcheinander.

Zwei Tage sind es, daß sie wieder in ihrer Hütte haust. Sie will nichts mehr von Kiew hören. Sie betet nicht, sie flieht der Menschen Angesicht und streift vom Morgen bis in die Nacht unruhig durch den finstern Wald. Die scharfen Zweige ritzen ihr das Antlitz und die Schultern, die aufgelösten Haare wehn im Wind, das Herbstlaub raschelt unter ihren Tritten, – sie hört nichts, sieht nichts, fühlt nichts. Zur Dunkelstunde, da das Abendrot verlosch und noch kein Stern am Himmel leuchtet, fürchtet sich jeder Christenmensch, allein im Wald zu sein. An allen Bäumen kratzen, auf allen Zweigen schaukeln die Seelen der kleinen Kinder, die ungetauft gestorben sind, sie wimmern und sie kichern, sie wälzen sich in Knäueln auf den Wegen und im Gestrüpp. Und aus den Dnjeprwellen hebt sich ein lichter Reigen. Das sind die Jungfrauen, die ihre eigene Seele getötet haben in der Sünde Sold. Um ihre Schultern wehen grün die Haare. Und Wasser trieft aus dem Gelock zur Erde. Der Leib der Nixe schimmert durch das Wasser wie durch ein Hemd aus Glas. Betörend lacht ihr Mund, die Wangen glühen, die Augen locken und umgarnen dir das Herz, – sie brennt in Liebe, ihre Lippe lechzt nach deinem Kuß... Entflieh, getaufter Christ! Wie Eis sind ihre Lippen, ihr Hochzeitsbette ist die kalte Flut. Sie kitzelt dich zu Tod und zieht dich in das nasse Grab!

Doch Katherina schenkt den Gespenstern keinen Blick. Ihr irrer Geist hat keine Furcht vor Nixen. Sie streift zur Nachtzeit durch den Wald und sucht, die Hand um ihres Dolches Griff gekrampft, nach ihrem Vater.

In aller Morgenfrühe kam hoch zu Roß ein Fremdling auf den Hof. Es war ein stattlicher Kosak in rotem Rock. Der fragte gleich nach Herrn Danilo und bekam von seinem Tod Bericht. Dann wischte er die Augen mit dem Ärmel und ließ betrübt die Schultern hangen. Der selige Burulbasch und er, sie hätten gegen Türken und Tataren zusammen manchen blutigen Strauß gekämpft. Ja, damals hätte niemand daran gedacht, daß es mit Herrn Danilo gar so früh ein Ende nehmen könnte.

Noch mancherlei aus jener Zeit erzählte der Fremde und begehrte zum Schluß, auch seines toten Freundes Gemahlin zu begrüßen.

Frau Katherina ließ ihn im Anfang reden und hörte gar nicht zu. Doch plötzlich hob sie den Kopf, so hell und wach, als sei sie bei Verstand.

Der Gast erzählte, wie er mit Herrn Danilo Blutsbruderschaft geschlossen, und wie sie beide sich einmal hinter einem Damm vor den Tataren hätten bergen müssen...

Frau Katherina lauschte und wendete kein Auge von seinem Mund.

– Ja, sie kommt wieder zu sich! dachten die Kosaken.

– Der Fremde macht sie gesund. Sie hört ihm zu, als wäre sie bei Verstand.

Nun aber erzählte der Gast, es hätte einst in einer vertrauten Stunde Danilo Burulbasch zu ihm gesagt:

»Hör, Koprian, mein Freund und Bruder: wenn es einst Gottes Wille ist, und ich bin nicht mehr auf der Welt, dann führe du mein Weib in deine Hütte und laß sie deine Gattin sein...«

Da brach ein jäher Strahl von Haß aus Katherinens Augen und traf den fremden Mann.

»Ja!« schrie sie. »Ja, er ist's! Es ist mein Vater!« Sie riß das Messer aus dem Gürtel und stürzte sich auf ihn.

Es war ein schweres Ringen, bis er den Dolch aus ihrer Faust gelöst. Dann hielt er ihn, er holte aus, und – grauenvolle Tat! – der eigene Vater stieß seinem irren Kind den spitzen Stahl ins Herz.

Der bleiche Schrecken hatte den Kosaken die Kraft gelähmt.

Nun sprangen sie herzu und wollten den Mörder greifen. Jedoch der Zauberer saß schon zu Roß. Und er war fort, – sie sahen ihn nicht mehr.

14

Ein Wunder, seltsam und unerhört, geschah zu Kiew. Der ganze Adel und die hohen Herren strömten vors Tor, dies Wunder anzustaunen. Das Menschenauge sah auf einmal rings ins Grenzenlose. Fern gegen Süden blaute die Lagune der Dnjeprmündung, und weiter draußen wogte das Schwarze Meer. Leute, die dort gewesen waren, erkannten auch die Krim, die einem Berg gleich aus dem Wasser stieg, erkannten jenseits der sumpfigen Landbrücke, die von dem Festland zur Krim hinüberführt, das faule Meer. Gen Westen aber sah man das Land Galizien.

»Und was ist das?« so fragte das Volk die klugen Leute und zeigte auf einen Zug von blauen, grauen, weißen Kuppen, die fern am Himmel dämmerten und fast wie Wolken aussahn.

»Das sind die Karpathen!« sprachen die klugen Leute. »Auf vielen dieser Berge schmilzt nie der Schnee. Die Wolken legen sich auf ihre Kuppen nieder und schlafen dort zur Nacht.«

Doch nun geschah ein neues Wunder: über dem höchsten Berg zerriß der Dunst. Und auf dem Gipfel saß hoch zu Roß, in voller Rüstung, ein Recke mit geschlossenen Augen. So deutlich sah ihn jedermann, als könnte er ihn greifen.

Da schwang sich mitten in der Menge, die staunend und erschrocken stand, ein Mann auf seinen Gaul. Er warf entsetzte Blicke um sich und jagte in gestrecktem Galopp davon.

Es war der Zauberer. Er hatte unter dem Helm des wundersamen Ritters zu seinem Grauen das Gesicht erkannt, das sich bei seinen Teufelskünsten ungerufen einst zu Gast geladen hatte. Er wußte selber nicht, warum dies Bild ihm so die Glieder schlottern ließ. Er wagte sich nicht umzusehn und spornte seinen Gaul zu wilder Flucht, solange bis es Nacht war und die Sterne hell am Firmamente funkelten. Da endlich zog er den Zügel an und kehrte um. Er wollte heim und wollte die höllischen Gewalten fragen, welch ein Geheimnis sich hinter dem Wunder barg.

So kam er an ein Bächlein, das seinen Weg durchquerte. Vor diesem Bächlein scheute der Gaul, er stand, er wendete den Kopf nach seinem Herrn und – lachte. Gräßlich grinsten ihn die großen weißen Zähne aus dem Dunkel an. Dem Zauberer stieg das Haar zu Berg. Ein Röcheln brach aus seiner Kehle, er schluchzte ohne Halt und jagte angstgepeitscht auf Kiew zu.

Verfolger drohten ihm von allen Seiten. Die Bäume drängten sich zu finstern Dickichten zusammen, sie nickten geisterhaft mit schwarzen Bärten, sie streckten lange Zweige nach ihm aus, ihn zu erwürgen. Die Sterne huschten vor ihm her und deuteten auf ihn, daß jedermann den Bösewicht erkenne. Die Straße selber hängte sich an seine Fersen und jagte dräuend hinterdrein.

Verzweifelt spornte der Zauberer seinen Gaul. Ihn trieb die wilde Angst nach Kiews heiligen Stätten.

15

Einsam beim Licht des Lämpchens saß ein frommer Büßer in seiner Höhlenzelle und las im heiligen Brevier. Seit vielen Jahren hauste schon der Alte in dieser Höhle. Er hatte sich den Sarg aus Eichenbrettern längst gezimmert und schlief darin zur Nacht.

Der Büßer schlug das Buch zu und ließ sich auf die Knie nieder zum Gebet...

Da stürzte ein Mann zur Tür herein, der war gar seltsam und entsetzlich anzusehn. Der heilige Büßer sprang auf und wich erschrocken an die Wand. Der Fremde zitterte an Leib und Gliedern wie Espenlaub, wild schielten seine Augen, in denen bleich ein grünes Feuer glomm. So häßlich war sein Gesicht, daß einen das Grauen davor packen konnte.

»Bete für mich, hochwürdiger Vater!« schrie er mit angstverzerrtem Mund. »Bete für meine arme sündige Seele!« Er warf sich auf die Erde.

Der heilige Büßer schlug ein Kreuz. Er faßte sein Brevier; doch kaum, daß er hineingesehen, fuhr er entsetzt zurück und ließ es fallen.

»Verruchter Sünder! Nein, du findest in alle Ewigkeit nicht Gnade! Heb dich von hinnen! So wahr ein Gott lebt, nein, ich kann für dich nicht beten!«

»Du willst nur nicht!« So schrie der Sünder in fürchterlicher Wut.

»Sieh her: die heiligen Lettern in meinem Buche triefen von rotem Blut. Ein schlimmerer Sünder als du hat nie in dieser Welt gelebt!«

»Ich sag' dir, Vater, sieh dich vor! Und laß das dumme Lachen über mich!«

»Heb dich von hinnen, gottverfluchter Sünder! Wie sollte ich denn lachen über dich! Ich habe Furcht vor dir. Denn unter einem Dach mit dir zu sein, tut keinem Christen gut!«

»Was redest du! Ich seh' doch, wie du lachst! Ich seh' dich, wie du die Lefzen verzerrst und deine alten Zähne bleckst!«

Er stürzte sich wütend auf den heiligen Mann und – schlug ihn tot.

Ein schweres Stöhnen heulte durch die Nacht. Weit über Wald und Flur drang dieser Laut. Hinter dem Wald erhoben sich dürre Hände mit langen Krallen und dräuten in der Luft und – schwanden...

Der Zauberer fühlt keine Furcht mehr. Jedes Gefühl in ihm ist ausgelöscht, in eine dumpfe Ohnmacht eingelullt. Es saust ihm in den Ohren, in seinem Kopfe brummt es wie beim Erwachen aus einem schweren Rausch; was seine Augen sehen, dünkt ihn mit grauem Spinnweb überklebt. Er steigt auf seinen Gaul und lenkt ihn in den Weg nach Kanew. Von dort soll dann die Reise weitergehn zu den Tataren in der Krim. Was er da will, das weiß er selber nicht. Er reitet einen ganzen Tag, den zweiten, – Kanew erscheint noch immer nicht am Horizont. Es ist der rechte Weg, er reitet mehr als lang genug, – von Kanew zeigt sich keine Spur. Nun tauchen in der Ferne Kirchenkuppeln auf, – dies aber ist nicht Kanew, dies ist Schumsk. Staunend erkennt der Zauberer, daß er falsch geritten ist. Er wendet seinen Gaul und sprengt die Straße zurück, er will nach Kiew heim. Am nächsten Tag erblickt er wieder eine Stadt. Doch ist's nicht Kiew, – es ist Halytsch, ein Ort, der weiter noch von Kiew liegt als Schumsk, dicht an der Grenze schon des Ungarlandes. Der Zauberer weiß nicht, was er tun soll. Er wendet wieder seinen Gaul, und wieder spürt er, daß er abermals in falscher Richtung reitet; er mag sich drehen, wie er will, – sein Weg führt immer geradeaus.

Kein Mensch auf dieser Welt vermag zu ahnen, wie es dabei im Innern des Zauberers aussieht; und könnte einer in sein Inneres blicken, – er würde vor Entsetzen nicht eine Nacht mehr schlafen und niemals wieder lachen. Es ist nicht Wut, nicht Angst, nicht grimmiger Verdruß, was ihn erfüllt. Die Menschensprache hat kein Wort dafür. Es brennt und kocht in ihm; am liebsten zerstampfte er die ganze Erde unter den Hufen seines Gauls, am liebsten ersäufte er das Land von Kiew bis nach Halytsch hin im Schwarzen Meer. Doch ist's nicht Zorn und Rache, was ihn treibt, – er selber weiß nicht, was es ist.

Ein Schlottern schüttelt seine Glieder, da er dicht vor sich den Bergwall der Karpathen sieht. Der höchste von den Bergen, der Krivan, trägt auf dem Scheitel eine Wolkenmütze. Das Pferd greift schneller aus und galoppiert bergan. Mit einem Ruck zerreißt die Nebelwand, und oben auf dem Gipfel steht groß, stolz und streng der Reiter...Der Zauberer will halten, er reißt mit aller Kraft am Zügel; doch höhnisch wiehert der Gaul, er schüttelt die Mähne und sprengt gestreckten Laufes auf den Ritter zu. Dem Zauberer gefriert das Herz: das Steinbild rührt sich, schlägt die Augen auf, es sieht den Zauberer nahen, es – lacht. Gleich einem Donnerrollen kracht dies wilde Hohngelächter hart von Fels zu Fels und dringt dem Zauberer durch Herz und Eingeweide. Ihm ist, als sei ein ungeheurer Riese in ihn hineingekrochen und schlüge mit gewaltigem Hammer wilde Wirbel auf seinem Herzen und auf seinen Adern, – so fürchterlich hallt das Gelächter in ihm wider.

Der Ritter packt den Zauberer mit seiner steinharten Faust und hält ihn weit in die Luft hinaus. Der Zauberer stirbt vor Schrecken und reißt im Sterben weit die Augen auf. Doch er ist tot und hat den Blick der Toten. So fürchterlich stiert keiner, der da lebt, keiner, der auferstehen wird. Und seine toten Augen stieren weit ins Land und sehen andere Tote aus den Grüften steigen, – in Kiew, in Galizien und den Tälern der Karpathen. Und diese Toten alle gleichen dem Zauberer, wie ein Wassertropfen dem anderen gleicht.

Fahl weiß, der eine größer als der andere, der eine dürrer als der andere, umringen sie den Ritter, der seine schauerliche Beute hoch in der Rechten hält. Und wieder lacht der Ritter donnernd und schleudert den Zauberer in den Abgrund. Die Toten alle springen ihm nach, sie fallen in der schwarzen Tiefe über ihn her und schlagen ihre Zähne gierig in den Leichnam. Und noch ein Toter, der größte, fürchterlichste der ganzen Schar, will aus der Erde steigen. Doch stemmt er sich umsonst, ihm fehlt die Kraft, – er ist zu groß geworden unten im Erdenschoß. Vermöchte er es, aufzustehen, – zu Schutt zerfiele der Karpathenwall und Siebenbürgen und das Türkenland. Wenn er sich nur ein wenig rührt, dann wankt die Erde, viele Häuser stürzen ein, und Menschen ohne Zahl verderben in den Trümmern.

So manches Mal vernimmt der Wanderer im Gebirge ein schrilles Sausen, wie wenn die Räder von tausend Mühlen durch das Wasser lärmten. Der Laut kommt aus dem bodenlosen Abgrund, des Tiefe noch kein Menschenauge maß, an dessen Rand sich niemals eines Menschen Fuß gewagt. Das sind die Toten, die dort unten am Leichnam des verruchten Zauberers fressen.

So manches Mal geschieht es in dieser Welt, daß unvermutet unsere Erde von einem Ende bis zum andern bebt. Gelehrte Männer wollen uns erzählen, es stünde unten irgendwo am Meer ein Berg, aus dessen Gipfel Flammen schlügen und Feuerströme flössen; und von dem Berge käme es. Die alten Leute aber im Ungarland und in Galizien wissen besser Bescheid: der Tote, der da unten in der Erde zu so gewaltiger Größe wuchs, will aus dem Grabe steigen, und das macht die Erde beben.

16

Es war in Gluchow, der Stadt, da umringte einmal das Volk einen alten Pandoraspieler. Wohl eine Stunde lang standen die Leute und lauschten dem lieblichen Sange des Blinden. Noch niemals war ein Pandoraspieler nach Gluchow gekommen, der es also verstand, des Volkes Herz zu berücken mit schönen Weisen und wundersamen Geschichten. Die alten Tage pries er zuerst, da noch Sagaidatschni Hetman gewesen und der tapfere Chmelnitzki. Das waren andere Zeiten als heute: hell glänzte der Ruhm der Kosaken, sie stampften den Feind unter die Hufe der wackeren Gäule; da hätte es keiner gewagt, des Grenzlands zu spotten. – Auch lustige Lieder wußte der Alte. Und seine Augen streiften des Volkes Gesichter, als wären sie sehend. Die Finger ließen die Knochenstäbchen über die Saiten schwirren gleich flinken Fliegen, – man mochte meinen, die Saiten tönten von selber.

Im Kreis stand das Volk. Die Alten hielten die Häupter gesenkt. Die Augen der Jungen hingen heiß an den Lippen des Sängers. Und keiner wagte zu flüstern.

»Hört zu, ihr Leute,« so sprach der Blinde, »was jetzt ich singe, das hat sich zugetragen in alten Zeiten.«

Die Menge drängte sich dichter um ihn; der Pandoraspieler begann:

»Unter der Herrschaft Stephans, des Fürsten von Siebenbürgen, der auch König von Polen war, lebten einst zwei Kosaken. Iwan hieß der eine, Pjetro der andre. Wie zwei Brüder, so lebten die Kosaken zusammen. ›Hör mich, Iwan: was der eine erbeutet, das teilen wir beide zu gleichen Teilen. Des einen Freude soll sein des anderen Freude, des einen Leid sei des anderen Leid. Macht einer Beute, so gibt er dem anderen die Hälfte. Wird einer gefangen, so gibt der andre all seine Habe als Lösung. Und löst er ihn nicht mit all seiner Habe, dann gibt er sich selber gefangen.‹ Wie Pjetro gesprochen, also geschah es. Was die Kosaken erwarben, – sie gaben dem Bruder die Hälfte; führten sie Vieh oder Rosse als Beute, – die Hälfte gehörte dem Bruder.

»Einmal geschah es, daß König Stephan im Krieg lag gegen den Türken. Drei Wochen schon schlug er sich mit dem Türken und wurde seiner nicht Herr. War da im türkischen Heere ein Pascha, der war so tapfer, daß er allein mit zehn Janitscharen ein Regiment in die Pfanne hieb. Darum tat König Stephan den Seinen zu wissen: wenn ein Tapferer sich fände, der diesen Pascha tot oder lebend vor sein Angesicht brächte, dem versprach er für sich allein so viel Sold, wie ihn das ganze Heer zusammen bekam. ›Bruder Pjetro, wir fangen den Pascha!‹ sprach da Iwan. Und die Kosaken machten sich auf, zur Rechten der eine, der andre zur Linken.

*

»Wer mag es wissen, ob nicht auch Pjetro den Pascha gefangen hätte, – der ihn aber, den Hals in der Schlinge, gefesselt zum König brachte, war sein Bruder Iwan. ›Wackerer Held!‹ sprach König Stephan und gab ihm allein so viel Sold, wie ihn das ganze Heer zusammen bekam, und befahl, ihm unzählige Joche fruchtbaren Landes zu geben, da wo er es selber begehrte, und Vieh, so viel er sich wünschte. Und als Iwan den fürstlichen Sold empfangen, gab er die Hälfte von allem dem Bruder Pjetro. Der nahm die Hälfte vom Solde des Königs, aber der Neid fraß in ihm, weil Iwan die Ehre allein gewonnen. Er wälzte heimliche Rache im Busen.

*

»Die Ritter ritten selbander, das Land zu suchen, das ihnen über den Bergen, die man Karpathen heißt, der König verliehen. Hinter Iwan saß auf dem Rosse sein kleiner Sohn, den hatte er an sich gebunden. Es wurde schon Nacht; sie ritten und ritten. Der Knabe schlief; in Schlummer versank auch Iwan. – Schlaf nicht, Kosak: im Gebirg gibt es schwindlige Wege! – Ach was, der Kosak traut dem tüchtigen Gaul, der seinen Weg schon allein weiß, – er strauchelt niemals und macht keinen Fehltritt. Ein Abgrund liegt in den Bergen, des Boden hat noch kein Auge erblickt. So hoch es zum Himmel ist von der Erde, so tief geht's hinunter in diesen Abgrund. Der Pfad läuft dicht am Rande des Abgrunds, – zwei mögen dort nebeneinander reiten, für einen dritten ist es zu eng. Sichernden Fußes trat nun der Gaul mit dem schlafenden Herrn auf den Pfad. Daneben ritt Pjetro, – ihm bebten die Glieder, er konnte kaum atmen vor Freude. Er blickte sich um, ob keiner es sähe, und stieß den Bruder, den selbst erwählten, hinab in den Abgrund. Roß, Reiter und Knabe stürzten hinab in die Tiefe.

*

»Aber Iwan erhaschte im Fallen schnell einen Dornstrauch und konnte sich halten, – nur der Gaul allein schlug unten zerschmettert zu Boden. Der Kosak klomm wieder zum Rande empor, den Sohn auf dem Rücken. Fast war er oben, da hob er die Augen und sah, daß Pjetro die Lanze packte, ihn wieder hinunter zu stoßen. ›Gott, du Gewaltiger und Gerechter! Hätte ich meine Augen doch niemals erhoben! Sehen muß ich, wie der erwählte Bruder zur Lanze greift, mich wieder hinunter zu stoßen! – Geliebter Bruder, stoß mich mit der Lanze, wenn mir das einmal bestimmt ist! Aber nimm meinen Sohn! Was tat der schuldlose Knabe, daß er solch furchtbares Ende verdiente?‹ Pjetro lachte und stieß mit der Lanze nach ihm. Iwan und der Knabe stürzten hinab in den Abgrund. Pjetro aber raffte des Bruders Güter an sich und führte ein Leben, als sei er ein Pascha. Zahllos waren die Rosse in seinen Herden, zahllos die Schafe und Hammel auf seinen Weiden. Doch einmal mußte er sterben.

*

»Da nun Pjetro sein Ende gefunden, entbot der Herr, unser Gott, die Seelen der beiden Brüder, die Seele Pjetros und die Seele Iwans, vor seinen Thron zum Gericht. – ›Ein großer Sünder ist dieser Mensch.‹ sprach Gott. ›Ich finde keine Strafe für ihn. Bestimme du selbst ihm die Strafe, Iwan!‹ Iwan sann lange, welche Strafe er sich von Gott für Pjetro erbitten solle, und endlich sprach er: ›Die schwerste Kränkung tat mir dieser Mensch. Wie Judas verriet er den eigenen Bruder. Er stahl mir mein edles Geschlecht und meinen Samen auf Erden. Ein Mensch ohne Kinder und Kindeskinder ist wie ein Saatkorn, das ausgesät wird und unnütz im Boden verfault. Es geht nicht auf und trägt keine Frucht; und keiner weiß, daß das Saatkorn gesät ward.‹

*

»›Gib, Herr, daß Pjetros Same kein Glück kennt auf Erden. Der letzte seines Geschlechtes soll ein Bösewicht sein, so schlecht und verrucht, wie es noch keinen gab in der Welt. Jedes Verbrechen, das er begeht, soll seinen Ahnen und Urahnen die Ruhe des Grabes rauben, soll sie zwingen, in unerhörten Qualen aus ihren Grüften zu steigen! Pjetro aber, der Judas, soll nicht die Kraft haben, aus seinem Grabe zu steigen. Tausendfältig soll er die Qual der andern erdulden! Erde fressen soll er wie rasend und sich winden und krümmen vor Pein!

»›Kommt dann die Stunde, da das Maß der Verbrechen jenes letzten aus seinem Stamme erfüllt ist, Herr, dann erhöhe mich aus dem Abgrund, darein er mich stürzte, mit meinem Roß auf den höchsten der Berge. Zu mir kommen soll dann der letzte Sündensproß, und ich will ihn vom Gipfel des Berges hinunterschleudern zum tiefsten Abgrund. Und alle die Toten, die Ahnen und Urahnen dieses Verbrechers, wo in der Welt sie auch bei Lebzeiten hausten, sollen gewimmelt kommen in Scharen von allen Enden der Erde und sollen sich wütend über ihn stürzen und ihre Zähne in seinen Leichnam schlagen zur Strafe für alle die Qual, die sie durch seine Sünden erlitten. Ewig sollen sie an ihm fressen, und ich will ewig lachen zu seiner Pein. Pjetro aber, der Judas, soll nicht Kraft haben, aus der Erde zu steigen, um an dem Leichnam des Sünders zu fressen. Fressen soll er an seinem eigenen Leichnam, und seine Knochen sollen in Ewigkeit wachsen, wachsen ohn' Ende und Ziel, auf daß sein Schmerz noch gewaltiger werde. Diese Qual wird ihm die furchtbarste sein, denn es ist keine schlimmere Qual auf Erden, als brennen vor Rachsucht und nie die Rache erfüllen.‹«

*

»›Furchtbar, Mensch, ist die Strafe, die du ihm erdachtest,‹ sprach Gott, unser Herr. ›Alles soll so geschehen, wie du gesagt hast. Aber auch du sollst ewig dort sitzen auf deinem Rosse. Nimmer eingehen sollst du zu Mir in Mein himmlisches Reich, dieweil du da sitzest auf deinem Rosse!‹ – Und wie es gesagt ward, so ist es geschehen. Noch heute sitzt auf dem höchsten Berg der Karpathen der gewappnete Recke im Sattel. Er sieht in den Tiefen des schwarzen Abgrundes die Toten am Leichnam des Zauberers fressen. Er spürt es, wie unten im Erdenschoße ein Leichnam wächst, wie er in furchtbarer Qual an den eigenen Knochen frißt, und wie die Erde erbebt, wenn er sich leise nur rührt...«

*

Zu Ende war des blinden Sängers Lied. Er stimmte die Pandora neu und hob mit lustigen Liedern an, – von Choma und Jeroma sang er und auch von Stekljär Stekosa... Die Alten und die Jungen aber standen noch lange gesenkten Blickes wie im Traum. Auf ihren Seelen lag mit schwerem Druck die grauenvolle Tat aus alten Tagen.

Iwan Fjodorowitsch Schponjka und sein Tantchen

Mit dieser Geschichte ist eine Geschichte passiert. Wir haben sie von Stepan Iwanowitsch Kurotschka gehört, der aus Gadjatsch kam. Ihr müßt nämlich wissen, daß ich ein furchtbar schlechtes Gedächtnis habe: ob man mir etwas sagt oder nicht, ist ganz gleich; es ist, wie wenn man Wasser in ein Sieb gießt. Da ich diesen meinen Fehler kenne, bat ich ihn, die Geschichte in ein Heftchen zu schreiben. Nun, Gott gebe ihm Gesundheit, er war immer freundlich zu mir, also schrieb er mir die Geschichte wirklich auf. Ich tat das Heftchen in das kleine Tischchen; ich glaube, ihr kennt das Tischchen gut: es steht gleich in der Ecke, wenn man zur Tür hereinkommt... Ach, ich hab' ja ganz vergessen, daß ihr noch niemals bei mir wart. Meine Alte, mit der ich schon an die dreißig Jahre zusammenlebe, hat, warum soll ich das verschweigen, zeit ihres Lebens weder schreiben noch lesen gelernt. Einmal bemerke ich, wie sie Pasteten auf Papier bäckt. Die Pasteten bäckt sie aber, meine lieben Leser, ganz wunderbar; bessere Pasteten werdet ihr nirgends bekommen. Als ich mir mal den Boden einer Pastete anschaue, sehe ich da geschriebene Worte. Mein Herz ahnte es gleich: ich laufe zum Tischchen, und vom Heftchen ist nicht mal die Hälfte übriggeblieben! Alle die Blätter hatte sie für ihre Pasteten weggeschleppt! Was war da zu machen? Ich konnte doch nicht auf meine alten Tage mit ihr raufen! Im vorigen Jahre traf es sich nun, daß ich durch Gadjatsch mußte; ehe ich in die Stadt kam, machte ich mir einen Knoten ins Schnupftuch, um nicht zu vergessen, daß ich Stepan Iwanowitsch bitten wollte, mir's noch mal aufzuschreiben. Und noch mehr: ich nahm mir selbst das Versprechen ab, mich dessen zu erinnern, sobald ich in der Stadt niesen würde. Aber alles nützte nichts. Ich kam durch die Stadt, nieste, schneuzte mich in mein Tuch und vergaß es doch; es fiel mir ein, als ich schon sechs Werst hinter der Stadtgrenze war. Nichts zu machen, ich muß die Geschichte ohne Schluß drucken lassen. Übrigens, wenn jemand unbedingt wissen will, wie die Geschichte weitergeht, so braucht er nur eigens nach Gadjatsch zu fahren und Stepan Iwanowitsch darum zu bitten. Der wird ihm mit dem größten Vergnügen die Geschichte erzählen, sogar von Anfang bis zu Ende. Er wohnt nicht weit von der steinernen Kirche. Da ist gleich ein schmales Gäßchen, und wenn man in dieses Gäßchen kommt, so ist es das zweite oder dritte Tor. Oder noch besser: wenn ihr auf einem Hofe eine lange Stange mit einer Wachtel erblickt und euch ein dickes Weibsbild in einem grünen Rocke entgegenkommt (ich muß bemerken, daß er Junggeselle ist), so ist es sein Hof. Übrigens könnt ihr ihm auch auf dem Markte begegnen, wo er jeden Morgen vor neun Uhr zu treffen ist; er kauft Fische und Gemüse für seinen Tisch ein und unterhält sich mit P. Antip oder mit dem jüdischen Branntweinpächter. Ihr werdet ihn gleich erkennen, weil niemand außer ihm eine Hose aus buntbedruckter Leinwand und einen gelben Nankingrock trägt. Da habt ihr noch ein Merkzeichen: im Gehen fuchtelt er immer mit den Armen. Der verstorbene dortige Assessor Denis Petrowitsch pflegte, wenn er ihn von ferne kommen sah, zu sagen: »Schaut, schaut, da kommt eine Windmühle!«

I Iwan Fjodorowitsch Schponjka

Es sind schon vier Jahre her, daß Iwan Fjodorowitsch Schponjka seinen Dienst quittiert hat und auf seinem Vorwerke Wytrebenki wohnt. Als er noch Wanjuscha hieß, besuchte er die Kreisschule von Gadjatsch, und man muß wohl sagen, daß er ein höchst sittsamer und fleißiger Junge war. Der Lehrer für russische Grammatik, Nikifor Timofejewitsch Dejepritschastije, pflegte zu sagen, daß, wenn alle so fleißig wären wie Schponjka, er das Ahornlineal nicht in die Klasse mitzunehmen brauchte, mit dem er den Faulen und Mutwilligen auf die Finger klopfte, was ihn, wie er selbst eingestand, auf die Dauer ermüdete. Sein Schulheft war stets sauber, schön umrandet und ohne ein Fleckchen. Er saß stets still, mit gefalteten Händen, die Augen auf den Lehrer gerichtet, befestigte nie einem vor ihm sitzenden Schüler einen Zettel auf dem Rücken, ruinierte nie seine Bank mit dem Messer und spielte auch nie vor dem Erscheinen des Lehrers »Drängeln«. Wenn jemand ein Messer brauchte, um eine Feder zu schneiden, so wandte er sich sofort an Iwan Fjodorowitsch, da er wußte, daß dieser stets ein Federmesser bei sich hatte; Iwan Fjodorowitsch, der damals noch einfach Wanjuscha hieß, holte das Messer aus einem kleinen Lederfutteral, das am Knopfloch seines grauen Rockes befestigt war, und bat nur, man möchte die Feder nicht mit der Schneide des Messers schaben, denn er behauptete, daß dazu die stumpfe Seite da sei. Dieses sittsame Benehmen erregte bald sogar die Aufmerksamkeit des Lateinlehrers, dessen bloßer Husten im Flur, noch bevor sein Friesmantel und sein blatternarbiges Gesicht in der Tür erschienen, der ganzen Klasse Angst einjagte. Dieser schreckliche Lehrer, der auf seinem Katheder stets zwei Bündel Ruten liegen hatte und bei dem stets die Hälfte der Schüler knien mußte, ernannte Iwan Fjodorowitsch zum Auditor, obwohl es in der Klasse viele Jungen gab, die viel begabter waren als er. An dieser Stelle darf nicht ein Fall verschwiegen werden, der sein ganzes Leben beeinflußte. Einer der ihm anvertrauten Schüler brachte einmal, um seinen Auditor zu bewegen, ihm ein »seit« auf die Liste zu schreiben, obwohl er keinen Dunst von der Lektion hatte, einen in Papier eingewickelten, mit geschmolzener Butter übergossenen Pfannkuchen in die Klasse. Iwan Fjodorowitsch beobachtete zwar stets die strengste Gerechtigkeit, war aber diesmal hungrig und konnte der Versuchung nicht widerstehen; er nahm den Pfannkuchen, stellte vor sich ein Buch auf und begann zu essen; er war damit so beschäftigt, daß er gar nicht merkte, wie es in der Klasse plötzlich totenstill wurde, und kam erst dann zur Besinnung, als sich eine schreckliche Hand aus einem Friesmantel ausstreckte, ihn beim Ohre packte und in die Mitte der Klasse zerrte. »Gib den Pfannkuchen her! Gib ihn her, sagt man dir, du Taugenichts!« rief der schreckliche Lehrer; er nahm den Pfannkuchen mit den Fingern und warf ihn zum Fenster hinaus, wobei er den im Hofe herumlaufenden Schuljungen aufs strengste untersagte, ihn aufzuheben. Dann schlug er sofort Iwan Fjodorowitsch sehr schmerzhaft auf die Hände; und mit Recht, denn die Hände waren schuld: sie hatten doch den Pfannkuchen genommen und kein anderer Körperteil. Wie dem auch sei, die ihm stets eigene Schüchternheit wurde seitdem noch größer. Vielleicht war dieses Erlebnis auch der Grund davon, daß er niemals Lust verspürte, in den Zivildienst zu treten, da er aus eigener Erfahrung sah, daß es nicht immer gelingt, ein Vergehen zu verheimlichen.

Er war fast volle fünfzehn Jahre alt, als er in die zweite Klasse versetzt wurde und statt des gekürzten Katechismus und der vier Spezies der Arithmetik den ausführlichen Katechismus, das Buch von den Pflichten der Menschen und die Brüche lernen mußte. Als er aber sah, daß die Wissenschaft immer schwieriger wurde und als er die Nachricht erhielt, daß sein Vater das Zeitliche gesegnet habe, blieb er noch zwei Jahre in der Schule und trat dann mit Einverständnis seiner Mutter in das P.sche Infanterieregiment ein.

Das P.sche Infanterieregiment war durchaus nicht von der Sorte, zu der die meisten Infanterieregimenter gehören; obwohl es meistens nur in Dörfern lag, lebte es auf solchem Fuße, daß es selbst manchem Kavallerieregiment nichts nachgab. Die Mehrzahl der Offiziere trank den stärksten Branntwein und verstand es nicht schlechter als die Husaren, die Juden an den Schläfenlocken herumzuzerren; einige Mann konnten sogar Mazurka tanzen, und der Oberst des P.schen Regiments erwähnte dies besonders, sooft er mit jemand in der Gesellschaft sprach. »Bei mir«, pflegte er zu sagen, indem er sich bei jedem Wort den Bauch tätschelte, »bei mir im Regiment tanzen viele Mazurka, jawohl, sehr viele, sehr viele.« Um dem Leser zu zeigen, wie hochgebildet das P.sche Infanterieregiment war, wollen wir noch hinzufügen, daß zwei der Offiziere leidenschaftliche Spieler waren und oft ihre Uniformen, Mützen, Mäntel, Degenkoppeln und selbst ihre Unterkleider verspielten, was man selbst unter Kavalleristen nicht immer antrifft.

Der Umgang mit solchen Kameraden verminderte jedoch die Schüchternheit Iwan Fjodorowitschs nicht im geringsten; da er aber niemals den stärksten Schnaps trank und ihm ein Gläschen einfachen Branntweins vor dem Mittag-und Abendessen vorzog, keine Mazurka tanzte und keine Karten spielte, so mußte er natürlich immer allein sein. So kam es, daß, wenn die anderen auf Bürgerpferden zu den kleineren Gutsbesitzern zu Besuch ritten, er allein in seiner Wohnung saß und Beschäftigungen nachging, die seiner milden und gütigen Seele entsprachen: entweder putzte er seine Knöpfe, oder las im Wahrsagebuch, oder stellte in allen Ecken seines Zimmers Mausefallen auf; oder er zog schließlich die Uniform aus und legte sich aufs Bett.

Dafür gab es auch im ganzen Regiment keinen gewissenhafteren Offizier, und er führte seinen Zug so gut, daß der Kompaniechef ihn stets den anderen als Vorbild hinstellte. Dafür wurde er auch elf Jahre nach seiner Ernennung zum Fähnrich zum Leutnant befördert. Während dieser Zeit erhielt er die Nachricht, seine Mutter sei gestorben, und die leibliche Schwester seiner Mutter, sein Tantchen, das er nur daher kannte, weil sie ihm einmal in seiner Kindheit getrocknete Birnen und selbstgebackene, sehr schmackhafte Pfefferkuchen gebracht hatte und später sogar nach Gadjatsch schickte (mit seiner Mutter war sie verzankt, und darum sah sie Iwan Fjodorowitsch später nicht mehr) – dieses selbe Tantchen habe aus Gutmütigkeit die Verwaltung seines kleinen Gutes übernommen, was sie ihm rechtzeitig in einem Briefe mitteilte.

Da Iwan Fjodorowitsch vollkommen vom praktischen Sinn seines Tantchens überzeugt war, fuhr er fort, seinen Dienst zu versehen. Ein anderer an seiner Stelle wäre, wenn er einen solchen Rang bekommen hätte, stolz geworden, aber der Stolz war ihm ein unbekannter Begriff, und auch als Leutnant blieb er noch derselbe Iwan Fjodorowitsch, der er als Fähnrich gewesen war. Nachdem er noch weitere vier Jahre nach diesem für ihn so denkwürdigen Ereignisse im Dienste geblieben war und gerade im Begriff stand, mit seinem Regiment aus dem Gouvernement Mohilew nach Großrußland zu ziehen, erhielt er einen Brief folgenden Inhalts:

»

Liebster Neffe,
Iwan Fjodorowitsch!

Ich schicke Dir Wäsche: fünf Paar Zwirnsocken und vier Hemden aus feinster Leinwand; auch möchte ich mit Dir von Geschäften sprechen: da Du einen nicht geringen Rang bekleidest, was, wie ich glaube, auch Dir bekannt ist, und außerdem in einem Alter stehst, wo es Zeit ist, sich der Landwirtschaft zu widmen, so hat es für Dich keinen Sinn mehr, im Militärdienst zu bleiben. Ich bin schon alt und kann die Verwaltung Deines Gutes nicht in allen Dingen übersehen; außerdem habe ich Dir auch vieles persönlich zu eröffnen. Komm doch her, Wanjuscha! In Erwartung des aufrichtigen Vergnügens, Dich zu sehen, verbleibe ich Deine Dich liebende Tante

Wassilissa Zupczewska.

Bei uns im Gemüsegarten sind merkwürdige Zaunrüben gewachsen: sie gleichen mehr Kartoffeln als Zaunrüben.«

Acht Tage nach Empfang dieses Briefes schrieb Iwan Fjodorowitsch seiner Tante folgende Antwort:

»

Gnädige Frau Tantchen,
Wassilissa Kaschparowna!

Ich danke Ihnen bestens für die Zusendung der Wäsche. Besonders meine Socken sind schon sehr alt, mein Bursche hat sie bereits viermal gestopft, und sie sind dadurch zu eng geworden. Was Ihre Ansicht über meinen Dienst betrifft, so bin ich mit Ihnen vollkommen einverstanden und habe schon vorgestern mein Abschiedsgesuch eingereicht. Sobald ich den Abschied habe, miete ich mir einen Fuhrmann. Ihren früheren Auftrag, sibirische Weizensamen zu beschaffen, konnte ich nicht ausführen: im ganzen Gouvernement Mohilew gibt es keine solchen. Die Schweine werden hier aber meistens mit Maische, der man etwas gegorenes Bier hinzufügt, gefüttert.

Mit vorzüglicher Hochachtung verbleibe ich, gnädige Frau Tante, Ihr Neffe

Iwan Schponjka«

Endlich erhielt Iwan Fjodorowitsch seinen Abschied mit dem Range eines Oberleutnants, mietete sich für vierzig Rubel einen jüdischen Fuhrmann von Mohilew nach Gadjatsch und setzte sich in den Wagen gerade zu der Zeit, als die Bäume sich mit den ersten jungen, noch spärlichen Blättern kleideten, die Erde in frischem Grün leuchtete und die ganze freie Natur nach Frühling duftete.

II Die Reise

Unterwegs ereignete sich nichts besonders Bemerkenswertes. Sie fuhren etwas über zwei Wochen. Iwan Fjodorowitsch wäre vielleicht noch schneller angekommen, aber der fromme Jude hielt jeden Sabbat und betete, in seine Decke gehüllt, den ganzen Tag. Iwan Fjodorowitsch war aber, wie ich schon früher bemerkt habe, ein Mensch, der keine Langweile zu sich heranließ. Während dieser Zeit schnallte er seinen Koffer auf, holte die Wäsche heraus und untersuchte sie sorgfältig, ob sie gut gewaschen und richtig zusammengelegt sei; er entfernte behutsam ein Federchen von seiner neuen Uniform, die schon keine Achselstücke hatte, und packte alles wieder in schönster Weise ein. Das Bücherlesen liebte er im allgemeinen nicht; und wenn er auch zuweilen ins Wahrsagebuch hineinblickte, so tat er es nur, weil er es liebte, darin auf etwas zu stoßen, was er schon mehreremal gelesen hatte. So begibt sich auch ein Städter täglich in den Klub, gar nicht, um dort etwas Neues zu hören, sondern nur um Freunde zu treffen, mit denen er seit ewigen Zeiten im Klub zu plaudern gewohnt ist. So liest auch ein Beamter einigemal am Tage mit großem Genuß das Adreßbuch, nicht irgendwelcher diplomatischer Einfälle wegen, sondern weil ihn die gedruckte Aufzählung der Namen außerordentlich interessiert. »Ah! Iwan Gawrilowitsch Soundso...« sagt er dumpf vor sich hin. »Ah! Da bin auch ich! Hm!...« Und am nächsten Tage liest er alles wieder und macht dabei die gleichen Bemerkungen. Nach einer Reise von zwei Wochen erreichte Iwan Fjodorowitsch ein Dörfchen, das hundert Werst von Gadjatsch entfernt war. Es war ein Freitag. Die Sonne war schon längst untergegangen, als er mit seinem Wagen und dem Juden in ein Gasthaus einkehrte.

Dieses Gasthaus unterschied sich durch nichts von den anderen, die sich in kleinen Dörfern befinden. Man bewirtet hier den Reisenden meistens so eifrig mit Heu und Hafer, als ob er selbst ein Postpferd wäre. Wenn ihm aber der Wunsch käme, so zu frühstücken, wie anständige Menschen zu frühstücken pflegen, so bliebe sein Appetit unversehrt bis zur anderen Gelegenheit erhalten. Da Iwan Fjodorowitsch all das wußte, versorgte er sich rechtzeitig mit zwei Kränzen Brezeln und mit einer Wurst, ließ sich hier nur ein Glas Schnaps geben, an dem es in keinem Gasthaus mangelt, setzte sich auf die Bank vor dem Eichentisch, der fest in den Lehmboden eingegraben war, und machte sich an sein Abendessen.

Währenddessen ertönte das Rasseln eines Wagens. Das Tor knarrte; aber der Wagen fuhr noch lange nicht in den Hof ein. Eine laute Stimme schimpfte auf die Alte, der das Gasthaus gehörte. »Ich werde einkehren«, hörte Iwan Fjodorowitsch, »aber wenn mich auch nur eine Wanze in deinem Hause beißt, so werde ich dich verprügeln, bei Gott, ich werde dich verprügeln, alte Hexe, und nichts für das Heu bezahlen!«

Eine Weile später ging die Tür auf, und herein trat oder vielmehr kroch ein dicker Mann in einem grünen Rock. Sein Kopf ruhte unbeweglich auf dem kurzen Halse, der infolge des Doppelkinns noch dicker erschien. Seinem Aussehen nach schien er zu den Menschen zu gehören, die sich nie den Kopf über Bagatellen zerbrechen und deren ganzes Leben wie geschmiert geht.

»Ich begrüße Sie, mein sehr verehrter Herr!« sagte er, als er Iwan Fjodorowitsch erblickte.

Iwan Fjodorowitsch verbeugte sich stumm.

»Gestatten Sie die Frage: mit wem habe ich die Ehre zu sprechen?« fuhr der dicke Mann fort.

Bei diesem Verhör erhob sich Iwan Fjodorowitsch unwillkürlich von seinem Platz und stand stramm, was er sonst immer tat, wenn der Oberst ihn etwas fragte.

»Oberleutnant a.D. Iwan Fjodorowitsch Schponjka«, antwortete er.

»Darf ich fragen, in welche Gegend Sie Ihre Reise führt?«

»Auf mein eigenes Vorwerk Wytrebenki.«

»Wytrebenki!« rief der strenge Frager. »Gestatten Sie, verehrter Herr, gestatten Sie!« sagte er, indem er auf ihn zuging und so mit den Armen fuchtelte, als ob er sich gegen jemand wehren müßte oder sich durch eine Menge hindurchdrängen wollte; als er herangetreten war, schloß er Iwan Fjodorowitsch in seine Arme und küßte ihn erst auf die rechte, dann auf die linke und dann wieder auf die rechte Wange. Iwan Fjodorowitsch gefiel dieses Küssen sehr gut, denn die dicken Wangen des Fremden erschienen seinen Lippen wie zwei weiche Polster.

»Gestatten Sie, verehrter Herr, daß ich mich vorstelle!« fuhr der Dicke fort. »Ich bin Gutsbesitzer im gleichen Gadjatscher Kreise und Ihr Nachbar; ich wohne nicht weiter als fünf Werst von Ihrem Vorwerke Wytrebenki, im Dorfe Chortyschtsche; mein Name ist aber Grigorij Grigorjewitsch Stortschenko. Sie müssen mich ganz unbedingt, unbedingt im Dorf Chortyschtsche besuchen, sonst will ich von Ihnen nichts wissen, verehrter Herr. Jetzt eile ich in Geschäften... Was ist das?« wandte er sich mit milder Stimme an seinen Jockei, einen Jungen im Kosakenkittel mit geflickten Ellenbogen und verwunderter Miene, der Pakete und Schachteln auf den Tisch stellte. »Was ist das, was ist das?« Die Stimme Grigorij Grigorjewitschs klang immer drohender. »Habe ich dir denn befohlen, die Sachen hierherzustellen, mein Lieber? Habe ich dir denn gesagt, daß du sie herstellen sollst, Schuft? Habe ich dir nicht gesagt, daß du erst das Huhn aufwärmen sollst, Spitzbube? Geh!« schrie er und stampfte mit dem Fuße, »Wart, du Fratze! Wo ist das Kästchen mit den Fläschchen? Iwan Fjodorowitsch!« sagte er, indem er ein Gläschen Schnaps einschenkte: »Bitte ergebenst: es ist ein Schnaps aus Heilkräutern!«

»Bei Gott, ich kann nicht... ich hatte schon Gelegenheit...«, erwiderte Iwan Fjodorowitsch stotternd.

»Ich will davon nichts hören, sehr verehrter Herr!« sagte der Gutsbesitzer, die Stimme erhebend, »ich will davon nichts hören! Ich gehe nicht von der Stelle, ehe Sie getrunken haben...«

Als Iwan Fjodorowitsch sah, daß er sich nicht gut weigern konnte, leerte er nicht ohne Vergnügen ein Gläschen.

»Das ist ein Huhn, sehr verehrter Herr«, fuhr der dicke Grigorij Grigorjewitsch fort, indem er das Huhn mit dem Messer in einem Holzkästchen zerlegte. »Ich muß Ihnen sagen, meine Köchin Jawdocha trinkt manchmal einen Schluck Branntwein, und darum sind die Speisen oft ausgetrocknet. He, Junge!« wandte er sich an den Jungen in dem Kosakenkittel, der mit einem Federbett und Kissen hereinkam, »decke mir das Bett auf den Fußboden mitten in der Stube! Aber paß auf, leg recht viel Heu unter die Kissen! Zupfe der Wirtin etwas Hanf aus dem Bündel, damit ich es mir zur Nacht in die Ohren stopfe! Sie müssen nämlich wissen, sehr verehrter Herr, daß ich die Gewohnheit habe, mir auf die Nacht die Ohren zuzustopfen, seit jenem verfluchten Fall, wo mir einmal in einer großrussischen Herberge eine Schabe ins linke Ohr gekrochen ist. Die verdammten Großrussen essen, wie ich später erfuhr, auch die Kohlsuppe mit Schaben. Es läßt sich gar nicht beschreiben, was mit mir damals vorging: im Ohre kitzelte es so, daß ich auf die Wände klettern konnte! Geholfen hat mir später ein einfaches altes Weib in unserer Gegend, und womit glauben Sie? Einfach mit Besprechen. Was halten Sie, verehrter Herr, von den Ärzten? Ich denke, sie foppen und narren uns nur: manche Alte weiß zwanzigmal mehr als alle diese Ärzte.«

»In der Tat, Sie belieben die reinste Wahrheit zu sagen. Manches alte Weib ist wirklich...« Hier hielt er inne, als könnte er kein passendes Wort finden. Ich muß an dieser Stelle sagen, daß er überhaupt wortkarg war. Vielleicht beruhte das auf seiner Schüchternheit, vielleicht auch auf seinem Bestreben, sich möglichst schön auszudrücken.

»Schüttle das Heu ordentlich durch!« sagte Grigorij Grigorjewitsch zu seinem Diener. »Das Heu ist hier so abscheulich, daß man leicht auf ein Ästchen stoßen kann. Gestatten Sie, verehrter Herr, Ihnen gute Nacht zu wünschen! Morgen werden wir uns nicht mehr sehen: ich fahre noch vor Sonnenaufgang weg. Ihr Jude wird seinen Sabbat halten, denn morgen ist Sonnabend; darum brauchen Sie nicht früh aufzustehen. Vergessen Sie meine Bitte nicht: ich will von Ihnen nichts wissen, wenn Sie mich nicht in Chortyschtsche besuchen.«

Der Kammerdiener half Grigorij Grigorjewitsch aus dem Rock und den Stiefeln, zog ihm statt dessen einen Schlafrock an, und Grigorij Grigorjewitsch ließ sich auf sein Bett fallen, was genau so aussah, als hätte sich ein riesengroßes Federbett auf ein anderes gelegt.

»He, Junge! Wo willst du denn hin, Schuft? Komm her, zupf mir die Decke zurecht! He, Junge, stopfe mir noch Heu unter den Kopf! Ja, hat man die Pferde schon getränkt? Noch mehr Heu! Hierher, unter diese Seite! Aber zieh mir die Decke ordentlich zurecht, du Schuft! Ja so, noch! Ach!...«

Grigorij Grigorjewitsch seufzte noch an die zweimal und fing dann an, so fürchterlich durch die Nase zu pfeifen und zwischendurch zu schnarchen, daß man es im ganzen Zimmer hörte und die auf der Ofenbank schlummernde Alte einigemal auffuhr, sich mit blöden Augen umsah und, als sie nichts bemerkte, sich wieder beruhigte und einschlief.

Als Iwan Fjodorowitsch am anderen Morgen erwachte, war der dicke Gutsbesitzer schon weg. Das war auch das einzige bemerkenswerte Erlebnis, das er unterwegs hatte. Am dritten Tage darauf näherte er sich seinem Vorwerk.

Hier fühlte er, wie sein Herz heftig zu pochen begann, als eine Windmühle, mit ihren Flügeln winkend, zum Vorschein kam und als in dem Maße, wie der Jude seine Klepper den Berg hinauftrieb, unten eine Reihe von Weiden sichtbar wurde. Lebhaft und grell leuchtete zwischen ihnen der Teich auf, der Kühle atmete. Hier pflegte er einst zu baden; in diesem selben Teiche watete er einst mit den Dorfjungen bis zum Halse im Wasser, um Krebse zu fangen. Der Wagen fuhr über den Damm, und Iwan Fjodorowitsch erblickte das alte, mit Schilf gedeckte Häuschen und die alten Apfel-und Kirschbäume, auf die er einst heimlich zu klettern pflegte. Kaum war er in den Hof eingefahren, als von allen Seiten Hunde aller möglichen Sorten zusammenliefen: braune, schwarze, graue und gescheckte. Einige von ihnen rannten bellend den Pferden vor die Füße, andere liefen hinterdrein, da sie gemerkt hatten, daß die Wagenachse mit Fett eingeschmiert war; der eine stand vor der Küche, deckte mit einer Pfote einen Knochen zu und heulte aus vollem Halse; ein anderer bellte von ferne, lief hin und her und wedelte mit dem Schwänze, als wolle er sagen: – Schaut nur, ihr Christenmenschen, was ich für ein junger Mann bin! – Die Dorfjungen in schmutzigen Hemden liefen herbei, um alles zu sehen. Das Schwein, das mit sechzehn Ferkeln im Hofe herumspazierte, hob seine Schnauze mit prüfender Miene in die Höhe und grunzte lauter als gewöhnlich. Im Hofe lag auf der Erde Leinwand, auf der viele Haufen von Weizen, Hirse und Gerste in der Sonne trockneten. Auch auf dem Dache trockneten allerlei Kräuter: Zichorie, Habichtskraut und anderes mehr.

Iwan Fjodorowitsch war dermaßen mit der Betrachtung dieser Dinge beschäftigt, daß er erst dann zu sich kam, als ein gescheckter Hund den vom Bocke kletternden Juden in die Wade biß. Das herbeigelaufene Gesinde, das aus der Köchin, einer Frau und zwei Mädchen in wollenen Unterröcken bestand, erklärte nach dem ersten Ausrufe: »Das ist ja unser junger Herr!«, daß die Tante im Garten mit Hilfe der Magd Palaschka und des Kutschers Omeljko, der oft auch das Amt eines Gärtners und Wächters versah, türkischen Weizen säe. Aber Tantchen, das den mit Bastgeflecht gedeckten Wagen aus der Ferne gesehen hatte, stand schon da. Und Iwan Fjodorowitsch staunte, als sie ihn mit den Armen fast hob, als zweifele er, daß es dasselbe Tantchen sei, das ihm von ihrer Gebrechlichkeit und Krankheit geschrieben hatte.

III Das Tantchen

Tantchen Wassilissa Kaschparowna war damals gegen fünfzig Jahre alt. Sie war niemals verheiratet gewesen und pflegte zu sagen, daß das Mädchenleben ihr teurer sei als alles auf der Welt. Übrigens hat auch, soviel ich mich erinnere, niemand um sie gefreit. Das kam daher, daß die Männer ihr gegenüber eine gewisse Scheu empfanden und nicht den Mut hatten, ihr ein Geständnis zu machen. »Wassilissa Kaschparowna hat Charakter!« pflegten die Freier zu sagen, und hatten auch recht, denn Wassilissa Kaschparowna verstand es, jeden Menschen samtweich zu machen. Den versoffenen Müller, der absolut zu nichts taugte, zerrte sie jeden Tag mit ihrer eigenen tapferen Hand am Schopfe und erreichte damit, ohne Anwendung anderer Mittel, daß aus ihm ein wahrhaft goldener Mensch wurde. Sie war von riesenhaftem Wuchse und verfügte auch über eine entsprechende Körperfülle und Kraft. Man hatte den Eindruck, daß die Natur einen unverzeihlichen Fehler begangen habe, als sie ihr bestimmte, an Wochentagen einen dunkelbraunen Morgenrock mit kleinen Falbeln und am Ostersonntag und an ihrem Namenstage einen roten Kaschmirschal zu tragen, während ihr ein Dragonerschnurrbart und hohe Reiterstiefel viel besser zu Gesicht stünden. Dafür entsprach ihre Beschäftigung vollkommen ihrem Äußeren: sie fuhr allein Boot und ruderte besser als jeder Fischer; schoß Wild; stand den ganzen Tag bei den Schnittern; kannte ganz genau die Zahl der Melonen und Wassermelonen auf ihrem Felde; erhob einen Zoll von fünf Kopeken von jedem Wagen, der über ihren Damm fuhr; kletterte selbst auf die Bäume und schüttelte die Birnen herunter; züchtigte die faulen Vasallen mit eigener Hand und kredenzte mit derselben strengen Hand den Würdigen einen Schnaps. Sie konnte fast zur gleichen Zeit schimpfen, Garn färben, in die Küche laufen, Kwaß zubereiten und Beeren mit Honig einmachen; sie arbeitete den ganzen Tag und kam überall zurecht. Die Folge davon war, daß das kleine Gut Iwan Fjodorowitschs, das nach der letzten Revisionsliste achtzehn leibeigene Seelen zählte, im vollen Sinne des Wortes blühte. Außerdem liebte sie ihren Neffen über alles und legte für ihn jede Kopeke auf die Seite.

Das Leben Iwan Fjodorowitschs erfuhr, sobald er wieder in seiner Heimat war, manche Veränderung und schlug ganz neue Bahnen ein. Die Natur selbst schien ihn dazu geschaffen zu haben, ein Gut mit achtzehn Leibeigenen zu verwalten. Auch Tantchen selbst merkte, daß aus ihm ein guter Landwirt werden würde, obwohl sie ihm noch nicht gestattete, sich in alle Zweige der Wirtschaft einzumischen. »Er ist ja noch ein junges Kind«, pflegte sie zu sagen, obwohl Iwan Fjodorowitsch schon fast vierzig Jahre alt war, »wie sollte er alles wissen!«

Und doch befand er sich fortwährend auf dem Felde bei den Schnittern und Mähern, und dies verschaffte seiner sanften Seele einen unsagbaren Genuß. Das einmütige Schwingen von zehn und mehr glänzenden Sensen; das Rauschen des reihenweise zur Erde fallenden Grases; die hie und da erklingenden Lieder der Schnitterinnen, bald lustig, wie der Empfang von Gästen, bald traurig wie die Trennung; ein ruhiger, heiterer Abend – und was für ein Abend! Wie frei und frisch ist die Luft! Wie ist alles belebt: die Steppe glüht in roten und blauen Blumen; Wachteln, Wildgänse, Möwen, Grillen, Tausende von Insekten pfeifen, summen, knarren, schreien, und plötzlich erklingt ein harmonischer Chor; und dies alles verstummt für keinen Augenblick; aber die Sonne sinkt und versteckt sich. Ach, wie frisch, wie schön! Auf dem Felde werden hie und da Feuer angezündet und Kessel aufgestellt, um die Kessel herum setzen sich die Schnitter mit den mächtigen Schnurrbärten; von den Klößen erhebt sich ein Dampf; die Dämmerung senkt sich herab... Es ist schwer, zu sagen, was in solchen Augenblicken in Iwan Fjodorowitsch vorging. Er vergaß sogar, sich zu den Schnittern zu setzen und von ihren Klößen zu kosten, die er so gern mochte, und stand unbeweglich auf einem Fleck, mit den Augen eine hoch im Himmel verschwindende Möwe verfolgend oder die Garben des abgemähten Getreides zählend, die das ganze Feld bedeckten.

In kurzer Zeit fing man an, von Iwan Fjodorowitsch als von einem großen Landwirt zu sprechen. Tantchen konnte sich über ihren Neffen gar nicht genug freuen und ließ sich keine Gelegenheit entgehen, mit ihm zu prahlen. Eines Tages – es war schon nach Beendigung der Ernte, nämlich Ende Juli – nahm Wassilissa Kaschparowna ihren Neffen bei der Hand und sagte ihm mit geheimnisvoller Miene, sie wolle mit ihm über eine Sache sprechen, die sie schon seit langem beschäftige.

»Es ist dir, liebster Iwan Fjodorowitsch, bekannt«, fing sie an, »daß du auf deinem Vorwerke achtzehn leibeigene Seelen hast; so viel sind es nach der Revisionsliste, in Wirklichkeit werden es vielleicht vierundzwanzig sein. Es handelt sich aber nicht darum. Du kennst doch das Wäldchen hinter unserem Obstgarten und weißt wohl, daß hinter jenem Walde eine große Wiese liegt, vielleicht zwanzig Deßjatinen groß; es wächst so viel Gras da, daß man davon jedes Jahr für mehr als hundert Rubel verkaufen kann, besonders wenn nach Gadjatsch, wie man sich erzählt, ein Reiterregiment kommt.«

»Gewiß, Tantchen, ich weiß es: das Gras ist sehr gut.«

»Das weiß ich auch selbst, daß es sehr gut ist; weißt du aber auch, daß dieses Land eigentlich dir gehört? Was sperrst du so die Augen auf? Hör mal, Iwan Fjodorowitsch! Erinnerst du dich noch an Stepan Kusmitsch? Wie kann ich nur fragen, ob du dich seiner erinnerst! Du warst damals so klein, daß du nicht mal seinen Namen aussprechen konntest. Wie wäre es auch möglich. Ich erinnere mich, als ich gerade auf Philippi zu euch kam und dich auf die Arme nahm, da hättest du mir um ein Haar mein neues Kleid verdorben; zum Glück hatte ich dich noch rechtzeitig deiner Amme Matrjona übergeben; so garstig warst du damals!... Es handelt sich aber nicht darum. Das ganze Land hinter unserem Vorwerk und auch das Dorf Chortyschtsche selbst hatte Stepan Kusmitsch gehört. Du mußt nämlich wissen, daß er, als du noch nicht auf der Welt warst, deine Mutter manchmal besuchte, freilich zu einer Zeit, wo dein Vater nicht zu Hause war. Ich sage es aber nicht, um sie anzuklagen – der Herr schenke ihrer Seele ewige Ruhe! – obwohl die Selige mir gegenüber immer im Unrecht war. Es handelt sich aber nicht darum. Wie dem auch sei, Stepan Kusmitsch hat eine Schenkungsurkunde hinterlassen, nach der dir das Gut, von dem ich eben sprach, gehört. Aber deine selige Mutter hatte, unter uns gesagt, einen merkwürdigen Charakter: der Teufel selbst (Gott verzeihe mir dieses garstige Wort!) hätte sie nicht verstehen können. Wo sie diese Schenkungsurkunde hingetan hat, weiß Gott allein. Ich denke, sie befindet sich einfach in Händen des alten Junggesellen Grigorij Grigorjewitsch Stortschenko. Diesem dickbäuchigen Spitzbuben ist das ganze Gut zugefallen. Ich möchte Gott weiß was wetten, daß er die Urkunde unterschlagen hat.«

»Darf ich fragen, Tantchen, ist es nicht derselbe Stortschenko, den ich auf einer Station kennengelernt habe?« Und Iwan Fjodorowitsch erzählte von seiner Begegnung mit ihm.

»Wer kann das wissen!« antwortete Tantchen nach kurzem Besinnen. »Vielleicht ist er auch kein Schuft. Allerdings ist er erst vor einem halben Jahr in diese Gegend gezogen; in so kurzer Zeit kann man einen Menschen nicht richtig kennenlernen. Seine alte Mutter soll, wie ich gehört habe, eine sehr kluge Person sein und sich meisterhaft auf das Einsalzen von Gurken verstehen; ihre Mädchen sollen wunderbare Teppiche weben können. Da er dich aber, wie du selbst sagst, sehr gut empfangen hat, so fahre nur zu ihm hin: vielleicht wird der alte Sünder auf die Stimme seines Gewissens hören und zurückgeben, was ihm nicht gehört. Du kannst vielleicht mit der Kutsche hinfahren, aber die verdammten Jungen haben hinten alle Nägel herausgezogen; man muß dem Kutscher Omeljko sagen, er solle das Leder gut annageln.«

»Warum denn, Tantchen? Ich nehme lieber den Wagen, in dem Sie manchmal auf die Jagd fahren.«

IV Das Mittagessen

Iwan Fjodorowitsch fuhr um die Mittagszeit nach Chortyschtsche und wurde etwas ängstlich, als er sich dem Herrenhause näherte. Das Haus war sehr lang und nicht mit Schilf gedeckt, wie die Häuser vieler Gutsbesitzer dieser Gegend, sondern hatte ein Holzdach. Auch zwei Schuppen im Hofe hatten Holzdächer; das Tor war aus Eichenholz. Iwan Fjodorowitsch glich jenem Stutzer, der auf einen Ball kommt und sieht, daß alle, wohin er auch blickt, eleganter gekleidet sind als er. Aus Respekt ließ er sein Wägelchen neben einem Schuppen stehen und ging zu Fuß auf das Haus zu.

»Ach, Iwan Fjodorowitsch!« schrie der dicke Grigorij Grigorjewitsch, der auf dem Hofe im Rock, aber ohne Halsbinde, Weste und Hosenträger herumspazierte. Aber selbst diese Kleidung schien seinen dicken Körper zu beengen, denn der Schweiß rann ihm in Strömen vom Gesicht.

»Warum hatten Sie mir gesagt, daß Sie gleich, nachdem Sie Ihr Tantchen gesehen hätten, zu mir kommen würden, sind dann aber nicht gekommen?« Nach diesen Worten begegneten die Lippen Iwan Fjodorowitschs wieder den bekannten Polstern.

»Es sind hauptsächlich meine Arbeiten in der Wirtschaft... Ich bin zu Ihnen nur auf einen Augenblick gekommen, eigentlich in Geschäften...«

»Auf einen Augenblick? Na, das soll nicht sein. He, Junge!« schrie der dicke Hausherr, und derselbe Junge im Kosakenkittel kam aus der Küche gelaufen. »Sag dem Kaßjan, er solle sofort das Tor absperren – hörst du! – fest absperren! Und die Pferde dieses Herrn soll er sofort ausspannen. Kommen Sie, bitte, ins Haus. Hier ist es so heiß, daß mir das ganze Hemd trieft.«

Iwan Fjodorowitsch entschloß sich, sobald er das Zimmer betreten, keine Zeit zu verlieren und energisch vorzugehen.

»Tantchen hatte die Ehre... sagte mir, daß die Schenkungsurkunde des seligen Stepan Kusmitsch...«

Es läßt sich schwer beschreiben; welche unangenehme Miene in diesem Augenblick das breite Gesicht Grigorij Grigorjewitschs annahm. »Bei Gott, ich höre nichts!« antwortete er. »Ich muß Ihnen sagen, daß ich in meinem linken Ohr eine Schabe sitzen hatte (die verfluchten Großrussen züchten in ihren Häusern Schaben); es läßt sich mit keiner Feder beschreiben, was es für eine Qual war es kitzelte und kitzelte. Geholfen hat mir später eine alte Frau mit einem ganz einfachen Mittel...«

»Ich wollte sagen...«, wagte Iwan Fjodorowitsch ihn zu unterbrechen, da er sah, daß Grigorij Grigorjewitsch die Rede absichtlich auf andere Dinge bringen wollte, »daß im Testament des seligen Stepan Kusmitsch sozusagen eine Schenkungsurkunde erwähnt ist... nach der ich...«

»Ich weiß, Ihr Tantchen hat es Ihnen schon eingeredet. Das ist eine Lüge, bei Gott, eine Lüge! Onkelchen hat gar keine Schenkungsurkunde aufgesetzt. Im Testament ist allerdings eine Urkunde erwähnt, aber wo ist sie? Niemand hat sie vorgewiesen. Ich sage das Ihnen, weil ich Ihnen aufrichtig wohl will. Bei Gott, es ist eine Lüge!«

Iwan Fjodorowitsch verstummte, da er sich sagte, daß es dem Tantchen vielleicht in der Tat nur so vorgekommen sei.

»Da kommt Mamachen mit meinen Schwestern!« sagte Grigorij Grigorjewitsch. »Folglich ist das Mittagessen fertig. Kommen Sie!«

Und er schleppte Iwan Fjodorowitsch an der Hand ins Zimmer, wo bereits Schnaps und die Vorspeisen auf dem Tische standen.

In diesem Augenblick erschien eine alte Frau, klein gewachsen, ganz wie eine Kaffeekanne in einem Häubchen, in Begleitung zweier junger Mädchen, eines blonden und eines brünetten. Iwan Fjodorowitsch küßte als wohlerzogener Kavalier erst der Alten und dann den beiden jungen Mädchen die Hand.

»Mütterchen, das ist unser Nachbar, Iwan Fjodorowitsch Schponjka!« sagte Grigorij Grigorjewitsch.

Die alte Dame sah Iwan Fjodorowitsch aufmerksam an; vielleicht hatte es auch nur den Anschein, als sähe sie ihn an. Übrigens war sie die Güte selbst; es schien, als ob sie Iwan Fjodorowitsch gleich fragen würde: Wieviel Gurken salzen Sie zum Winter ein?

»Haben Sie schon Schnaps getrunken?« fragte die Alte.

»Sie haben wohl nicht ausgeschlafen, Mütterchen«, sagte Grigorij Grigorjewitsch. »Wer wird einen Gast fragen, ob er schon getrunken hat? Bieten Sie ihm nur an; ob wir schon getrunken haben oder nicht, das ist unsere Sache. Iwan Fjodorowitsch, ich bitte, wollen Sie vom Tausendgüldenkrautschnaps oder von diesem gewöhnlichen Fusel? Welchen ziehen Sie vor? Iwan Iwanowitsch, was stehst du so da?« sagte Grigorij Grigorjewitsch sich umwendend, und Iwan Fjodorowitsch erblickte Iwan Iwanowitsch, der auf den Schnaps zuging; er trug einen langschößigen Rock mit einem riesigen Stehkragen, der seinen ganzen Nacken zudeckte, so daß sein Kopf im Kragen wie in einer Kutsche zu sitzen schien.

Iwan Iwanowitsch ging auf den Schnaps zu, rieb sich die Hände, sah sich das Glas aufmerksam an, schenkte ein, hielt es gegen das Licht, goß den ganzen Schnaps aus dem Glase in den Mund, schluckte ihn aber nicht gleich herunter, sondern spülte sich mit ihm erst ordentlich den Mund; dann erst trank er ihn, aß ein Stück Brot mit gesalzenen Birkenschwämmen dazu und wandte sich nun an Iwan Fjodorowitsch:

»Habe ich nicht die Ehre, mit Herrn Iwan Fjodorowitsch Schponjka zu sprechen?« – »Gewiß«, antwortete Iwan Fjodorowitsch.

»Sie geruhten sich sehr zu verändern seit der Zeit, wo ich Sie kenne. Gewiß«, fuhr Iwan Iwanowitsch fort, »ich erinnere mich, wie Sie erst so groß waren!« Bei diesen Worten hielt er die Hand einen Arschin über den Boden. »Ihr seliger Herr Vater, Gott schenke ihm das Himmelreich, war ein seltener Mensch. Er hatte solche Wassermelonen und Melonen, wie Sie sie jetzt nirgends finden. Auch hier im Hause«, fuhr er fort, indem er den Gast zur Seite führte, »wird man Ihnen Melonen vorsetzen – aber was sind das für Melonen? Man möchte sie gar nicht ansehen! Glauben Sie mir, sehr verehrter Herr, er hatte Wassermelonen«, sagte er mit geheimnisvoller Miene und spreizte die Arme, als wolle er einen dicken Baum umfassen, »bei Gott, die waren so groß!«

»Gehen wir zu Tisch!« sagte Grigorij Grigorjewitsch, indem er Iwan Fjodorowitsch bei der Hand nahm.

Grigorij Grigorjewitsch setzte sich auf seinen gewohnten Platz am Ende des Tisches und band sich eine riesengroße Serviette vor, die ihm eine Ähnlichkeit mit den Helden verlieh, die die Barbiere auf ihren Schildern darstellen. Iwan Fjodorowitsch setzte sich errötend auf den ihm angewiesenen Platz, den beiden jungen Mädchen gegenüber; und Iwan Iwanowitsch unterließ es nicht, sich neben ihn zu setzen, herzlich erfreut, daß er nun jemanden habe, dem er seine Kenntnisse mitteilen konnte.

»Sie hätten nicht das Steißbein nehmen sollen, Iwan Fjodorowitsch! Das ist ja eine Truthenne!« sagte die Alte, sich zu Iwan Fjodorowitsch wendend, dem der ländliche Diener im grauen Frack mit einem schwarzen Flick die Platte reichte. »Nehmen Sie lieber vom Rücken!«

»Mütterchen! Es hat Sie doch niemand gebeten, sich einzumischen!« sagte Grigorij Grigorjewitsch. »Sie können überzeugt sein, daß der Gast selbst weiß, was er nehmen soll! Iwan Fjodorowitsch! Nehmen Sie doch ein Flügelchen, hier, das andere mit dem Magen! Warum haben Sie aber so wenig genommen? Nehmen Sie doch ein Beinchen! Was stehst du so mit der Platte und reißt das Maul auf? Bitte ihn! Knie nieder, du Schuft! Sag sofort: ›Iwan Fjodorowitsch, nehmen Sie ein Beinchen!‹«

»Iwan Fjodorowitsch, nehmen Sie ein Beinchen!« brüllte der Diener, mit der Platte niederkniend.

»Hm! Was sind das für Truthühner?« sagte Iwan Iwanowitsch halblaut mit verächtlicher Miene, sich zu seinem Nachbarn wendend. »Dürfen denn die Truthühner so sein? Wenn Sie mal meine Truthühner gesehen hätten! Ich versichere Ihnen, jedes einzelne hat bei mir mehr Fett als zehn solche wie diese. Glauben Sie mir, mein Herr, es ist sogar ekelhaft, anzuschauen, wie sie bei mir auf dem Hofe herumgehen – so fett sind sie!...«

»Iwan Iwanowitsch, du lügst!« sagte Grigorij Grigorjewitsch, der dies gehört hatte.

»Ich will Ihnen sagen«, fuhr Iwan Iwanowitsch zu seinem Nachbarn gewandt fort und tat so, als hätte er die Worte Grigorij Grigorjewitschs gar nicht gehört, »als ich sie im vorigen Jahre nach Gadjatsch schickte, bot man mir fünfzig Kopeken für das Stück, und das war mir noch zu wenig.«

»Iwan Iwanowitsch! Ich sage dir, daß du lügst!« rief Grigorij Grigorjewitsch noch lauter und betonte der Deutlichkeit wegen jede Silbe.

Iwan Iwanowitsch tat aber so, als ginge ihn dies gar nichts an, und fuhr fort, aber viel leiser als früher: »Jawohl, mein Herr, das war mir noch zu wenig. In Gadjatsch hat kein einziger Gutsbesitzer...«

»Iwan Iwanowitsch! Du bist dumm und weiter nichts«, sagte Grigorij Grigorjewitsch laut. »Iwan Fjodorowitsch weiß ja das alles besser als du und wird dir sicher nicht glauben.«

Iwan Iwanowitsch fühlte sich jetzt verletzt, verstummte und begann die Truthenne zu verzehren, obwohl sie lange nicht so fett war wie die, die »ekelhaft anzuschauen« waren.

Das Klappern der Messer, Löffel und Teller unterbrach für einige Zeit das Gespräch; aber am lautesten hörte man, wie Grigorij Grigorjewitsch das Mark aus einem Hammelknochen sog.

»Haben Sie«, fragte Iwan Iwanowitsch nach einigem Schweigen, indem er den Kopf aus seiner Kutsche Iwan Fjodorowitsch zuwandte, »das Buch ›Korobejnikows Reise ins Heilige Land‹ gelesen? Eine wahre Erquickung für Herz und Seele! Solche Bücher werden heute nicht mehr gedruckt. Schade, daß ich nicht nachgesehen habe, in welchem Jahre es erschienen ist.«

Als Iwan Fjodorowitsch hörte, daß die Rede von einem Buche war, nahm er sich mit großem Eifer Sauce auf den Teller.

»Es ist wirklich erstaunlich, mein Herr, wenn man bedenkt, daß ein einfacher Kleinbürger alle diese Stätten durchwandert hat, es sind über dreitausend Werst, mein Herr! Über dreitausend Werst! Wahrlich, Gott selbst hat ihm diese Gnade erwiesen, daß er nach Palästina und Jerusalem kam.«

»Sie sagen also«, versetzte Iwan Fjodorowitsch, der von seinem Burschen viel über Jerusalem gehört hatte, »daß er auch nach Jerusalem kam?«

»Worüber sprechen Sie, Iwan Fjodorowitsch?« fragte Grigorij Grigorjewitsch vom anderen Tischende.

»Ich habe, das heißt, gelegentlich bemerkt, daß es in der Welt so ferne Länder gibt!« sagte Iwan Fjodorowitsch, herzlich erfreut darüber, daß es ihm gelungen war, einen so langen und so schwierigen Satz auszusprechen.

»Glauben Sie ihm nicht, Iwan Fjodorowitsch!« sagte Grigorij Grigorjewitsch, der es nicht genau gehört hatte. »Es sind lauter Lügen!«

Das Mittagessen war zu Ende. Grigorij Grigorjewitsch begab sich auf sein Zimmer, um nach seiner Gewohnheit ein Schläfchen zu machen; die Gäste aber folgten der alten Hausfrau und den jungen Mädchen ins Wohnzimmer, wo der gleiche Tisch, auf dem sie vor dem Mittagessen den Schnaps zurückgelassen hatten, sich wie durch einen Zauber verwandelt hatte: jetzt bedeckten ihn Schälchen mit eingemachtem Obst verschiedener Sorten und Platten mit Wassermelonen, Weichseln und Melonen.

Die Abwesenheit Grigorij Grigorjewitschs machte sich an allem bemerkbar: die Hausfrau wurde gesprächiger und enthüllte ganz von selbst, ohne daß man sie erst bitten mußte, eine Menge von Geheimnissen über die Zubereitung von Fruchtpasten und das Trocknen von Birnen. Sogar die jungen Mädchen fingen zu sprechen an; die Blonde, die sechs Jahre jünger als ihre Schwester aussah und der man etwa fünfundzwanzig Jahre geben konnte, war übrigens schweigsamer.

Aber am meisten redete und betätigte sich Iwan Iwanowitsch. Da er die Sicherheit hatte, daß ihn nun niemand aus dem Konzept bringen würde, redete er von Gurken, von der Kartoffelsaat, davon, wie klug die Menschen in früheren Zeiten waren – mit den heutigen kann man sie doch gar nicht vergleichen! und davon, daß jetzt die ganze Welt klüger würde und die gescheitesten Dinge ersinne. Mit einem Worte, er war einer von den Menschen, die sich mit dem größten Vergnügen einem die Seele erquickenden Gespräch hingeben und über alles mögliche reden, worüber man überhaupt reden kann. Wenn das Gespräch auf wichtige oder fromme Dinge kam, so seufzte Iwan Iwanowitsch nach jedem Wort und nickte leise mit dem Kopfe; wenn man von Wirtschaftsangelegenheiten sprach, so steckte er den Kopf aus seiner Kutsche hervor und machte Mienen, denen man ablesen zu können glaubte, wie man den Birnenkwaß zubereiten soll, wie groß die Melonen seien, von denen er sprach, und wie fett die Gänse, die bei ihm auf dem Hofe herumliefen. – Endlich gelang es Iwan Fjodorowitsch nach langer Mühe, erst gegen Abend sich zu verabschieden; wie leicht er sonst zu überreden war und wie sehr man ihm auch zuredete, über Nacht dazubleiben, bestand er doch auf seinem Entschluß, heimzufahren, und fuhr auch wirklich heim.

V Tantchens neuer Plan

»Nun? Hast du vom alten Schurken die Urkunde herausgelockt?« Mit dieser Frage wurde Iwan Fjodorowitsch von seinem Tantchen empfangen, welches ihn schon seit einigen Stunden voll Ungeduld an der Freitreppe erwartet hatte und schließlich auch vors Tor gelaufen war.

»Nein, Tantchen«, antwortete Iwan Fjodorowitsch, aus dem Wagen steigend, »Grigorij Grigorjewitsch hat gar keine Urkunde!«

»Und du hast es ihm geglaubt? Er lügt, der Verfluchte! Einmal komme ich zu ihm und verprügle ihn mit eigenen Händen. Oh, ich werde ihm sein Fett schon auslassen! Übrigens muß man zunächst mit unserem Gerichtsschreiber reden, ob man es von ihm nicht auf gerichtlichem Wege fordern kann... Aber es handelt sich jetzt nicht darum. War das Mittagessen gut?«

»Sehr gut... ganz ausgezeichnet, Tantchen!«

»Nun, was gab es für Speisen? Erzähle. Ich weiß, die Alte versteht sich auf die Küche.«

»Es gab Käsekuchen mit Sahne, Tantchen; Sauce mit gefüllten Tauben...«

»Und gab es auch eine Truthenne mit Pflaumen?« fragte Tantchen, denn sie verstand selbst meisterhaft, dieses Gericht zuzubereiten.

»Es gab auch eine Truthenne!... Es sind recht hübsche Fräuleins, die Schwestern Grigorij Grigorjewitschs, besonders die Blonde!«

»Aha!« versetzte Tantchen und blickte Iwan Fjodorowitsch durchdringend an, welcher errötete und die Augen niederschlug. Ein neuer Gedanke durchzuckte sie.

»Nun«, fragte sie neugierig und lebhaft, »was hat sie für Augenbrauen?« Es ist nicht überflüssig, an dieser Stelle zu bemerken, daß Tantchen die Augenbrauen für das wichtigste Element der weiblichen Schönheit hielt.

»Die Augenbrauen, Tantchen, sind genauso, wie Sie sie nach Ihren Erzählungen in Ihrer Jugend gehabt haben. Und über das ganze Gesicht sind kleine Sommersprossen verstreut.«

»Aha!« versetzte Tantchen, erfreut über die Bemerkung Iwan Fjodorowitschs, der übrigens gar nicht gedacht hatte, ihr damit ein Kompliment zu machen. »Was für ein Kleid hatte sie an? Obwohl man heutzutage solche dauerhafte Stoffe, wie zum Beispiel der, aus dem mein Morgenrock gemacht ist, nicht mehr findet. Es handelt sich aber nicht darum. Nun, hast du dich mit ihr unterhalten?«

»Das heißt, wie... ich, Tantchen... Sie glauben vielleicht schon...«

»Was denn? Was wäre Wunderbares dabei? Das ist Gottes Wille! Vielleicht ist es euch beiden beschieden, als ein Pärchen zu leben.«

»Ich weiß wirklich nicht, Tantchen, wie Sie so was sagen können... Das beweist, daß Sie mich gar nicht kennen...«

»Nun fühlt er sich gar beleidigt!« sagte Tantchen. – Er ist noch ein junges Kind! – dachte sie bei sich. – Er weiß noch nichts! Man muß sie zusammenführen: sollen sie sich nur näher kennenlernen! –

Tantchen ging nach der Küche und ließ Iwan Fjodorowitsch allein. Von dieser Zeit an dachte sie aber an nichts anderes als daran, ihren Neffen möglichst bald zu verheiraten und die kleinen Enkelkinder zu bemuttern. In ihrem Kopfe drängten sich nur noch Gedanken an die Vorbereitungen zur Hochzeit, und man konnte sehen, daß sie sich in allen Dingen viel geschäftiger zeigte als sonst, obwohl die Wirtschaft eher schlimmer als besser ging. Wenn sie irgendeinen Kuchen buk, dessen Zubereitung sie niemals der Köchin anvertraute, gab sie sich oft ihren Gedanken hin; sie stellte sich vor, daß neben ihr ein kleines Enkelkind stehe, das um ein Stück Kuchen bettle, und sie streckte zerstreut die Hand mit dem besten Stück aus; der Hofhund benutzte die Gelegenheit, schnappte nach dem leckeren Stück und weckte sie durch sein lautes Kauen aus ihrer Nachdenklichkeit, wofür er jedesmal mit dem Schürhaken geschlagen wurde. Sie vernachlässigte sogar ihre Lieblingsbeschäftigungen und fuhr nicht mehr auf die Jagd, besonders seitdem sie einmal statt eines Rebhuhns eine Krähe geschossen hatte, was ihr früher niemals passiert war.

Endlich, vier Tage später, sahen alle, wie die Kutsche aus dem Schuppen in den Hof gerollt wurde. Der Kutscher Omeljko, der zugleich auch Gärtner und Wächter war, klopfte schon seit dem frühen Morgen mit dem Hammer und nagelte das Leder an, wobei er fortwährend die Hunde wegjagte, die an den Rädern leckten. Ich halte es für meine Pflicht, dem Leser mitzuteilen, daß es dieselbe Kutsche war, in der einst Adam zu fahren pflegte; wenn nun jemand eine andere Kutsche für die Adams ausgibt, so ist es eine glatte Lüge, und die Kutsche ist zweifellos gefälscht. Es ist absolut unbekannt, auf welche Weise sie der Sintflut entronnen ist; es ist anzunehmen, daß in der Arche Noah sich für sie ein eigener Schuppen befand. Schade, daß ich den Lesern ihr Aussehen nicht lebendig genug beschreiben kann. Es genügt wohl, wenn ich sage, daß Wassilissa Kaschparowna mit ihrer Architektur überaus zufrieden war und stets das Bedauern äußerte, daß solche alten Equipagen aus der Mode gekommen seien. Die etwas schiefe Konstruktion der Kutsche, nämlich daß die rechte Seite viel höher war als die linke, gefiel ihr gut, denn an der einen Seite, sagte sie, könne ein großgewachsener und an der anderen ein kleingewachsener Mensch einsteigen. Im Innern des Wagens konnten übrigens an die fünf Stück kleingewachsener und an die drei Stück solcher Personen wie die Tante Platz finden.

Um die Mittagsstunde führte Omeljko, der mit der Kutsche fertig war, aus dem Stalle drei Pferde, die nur wenig jünger waren als die Kutsche selbst, und begann sie mit einem Strick an die majestätische Equipage festzubinden. Iwan Fjodorowitsch und das Tantchen stiegen, er von links und sie von rechts, in die Kutsche, und diese rollte davon. Die Bauern, die ihnen begegneten, blieben beim Anblick einer so prunkvollen Equipage (Tantchen fuhr in ihr nur selten aus) respektvoll stehen, zogen die Mützen und verbeugten sich tief.

Nach etwa zwei Stunden hielt der Wagen vor dem Hause; ich glaube, ich brauche nicht zu erwähnen, daß es das Haus Stortschenkos war. Grigorij Grigorjewitsch war nicht zu Hause. Die Alte und die beiden jungen Mädchen empfingen die Gäste im Speisezimmer. Tantchen trat mit majestätischen Schritten ein, stellte einen Fuß mit großer Grazie vor und sagte laut:

»Es freut mich sehr, gnädige Frau, daß ich die Ehre habe, Ihnen persönlich meine Hochachtung auszusprechen; zugleich gestatten Sie mir, Ihnen für die meinem Neffen Iwan Fjodorowitsch erwiesene Gastfreundschaft zu danken, welche dieser außerordentlich gerühmt hat. Sie haben herrlichen Buchweizen, gnädige Frau, ich sah ihn im Vorbeifahren vor Ihrem Dorfe. Darf ich fragen, wieviel Haufen Sie von einer Deßjatine ernten?«

Nach diesen Worten erfolgte ein allgemeines Küssen. Als alle im Wohnzimmer Platz genommen hatten, begann die alte Hausfrau:

»Wegen des Buchweizens kann ich Ihnen nichts sagen: das ist Grigorij Grigorjewitschs Angelegenheit; ich befasse mich schon längst nicht mehr damit, ich kann auch nicht mehr: ich bin zu alt! In alten Zeiten hatten wir, wie ich mich erinnere, einen Buchweizen, der einem bis an den Gürtel reichte; jetzt ist er aber Gott weiß was, obwohl die Leute sagen, es werde jetzt alles besser.« Bei diesen Worten seufzte die Alte, und ein Beobachter hätte aus diesem Seufzer das Seufzen des alten achtzehnten Jahrhunderts heraushören können.

»Ich hörte, gnädige Frau, daß Ihre Mägde wunderbare Teppiche zu weben verstehen«, sagte Wassilissa Kaschparowna und berührte damit ihre empfindlichste Seite: die Alte wurde bei diesen Worten lebendig und erzählte unermüdlich, wie man das Garn färben und wie man den Faden zubereiten müsse.

Von den Teppichen ging das Gespräch bald auf das Einsalzen von Gurken und auf das Trocknen von Birnen über. Mit einem Worte, es war noch keine Stunde vergangen, als die beiden Damen sich schon so lebhaft unterhielten, als wären sie seit einer Ewigkeit bekannt. Wassilissa Kaschparowna sprach mit ihr über viele Dinge schon so leise, daß Iwan Fjodorowitsch nichts mehr hören konnte.

»Wollen Sie es sich nicht ansehen?« fragte die alte Hausfrau und stand auf. Mit ihr erhoben sich die jungen Mädchen und Wassilissa Kaschparowna, und alle begaben sich in die Mädchenkammer. Tantchen machte jedoch Iwan Fjodorowitsch ein Zeichen, daß er bleiben solle, und raunte der alten Dame leise etwas zu.

»Maschenjka!« sagte die Alte zum blonden Fräulein, »bleib mit dem Gast und unterhalte dich mit ihm, damit er sich nicht langweilt!«

Das blonde Fräulein blieb zurück und setzte sich aufs Sofa. Iwan Fjodorowitsch saß auf seinem Stuhl wie auf Nadeln, errötete und schlug die Augen nieder; aber das Fräulein schien das gar nicht zu bemerken und saß gleichgültig auf dem Sofa, aufmerksam die Fenster und die Wände betrachtend oder mit den Blicken die Katze verfolgend, die scheu unter den Stühlen umherlief.

Iwan Fjodorowitsch wurde etwas mutiger und wollte ein Gespräch beginnen; aber es schien ihm, daß er alle Worte unterwegs verloren habe. Kein einziger Gedanke wollte ihm in den Sinn.

Das Schweigen dauerte etwa eine Viertelstunde. Das Fräulein saß noch immer so da wie früher.

Endlich faßte Iwan Fjodorowitsch Mut. »Es gibt im Sommer sehr viel Fliegen, gnädiges Fräulein!« sagte er mit zitternder Stimme.

»Ja, außerordentlich viel!« antwortete das Fräulein. »Mein Bruder hat aus Mamas altem Schuh eine Fliegenklappe gemacht, – aber es sind immer noch sehr viele Fliegen da.«

Hier stockte das Gespräch, und Iwan Fjodorowitsch konnte unmöglich etwas Weiteres sagen. Endlich kamen die Hausfrau, Tantchen und das brünette Fräulein zurück. Nachdem sie noch eine Weile gesprochen hatten, verabschiedete sich Wassilissa Kaschparowna von der Alten und den jungen Mädchen, obwohl man sie eifrig aufforderte, über Nacht dazubleiben. Die Alte und die jungen Mädchen begleiteten die Gäste auf die Freitreppe und nickten noch lange dem Tantchen und ihrem Neffen zu, die aus der Kutsche herausguckten.

»Nun, Iwan Fjodorowitsch, worüber hast du dich mit dem Fräulein allein unterhalten?« fragte Tantchen unterwegs.

»Marja Grigorjewna ist ein höchst bescheidenes und sittsames junges Mädchen!« sagte Iwan Fjodorowitsch.

»Hör mal, Iwan Fjodorowitsch, ich will mit dir ernst reden. Du bist ja, Gott sei Dank, schon fast achtunddreißig Jahre alt und hast auch einen schönen Rang: es ist Zeit, an Kinder zu denken! Du brauchst unbedingt eine Frau...«

»Was, Tantchen!« rief Iwan Fjodorowitsch erschrocken. »Was, Frau! Nein, Tantchen, tun Sie mir den Gefallen... Sie beschämen mich... Ich bin noch nie verheiratet gewesen... Ich weiß gar nicht, was ich mit ihr anfangen soll!«

»Das wirst du schon erfahren, Iwan Fjodorowitsch, das wirst du schon erfahren«, sagte Tante lächelnd und dachte bei sich: – Er ist ja noch ein junges Kind: er weiß nichts! – »Ja, Iwan Fjodorowitsch!« fuhr sie laut fort, »eine bessere Frau als Marja Grigorjewna findest du gar nicht. Sie hat dir auch selbst gut gefallen. Ich habe mit der Alten schon manches besprochen: sie wäre froh, dich als ihren Schwiegersohn zu sehen. Es ist freilich noch unbekannt, was dieser Sünder Grigorij Grigorjewitsch sagen wird; wir wollen aber auf ihn nicht hören, und wenn es ihm nur einfällt, ihr keine Mitgift zu geben, so verklagen wir ihn...«

In diesem Augenblick fuhr die Kutsche in den Hof, und die alten Klepper wurden lebendig, als sie die Nähe des Stalles witterten.

»Hör mal, Omeljko! Laß die Pferde zuerst gut ausruhen und führe sie nicht gleich, nachdem du sie ausgespannt hast, zur Tränke: es sind hitzige Pferde. – Nun, Iwan Fjodorowitsch«, fuhr Tantchen fort, indem sie ausstieg, »ich rate dir, es dir ordentlich zu überlegen. Jetzt muß ich schnell in die Küche: ich hatte vergessen, Ssolocha das Abendessen zu bestellen, und die Nichtsnutzige hat wohl nicht selbst daran gedacht.«

Aber Iwan Fjodorowitsch stand da wie vom Donner gerührt. Marja Grigorjewna war zwar ein gar nicht übles junges Mädchen, aber heiraten?!... Dies kam ihm so sonderbar, so wunderlich vor, daß er daran ohne Entsetzen gar nicht denken konnte. Mit einer Frau leben!... Unverständlich! Er wird nicht mehr allein in seinem Zimmer sein, es werden ihrer überall zwei sein müssen!... Der Schweiß trat ihm auf die Stirn, je mehr er sich in solche Betrachtungen vertiefte.

Er legte sich früher als gewöhnlich zu Bett, konnte aber trotz aller Bemühungen nicht einschlafen. Endlich umfing ihn der ersehnte Schlaf, dieser Ruhebringer aller Menschen; aber was war das für ein Schlaf! Sinnlosere Träume hatte er noch niemals gehabt. Bald träumte ihm, daß alles rings um ihn rausche und sich drehe, er selbst aber laufe und fühle unter sich keinen Boden... Schon verlassen ihn die Kräfte... Plötzlich packt ihn jemand am Ohr. »Ach, wer ist das? – »Das bin ich, deine Frau!« antwortet ihm eine laute Stimme, und plötzlich erwacht er. Bald kam ihm vor, daß er schon verheiratet sei und in seinem Häuschen alles so wunderlich und merkwürdig aussehe: in seinem Zimmer steht statt eines Einzelbettes ein Doppelbett; auf dem Stuhle sitzt die Frau. Es ist ihm seltsam zumute: er weiß nicht, wie an sie heranzutreten,

211

worüber mit ihr zu sprechen, und plötzlich sieht er, daß sie das Gesicht einer Gans hat. Zufällig wendet er sich um und sieht eine zweite Frau, die ebenfalls das Gesicht einer Gans hat. Er wendet sich nach der anderen Seite – da steht eine dritte Frau; er wendet sich nach hinten – noch eine Frau. Es wird ihm unheimlich zumute, und er rennt in den Garten; aber im Garten ist es heiß, er nimmt den Hut ab und sieht: auch im Hut sitzt eine Frau. Der Schweiß tritt ihm auf die Stirn. Er will sein Tuch aus der Tasche ziehen – auch in der Tasche ist eine Frau; er nimmt die Watte aus dem Ohre heraus – auch da ist eine Frau... Bald hüpfte er auf einem Bein, und Tantchen sah ihm zu und sagte mit wichtiger Miene: »Ja, du mußt hüpfen, denn du bist jetzt ein verheirateter Mann.« Er eilt auf sie zu, aber Tantchen ist nicht mehr das Tantchen, sondern ein Glockenturm. Und er fühlt, wie ihn jemand an einem Strick auf den Glockenturm hinaufzieht. »Wer zieht mich da?« fragt Iwan Fjodorowitsch klagend. »Ich, deine Frau, ziehe dich, denn du bist eine Glocke.« – »Nein, ich bin keine Glocke, ich bin Iwan Fjodorowitsch!« schreit er. »Nein, du bist eine Glocke«, sagt im Vorbeigehen der Oberst des P.schen Infanterieregiments. Bald träumte ihm, die Frau sei gar kein Mensch, sondern ein Wollstoff. Er tritt in Mohilew in einen Kaufladen. »Welchen Stoff befehlen Sie?« fragt der Kaufmann. »Nehmen Sie doch Frau, das ist der modernste Stoff! Sehr dauerhaft! Alle lassen sich jetzt daraus die Röcke machen.« Der Kaufmann mißt und schneidet ein Stück von der Frau ab. Iwan Fjodorowitsch nimmt sie unter den Arm und geht zum jüdischen Schneider. »Nein«, sagt der Schneider, »es ist ein schlechter Stoff! Niemand läßt sich daraus einen Rock machen...«

Voller Angst und halb bewußtlos erwachte Iwan Fjodorowitsch; der kalte Schweiß rann ihm in Strömen vom Gesicht.

Sobald er am Morgen aufstand, wandte er sich an sein Wahrsagebuch, dem ein gewisser tugendsamer Buchhändler in seiner seltenen Güte und Uneigennützigkeit auch eine kurze Erklärung von Träumen angehängt hatte. Aber darin stand nichts, was diesem sinnlosen Traume auch nur entfernt ähnlich sähe.

Indessen reifte im Kopfe des Tantchens ein ganz neuer Plan, von dem ihr im nächsten Kapitel erfahren werdet.

Der verhexte Ort (Eine wahre Begebenheit, erzählt vom Küster der X-schen Kirche)

Eine wahre Begebenheit, erzählt vom Küster der X-schen Kirche

Bei Gott, das Erzählen wird mir schon zu dumm! Was glaubt ihr eigentlich? Es ist wirklich langweilig: man soll euch erzählen und wieder erzählen und kann sich vor euch gar nicht retten! Also gut, ich erzähle, aber bei Gott, es ist das letzte Mal. Ihr habt neulich davon gesprochen, daß ein Mensch, wie man sagt, mit dem unsauberen Geiste fertig werden könne. Gewiß, wenn man so bedenkt, es hat in der Welt schon manches gegeben... Aber das sollt ihr nicht sagen: wenn der Teufel einen Menschen narren will, so narrt er ihn auch, bei Gott, er tut es!... Nun, mein Vater hatte im ganzen vier Söhne; ich war damals noch ein dummer Junge, erst elf Jahre alt... aber nein, nicht elf: ich erinnere mich, wie wenn es heute wäre: als ich einmal auf allen vieren lief und wie ein Hund zu bellen begann, schüttelte mein Vater den Kopf und schrie mich an: »Ach, Foma, Foma! Es ist Zeit, dich zu verheiraten, du bist aber noch so dumm wie ein junges Maultier!«

Mein Großvater war damals noch am Leben und – mag ihm in jener Welt das Schlucken leicht fallen – noch recht rüstig auf den Beinen. Manchmal fiel ihm ein... Aber wozu erzähle ich euch das? Der eine wühlt schon seit einer Stunde im Ofen und sucht eine Kohle für seine Pfeife, und der andere ist aus irgendeinem Grunde in die Kammer gelaufen. Was ist das, in der Tat!... Wenn ich euch noch gezwungen hätte, mir zuzuhören; aber ihr habt doch selbst darum gebettelt... Wenn ihr zuhören wollt, so hört zu!

Mein Vater war schon zu Beginn des Frühlings mit Tabak in die Krim gefahren, um ihn da abzusetzen; ich kann mich nur nicht besinnen, ob es zwei oder drei Wagen waren; der Tabak stand damals hoch im Preise. Er nahm meinen dreijährigen Bruder mit, um ihn frühzeitig an das Fuhrmannsgeschäft zu gewöhnen; zu Hause blieben: der Großvater, die Mutter, ich, ein Bruder und noch ein Bruder. Der Großvater hatte dicht an der Landstraße ein Melonenfeld angelegt und war in die Feldhütte übergesiedelt; uns nahm er mit, damit wir ihm die Spatzen und die Elstern von den Beeten verscheuchten. Ich kann nicht sagen, daß es uns da mißfiel: manchmal aßen wir uns am Tage so sehr mit Gurken, Melonen, Rüben, Zwiebeln und Erbsen voll, daß es uns hinterher, bei Gott, so war, als ob uns die Hähne im Bauche krähten. Es hatte auch andere Vorteile: auf der Landstraße gab es immer Reisende, die bald eine Zuckermelone, bald eine Wassermelone kosten wollten; oder die Leute aus den umliegenden Vorwerken brachten Hühner, Eier, Truthühner zum Tausch. Es war ein schönes Leben.

Dem Großvater gefiel aber am besten, daß jeden Tag an die fünfzig Frachtfuhren vorüberkamen. Die Fuhrleute sind, wie ihr wißt, geriebene Leute: wenn sie zu erzählen anfangen, so sperrt man nur die Ohren auf! Für den Großvater war es aber dasselbe, was die Knödel für einen Hungrigen sind. Manchmal traf er auch alte Bekannte – jedermann kannte schon den Großvater –, ihr könnt euch selbst vorstellen, was es für ein Gerede und Getratsch gab, wenn sich die alten Leute versammelten: tarara, tarara, dann und dann, dies und jenes... Sie kamen ins Reden und gedachten längst vergangener Zeiten.

Einmal – es ist mir, als wäre es jetzt eben geschehen – ging Großvater beim Sonnenuntergang über sein Feld und nahm von den Wassermelonen die Blätter ab, mit denen er sie den Tag über zudeckte, damit sie nicht von der Sonne versengt werden.

»Schau, Ostap«, sagte ich zu meinem Bruder, »da kommen Fuhrleute gefahren!«

»Wo sind Fuhrleute?« fragte der Großvater und brachte auf einer großen Melone ein Zeichen an, damit die Jungen sie nicht aufessen.

Auf der Straße kamen wirklich an die sechs Wagen gefahren. Vorn ging ein Fuhrmann mit grauem Schnurrbart. So etwa – na, wieviel werden es gewesen sein? – so an die zehn Schritte vor uns blieb er stehen.

»Guten Tag, Maxim! So hat uns Gott hier zusammengeführt!«

Großvater kniff die Augen zusammen. »Ah, grüß Gott, grüß Gott! Woher des Weges? Ist auch Boljatschka dabei? Grüß Gott, Bruder! Der Teufel auch: es sind ja alle da: Krutotryschtschenko!

Und Petscheryza! Und Kowelek! Und Stetzko! Grüß Gott! Hohoho!...« Und das Küssen ging los.

Man spannte die Ochsen aus und ließ sie auf der Wiese weiden; die Wagen blieben auf der Landstraße stehen; sie selbst setzten sich aber vor der Hütte in einen Kreis zusammen und steckten sich ihre Pfeifen an. Aber wer dachte da ans Rauchen? Vor lauter Erzählen kam wohl keiner dazu, mehr als eine Pfeife zu rauchen. Nach dem Mittagessen traktierte der Großvater die Gäste mit Melonen. Ein jeder nahm eine Melone und putzte sie sorgfältig mit dem Messer (es waren lauter geriebene Kerle, die sich in der Welt nicht wenig herumgetrieben hatten und wußten, wie man in der feinen Welt zu essen pflegt: sie könnten sich auch ohne weiteres an eine herrschaftliche Tafel setzen); nachdem er sie ordentlich geputzt hatte, bohrte er mit dem Finger ein Loch hinein, trank den ganzen Saft aus, schnitt sie dann in kleine Stücke und tat diese in den Mund.

»Und ihr, Burschen«, sagte der Großvater, »was habt ihr die Mäuler aufgesperrt? Tanzt doch, ihr Hundesöhne! Ostap, wo ist deine Flöte? Nun, einen Kosakentanz! Foma, die Hände in die Hüften! Ja, so, ja, so! Ei, hopp!«

Ich war damals ein lebhafter Bursche. Dieses verdammte Alter! Heute kann ich es nicht mehr so: anstatt zu springen, stolpere ich nur. Lange sah uns der Großvater zu, während er mit den Fuhrleuten saß. Ich merkte, daß seine Beine keinen Augenblick ruhig blieben, als ob jemand an ihnen zupfte.

»Paß auf, Foma«, sagte Ostap, »der alte Knaster wird noch selbst tanzen!«

Und was glaubt ihr? Kaum hatte er das gesagt, da konnte sich der Alte nicht mehr halten! Er wollte, wißt ihr, den Fuhrleuten zeigen, was er konnte. »Ach, ihr Teufelssöhne! Tanzt man denn so? So muß man tanzen!« sagte er, indem er auf die Beine sprang, die Arme vorstreckte und mit den Absätzen stampfte.

Nun, das muß man schon sagen, er tanzte wirklich so, daß er auch mit der Hetmansfrau hätte tanzen können. Wir traten zur Seite, und der alte Knaster begann über den ganzen freien Platz, der neben dem Gurkenbeet war, herumzuspringen. Kaum hatte er aber die Mitte erreicht und wollte mit den Beinen ein besonderes Kunststück zeigen da wollten die Beine sich plötzlich nicht heben lassen! Verdammt! Er nahm noch einmal Anlauf, kam bis zur Mitte – es geht nicht! Er konnte tun, was er wollte; es ging nicht und ging nicht! Die Beine waren plötzlich wie aus Holz. »Diese verhexte Stelle! So eine Teufelei! Immer muß sich der Feind des Menschengeschlechts, dieser Herodes, einmischen!« Wie konnte er sich aber vor den Fuhrleuten so bloßstellen? Er fing noch einmal an, zuerst mit kleinen Schritten, daß es eine Freude war, ihm zuzusehen; wie er aber zur Mitte kam, ging es wieder nicht und basta! »Ach, du verfluchter Satan! Du sollst doch an einer faulen Melone ersticken! Wärest du doch schon als Kind krepiert, du Hundesohn! In meinen alten Tagen hast du mir solche Schande angetan!...« Und in der Tat, hinter ihm lachte jemand.

Er sah sich um: das Gemüsefeld und die Fuhrleute waren plötzlich verschwunden; hinter ihm, vor ihm, rechts und links nichts als freies Feld. »So! Da hab' ich's!« Der Großvater kniff die Augen zusammen, der Ort kam ihm nicht ganz unbekannt vor: auf der einen Seite liegt ein Wald, und hinter dem Walde ragt eine Stange in den Himmel. Was, Teufel? Das ist ja der Taubenschlag, der im Gemüsegarten des Popen steht! Auf der anderen Seite ist etwas Graues zu sehen; er blickt genauer hin: das ist ja die Scheune des Gemeindeschreibers. Dahin hat ihn also die unsaubere Macht verschleppt! Er irrte eine Weile umher und fand einen schmalen Weg. Der Mond schien nicht: an seiner Stelle schimmerte ein weißer Fleck durch eine Wolke. – Morgen wird es starken Wind geben! – dachte sich der Großvater. Da sieht er abseits vom Wege auf einem Grabhügel ein Lichtchen brennen. »Da schau!« Der Großvater blieb stehen, stemmte die Hände in die Hüften und sah hin: das Lichtchen erlosch, aber etwas weiter leuchtete ein anderes auf. »Ein Schatz!« rief der Großvater, »ich gebe Gott weiß was darum, daß es ein Schatz ist!« Er spuckte sich schon in die Hände, um zu graben, merkte aber, daß er weder eine Schaufel noch einen Spaten bei sich hatte. »Ach, schade! Wer kann aber wissen? Vielleicht braucht man nur den Rasen aufzuheben, und der Schatz liegt gleich darunter! Nichts zu machen, ich muß wenigstens ein Zeichen machen, um die Stelle später zu finden!«

Er schleppte einen mächtigen Ast, den wohl der Sturm vom Baume abgebrochen hatte, herbei, wälzte ihn auf den Grabhügel, auf dem das Lichtchen gebrannt hatte, und ging den Weg weiter. Der junge Eichenwald lichtete sich; ein Zaun wurde sichtbar. – Nun, hab' ich's denn nicht gleich gesagt, – dachte sich der Großvater, – daß es der Obstgarten des Popen ist? Da ist ja auch sein Zaun! Bis zu meinem Gemüsefeld ist es weniger als eine Werst. –

Er kam aber spät heim und wollte nicht mal Klöße essen. Er weckte meinen Bruder Ostap, fragte ihn nur, ob die Fuhrleute schon lange weggefahren seien, und wickelte sich in seinen Schafspelz. Und als jener ihn auszufragen versuchte: »Wo haben dich denn heute die Teufel hingetragen, Großvater?« antwortete er: »Frage lieber nicht«, und hüllte sich noch fester in den Pelz. »Frag lieber nicht, Ostap, sonst wirst du noch grau werden!« Und er begann so zu schnarchen, daß die Spatzen, die aufs Feld gekommen waren, vor Schreck in die Luft stiegen. Aber konnte er denn auch wirklich schlafen? Er war, Gott hab' ihn selig, eine schlaue Bestie und verstand immer einen Frager abzufertigen. Manchmal erzählte er solche Sachen, daß man sich bloß stillschweigend in die Lippen biß. Am anderen Morgen, als es im Felde erst dämmerte, zog der Großvater seinen Kittel an, band den Gürtel um, nahm eine Schaufel und einen Spaten unter den Arm, setzte sich die Mütze auf, trank einen Krug Kwaß, wischte sich die Lippen mit dem Rockschoß ab und ging geradeswegs zum Gemüsegarten des Popen. Er ist schon am Zaun und am niederen Eichenwald vorbeigegangen. Zwischen den Bäumen schlängelt sich ein Weg, der ins Feld führt; es scheint derselbe Weg zu sein. Er kommt aufs Feld, es ist die gestrige Stelle: da ragt auch der Taubenschlag, aber von der Scheune ist nichts zu sehen. »Nein, das ist nicht die Stelle. Jene Stelle war etwas weiter; ich muß wohl zur Scheune umkehren!« Er kehrte um, ging einen anderen Weg – die Scheune ist zu sehen, der Taubenschlag aber nicht! Er ging wieder auf den Taubenschlag zu, und da verschwand die Scheune. Wie zum Fleiß, begann auch noch ein Regen zu tröpfeln. Er lief wieder zur Scheune der Taubenschlag war weg; zum Taubenschlag – die Scheune war weg.

»Verfluchter Satan, daß du es nie erlebst, deine Kinder zu sehen!« Es fing aber in Strömen zu regnen an.

Er zog seine neuen Stiefel aus, wickelte sie in ein Tuch, damit sie sich vor Nässe nicht werfen, und fing so zu rennen an wie ein herrschaftlicher Paßgänger. Er kam ganz durchnäßt in seine Hütte, bedeckte sich mit dem Schafspelz und fing an, etwas durch die Zähne zu murmeln und den Teufel mit so schmeichelhaften Worten zu traktieren, wie ich sie mein Lebtag nicht gehört habe. Ich muß gestehen, ich wäre wohl rot geworden, wenn es am hellen Tage geschehen wäre.

Am anderen Tage erwache ich und sehe: der Großvater geht, als ob nichts geschehen wäre, auf dem Felde auf und ab und deckt die Wassermelonen mit großen Blättern zu. Beim Mittagessen wurde der Alte wieder gesprächig und fing meinen jüngeren Bruder damit zu schrecken an, daß er ihn wie eine Melone gegen Hühner eintauschen werde; nachdem er gegessen hatte, schnitzte er selbst aus einem Stück Holz eine Flöte und fing auf ihr zu blasen an; uns gab er aber eine Melone zum Spielen, die ganz wie eine zusammengerollte Schlange aussah und die er eine »türkische« Melone nannte. Solche Melonen habe ich nachher nicht mehr gesehen; freilich hatte er den Samen von sehr weit her bekommen.

Am Abend, als wir zu Nacht gegessen hatten, ging der Großvater mit dem Spaten ins Feld, um ein neues Beet für die späten Kürbisse zu graben. Als er an der verhexten Stelle vorüberging, konnte er sich nicht beherrschen und brummte durch die Zähne: »Verhexter Ort!« Er trat just auf die Stelle, wo ihm vorgestern das Tanzen nicht gelingen wollte, und stieß wütend den Spaten in die Erde. Plötzlich steht er wieder auf dem gleichen Feld: von der einen Seite ragt der Taubenschlag, von der anderen die Scheune. »Nun, es ist gut, daß ich jetzt den Spaten bei mir habe! Da ist auch der Weg! Da ist der Grabhügel! Da ist der Ast, den ich hingelegt habe! Da brennt auch das Lichtchen! Daß ich mich nur nicht irre!«

Er lief leise mit erhobenem Spaten heran, als wolle er einen Eber, der sich in sein Gemüsefeld verirrt hätte, traktieren, und blieb vor dem Grabhügel stehen. Das Lichtchen war erloschen, und auf dem Grabe lag ein mit Gras bewachsener Stein. – Diesen Stein muß ich heben! – dachte sich der Großvater und begann ihn von allen Seiten zu umgraben. Groß war der verfluchte Stein; er stemmte sich fest mit den Füßen gegen die Erde und stieß ihn vom Grabhügel herunter. »Hu!« tönte es durchs Tal. »Recht ist dir geschehen! Jetzt wird die Arbeit besser gehen.«

Der Großvater hielt inne, holte seine Tabakdose hervor, schüttete sich etwas Tabak auf die Faust und wollte ihn schon an die Nase führen, als über seinem Kopfe – »Aptschi!« – etwas so laut nieste, daß die Bäume wackelten und das ganze Gesicht des Großvaters bespritzt war. »Du kannst dich doch etwas wegwenden, wenn du niesen willst!« sagte der Großvater und rieb sich die Augen. Er sah sich um: niemand da. »Nein, der Teufel liebt wohl den Tabak nicht!« fuhr er fort, indem er die Tabakdose in den Busen steckte und den Spaten wieder zur Hand nahm. »Er ist ein Dummkopf, denn solchen Tabak hat weder sein Großvater noch sein Vater je geschnupft!« Er fing zu graben an – der Boden war so weich, daß der Spaten ganz von selbst eindrang. Plötzlich klirrte etwas. Er nahm die Erde aus dem Loch heraus und erblickte einen Kessel.

»Ah, Täubchen, da bist du also!« rief der Großvater und schob den Spaten unter den Kessel.

»Ah, Täubchen, da bist du also!« piepste ein Vogelschnabel und pickte nach dem Kessel. Der Großvater wich zur Seite und ließ den Spaten aus der Hand.

»Ah, Täubchen, da bist du also!« blökte ein Hammelkopf von einem Baumwipfel herab.

»Ah, Täubchen, da bist du also!« brüllte ein Bär, seine Schnauze hinter einem Baum hervorstreckend. Den Großvater befiel ein Zittern.

»Hier ist es schrecklich, ein Wort zu sagen!« brummte er vor sich hin.

»Ist es schrecklich, ein Wort zu sagen!« piepste der Vogelschnabel.

»Schrecklich, ein Wort zu sagen!« blökte der Hammelkopf.

»Ein Wort zu sagen!« brüllte der Bär.

»Hm...«, sagte der Großvater und erschrak selbst vor seiner Stimme.

»Hm!« piepste der Schnabel.

»Hm!« blökte der Hammel.

»Hm!« brüllte der Bär.

Entsetzt wandte sich der Großvater um. Mein Gott, was für eine Nacht! Weder Sterne noch Mond; ringsherum Gräben; vor den Füßen ein bodenloser Abgrund; über dem Kopfe hängt ein Berg herab, der auf ihn niederstürzen will! Und es kommt dem Großvater vor, als ob hinter dem Berge eine Fratze hervorblinzele: hu, was für eine Fratze: die Nase wie ein Blasebalg in der Schmiede; die Nasenlöcher so groß, daß man in jedes einen Eimer Wasser gießen könnte! Die Lippen – bei Gott, wie zwei Baumklötze! Die Fratze glotzt mit roten Augen, streckt die Zunge hervor und neckt! »Daß dich der Teufel!« sagte Großvater und ließ den Kessel sein. »Behalte deinen Schatz! Du ekelhafte Fratze!« Er wollte schon davonlaufen, sah sich aber noch einmal um und blieb stehen: alles war wie früher. »Die unsaubere Macht will mir bloß Angst machen!« Er machte sich wieder an den Kessel heran – nein, der war zu schwer! Was war da zu machen? Man kann ihn doch nicht hier lassen! Er nahm alle seine Kraft zusammen und packte ihn mit beiden Händen: »Angepackt! Angepackt! Noch, noch!« – und er zog ihn heraus. »Uff... – Jetzt nehme ich eine Prise!«

Er holte seine Tabakdose hervor. Ehe er aber den Tabak auf die Faust schüttete, sah er sich ordentlich um, ob nicht jemand in der Nähe sei. Nein, es schien niemand da zu sein. Plötzlich kam es ihm aber vor, als ob ein Baumstrunk keuche und fauche; es kamen Ohren zum Vorschein, rote Augen glotzten, die Nüstern blähten sich, die Nase verzog sich – gleich wird er niesen. – Nein, ich schnupfe lieber nicht! – dachte sich der Großvater und steckte die Tabakdose wieder in den Busen, – der Satan wird mir wieder die Augen vollspucken! – Er packte schnell den Kessel und begann zu laufen, was er konnte; er fühlte nur, wie ihn jemand von hinten auf die Beine peitschte...»Au, au, au!« schrie der Großvater und rannte noch schneller; erst beim Garten des Popen holte er Atem.

– Wo mag der Großvater hingeraten sein? – fragten wir uns, nachdem wir an die drei Stunden gewartet hatten. Unsere Mutter war schon längst vom Vorwerk mit einem Topf heißer Klöße gekommen. Weg ist der Großvater! Wir begannen ohne ihn zu essen. Nachdem wir gegessen hatten, wusch Mutter den Topf und suchte mit den Augen nach einer Stelle, wo sie das Spülicht ausgießen könnte, denn ringsherum waren lauter Beete; plötzlich sieht sie, wie eine Tonne ganz von selbst auf sie zuging. Es war sehr finster. Hinter der Tonne stand wohl einer der Jungens und stieß sie zum Spaß vor. »So, hier gieß' ich das Spülicht hinein!« sagte die Mutter und goß das heiße Spülicht in die Tonne.

»Au!« schrie eine Baßstimme. Sie sah hin – es war der Großvater. Wer konnte das wissen! Bei Gott, wir glaubten, es sei die Tonne, die da komme! Ich muß gestehen, obwohl es eine Sünde ist, es war doch sehr komisch, den grauen Kopf des Großvaters mit dem Spülicht übergossen und mit den Melonenrinden behängt zu sehen.

»Das Teufelsweib!« sagte der Großvater, indem er sich den Kopf mit dem Rockschoß abwischte. »Wie sie mich abgebrüht hat – wie man eine Sau vor Weihnachten abbrüht! Na, Burschen, jeder von euch kriegt eine Brezel! Ihr werdet in goldenen Röcken herumspazieren, ihr Hundesöhne! Schaut nur, schaut, was ich hergebracht habe!« sagte der Großvater und öffnete den Kessel.

Was glaubt ihr wohl, was drin war? Denkt einmal nach: Gold, nicht wahr? Das ist es eben, daß es kein Gold war, sondern Kehricht, Dreck, eine Schande zu sagen, was es war. Der Großvater spuckte aus, warf den Kessel weg und wusch sich die Hände.

Von dieser Zeit an beschwor uns der Großvater, niemals dem Teufel zu trauen. »Daß es euch nie einfällt!« sagte er uns öfters. »Alles, was der Feind Jesu Christi sagt, ist gelogen! Der Hundesohn hat auch nicht für eine Kopeke Wahrheit!« Und wenn der Großvater hörte, daß es irgendwo nicht ganz geheuer sei, rief er uns zu: »Nun, Kinder, schlagt ein Kreuz darüber! Ja, so, ordentlich!« Und er machte auch selbst das Zeichen des Kreuzes. Um jenen verhexten Ort aber, wo ihm das Tanzen nicht gelingen wollte, machte er einen Zaun herum und ließ alle Abfälle, jeden Dreck, den er in seinem Felde ausgrub, hineinwerfen.

So narrt also die unsaubere Macht den Menschen! Ich kenne gut jenes Stück Land: später pachteten es vom Vater einige Kosaken aus der Nachbarschaft, um Melonen darauf zu bauen. Der Boden war vortrefflich, die Ernten waren wunderbar; aber auf dem verhexten Orte wuchs niemals was Gescheites. Man sät etwas, so wie es sich gehört, was aber aufgeht, kann kein Mensch erkennen: es sind weder Melonen noch Kürbisse, auch keine Gurken... weiß der Teufel, was es ist!

Der Wij

Der Wij ist eine kolossale Schöpfung der Volksphantasie. So nennen die Kleinrussen den König der Gnomen, dessen Augenlider bis an die Erde reichen. Diese ganze Erzählung ist eine Volksüberlieferung. Ich wollte an ihr nichts ändern und gebe sie hier fast ebenso schlicht wieder, wie ich sie gehört habe.

(Anmerkung Gogols)

Sowie in Kijew am Morgen die ziemlich helle Glocke ertönte, die am Tore des Brüderklosters hing, strömten die Scholaren und Seminaristen von allen Enden der Stadt in Haufen herbei. Die Grammatiker, die Rhetoriker, die Philosophen und die Theologen zogen mit ihren Heften unter dem Arm in ihre Schulen. Die Grammatiker waren noch sehr klein; unterwegs stießen sie einander und schimpften mit ganz feinen Diskantstimmen; sie hatten fast alle zerrissene und schmierige Kleider an, und ihre Taschen waren stets mit allerlei unnützen Dingen vollgestopft, wie: Spielknöcheln, aus Federkielen verfertigten Pfeifen, angebissenen Kuchen und oft sogar jungen Spatzen, von denen manchmal der eine oder andere in der tiefen Stille, die in der Klasse herrschte, zu zwitschern begann, was seinem Patron ordentliche Schläge auf beide Hände und zuweilen auch Prügel mit Ruten aus Kirschbaumzweigen einbrachte. Die Rhetoriker waren solider: ihre Kleidung war oft vollkommen ganz, aber dafür hatten ihre Gesichter fast immer irgendeine Verzierung in Gestalt kleiner rhetorischer Tropen: entweder war das eine Auge fast ganz von der geschwollenen Stirn verdeckt, oder sie hatten statt einer Lippe eine große Blase oder irgendein anderes besonderes Kennzeichen; sie sprachen und schworen im Tenor. Die Philosophen griffen aber eine ganze Oktave tiefer; in ihren Taschen hatten sie nichts als starken Tabak. Sie legten sich keinerlei Vorräte an und verzehrten alles, was ihnen in die Hand fiel, auf der Stelle. Sie rochen nach Pfeife und Schnaps, zuweilen so weit, daß mancher vorübergehende Handwerker stehenblieb und lange wie ein Jagdhund in der Luft schnupperte.

Erst um diese Stunde begann der Marktplatz sich zu beleben, und die Händlerinnen, die Brezeln, Semmeln, Melonenkörner und Mohnkuchen feilboten, zupften diejenigen Scholaren an den Rockschößen, deren Röcke aus feinem Tuch oder Baumwollstoff waren.

»Junge Herren, junge Herren! Hierher, hierher!« schrien sie von allen Seiten. »Brezeln, Mohnkuchen, Brötchen, Pasteten! Sie sind gut! Bei Gott, sie sind gut! Auf Honig! Habe sie selbst gebacken!«

Eine andere hob etwas Längliches, aus Teig Geflochtenes in die Höhe und schrie: »Da ist eine Zuckerstange! Junge Herren, kauft die Zuckerstange!«

»Kauft nichts bei der! Seht doch, wie widerlich sie ist: die häßliche Nase, die schmutzigen Hände...«

Mit den Philosophen und Theologen ließen sie sich aber niemals ein, denn die Philosophen und Theologen liebten es, von allem zu probieren, und zwar immer mit vollen Händen.

Im Seminar verteilte sich die ganze Schar in den Klassen, die sich in den niedern, aber ziemlich geräumigen Zimmern mit kleinen Fenstern, breiten Türen und beschmierten Bänken befanden. Die Klassenzimmer füllten sich plötzlich mit einem vielstimmigen Summen: die Auditoren hörten ihren Schülern die Lektionen ab; der helle Diskant eines Grammatikers hatte den gleichen Ton wie die Fensterscheibe, und das Glas antwortete auf seine Stimme mit einem fast unveränderten Ton; in einer Ecke brummte ein Rhetoriker, dessen Mund und dicke Lippen wenigstens einem Philosophen hätten angehören müssen. Er brummte mit einer Baßstimme, und aus der Ferne hörte man nichts als: »Bu, bu, bu...« Während die Auditoren die Lektionen abhörten, schielten sie mit einem Auge unter die Bank, wo aus der Tasche des ihnen unterstellten Scholaren eine Semmel oder ein Quarkkuchen oder Kürbiskörner hervorblickten.

Wenn diese ganze gelehrte Gesellschaft etwas früher als sonst zur Stelle war, oder wenn man wußte, daß die Professoren später als sonst kommen würden, veranstaltete man auf allgemeine Verabredung eine Schlacht, an der alle teilnehmen mußten, sogar die Zensoren, deren Obliegenheit es war, auf die Ordnung und die Moral des ganzen Schülerstandes aufzupassen. Gewöhnlich bestimmten zwei Theologen, wie die Schlacht stattzufinden hatte: ob jede Klasse für sich zu kämpfen hatte, oder ob sich alle in zwei Parteien: die Bursa und das Seminar teilen mußten. In jedem Falle begannen die Grammatiker den Kampf; sobald aber die Rhetoriker sich einmischten, ergriffen sie die Flucht und stellten sich auf die Bänke und andere erhöhte Plätze, um der Schlacht zuzusehen. Dann kam die Philosophie mit den langen schwarzen Schnurrbärten an die Reihe, und zuletzt die Theologie mit ihren gräßlichen Pumphosen und dicken Hälsen. Die Sache endete gewöhnlich damit, daß die Theologie alle besiegte und die Philosophie, sich die Seiten reibend, in die Klassenzimmer retirierte und sich auf die Bänke setzte, um auszuruhen. Der Professor, der in einem solchen Augenblick die Klasse betrat und der zu seiner Zeit auch selbst an ähnlichen Kämpfen teilgenommen hatte, merkte sofort an den glühenden Gesichtern seiner Zuhörer, daß die Schlacht nicht übel gewesen war; während er den Rhetorikern mit Ruten auf die Finger schlug, behandelte ein anderer Professor in einer anderen Klasse auf ähnliche Weise die Hände der Philosophen. Mit den Theologen wurde aber ganz anders verfahren: sie bekamen, wie sich der Professor der Theologie ausdrückte, je ein Maß »grober Erbsen« das mit kurzen Lederriemen verabreicht wurde.

    An Festen und Feiertagen zogen die Seminaristen und die Bursaken mit Krippen von Haus zu Haus. Manchmal spielten sie auch eine Komödie, wobei sich meistens irgendein Theologe auszeichnete, der an Länge dem höchsten Glockenturm von Kijew wenig nachstand und entweder die Herodias oder die Frau Potiphar, die Gattin des ägyptischen Kämmerers, darstellte. Zum Lohne bekamen sie ein Stück Leinwand, oder einen Sack Hirse, oder eine halbe gebratene Gans oder dergleichen. Dieses ganze gelehrte Volk – wie das Seminar, so auch die Bursa, zwischen denen eine Erbfeindschaft bestand – war an Subsistenzmitteln außerordentlich arm, zeichnete sich aber zugleich durch eine außergewöhnliche Gefräßigkeit aus, so daß es ganz unmöglich war, zu berechnen, wieviel Klöße ein jeder von ihnen beim Abendbrot verzehren konnte; die freiwilligen Gaben der wohlhabenden Hausbesitzer reichten daher gewöhnlich nicht aus. In solchen Fällen sandte der Senat, der aus Philosophen und Theologen bestand, die Grammatiker und Rhetoriker unter der Anführung eines Philosophen, – zuweilen schloß sich ihnen auch der Senat selbst an, – mit Säcken auf den Schultern aus, um die fremden Gemüsegärten zu plündern; nachher gab es in der Bursa einen Kürbisbrei. Die Senatoren überaßen sich so sehr an Melonen und Wassermelonen, daß die Auditoren von ihnen am nächsten Tage statt einer Lektion zwei Lektionen zu hören bekamen: die eine kam aus dem Munde, die andere brummte im Magen des Senators. Die Seminaristen und die Bursaken trugen seltsame lange Röcke, die sich »bis in diese Zeit erstreckten«: dieser technische Ausdruck bedeutete »bis an die Fersen«.

    Das feierlichste Ereignis für das Seminar waren die Ferien: die Zeit vom Monat Juli ab, wo man die Bursa nach Hause entließ. Um diese Zeit wimmelte die ganze Landstraße von Grammatikern, Philosophen und Theologen. Wer nicht ein eigenes Heim hatte, zog zu einem seiner Kameraden. Die Philosophen und Theologen gingen in »Kondition«, das heißt sie übernahmen es, die Kinder wohlhabender Leute zu unterrichten und für die Schule vorzubereiten. Sie bekamen dafür einmal im Jahre ein Paar Stiefel und manchmal auch Tuch zu einem neuen Rock. Die ganze Gesellschaft zog zusammen wie eine Zigeunerbande, kochte sich ihren Brei und übernachtete im freien Felde. Ein jeder hatte einen Sack, in dem sich ein Hemd und ein Paar Fußlappen befanden. Die Theologen waren besonders sparsam und genau: um die Stiefel zu schonen, zogen sie sie aus und trugen sie an einem Stock auf den Schultern; sie taten es mit Vorliebe, wenn es auf der Straße schmutzig war. Sie krempelten dann ihre Pumphosen bis zu den Knien auf und wateten furchtlos durch die Pfützen, so daß es nur so spritzte. Sobald sie irgendwo abseits ein Dorf sahen, schwenkten sie von der Landstraße ab, gingen auf ein Haus, das stattlicher als die andern war, zu, stellten sich vor den Fenstern in einer Reihe auf und sangen aus vollem Halse einen Kantus. Der Besitzer des Hauses, irgendein alter Kosak, hörte ihnen lange, den Kopf in beide Hände gestützt, zu, fing dann zu schluchzen an und sprach zu seiner Frau: »Frau! Was die Scholaren singen, ist wohl sehr gescheit; bring ihnen etwas Speck hinaus, oder was wir sonst noch haben.« Nun flog eine volle Schüssel Quarkkuchen in den Sack; auch ein ordentliches Stück Speck, einige Brote und manchmal auch ein zusammengebundenes Huhn fanden darin Platz. Mit solchen Vorräten gestärkt, setzten die Grammatiker, Rhetoriker, Philosophen und Theologen ihren Weg fort. Je weiter sie gingen, um so kleiner wurde ihre Zahl. Fast alle verliefen sich in den Häusern, und nur diejenigen, deren Elternhaus weiter entfernt lag, blieben übrig.

Auf einer solchen Wanderung verließen einmal drei Bursaken, deren Sack seit langem leer war, die Landstraße mit der Absicht, sich im ersten besten Gehöft mit Proviant zu versehen. Es waren dies: der Theologe Chaljawa, der Philosoph Choma Brut und der Rhetoriker Tiberius Gorobetz.

Der Theologe war ein sehr groß gewachsener, breitschultriger Mann und hatte einen sehr seltsamen Charakter: er stahl alles, was in seine Nähe kam. Sonst war seine Gemütsart außerordentlich finster, und wenn er sich betrank, so pflegte er sich im Gebüsch zu verstecken, und die Seminarbehörden hatten große Mühe, ihn dort aufzufinden.

Der Philosoph Choma Brut war von heiterem Temperament und liebte es sehr, träge dazuliegen und seine Pfeife zu rauchen; wenn er trank, ließ er sich unbedingt Spielleute kommen und tanzte den Trepak. Er bekam sehr oft von den »groben Erbsen« zu kosten, nahm es aber mit philosophischem Gleichmut auf und sagte nur, daß niemand seinem Schicksal entgehen könne.

Der Rhetoriker Tiberius Gorobetz hatte noch nicht das Recht, einen Schnurrbart zu tragen, Schnaps zu trinken und Pfeife zu rauchen. Er trug nur den kurzen Kosakenschopf, und sein Charakter war daher noch wenig entwickelt. Aber die großen Beulen auf der Stirn, mit denen er manchmal in die Klasse kam, ließen darauf schließen, daß er einmal ein tüchtiger Krieger werden würde. Der Theologe Chaljawa und der Philosoph Brut zerrten ihn oft zum Zeichen ihrer Gunst am Schopfe und gebrauchten ihn als Deputierten.

Es war schon Abend, als sie von der Landstraße abschwenkten; die Sonne war eben untergegangen, aber die Wärme des Tages noch in der Luft geblieben. Der Theologe und der Philosoph schritten schweigsam mit der Pfeife im Munde einher; der Rhetoriker Tiberius Gorobetz schlug mit seinem Stock den Disteln, die längs der Straße wuchsen, die Köpfe ab. Der Weg zog sich zwischen Gruppen von Eichen-und Nußbäumen, die über die Wiesen verstreut waren. Hie und da ragten Hügel und kleine Berge in der Ebene, grün und rund wie Kirchenkuppeln. Ein an zwei Stellen sichtbares Kornfeld ließ darauf schließen, daß sich bald ein Dorf zeigen würde. Aber es war schon mehr als eine Stunde vergangen, seitdem sie die Ackerstreifen bemerkt hatten, und noch immer war keine menschliche Behausung zu sehen. Die Dämmerung hatte den Himmel schon ganz verdunkelt, und nur im Westen schimmerte noch ein schmaler blutroter Streifen.

»Zum Teufel!« sagte der Philosoph Choma Brut. »Es sah doch aus, als müßte gleich ein Gehöft kommen.«

Der Theologe schwieg und blickte nach allen Seiten. Dann nahm er seine Pfeife wieder in den Mund, und sie setzten ihren Weg fort.

»Bei Gott!« sagte der Philosoph, von neuem stehenbleibend. »Nichts ist zu sehen, weiß der Teufel!«

»Vielleicht wird doch noch irgendein Gehöft kommen«, sagte der Theologe, ohne die Pfeife aus dem Munde zu nehmen.

Inzwischen war aber die Nacht angebrochen, eine ziemlich dunkle Nacht. Kleine Wolken verstärkten noch die Finsternis, und allem Anscheine nach waren weder Mond noch Sterne zu erwarten. Die Bursaken merkten, daß sie sich verirrt hatten und sich längst nicht mehr auf dem richtigen Wege befanden.

Der Philosoph tastete mit dem Fuß nach allen Seiten und sagte schließlich erregt: »Wo ist denn der Weg?«

Der Theologe schwieg eine Weile, überlegte sich die Sache hin und her und versetzte: »Ja, die Nacht ist finster.«

Der Rhetoriker ging auf die Seite und versuchte, auf allen vieren kriechend, den Weg zu finden; aber seine Hände stießen nur auf Fuchslöcher. Ringsumher war nichts als die Steppe, über die anscheinend noch kein Mensch gefahren war.

Die Wanderer gingen noch etwas weiter, stießen aber überall auf die gleiche Wildnis. Der Philosoph versuchte zu rufen, aber seine Stimme verhallte ungehört. Etwas später ließ sich ein schwaches Stöhnen vernehmen, das wie das Heulen eines Wolfes klang.

»Hört ihr es! Was ist da zu tun?« sagte der Philosoph.

»Was da zu tun ist? Wir müssen hier bleiben und im Felde übernachten!« erwiderte der Theologe, indem er aus der Tasche sein Feuerzeug hervorholte, um sich von neuem die Pfeife anzuzünden. Diese Aussicht paßte aber dem Philosophen gar nicht; er hatte die Angewohnheit, vor dem Schlafengehen mindestens zwanzig Pfund Brot und an die vier Pfund Speck zu verzehren, und fühlte diesmal eine unerträgliche Leere im Magen. Außerdem hatte der Philosoph, trotz seines heiteren Temperaments, einige Angst vor den Wölfen. »Nein, Chaljawa, das geht nicht«, sagte er. »Wie kann man sich nur so wie ein Hund hinlegen, ohne sich gestärkt zu haben? Machen wir noch einen Versuch: vielleicht stoßen wir doch noch auf irgendeine Behausung, vielleicht gelingt es uns wenigstens, ein Glas Schnaps vor dem Einschlafen zu trinken.«

Bei dem Worte »Schnaps« spuckte der Theologe auf die Seite und versetzte: »Natürlich hat es gar keinen Sinn, im Felde zu bleiben.«

Die Bursaken gingen weiter und hörten zu ihrer großen Freude etwas wie Hundegebell. Nachdem sie festgestellt hatten, von welcher Seite das Gebell kam, gingen sie mit gehobenem Mut weiter und erblickten bald ein Licht. »Ein Gehöft! Bei Gott, ein Gehöft!« sagte der Philosoph.

Die Vermutung betrog ihn nicht: sie sahen nach einer Weile tatsächlich eine kleine Siedlung, die aus nur zwei Hütten und einem Hof bestand. In den Fenstern schimmerte Licht; hinter dem Zaun ragten an die zehn Pflaumenbäume. Die Bursaken blickten durch das durchbrochene Brettertor und sahen einen Hof, der voller Salzfuhren war. In diesem Augenblick erstrahlten am Himmel einige Sterne.

»Aufgepaßt, Brüder, jetzt heißt es einig sein! Es koste, was es wolle, wir müssen uns ein Nachtquartier verschaffen!«

Die drei gelehrten Männer klopften mit vereinten Kräften an das Tor und schrien: »Macht auf!«

In einer der beiden Hütten knarrte die Tür, und einen Augenblick später sahen die Bursaken eine alte Frau in einem Schafspelz vor sich.

»Wer ist da?« rief sie und hustete dumpf.

»Großmutter, laß uns übernachten: wir haben uns verirrt; im Felde ist es so öde wie in einem hungrigen Magen.«

»Was seid ihr für ein Volk?«

»Ein harmloses Volk: der Theologe Chaljawa, der Philosoph Brut und der Rhetoriker Gorobetz.«

»Es geht nicht«, brummte die Alte. »Mein Hof ist voller Leute, und auch in der Hütte sind alle Winkel besetzt. Wo soll ich euch unterbringen? Dazu seid ihr noch so große, kräftige Burschen! Meine Hütte fällt auseinander, wenn ich euch hereinlasse. Ich kenne diese Philosophen und Theologen: wenn man solche Trunkenbolde aufnimmt, ist man bald ohne Haus und Hof. Geht nur weiter! Hier ist kein Platz für euch!«

»Hab Erbarmen, Großmutter! Kann man denn Christenmenschen so mir nichts dir nichts umkommen lassen? Bring uns unter, wo du willst, und wenn wir nur irgend etwas anstellen, so mögen uns die Hände verdorren, möge uns Gott weiß was zustoßen – das sagen wir dir!«

Die Alte schien ein wenig gerührt. »Schön«, sagte sie, noch etwas unentschlossen. »Ich will euch hereinlassen, werde euch aber getrennt unterbringen, sonst habe ich keine Ruhe, wenn ihr alle beieinander liegt.«

»Tu, wie du willst, wir werden dir nicht widersprechen«, antworteten die Bursaken.

Das Tor knarrte, und sie traten in den Hof.

»Wie ist es nun, Großmutter«, sagte der Philosoph, während er der Alten folgte. »Könntest du uns nicht, sozusagen... Bei Gott, es ist mir im Magen so, als ob jemand darin mit Rädern herumführe: seit dem frühen Morgen habe ich keinen Bissen im Munde gehabt.«

»Was du nicht alles willst!« rief die Alte. »Nein, ich habe nichts im Hause, und der Herd war heute auch gar nicht geheizt.«

»Wir werden ja morgen früh alles mit barem Gelde bezahlen«, fuhr der Philosoph fort. »Ja«, fügte er leise hinzu: »soll mich der Teufel holen, wenn du von mir etwas bekommst!«

»Geht, geht, und seid zufrieden mit dem, was man euch gibt! Mußte mir auch der Teufel so vornehme junge Herren auf den Hals schicken!«

Der Philosoph Choma wurde bei diesen Worten ganz traurig. Plötzlich witterte aber seine Nase den Geruch von gedörrtem Fisch; er warf einen Blick auf die Pumphosen des Theologen, der neben ihm ging, und sah einen riesigen Fischschwanz aus der Tasche herausragen: der Theologe hatte es schon fertiggebracht, von einer der Fuhren eine ganze Karausche zu stehlen. Da er es nicht aus Eigennutz, sondern ausschließlich aus Gewohnheit getan hatte und schon wieder nach allen Seiten ausspähte, ob es nicht noch irgend etwas, und wenn es auch nur ein zerbrochenes Rad wäre, zu stehlen gäbe, an die Karausche aber gar nicht mehr dachte, – so steckte der Philosoph Choma seine Hand in die Tasche des Theologen, als wäre es seine eigene, und nahm die Karausche zu sich.

Die Alte brachte die Bursaken getrennt unter: sie quartierte den Rhetoriker in der Stube ein, sperrte den Theologen in eine leere Kammer und den Philosophen in einen gleichfalls leeren Schafstall.

Als der Philosoph allein geblieben war, verschlang er sofort die Karausche, untersuchte die geflochtenen Wände des Stalles, stieß mit dem Fuße nach einem neugierigen Schweine, das seine Schnauze aus einem Nachbarstalle hereinsteckte, legte sich auf die rechte Seite und schlief wie ein Toter ein. Plötzlich öffnete sich die niedere Tür, und die Alte trat gebückt in den Stall.

»Was willst du denn hier, Großmutter?« fragte der Philosoph.

Aber die Alte ging mit ausgebreiteten Armen gerade auf ihn zu.

– Ach so! – dachte sich der Philosoph. – Nein, meine Liebe, du bist mir zu alt! –

Er rückte etwas von ihr weg, aber die Alte ging ohne Umstände auf ihn los.

»Hör einmal, Großmutter!« sagte der Philosoph. »Jetzt ist's Fastenzeit, und ich bin ein Mensch, der sich um diese Zeit auch nicht für tausend Dukaten versündigt!«

Die Alte breitete noch immer, ohne ein Wort zu sagen, ihre Arme aus und suchte ihn zu erhaschen.

Dem Philosophen wurde es ganz unheimlich zumute, besonders als er sah, daß ihre Augen in einem seltsamen Glanze aufleuchteten. »Großmutter! Was fällt dir ein? Geh, geh mit Gott!« schrie er sie an.

Die Alte sprach kein Wort und griff nach ihm mit den Händen.

Er sprang auf und wollte fliehen; aber die Alte stellte sich in die Tür, durchbohrte ihn mit ihren funkelnden Augen und ging von neuem auf ihn zu.

Der Philosoph wollte sie mit den Händen wegstoßen, merkte aber zu seinem Erstaunen, daß er die Arme nicht heben konnte und daß auch die Füße ihm nicht gehorchten; mit Entsetzen wurde er gewahr, daß er auch kein Wort sprechen konnte: seine Lippen bewegten sich, ohne einen Ton hervorzubringen. Er hörte nur, wie sein Herz pochte; er sah, wie die Alte an ihn herantrat, ihm die Hände zusammenlegte, seinen Kopf herabbeugte, so schnell wie eine Katze auf seinen Rücken sprang und ihm mit einem Besen einen Schlag auf die Seite versetzte. Und er sprengte, sie auf seinen Schultern tragend, wie ein Reitpferd davon. Dies alles spielte sich so schnell ab, daß der Philosoph gar nicht zur Besinnung kommen konnte. Er griff sich mit beiden Händen an die Knie, um seine Beine festzuhalten, aber die Beine bewegten sich, zu seinem größten Erstaunen, gegen seinen Willen und machten Sprünge schneller als ein tscherkessisches Rennpferd. Als sie das Gehöft hinter sich gelassen hatten und vor ihnen sich ein weiter Hohlweg und seitwärts ein kohlschwarzer Wald ausbreitete, sagte er zu sich selbst: – Ach so, das ist ja eine Hexe! –

Die umgekehrte Mondsichel schimmerte am Himmel. Das scheue nächtliche Leuchten legte sich wie eine durchsichtige Decke aus Rauch über die Erde. Wald, Feld, Himmel und Tal – alles schien mit offenen Augen zu schlafen; nicht der leiseste Windhauch regte sich. In der nächtlichen Kühle war etwas Feuchtes und Warmes; die keilförmigen Schatten der Bäume und Sträucher fielen wie Kometenschweife auf die abfallende Ebene: so war die Nacht, in der der Philosoph Choma Brut mit dem geheimnisvollen Reiter auf dem Rücken dahinsprengte. Ein quälendes, unangenehmes und zugleich süßes Gefühl bemächtigte sich immer mehr seines Herzens. Er senkte den Kopf und sah, daß das Gras, das eben erst unter seinen Füßen gewesen war, plötzlich tief und weit entfernt unter ihm lag und daß darüber ein wie ein Bergquell durchsichtiges Wasser floß; und das Gras schien der Grund eines hellen, bis in seine tiefste Tiefe durchsichtigen Meeres zu sein; jedenfalls sah er ganz deutlich, wie er sich darin mit der auf seinem Rücken sitzenden Alten spiegelte. Statt des Mondes sah er eine Sonne leuchten; er hörte die blauen Glockenblumen mit gesenkten Köpfen läuten; er sah, wie aus dem Schilfe eine Nixe hervorschwamm, wie ihr Rücken und ihre runden und prallen, ganz aus lebendem Lichte gewebten Beine schimmerten. Sie wandte sich ihm zu; – schon näherte sich ihm ihr Gesicht mit den hellen, strahlenden, scharfen Augen, die ihm zugleich mit ihrem Gesang tief in die Seele drangen; – schon war sie auf der Oberfläche, zitterte vor hellem Lachen und entfernte sich wieder; dann warf sie sich auf den Rücken, – und ihre wie der Nebel durchsichtigen und wie ungebrannten Porzellan matten Brüste schimmerten am Rande ihrer weißen, elastisch-zarten Rundungen in den Strahlen der Sonne. Das Wasser fiel auf sie in kleinen Tröpfchen, wie Perlen herab. Alle ihre Glieder zittern und sie lacht im Wasser...

Sieht er es oder sieht er es nicht? Wacht er, oder ist es nur ein Traum? Und was hört er plötzlich? Ist es der Wind oder Musik? Es klingt und klingt, es steigt empor, kommt immer näher heran und dringt ihm in die Seele wie ein unerträglich scharfer Triller...

– Was ist das? – dachte der Philosoph Choma Brut, während er hinunterblickte und immer weiterrannte. Er war ganz in Schweiß gebadet. Er hatte ein teuflisch-süßes Gefühl, er spürte eine durchdringende, quälende, schreckliche Wollust. Manchmal schien es ihm, als ob er kein Herz mehr hätte, und er griff erschrocken mit der Hand an die Brust. Ganz ermattet und verwirrt suchte er sich auf alle Gebete, die er kannte, zu besinnen, auch auf alle Beschwörungen gegen böse Geister; und plötzlich empfand er etwas wie Erleichterung: er fühlte, wie sein Schritt langsamer wurde und wie die Hexe weniger schwer auf seinem Rücken lastete; seine Füße berührten wieder das dichte Gras, und es war darin nichts Außergewöhnliches mehr. Am Himmel strahlte wieder die helle Mondsichel.

– Gut! – sagte sich der Philosoph Choma und begann alle Beschwörungen fast laut aufzusagen. Plötzlich sprang er schnell wie der Blitz unter der Alten weg und stieg ihr seinerseits auf den Rücken. Die Alte trabte nun mit kurzen, kleinen Schritten vorwärts, so schnell, daß dem Reiter der Atem stockte. Die Erde flog unter ihm daher; im Lichte des zwar nicht vollen Mondes lag alles hell und klar da; die Täler waren flach und glatt, aber er flog so rasch dahin, daß alles vor seinen Augen verschwamm. Er hob von der Straße ein Holzscheit auf und begann damit die Alte mit aller Kraft zu prügeln. Sie schrie wie wild auf; ihre Schreie klangen anfangs wütend und drohend, wurden dann schwächer, wohlklingender und immer reiner und leiser; zuletzt klangen sie wie helle silberne Glöckchen und drangen ihm tief in die Seele; unwillkürlich regte sich in ihm der Zweifel: ist es wirklich noch die Alte? – »Ach, ich kann nicht mehr!« rief sie ganz erschöpft aus und fiel zu Boden.

Er sprang auf die Beine und blickte ihr in die Augen (das Morgenrot ergoß sich eben über den Himmel, und in der Ferne glänzten die goldenen Kirchenkuppeln von Kijew). Vor ihm lag eine junge Schöne mit wunderbarem Zopf, der ganz zerzaust war, und mit Wimpern so lang wie Pfeile. Sie hatte in ihrer Bewußtlosigkeit die weißen, nackten Arme nach beiden Seiten ausgebreitet und stöhnte, die tränengefüllten Augen gen Himmel gerichtet.

Choma erbebte wie ein Blatt; Mitleid, eine seltsame Erregung und eine Scheu, wie er sie noch nicht kannte, bemächtigten sich seiner. Er lief davon, so schnell er konnte. Während er lief, pochte sein Herz wie wild, und er konnte sich unmöglich das neue seltsame Gefühl, das ihn erfüllte, erklären. Er hatte keine Lust mehr, in das Gehöft zurückzukehren, und eilte nach Kijew. Den ganzen Weg lang dachte er über sein unerklärliches Erlebnis nach.

Von den Bursaken war fast niemand mehr da; alle hielten sich in den Dörfern auf: entweder in Kondition, oder auch ohne Kondition; in den kleinrussischen Dörfern kann man nämlich Klöße, Käse, Sahne und Quarkkuchen von der Größe eines Hutes zu essen bekommen, ohne dafür auch nur einen Pfennig zu bezahlen. Das große baufällige Haus, in dem sich die Bursa befand, war gänzlich leer, und so viel der Philosoph auch in allen Ecken und selbst in allen Löchern und Spalten im Dache herumscharrte, konnte er kein Stück Speck finden, sogar keine von den alten Brezeln, die die Bursaken sonst an ähnlichen Stellen zu verstecken pflegten.

Der Philosoph fand übrigens bald ein Mittel; sein Leid zu lindern: er ging an die drei Male pfeifend über den Markt, wechselte Blicke mit einer jungen Witwe mit gelbem Kopfputz, die am Ende des Marktes saß und Bänder, Schrot und Wagenräder feilbot, – und bekam noch am selben Tage Kuchen aus Weizenmehl, Huhn und noch andere Dinge zu essen; es läßt sich gar nicht aufzählen, was alles auf dem Tische vor ihm stand, der in einer kleinen Lehmhütte inmitten eines Kirschgartens gedeckt war. Am gleichen Abend sah man den Philosophen in der Schenke: er lag auf einer Bank ausgestreckt, rauchte wie immer seine Pfeife und warf dem jüdischen Schenkwirt in aller Gegenwart einen halben Dukaten hin. Vor ihm stand ein Krug. Er betrachtete die Eintretenden und die Gehenden mit gleichgültigen, zufriedenen Blicken und dachte nicht mehr an sein Abenteuer.

Inzwischen verbreitete sich überall das Gerücht, daß die Tochter eines der reichsten Hauptleute, dessen Gut etwa fünfzig Werst von Kijew lag, eines Morgens ganz zerschlagen von einem Spaziergange heimgekehrt sei und kaum noch die Kraft gehabt hätte, das väterliche Haus zu erreichen; nun liege sie im Sterben; sie hätte in ihrer letzten Stunde den Wunsch geäußert, daß man die Sterbegebete und die Totenmessen während dreier Nächte nach ihrem Tode von einem Kijewer Seminaristen namens Choma Brut lesen lassen möchte. Der Philosoph erfuhr das vom Rektor selbst, der ihn eigens zu diesem Zweck zu sich ins Zimmer beschied und ihm eröffnete, er müsse sich ohne Aufschub auf den Weg machen, da der angesehene Hauptmann einen Wagen und Leute geschickt habe, um ihn zu holen.

Der Philosoph erbebte vor einem rätselhaften Gefühl, das er sich selbst gar nicht erklären konnte. Eine dunkle Vorahnung sagte ihm, daß ihn dort nichts Gutes erwarte. Ohne zu wissen warum, erklärte er geradeheraus, daß er nicht hinfahren werde.

»Hör einmal, Domine Ghoma!« sagte der Rektor (in gewissen Fällen pflegte er mit seinen Untergebenen sehr höflich zu sprechen). »Kein Teufel fragt dich danach, ob du fahren willst oder nicht. Ich will dir nur das eine sagen: wenn du deinen Trotz zeigst und räsonierst, so lasse ich dir den Rücken und andere Körperteile mit jungen Birkenruten bearbeiten, daß du nachher nicht mehr ins Dampfbad zu gehen brauchst.«

Der Philosoph kratzte sich hinter den Ohren und verließ, ohne ein Wort zu entgegnen, das Zimmer des Rektors; er hatte die Absicht, seine Hoffnung bei der ersten besten Gelegenheit auf seine Beine zu setzen. Nachdenklich stieg er die steile Treppe hinab, die ihn auf den pappelbepflanzten Hof führte, und blieb einen Augenblick stehen, als er ganz deutlich die Stimme des Rektors hörte, der dem Verwalter und noch jemandem, – höchstwahrscheinlich einem von des Hauptmanns Leuten – Befehle erteilte.

»Danke dem Herrn für die Graupen und die Eier«, sagte der Rektor: »und sage, daß ich ihm die Bücher, von denen er schreibt, schicken werde, sobald sie fertig sind; ich habe sie bereits dem Schreiber zum Abschreiben übergeben. Und vergiß nicht, mein Lieber, dem Herrn zu sagen, daß er, wie ich weiß, auf seinem Gute vorzügliche Fische hat, besonders aber vortreffliche Störe; er möchte mir davon bei Gelegenheit etwas schicken: hier auf dem Markte sind die Störe schlecht und teuer. Und du, Jawtuch, gib den Burschen ein Glas Schnaps; den Philosophen bindet aber fest, sonst entwischt er euch.«

– Dieser Teufelssohn! – dachte sich der Philosoph. – Er hat schon Lunte gerochen, der Langbeinige! –

Er ging hinunter und sah einen Wagen, den er im ersten Augenblick für einen Getreidespeicher auf Rädern hielt. Der Wagen war in der Tat so tief wie ein Ofen, in dem man Ziegel brennt. Es war eine von den Krakauer Kutschen, in denen die Juden, oft in einer Gesellschaft von fünfzig Mann, mit ihren Waren durch alle Städte zu ziehen pflegen, wo ihre Nase nur einen Jahrmarkt wittert. Hier erwarteten ihn an die sechs stämmige, kräftige, etwas bejahrte Kosaken. Die Röcke aus feinem Tuch mit Quasten ließen darauf schließen, daß sie einem angesehenen und reichen Herrn gehörten; kleine Narben auf ihren Gesichtern zeigten, daß sie einst nicht ohne Ruhm am Kriege teilgenommen hatten.

– Was ist da zu tun? Seinem Schicksal entgeht man doch nicht! – dachte sich der Philosoph. Dann wandte er sich an die Kosaken und sagte laut: »Guten Tag, Brüder-Kameraden!«

»Sollst gesund sein, Herr Philosoph!« erwiderten einige der Kosaken.

»Ich soll also zusammen mit euch sitzen? Eine ausgezeichnete Kutsche!« fuhr er fort, in den Wagen steigend. »Es fehlen nur noch Musikanten, sonst könnte man hier gut tanzen.«

»Die Kutsche ist recht geräumig!« bestätigte einer der Kosaken, indem er sich auf den Bock zum Kutscher setzte, der ein Tuch auf dem Kopfe trug, da er bereits Zeit gehabt hatte, seine Mütze in der Schenke zu lassen. Die übrigen fünf krochen zusammen mit dem Philosophen in die Tiefe der Kutsche und ließen sich auf den Säcken nieder, die mit allerlei Waren, die sie in der Stadt eingekauft hatten, angefüllt waren.

»Mich interessiert die Frage«, sagte der Philosoph, »wenn man diese Kutsche mit irgendwelchen Waren, sagen wir einmal Salz oder Eisen, beladen würde, wieviel Pferde brauchte man wohl dann, um sie von der Stelle zu bringen?«

»Ja«, sagte nach einer Pause der Kosak, der auf dem Bocke saß: »man brauchte wohl eine gehörige Anzahl Pferde dazu.«

Nachdem er diese befriedigende Antwort gegeben, hielt sich der Kosak für berechtigt, während des ganzen weiteren Weges zu schweigen.

Der Philosoph hatte große Lust, Genaueres über den Hauptmann zu erfahren: was er für ein Mensch sei, welchen Charakter er habe und was man sich von seiner Tochter erzählte, die auf eine so ungewöhnliche Weise nach Hause zurückgekehrt war und nun im Sterben lag, und deren Geschichte jetzt mit seiner eigenen verknüpft war; und überhaupt was das für Leute wären und wie sie lebten. Er stellte an die Kosaken verschiedene Fragen; die Kosaken waren aber wohl auch Philosophen, denn sie antworteten ihm nicht und rauchten, auf den Säcken liegend, stumm ihre Pfeifen.

Bloß einer von ihnen wandte sich mit dem kurzen Befehl an den Kutscher: »Paß auf, Owerko, du alte Schlafmütze, wenn wir an der Schenke, die an der Tschuchrailowschen Straße liegt, vorbeikommen, so vergiß nicht, anzuhalten und mich und die anderen Burschen zu wecken, falls einer von uns einschlafen sollte.«

Nach diesen Worten begann er ziemlich laut zu schnarchen. Seine Ermahnung war übrigens durchaus überflüssig: kaum näherte sich die Riesenkutsche der Schenke an der Tschuchrailowschen Straße, als alle wie aus einem Munde losschrien: »Halt!« Außerdem waren Owerkos Pferde schon so abgerichtet, daß sie von selbst vor jeder Schenke hielten.

Trotz des heißen Julitages stiegen alle aus der Kutsche und traten in die niedrige, schmutzige Stube, wo der jüdische Schenkwirt sie als seine alten Bekannten mit großer Freude empfing. Der Jude holte sofort unter dem Rockschoß einige Schweinswürste herbei, legte sie auf den Tisch und wandte sich schleunigst von dieser vom Talmud verbotenen Frucht ab. Alle setzten sich an den Tisch, und vor jedem der Gäste stand plötzlich ein Tonkrug. Der Philosoph Choma mußte am gemeinsamen Schmause teilnehmen. Wenn Kleinrussen angeheitert sind, pflegen sie sich zu küssen oder zu weinen; die ganze Stube hallte auch bald von Küssen wider. »Komm her, Spirid, laß dich küssen!« – »Komm her, Dorosch, ich will dich umarmen!«

Ein älterer Kosak, dessen Schnurrbart schon ganz grau war, stützte den Kopf in die Hand und begann bitterlich zu weinen und zu jammern, weil er weder Vater noch Mutter habe und ganz allein auf der Welt dastehe. Ein anderer, der ein großer Räsoneur zu sein schien, tröstete ihn in einem fort und sprach: Weine nicht, bei Gott, weine nicht! Was ist denn zu machen?... Gott weiß, wie und was...« Ein anderer, namens Dorosch, legte eine große Neugierde an den Tag und fragte fortwährend den Philosophen Choma: »Ich möchte gerne wissen, was ihr auf eurer Bursa lernt: ob es dasselbe ist, was der Diakon in der Kirche liest oder etwas anderes?«

»Frage ihn nicht danach!« sagte der Räsoneur mit gedehnter Stimme. »Sollen sie dort lernen, was sie wollen. Gott weiß am besten, was not tut. Gott weiß alles.«

»Nein, ich möchte wissen«, sagte Dorosch, »was in ihren Büchern steht: vielleicht doch etwas anderes als beim Diakon.«

»O mein Gott, mein Gott!« entgegnete der ehrwürdige Prediger. »Wozu soll man von solchen Dingen sprechen? Gott hat es einmal so gewollt. Was Gott festgesetzt hat, läßt sich nicht mehr ändern.«

»Ich möchte alles wissen, was in den Büchern steht. Ich will in die Bursa eintreten, bei Gott, ich werde es tun. Glaubst du vielleicht, ich werde nichts lernen? Alles werde ich lernen, alles!«

»O mein Gott, mein Gott!...« sagte der Tröster und legte seinen Kopf, den er nicht länger auf den Schultern tragen konnte, auf den Tisch. Die übrigen Kosaken sprachen von ihren Herren und darüber, warum der Mond am Himmel leuchtet.

Als der Philosoph Choma merkte, in welcher Verfassung ihre Köpfe waren, beschloß er, die Gelegenheit auszunutzen und Reißaus zu nehmen. Er wandte sich zunächst an den grauköpfigen Kosaken, der sich so um Vater und Mutter grämte: »Was weinst du denn nur so, Onkelchen?« sagte er. »Auch ich bin ein Waisenknabe! Kinder, laßt mich laufen! Was braucht ihr mich?«

»Lassen wir ihn laufen!« sagten einige. »Er ist ja ein Waisenkind. Soll er nur gehen, wohin er will.«

»O mein Gott, mein Gott!« versetzte der Tröster, seinen Kopf wieder erhebend. »Laßt ihn laufen! Soll er nur gehen!«

Die Kosaken waren schon im Begriff, ihn selbst ins freie Feld hinauszuführen; aber der, der sich für die Wissenschaften interessiert hatte, hielt sie zurück und sagte: »Laßt ihn noch: ich will mit ihm über die Bursa sprechen; ich will auch selbst in die Bursa eintreten...«

Die Flucht wäre übrigens auch so nicht zustande gekommen, denn als der Philosoph sich vom Tisch erheben wollte, waren seine Füße wie aus Holz, und er sah im Zimmer so viel Türen, daß es ihm wohl kaum gelungen wäre, die richtige zu finden.

Erst gegen Abend fiel es der Gesellschaft ein, daß sie ihren Weg fortsetzen mußte. Sie kletterten in die Kutsche, streckten sich aus und trieben die Pferde an; im Fahren sangen sie ein Lied, dessen Sinn und Text wohl niemand verstanden hätte. Nachdem sie mehr als die halbe Nacht gefahren waren und fortwährend vom Wege abkamen, den sie auswendig kannten, rasten sie endlich einen steilen Abhang hinunter, und der Philosoph erblickte an den Seiten des Weges Zäune und Hecken, hinter denen niedrige Bäume und Dächer hervorlugten. Es war ein großes Dorf, das dem Hauptmann gehörte. Die Mitternacht war längst vorbei; der Himmel war dunkel, und hie und da blinkten einzelne Sterne. In keinem der Häuser war Licht zu sehen. Von Hundegebell begleitet, fuhren sie in einen Hof ein. Zu beiden Seiten standen mit Stroh gedeckte Schuppen und kleine Häuser; das eine von ihnen, das gerade in der Mitte, dem Tore gegenüber stand, war größer als die andern und schien dem Hauptmann als Wohnstätte zu dienen. Die Kutsche hielt vor einem Schuppen, und die Reisenden begaben sich sofort zur Ruhe. Der Philosoph hatte den Wunsch, sich den herrschaftlichen Palast von außen anzusehen; doch so sehr er sich auch anstrengte, konnte er nichts unterscheiden: statt des Hauses sah er einen Bären, statt des Schornsteines den Rektor. Der Philosoph gab daher sein Beginnen auf und ging schlafen.

Als er erwachte, war das ganze Haus in Bewegung: in der Nacht war das Fräulein gestorben. Die Diener liefen in großer Hast hin und her; einige alte Weiber weinten; eine Menge Neugieriger blickte über den Zaun in den Hof, als ob da etwas zu sehen wäre. Der Philosoph betrachtete in Muße den Ort, von dem er nachts nichts hatte erkennen können. Das Herrenhaus war ein kleines niedriges, mit Stroh gedecktes Gebäude, wie man sie vor Zeiten in der Ukraine zu bauen pflegte; die schmale Fassade mit spitzem Giebel hatte nur ein Fenster, das wie ein gen Himmel gerichtetes Auge aussah, und war über und über mit blauen und gelben Blumen und roten Halbmonden bemalt. Der Giebel ruhte auf eichenen Pfosten, die bis zur Mitte rund gedrechselt, unten sechskantig und oben kunstvoll geschnitzt waren. Unter diesem Giebel befand sich eine kleine Treppe mit Bänken zu beiden Seiten. Rechts und links ragten Dachvorsprünge hervor, die auf ähnlichen, zum Teil gewundenen Pfosten ruhten. Vor dem Hause grünte ein großer Birnbaum mit pyramidenförmigem Wipfel und zitterndem Laub. Zwei Reihen Schuppen bildeten in der Mitte des Hofes eine Art breite Straße, die zum Hause führte. Zwischen den Schuppen und dem Tor lagen einander gegenüber zwei dreieckige Kellergebäude, die gleichfalls mit Stroh gedeckt waren. Die dreieckigen Giebel wände der Keller hatten je eine niedrige Tür und waren mit allerlei Bildern bemalt. Auf der einen Wand war ein Kosak dargestellt, der auf einem Fasse saß und einen Krug mit der Inschrift: »Ich trinke alles aus!« in die Höhe hob. Das andere Bild stellte Flaschen von verschiedener Form, ein Pferd, das, wohl der Schönheit wegen, auf dem Kopfe stand, eine Tabakspfeife und eine Handtrommel dar und trug die Inschrift: »Der Wein ist des Kosaken Wonne.« Aus der riesigen Dachluke eines der Schuppen blickten eine Trommel und mehrere Messingtrompeten hervor. Am Tore standen zwei Kanonen. Alles ließ darauf schließen, daß der Hausherr sich zu amüsieren liebte und daß sein Hof oft von Schreien der Zechenden widerhallte. Vor dem Tore standen zwei Windmühlen. Hinter dem Hause zogen sich Gärten hin, und zwischen den Baumwipfeln sah man nur die dunklen Mützen der Schornsteine der im grünen Dickicht versteckten Hütten. Die ganze Siedelung lag auf einem breiten Bergabhang. Im Norden wurde alles von einem steilen Berge bedeckt, dessen Sohle dicht vor dem Hofe lag. Wenn man den Berg von unten ansah, erschien er noch steiler, als er in Wirklichkeit war; vereinzelte Stengel dürren Steppengrases, die auf seinem Gipfel wuchsen, hoben sich schwarz vom hellen Hintergrunde des Himmels ab. Der nackte lehmige Berg war über und über mit Regenlöchern und Wasserrinnen bedeckt und bot einen traurigen Anblick. Am steilen Abhange standen in einiger Entfernung voneinander zwei Hütten; über der einen von ihnen breitete ein großer Apfelbaum, der unten an den Wurzeln von kleinen Pflöcken gestützt und mit angeschaufelter Erde bedeckt war, seine Äste aus. Die vom Winde heruntergeworfenen Äpfel rollten bis in den Herrenhof hinunter. Über den ganzen Berg schlängelte sich vom Gipfel an ein Weg, der am Hofe vorbei in das Dorf führte. Als der Philosoph diesen steilen Weg sah und sich an die gestrige Fahrt erinnerte, sagte er sich, daß entweder der Hauptmann ungewöhnlich kluge Pferde, oder seine Kosaken ungewöhnlich harte Köpfe haben müßten, wenn sie es fertigbrachten, in ihrem Rausche mit der riesenhaften Kutsche und dem Gepäck den Abhang nicht Hals über Kopf hinunterzupurzeln. Der Philosoph stand auf der höchsten Stelle des Hofes; als er sich umwandte und nach der entgegengesetzten Seite blickte, sah er ein ganz anderes Bild. Das Dorf fiel mit dem Bergabhang zu der Ebene ab. Unendliche Wiesen zogen sich in weite Ferne hin; ihr grelles Grün wurde mit der Entfernung immer dunkler; man konnte auch eine ganze Reihe von Dörfern, die sich am Horizont als blaue Silhouetten abhoben, ziemlich deutlich erkennen, obwohl die Entfernung mehr als zwanzig Werst betrug. Rechts von den Wiesen zogen sich Bergketten hin, und ganz in der Ferne glühte und dunkelte der Dnjepr.

– Ach, welch eine herrliche Gegend!... sagte sich der Philosoph. – Hier möchte ich leben, im Dnjepr und in den Teichen Fische fangen und mit Gewehr und Netz Trappen und Schnepfen jagen! Ich glaube übrigens, daß es hier auch Trappgänse gibt. Man könnte auch Obst dörren und nach der Stadt verkaufen; noch besser wäre es, daraus Branntwein zu brennen, denn mit dem Obstbranntwein läßt sich doch kein anderer vergleichen. Eigentlich sollte ich mich jetzt umsehen, wie ich von hier entwischen könnte. –

Hinter der Hecke bemerkte er einen schmalen Fußpfad, der halb im üppigen Steppengras versteckt war; er setzte schon mechanisch den Fuß darauf, mit der Absicht, zunächst nur einen kleinen Spaziergang zu machen und dann zwischen den Hecken hindurchzuschleichen und ins freie Feld zu kommen, – als er plötzlich auf seiner Schulter eine ziemlich feste Hand fühlte.

Hinter ihm stand derselbe alte Kosak, der gestern so bitter über den Verlust der Eltern und über seine Einsamkeit geweint hatte.

»Vergeblich glaubst du, Herr Philosoph, von hier entwischen zu können!« sagte der Kosak. »Hier ist keine solche Wirtschaft, daß man entlaufen kann; auch sind die Wege für Fußgänger viel zu schlecht; geh lieber zum Herrn: er erwartet dich längst in seinem Zimmer.«

»Gut, gehen wir! Warum auch nicht... Mit dem größten Vergnügen!« antwortete der Philosoph und folgte dem Kosaken.

Der Hauptmann, ein alter Mann mit grauem Schnurrbart und dem Ausdruck finsterer Trauer in den Zügen, saß im Zimmer vor dem Tisch, den Kopf in beide Hände gestützt. Er war wohl an die fünfzig Jahre alt; aber der tief traurige Ausdruck und die fahle Farbe seines Gesichts sagten, daß seine Seele in einem einzigen Augenblick vernichtet worden und daß es nun für immer mit seiner ganzen Fröhlichkeit und seinem ausgelassenen Leben vorbei war. Als Choma mit dem alten Kosaken eintrat, zog der Alte eine Hand vom Gesicht fort und erwiderte ihren ehrerbietigen Gruß mit leichtem Kopfnicken.

Choma und der Kosak blieben ehrfurchtsvoll an der Tür stehen.

»Wer bist du, woher und von welchem Stande, guter Mann?« fragte der Hauptmann weder freundlich noch streng.

»Aus dem Bursakenstande, der Philosoph Choma Brut...«

»Und wer war dein Vater?«

»Ich weiß es nicht, gnädiger Herr.«

»Und deine Mutter?«

»Ich kenne auch meine Mutter nicht. Der gesunde Menschenverstand spricht zwar dafür, daß ich auch eine Mutter gehabt habe; aber wer sie war, woher sie stammte und wann sie gelebt hat, das weiß ich, bei Gott, nicht, gnädiger Herr.«

Der Alte schwieg und schien eine Weile in Gedanken versunken.

»Wie hast du denn meine Tochter kennengelernt?«

»Ich habe sie gar nicht kennengelernt, gnädiger Herr, bei Gott nicht! Solange ich auf der Welt lebe, habe ich noch nie etwas mit einem Fräulein zu tun gehabt. Gott bewahre mich davor, um nicht einen unschicklicheren Ausdruck zu gebrauchen.«

»Warum bestimmte sie denn, daß gerade du an ihrem Sarge beten sollst und niemand anderer?«

Der Philosoph zuckte die Achseln. »Gott allein weiß«, sagte er, »wie das zu erklären ist. Die vornehmen Leute haben ja bekanntlich manchmal solche Einfälle, daß auch der gelehrteste Mensch daraus nicht klug werden kann; ein Sprichwort sagt auch: ›Wie der Herr pfeift, so muß der Knecht tanzen.‹«

»Lügst du auch nicht, Herr Philosoph?«

»Soll mich auf der Stelle der Blitz treffen, wenn ich lüge.«

»Hättest du nur eine Minute länger gelebt, Tochter«, sagte der Hauptmann traurig, »so würde ich wohl alles erfahren haben. – ›Laß niemand an meinem Sarge beten, Vater, schicke aber gleich in das Kijewer Seminar und laß den Bursaken Choma Brut kommen; er soll drei Nächte für meine sündige Seele beten. Er weiß alles...‹ – Was er aber weiß, bekam ich nicht mehr zu hören: kaum hatte mein Täubchen diese Worte gesprochen, als sie auch gleich den Geist aufgab. Du bist wohl durch deinen heiligen Lebenswandel oder deine gottgefälligen Werke berühmt, guter Mann, und sie hat vielleicht etwas von dir gehört?«

»Wer? Ich?« rief der Bursake und trat vor Erstaunen einen Schritt zurück. »Ich soll durch meinen heiligen Lebenswandel berühmt sein?« sagte er, dem Hauptmann gerade in die Augen blickend. »Gott sei mit Euch, Herr! Was redet Ihr! Ich bin ja – obwohl es unziemlich ist, davon zu sprechen – am Vorabend von Gründonnerstag zu einer Bäckerin gegangen.«

»Nun... sie hat es wohl nicht ohne Grund so angeordnet. Du mußt gleich heute abend ans Werk gehen.«

»Ich würde Euer Gnaden darauf einwenden... Natürlich könnte es jeder Mensch, der sich in der Heiligen Schrift auskennt, nach Maßgabe seiner Fähigkeiten übernehmen... Aber passender wäre es, einen Diakon oder wenigstens einen Küster damit zu betrauen. Das sind doch vernünftige Leute, die genau wissen, wie so etwas gemacht wird; aber ich... Ich habe ja nicht einmal die entsprechende Stimme und sehe auch sonst nach nichts aus.«

»Magst wollen oder nicht, aber ich werde den Letzten Willen meines Täubchens erfüllen, koste es, was es wolle. Und wenn du von heute ab drei Nächte an ihrem Sarge, wie sich's gehört, durchbetest, so werde ich dich belohnen; und wenn nicht, so möchte ich auch dem Teufel nicht raten, mich zu erzürnen.«

Der Hauptmann sprach diese letzten Worte mit solchem Nachdruck, daß der Philosoph ihren Sinn vollkommen erfaßte.

»Komm mit!« sagte der Hauptmann.

Sie traten in den Flur hinaus. Der Hauptmann öffnete die Tür eines Zimmers, das dem seinigen gegenüber lag. Der Philosoph blieb einen Augenblick im Flur zurück, um sich die Nase zu schneuzen, und trat dann, von einem seltsam bangen Gefühl ergriffen, über die Schwelle.

Der ganze Fußboden war mit rotem Baumwollzeug belegt. Die Tote lag in der Ecke unter den Heiligenbildern auf einem hohen Tisch, auf einer blausamtenen, mit goldenen Fransen und Quasten verzierten Decke. Ihr zu Häupten und zu Füßen standen lange, mit Maßholderzweigen umwundene Wachskerzen, deren trübes Licht sich in der Helle des Tages verlor. Der Philosoph konnte das Gesicht der Toten nicht sehen, da zwischen ihm und der Leiche der trostlose Vater, den Rücken der Tür zugekehrt, saß. Der Philosoph staunte über die Worte, die der Alte sprach:

»Nicht das tut mir so weh, meine allerliebste Tochter, daß du in der Blüte deiner Jahre, ohne das dir zugemessene Alter erreicht zu haben, mir zu Trauer und Leid die Erde verlassen hast; sondern das, mein Täubchen, daß ich den bösen Feind, der deinen Tod verschuldet hat, nicht kenne. Und wenn ich wüßte, wer dich auch nur in Gedanken beleidigen oder auch nur ein übles Wort über dich sagen könnte, so schwöre ich bei Gott: er würde seine Kinder nicht wiedersehen, wenn er ein alter Mann ist, wie ich; er würde seine Eltern nicht wiedersehen, wenn er noch jung ist; seine Leiche würde ich aber den Vögeln des Feldes und den Tieren der Steppe vorwerfen lassen! Wehe mir, du Blume des Feldes, meine kleine Wachtel, du Licht meiner Augen, daß ich den Rest meines Lebens ohne Freude, die Tränen, die unaufhörlich aus meinen alten Augen strömen, mit dem Saum meines Rockes trocknend, verbringen muß, während mein Feind frohlocken und heimlich über den schwachen Greis lachen wird...«

Er hielt inne: der verzehrende Schmerz entlud sich in einem Tränenstrom und ließ ihn nicht weitersprechen.

Dieser tiefe Kummer machte auf den Philosophen starken Eindruck; er hüstelte und räusperte sich, um seine Stimme zu reinigen.

Der Hauptmann wandte sich um und zeigte ihm zu Häupten der Toten den kleinen Betstuhl, auf dem mehrere Bücher lagen.

– Drei Nächte werde ich schon irgendwie abarbeiten –, dachte sich der Philosoph. – Dafür wird mir der Herr beide Taschen mit blanken Dukaten vollstopfen. –

Er kam näher heran, räusperte sich noch einmal und begann zu lesen, ohne nach den Seiten zu sehen; er brachte es noch nicht übers Herz, das Gesicht der Toten anzuschauen. Eine tiefe Stille herrschte im Saal. Als er merkte, daß der Hauptmann hinausgegangen war, wandte er langsam den Kopf, um nach der Toten zu schauen, und...

Ein Beben lief durch seine Adern: vor ihm lag das schönste Geschöpf, das es je auf Erden gegeben hat. Man hat wohl noch nie so strenge und zugleich so harmonische Gesichtszüge gesehen. Sie lag wie lebendig da; die schöne, zarte, wie Schnee, wie Silber weiße Stirn schien noch zu denken; die Brauen – eine schwarze Nacht mitten am sonnigen Tage – wölbten sich fein, ebenmäßig und stolz über den geschlossenen Augen; die Wimpern lagen wie spitze Pfeile auf den Wangen, die noch im Feuer geheimer Lüste glühten; die rubinroten Lippen schienen noch in einem seligen Lächeln, in einer Flut der Freude erbeben zu können... Zugleich sah er aber in ihren Zügen etwas Grauenhaftes und Stechendes. Er fühlte, wie sein Herz sich qualvoll zusammenkrampfte, als ob er plötzlich mitten im Wirbel ausgelassener Fröhlichkeit, mitten in einer tanzenden Menge einen Totengesang vernommen hätte. Ihre rubinroten Lippen versengten ihm gleichsam das Herz. Und plötzlich sah er in ihren Zügen etwas furchtbar Bekanntes.

»Die Hexe!« rief er mit wilder Stimme; er wandte seinen Blick ab und begann die Gebete weiterzulesen. Es war ja dieselbe Hexe, die er getötet hatte!

Als die Sonne im Sinken war, wurde die Verstorbene in die Kirche gebracht. Der Philosoph half den schwarzen Sarg tragen und stützte ihn mit der Schulter, auf der er eisige Kälte fühlte. Der Hauptmann selbst ging voran und hielt die rechte Seite der engen Totenkammer fest. Die vor Alter ganz schwarze, mit grünem Moos bewachsene Holzkirche mit den drei kegelförmigen

Kuppeln ragte traurig am Ende des Dorfes. Es wurde in ihr offenbar seit langem kein Gottesdienst mehr abgehalten. Fast vor jedem Heiligenbild wurden Kerzen angezündet. Der Sarg wurde in der Mitte der Kirche, dem Altar gegenüber, hingestellt. Der alte Hauptmann küßte noch einmal seine tote Tochter, warf sich noch einmal vor dem Sarge auf die Knie und verließ zugleich mit den Sargträgern die Kirche, nachdem er zuvor den Auftrag erteilt hatte, dem Philosophen ein ordentliches Nachtmahl zu geben und ihn nachher wieder in die Kirche zu bringen. Alle, die den Sarg getragen hatten, beeilten sich, sobald sie in der Küche waren, die Hände an den Ofen zu legen, was die Kleinrussen immer tun, wenn sie eine Leiche gesehen haben.

Der Hunger, den der Philosoph um diese Zeit zu spüren begann, ließ ihn für eine Weile die Tote gänzlich vergessen. Bald sammelte sich in der Küche das ganze Hausgesinde. Die Küche im Hause des Hauptmanns war eine Art Klub, in dem sich alle versammelten, die auf seinem Hofe wohnten, die Hunde mit inbegriffen, die schweifwedelnd an der Türe erschienen, um sich Knochen und Abfälle zu holen. Wenn irgend jemand irgendwohin in irgendwelchem Auftrag geschickt wurde, so kehrte er zuvor immer in der Küche ein, um wenigstens einen Augenblick auf der Bank auszuruhen und eine Pfeife zu rauchen. Alle Junggesellen, die im Hause wohnten und in schmucken Kosakenröcken einherstolzierten, lagen hier fast den ganzen Tag auf den Bänken, auf dem Ofen, – kurz überall, wo man bequem liegen konnte. Außerdem pflegte jeder immer etwas in der Küche zu vergessen: die Mütze, oder die Peitsche, die als Waffe gegen die fremden Hunde dienen sollte, oder sonst irgend etwas. Doch die besuchtesten Versammlungen fanden hier immer während des Abendbrots statt, wenn auch der Pferdewärter, der seine Pferde in die Hürden eingebracht, und der Kuhhirt, der die Kühe zum Melken heimgeführt hatte, und auch andere Leute, die man während des ganzen Tages nicht zu Gesicht bekam, in der Küche erschienen. Während des Abendbrots wurden selbst die schweigsamsten Zungen geschwätzig. Hier wurde alles besprochen: wer sich neue Pumphosen genäht hatte, und was sich im Innern der Erde befindet, und wem ein Wolf begegnet war. Man bekam hier eine Menge witziger Worte und Redensarten zu hören, an denen unter den Kleinrussen kein Mangel herrscht.

Der Philosoph setzte sich mit den andern in den weiten Kreis, der sich unter freiem Himmel vor der Küchentür gebildet hatte. In der Tür erschien bald darauf eine alte Frau mit rotem Kopftuch; sie hielt mit beiden Händen einen Topf heißer Quarkklöße, den sie in die Mitte des Kreises der Hungrigen stellte, ein jeder holte aus der Tasche einen Holzlöffel hervor; und solche, die keine Löffel besaßen, nahmen Holzstäbchen zur Hand. Sobald die Kiefer sich etwas langsamer zu bewegen begannen und die ganze Gesellschaft ihren Wolfshunger ein wenig gestillt hatte, fingen einzelne Mitglieder der Versammlung zu reden an. Das Gespräch drehte sich naturgemäß um die Verstorbene.

»Ist es wahr«, fragte ein junger Schäfer, der an seinem Pfeifenriemen so viele Knöpfe und Messingbleche angebracht hatte, daß er wie ein Kramladen aussah: »ist das wahr, daß das Fräulein – ich will ihr Andenken damit nicht beleidigen – mit dem Teufel Umgang pflegte?«

»Wer? Das Fräulein?« sagte Dorosch, den unser Philosoph schon von früher her kannte. »Sie war ja eine richtige Hexe! Ich leiste jeden Eid, daß sie eine Hexe war!«

»Hör auf, Dorosch«, sagte der Kosak, der während der Fahrt große Neigung gezeigt hatte, den andern zu trösten: »Es ist ja nicht unsere Sache, Gott sei mit ihr! Man soll davon lieber nicht reden.« – Dorosch hatte aber nicht die geringste Lust, zu schweigen; er war soeben mit dem Kellermeister in einer wichtigen Angelegenheit im Weinkeller gewesen und hatte sich an die zwei Male über zwei oder drei Fässer gebeugt; er war in der besten Laune zurückgekehrt und redete nun ununterbrochen.

»Was willst du? Daß ich schweige?« sagte er. »Sie ist ja auch auf mir selbst herumgeritten! Bei Gott, sie hat es getan!«

»Wie ist das eigentlich, Onkel?« fragte der junge Schäfer mit den Knöpfen. »Gibt es irgendwelche Anzeichen, an denen man eine Hexe erkennen kann?«

»Nein«, antwortete Dorosch, »es gibt kein Mittel, eine zu erkennen; und wenn man auch alle Psalmen herunterliest, erfährt man es doch nicht.«

»Man kann es wohl erkennen, Dorosch, leugne es nicht!« sagte der Tröster von gestern. »Gott hat nicht umsonst einem jeden irgendeine Eigenheit verliehen: Menschen, die sich in den Wissenschaften auskennen, sagen, daß jede Hexe einen kleinen Schwanz hat.«

»Wenn ein Weib alt ist, so ist sie eben eine Hexe«, sagte kaltblütig der alte Kosak.

»Ihr seid gut!« fiel ihnen die Alte ins Wort, die eben eine neue Portion Klöße in den Topf, der sich inzwischen geleert hatte, schüttete. »Ihr seid mir echte dicke Wildschweine!«

Der Kosak, der mit dem Namen Jawtuch und mit dem Spitznamen Kowtun hieß, lächelte vergnügt, als er merkte, daß die Alte sich von seinen Worten getroffen fühlte; der Viehtreiber ließ aber ein so dröhnendes Lachen erschallen, als hätten sich zwei Stiere gegenübergestellt und zugleich zu brüllen angefangen.

Das begonnene Gespräch stachelte die Neugierde des Philosophen auf und weckte in ihm das unüberwindliche Verlangen, Genaueres über die verstorbene Hauptmannstochter zu erfahren. Um das Gespräch auf den früheren Gegenstand zurückzubringen, wandte er sich an seinen Nachbarn mit folgenden Worten: »Ich möchte gerne wissen, warum diese ganze Gesellschaft, die hier am Tische sitzt, die Hauptmannstochter für eine Hexe hält? Hat sie denn jemand etwas Böses zugefügt oder gar den Garaus gemacht?«

»Es ist manches vorgekommen«, sagte einer der Anwesenden, dessen Gesicht so flach wie eine Schaufel war.

»Wer erinnert sich nicht an den Hundewärter Mikita? Oder an den andern...«

»Was war denn mit dem Hundewärter Mikita?« fragte der Philosoph.

»Halt! Ich will vom Hundewärter Mikita erzählen!« sagte Dorosch.

»Nein, ich will von Mikita erzählen!« rief der Pferdewärter dazwischen: »Er war doch mein Gevatter.«

»Ich will von Mikita erzählen«, sagte Spirid.

»Ja, soll es Spirid erzählen«, riefen die andern.

Spirid begann: »Herr Philosoph Choma, du hast den Mikita nicht gekannt. Das war ein ganz seltener Mensch! Einen jeden Hund kannte er so genau wie seinen leiblichen Vater. Der jetzige Hundewärter Mikola, der Dritte neben mir, ist seines kleinen Fingers nicht wert. Obwohl auch er seine Sache versteht, ist er gegen Mikita wie Mist!«

»Du erzählst gut, sehr gut!« sagte Dorosch und nickte anerkennend mit dem Kopf.

Spirid fuhr fort: »Einen Hasen erspähte er schneller, als ein anderer sich den Tabak aus der Nase wischt. Manchmal pfiff er seinen Hunden und rief: ›Los, Räuber, los, Schneller!‹ und sauste selbst auf seinem Gaul so schnell dahin, daß man unmöglich erkennen konnte, wer wen überholte: ob er die Hunde, oder die Hunde ihn. Manchmal soff er auf einmal ein ganzes Quart Schnaps aus, und das machte ihm nichts. Ein ausgezeichneter Hundewärter war's! Aber seit einiger Zeit hatte er sich in das Fräulein vergafft. Ich weiß nicht, ob er sich in sie verliebt, oder ob sie ihn behext hatte, aber der Mann kam auf einmal herunter und war ganz zu einem Weibe geworden; weiß der Teufel, was er geworden war. Es ist sogar unanständig, es auszusprechen.«

»Sehr schön erzählst du«, sagte Dorosch.

»Wenn ihn nur das Fräulein ansah, ließ er gleich die Zügel los, nannte den ›Räuber‹ – ›Browko‹, stolperte und machte noch ähnliche Dummheiten. Einmal kam das Fräulein in den Stall, wo er das Pferd striegelte. – ›Laß mich einmal‹, sagte sie, ›dir mein Füßchen auf den Rücken setzen.‹ Er aber, der Narr, war ganz außer sich vor Freude und sagte: ›Nicht bloß dein Füßchen sollst du auf mich setzen, setz dich ganz auf mich herauf.‹ Das Fräulein hob den Fuß, und wie er ihr bloßes, pralles, weißes Bein sah, so war er, wie er sagte, vom Zauber wie betäubt. Der Dummkopf beugte den Rücken, ergriff ihre beiden bloßen Beinchen mit den Händen und begann wie ein Pferd über das Feld zu rennen; wo sie überall herumgeritten waren, konnte er nachher gar nicht sagen. Er kam aber mehr tot als lebendig heim und begann von jenem Tage an dahinzuschwinden, bis er so dürr wie ein Span wurde; und als man einmal in den Stall kam, fand man nur ein Häuflein Asche und einen leeren Eimer vor; er war völlig verbrannt, ganz von selbst verbrannt. Und doch war er ein Hundewärter gewesen, wie man einen solchen auf der ganzen Welt nicht wieder findet.«

Als Spirid mit seinem Bericht zu Ende war, begann man über die Vorzüge des früheren Hundewärters zu sprechen.

»Und hast du nichts von Scheptuns Weib gehört?« wandte sich Dorosch an Choma.

»Nein.«

»Ach ja! Ihr lernt wohl in eurer Bursa nicht viel Gescheites. Hör also zu. Wir haben im Dorfe einen Kosaken namens Scheptun, – ein feiner Kosak ist er! Manchmal stiehlt er zwar oder lügt auch so ganz ohne Grund, aber er ist ein vortrefflicher Kosak. Sein Haus ist nicht weit von hier. Um die gleiche Stunde, zu der wir uns heute ans Abendbrot setzten, hatten einmal Scheptun und sein Weib ihr Abendbrot verzehrt und sich schlafen gelegt; da das Wetter schön war, legte sich das Weib auf den Hof, Scheptun legte sich aber auf eine Bank in der Stube; oder nein: das Weib legte sich auf die Bank und Scheptun auf den Hof...«

»Das Weib legte sich gar nicht auf die Bank, sondern auf den Boden«, wandte die Alte ein, die, den Kopf in die Hand gestützt, an der Schwelle stand.

Dorosch sah sie an, senkte den Blick, sah sie wieder an und sagte nach kurzem Schweigen: »Wenn ich dir vor aller Augen den Unterrock abziehe, so wird es gar nicht schön aussehen.«

Diese Warnung verfehlte ihre Wirkung nicht. Die Alte schwieg und unterbrach ihn nicht mehr.

Dorosch fuhr fort: »Und in der Wiege, die mitten in der Hütte hing, lag ein einjähriges Kind, ich weiß nicht mehr, ob es männlichen oder weiblichen Geschlechts war. Scheptuns Weib lag da und hörte plötzlich, wie ein Hund draußen an der Tür kratzte und so heulte, daß man davonlaufen könnte. Sie erschrak: die Weiber sind ja ein so dummes Volk, daß ihnen das Herz in die Ferse fällt, wenn abends jemand auch nur die Zunge zur Tür hineinsteckt. Sie sagte sich aber: ›Ich will dem verdammten Hund eins auf die Schnauze geben, vielleicht wird er aufhören zu heulen.‹ –

Sie nahm also einen Schürhaken und ging zur Tür. Kaum hatte sie aber die Tür ein wenig aufgemacht, als der Hund ihr zwischen den Beinen hindurchrannte und sich auf die Wiege stürzte. Scheptuns Weib sah, daß es nicht mehr der Hund war, sondern das Fräulein; und wenn es noch das Fräulein in solcher Gestalt wäre, in der sie es kannte, – das würde noch nichts machen; aber das ist eben die Sache: das Fräulein war ganz blau, und ihre Augen glühten wie Kohlen. Sie packte das Kind, biß ihm die Kehle durch und begann sein Blut zu trinken. Scheptuns Weib schrie nur: ›Herrgott!‹ und rannte aus der Stube. Die Tür im Flur war aber verschlossen, sie stieg darum auf den Dachboden hinauf; das dumme Weib saß auf dem Dachboden und zitterte am ganzen Leibe; nach einer Weile kam aber auch das Fräulein auf den Dachboden hinauf, fiel über sie her und begann sie zu beißen. Erst am Morgen holte Scheptun sein Weib vom Boden herunter: sie war ganz blau und zerbissen und starb am nächsten Tage. Ja, was es nicht alles für Teufelswerk gibt! Sie ist zwar von herrschaftlichem Geblüt, aber doch eine Hexe.«

Dorosch war mit seiner Erzählung zu Ende. Er ließ seinen Blick selbstzufrieden im Kreise schweifen und steckte einen Finger in den Kopf seiner Pfeife, um sie von neuem zu stopfen. Das Thema von der Hexe schien unerschöpflich. Ein jeder wollte seinen Beitrag dazu liefern. Zu dem einen war die Hexe in Gestalt eines Heuwagens dicht vor die Haustür gekommen; dem andern hatte sie die Pfeife oder die Mütze gestohlen; vielen Mädchen im Dorfe hatte sie die Zöpfe abgeschnitten; und anderen je einige Eimer Blut ausgesogen.

Endlich kam die Gesellschaft zur Besinnung und merkte, daß sie sich gar zu sehr verplaudert hatte: es war inzwischen stockfinster geworden. Ein jeder suchte nun sein Nachtlager auf; die einen schliefen in der Küche, die andern in den Schuppen oder mitten auf dem Hofe.

»Nun, Herr Choma! Es ist Zeit, zu der Toten zu gehen«, wandte sich der alte Kosak zum Philosophen. Sie begaben sich zu viert, darunter Spirid und Dorosch, zur Kirche. Unterwegs mußten sie sich mit Peitschen gegen die Hunde wehren, von denen es im Dorfe eine Unmenge gab und die ihnen wütend in die Stöcke bissen.

Obwohl der Philosoph sich bereits mit einem ordentlichen Glas Schnaps gestärkt hatte, fühlte er immer mehr Angst, je näher sie an die erleuchtete Kirche kamen. Alle die seltsamen Geschichten und Berichte, die er soeben gehört hatte, gaben seiner Phantasie neue Nahrung.

Das Dunkel in der Nähe des Zaunes und der Bäume hellte sich ein wenig auf; sie kamen auf einen freien Platz hinaus. Endlich traten sie durch das baufällige Tor in den Kirchenhof ein, wo es keinen einzigen Baum gab und von wo aus man nichts als leeres Feld und die vom Dunkel der Nacht verhüllten Wiesen sah. Die drei Kosaken stiegen zusammen mit Choma die steile Treppe hinauf und traten in die Kirche. Hier ließen sie den Philosophen zurück, nachdem sie ihm einen glücklichen Abschluß seines Werkes gewünscht und hinter ihm, auf Befehl ihres Herrn, die Tür versperrt hatten.

Der Philosoph blieb allein. Zuerst gähnte er, dann streckte er sich, blies in beide Hände und sah sich endlich in der Kirche um. In der Mitte stand der schwarze Sarg; vor den dunklen Heiligenbildern flackerten die Kerzen, deren Licht nur die Wand mit den Heiligenbildern und zum Teil auch die Mitte der Kirche erleuchtete; die entfernteren Ecken blieben in Dunkel gehüllt. Der hohe altertümliche Aufbau mit den Heiligenbildern schien recht baufällig; das durchbrochene Schnitzwerk, das einst vergoldet gewesen, glänzte nur an wenigen Stellen: die Vergoldung war hier abgefallen und dort schwarz geworden; die vor Alter ganz schwarzen Antlitze der Heiligen blickten düster. Der Philosoph sah sich noch einmal um. »Was ist denn dabei?« sagte er sich: »Was habe ich zu fürchten? Kein Mensch kann hereinkommen, was aber die Toten und die Gespenster betrifft, so habe ich gegen sie gar kräftige Gebete; wenn ich sie aufsage, wird mich niemand auch nur mit einem Finger anrühren. Es ist nicht so schlimm!« fügte er ermutigt hinzu. »Wollen wir also lesen.« Er sah im Chor einige Bündel Kerzen liegen. »Gut, daß ich sie hier finde«, sagte sich der Philosoph. »Ich will die ganze Kirche taghell erleuchten. Schade, daß man im Gotteshause keine Pfeife rauchen darf!«

Und er begann die Wachskerzen an alle Gesimse, Pulte und Heiligenbilder zu kleben, ohne mit ihnen zu sparen, und die ganze Kirche war bald voller Licht. Nur das Dunkel oben an der Decke schien noch dichter geworden, und die dunklen Heiligenbilder blickten noch düsterer aus ihren altertümlichen geschnitzten Rahmen, an denen hie und da die Vergoldung funkelte. Er ging an den Sarg heran und blickte der Toten ins Gesicht; er fuhr leicht zusammen und mußte die Augen schließen: so schrecklich, so blendend war ihre Schönheit. Er wandte sich ab und wollte vom Sarge fortgehen; doch die seltsame Neugierde, das seltsame widerspruchsvolle Gefühl, das den Menschen auch in Augenblicken der Angst nicht verläßt, zwang ihn, vor dem Weggehen noch einen Blick auf sie zu werfen; er erschauerte wieder, mußte sie aber gleich darauf noch einmal anblicken. Die ungewöhnliche Schönheit der Toten erschien ihm in der Tat schrecklich. Wenn sie weniger schön gewesen wäre, hätte sie in ihm diesen panischen Schrecken vielleicht gar nicht wachgerufen. Aber in ihren Zügen war nichts Trübes, Verschwommenes, Totes; das Gesicht war lebendig, und dem Philosophen kam es vor, als ob sie ihn durch ihre gesenkten Lider hindurch ansähe. Es schien ihm sogar, daß unter den Wimpern des rechten Auges eine Träne hervorrolle; und als sie auf der Wange hängenblieb, sah er ganz deutlich, daß es ein Blutstropfen war.

Er eilte zum Chor, schlug das Buch auf und begann, um sich Mut zu machen, mit lauter Stimme zu lesen. Seine Stimme schlug gegen die seit langer Zeit stummen und tauben Holzwände der Kirche; sein tiefer Baß klang in der Totenstille so furchtbar einsam und weckte kein Echo; dem Lesenden kam seine eigene Stimme fremd vor. – Was soll ich fürchten? – dachte er sich. – Sie wird doch nicht aus ihrem Sarge aufstehen, sie wird Angst vor dem Worte des Herrn haben. Soll sie nur liegen! Was wäre ich auch für ein Kosak, wenn ich Angst hätte? Ich habe wohl etwas zuviel getrunken, darum kommt mir alles so schrecklich vor. Jetzt will ich mir eine Prise nehmen. Ein guter Tabak! Ein feiner Tabak! Ein ausgezeichneter Tabak!« Beim Umblättern einer jeden Seite mußte er aber immer wieder nach dem Sarge schielen, und ein zwingendes Gefühl schien ihm zuzuflüstern: »Gleich wird sie aufstehen! Gleich wird sie sich erheben und aus dem Sarge herausschauen! –

Nichts störte aber die Totenstille, der Sarg blieb unbeweglich; die Kerzen ergossen ein ganzes Meer von Licht. Wie unheimlich ist so eine hellleuchtete Kirche bei Nacht, ohne eine Menschenseele, mit einer Leiche in der Mitte!

Er erhob seine Stimme und begann in den verschiedensten Tonarten zu singen, um den Rest seiner Furcht zu betäuben; aber jeden Augenblick wandte er seinen Blick zum Sarge, wie wenn er sich immer wieder fragte: – Und wenn sie sich erhebt, wenn sie aus dem Sarge aufsteht? – Der Sarg rührte sich aber nicht. Wenn doch irgendein Laut, irgendein lebendes Wesen, und wäre es auch nur ein Heimchen in einem Winkel, zu hören gewesen wäre! Er hörte aber nur, wie eine entfernte Kerze leise knisterte oder wie ein Wachstropfen zu Boden fiel.

– Und wenn sie sich erhebt?... –

Sie hob den Kopf...

Er blickte wie wahnsinnig hin und rieb sich die Augen. Sie lag wirklich nicht mehr, sie saß aufrecht in ihrem Sarge. Er wandte die Augen weg, richtete sie aber entsetzt wieder auf den Sarg. Sie war aufgestanden... sie ging durch die Kirche mit geschlossenen Augen, die Arme vor sich ausgestreckt, als ob sie jemand erhaschen wolle.

Sie ging geradeswegs auf ihn zu. In seiner Angst beschrieb er einen Zauberkreis um sich herum; mit großer Anstrengung las er seine Gebete herunter und die Beschwörungen, die ihn ein Mönch, der sein Leben lang stets Hexen und unsaubere Geister gesehen, gelehrt hatte.

Sie stand fast am Rande seines Kreises; und er sah, daß sie nicht die Kraft hatte, den Kreis zu überschreiten; und sie wurde plötzlich ganz blau wie eine Leiche, die schon mehrere Tage gelegen hat. Choma hatte nicht den Mut, sie anzuschauen: so schrecklich war sie. Sie klapperte mit den Zähnen und schlug ihre toten Augen auf; sie konnte aber nichts sehen, und ihr Gesicht erbebte vor Wut. Sie wandte sich mit ausgebreiteten Armen nach einer andern Seite und umschlang jede Säule, jeden Vorsprung mit der Absicht, Choma zu fangen. Endlich blieb sie stehen, drohte mit dem Finger und legte sich wieder in ihren Sarg.

Der Philosoph konnte noch immer nicht zu sich kommen und blickte immer wieder entsetzt auf die enge Behausung der Hexe. Plötzlich riß sich der Sarg von seiner Stelle los und begann sausend durch die ganze Kirche zu fliegen und die Luft in allen Richtungen zu durchschneiden. Der Philosoph sah ihn fast über seinem Kopfe schweben; zugleich merkte er aber, daß der Sarg nicht die Kraft hatte, in den von ihm beschriebenen Kreis zu dringen, und er begann seine Beschwörungen mit doppeltem Eifer aufzusagen. Der Sarg fiel mit lautem Krachen in die Mitte der Kirche nieder und rührte sich nicht mehr. Und wieder erhob sich die Leiche, die jetzt ganz blau und grün war. Doch in diesem Augenblick ertönte ein ferner Hahnenschrei; die Leiche fiel in den Sarg zurück, und der Deckel klappte zu.

Dem Philosophen klopfte das Herz wie wild, und der Schweiß floß ihm in Strömen über die Stirn; der Hahnenschrei hatte ihn aber ermutigt, und er las nun schnell die Seiten herunter, die er während der Nacht hätte lesen müssen. Beim ersten Morgengrauen kamen der Küster und Jawtuch in die Kirche, um ihn abzulösen. Der alte Jawtuch versah diesmal das Amt des Kirchenältesten.

Als der Philosoph sein fernes Nachtlager erreicht hatte, konnte er lange Zeit nicht einschlafen; schließlich siegte aber doch die Müdigkeit, und er schlief bis zu Mittag durch. Als er erwachte, war es ihm, als ob das ganze nächtliche Erlebnis ein Traum gewesen wäre. Man verabreichte ihm zur Stärkung ein Quart Schnaps. Beim Essen wurde er wieder gesprächig, machte hie und da seine Bemerkungen und verzehrte fast allein ein ziemlich großes Ferkel. Aber ein seltsames Gefühl, das er sich selbst nicht erklären konnte, hielt ihn davon ab, von den Ereignissen in der Kirche zu sprechen; auf die Fragen der Neugierigen antwortete er nur: »Ja, da gab es mancherlei Wunder.« Der Philosoph gehörte zu jenen Leuten, die sehr menschenfreundlich werden, sobald sie gut gegessen haben. Er lag mit der Pfeife im Mund auf der Bank, sah alle ungemein liebevoll an und spuckte in einem fort auf die Seite.

Nach dem Mittagessen war der Philosoph in der denkbar besten Laune. Er machte einen Rundgang durch das ganze Dorf und wurde fast mit allen Leuten bekannt; aus zwei Häusern mußte man ihn sogar hinauswerfen; eine hübsche junge Frau versetzte ihm einen ordentlichen Schlag mit einem Spaten auf den Rücken, als er sich durch Betasten überzeugen wollte, aus welchem Stoff ihr Hemd und ihr Rock waren. Je mehr aber die Zeit vorrückte, um so nachdenklicher wurde der Philosoph. Eine Stunde vor dem Abendbrot versammelte sich das ganze

Hausgesinde, um »Grütze«, oder »Kragli«, eine Art Kegelspiel, zu spielen, bei dem statt Kugeln lange Stangen verwendet werden und der Gewinnende das Recht hat, auf dem andern einen Ritt zu machen. Es war sehr interessant, diesem Spiel zuzuschauen: einmal ritt der Viehtreiber, der so rund wie ein Pfannkuchen war, auf dem Schweinehirten, einem kleinen schwächlichen Menschen, der ganz aus Runzeln bestand. Ein andermal mußte der Viehtreiber seinen Rücken beugen, und Dorosch sprang hinauf, wobei er jedesmal sagte: »Welch ein kräftiger Stier!« An der Küchenschwelle saßen die solideren Leute. Sie rauchten ihre Pfeifen und blickten sehr ernst drein, selbst wenn die Jugend sich über ein gelungenes Scherzwort des Viehtreibers oder Spirids vor Lachen kugelte. Choma machte vergebliche Versuche, an diesem Spiel teilzunehmen: ein finsterer Gedanke saß ihm wie ein Nagel im Kopfe. Während des Abendbrots versuchte er immer wieder, sich aufzuheitern, aber seine Angst wurde immer größer, je mehr sich die Dunkelheit über den Himmel ausbreitete.

»Nun ist's Zeit, Herr Bursak« sagte ihm der bekannte alte Kosak und erhob sich zugleich mit Dorosch: »Wollen wir an die Arbeit gehen!«

Choma wurde auf dieselbe Art wie gestern in die Kirche geleitet; man ließ ihn wieder allein und verschloß hinter ihm die Tür. Sobald er allein geblieben war, fühlte er wieder steigende Angst. Er sah wieder die dunklen Heiligenbilder, die glänzenden Rahmen und den ihm wohlbekannten schwarzen Sarg, der in der drohenden Stille unbewegt mitten in der Kirche stand.

»Nun«, sagte er: »dieses Wunder ist jetzt für mich kein Wunder mehr. Es kam mir nur das erstemal so schrecklich vor. Ja, gewiß, nur das erste Mal. Aber jetzt ist es nicht so schrecklich mehr, nein, gar nicht schrecklich.«

Er begab sich schnell in den Chor, umschrieb um sich den Kreis, sprach einige Beschwörungen und begann mit lauter Stimme zu lesen; er hatte den Vorsatz, den Blick nicht mehr vom Buche zu wenden und auf nichts zu achten, was da auch kommen solle. So las er etwa eine Stunde und begann schon Müdigkeit zu spüren und zu hüsteln; er holte aus der Tasche seine Schnupftabaksdose hervor und wollte eine Prise nehmen, richtete aber zuvor einen scheuen Blick auf den Sarg. Es wurde ihm kalt ums Herz. Die Leiche stand bereits dicht vor seinem Kreise und bohrte in ihn ihre toten grünen Augen. Der Bursak fuhr zusammen vor der Eiseskälte, die alle seine Adern durchrieselte. Er senkte den Blick in das Buch und begann, seine Gebete und Beschwörungen noch lauter aufzusagen; dabei hörte er, wie die Tote wieder mit den Zähnen klapperte und wie sie die Arme schwang, um ihn zu erfassen. Er schielte mit einem Auge hin und sah, daß sie gar nicht dahin zielte, wo er stand, daß sie ihn offenbar gar nicht sah. Sie begann mit dumpfer Stimme zu murmeln und mit ihren toten Lippen schreckliche Worte zu sprechen; ihre Stimme klang wie das Zischen kochenden Peches. Er hätte gar nicht sagen können, was sie eigentlich sprach, er fühlte aber, daß in ihren Worten etwas Schreckliches war. Ganz entsetzt merkte der Philosoph, daß auch sie Beschwörungen murmelte.

Vor ihren Worten erhob sich in der Kirche ein Wind und ein Rauschen wie von unzähligen Flügeln. Er hörte, wie die Flügel gegen die Fensterscheiben und die Eisengitter schlugen, wie zahllose Krallen knirschend an dem Eisen kratzten und wie ein riesiges Geisterheer gegen die Tür anrannte, um sie aufzubrechen. Sein Herz schlug fortwährend wie wild; mit geschlossenen Augen las er seine Beschwörungen und Gebete. Endlich pfiff etwas in der Ferne; es war ein ferner Hahnenschrei. Der ermattete Philosoph hielt inne und holte Atem. Die Leute, die ihn ablösen kamen, fanden ihn halbtot vor; er stand unbewegt an eine Wand gelehnt und starrte mit weitgeöffneten Augen die Kosaken an. Man führte ihn fast mit Gewalt hinaus und mußte ihn unterwegs stützen. Nachdem er im Herrenhof angelangt war, schüttelte er sich und ließ sich ein Quart Schnaps geben. Er trank den Schnaps aus, strich sich über das Haar und sagte: »Es gibt viel üble Sachen auf der Welt. Auch erlebt man zuweilen solche Schrecken, daß...« Bei diesen Worten winkte er abwehrend mit der Hand.

Die Leute, die sich um ihn versammelt hatten, ließen die Köpfe hängen, als sie diese Worte vernahmen. Selbst der kleine Junge, den das ganze Hausgesinde als einen Bevollmächtigten verwenden zu dürfen glaubte, wenn es den Pferdestall zu putzen oder Wasser zu schleppen galt, selbst dieser arme Junge stand mit offenem Munde da.

In diesem Augenblick ging eine noch ziemlich junge Frau vorüber, deren enganliegendes Kleid ihre runden und kräftigen Formen sehen ließ; es war die Gehilfin der alten Köchin, ein furchtbar kokettes Weib, das immer irgendeine Verzierung am Kopftuche trug: entweder ein Endchen Band, oder eine Nelke, oder sogar ein Stück Papier, wenn sie nichts anderes zur Hand hatte.

»Guten Tag, Choma!« sagte sie, als sie den Philosophen erblickte.

»Ach, was ist denn mit dir los?« schrie sie auf und schlug die Hände zusammen.

»Was soll mit mir los sein, du dummes Frauenzimmer?«

»Mein Gott, du bist ja ganz grau geworden!«

»Ach ja! Sie hat recht!« sagte Spirid und sah den Philosophen genauer an. »Du bist wirklich so grau geworden wie unser alter Jawtuch!«

Als der Philosoph dies hörte, rannte er sofort in die Küche, wo er ein an der Wand befestigtes, von Fliegen beschmiertes dreieckiges Stück Spiegel gesehen hatte, das mit Vergißmeinnicht, Nelken und sogar einem Kranz von Ringelblumen umsteckt war, was darauf hinwies, daß es der Koketten bei der Toilette diente. Mit Schrecken gewahrte Choma, daß sie die Wahrheit gesprochen hatte: die Hälfte seiner Haare war wirklich weiß geworden.

Choma Brut ließ den Kopf hängen und wurde nachdenklich. »Ich will zum Herrn gehen«, sagte er sich schließlich, »ich will ihm alles erzählen und erklären, daß ich nicht mehr lesen will. Soll er mich sofort nach Kijew zurückschicken.«

Mit diesen Worten begab er sich in das Herrenhaus.

Der Hauptmann saß fast regungslos in seinem Zimmer. Dieselbe hoffnungslose Trauer, die Choma schon bei der ersten Begegnung an ihm wahrgenommen hatte, lag noch immer auf seinen Zügen. Seine Wangen waren noch mehr eingefallen. Es war ihm anzusehen, daß er fast keine Nahrung zu sich nahm und vielleicht überhaupt keine Speise anrührte. Die ungewöhnliche Blässe verlieh ihm eine gewisse steinerne Unbeweglichkeit.

»Guten Tag, du Armer!« sagte er, als er Choma mit der Mütze in der Hand in der Tür stehen sah. »Nun, wie steht's? Ist alles in Ordnung?«

»Es ist wohl alles in bester Ordnung, aber da ist solch ein Teufelsspuk, daß man am liebsten seine Mütze nehmen und davonlaufen möchte.«

»Wieso?«

»Denn Eure Tochter, Herr... Der gesunde Menschenverstand sagt zwar, daß sie von herrschaftlichem Geblüt ist, und das wird kein Mensch leugnen wollen; aber Ihr dürft es mir nicht übel nehmen, – der Herr gebe ihrer Seele die ewige Ruhe...«

»Was ist denn mit meiner Tochter?«

»Sie ist mit dem Satan im Bunde. Einen solchen Schrecken jagt sie einem ein, daß man nicht einmal das Wort des Herrn lesen kann.«

»Lies nur weiter, lies! Nicht umsonst hat sie wohl dich kommen lassen: mein Täubchen war um ihr Seelenheil besorgt und wollte alle bösen Anfechtungen durch Gebete fernhalten.«

»Ihr habt zu befehlen, gnädiger Herr, aber es geht über meine Kräfte, bei Gott!«

»Lies nur weiter, lies!« fuhr der Hauptmann im gleichen überredenden Tone fort. »Nur noch eine einzige Nacht ist dir übrig geblieben; du tust damit ein christliches Werk, und ich werde dich belohnen.«

»Was für einen Lohn Ihr mir auch gebt... Tu, was du willst, Herr, ich werde aber nicht mehr lesen!« sagte Choma entschlossen.

»Hör einmal, Philosoph!« sagte der Hauptmann laut und drohend: »Ich liebe solche Einfälle nicht. Das darfst du dort in deiner Bursa treiben, bei mir im Hause geht es nicht: ich werde dich ganz anders durchbleuen lassen als dein Rektor. Weißt du, was ein guter lederner Kantschu ist?«

»Wie sollte ich das nicht wissen!« sagte der Philosoph mit gedämpfter Stimme. »Ein jeder weiß, was ein Kantschu ist; wenn man ihn in großer Portion zu kosten bekommt, so ist es ganz unerträglich.«

»Das stimmt. Du weißt aber noch nicht, wie meine Burschen zu prügeln verstehen!« sagte der Hauptmann drohend. Er erhob sich von seinem Platz, und sein Gesicht nahm plötzlich einen gebieterischen und bösen Ausdruck an, in dem sich sein ganzes zügelloses Wesen äußerte, das nur vorübergehend von der Trauer gedämpft gewesen war. »Bei mir ist es üblich, zuerst durchzuprügeln, dann Branntwein darauf zu gießen und dann wieder zu prügeln. Geh nur, geh an deine Arbeit! Vollendest du dein Werk nicht, so stehst du nicht wieder auf; tust du es aber, so bekommst du tausend Dukaten!«

– Der scheint aber ein Kerl zu sein –, sagte sich der Philosoph, als er das Zimmer verließ, – mit dem es nicht zu spaßen ist. Paß mal auf, Freund: ich werde so flink durchbrennen, daß du mich mit allen deinen Hunden nicht mehr einholen wirst. –

Und Choma nahm sich vor, unter allen Umständen durchzubrennen. Er wartete nur auf die Nachmittagsstunde, wo das ganze Gesinde sich in das Heu in den Scheunen zu verkriechen und mit offenem Munde so laut zu schnarchen und zu pfeifen pflegte, daß der herrschaftliche Hof in eine Fabrik verwandelt zu sein schien.

Diese Stunde brach endlich an. Selbst der alte Jawtuch streckte sich mit geschlossenen Augen in der Sonne aus. Der Philosoph begab sich, vor Angst zitternd, ganz leise in den Garten, von wo aus er – so glaubte er – bequem und unbemerkt ins freie Feld gelangen könne. Dieser Garten war, wie es überall der Fall ist, furchtbar verwildert und folglich jedem heimlichen Unternehmen ganz besonders günstig. Mit Ausnahme eines einzigen zu wirtschaftlichen Zwecken ausgetretenen Fußpfades war alles übrige von den üppig wachsenden Kirschbäumen, Holunderstauden und Kletten, die ihre hohen Stengel mit den sich fest um alle Zweige klammernden Ranken und den rosa Spitzen emporreckten, überwuchert. Der Hopfen überspannte wie mit einem Netz die Spitzen dieser ganzen bunten Ansammlung von Bäumen und Sträuchern und bildete über ihnen ein Dach, das bis zum Zaune hinabreichte und in Schlangenwindungen, mit wilden Glockenblumen vermengt, zur Erde hinabfiel. Jenseits des Zaunes, der die Grenze des Gartens bildete, begann ein dichter Wald von Steppengras, in den offenbar noch kein Menschenauge hineingeschaut hatte; jede Sense wäre in tausend Stücke zersprungen, wenn sie mit ihrer Schneide diese dicken verholzten Stengel auch nur angerührt hätte. Als der Philosoph über den Zaun steigen wollte, klapperten ihm die Zähne, und das Herz schlug ihm so heftig, daß er selbst erschrak. Die Schöße seines langen Gewandes schienen an der Erde zu kleben, als ob sie jemand mit Nägeln an den Boden befestigt hätte. Während er über den Zaun stieg, glaubte er einen gellenden Pfiff und eine schallende Stimme zu hören, die ihm zurief: »Wohin, wohin?« Der Philosoph tauchte in das Steppengras unter und begann zu rennen, wobei er jeden Augenblick über alte Wurzeln stolperte und Maulwürfe zertrat. Er sah, daß er, nachdem er aus dem Steppengras herausgekommen sein würde, nur noch ein Feld zu passieren hätte; hinter dem Felde zog sich aber dichtes dunkles Dornengebüsch hin, in dem er außerhalb jeder Gefahr sein würde; er hoffte, dort einen direkten Weg nach Kijew zu finden. Er durchquerte das Feld mit wenigen Sätzen und geriet in das dichte Dorngestrüpp. Er kroch durch das Gestrüpp, wo er an jedem spitzen Dorn ein Stück seines Rockes als Wegezoll zurückließ, und gelangte zu einem kleinen Hohlwege. Hier standen Weiden, die mit ihren Zweigen hier und da die Erde berührten; eine kleine durchsichtige Quelle glänzte wie Silber. Der Philosoph legte sich sofort nieder und löschte seinen unerträglichen Durst. »Ein gutes Wasser!« sagte er, indem er sich die Lippen abwischte. »Hier könnte ich auch ein wenig ausruhen.«

»Nein, wollen wir doch lieber weiterlaufen: vielleicht ist man uns schon auf der Spur!«

Diese Worte klangen dicht vor seinen Ohren. Er blickte sich um – vor ihm stand Jawtuch.

–Der verdammte Jawtuch–, sagte sich der Philosoph in seiner Wut. – Ich würde ihn bei den Beinen packen und...seine abscheuliche Fratze und alles, was er sonst noch an sich hat, mit einem eichenen Klotz zerschmettern. –

»Warum hast du nur diesen Umweg gemacht?« fuhr Jawtuch fort. »Hättest du doch lieber den Weg gewählt, den ich gegangen bin: direkt am Pferdestalle vorbei. Auch ist es um deinen Rock schade, denn das Tuch ist gut. Was hat die Elle gekostet? Wir sind aber genug spazierengegangen, jetzt ist's Zeit, nach Hause zu gehen.«

Der Philosoph kratzte sich hinter dem Ohr und ging mit Jawtuch zurück. – Jetzt wird mir die verdammte Hexe ordentlich einheizen! – dachte er sich. – Was fällt mir übrigens ein? Was habe ich zu fürchten? Bin ich denn kein Kosak? Ich habe ja schon zwei Nächte gelesen, und werde mit Gottes Hilfe auch die dritte lesen. Die verdammte Hexe hat sicherlich viel auf dem Kerbholz, daß die bösen Mächte für sie so eintreten. –

Mit solcherlei Gedanken beschäftigt, kam er in den Herrenhof. Nachdem er sich auf diese Weise Mut gemacht hatte, bewog er Dorosch, der durch die Protektion des Kellermeisters zuweilen Zutritt zu den herrschaftlichen Kellereien hatte, ihm eine Flasche Schnaps zu bringen. Die beiden Freunde ließen sich am Speicher nieder und soffen fast einen halben Eimer aus, so daß der Philosoph sich plötzlich erhob und rief: »Spielleute her! Ich muß unbedingt Spielleute haben!« Ohne das Erscheinen der Spielleute abzuwarten, begann er auf dem freien Platz mitten auf dem Hofe den Trepak zu tanzen. Er tanzte so lange, bis die Stunde des Vesperbrots kam und das Gesinde, das, wie es in solchen Fällen üblich ist, einen Kreis um ihn gebildet hatte, schließlich ausspuckte und sich mit den Worten: »Wie kann nur ein Mensch so lange tanzen!« zurückzog. Endlich legte sich der Philosoph hin und schlief auf der Stelle ein; es gelang nur mit Hilfe eines Kübels kalten Wassers, ihn zum Abendbrot zu wecken. Beim Abendbrot redete er davon, was ein richtiger Kosak sei und daß er nichts in der Welt fürchten dürfe.

»Es ist Zeit«, sagte Jawtuch, »wir wollen gehen.«

– Ich möchte dir am liebsten einen Holzspan in die Zunge stecken, verfluchtes Schwein! – dachte der Philosoph, dann erhob er sich und sagte: »Gehen wir!«

Der Philosoph blickte unterwegs fortwährend nach allen Seiten und versuchte, seine Begleiter in ein Gespräch zu ziehen. Aber Jawtuch schwieg, und auch Dorosch war wenig gesprächig. Es war eine höllische Nacht. In der Ferne heulten ganze Scharen von Wölfen, und selbst das Hundegebell klang unheimlich.

»Es klingt, als ob da noch wer anderer heulte: das sind keine Wölfe«, sagte Dorosch. Jawtuch schwieg. Der Philosoph wußte nicht, etwas darauf zu sagen. Sie näherten sich der Kirche und traten unter ihr baufälliges Holzdach, welches zeigte, wie wenig sich der Gutsherr um Gott und um sein Seelenheil kümmerte. Jawtuch und Dorosch zogen sich wie an den vorhergehenden Abenden zurück, und der Philosoph blieb allein.

Alles sah noch wie gestern aus, alles hatte das ihm wohlbekannte drohende Aussehen bewahrt. Er blieb einen Augenblick stehen. Mitten in der Kirche stand unbeweglich der Sarg der furchtbaren Hexe. »Ich werde keine Furcht haben, bei Gott!« sagte er. Er beschrieb um sich wieder einen Kreis und begann sich auf alle seine Beschwörungen zu besinnen. Es herrschte eine grauenvolle Stille; die Kerzenflammen zitterten und übergossen die ganze Kirche mit ihrem Licht. Der Philosoph schlug ein Blatt um, dann ein zweites und ein drittes; da merkte er aber, daß er etwas ganz anderes las, als im Buche stand. Er bekreuzigte sich ganz entsetzt und begann zu singen. Das machte ihm neuen Mut; nun konnte er wieder lesen, und die Seiten flogen schnell aufeinander.

Und plötzlich... in der lautlosen Stille... zerbarst der eiserne Sargdeckel, und die Tote richtete sich auf. Sie sah noch schrecklicher aus als das erste Mal. Ihre Zähne klapperten, ihre Lippen zuckten wie in einem Krämpfe, und wilde Beschwörungen hallten winselnd durch den Raum. In der Kirche erhob sich ein Sturmwind, die Heiligenbilder fielen zu Boden, die Fensterscheiben zersprangen und fielen herab. Die Tür riß sich von den Angeln los, und ein unzähliges Heer von Ungeheuern flog in das Gotteshaus hinein. Das schreckliche Rauschen der Flügel und das Kratzen der Krallen erfüllte die ganze Kirche. Alles flatterte und flog durcheinander und suchte nach dem Philosophen.

Der letzte Rest des Rausches verflüchtigte sich aus seinem Kopfe. Er bekreuzigte sich in einem fort und las ein Gebet nach dem anderen herunter. Zugleich hörte er, wie die bösen Geister um ihn herumflogen und ihn beinahe mit den Enden ihrer Flügel und ihrer gräßlichen Schwänze berührten. Er hatte nicht den Mut, genauer hinzusehen; er sah nur ein riesiges Ungeheuer, das eine ganze Wand einnahm und vom dichten Gestrüpp seiner wirren Haare fast gänzlich verdeckt war; aus dem Dickicht der Haare blickten unter den hochgezogenen Brauen zwei grauenhafte Augen hervor. Über Choma schwebte in der Luft ein riesenhaftes blasenartiges Gebilde, aus dessen Mitte sich tausende von Scheren und Skorpionsstacheln, an denen Klumpen schwarzer

Erde hingen, hervorstreckten. Alle spähten nach ihm aus, alle suchten ihn, konnten ihn aber in seinem Kreise nicht sehen. »Bringt den Wij her! Geht den Wij holen!« sagte die Tote.

Und plötzlich wurde es in der Kirche ganz still; man hörte fernes Wolfsgeheul, und bald erdröhnten in der Kirche schwere Schritte. Der Philosoph schielte nach der Tür und sah, wie ein untersetzter, kräftiger, plumper Mann hereingeführt wurde. Er war ganz mit Erde bedeckt. Seine Arme und Beine, an denen Klumpen schwarzer Erde hingen, gemahnten an zähe, kräftige Baumwurzeln. Er kam mit schweren Schritten, beständig stolpernd, näher. Die langen Augenlider reichten bis zur Erde herab. Voller Entsetzen merkte Choma, daß sein Gesicht aus Eisen war. Man führte das Ungeheuer an den Armen herbei und stellte es Choma gegenüber.

»Hebt mir die Lider, ich sehe nicht!« sagte der Wij mit unterirdischer Stimme, – und das ganze Geisterheer stürzte zu ihm, um ihm die Lider zu heben.

Eine innere Stimme raunte dem Philosophen zu: Schau nicht hin! Er hielt es aber nicht aus und sah hin.

»Da ist er!« schrie der Wij und zeigte mit seinem eisernen Finger auf ihn. Und alle Geister fielen über den Philosophen her. Er stürzte entseelt zu Boden: die Seele hatte vor Angst seinen Körper im Nu verlassen.

Da ertönte ein Hahnenschrei. Es war schon der zweite Schrei: den ersten hatten die Gnomen überhört. Die erschreckten Geister stürzten nach allen Seiten, zu den Fenstern und Türen, um so schnell wie möglich ins Freie zu kommen. Das gelang ihnen aber nicht: sie blieben in den Türen und Fenstern hängen.

Als der Priester die Kirche betrat, blieb er beim Anblick dieser Entweihung des Gotteshauses in der Tür stehen und wagte es nicht, an einer solchen Stätte die Totenmesse zu lesen. So blieb die Kirche mit den in den Türen und Fenstern hängengebliebenen Ungeheuern in alle Ewigkeit verlassen und vergessen; sie wurde bald von Wald, Wurzeln, Unkraut und Dornengebüsch überwuchert, und niemand wird je den Weg zu ihr finden.

Als das Gerücht von diesem Ereignis Kijew erreichte und der Theologe Chaljawa endlich etwas vom Schicksal des Philosophen Choma erfuhr, wurde er für eine ganze Stunde nachdenklich. Es waren mit ihm indessen große Veränderungen vorgegangen. Das Glück hatte ihm zugelächelt: nach Beendigung der Studien bekam er den Posten des Glöckners am höchsten Glockenturm der Stadt. Er ging nun ständig mit einer zerschlagenen Nase umher, da die hölzerne Treppe des Glockenturms sehr nachlässig gebaut war.

Hast du gehört, was Choma zugestoßen ist?« wandte sich an ihn Tiberius Gorobetz, der inzwischen Philosoph geworden war und einen frischen Schnurrbart trug.

»Gott hatte es ihm wohl so beschieden«, erwiderte der Glöckner Chaljawa.

»Wollen wir in die Schenke einkehren und seiner gedenken!«

Der neugebackene Philosoph, der mit dem Eifer eines Enthusiasten von seinen neuen Rechten einen so ausgiebigen Gebrauch machte, daß seine Pumphose, sein Rock und selbst seine Mütze nach Branntwein und starkem Tabak rochen, drückte augenblicklich seine Bereitwilligkeit aus.

»Ein trefflicher Mensch ist doch dieser Choma gewesen!« sagte der Glöckner, als der lahme Schenkwirt vor ihm den dritten Krug hinstellte. »Ein ausgezeichneter Mensch! Und ist so mir nichts dir nichts zugrunde gegangen.«

»Ich weiß, warum er zugrunde gegangen ist: weil er sich gefürchtet hat; hätte er sich nicht gefürchtet, so hätte ihm die Hexe nichts tun können. Man muß sich schnell bekreuzigen und ihr auf den Schwanz spucken, – dann kann nichts geschehen. Ich kenne mich in solchen Dingen aus. Bei uns in Kijew sind doch alle Weiber, die auf dem Markte hocken, ausnahmslos Hexen.«

Der Glöckner nickte zustimmend mit dem Kopf. Als er aber merkte, daß seine Zunge nicht mehr imstande war, auch nur ein einziges Wort hervorzubringen, stand er vorsichtig auf und ging wankend aus der Schenke, um sich irgendwo tief ins Steppengras zu verkriechen; seiner alten Gewohnheit gemäß, unterließ er bei dieser Gelegenheit nicht, eine alte Stiefelsohle, die auf der Bank lag, mitzunehmen.

Die Nase

I

Am 25. März geschah in Petersburg etwas ungewöhnlich Seltsames. Der Barbier Iwan Jakowlewitsch, der auf dem Wosnessenskij-Prospekt wohnte (sein Familienname ist in Vergessenheit geraten und selbst auf seinem Ladenschilde, das einen Herrn mit einer eingeseiften Wange und der Inschrift: »Und wird auch zur Ader gelassen« darstellt, nicht erwähnt), der Barbier Iwan Jakowlewitsch erwachte ziemlich früh am Morgen und roch den Duft von warmem Brot. Er setzte sich im Bette auf und sah, wie seine Gattin, eine recht ehrenwerte Dame, die sehr gerne Kaffee trank, frischgebackene Brote aus dem Ofen nahm.

»Heute möchte ich keinen Kaffee, Praskowja Ossipowna«, sagte Iwan Jakowlewitsch, »statt dessen möchte ich warmes Brot mit Zwiebeln.« (Das heißt, Iwan Jakowlewitsch wollte wohl das eine und das andere, er wußte aber, daß es unmöglich war, beides auf einmal zu verlangen, denn Praskowja Ossipowna mochte solche Launen nicht.) – Soll nur der Dummkopf Brot essen, um so besser für mich, – sagte sich die Gattin: – so bleibt mehr Kaffee für mich übrig. – Und sie warf ein Brot auf den Tisch.

Iwan Jakowlewitsch zog des Anstandes halber einen Frack über sein Hemd, setzte sich an den Tisch, nahm etwas Salz, schnitt zwei Zwiebeln zurecht, ergriff das Messer, machte eine wichtige Miene und begann das Brot zu zerteilen. Als er es in zwei Hälften geschnitten hatte, blickte er hinein und sah darin zu seinem Erstaunen etwas Weißliches. Iwan Jakowlewitsch kratzte vorsichtig mit dem Messer und tastete mit dem Finger. – Es ist etwas Festes, – sagte er sich, was kann es sein?

Er bohrte mit den Fingern und zog eine Nase heraus!... Iwan Jakowlewitsch ließ die Hände sinken; er fing an, sich die Augen zu reiben und es zu betasten: eine Nase, tatsächlich eine Nase! Sie kam ihm sogar bekannt vor. Iwan Jakowlewitschs Gesicht zeigte Entsetzen. Dieses Entsetzen war aber nichts im Vergleich mit der Empörung, die sich seiner Gattin bemächtigte.

»Wo hast du diese Nase abgeschnitten, du Unmensch?« schrie sie ihn wütend an. »Verbrecher! Trunkenbold! Ich selbst werde dich bei der Polizei anzeigen. Du Räuber! Drei Herren haben mir schon gesagt, daß du beim Rasieren so heftig an den Nasen ziehst, daß sie fast abreißen.«

Iwan Jakowlewitsch war aber mehr tot als lebendig: er erkannte, daß die Nase dem Kollegien-Assessor Kowaljow gehörte, den er jeden Mittwoch und Samstag zu rasieren pflegte.

»Halt, Praskowja Ossipowna! Ich will sie in einen Lappen einwickeln und in die Ecke legen: sie wird dort eine Zeitlang liegen, und dann trage ich sie weg.«

»Ich will davon nichts wissen! Niemals werde ich dulden, daß in meiner Wohnung eine abgeschnittene Nase herumliegt!... Du angebrannter Zwieback, du! Du kannst nur mit dem Messer auf dem Streichriemen herumfahren, wirst aber bald deine Pflichten nicht mehr erfüllen können, du Taugenichts, du Vagabund! Soll ich mich vielleicht deinetwegen vor der Polizei verantworten?... Du Schmierfink, du Dummkopf! Hinaus mit ihr, hinaus! Trag sie, wohin du willst! Daß ich von ihr nicht mehr höre!«

Iwan Jakowlewitsch stand wie zerschmettert da. Er überlegte und überlegte und wußte nicht, was er sich denken sollte. »Weiß der Teufel, wie das nur möglich ist«, sagte er endlich und kratzte sich hinter dem Ohre: »Ob ich gestern betrunken heimgekommen bin oder nicht, weiß ich nicht mehr. Es scheint doch eine außergewöhnliche Sache zu sein, denn das Brot ist etwas Gebackenes, die Nase aber etwas ganz anderes. Ich kann gar nichts verstehen!«

Iwan Jakowlewitsch verstummte. Der Gedanke, daß die Polizei bei ihm die Nase entdecken und ihn zur Verantwortung ziehen könnte, bedrückte ihn furchtbar. Ihm schwebte schon ein roter, schön mit Silber gestickter Kragen und ein Degen vor... und er bebte am ganzen Leibe. Endlich griff er nach seinen Unterkleidern und seinen Stiefeln, zog sich an, wickelte die Nase, unter gewichtigen Ermahnungen Praskowja Ossipownas, in einen Lappen und trat auf die Straße.

Er wollte sie entweder irgendwo liegen lassen, zum Beispiel auf einem Pfosten vor einem Tore, oder sie wie zufällig verlieren und dann in eine Seitengasse einbiegen. Er begegnete aber unglücklicherweise Bekannten, die ihn sofort fragten: »Wohin gehst du?« oder: »Wen willst du so früh rasieren?«, und Iwan Jakowlewitsch konnte keinen geeigneten Augenblick erwischen. Einmal hatte er die Nase schon verloren, aber ein Schutzmann winkte ihm von weitem mit der Hellebarde und sagte: »Heb auf, was du weggeworfen hast!« Iwan Jakowlewitsch mußte die Nase aufheben und in die Tasche stecken. Ihn überfiel Verzweiflung, um so mehr, als das Publikum auf der Straße beständig zunahm, je mehr Geschäfte und Läden geöffnet wurden.

Er beschloß, zu der Isaaksbrücke zu gehen: vielleicht gelingt es ihm, die Nase in die Newa zu werfen?... Aber ich fühle mich schuldig, weil ich noch gar nichts über Iwan Jakowlewitsch, diesen in vielen Beziehungen ehrenwerten Menschen, gesagt habe.

Iwan Jakowlewitsch war wie jeder ordentliche russische Handwerker ein furchtbarer Trunkenbold und, obwohl er jeden Tag fremde Bärte rasierte, immer unrasiert. Der Frack Iwan Jakowlewitschs (Iwan Jakowlewitsch trug niemals einen gewöhnlichen Rock) war gescheckt, das heißt schwarz, voller gelblichbrauner und grauer Flecken; der Kragen glänzte, und an Stelle von drei Knöpfen waren nur Fädchen zu sehen. Iwan Jakowlewitsch war ein großer Zyniker, und wenn der Kollegien-Assessor Kowaljow ihm beim Rasieren sagte: »Deine Hände stinken immer, Iwan Jakowlewitsch!«, so antwortete Iwan Jakowlewitsch mit der Frage: »Warum sollten sie stinken?« – »Ich weiß es nicht, mein Bester, aber sie stinken«, entgegnete der Kollegien-Assessor, worauf ihm Iwan Jakowlewitsch, nachdem er eine Prise genommen, die Wangen und die Stellen unter der Nase, hinter den Ohren und unter dem Kinne, kurz alles, was ihm einfiel, einseifte.

Dieser ehrenwerte Bürger stand schon auf der Isaaksbrücke. Er sah sich um, beugte sich dann über das Geländer, als ob er sehen wollte, ob viele Fische unter der Brücke schwimmen, und warf das Läppchen mit der Nase vorsichtig ins Wasser. Es war ihm, als hätte er sich von einer Last von zehn Pud befreit. Iwan Jakowlewitsch lächelte. Statt sich auf den Weg zu machen, um die Beamten zu rasieren, ging er auf ein Lokal mit der Inschrift »Speisen und Tee« auf dem Schilde zu, um sich dort ein Glas Punsch geben zu lassen, als er plötzlich am Ende der Brücke einen Revieraufseher von vornehmem Aussehen, mit breitem Backenbart, einem Dreimaster und einem Degen stehen sah. Iwan Jakowlewitsch erstarrte, aber der Revieraufseher winkte ihm mit dem Finger und sagte: »Komm mal her, mein Bester!« Iwan Jakowlewitsch wußte, was sich gehört: er zog schon von weitem die Mütze, kam schnell heran und sagte: »Ich begrüße Euer Wohlgeboren!«

»Nein, nein, Bruder, nichts von Wohlgeboren, sag mir lieber, was du dort auf der Brücke gemacht hast!«

»Bei Gott, Herr, ich ging zum Rasieren und wollte nur nachsehen, ob das Wasser schnell fließt.«

»Du lügst, du lügst, so kommst du mir nicht davon. Antworte bitte!«

»Ich will Euer Gnaden zwei-, sogar dreimal in der Woche unentgeltlich rasieren«, antwortete Iwan Jakowlewitsch.

»Nein, Freund, das sind Dummheiten! Ich werde schon so von drei Barbieren rasiert, und sie rechnen sich dies zur Ehre an. Sag mir lieber, was du dort getan hast!«

Iwan Jakowlewitsch erbleichte... Hier hüllen sich aber die Geschehnisse in einen Nebel, und es ist vollkommen unbekannt, was da weiter geschah.

II

Der Kollegien-Assessor Kowaljow erwachte ziemlich früh und machte mit seinen Lippen »Brrr...«, wie er es stets beim Erwachen tat, ohne den Grund dafür angeben zu können. Kowaljow streckte sich und ließ sich den kleinen Spiegel geben, der auf dem Tische stand. Er wollte sich den Pickel ansehen, der am Tage vorher auf seiner Nase erblüht war; zu seinem größten Erstaunen sah er aber an Stelle der Nase eine vollkommen glatte Fläche! Kowaljow erschrak, ließ sich Wasser geben und rieb sich die Augen mit dem Handtuch: die Nase war wirklich weg! Er fing an, die Stelle mit der Hand zu befühlen, kniff sich auch ins Fleisch, um festzustellen, ob er nicht schlafe: nein, er schlief wohl nicht. Der Kollegien-Assessor Kowaljow sprang aus dem

Bette und schüttelte sich – die Nase war noch immer weg!... Er ließ sich sofort seine Kleider geben und machte sich auf den Weg, direkt zum Ober-Polizeimeister.

Indessen muß ich aber einiges über Kowaljow sagen, damit der Leser erfahre, welcher Art Kollegien-Assessor er war. Die Kollegien-Assessoren, die diesen Grad dank ihren Bildungszeugnissen erlangen, lassen sich gar nicht mit den Kollegien-Assessoren vergleichen, die es im Kaukasus geworden sind. Es sind zwei völlig verschiedene Arten. Die gebildeten Kollegien-Assessoren... Rußland ist aber ein sehr merkwürdiges Land, und wenn man etwas über einen Kollegien-Assessor sagt, so werden es alle Kollegien-Assessoren von Riga bis Kamtschatka unbedingt auf sich beziehen; ebenso ist es auch mit allen andern Titeln und Graden. Kowaljow war ein kaukasischer Kollegien-Assessor. Er bekleidete diesen Rang erst seit zwei Jahren und mußte daher immer daran denken; um sich noch mehr Ansehen und Gewicht zu verleihen, nannte er sich niemals einfach Kollegien-Assessor, sondern stets Major. »Hör mal, meine Liebe«, sagte er zu einem Weibe, das auf der Straße Vorhemden feilbot: »Komm zu mir in die Wohnung; ich wohne in der Ssadowajastraße; und frage bloß nach dem Major Kowaljow – ein jeder wird es dir zeigen.« Begegnete er aber einer jungen Schönen, so gab er ihr außerdem einen geheimen Auftrag und fügte hinzu: »Frag nur nach der Wohnung des Majors Kowaljow, mein Kind!« Aus diesem Grunde wollen auch wir den Kollegien-Assessor in Zukunft Major nennen.

Der Major Kowaljow pflegte jeden Tag auf dem Newskij-Prospekt spazierenzugehen. Sein Hemdkragen war stets außerordentlich sauber und sorgfältig gestärkt. Sein Backenbart war von jener Art, wie ihn auch jetzt noch die Gouvernements – und Kreislandmesser, die Architekten und Regimentsärzte, auch die Beamten für verschiedene Aufträge tragen, überhaupt alle Männer, die volle und rote Wangen haben und sehr gut Boston spielen: dieser Backenbart geht mitten durch die Wange und reicht bis zu der Nase. Der Major Kowaljow trug an seiner Uhrkette eine Menge von Petschaften aus Karneol, die teils Wappen und teils Inschriften trugen, wie »Mittwoch«, »Donnerstag«, »Montag« und so weiter. Der Major Kowaljow war nach Petersburg in Geschäften gekommen, und zwar, um eine seinem Grade entsprechende Stellung zu suchen: womöglich das Amt eines Vize-Gouverneurs, sonst aber das eines Exekutors an irgendeinem angesehenen Departement. Der Major Kowaljow war auch gar nicht abgeneigt zu heiraten, aber nur in dem Falle, wenn die Braut zweihunderttausend Rubel mitbekäme. Nun kann der Leser selbst urteilen, wie es diesem Major zumute war, als er statt seiner recht hübschen und mäßig großen Nase eine ganz dumme, glatte Fläche gewahrte. Zum Unglück ließ sich keine einzige Droschke auf der Straße blicken, und so mußte er zu Fuß gehen, in seinen Mantel gehüllt, das Gesicht mit dem Taschentuch verdeckt, als ob er Nasenbluten hätte. – Vielleicht ist es mir nur so vorgekommen: es kann ja nicht sein, daß die Nase so dumm verschwindet – dachte er sich und trat in eine Konditorei, um einen Blick in den Spiegel zu werfen. Glücklicherweise waren in der Konditorei keine Besucher; die Kellner kehrten die Stuben und stellten die Stühle auf; andere, mit verschlafenen Augen, trugen heiße Pasteten herein; auf den Tischen und Stühlen lagen die mit Kaffee begossenen Zeitungen vom gestrigen Tage. »Gott sei Dank, es ist niemand da«, sagte er, »nun kann ich in den Spiegel schauen.« Er ging ängstlich zum Spiegel und blickte hinein. »Teufel, so eine Gemeinheit!« sagte er und spie aus. »Wenn doch an Stelle der Nase wenigstens etwas anderes wäre, aber so nichts, gar nichts!...«

Er biß die Zähne verdrießlich zusammen und trat aus der Konditorei auf die Straße, entschlossen, entgegen seiner Gepflogenheit niemand anzusehen und niemand zuzulächeln. Plötzlich blieb er wie angewurzelt vor der Einfahrt eines Hauses stehen; vor seinen Augen geschah etwas Unfaßbares: vor der Einfahrt hielt eine Equipage, der Schlag wurde geöffnet, ein Herr in Uniform sprang gebückt aus dem Wagen und eilte die Treppe hinauf. Wie groß war der Schreck und zugleich das Erstaunen Kowaljows, als er in ihm seine eigene Nase erkannte! Bei diesem ungewöhnlichen Anblick drehte sich alles vor seinen Augen um; er fühlte, daß er kaum noch stehen könne; aber er entschloß sich, koste es, was es wolle, zu warten, bis jener wieder in die Equipage steigen würde; dabei bebte er am ganzen Leibe wie im Fieber. Nach zwei Minuten trat die Nase wieder aus dem Hause. Sie trug eine goldgestickte Uniform mit hohem Stehkragen, Beinkleider aus Sämischleder und einen Degen an der Seite. An dem Hut mit dem Federbusch konnte man ersehen, daß sie im Range eines Staatsrates stand. Alles wies darauf hin, daß sie gerade Besuche machte. Sie sah nach rechts und nach links, rief dem Kutscher: »Fahr zu!«, stieg ein und fuhr davon.

Der arme Kowaljow war beinahe von Sinnen. Er wußte nicht, was er von einem so seltsamen Ereignis denken sollte. Wie war es bloß möglich, daß die Nase, die sich noch gestern in seinem Gesicht befunden hatte und die weder fahren noch gehen konnte, eine Uniform trug! Er lief der Equipage nach, die glücklicherweise nicht weit fuhr und vor dem Kaufhause hielt.

Er stürzte ins Kaufhaus und drängte sich durch die Reihe alter Bettelweiber mit verbundenen Gesichtern und zwei Löchern für die Augen, über die er sich früher so oft lustig gemacht hatte. Im Kaufhause waren nur wenig Leute. Kowaljow war so aufgeregt, daß er keinen Entschluß fassen konnte und nur nach jenem Herrn ausspähte; endlich sah er ihn vor einem Laden stehen. Die Nase hielt ihr Gesicht in dem hohen Stehkragen verborgen und betrachtete mit tiefem Interesse irgendwelche Waren.

– Wie soll ich sie ansprechen? – dachte sich Kowaljow. – An allem, an der Uniform und dem Hut ist zu erkennen, daß sie im Range eines Staatsrates steht. Weiß der Teufel, wie man das macht! – Er fing an, zu hüsteln; die Nase verharrte aber in ihrer Stellung.

»Mein Herr«, sagte Kowaljow, sich innerlich Mut zusprechend: »Mein Herr...«

»Was wünschen Sie?« fragte die Nase, indem sie sich umdrehte.

»Es erscheint mir so merkwürdig, mein Herr... ich denke... Sie sollten doch wissen, wo Sie hingehören. Plötzlich finde ich Sie, und wo?... Sie werden doch zugeben...«

»Verzeihen Sie, ich kann unmöglich verstehen, wovon Sie sprechen... Fassen Sie sich bitte klarer.«

– Wie soll ich es ihr klar machen? dachte sich Kowaljow. Dann faßte er sich ein Herz und begann: »Ich kann natürlich... übrigens bin ich Major. Sie werden doch zugeben, daß es sich für mich nicht schickt, ohne Nase zu sein. Eine Händlerin, die auf der Woskressenskij-Brücke geschälte Orangen verkauft, kann sich noch ohne Nase behelfen; aber ich, der ich die Aussicht auf eine Anstellung habe... und außerdem in vielen Häusern verkehre und mit Damen bekannt bin: mit der Frau Staatsrat Tschechtarjowa und anderen... Urteilen Sie selbst... Ich weiß nicht, mein Herr (bei diesen Worten zuckte der Major Kowaljow die Achseln)... verzeihen Sie... wenn man es vom Standpunkte des Pflichtbewußtseins und des Ehrgefühls ansieht... Sie können es selbst verstehen...«

»Ich verstehe gar nichts«, antwortete die Nase. »Fassen Sie sich klarer.«

»Mein Herr«, sagte Kowaljow mit Würde, »ich weiß nicht, wie ich Ihre Worte auffassen soll... Die ganze Angelegenheit erscheint mir doch klar... oder Sie wollen nicht... Sie sind doch meine eigene Nase!«

Die Nase sah den Major an und zog die Brauen zusammen.

»Sie täuschen sich, mein Herr: ich lebe ganz für mich. Außerdem können zwischen uns keinerlei intime Beziehungen bestehen. Nach den Knöpfen Ihrer Uniform zu schließen, gehören Sie zu einem ganz anderen Ressort.« Mit diesen Worten wandte sich die Nase von ihm weg.

Kowaljow war gänzlich verwirrt und wußte nicht, was er tun und sogar was er sich denken sollte. In diesem Augenblick hörte er das angenehme Rascheln eines Damenkleides: eine ältere Dame mit vielen Spitzen an der Toilette, näherte sich ihm, von einem jungen Mädchen gefolgt. Letztere trug ein weißes Kleid, das wunderschön auf ihrer schlanken Figur saß, und einen gelben Hut, so leicht wie ein Schaumkuchen. Hinter ihnen stand ein baumlanger Haiduck mit mächtigem Backenbart und einem ganzen Dutzend von Mantelkragen.

Kowaljow kam näher. Er zog den Kragen seines Batisthemdes hervor, ordnete die Petschafte an seiner goldenen Uhrkette und wandte seine Aufmerksamkeit der graziösen jungen Dame zu, die gebeugt wie eine Frühlingsblume, das weiße Händchen mit den durchscheinenden Fingern an die Stirne führte. Kowaljow lächelte noch heiterer, als er unter ihrem Hut ein rundliches, schneeweißes Kinn und einen Teil der in der Farbe der ersten Frühlingsrosen leuchtenden Wange gewahrte; aber plötzlich prallte er zurück, wie wenn er sich verbrannt hätte. Er erinnerte sich, daß er an Stelle der Nase absolut nichts mehr hatte, und Tränen entströmten seinen Augen. Er drehte sich um, um dem Herrn in der Uniform zu sagen, daß er sich bloß als Staatsrat verstelle, daß er ein Spitzbube und ein Schuft sei und nichts weiter als seine eigene Nase... Die Nase war aber schon verschwunden: sie hatte sich verflüchtigt, wahrscheinlich um noch einige Besuche zu machen.

Dies versetzte Kowaljow in Verzweiflung. Er ging zurück und blieb eine Minute lang in der Säulenhalle stehen, gespannt nach allen Seiten blickend, ob er die Nase nicht wiederfinden würde. Er erinnerte sich sehr gut, daß sie einen mit Federn geschmückten Hut und eine goldgestickte Uniform trug; aber er hatte sich weder ihren Mantel, noch die Farbe der Equipage und der Pferde gemerkt und wußte sogar nicht, ob hinten ein Lakai und in was für einer Livree gestanden hatte. Außerdem fuhren hier so viele Equipagen und so schnell vorbei, daß es schwer war, sich eine zu merken; und selbst wenn er sie erkannt hätte, wäre es ihm unmöglich gewesen, sie anzuhalten. Der Tag war schön und sonnig. Auf dem Newskij-Prospekt wimmelte es von Menschen; eine ganze Blumenkaskade von Damen wogte über das Trottoir von der Polizei – bis zur Anitschkin-Brücke. Da sieht er einen ihm bekannten Hofrat, den er, besonders in Gegenwart von Fremden, Oberstleutnant zu titulieren pflegt. Da ist Jaryschkin, Abteilungsvorstand im Senat, ein guter Freund von ihm, der im Boston-Spiel immer verliert, wenn er acht spielt. Und da ist ein anderer Major, der seinen Assessorgrad im Kaukasus erworben hat und der ihn mit der Hand zu sich heranwinkt...

»Hol ihn der Teufel!« sagte Kowaljow:

»He, Kutscher, fahr mich direkt zum Polizeimeister!«

Kowaljow stieg in die Droschke und rief dem Kutscher jeden Augenblick zu: »Fahr so schnell du kannst!«

»Ist der Polizeimeister anwesend?« fragte er, in den Flur tretend.

»Zu Befehl, nein«, antwortete der Portier: »Der Herr Polizeimeister sind eben ausgefahren.«

»Was!«

»Jawohl«, fügte der Portier hinzu: »Es ist zwar noch nicht lange her, aber er ist ausgefahren; wären Sie um eine Minute früher gekommen, so hätten Sie ihn vielleicht noch erwischt.«

Kowaljow stieg, ohne das Taschentuch vom Gesicht zu nehmen, wieder in die Droschke und rief mit verzweifelter Stimme: »Fahr zu!«

»Wohin?« fragte der Kutscher.

»Geradeaus!«

»Wie, geradeaus...? Hier müssen wir wenden: nach rechts oder nach links?« Diese Frage brachte Kowaljow zur Besinnung und zwang ihn, wieder nachzudenken. Er hätte sich wohl vor allem an die Polizeiverwaltung wenden müssen, nicht etwa weil seine Lage in irgendeiner direkten Beziehung zur Polizei stünde, sondern weil die letztere ihre Anordnungen schneller treffen könnte, als irgendein anderes Ressort. Genugtuung von dem Ressort zu verlangen, in dem die Nase, nach ihrer Behauptung, diente, wäre unklug gewesen, da man schon aus den eigenen Worten der Nase ersehen konnte, daß es für sie nichts Heiliges gab und sie auch in diesem Falle ebenso lügen würde, wie sie schon gelogen hatte, als sie behauptete, Kowaljow noch nie gesehen zu haben. Kowaljow wollte schon dem Kutscher den Befehl geben, zur Polizeiverwaltung zu fahren, als ihm wieder der Gedanke kam, daß dieser Gauner und Spitzbube, der sich schon bei der ersten Begegnung so gewissenlos benommen hatte, den günstigen Augenblick benützen und die Stadt verlassen könnte, – dann wäre alles Suchen vergebens, oder es könnte auch, Gott behüte, einen ganzen Monat dauern. Endlich gab ihm wohl der Himmel selbst einen guten Gedanken. Er beschloß, sich an die Zeitungsexpedition zu wenden und rechtzeitig eine Anzeige aufzugeben mit genauer Personalbeschreibung der Nase, damit jeder, der ihr begegnete, sie ihm wiederbringen oder wenigstens ihren Aufenthaltsort angeben könnte. Als er diesen Entschluß gefaßt hatte, befahl er dem Kutscher, nach der Zeitungsexpedition zu fahren; er bearbeitete während der ganzen Fahrt den Rücken des Kutschers mit der Faust und feuerte ihn an: »Schneller, du Spitzbube! Schneller, du Schurke!« – »Ach, Herr!« sagte der Kutscher, den Kopf schüttelnd und sein Pferd, das langhaarig wie ein Bologneser war, mit dem Zügel schlagend. Die Droschke hielt endlich, und Kowaljow stürzte atemlos in ein kleines Zimmer, wo ein grauhaariger Beamter im alten Frack, mit einer Brille auf der Nase, hinter einem Tische saß und, einen Gänsekiel zwischen den Zähnen, die eingenommenen Kupfermünzen zählte.

»Wo gibt man hier Anzeigen auf?« rief Kowaljow. »Ah, guten Tag!«

»Meine Hochachtung!« entgegnete der grauhaarige Beamte, die Augen hebend. Dann richtete er sie wieder auf die Geldhaufen.

»Ich habe eine Anzeige...«

»Entschuldigen Sie, wollen Sie bitte etwas warten«, sagte der Beamte, indem er mit der Rechten eine Zahl auf das Papier schrieb und mit dem Finger der Linken zwei Kugeln auf dem Rechenbrett verschob. Ein galonierter Lakai von einem recht sauberen Äußeren, das von einer langen Dienstzeit in einem aristokratischen Hause zeugte, stand mit einem Zettel in der Hand neben dem Tisch und hielt es für angebracht, seine Bildung zu zeigen: »Glauben Sie es mir, mein Herr, der Hund ist keine achtzig Kopeken wert, das heißt ich würde für ihn auch keine vier Kopeken geben, aber die Gräfin liebt ihn! Darum verspricht sie dem Finder hundert Rubel! Wenn man sich höflich ausdrücken will, wie zum Beispiel wir beide uns ausdrücken, so sind die Geschmäcker der Menschen ganz unberechenbar. Wenn man schon ein Hundeliebhaber ist, so halte man sich einen Jagdhund oder einen Pudel; man gebe fünfhundert Rubel aus, man gebe sogar tausend Rubel aus, dafür soll es aber ein guter Hund sein!«

Der ehrenwerte Beamte hörte ihm mit ernster Miene zu und zählte zugleich die Buchstaben auf dem Zettel, den der Lakai mitgebracht hatte. Rechts und links standen noch eine Menge alter Frauen, Handlungsgehilfen und Hausknechte mit Zetteln in den Händen. Auf einem dieser Zettel hieß es, daß ein nüchterner Kutscher von seinem Besitzer in fremde Dienste gegeben werde; in einem anderen wurde eine wenig benutzte, im Jahre 1814 aus Paris mitgebrachte Equipage feilgeboten; hier wurde ein leibeigenes Mädel von neunzehn Jahren, das waschen konnte und auch für andere Arbeiten taugte, ausgeschrieben; dort eine solide Droschke, an der eine der beiden Federn fehlte; ein junger, feuriger Apfelschimmel von siebzehn Jahren; neue, aus London bezogene Rüben-und Radieschensamen; ein Landgut mit allem Zubehör: mit einem Stall für zwei Pferde und einem Platz, auf dem man einen prachtvollen Birken-oder Tannengarten anlegen konnte; eine Anzeige über den Verkauf alter Stiefelsohlen nebst Aufforderung, sich zwischen 8 und 3 Uhr bei der Versteigerung derselben einzufinden. Das Zimmer, in dem sich diese ganze Gesellschaft befand, war klein und die Luft darin außerordentlich stickig; aber der Kollegien-Assessor Kowaljow konnte es nicht spüren, da er sich das Taschentuch vors Gesicht hielt und auch, weil seine Nase sich Gott weiß wo befand.

»Mein Herr, darf ich Sie bitten...Ich habe Eile...« sagte er schließlich mit Ungeduld.

»Gleich, gleich!...Zwei Rubel dreiundvierzig Kopeken!...Einen Augenblick!...Ein Rubel vierundsechzig Kopeken!« sagte der grauhaarige Herr, indem er den alten Weibern und den Hausknechten die Zettel ins Gesicht warf. »Was wünschen Sie?« fragte er endlich, sich an Kowaljow wendend.

»Ich bitte...« sagte Kowaljow: »es liegt ein Schwindel oder ein Betrug vor, ich weiß es noch nicht. Ich bitte Sie nur zu annoncieren, daß derjenige, der mir diesen Spitzbuben herbeischafft, eine beträchtliche Belohnung erhalten wird.«

»Darf ich Sie fragen: wie ist Ihr Familienname?«

»Nein, was brauchen Sie meinen Familiennamen? Ich kann ihn nicht angeben. Ich habe viele Bekannte: die Frau Staatsrat Tschechtarjowa, die Frau Stabsoffizier Pelageja Grigorjewna Podtotschina...Wenn sie es, Gott behüte, erfahren! Sie können einfach schreiben: ein Kollegien-Assessor oder noch besser: Ein Herr im Majorsrange.«

»Ist Ihnen ein Leibeigener entlaufen?«

»Ach was, Leibeigener! Das wäre noch keine so große Gemeinheit! Mir ist die...Nase ausgerückt...«

»Hm! Ein sonderbarer Familienname! Hat Sie dieser Herr Nase um eine große Summe bestohlen?«

»Das heißt die Nase... Sie haben mich nicht richtig verstanden! Die Nase, meine Nase ist unbekannt wohin verschwunden. Der Teufel hat mir einen Streich spielen wollen!«

»Ja, auf welche Weise ist sie verschwunden? Ich kann es nicht verstehen.«

»Auch ich kann Ihnen nicht sagen, auf welche Weise; das Wichtigste aber ist, daß sie jetzt in der Stadt umherfährt und sich Staatsrat tituliert. Darum bitte ich Sie zu annoncieren, daß derjenige, der sie einfangen sollte, sie mir unverzüglich bringen möchte. Bedenken Sie doch selbst: wie soll ich ohne diesen so wichtigen Körperteil leben? Das ist doch keine kleine Zehe, die im Stiefel steckt und deren Fehlen kein Mensch bemerkt. Ich bin jeden Donnerstag bei der Frau Staatsrat Tschechtarjowa; die Frau Stabsoffizier Pelageja Grigorjewna Podtotschina, – sie hat ein hübsches Töchterchen, – ist auch eine gute Bekannte von mir; urteilen Sie selbst, was soll ich jetzt machen... Ich kann mich doch bei diesen Damen unmöglich sehen lassen.«

Der Beamte überlegte sich den Fall: seine fest zusammengekniffenen Lippen wiesen darauf hin.

»Nein, ich kann eine solche Anzeige nicht einrücken«, sagte er endlich nach langem Schweigen.

»Wie? Warum?«

»So. Die Zeitung könnte um ihren guten Ruf kommen. Wenn jeder schreiben wollte, daß ihm seine Nase ausgerückt sei, so... Man spricht auch so schon genug, daß viel zu viele sinnlose und falsche Gerüchte gedruckt werden.«

»Warum sollte denn diese Sache sinnlos sein? Ich kann es wirklich nicht einsehen...«

»Sie können es nicht einsehen. Aber in der vorigen Woche hatten wir folgenden Fall. Es kam ein Beamter, genauso wie Sie jetzt kommen, und brachte einen Zettel mit einer Anzeige, für die ihm zwei Rubel dreiundsiebzig Kopeken berechnet wurden; die Anzeige lautete, daß ein schwarzer Pudel entlaufen sei. Man sollte doch meinen, es sei nichts dabei. Aber das Ganze war ein Pasquill: mit dem Pudel war der Kassierer, ich weiß nicht mehr welcher Behörde, gemeint.«

»Meine Anzeige handelt aber nicht von einem Pudel, sondern von meiner eigenen Nase; und das ist doch fast dasselbe, wie wenn sie von mir selbst handelte.«

Nein, eine solche Anzeige kann ich nicht aufnehmen.«

»Wenn ich aber wirklich die Nase verloren habe?«

»Wenn Sie sie verloren haben, so geht es einen Arzt an. Man sagt, es gäbe solche, die einem eine beliebige Nase ansetzen können. Ich sehe übrigens, daß Sie ein lustiger Herr sind und in Gesellschaft gern scherzen.«

»Ich schwöre Ihnen, bei Gott! Wenn es nicht anders geht, so will ich es Ihnen zeigen.«

»Warum die Mühe!« sagte der Beamte, indem er eine Prise nahm. Wenn es Ihnen übrigens keine Mühe macht«, fügte er neugierig hinzu, »so möchte ich es mir doch anschauen.«

Der Kollegien-Assessor nahm sich das Taschentuch vom Gesicht.

»In der Tat, sehr merkwürdig!« sagte der Beamte: »Die Stelle ist so vollkommen glatt wie ein frischgebackener Pfannkuchen. Ganz unwahrscheinlich glatt!«

»Nun, jetzt werden Sie wohl nicht mehr widersprechen? Nun sehen Sie selbst, daß Sie die Anzeige aufnehmen müssen. Ich werde Ihnen sehr dankbar sein und bin froh, daß diese Gelegenheit mir das Vergnügen verschafft hat, Sie kennenzulernen.« Der Major ließ sich, wie man daraus ersehen kann, zu einer gemeinen Schmeichelei herab.

»Abdrucken kann ich es wohl, das ist nicht schwer«, sagte der Beamte, »aber ich kann darin keinen Nutzen für Sie erblicken. Wenn Sie wollen, so lassen Sie es von jemand, der sich darauf versteht, als ein seltenes Naturereignis beschreiben und in der ›Nordischen Biene‹ veröffentlichen (hier nahm er wieder eine Prise), zur Belehrung der Jugend (er schneuzte sich), oder zur allgemeinen Unterhaltung.«

Der Kollegien-Assessor war nun ganz niedergeschlagen. Sein Blick fiel auf den unteren Teil des Zeitungsblattes, wo sich die Theateranzeigen befanden; er wollte schon lächeln, als er auf den Namen einer hübschen Schauspielerin stieß, und seine Hand fuhr schon in die Tasche, um nachzusehen, ob er noch einen blauen Lappen habe, da doch Personen im Stabsoffiziersrange seiner Meinung nach nur im Parkett sitzen dürfen; aber der Gedanke an die Nase verdarb alles!

Der Beamte selbst schien durch die schwierige Lage Kowaljows gerührt. Er wollte seinen Kummer wenigstens etwas lindern und hielt es für angebracht, seine Teilnahme in einigen Worten auszudrücken: »Es tut mir wirklich sehr leid, daß Ihnen so etwas passiert ist. Wollen Sie nicht eine Prise nehmen? Dies hilft gegen Kopfweh und Melancholie; selbst gegen Hämorrhoiden ist es gut.« Mit diesen Worten reichte der Beamte Kowaljow seine Tabaksdose, indem er den Deckel mit dem Bildnis einer hutgeschmückten Dame sehr geschickt aufklappte.

Diese unüberlegte Handlung brachte Kowaljow um seine Geduld. »Ich verstehe nicht, wie Sie jetzt spaßen können«, sagte er erregt: »Sehen Sie denn nicht, daß mir gerade das fehlt, womit ich schnupfen könnte? Hol der Teufel Ihren Tabak! Ich kann ihn gar nicht sehen, nicht nur Ihren schlechten Beresin-Tabak, sondern selbst wenn Sie mir einen echten Rapé angeboten hätten!« Mit diesen Worten verließ er tief gekränkt die Zeitungsexpedition und begab sich zum Polizeikommissär.

Kowaljow kam zum Polizeikommissär in dem Augenblick, als dieser sich streckte und sagte: »Ach, wie gut werde ich jetzt an die zwei Stunden schlafen!« Daraus kann man ersehen, daß der Kollegien-Assessor ihm ziemlich ungelegen kam. Der Polizeikommissär war ein Beschützer aller Künste und Handwerke, zog aber eine Reichsbanknote allen anderen Dingen vor. »Das ist ein Gegenstand«, pflegte er zu sagen, »es gibt nichts Besseres als diesen Gegenstand: er braucht nicht gefüttert zu werden, er nimmt wenig Platz ein, findet in jeder Tasche Unterkunft und zerbricht nicht, wenn man ihn fallen läßt.«

Der Polizeikommissär empfing Kowaljow ziemlich kühl und sagte, daß die Zeit nach dem Mittagessen für eine Untersuchung nicht geeignet sei; die Natur selbst hätte bestimmt, daß der Mensch nach dem Essen ausruhen müsse (der Kollegien-Assessor konnte daraus ersehen, daß dem Polizeikommissär die Aussprüche der Weisen des Altertums nicht unbekannt waren); einem ordentlichen Menschen werde aber niemand die Nase abbeißen.

Er traf damit den wundesten Punkt. Es ist zu bemerken, daß Kowaljow außerordentlich empfindlich war. Alles, was man über ihn selbst sagte, konnte er noch verzeihen, er vergab aber nichts, was seinen Titel oder Dienstgrad verletzte. Er glaubte sogar, daß in den Theaterstücken alles erlaubt sei, was sich auf die Subaltern-Offiziere bezieht, die Stabsoffiziere dürfe man aber in keiner Weise antasten. Der Empfang durch den Polizeikommissär verwirrte ihn so, daß er den Kopf schüttelte, die Hände etwas spreizte und, im Bewußtsein seiner Würde, erklärte: »Offen gestanden, habe ich nach so beleidigenden Äußerungen nichts mehr zu sagen...« Und mit diesen Worten ging er.

Er kam nach Hause, müde und abgespannt. Es dunkelte schon. So traurig und häßlich erschien ihm seine Wohnung nach all diesem vergeblichen Suchen. Als er ins Vorzimmer trat, erblickte er auf dem schmutzigen Ledersofa seinen Lakai Iwan; er lag auf dem Rücken und spuckte an die Zimmerdecke, wobei er ziemlich geschickt immer die gleiche Stelle traf. Diese Gleichgültigkeit machte ihn rasend; er schlug ihn mit seinem Hute auf den Kopf und sagte: »Schwein, du machst doch auch immer Dummheiten!«

Iwan sprang sofort auf und beeilte sich, ihm aus dem Mantel zu helfen.

Der Major trat müde und traurig in sein Zimmer, ließ sich in einen Sessel sinken und sagte endlich, nachdem er einigemal geseufzt hatte:

»Mein Gott! Mein Gott! Womit habe ich dieses Unglück verdient? Wenn mir ein Arm oder ein Bein fehlte, so wäre es immer noch besser; aber ohne die Nase ist der Mensch weiß der Teufel was: kein Vogel und kein Bürger, man möchte ihn einfach packen und zum Fenster hinauswerfen! Hätte man sie mir doch im Kriege abgeschnitten oder im Duell, oder hätte ich es selbst verschuldet; sie ist aber um nichts und wieder nichts verschwunden, ganz dumm!... Aber nein, es kann nicht sein«, fügte er nach einigem Nachdenken hinzu: »Es ist nicht wahrscheinlich, daß eine Nase verschwinden kann, es ist ganz unwahrscheinlich. Ich träume wohl, oder es kommt mir nur so vor; vielleicht habe ich aus Versehen statt Wasser den Branntwein getrunken, mit dem ich mir nach dem Rasieren das Kinn einreibe. Dieser dumme Iwan hat ihn nicht weggestellt, und so habe ich ihn wohl getrunken.« Um sich zu überzeugen, daß er nicht betrunken sei, kniff sich der Major so schmerzhaft ins Fleisch, daß er selbst aufschrie.

Dieser Schmerz überzeugte ihn vollkommen davon, daß er im Wachen handle und lebe. Er trat vorsichtig vor den Spiegel und machte erst die Augen zu, in der Hoffnung, daß die Nase vielleicht doch noch auf ihrem Platze erscheinen werde; aber im gleichen Augenblick taumelte er zurück und sagte: »So eine Karikatur!«

Es war einfach unbegreiflich. Wenn ihm noch ein Knopf, ein silberner Löffel, eine Uhr oder etwas Ähnliches abhanden gekommen wäre, – aber so etwas und das in seiner eigenen Wohnung!... Der Major Kowaljow zog alle Umstände in Betracht und kam zum Schluß, das Wahrscheinlichste sei, daß die Frau Stabsoffizier Podtotschina, die ihn gerne zum Schwiegersohn haben wollte, die Schuld am Unglück trage. Er selbst machte wohl dieser Tochter gerne den Hof, vermied aber die Konsequenzen. Als die Frau Stabsoffizier ihm unumwunden erklärte, daß sie ihre Tochter mit ihm verheiraten wolle, zog er sich mit seinen Komplimenten vorsichtig zurück, unter der Behauptung, daß er zu jung sei und noch an die fünf Jahre dienen müsse, um genau zweiundvierzig Jahre alt zu werden. Darum hatte sich die Frau Stabsoffizier wohl aus Rachedurst entschlossen, sein Äußeres zu verunstalten, und dies irgendeiner alten Hexe bestellt; es war ja auf keine Weise anzunehmen, daß die Nase einfach abgeschnitten worden sei: niemand war in seinem Zimmer gewesen, und der Barbier Iwan Jakowlewitsch hatte ihn schon am Mittwoch rasiert; die Nase war aber am Mittwoch und sogar Donnerstag noch da – das wußte er sehr genau; außerdem hätte er doch einen Schmerz gespürt, und die Wunde wäre nicht so schnell zugeheilt und so glatt wie ein Pfannkuchen geworden. Er schmiedete Pläne: ob er die Frau Stabsoffizier in aller Form vors Gericht laden oder persönlich zu ihr gehen sollte, um sie zur Rechenschaft zu ziehen. Seine Gedanken wurden durch den Lichtschein unterbrochen, der in allen Ritzen der Türe aufleuchtete und ankündigte, daß Iwan die Kerze im Vorzimmer angezündet hatte. Bald erschien Iwan selbst mit der Kerze in der Hand, die das Zimmer hell beleuchtete. Die erste Bewegung Kowaljows war, das Taschentuch zu ergreifen und die Stelle zu verhüllen, wo sich noch gestern die Nase befunden hatte, damit der dumme Kerl nicht das Maul aufreiße, wenn er seinen Herrn in einem so sonderbaren Zustande sähe.

Iwan war noch nicht in seine Kammer gegangen, als im Vorzimmer eine unbekannte Stimme ertönte: »Wohnt hier der Kollegien-Assessor Kowaljow?«

»Treten Sie näher, der Major Kowaljow wohnt hier«, sagte Kowaljow, indem er aufsprang und die Türe öffnete.

Herein trat ein Polizeibeamter von sympathischem Aussehen, mit einem nicht zu hellen und nicht zu dunklen Backenbart und ziemlich vollen Wangen; es war derselbe, der zu Beginn unserer Erzählung am Ende der Isaaksbrücke gestanden hatte.

»Sie haben Ihre Nase zu verlieren geruht?«

»Gewiß.«

»Sie ist gefunden worden.«

»Was sagen Sie?« rief der Major Kowaljow. Er war vor Freude sprachlos. Er starrte den vor ihm stehenden Revieraufseher an, auf dessen vollen Lippen und Wangen der helle Widerschein des Kerzenlichtes zitterte. »Auf welche Weise?«

»Auf eine höchst sonderbare Weise: man hat sie kurz vor ihrer Abreise erwischt. Sie stieg eben in die Postkutsche, um nach Riga zu fahren. Sie hatte auch schon längst einen auf den Namen irgendeines Beamten ausgestellten Paß in Händen. Merkwürdigerweise habe ich sie selbst erst für einen Herrn gehalten; zum Glück hatte ich aber meine Brille bei mir und merkte sofort, daß es eine Nase war. Ich bin ja kurzsichtig, und wenn Sie vor mir stehen, so sehe ich wohl, daß Sie ein Gesicht haben, kann aber die Nase und den Bart nicht unterscheiden. Meine Schwiegermutter, das heißt die Mutter meiner Frau, sieht ebenfalls nichts.«

Kowaljow geriet außer sich. »Wo ist sie denn? Wo? Ich will gleich hinlaufen.«

»Bemühen Sie sich bitte nicht. Ich wußte, daß Sie sie sehr vermissen, und habe sie darum gleich mitgebracht. Merkwürdig ist auch, daß der Hauptbeteiligte an dieser Sache der spitzbübische Barbier von dem Wosnessenskij-Prospekt ist, der bereits im Arrest sitzt. Ich hatte ihn schon längst der Trunksucht und Gaunerei verdächtigt; erst vorgestern hat er in einem Laden ein Dutzend Knöpfe gestohlen. Ihre Nase ist aber ganz unverändert.« Mit diesen Worten steckte der Revieraufseher die Hand in die Tasche und holte die in ein Papier eingewickelte Nase hervor.

»Ja, das ist sie!« rief Kowaljow. »Ja, das ist sie! Trinken Sie doch mit mir heute ein Täßchen Tee!«

»Ich würde es für eine große Ehre halten, aber es geht leider nicht: ich muß mich von hier sofort ins Zuchthaus begeben... Alle Lebensmittelpreise sind übrigens beträchtlich gestiegen... Ich habe aber meine Schwiegermutter, das heißt die Mutter meiner Frau, auf dem Halse und auch meine Kinder; der älteste berechtigt zu den schönsten Hoffnungen und ist sehr klug; aber ich habe gar keine Mittel, um ihm eine ordentliche Erziehung zu geben...«

Als der Revieraufseher gegangen war, verharrte der Kollegien-Assessor einige Minuten in einer seltsamen Gemütsverfassung und konnte fast nichts sehen oder fühlen: die plötzliche Freude hatte ihm fast das Bewußtsein geraubt. Er ergriff die wiedergefundene Nase vorsichtig mit beiden Händen und sah sie noch einmal aufmerksam an.

»Ja, das ist sie! Ja, das ist sie!« sagte Major Kowaljow. »Da ist auch das Pickelchen links, das sich gestern gezeigt hat.« Der Major lachte fast vor Freude. Aber auf dieser Welt ist nichts von Dauer, darum ist auch die Freude in der zweiten Minute niemals so lebhaft wie in der ersten; in der dritten Minute schwindet sie noch mehr und geht dann unmerklich in der gewöhnlichen Stimmung unter, wie auch der von einem ins Wasser geworfene Stein erzeugte Kreis schließlich auf der glatten Oberfläche verschwindet. Kowaljow wurde nachdenklich und begriff, daß die Sache noch nicht erledigt war: die Nase ist wohl wieder da, aber man muß sie noch auf ihren Platz setzen.

»Was, wenn sie nicht festsitzen wird?«

Bei dieser Frage, die er an sich selbst richtete, erbleichte der Major.

Mit einer unbeschreiblichen Angst stürzte er zum Tisch und rückte den Spiegel heran, um die Nase nicht schief anzusetzen. Seine Hände zitterten. Ganz vorsichtig hielt er sie an den alten Platz. Oh, Schrecken! Die Nase wollte nicht halten!... Er führte sie an den Mund, erwärmte sie ein wenig mit dem Atem und setzte sie wieder auf die glatte Stelle zwischen seinen Wangen: aber die Nase wollte nicht halten.

»Na, na! Sitz doch, du Dumme!« sagt er zu ihr; die Nase war aber wie hölzern, und wenn sie auf den Tisch fiel, gab es einen seltsamen Ton, als ob es ein Stück Kork wäre. Die Züge Kowaljows verzerrten sich wie im Krampfe. »Wird sie denn nicht anwachsen?« sagte er sich voller Angst. Aber sooft er sie auch an ihren Platz setzte, seine Mühe blieb immer erfolglos.

Er rief Iwan und schickte ihn nach dem Arzt, der in der schönsten Wohnung im ersten Stock des gleichen Hauses wohnte.

Der Arzt, ein stattlicher Mann, nannte einen wunderschönen pechschwarzen Backenbart und eine frische, gesunde Gattin sein eigen, pflegte morgens frische Äpfel zu essen und hielt seinen Mund ungewöhnlich sauber: er spülte ihn jeden Morgen fast dreiviertel Stunden lang und putzte die Zähne mit Bürsten von fünf verschiedenen Sorten. Der Arzt kam augenblicklich. Er erkundigte sich, vor wieviel Tagen das Unglück geschehen, ergriff den Major Kowaljow am Kinn und gab ihm mit dem Daumen einen Nasenstüber auf die Stelle, wo sich früher die Nase befunden hatte, so daß der Major den Kopf in den Nacken warf und ihn ziemlich heftig an die Mauer schlug. Der Medikus erklärte, das habe nichts auf sich; er empfahl ihm, von der Wand wegzurücken und ließ ihn den Kopf erst nach rechts neigen; er betastete die Stelle, wo früher die Nase gesessen hatte, sagte: »Hm!«, ließ ihn dann den Kopf nach links wenden, sagte wieder: »Hm!« und gab ihm zum Schluß wieder einen Nasenstüber mit dem Daumen, so daß der Major Kowaljow den Kopf zurückwarf wie ein Gaul, dem man die Zähne untersucht. Nach dieser Probe schüttelte der Medikus den Kopf und sagte: »Nein, es wird nicht gehen. Bleiben Sie lieber so wie Sie sind, sonst kann es noch schlimmer werden. Die Nase kann man wohl befestigen; ich könnte es sogar jetzt gleich tun, aber ich versichere Ihnen, es wäre für Sie schlimmer.«

»Das ist ja wunderschön! Wie soll ich ohne die Nase leben?« sagte Kowaljow. »Schlimmer als jetzt kann es doch nicht werden. Da soll doch der Teufel dreinfahren! Wo kann ich mich mit einem solchen Pasquillgesicht zeigen? Ich komme in gute Gesellschaft: auch heute abend muß ich zwei Besuche machen. Ich habe viele Bekannte: die Frau Staatsrat Tschechtarjowa, die Frau Stabsoffizier Podtotschina...wenn ich auch mit ihr jetzt nur noch durch Vermittlung der Polizei verkehre. Haben Sie Erbarmen!« fuhr Kowaljow mit flehender Stimme fort: »Gibt es denn kein Mittel? Befestigen Sie sie doch irgendwie, wenn auch nicht gut, daß sie nur irgendwie festsitzt; ich kann sie ja in schwierigen Fällen mit der Hand festhalten. Zudem tanze ich nicht und kann daher keine unvorsichtige Bewegung machen, die schaden könnte. Und was das Honorar für Ihren Besuch betrifft, so seien Sie versichert, daß ich bereit bin, soweit es meine Mittel gestatten...«

»Glauben Sie mir«, sagte der Arzt weder zu laut noch zu leise, doch außerordentlich überzeugend und eindringlich: »ich praktiziere nicht aus Habgier. Ich nehme für die Besuche wohl Geld, aber nur, um niemand durch die Weigerung zu kränken. Gewiß, ich kann Ihnen die Nase wohl ansetzen; aber ich gebe Ihnen mein Ehrenwort, wenn Sie es mir so nicht glauben wollen, daß es für Sie schlimmer wäre. Verlassen Sie sich auf das Walten der Natur. Waschen Sie die Stelle öfter mit kaltem Wasser, und ich versichere Ihnen, daß Sie dann ohne Nase ebenso gesund sein werden, wie mit der Nase. Ich rate Ihnen, die Nase in Spiritus zu legen, oder, noch besser, zwei Eßlöffel starken Branntwein und warmen Essig hineinzutun dann können Sie sie recht vorteilhaft verkaufen. Ich will sie Ihnen sogar selbst abnehmen, wenn Sie nicht zuviel verlangen.«

»Nein, nein! Ich verkaufe sie um nichts in der Welt!« schrie der Major Kowaljow verzweifelt: »Dann soll sie schon lieber zugrunde gehen!«

»Verzeihen Sie!« sagte der Arzt aufbrechend: »Ich wollte Ihnen nützlich sein...Was kann ich tun! Jedenfalls haben Sie meinen guten Willen gesehen.« Mit diesen Worten ging der Arzt in schöner Haltung aus dem Zimmer. Kowaljow hatte in seiner tiefen Erregung sein Gesicht gar nicht gesehen und nur die aus den Ärmeln seines schwarzen Fracks hervorlugenden schneeweißen Manschetten bemerkt.

Am nächsten Tag entschloß er sich, bevor er eine Klage einreichte, der Frau Stabsoffizier zu schreiben: ob sie nicht bereit wäre, ihm kampflos das, was ihm gehörte, zurückzugeben. Der Brief lautete wie folgt:

Sehr geehrte
Alexandra Grigorjewna!

Ich kann Ihre Handlungsweise, die für einen Unbeteiligten so befremdend ist, unmöglich begreifen. Seien Sie versichert, daß Sie, wenn Sie so handeln, gar nichts erreichen und mich keineswegs zwingen können, Ihre Tochter zu heiraten. Glauben Sie mir: die Geschichte mit der Nase ist mir gut bekannt, genau wie der Umstand, daß Sie und niemand anders die Hauptschuldige sind. Das plötzliche Verschwinden derselben von ihrem Platze, ihre Flucht und ihr Auftauchen erst in der Gestalt eines Beamten, dann in ihrer eigenen Gestalt ist nur eine Folge der Hexereien, die von Ihnen oder von anderen, die sich gleich Ihnen mit dergleichen Dingen beschäftigen, betrieben werden. Ich meinerseits halte es für meine Pflicht, Ihnen zu erklären: wenn die erwähnte Nase sich nicht noch heute auf ihrem Platze befindet, werde ich mich gezwungen sehen, den Schutz der Gesetze anzurufen.

Im übrigen verbleibe ich in vorzüglicher Hochachtung

Ihr ergebenster Diener
Piaton Kowaljow.

Sehr geehrter
Herr Platon Kusmitsch!

Ihr Brief hat mich in höchstes Erstaunen versetzt. Ich muß Ihnen offen gestehen, daß ich es von Ihnen niemals erwartet hätte, am allerwenigsten aber Ihre ungerechten Anklagen. Ich versichere Ihnen, daß ich den Beamten, von dem Sie sprechen, weder in einer Maskierung, noch in seiner wahren Gestalt bei mir empfangen habe. Mich hat wohl Philipp Iwanowitsch

Potantschikow besucht. Er hat sich zwar wirklich um die Hand meiner Tochter beworben, aber ich habe ihm, obwohl er ein trefflicher, nüchterner Mensch und sehr gebildet ist, keinerlei Hoffnung gegeben. Sie sprechen auch noch von der Nase. Wenn Sie damit meinen, ich hätte Ihnen eine Nase drehen, das heißt Sie abweisen wollen, so wundere ich mich, daß Sie selbst davon sprechen, während ich, wie Sie selbst wissen, anderer Ansicht war: wenn Sie jetzt gleich in üblicher Form um die Hand meiner Tochter anhalten, so bin ich bereit, Ihren Wunsch zu erfüllen, denn dies war immer auch mein sehnlichster Wunsch. In dieser Hoffnung bin ich, stets zu Ihren Diensten,

    Alexandra Podtotschina.

»Nein«, sagte Kowaljow, als er den Brief gelesen, »sie ist unschuldig. Es kann nicht sein! Der Brief ist so abgefaßt, wie ihn ein Mensch, der ein Verbrechen auf dem Gewissen hat, niemals abfassen kann.« Der Kollegien-Assessor verstand sich darauf, da er im Kaukasusgebiet schon öfters an gerichtlichen Untersuchungen teilgenommen hatte. »Auf welche Weise mag es so gekommen sein? Da kennt sich nur der Teufel aus!« sagte er zuletzt und ließ die Hände sinken.

Inzwischen hatte sich das Gerücht über dieses außergewöhnliche Ereignis in der ganzen Residenz verbreitet, und zwar, wie es so geht, nicht ohne gewisse Ausschmückungen. Damals waren alle Geister für das Übersinnliche eingenommen: das Publikum hatte sich erst vor kurzem für die Versuche mit dem Magnetismus interessiert. Auch waren die tanzenden Stühle in der Konjuschennaja-Straße noch so frisch in Erinnerung, daß es nicht zu verwundern ist, daß bald darauf das Gerücht aufkam, die Nase des Kollegien-Assessors Kowaljow spaziere um drei Uhr auf dem Newskij-Prospekt. Nun versammelte sich da jeden Tag eine Menge von Neugierigen. Jemand erzählte, die Nase halte sich im Junckerschen Kaufladen auf, und neben Juncker entstand ein solcher Auflauf, daß sogar die Polizei einschreiten mußte. Ein Spekulant von ehrwürdigem Aussehen mit Backenbart, der vor dem Theater trockenes Gebäck verkaufte, ließ schöne, feste Holzbänke anfertigen, auf denen die Neugierigen gegen Bezahlung von achtzig Kopeken stellen durften. Ein verdienter Oberst verließ eigens zu diesem Zweck seine Wohnung und drängte sich mit Mühe durch die Menge; aber zu seiner großen Entrüstung sah er im Fenster des Kaufladens statt der Nase eine ganz gewöhnliche wollene Unterjacke und eine Lithographie, die ein junges Mädchen darstellte, das seinen Strumpf in Ordnung brachte, und einen Gecken mit modischer Weste und einem Spitzbart, der sie hinter einem Baume beobachtete, eine Lithographie, die seit mehr als zehn Jahren an der gleichen Stelle hing. Der Oberst drehte sich um und sagte empört: »Wie kann man nur mit solchen albernen und unwahrscheinlichen Gerüchten das Volk verwirren?« Später kam das Gerücht auf, daß die Nase des Majors Kowaljow nicht auf dem Newskij-Prospekt, sondern im Taurischen Garten herumspaziere; sie befinde sich schon seit langer Zeit dort; auch Chosrew-Mirza habe, als er dort gewohnt, sich sehr über dieses seltsame Naturspiel gewundert. Einige Studenten der Chirurgischen Akademie begaben sich dorthin. Eine vornehme und angesehene Dame wandte sich brieflich an den Aufseher des Gartens mit der Bitte, ihren Kindern dieses seltene Phänomen zu zeigen und, wenn möglich, eine für die Jugend belehrende und nützliche Erklärung zu geben.

Alle diese Ereignisse waren den ständigen Besuchern der Empfänge in der großen Welt, die die Damen gerne unterhielten und deren Material um jene Zeit erschöpft war, ganz besonders angenehm. Eine Minderheit ehrenwerter und wohlgesinnter Leute aber war außerordentlich unzufrieden. Ein Herr sagte empört, er könne nicht begreifen, wie sich bloß in diesem aufgeklärten Zeitalter derartige dumme Gerüchte verbreiten können, und er wundere sich nur, daß die Regierung nicht einschreite. Dieser Herr war offenbar einer von denjenigen, die die Regierung in alle Dinge einmischen möchten, sogar in ihre täglichen Streitigkeiten mit ihren Gattinnen. Bald darauf... aber hier werden die Ereignisse wieder von einem Nebel verhüllt, und es ist unbekannt, was weiter geschah.

III

In dieser Welt kommen die unsinnigsten Dinge vor, zuweilen solche, die ganz unwahrscheinlich sind: dieselbe Nase, die als Staatsrat spazierengefahren war und in der Stadt solches Aufsehen erregt hatte, befand sich plötzlich wieder, als ob nichts geschehen wäre, auf ihrem Platz, das heißt zwischen den beiden Wangen des Majors Kowaljow. Dies war schon am 7. April der Fall. Als der Major erwachte und in den Spiegel sah, erblickte er seine Nase! Er befühlte sie mit der Hand, – es war wirklich die Nase! »Aha!« sagte Kowaljow und wollte schon vor Freude barfuß einen Tanz aufführen, wurde aber von Iwan, der gerade ins Zimmer trat, daran verhindert. Er ließ sich sofort das Waschwasser bringen und sah beim Waschen wieder in den Spiegel die Nase war da! Als er sich abtrocknete, sah er noch einmal in den Spiegel, – die Nase war da!

»Schau mal her, Iwan, ich glaube, da sitzt ein Pickelchen auf der Nase!« sagte er und dachte bei sich: – Was, wenn Iwan mir sagt: ›Nein, Herr, es ist gar kein Pickelchen und auch keine Nase da!‹ –

Iwan sagte aber: »Es ist kein Pickelchen da: die Nase ist ganz rein!«

»Schön ist es, hol mich der Teufel!« sagte der Major zu sich selbst und knipste mit den Fingern. In diesem Moment blickte der Barbier Iwan Jakowlewitsch ins Zimmer, aber so scheu wie eine Katze, die man eben wegen Entwendung eines Stückes Speck gezüchtigt hat.

»Sag es mir gleich: sind deine Hände sauber?« schrie ihm Kowaljow schon von weitem zu.

»Ja, sie sind sauber.«

»Du lügst!«

»Bei Gott, sie sind sauber, Herr!«

»Nun, paß auf!«

Kowaljow setzte sich. Iwan Jakowlewitsch band ihm eine Serviette um und verwandelte in einem Augenblick sein ganzes Kinn und einen Teil seiner Wange mittels des Pinsels in eine Creme, wie man sie bei Namenstagsfeiern in Kaufmannshäusern aufträgt. »Ja, sieh mal an!« sagte Iwan Jakowlewitsch zu sich selbst, indem er die Nase ansah; dann wandte er seinen Kopf und blickte die Nase von der Seite an. »Sieh mal an! Wenn man es sich überlegt«, fuhr er fort und betrachtete lange die Nase. Endlich hob er ganz leicht und mit der größten Vorsicht zwei Finger, um die Nasenspitze zu erwischen. Iwan Jakowlewitsch hatte schon einmal dieses System.

»Na, na, paß auf!« rief Kowaljow. Iwan Jakowlewitsch ließ die Hände sinken, verlor jeden Mut und wurde so verwirrt wie noch nie. Schließlich fing er an, mit dem Rasiermesser ganz behutsam unter dem Kinn zu kitzeln, wie unbequem es auch war und wie schwer es ihm auch fiel, ohne den Stützpunkt auf dem Geruchsorgan zu rasieren; endlich überwand er doch alle Hindernisse, indem er seinen rauhen Daumen gegen die Wange und den Unterkiefer stemmte, und rasierte den Major glücklich zu Ende.

Als alles fertig war, kleidete Kowaljow sich rasch an, mietete eine Droschke und fuhr in eine Konditorei. Beim Eintreten rief er schon von weitem: »Kellner, eine Tasse Schokolade!« Dann lief er zum Spiegel: die Nase war da. Er wandte sich lustig um und musterte ironisch, mit einem Auge blinzelnd, zwei Offiziere, deren einer eine Nase kaum so groß wie einen Westenknopf hatte. Darauf begab er sich in die Kanzlei des Departements, in dem er sich um einen Vize-Gouverneurs-Posten, oder wenigstens um den eines Exekutors bewarb. Als er das Empfangszimmer durchschritt, blickte er in den Spiegel – die Nase war da. Dann besuchte er einen anderen Kollegien-Assessor, oder Major, einen großen Spötter, dem er schon mehr als einmal auf dessen spöttische Bemerkungen gesagt hatte: »Ich kenne dich, du bist immer so giftig!« Unterwegs dachte er sich: – Wälzt sich der Major, wenn er mich sieht, nicht vor Lachen, so ist es ein sicherer Beweis dafür, daß alles sich auf seinem Platze befindet. – Aber der Kollegien-Assessor sagte nichts. »Wie schön, hol mich der Teufel!« sagte Kowaljow zu sich selbst. Unterwegs begegnete er der Frau Stabsoffizier Podtotschina nebst Tochter; er machte eine Verbeugung und wurde mit freudigen Ausrufen begrüßt; also war alles in bester Ordnung. Er unterhielt sich mit ihnen sehr lange, nahm sogar seine Tabaksdose aus der Tasche und stopfte sich absichtlich vor ihren Augen sehr lange Schnupftabak in beide Löcher, wobei er zu sich selbst sagte: »Seht ihr es, ihr dummen Hennen! Die Tochter werde ich aber doch nicht heiraten. So einfach, par amour, dagegen, – mit Vergnügen!«

Von nun an zeigte sich der Major Kowaljow, als ob nichts vorgefallen wäre, auf dem Newskij-Prospekt, in den Theatern und überall. Auch seine Nase saß, als wäre nichts vorgefallen, auf ihrem Platz und man konnte ihr nicht anmerken, daß sie sich von ihm entfernt hatte. Man sah jetzt den Major Kowaljow immer in bester Laune; er lächelte, verfolgte alle hübschen Damen und blieb sogar einmal vor einem Laden im Großen Kaufhaus stehen und kaufte sich ein Ordensband; wozu er es kaufte, blieb unbekannt, denn er hatte gar kein Recht auf irgendeinen Orden.

So eine Geschichte hat sich in der nordischen Residenz unseres ausgedehnten Vaterlandes ereignet! Wenn wir uns jetzt alle Umstände überlegen, sehen wir, daß an ihr vieles unwahrscheinlich ist. Schon ganz abgesehen davon, daß ein solches unnatürliches Verschwinden einer Nase und ihr Auftauchen an verschiedenen Orten in der Gestalt eines Staatsrates sehr sonderbar ist, – wie konnte es Kowaljow nicht eingesehen haben, daß man den Verlust einer Nase nicht gut durch die Zeitungsexpedition anzeigen kann? Ich will damit nicht gesagt haben, daß er für die Anzeige zu teuer bezahlt hätte; das ist unwesentlich, und ich bin gar nicht so habgierig; aber es ist unanständig, unpassend, unschön! Und dann: wie ist die Nase in das gebackene Brot geraten und was hatte Iwan Jakowlewitsch damit zu tun?...Nein, ich verstehe es nicht, absolut nicht! Was ich aber am allerwenigsten verstehe, ist, daß sich ein Autor ein solches Thema wählen kann. Ich finde es, offen gestanden, ganz unbegreiflich! Das ist wirklich...Nein, nein, ich kann es nicht verstehen! Erstens bringt es auch nicht den geringsten Nutzen dem Vaterlande, zweitens...aber auch zweitens bringt es keinen Nutzen. Ich weiß einfach nicht, was es ist...

Und doch, wenn man das eine, das andere und das dritte auch zugeben kann, sogar daß... und wo gibt es keinen Unsinn? Wenn man es sich aber überlegt, so steckt doch etwas dahinter. Man mag sagen, was man will, solche Ereignisse kommen wirklich vor, – selten, aber sie kommen vor.

Das Porträt

I

Nirgends blieben so viele Menschen stehen wie vor dem kleinen Bilderladen im Schtschukinschen Kaufhause. Dieser Laden stellte in der Tat die buntste Ansammlung von wunderlichen Dingen dar; die Bilder waren zum größten Teil mit Ölfarben gemalt, mit einem dunkelgrünen Lack überzogen und steckten in dunkelgelben Rahmen aus unechtem Gold. Eine Winterlandschaft mit weißen Bäumen, ein knallroter Abend, der wie eine Feuersbrunst aussieht, ein flämischer Bauer mit einer Pfeife im Munde und einem gebrochenen Arm, mehr einem Truthahn in Manschetten als einem Menschen ähnlich, – das ist der Inhalt der meisten Bilder. Zu erwähnen sind noch einige Porträtstiche: das Bildnis des Chosrew-Mirza in einer Lammfellmütze, die Bildnisse irgendwelcher Generäle mit schiefen Nasen in Dreimastern... Außerdem ist die Eingangstüre eines solchen Ladens gewöhnlich mit bunten volkstümlichen Holzschnitten auf großen Bogen behängt, die von der angeborenen Begabung des Russen zeugen. Eines dieser Bilder stellt die Prinzessin Miliktrissa Kirbitjewna dar, ein anderes die Stadt Jerusalem, über deren Häuser und Kirchen man ganz ungeniert mit roter Farbe gefahren ist, welche auch einen Teil der Erde und zwei betende russische Bauern in Fausthandschuhen mitgenommen hat.

Für alle diese Kunstwerke gibt es nur wenige Käufer, dafür eine Menge Zuschauer. Irgendein Nichtstuer von einem Lakaien steht vor ihnen mit der Wirtshausmenage in der Hand da und läßt seinen Herrn warten, der die Suppe sicher in einem nicht zu heißen Zustande löffeln müssen wird. Vor ihm steht ebenso sicher ein Soldat in einem Mantel, dieser Kavalier des Trödelmarktes, der zwei Federmesser zu verkaufen hat; auch eine Händlerin aus der Ochta-Vorstadt mit einer Schachtel voller Schuhe ist dabei. Ein jeder ist auf seine Art entzückt; die Bauern tippen gewöhnlich mit den Fingern auf die Bilder; die Kavaliere betrachten sie mit ernster Miene; die jungen Lakaien und die Lehrlinge lachen und necken einander mit den dargestellten Karikaturen; die alten Lakaien in den Friesmänteln sehen sich die Bilder nur darum an, weil sie doch irgendwie die Zeit totschlagen müssen; aber die Händlerinnen, die jungen russischen Weiber, eilen rein aus Instinkt her, um sich anzuhören, was sich das Volk erzählt, und um sich anzuschauen, was sich das Volk anschaut.

Um diese Zeit blieb vor dem Laden der zufällig vorbeigehende junge Maler Tschartkow unwillkürlich stehen. Der alte Mantel und der gar nicht elegante Anzug ließen auf einen Menschen schließen, der sich mit Selbstaufopferung seiner Kunst ergeben hat und dem es an Zeit fehlt, um sich um seine Toilette zu kümmern, die doch sonst für die Jugend einen geheimnisvollen Zauber hat. Er blieb vor dem Laden stehen und lachte erst innerlich über die häßlichen Bilder. Schließlich bemächtigte sich seiner eine unwillkürliche Nachdenklichkeit: er fragte sich, wer alle diese Kunstwerke brauche. Daß das russische Volk alle diese Prinzen Jeruslan Lasarewitschs, die »Fresser« und »Säufer«, die »Fomas« und »Jeremas« bewunderte, erschien ihm gar nicht sonderbar: die dargestellten Gegenstände waren dem Volke zugänglich und verständlich: wo blieben aber die Käufer für die bunten, schmutzigen Ölbilder? Wer brauchte diese flämischen Bauern, diese roten und blauen Landschaften, die einigen Anspruch auf eine höhere Stufe der Kunst erheben, die aber nur die tiefste Erniedrigung der Kunst spiegeln? Sie schienen durchaus nicht die Arbeiten eines kindlichen Autodidakten zu sein; sonst wäre in ihnen trotz der gefühllosen Karikiertheit des Ganzen ein starker innerer Drang zum Ausdruck gekommen. Aber man sah an ihnen nichts als Stumpfsinn und kraftlose, altersschwache Talentlosigkeit, die sich eigenmächtig neben die wahre Kunst gestellt hat, während ihr nur ein Platz unter den niedrigen Handwerken zukommt; eine Talentlosigkeit, die aber ihrem Berufe treu geblieben ist und in die Kunst selbst das Handwerksmäßige hineingebracht hat. Die gleichen Farben, die gleiche Manier, die gleiche gewohnte Hand, die eher einem roh gebauten Automaten als einem Menschen anzugehören scheint!...

Lange stand er vor diesen schmierigen Bildern, an die er zuletzt gar nicht mehr dachte, während der Besitzer des Ladens, ein farbloses Männchen in einem Friesmantel, mit einem seit dem letzten Sonntag nicht mehr rasierten Kinn, auf ihn seit geraumer Zeit einredete, mit ihm feilschte und den Preis ausmachte, ohne sich erst erkundigt zu haben, was ihm gefiel und was er brauchte. »Für diese Bäuerlein und für die kleine Landschaft verlange ich einen Fünfundzwanziger. Diese Malerei! Die blendet einfach den Blick! Die Bilder kommen direkt vom Markt, der Lack ist noch nicht trocken. Oder dieser Winter hier, nehmen Sie doch den Winter! Fünfzehn Rubel! Was der Rahmen allein schon wert ist! Ist das ein prachtvoller Winter!« Der Händler schnellte mit den Fingern gegen die Leinwand, als wollte er auf diese Weise die Güte des Winters zeigen. »Befehlen Sie, daß ich die Bilder zusammenbinde und Ihnen nachschicke? Wo geruhen Sie zu wohnen?

»Wart einmal, Bruder, nicht so schnell«, sagte der Maler, gleichsam zu sich kommend, als er sah, daß der flinke Händler die Bilder in allem Ernst zusammenband. Er genierte sich ein wenig, nichts zu kaufen, nachdem er so lange im Laden gestanden hatte; darum sagte er: »Wart einmal, ich will nachsehen, ob sich nicht hier etwas für mich findet!« Er bückte sich und fing an, die auf dem Boden aufgehäuften abgeriebenen und verstaubten alten Bilder aufzuheben, die hier offenbar nicht den geringsten Respekt genossen. Es waren alte Familienporträts von Menschen, deren Nachkommen sich wohl auf der ganzen Welt nicht mehr finden ließen; völlig unkenntliche Darstellungen auf zerrissener Leinwand; Rahmen, von denen die Vergoldung abgefallen war; mit einem Worte allerlei altes Gerümpel. Aber der Maler sah sich die Sachen dennoch an, indem er sich heimlich dachte: – Vielleicht läßt sich hier doch etwas finden. – Er hatte mehr als einmal gehört, wie man bei solchen kleinen Händlern zuweilen Bilder großer Meister entdeckte.

Als der Ladenbesitzer sah, für welche Dinge der Kunde sich interessierte, nahm er wieder seine gewöhnliche Haltung an, stellte sich würdevoll vor die Ladentür und begann die Vorübergehenden in sein Geschäft zu locken, indem er mit der einen Hand ins Innere des Ladens wies: »Hierher, Väterchen! Hier sind Bilder! Treten Sie nur ein! Sind soeben vom Markte gekommen.« Er hatte sich schon fast heiser geschrien, zum größten Teil fruchtlos; er hatte sich auch zur Genüge mit dem gegenüber vor der Tür seines Ladens stehenden Lumpenhändler unterhalten, als er sich plötzlich erinnerte, daß er in seinem Laden noch einen Kunden hatte; nun wandte er dem Publikum den Rücken zu und begab sich ins Innere des Ladens. »Nun, Väterchen, haben Sie sich schon etwas ausgesucht?« Der Maler stand aber schon seit geraumer Zeit unbeweglich vor einem Bildnis in einem mächtigen, einst wohl prunkvollen Rahmen, auf dem hier und da noch Reste der Vergoldung glänzten.

Das Porträt stellte einen alten Mann mit bronzefarbenem, welkem, breitknochigem Gesicht dar; die Gesichtszüge schienen im Augenblick einer krampfartigen Bewegung erfaßt zu sein und zeugten von einem gar nicht nordischen Temperament: der glühende Süden spiegelte sich in ihnen. Der Alte war in ein weites asiatisches Gewand gehüllt. Wie beschädigt und verstaubt das Porträt auch war, sobald er das Gesicht vom Staube gereinigt hatte, erkannte Tschartkow die Spuren der Arbeit eines großen Künstlers. Das Porträt schien unvollendet; die Kraft des Pinselstriches war aber erstaunlich. Am ungewöhnlichsten waren die Augen; der Künstler schien auf sie die ganze Kraft seines Pinsels und seine ganze Sorgfalt verwendet zu haben. Die Augen sahen einen buchstäblich an, sie schauten sogar aus dem Bild selbst heraus und durchbrachen durch ihre ungewöhnliche Lebendigkeit die Harmonie des ganzen Bildes. Als er das Porträt zu der Tür brachte, sahen die Augen noch durchdringender. Fast den gleichen Eindruck machten sie auf das draußen stehende Volk. Eine Frau, die hinter ihm stehengeblieben war, rief: »Er schaut, er schaut!« und wich zurück. Auch Tschartkow selbst empfand ein unangenehmes, ihm selbst unverständliches Gefühl und stellte das Bild auf den Boden.

»Nun, nehmen Sie doch das Porträt!« sagte der Händler.

»Was soll es kosten?« fragte der junge Künstler.

»Was soll ich dafür viel verlangen? Geben Sie mir drei Viertelrubel dafür!«

»Nein.«

»Was geben Sie denn?«

»Zwanzig Kopeken«, sagte der Künstler und schickte sich zum Gehen an.

»Was Sie mir für einen Preis bieten! Für zwanzig Kopeken werden Sie nicht einmal den Rahmen bekommen! Sie haben wohl die Absicht, es morgen zu kaufen? Herr, Herr, kommen

Sie zurück! Schlagen Sie wenigstens zehn Kopeken auf. Nun, nehmen Sie es, nehmen Sie es, geben Sie die zwanzig Kopeken her. Ich gebe es, nur um den Anfang zu machen, nur weil Sie heute der erste Käufer sind.« Darauf machte er eine Handbewegung, die zu sagen schien: »Fort mit Schaden!«

So hatte Tschartkow ganz unerwartet das alte Porträt gekauft; dabei dachte er sich: – Wozu habe ich es gekauft? Was brauche ich es? – Es war aber nichts mehr zu machen. Er holte aus der Tasche ein Zwanzigkopekenstück, gab es dem Händler, nahm das Porträt unter den Arm und schleppte es mit sich fort. Unterwegs erinnerte er sich, daß das Zwanzigkopekenstück, das er hergegeben hatte, sein letztes war. Seine Gedanken verdüsterten sich plötzlich. »Hol's der Teufel! Ekelhaft ist es auf dieser Welt!« sagte er sich mit dem Gefühl eines Russen, dem es schlecht geht. Und er eilte fast mechanisch mit schnellen Schritten, gleichgültig gegen alles auf der Welt. Der halbe Himmel war noch vom roten Licht des Abendrots umfangen, die nach Westen schauenden Häuser waren noch schwach von seinem warmen Licht übergossen, aber das kalte, bläuliche Licht des Mondes schien immer greller. Halb durchsichtige leichte Schatten, die von den Häusern und den Menschenbeinen geworfen wurden, legten sich als Schweife auf den Boden. Der Maler fing schon an, den Himmel zu bewundern, der von einem eigentümlichen, durchsichtigen, feinen, ungewissen Licht übergossen war, und seinen Lippen entfuhren fast gleichzeitig die Worte: »Was für ein zarter Ton!« und »Es ist ärgerlich, hol's der Teufel!« Er rückte das Bild, das unter seinem Arm rutschte, zurecht und beschleunigte die Schritte.

Müde und schweißbedeckt erreichte er seine Behausung in der fünfzehnten Linie der Wassiljewskij-Insel. Mit Mühe und schwer atmend stieg er die mit Schmutzwasser übergossene und mit Spuren von Hunden und Katzen gezierte Treppe hinauf. Auf sein Klopfen bekam er keine Antwort: sein Diener war nicht zu Hause. Er lehnte sich ans Fenster und wartete geduldig, bis hinter ihm endlich die Schritte seines Burschen in blauem Hemd ertönten – seines Dieners, Modells, Farbenreibers und Bodenkehrers, der übrigens die Böden gleich nach dem Kehren mit seinen Stiefeln wieder beschmutzte. Der Bursche hieß Nikita und pflegte die ganze Zeit, wo sein Herr nicht zu Hause war, vor dem Tore zu verbringen. Nikita gab sich lange Zeit Mühe, mit dem Schlüssel ins Schlüsselloch zu geraten, das infolge der Dunkelheit unsichtbar war. Endlich war die Tür aufgemacht. Tschartkow trat in sein Vorzimmer, in dem es unerträglich kalt war, wie es bei allen Malern zu sein pflegt, was sie übrigens nicht merken. Ohne Nikita seinen Mantel zu geben, trat er in sein Atelier, ein quadratisches, großes, doch niederes Zimmer mit zugefrorenen Fensterscheiben, das mit allerlei künstlerischem Gerümpel angefüllt war: Stücken von Gipsarmen, mit Leinwand bespannten Rahmen, angefangenen und aufgegebenen Skizzen und einer über die Stühle geworfenen Draperie. Er war sehr müde; er legte den Mantel ab, stellte das mitgebrachte Porträt zwischen zwei kleine Bilder und warf sich auf das schmale Sofa, von dem man nicht sagen konnte, daß es mit Leder bezogen wäre; die Reihe der Messingnägel, die einst das Leder festgehalten hatten, prangten schon längst ganz für sich, während das Leder gleichfalls ganz für sich blieb, so daß Nikita darunter die schmutzigen Strümpfe, Hemden und die ganze schmutzige Wäsche zu verwahren pflegte. Nachdem Tschartkow eine Weile gesessen und gelegen hatte, soweit es das schmale Sofa überhaupt erlaubte, verlangte er schließlich nach einer Kerze.

»Es ist keine Kerze da«, sagte Nikita.

»Wieso ist keine da?«

»Es war auch gestern keine da«, sagte Nikita. Der Maler erinnerte sich, daß es gestern tatsächlich keine Kerze gegeben hatte; er beruhigte sich und verstummte. Dann ließ er sich entkleiden und zog seinen stark abgetragenen Schlafrock an.

»Ja, noch etwas, der Hausherr ist dagewesen«, sagte Nikita.

»So, er wollte wohl das Geld holen? Ich weiß es«, entgegnete der Maler und winkte wegwerfend mit der Hand.

»Er ist aber nicht allein dagewesen«, sagte Nikita.

»Mit wem denn?«

»Ich weiß nicht, mit wem... Mit irgendeinem Revieraufseher.«

»Was wollte denn der Revieraufseher?«

»Ich weiß nicht, was er wollte; er sagte, die Miete sei noch immer nicht bezahlt.«

»Was soll denn daraus werden?«

»Ich weiß nicht, was daraus werden soll; er sagte: ›Wenn er nicht zahlen will, so soll er ausziehen.‹ Sie wollten beide morgen wiederkommen.« »Sollen sie nur kommen«, sagte Tschartkow mit trauriger Gleichgültigkeit, und die trübe Stimmung bemächtigte sich seiner nun gänzlich.

Der junge Tschartkow war ein Maler mit einem Talent, das viel versprach: sein Pinsel zeigte zuweilen blitzartig eine feine Beobachtungsgabe, Intelligenz und einen starken Drang, der Natur nahezukommen. »Paß auf, Bruder«, hatte ihm sein Professor mehr als einmal gesagt: »Du hast Talent, und es wäre Sünde, wenn du es zugrunde richtetest; dir fehlt aber Geduld; wenn dich etwas anzieht, wenn dir irgend etwas gefällt, so bist du davon ganz hingerissen, und alles andere ist für dich Mist, alles andere ist dir nichts wert, und du willst es nicht mehr anschauen. Paß auf, daß aus dir kein modischer Maler wird: deine Farben sind schon jetzt schreiend, deine Zeichnung ist nicht streng genug und zuweilen sogar ganz schwach, die Linie ist nicht zu sehen; du jagst der neumodischen Beleuchtung nach, Effekten, die zu allererst in die Augen springen, – paß auf, daß du nicht in die englische Manier verfällst. Nimm dich in acht: die große Welt zieht dich schon jetzt an; ich sehe dich oft ein elegantes Halstuch tragen oder auch einen glänzenden Hut... Es ist allerdings verlockend, man kann sich leicht herablassen, modische Bildchen und Porträts des Geldes wegen zu malen; dabei geht aber das Talent zugrunde, statt sich zu entfalten. Habe Geduld! Überlege dir jede Arbeit; gib die Eleganz auf, – sollen nur die andern Geld verdienen, deine Zukunft wird dir nicht entgehen!«

Der Professor hatte zum Teil recht. Unser Maler spürte zuweilen wirklich das Verlangen, ein wenig über die Schnur zu hauen und elegant aufzutreten, mit einem Worte hie und da seine Jugend zu zeigen; dabei hatte er sich aber doch in seiner Gewalt. Zuweilen war er imstande, wenn er einmal den Pinsel ergriffen, alles übrige zu vergessen und sich von der Arbeit nicht anders als von einem schönen, unterbrochenen Traum loszureißen. Sein Geschmack entwickelte sich zusehends. Er hatte noch kein Verständnis für die ganze Tiefe eines Raffael, begeisterte sich aber schon für den schnellen, breiten Pinselstrich eines Guido Reni, blieb zuweilen vor den Bildnissen Tizians stehen und bewunderte die Flamen. Das Dunkel, das die alten Bilder hüllt, hatte sich vor ihm noch nicht ganz gelichtet; aber er ahnte schon etwas in diesen Bildern, obwohl er innerlich seinem Professor nicht zustimmen konnte, daß die alten Meister so unerreichbar hoch über uns stünden: er glaubte sogar, das neunzehnte Jahrhundert hätte sie in manchen Dingen erheblich überholt; die Nachahmung der Natur sei in der letzten Zeit farbiger, lebhafter und getreuer geworden; mit einem Worte, er urteilte so, wie die Jugend zu urteilen pflegt, die schon etwas erfaßt hat und sich dessen mit Stolz bewußt ist. Zuweilen ärgerte er sich, wenn er sah, wie irgendein zugereister Maler, ein Franzose oder Deutscher, der manchmal sogar kein Künstler aus innerem Berufe war, nur durch seine flotte Manier, die geschickte Pinselführung und die Leuchtkraft der Farben allgemeines Aufsehen erregte und in einem Augenblick ein ganzes Vermögen verdiente. Solche Gedanken kamen ihm aber in den Sinn, nicht wenn er ganz von seiner Arbeit hingerissen, Speise und Trank und die ganze Welt vergaß, sondern wenn an ihn die Not herantrat, wenn er kein Geld hatte, um sich Pinsel und Farben zu kaufen, und wenn der zudringliche Hausherr zehnmal am Tage kam, um das Geld für die Wohnung zu mahnen. In solchen Augenblicken beschäftigte sich seine hungrige Phantasie mit dem beneidenswerten Los eines reichen Malers; dann kam ihm sogar der Gedanke, der so oft einen russischen Kopf zu durchzucken pflegt: alles aufzugeben und sich vor Kummer allem zum Trotz ganz dem Trunke zu ergeben.

»Ja, habe Geduld, habe Geduld!« sagte er geärgert. »Auch die Geduld hat einmal ein Ende. Habe Geduld! Womit soll ich aber morgen mein Essen bezahlen? Niemand wird mir doch etwas borgen. Und wenn ich meine Bilder und Zeichnungen verkaufe, so wird man mir für alles zwanzig Kopeken geben. Allerdings habe ich von allen diesen Arbeiten einen Nutzen gehabt: eine jede von ihnen ist nicht umsonst unternommen worden, bei jeder habe ich doch auch etwas gelernt. Aber was habe ich davon? Es sind nur Studien und Versuche, und es werden immer nur Studien und Versuche bleiben und kein Ende nehmen. Wer wird sie kaufen, solange mein Name unbekannt ist? Wer braucht auch die Zeichnungen nach der Antike, die Aktstudien, oder meine unvollendete liebe ›Psyche‹, oder die perspektivische Ansicht meines Zimmers, oder das Porträt meines Nikita, obwohl es unvergleichlich besser ist als die Porträts irgendeines modischen Malers? Was denke ich mir noch? Warum quäle ich mich und mühe mich wie ein Schüler mit dem Abc ab, während ich wohl imstande bin, mich wie mancher andere hervorzutun und Geld zu verdienen?«

Als der Maler diese Worte gesprochen, mußte er plötzlich erzittern und erbleichen: ihn starrte hinter einem der Bilderrahmen ein krampfhaft verzerrtes Gesicht an: zwei schreckliche Augen bohrten sich in ihn, als wollten sie ihn auffressen; auf dem Munde stand der schreckliche Befehl geschrieben, zu schweigen. Er wollte vor Entsetzen aufschreien und Nikita rufen, der im Vorzimmer bereits ein lautes Schnarchen ertönen ließ, hielt aber plötzlich inne und fing an zu lachen: die Angst war im Nu gewichen; es war das neuangeschaffte Porträt, das er inzwischen schon vergessen hatte. Das Mondlicht, das das Zimmer füllte, fiel auf das Bild und verlieh ihm eine seltsame Lebendigkeit. Er fing an, das Bild zu betrachten und zu reinigen. Er tauchte einen Schwamm ins Wasser, fuhr damit einigemal über die Leinwand, wusch damit den Staub und den Schmutz ab, die sich auf dem Bilde festgesetzt hatten, hängte es vor sich an die Wand und mußte sich noch mehr über die ungewöhnliche Arbeit wundern: das ganze Gesicht war fast lebendig, und die Augen blickten ihn so durchdringend an, daß er zuletzt zusammenfuhr, zurückwich und erstaunt ausrief: »Er schaut, er schaut mit Menschenaugen!« Plötzlich fiel ihm eine Geschichte ein, die er einmal vor langer Zeit von seinem Professor gehört hatte, die Geschichte von einem Porträt des berühmten Lionardo da Vinci, an dem der große Meister mehrere Jahre gearbeitet hatte und das er immer noch für unvollendet hielt, während es die andern, nach dem Berichte Vasaris, für das vollkommenste und vollendetste hielten. Am vollendetsten waren darin die Augen, über die die Zeitgenossen staunten: selbst die allerkleinsten, kaum sichtbaren Äderchen waren nicht vernachlässigt und auf die Leinwand gebannt. Aber in diesem Porträt, das jetzt vor ihm stand, war etwas Ungewöhnliches. Das war schon keine Kunst mehr, das zerstörte sogar die Harmonie des Bildes selbst; es waren lebendige, es waren menschliche Augen! Sie schienen aus dem Gesicht eines lebendigen Menschen herausgeschnitten und in das Bild eingesetzt zu sein. Hier fehlte jener hohe Genuß, der die Seele beim Anblick eines wahren Kunstwerkes erfaßt, wie schrecklich auch der dargestellte Gegenstand sein mag; hier empfand man ein krankhaftes, peinigendes Gefühl. – Was ist das? – fragte sich unwillkürlich der Künstler: – Es ist immerhin die Natur, die lebendige Natur; woher kommt dann dieses sonderbare, unangenehme Gefühl? Oder ist die sklavische, genaue Nachahmung der Natur schon ein Vergehen und erscheint als ein gellender, unharmonischer Aufschrei? Oder wirkt der Gegenstand, wenn man ihn ohne Teilnahme und Sympathie, ganz gefühllos erfaßt, immer nur als eine erschreckende Wirklichkeit, ohne von der unfaßbaren Idee, die allen Dingen innewohnt, durchleuchtet zu sein, wirkt als jene Wirklichkeit, die man vor sich hat, wenn man, um einen schönen Menschen zu erfassen, nach dem Messer des Anatomen greift, sein Inneres bloßlegt und einen abstoßenden Menschen erblickt? Warum erscheint die einfache, gemeine Natur bei dem einen Maler so erleuchtet, daß man durchaus keinen gemeinen Eindruck hat; im Gegenteil, man glaubt sogar einen Genuß zu haben und nachher alle Dinge um sich ruhiger und gleichmäßiger dahinfließen zu sehen? Und warum erscheint die gleiche Natur bei einem anderen Maler so gemein und schmutzig, obwohl er ihr ebenso treu ist wie der andere? Aber nein, nein, nein, es ist nichts Erleuchtendes in ihr. Es ist ganz wie eine Landschaft in der Natur: sie mag noch so großartig sein, aber es fehlt ihr immer etwas, wenn keine Sonne am Himmel steht. –

Er ging wieder auf das Porträt zu, um diese wunderlichen Augen näher zu betrachten, und merkte mit Schrecken, daß sie ihn wirklich ansahen. Es war keine Kopie der Natur mehr; es war jene seltsame Lebendigkeit, von der das Gesicht eines aus dem Grabe auferstandenen Toten erfüllt sein mag. War es das Mondlicht, das Träume mit sich bringt und alles in eine andere Gestalt kleidet, die den Gestalten des positiven Tages entgegengesetzt ist, oder hatte es einen anderen Grund, – jedenfalls war es ihm plötzlich, er wußte selbst nicht warum, schrecklich, allein im Zimmer zu sitzen. Er trat still vom Porträt weg, wandte sich um und bemühte sich, es nicht mehr anzusehen, aber seine Augen schielten immer wieder unwillkürlich hin. Zuletzt war es ihm sogar unheimlich, im Zimmer auf und ab zu gehen: es schien ihm, daß gleich jemand anders anfangen würde, hinter ihm auf und ab zu gehen, und er sah sich jedesmal ängstlich um. Er war niemals feige gewesen; aber seine Phantasie und seine Nerven waren sehr empfindlich, und an diesem Abend hätte er sich auch selbst seine unwillkürliche Angst nicht erklären können. Er setzte sich in einen Winkel, aber auch hier war es ihm, als würde ihm gleich jemand über seine Schulter ins Gesicht blicken. Selbst das Schnarchen Nikitas, das aus dem Vorzimmer herüberklang, vermochte seine Angst nicht zu verscheuchen. Schließlich erhob er sich ängstlich, ohne die Augen zu heben, von seinem Platz, ging hinter den Bettschirm und legte sich aufs Bett. Durch die Ritzen im Bettschirm sah er sein vom Mondlicht erleuchtetes Zimmer und das direkt vor ihm hängende Porträt. Die Augen bohrten sich noch schrecklicher, noch bedeutungsvoller in ihn und schienen nur ihn allein anschauen zu wollen. Von einem beklemmenden Gefühl erdrückt, entschloß er sich, vom Bett aufzustehen, ergriff ein Laken, ging auf das Porträt zu und hüllte es ganz ein.

Nachdem er dies getan, legte er sich etwas beruhigt ins Bett und begann über die Armut und das elende Los des Künstlers nachzudenken und über den dornenvollen Pfad, der ihm in diesem Leben bevorstand; indessen blickten aber seine Augen unwillkürlich durch die Ritze im Bettschirm auf das in das Laken gehüllte Porträt. Das Mondlicht ließ die Leinwand noch weißer erscheinen, und es schien ihm, als fingen die schrecklichen Augen an, durch das Laken hindurchzuleuchten. Entsetzt blickte er hin, als wolle er sich überzeugen, daß es nur Einbildung sei. Aber in der Tat... er sieht, er sieht es klar: das Laken ist nicht mehr da... das Porträt ist ganz aufgedeckt und schaut an allem vorbei direkt auf ihn, blickt in sein Inneres... Es wurde ihm kalt ums Herz. Und sieht: der Alte rührt sich und stützt sich mit beiden Händen gegen den Rahmen, streckt beide Beine heraus und springt aus dem Bilde... Durch die Ritze im Bettschirm ist nur noch der leere Rahmen zu sehen. Im Zimmer tönen Schritte, die immer näher und näher an den Bettschirm kommen! Dem armen Maler klopft furchtbar das Herz. Mit vor Angst verhaltenem Atem erwartet er, daß der Alte gleich zu ihm hinter dem Bettschirm hereinblicken würde. Da blickt er auch schon wirklich hinter den Bettschirm, es ist das gleiche bronzefarbene Gesicht mit den großen Augen. Tschartkow versuchte aufzuschreien, fühlte aber, daß er keine Stimme hatte, er versuchte sich zu rühren, irgendeine Bewegung zu machen, aber seine Glieder wollten sich nicht regen. Mit offenem Munde und stockendem Atem blickte er auf das seltsame lange Phantom in dem weiten asiatischen Talar und wartete, was es wohl anfangen würde. Der Alte setzte sich fast zu seinen Füßen hin und holte dann etwas aus den Falten seines weiten Gewandes. Es war ein Sack. Der Greis band ihn auf, ergriff die beiden Zipfel und schüttelte ihn: mit dumpfem Klirren fielen schwere lange Rollen auf den Boden; eine jede war in blaues Papier gewickelt und mit der Inschrift »1000 Dukaten« versehen. Der Alte streckte seine langen knochigen Hände aus den weiten Ärmeln heraus und fing an, die Rollen aufzuwickeln. Das Gold blitzte auf. Wie groß auch die schwere Beklemmung und die bewußtlose Angst des Malers waren, richtete er doch seine Blicke auf das Gold und beobachtete regungslos, wie es von den knochigen Händen aufgewickelt wurde, wie es leuchtete, fein und dumpf klirrte und dann wieder ins Papier eingerollt wurde. Da bemerkte er eine Rolle, die weiter als die anderen bis dicht an das Bettbein an seinem Kopfende gerollt war. Fast krampfhaft griff er danach und sah zugleich voller Angst, ob der Alte es nicht bemerkt hätte. Der Alte schien aber sehr beschäftigt; er packte alle seine Rollen zusammen, tat sie wieder in den Sack und ging, ohne Tschartkow anzublicken, hinter den Bettschirm. Tschartkows Herz klopfte heftig, als er hörte, wie sich die schlürfenden Schritte durch das Zimmer entfernten. Er drückte, am ganzen Leibe zitternd, die Rolle in der Hand fest zusammen und hörte plötzlich, wie die Schritte sich wieder dem Bettschirm näherten: der Alte hatte offenbar bemerkt, daß ihm eine der Rollen fehlte. Da blickte er wieder zu ihm hinter den Schirm. Der Maler drückte seine Rolle voller Verzweiflung mit aller Kraft zusammen, machte eine krampfhafte Anstrengung, schrie auf und erwachte.

Er war ganz in kalten Schweiß gebadet; sein Herz schlug so heftig, wie es überhaupt schlagen konnte; seine Brust war beengt, als ob ihr der letzte Atemzug entweichen wollte. – War das denn nur ein Traum? – fragte er sich, indem er sich mit beiden Händen an den Kopf faßte. Aber die entsetzliche Lebendigkeit der Erscheinung hatte so gar nichts von einem Traume. Er sah in schon wachem Zustande, wie der Alte in seinen Rahmen zurückkehrte, er sah sogar den Saum seines weiten Gewandes vorbeihuschen, und seine Hand fühlte ganz deutlich, daß sie vor einem Augenblick etwas Schweres gehalten hatte. Das Mondlicht durchflutete sein Zimmer und ließ in dessen dunklen Ecken hier eine Leinwand, dort einen Gipsarm und eine auf einem Stuhle zurückgelassene Draperie, hier eine Hose und dort ein Paar ungeputzte Stiefel hervortreten. Nun merkte er erst, daß er nicht mehr im Bette lag, sondern auf seinen Beinen dicht vor dem Porträt stand. Wie er hingeraten war, konnte er selbst nicht begreifen. Noch mehr wunderte er sich darüber, daß das Porträt ganz aufgedeckt war und daß das Laken wirklich fehlte. Regungslos vor Entsetzen blickte er das Bild an und sah, wie die lebendigen menschlichen Augen ihn anstarrten. Kalter Schweiß trat ihm ins Gesicht; er wollte vom Bilde weggehen; fühlte aber, daß seine Füße wie angewurzelt waren. Und da sieht er – es ist kein Traum mehr – er sieht, wie die Züge des Alten zucken, wie seine Lippen sich ihm entgegenspitzen, als wollten sie ihn aussaugen... Mit einem Schrei der Verzweiflung prallte er zurück – und erwachte.

– War denn auch das ein Traum? – Sein Herz klopfte so, als wollte es zerreißen, und er tastete mit den Händen um sich. Ja, er liegt im Bett, in der gleichen Lage, in der er eingeschlafen war. Vor ihm ist der Bettschirm; das Mondlicht füllt das Zimmer. Durch die Ritze im Bettschirm sieht er das Bild, es ist ordentlich in das Laken gehüllt, so wie er es selbst eingeschlagen hat. Es war also doch ein Traum! Aber seine zusammengeballte Hand hat noch immer das Gefühl, als halte sie etwas. Das Herz klopft ihm heftig, beinahe entsetzlich; die Last auf der Brust ist unerträglich. Er heftet seine Augen auf die Ritze und starrt unverwandt auf das Laken. Da sieht er ganz deutlich, wie das Laken langsam aufgeht, als versuchten zwei Hände hinter ihm, es abzuwerfen. »Mein Gott, mein Gott, was ist das!« schrie er auf; er bekreuzigte sich voller Verzweiflung – und erwachte.

Auch das war ein Traum! Er sprang halb wahnsinnig, fast bewußtlos aus dem Bett und konnte sich unmöglich erklären, was mit ihm vorging: war es ein Alpdruck, ein Hausgeist, ein Fieberwahn oder eine lebendige Erscheinung. Indem er sich bemühte, seine Aufregung und seine gespannten Pulse, die er in allen Adern fühlte, ein wenig zu stillen, trat er ans Fenster und öffnete eine Luke. Der kalte Wind, der ins Zimmer hereinwehte, brachte ihn wieder zu Bewußtsein. Das Mondlicht lag noch immer auf den Dächern und auf den weißen Hausmauern, obwohl kleine Wolken immer öfter über den Himmel zogen. Alles war still; nur ab und zu wurde das Rasseln einer fernen Droschke hörbar, deren Kutscher in einer unsichtbaren Nebengasse, in Erwartung eines verspäteten Fahrgastes, von seiner faulen Mähre in den Schlaf gewiegt, auf dem Bocke duselte. Lange blickte er hinaus, den Kopf aus dem Fenster gesteckt. Am Himmel zeigten sich schon die ersten Spuren des nahenden Morgenrots; schließlich fühlte er Müdigkeit, schlug das Fenster zu, ging zum Bett, legte sich hin und versank bald in einen festen Schlaf.

Er erwachte sehr spät mit dem unangenehmen Gefühl, das sich des Menschen nach einem Aufenthalte in einem dunstigen Raum bemächtigt; sein Kopf schmerzte in einer unangenehmen Weise. Im Zimmer war es trübe; eine unangenehme Feuchtigkeit erfüllte die Luft und drang durch die Ritzen der mit Bildern und grundierter Leinwand verstellten Fenster ins Zimmer. Griesgrämig, unzufrieden wie ein begossener Hahn setzte er sich auf sein zerfetztes Sofa und wußte nicht, was er anfangen, was er unternehmen sollte; plötzlich erinnerte er sich seines Traumes. In dem Maße, als er sich auf alles besann, erschien ihm der Traum so bedrückend, daß ihm sogar ein Zweifel kam, ob es wirklich nur ein Traum und ein gewöhnliches Fieberdelirium gewesen sei, ob er nicht eine Vision gehabt habe. Er riß das Laken herunter und sah sich das seltsame Porträt bei Tageslicht an. Die Augen waren tatsächlich von einer ungewöhnlichen Lebendigkeit, doch er konnte an ihnen nichts sonderlich Schreckliches finden; aber ein unerklärliches unangenehmes Gefühl blieb dennoch in seiner Seele. Bei alldem konnte er sich doch nicht ganz davon überzeugen, daß es nur ein Traum gewesen sei. Es schien ihm, als ob im

Traume auch ein seltsamer Fetzen der Wirklichkeit enthalten gewesen wäre. Selbst der Blick und der Gesichtsausdruck des Alten schienen zu sagen, daß er ihn in der letzten Nacht besucht habe; seine Hand fühlte noch immer die Schwere eines Gegenstandes, den sie erst eben gehalten habe und den ihr jemand vor einem Augenblick entrissen hätte. Er hatte den Eindruck, daß, wenn er die Rolle fester gehalten hätte, sie auch nach dem Erwachen in seiner Hand geblieben wäre.

»Mein Gott, wenn ich doch nur einen Teil dieses Geldes haben könnte!« sagte er mit einem schweren Seufzer. In seiner Phantasie fielen alle die Rollen mit der verlockenden Inschrift »1000 Dukaten« wieder aus dem Sack. Die Papierhüllen öffneten sich, das Gold blitzte auf und wurde wieder eingerollt, – er aber saß da, starrte regungslos und sinnlos in die leere Luft, außerstande, sich von diesem Bilde loszureißen, wie ein Kind, das vor einer süßen Speise sitzt und zusieht, wie sie die andern verzehren, während ihm das Wasser im Munde zusammenläuft.

Plötzlich wurde an die Tür geklopft, und dieses Klopfen weckte Tschartkow auf eine höchst unangenehme Weise. Es kam der Hausherr in Begleitung des Revieraufsehers, dessen Erscheinen für die kleinen Leute bekanntlich noch peinlicher ist als das Gesicht eines Bittstellers für den Reichen. Der Besitzer des kleinen Hauses, in dem Tschartkow wohnte, war eines der Geschöpfe, wie sie die Hausbesitzer irgendwo in der fünfzehnten Linie der Wassiljewskij-Insel, auf der Petersburger Seite oder in einem entlegenen Winkel der Kolomna-Vorstadt immer zu sein pflegen, ein Geschöpf, wie es ihrer in Rußland viele gibt und deren Charakter sich ebenso schwer bestimmen läßt wie die Farbe eines abgetragenen Rockes. In seiner Jugend war er Hauptmann und ein großer Schreier gewesen, wurde auch im Zivildienste verwendet, verstand sich meisterhaft aufs Prügeln, war rührig, geckenhaft und dumm; aber im Alter vereinigten sich alle diese scharf ausgeprägten Eigenschaften zu einem trüben und ungewissen Gemisch. Er war schon verwitwet und außer Dienst, trug sich nicht mehr elegant, prahlte nicht, war nicht mehr so rauflustig und liebte nur noch, Tee zu trinken und dabei allerlei Unsinn zu schwatzen; er ging in seinem Zimmer auf und ab und putzte den Talglichtstummel; am Ende eines jeden Monats besuchte er pünktlich seine Mieter und mahnte den Zins; oft trat er mit dem Schlüssel in der Hand auf die Straße, um sich das Dach seines Hauses anzusehen; er jagte einigemal am Tage den Hausknecht aus der Kammer, in die sich jener zum Schlafen verkroch; mit einem Wort, er war ein Mann außer Dienst, dem nach dem ganzen zügellosen Leben und den langen Jahren in der schüttelnden Postkutsche nur noch die gemeinsten Gewohnheiten übrigblieben.

»Belieben Sie doch selbst zu sehen, Waruch Kusmitsch«, sagte der Hausherr zum Revieraufseher, die Hände spreizend: »Er zahlt nicht den Zins, er zahlt ihn einfach nicht.«

»Was soll ich machen, wenn ich kein Geld habe! Warten Sie ein wenig, ich werde schon bezahlen.«

»Ich kann nicht warten, Väterchen«, sagte der Hausherr erbost, die Hand mit dem Schlüssel schwingend. »Da wohnt bei mir der Oberstleutnant Potogonkin, seit sieben Jahren wohnt er schon bei mir; Anna Petrowna Buchmisterowa hat sich bei mir eine Wagenremise und einen Stall für zwei Pferde gemietet, drei leibeigene Diener hält sie sich, – solche Leute habe ich hier bei mir wohnen! Offen gestanden, ist es bei mir nicht üblich, daß die Mieter die Wohnung nicht bezahlen. Wollen Sie den Zins augenblicklich bezahlen oder die Wohnung räumen.«

»Ja, wenn Sie sich einmal verpflichtet haben, so belieben Sie zu zahlen«, sagte der Revieraufseher, indem er leicht den Kopf schüttelte und seine Finger zwischen zwei Knöpfe seines Uniformrocks steckte.

»Aber womit soll ich bezahlen? Das ist die Frage. Ich habe jetzt nicht einen Heller.«

»In diesem Falle entschädigen Sie doch Iwan Iwanowitsch mit den Erzeugnissen Ihres Berufs«, sagte der Revieraufseher. »Vielleicht wird er sich bereit erklären, statt Geld Bilder zu nehmen.«

»Nein, Väterchen, für die Bilder danke ich. Wenn es noch wenigstens Bilder mit einem vornehmen Inhalt wären, die man an die Wand hängen könnte: zum Beispiel irgendein General mit einem Ordensstern an der Brust oder ein Porträt des Fürsten Kutusow; da hat er aber einen Bauern gemalt, einen ganz gewöhnlichen Bauern in einem Hemd, seinen Diener, der ihm die Farben reibt. Wie kommt das Schwein dazu, daß man es abkonterfeit! Ich werde ihm noch den

Buckel vollhauen: er hat mir alle Nägel aus den Riegeln herausgezogen, der Halunke. Schauen Sie nur, was er für Gegenstände malt: sein eigenes Zimmer hat er gemalt. Wenn es wenigstens ein aufgeräumtes und sauberes Zimmer wäre; er hat es aber mit dem ganzen Dreck, der bei ihm herumliegt, dargestellt. Schauen Sie nur, wie er mir das Zimmer verdreckt hat; sehen Sie es sich nur an! Andere Mieter wohnen bei mir seit sieben Jahren, Oberstleutnants, Anna Petrowna Buchmisterowa... Nein, ich sage Ihnen, es gibt keinen ärgeren Mieter als so einen Kunstmaler: er lebt wie ein Schwein, daß Gott erbarm'.«

Das alles mußte der arme Maler geduldig anhören. Der Revieraufseher betrachtete indessen die Bilder und Studien und zeigte dabei, daß sein Herz doch lebendiger war als das des Hausherrn und daß ihm sogar künstlerische Interessen nicht ganz fremd waren.

»He«, sagte er, mit dem Finger auf eine Leinwand tippend, auf der eine nackte Frau dargestellt war: »Das Sujet ist recht pikant... Und warum hat dieser da einen schwarzen Fleck unter der Nase? Hat er eine Prise genommen?«

»Es ist ein Schatten«, antwortete Tschartkow mürrisch, ohne ihn anzublicken.

»Nun, den Schatten hätten Sie an eine andere Stelle setzen können, unter der Nase ist er viel zu sichtbar«, sagte der Revieraufseher. »Und wessen Porträt ist dieses da?« fuhr er fort, auf das Porträt des Alten zugehend. »Der ist gar zu schrecklich! Ist er auch in Wirklichkeit so schrecklich? Mein Gott, er schaut ja einen wirklich an! Ein wahrer Donnerer! Wen haben Sie da abkonterfeit?«

»Einen gewissen...« sagte Tschartkow und kam nicht weiter: etwas krachte. Der Revieraufseher hatte wohl den Rahmen des Porträts infolge der rohen Konstruktion seiner Polizeihände zu kräftig angefaßt: die Seitenleisten brachen ein; eine von ihnen fiel zu Boden, und gleichzeitig fiel mit schwerem Klirren eine in blaues Papier eingewickelte Rolle herab. Tschartkow sah die Inschrift: »1000 Dukaten.« Wie wahnsinnig stürzte er hin, packte die Rolle und drückte sie krampfhaft mit der Hand zusammen, die von der schweren Last abwärts gezogen wurde.

»Hat nicht eben Geld geklirrt?« fragte der Revieraufseher, der etwas zu Boden fallen hörte, aber infolge der Schnelligkeit, mit der sich Tschartkow über die Rolle gestürzt hatte, nicht sehen konnte, was es war. »Was geht es Sie an, was ich hier habe?«

Das geht mich insofern an, als Sie sofort dem Hausherrn den Zins bezahlen müssen; denn Sie haben Geld und wollen nicht zahlen; das geht es mich an.«

»Ich werde ihn heute noch bezahlen.«

»Warum wollten Sie dann nicht schon früher bezahlen und machen dem Hausherrn Scherereien, so daß er die Polizei belästigen muß?«

»Weil ich dieses Geld nicht anrühren wollte. Ich werde ihn heute noch bezahlen und morgen ausziehen, denn ich will bei einem solchen Hausherrn nicht länger bleiben.«

»Nun, Iwan Iwanowitsch, er wird bezahlen«, sagte der Revieraufseher, sich an den Hausherrn wendend. »Wenn Sie aber bis heute abend nicht vollständig befriedigt sind, so wird es der Herr Kunstmaler schon entschuldigen müssen!« Mit diesen Worten setzte er seinen Dreimaster auf und verließ die Wohnung. Der Hausherr folgte ihm mit gesenktem Kopf und, wie es schien, in Gedanken versunken.

»Gott sei Dank, daß der Teufel sie geholt hat!« sagte Tschartkow, als er die Tür im Vorzimmer ins Schloß fallen hörte. Er blickte ins Vorzimmer hinaus, schickte Nikita fort, um ganz allein zu bleiben, schloß die Tür hinter ihm ab und begann, in sein Zimmer zurückgekehrt, unter heftigem Herzklopfen die Rolle aufzuwickeln. Sie enthielt lauter funkelnagelneue und wie Feuer glänzende Dukaten. Fast wahnsinnig saß er über dem goldenen Haufen und fragte sich immer noch: – Ist es kein Traum? – Die Rolle enthielt genau tausend Dukaten; sie sah von außen genauso aus, wie er sie im Traume gesehen hatte. Einige Minuten wühlte er in den Dukaten, musterte sie und konnte sich noch immer nicht beruhigen. In seiner Phantasie erwachten plötzlich alle Geschichten von den vergrabenen Schätzen und den Schatullen mit Geheimfächern, die die Ahnen für ihre verarmten Enkel zurücklassen, fest davon überzeugt, daß diese dereinst ruiniert sein werden. Er dachte sich: – Ist es nicht irgendeinem Großvater eingefallen, seinem Enkel ein Geschenk zu hinterlassen und es in den Rahmen des Familienporträts einzuschließen? –

Von einem romantischen Wahn erfüllt, fragte er sich sogar, ob hier nicht irgendein geheimnisvoller Zusammenhang mit seinem eigenen Schicksal bestehe. Ob die Existenz des Porträts nicht irgendwie mit seiner eigenen Existenz zusammenhänge und ob nicht schon in der bloßen Anschaffung des Porträts eine Fügung des Schicksals liege. Er begann, neugierig den Rahmen des Porträts zu untersuchen. Dieser hatte an der einen Seite eine Höhlung, die so geschickt und unmerklich von einem Brettchen verdeckt war, daß, wenn nicht die mächtige Hand des Revieraufsehers den Bruch verursacht hätte, die Dukaten wohl bis ans Ende aller Zeiten darin verborgen geblieben wären. Indem er das Porträt betrachtete, bewunderte er wieder die herrliche Malerei und die ungewöhnliche Ausarbeitung der Augen: sie erschienen ihm nicht mehr schrecklich, aber in seiner Seele blieb noch immer ein unwillkürliches unangenehmes Gefühl. – Nein –, sagte er zu sich selbst, – wessen Großvater du auch seist, ich lasse dich dafür hinter Glas und in einen goldenen Rahmen setzen.« Er legte die Hand auf den goldenen Haufen, und bei dieser Berührung fing sein Herz an, heftig zu klopfen. – Was soll ich mit ihnen anfangen? fragte er sich, die Dukaten anstarrend. – Jetzt bin ich für wenigstens drei Jahre versorgt; ich kann mich in meinem Zimmer einschließen und arbeiten. Jetzt habe ich Geld für die Farben; auch für Essen, Tee, für alle Auslagen und für die Wohnung; nun wird mich niemand mehr stören und ärgern. Ich kaufe mir eine gute Gliederpuppe, bestelle mir einen Torso und ein Paar Füße aus Gips, stelle mir eine Venus auf und schaffe mir Stiche nach den ersten Meistern an. Und wenn ich drei Jahre ohne Übereilung und nicht des Geldes wegen, für mich allein arbeite, überhole ich sie alle und kann ein berühmter Künstler werden. –

So sprach er im Einklang mit der Vernunft, die ihm zuflüsterte; doch aus seinem Innern klang noch eine andere, lautere Stimme. Er sah das Gold noch einmal an, und seine zweiundzwanzig Jahre und seine überschäumende Jugend sagten etwas ganz anderes. Nun hatte er in seiner Macht alles, was er bisher nur aus der Ferne mit neidischen Augen angeschaut und bewundert hatte, während ihm das Wasser im Munde zusammenlief. Ach, wie klopfte ihm das Herz, als er daran dachte! Einen modernen Frack kaufen, sich nach den langen Fasten ordentlich sattessen, eine schöne Wohnung mieten, sofort ins Theater gehen, in eine Konditorei, in eine... und so weiter... Er packte das Geld und war mit einem Satze auf der Straße.

Zu allererst begab er sich zu einem Schneider, ließ sich vom Kopf bis zu den Füßen neu bekleiden und betrachtete sich wie ein Kind fortwährend im Spiegel; er kaufte sich Parfüms und Pomade, mietete, ohne zu handeln, die erste beste Wohnung auf dem Newskij-Prospekt mit Spiegeln und großen Fensterscheiben; kaufte sich so ganz nebenbei ein teures Lorgnon, eine Menge Halsbinden, viel mehr als er brauchte, ließ sich vom Friseur die Haare kräuseln, fuhr zweimal in einer feinen Equipage ohne jeden Zweck durch die Stadt, überaß sich in einer Konditorei an Konfekt und kehrte in ein französisches Restaurant ein, von dem er bisher einen ebenso unklaren Begriff gehabt hatte wie vom chinesischen Staate. Hier aß er zu Mittag, die Hände in die Hüften gestemmt, mit hochmütigen Blicken die anderen Gäste musternd und sich in einem fort vor dem Spiegel die gebrannten Locken richtend. Hier trank er auch eine Flasche Champagner, den er bisher auch nur vom Hörensagen kannte. Der Wein stieg ihm in den Kopf; er trat auf die Straße lebhaft und unternehmungslustig und war, wie man in Rußland sagt, »selbst dem Teufel kein Bruder«. Er ging stolz wie ein Pfau über das Trottoir und musterte alle durch sein Lorgnon. Auf der Brücke gewahrte er seinen alten Professor und huschte geschickt an ihm vorbei, als hätte er ihn gar nicht bemerkt. Der Professor stand noch lange wie zu Stein erstarrt auf der Brücke, während sein Gesicht ein Fragezeichen ausdrückte.

Seine ganze Habe – Staffelei, Rahmen, Bilder – wurde noch am gleichen Abend in die neue prachtvolle Wohnung gebracht. Die besseren Sachen stellte er sichtbar auf, die weniger guten warf er in eine Ecke; dann ging er durch die prunkvollen Zimmer und betrachtete sich fortwährend in den Spiegeln. In seinem Herzen regte sich der unüberwindliche Wunsch, den Ruhm gleich auf der Stelle am Schwanze zu packen und sich der Welt zu zeigen. Er glaubte schon die Rufe zu hören: »Tschartkow, Tschartkow! Haben Sie schon das Bild Tschartkows gesehen? Was für einen flotten Pinsel hat doch dieser Tschartkow! Welch ein starkes Talent!« Er ging verzückt im seinem Zimmer auf und ab und schweifte in seiner Phantasie Gott weiß wo herum. Am anderen Tag steckte er sich zehn Dukaten in die Tasche und begab sich zum Herausgeber einer verbreiteten Zeitung, um ihn um großmütige Förderung zu bitten; der Journalist empfing ihn ungemein freundlich, sprach ihn mit »Verehrtester« an, drückte ihm beide Hände, erkundigte sich eingehend nach dem Namen, Vatersnamen und der Adresse, und schon am nächsten Tag erschien in der Zeitung gleich nach einer Anzeige über eine neuerfundene Sorte von Talglichtern ein Artikel mit der Überschrift: »Von der ungewöhnlichen Begabung Tschartkows!« – »Wir beeilen uns, den gebildeten Bewohnern der Residenz zu einer neuen, man kann wohl sagen, in jeder Beziehung herrlichen Erscheinung zu gratulieren. Alle sind darin einig, daß wir wohl eine Menge wunderbarer Physiognomien und schöner Gesichter haben; es fehlte aber bisher an einem Mittel, sie auf eine wundertätige Leinwand zu bannen, um sie der Nachwelt zu überliefern. Dieser Mangel ist jetzt aufgehoben; es hat sich ein Maler gefunden, der in sich alles, was man dazu braucht, vereinigt. Die Schöne kann jetzt überzeugt sein, daß sie mit der ganzen Grazie ihrer luftigen, leichten, bezaubernden, angenehmen, wunderbaren Anmut, die an einen über Frühlingsblüten schwebenden Falter gemahnt, verewigt sein wird. Der ehrwürdige Familienvater wird sich von seiner ganzen Familie umgeben sehen. Der Kaufmann, der Soldat, der Bürger, der Staatsmann, ein jeder wird seine Tätigkeit mit neuem Eifer fortsetzen können. Eilt, eilt, vom Spaziergang, vom Gange zu einem Freund, zu einer Kusine, in ein glänzendes Geschäft, eilt, woher es auch sei. Das großartige Atelier des Künstlers (Newskij-Prospekt, Nummer soundsoviel) ist mit Werken seines Pinsels angefüllt, der eines Van Dyck und eines Tizian würdig wäre. Man weiß nicht, worüber man mehr staunen soll: über die Naturtreue und die Ähnlichkeit mit den Originalen, oder über die ungewöhnliche Lebendigkeit und Frische der Pinselführung. Ehre sei Ihnen, Herr Künstler! Sie haben ein glückliches Los in der Lotterie gezogen. Vivat Andrej Petrowitsch! (der Journalist liebte wohl familiäre Wendungen). Machen Sie sich und auch uns berühmt. Wir verstehen Sie zu schätzen. Der allgemeine Zulauf und zugleich auch irdische Güter, – obwohl mancher Journalist gegen diese kämpft, – werden Ihr Lohn sein.«

Mit geheimer Wonne las der Maler diese Reklame, und sein Gesicht erstrahlte. Man sprach von ihm schon in der Presse, – das war für ihn neu. Einigemal las er die Zeilen durch. Der Vergleich mit Van Dyck und Tizian schmeichelte ihm sehr. Der Satz: »Vivat Andrej Petrowitsch!« gefiel ihm gleichfalls sehr: man nannte ihn in der Zeitung mit seinem Vor- und Vatersnamen, – diese Ehre war ihm bisher ganz und gar unbekannt. Er fing an, mit schnellen Schritten auf und ab zu gehen und sich das Haar zu zerzausen; bald setzte er sich in einen Sessel, bald stand er auf und setzte sich auf das Sofa, wobei er sich immer vorstellte, wie er die Besucher und Besucherinnen empfangen würde; bald trat er vor die Leinwand und machte eine elegante Geste mit dem Pinsel, indem er sich bemühte, der Hand einen möglichst graziösen Schwung zu verleihen. Am nächsten Tage klingelte es an seiner Tür, er beeilte sich, selbst aufzumachen. Es war eine Dame, in Begleitung eines Lakaien in pelzgefütterter Livree; zugleich mit der Dame erschien ihre Tochter, ein junges Mädchen von siebzehn Jahren. »Monsieur Tschartkow?« fragte die Dame.

Der Maler verbeugte sich.

»Es wird über Sie so viel geschrieben; man sagt, Ihre Porträts seien der Gipfel der Vollkommenheit.« Mit diesen Worten nahm die Dame ihr Lorgnon und eilte zur Wand, an der jedoch nichts hing. »Wo sind denn Ihre Porträts?«

»Man hat sie hinausgetragen«, antwortete der Maler, etwas verwirrt. »Ich bin soeben in diese Wohnung gezogen, und die Bilder sind unterwegs... sie sind noch nicht hier.«

»Waren Sie schon in Italien?« fragte die Dame, ihr Lorgnon auf ihn richtend, da sie nichts anderes fand, worauf sie es hätte richten können.

»Nein, ich war noch nicht dort, wollte aber hin... Ich habe es übrigens nur aufgeschoben... Hier ist ein Sessel; sind Sie nicht müde?...«

»Ich danke, ich habe lange genug in der Equipage gesessen. Da sehe ich endlich Ihre Werke!« sagte die Dame, zu der Wand gegenüber laufend und das Lorgnon auf die auf dem Boden stehenden Studien, Skizzen, Perspektiven und Porträts richtend. »C'est charmant, Lise! Lise, venez ici. Ein Zimmer im Stile Teniers'. Siehst du? Eine Unordnung, ein Durcheinander, ein Tisch, darauf eine Büste, eine Hand, eine Palette; da ist auch Staub... siehst du, wie der Staub gemalt ist! C'est charmant! Und hier auf dem anderen Bilde eine Frau, die sich das Gesicht wäscht – quelle jolie figure! Ach, ein Bäuerlein! Lise! Lise! Ein Bäuerlein im russischen Hemd! Siehst du: ein Bäuerlein! Sie malen also nicht nur Porträts?«

»Ach, das ist nichts... ich habe es nur zum Zeitvertreib gemacht... es sind Studien...«

»Sagen Sie, welche Meinung haben Sie von den jetzigen Porträtmalern? Nicht wahr, es gibt unter ihnen keinen, der wie Tizian wäre? Es fehlt diese Kraft im Kolorit, es fehlt diese... wie schade, daß ich es Ihnen nicht russisch erklären kann. (Die Dame war eine Liebhaberin der Malerei und hatte mit ihrem Lorgnon alle Galerien Italiens durchrast.) »Übrigens Monsieur Nohl... ach, wie der malt! Welch ein ungewöhnlicher Pinsel! Ich finde, daß seine Gesichter sogar mehr Ausdruck haben als die des Tizian. Sie kennen Monsieur Nohl nicht?«

»Wer ist dieser Nohl?« fragte der Maler.

»Monsieur Nohl. Ach, ist das ein Talent! Er hat ihr Porträt gemalt, als sie erst zwölf Jahre alt war. Sie müssen unbedingt zu uns kommen. Lise, du wirst ihm dein Album zeigen. Wissen Sie, wir sind hergekommen, damit Sie sofort mit ihrem Porträt beginnen.«

»Gewiß, ich bin sofort bereit.« Er schob im Nu die Staffelei mit einem fertig bespannten Rahmen heran, nahm die Palette in die Hand und richtete seinen Blick auf das blasse Gesichtchen der Tochter. Wäre er Kenner der menschlichen Natur, so hätte er darin sofort den Ausdruck einer beginnenden kindlichen Leidenschaft für Bälle, einer quälenden Langweile an Vormittagen und an Nachmittagen und des Wunsches, im neuen Kleide auf der Promenade herumzulaufen, die schweren Spuren eines stumpfen Eifers für allerlei Künste, den ihr die Mutter zwecks Hebung ihrer Seele und ihrer Gefühle einflößte, gelesen. Der Maler sah aber in diesem zarten Gesichtchen nur die für den Pinsel verlockende, beinahe porzellanartige Durchsichtigkeit, die bezaubernde leichte Mattigkeit, den feinen, leuchtenden Hals und die aristokratische Zierlichkeit. Er machte sich schon im voraus bereit, zu triumphieren, die Leichtigkeit und den Glanz seines Pinsels zu zeigen, der bisher nur mit den harten Zügen der rohen Modelle, den strengen Antiken und den Kopien nach einigen klassischen Meistern zu tun gehabt hatte. Er stellte sich schon im Geiste vor, wie ihm dieses zarte Gesichtchen geraten würde.

»Wissen Sie«, sagte die Dame mit einem sogar beinahe rührenden Gesichtsausdruck: »Ich möchte... sie hat jetzt ein Kleid an; offen gestanden, möchte ich sie nicht in diesem Kleide gemalt sehen, an das wir so gewöhnt sind: ich möchte, sie wäre ganz einfach gekleidet und säße im Schatten grüner Bäume; im Hintergrunde sollen aber irgendwelche Felder, Herden oder ein Wäldchen zu sehen sein... man soll es ihr nicht ansehen, daß sie eben im Begriff ist, zu irgendeinem Ball oder einer modischen Abendunterhaltung zu fahren. Unsere Bälle töten, offen gestanden, die Seele und die letzten Reste der Gefühle... Einfachheit, verstehen Sie, ich möchte mehr Einfachheit.« (Ach! In den Gesichtern der Mutter und der Tochter stand aber geschrieben, daß sie schon so viel auf Bällen getanzt hatten, daß sie fast wächsern geworden waren.)

Tschartkow machte sich an die Arbeit: er setzte sein Modell in einen Sessel, durchdachte sich die Arbeit, fuhr mit dem Pinsel durch die Luft, fixierte im Geiste die Hauptpunkte, kniff einigemal ein Auge zusammen, beugte sich zurück, sah noch einmal aus größerer Entfernung hin und begann mit der Untermalung, die auch sofort fertig war. Mit der Untermalung zufrieden, machte er sich an die Ausführung; die Arbeit riß ihn hin; er hatte schon alles vergessen, sogar daß er sich in Gesellschaft aristokratischer Damen befand; er fing sogar an, gewisse Malerangewohnheiten zu zeigen und verschiedene Laute von sich zu geben und zu trällern, wie es oft die Maler tun, wenn sie mit der ganzen Seele bei der Arbeit sind. Er zwang sogar sein Modell, das zuletzt unruhig hin und her rückte und große Müdigkeit zeigte, ganz ungeniert mit einem bloßen Wink des Pinsels, den Kopf zu heben.

»Genug, fürs erste Mal ist es genug«, sagte die Dame.

»Noch ein bißchen!« bat der Maler, der ganz hingerissen war.

»Nein, es ist Zeit! Lise, es ist schon drei!« sagte sie, indem sie eine kleine Uhr, die an goldener Kette an ihrem Gürtel hing, hervorholte. Dann schrie sie auf: »Ach, es ist schon so spät!«

»Nur noch ein Weilchen!« sagte Tsdiartkow mit der flehenden Stimme eines Kindes.

Die Dame schien aber diesmal gar nicht geneigt, seinen künstlerischen Bedürfnissen entgegenzukommen und versprach, nur, das nächste Mal etwas länger zu bleiben.

– Es ist aber ärgerlich –, dachte sich Tschartkow: – meine Hand war gerade so schön in Schwung gekommen. – Und er erinnerte sich, daß ihn niemand zu unterbrechen und zu stören wagte, als er noch in seinem Atelier auf der Wassiljewskij-Insel arbeitete; Nikita pflegte unbeweglich auf einem Fleck zu sitzen, und er konnte ihn, so lange er wollte, malen; Nikita brachte es sogar fertig, in der angegebenen Stellung einzuschlafen. Unzufrieden legte er Pinsel und Palette auf einen Stuhl und blieb nachdenklich vor der Leinwand stehen.

Ein Kompliment der vornehmen Dame weckte ihn aus seiner Versunkenheit. Er stürzte zur Türe, um die beiden hinauszubegleiten; auf der Treppe erhielt er die Einladung, in der nächsten Woche bei ihnen zu essen, und kehrte mit vergnügter Miene in sein Zimmer zurück. Die aristokratische Dame hatte ihn ganz bezaubert. Bisher hatte er solche Geschöpfe als etwas Unerreichbares angesehen, als etwas, was nur dazu geboren sei, um in einer prächtigen Equipage mit livrierten Lakaien und einem eleganten Kutscher vorbeizusausen und einen gleichgültigen Blick auf den im ärmlichen Mantel zu Fuß vorbeigehenden Menschen zu werfen. Nun ist aber eines dieser Geschöpfe in sein Zimmer getreten; er malt sein Bildnis und ist in ein aristokratisches Haus zum Essen geladen. Er war ungemein zufrieden und wie berauscht; dafür belohnte er sich mit einem feinen Mittagessen und einem Theaterbesuch am Abend und fuhr wieder ohne jeden Zweck in einer vornehmen Equipage durch die Stadt.

Alle diese Tage wollte ihm seine gewohnte Arbeit nicht in den Sinn. Er bereitete sich nur vor und wartete auf das Läuten an der Tür. Endlich kam die aristokratische Dame mit ihrer blassen Tochter wieder. Er ließ sie Platz nehmen, rückte die Leinwand heran, was er jetzt recht geschickt und mit einem Anspruch auf vornehme Manieren tat, und machte sich an die Arbeit. Der sonnige Tag und die gute Beleuchtung unterstützten ihn. Er entdeckte in seinem graziösen Modell vieles, was, auf die Leinwand gebannt, dem Porträt eine hohe Qualität verleihen könnte; er sah, daß hier etwas Außerordentliches geschaffen werden konnte, wenn es ihm gelänge, alles so vollendet wiederzugeben, wie ihm jetzt das Original erschien. Sein Herz fing sogar zu beben an, als er fühlte, daß es ihm gelingen würde, etwas wiederzugeben, was den anderen entgangen war. Die Arbeit nahm ihn ganz gefangen; er versenkte sich in sie und dachte nicht mehr an die aristokratische Abstammung des Modells. Mit stockendem Atem sah er, wie ihm die leichten Züge und das fast durchsichtige, zarte Fleisch des siebzehnjährigen Mädchens gerieten. Er erhaschte jede Schattierung, die gelblichen Töne, den kaum sichtbaren bläulichen Anflug unter den Augen und war schon im Begriff, auch den kleinen Pickel, der auf der Stirne erblüht war, festzuhalten, als er plötzlich die Stimme der Mutter vernahm: »Ach, wozu das? Das ist nicht nötig«, sagte die Dame. »Auch das... hier, an einigen Stellen... es scheint mir etwas gelb, und auch hier die dunklen Fleckchen.« Der Maler begann ihr zu erklären, daß gerade diese Fleckchen und der gelbe Ton sich besonders gut machten und die angenehmen und zarten Töne des Gesichts bewirkten. Darauf bekam er zur Antwort, daß sie gar nichts bewirkten und gar keinen Ton ausmachten und daß es ihm nur so vorkomme. »Aber erlauben Sie, daß ich nur hier, an dieser Stelle ein wenig mit gelber Farbe nachfahre«, sagte der Künstler einfältig. Aber man erlaubte es ihm nicht. Man erklärte ihm, daß Lise heute ausnahmsweise etwas indisponiert sei und daß sie sonst niemals gelb aussähe; ihr Gesicht sei vielmehr von einer erstaunlichen Frische. Traurig machte er sich an die Beseitigung dessen, was sein Pinsel auf die Leinwand gebannt hatte. Es verschwanden viele fast unmerkliche Züge, und mit ihnen verschwand auch zum Teil die Ähnlichkeit. Er begann dem Porträt ganz gefühllos das allgemeine Kolorit zu verleihen, das man auswendig kennt und das selbst die nach der Natur gemalten Gesichter in kalte Idealgestalten verwandelt, wie man sie auf Schülerarbeiten sieht. Aber die Dame war sehr zufrieden, daß das verletzende Kolorit beseitigt war. Sie äußerte nur ihr Erstaunen darüber, daß die Arbeit so lange daure, und fügte hinzu, daß sie gehört habe, er pflege sonst ein Porträt in zwei Sitzungen fertigzumachen. Der Maler wußte nicht, was darauf zu antworten. Die Damen erhoben sich und schickten sich zum Gehen an. Er legte den Pinsel weg, begleitete sie bis zur Tür und stand dann lange nachdenklich und unbeweglich vor dem Porträt.

Das Porträt blickte ihn ganz dumm an, aber in seinem Kopfe schwebten noch die leichten weiblichen Züge, die Farben und luftigen Töne, die er wahrgenommen und die sein Pinsel so grausam vernichtet hatte. Ganz von ihnen erfüllt, stellte er das Porträt zur Seite und holte das Köpfchen der Psyche hervor, das er einst skizzenhaft hingeworfen und dann aufgegeben hatte. Es war ein geschickt gemaltes, aber durchaus ideales, kaltes Gesichtchen, das nur aus ganz allgemeinen Zügen bestand, die sich noch nicht in lebendiges Fleisch gekleidet hatten. Um die Zeit totzuschlagen, fuhr er nun mit dem Pinsel nach und dachte dabei an alle Einzelheiten, die er im Gesicht des aristokratischen Modells wahrgenommen hatte. Jene Züge und Töne erstanden hier in der geläuterten Form, in der sie erscheinen, wenn der Künstler, nachdem er sich an der Natur sattgesehen, sich von ihr entfernt und ein ihr gleichwertiges Werk schafft. Die Psyche erwachte zum Leben, und die schwach angedeutete Idee wurde allmählich zu lebendigem Fleisch. Der Gesichtstypus des aristokratischen jungen Mädchens teilte sich wie von selbst der Psyche mit, und diese erhielt dadurch einen eigenartigen Ausdruck, der ihr den Wert eines wirklich originellen Werkes verlieh. Er hatte sich anscheinend wie im einzelnen, so auch im allgemeinen alles zunutze gemacht, was ihm das Original geboten, und versenkte sich ganz in diese Arbeit. Einige Tage lang war er nur mit ihr beschäftigt. Bei dieser Arbeit trafen ihn auch die beiden bekannten Damen. Er hatte nicht Zeit gehabt, das Bild von der Staffelei zu nehmen. Beide Damen schrien freudig überrascht auf und schlugen die Hände zusammen.

»Lise, Lise! Ach, wie ähnlich! Süperbe, süperbe! Wie schön ist doch Ihr Einfall, sie in ein griechisches Kostüm zu kleiden! Ach, diese Überraschung!«

Der Künstler wußte nicht, wie den Damen die angenehme Täuschung auszureden. Geniert, mit gesenktem Kopf sagte er leise: »Es ist Psyche.«

»Sie haben sie als Psyche dargestellt? C'est charmant!« sagte die Mutter lächelnd, worauf dann auch die Tochter lächelte.

»Nicht wahr, Lise, es steht dir am besten, als Psyche dargestellt zu sein? Quelle idée délicieuse! Aber diese Arbeit! Ein wahrer Correggio. Offen gestanden habe ich wohl viel von Ihnen gelesen und gehört, habe aber nicht gewußt, daß Sie so ein Talent haben. Nein, Sie müssen unbedingt auch mein Porträt malen.« Die Dame wollte offenbar auch als eine Psyche dargestellt werden.

– Was soll ich mit ihnen anfangen? fragte sich der Maler. – Wenn sie es selbst wollen, so soll die Psyche als das gelten, was sie in ihr sehen wollen. – Dann sagte er laut: »Wollen Sie noch ein wenig sitzen: ich will nur hie und da mit dem Pinsel nachfahren.«

»Ach, ich fürchte, daß Sie sie ... sie ist jetzt so ähnlich ...«

Der Maler erriet, daß die Befürchtungen den gelben Ton betrafen, und beruhigte die beiden, indem er sagte, er wolle nur etwas mehr Glanz und Ausdruck den Augen verleihen. In Wirklichkeit quälte ihn doch zu sehr das Gewissen, und er wollte dem Porträt wenigstens etwas mehr Ähnlichkeit mit dem Original verleihen, damit ihm niemand absolute Schamlosigkeit vorwerfen könne. In der Gestalt der Psyche begannen nun in der Tat die Züge des blassen Mädchens deutlicher hervorzutreten.

»Genug!« sagte die Mutter, die schon befürchtete, daß die Ähnlichkeit allzu groß werden könnte. Dem Maler wurde jeglicher Lohn zuteil: ein Lächeln, Geld, Komplimente, ein herzlicher Händedruck und eine Einladung zum Mittagessen, – mit einem Worte, tausend schmeichelhafte Belohnungen.

Das Porträt erregte in der Stadt Aufsehen. Die Dame zeigte es ihren Freundinnen. Alle staunten über die Kunst, mit der der Maler es verstanden hatte, die Ähnlichkeit zu wahren und zugleich dem Original Anmut zu verleihen. Das letztere wurde natürlich nicht ohne Neid bemerkt. Der Maler war plötzlich von Auftraggebern belagert. Die ganze Stadt schien sich von ihm malen lassen zu wollen. An seiner Tür ging fortwährend die Klingel. Einerseits hätte es für ihn gut sein können, da ihm die unendliche Mannigfaltigkeit der Gesichter eine große Praxis bot. Zu seinem Unglück waren es aber lauter Menschen, mit denen es schwer auszukommen war; hastige, vielbeschäftigte Menschen, oder solche, die der großen Welt angehörten und folglich noch mehr beschäftigt als die anderen, und somit äußerst ungeduldig waren. Von allen Seiten wurde verlangt, daß er gut und noch schnell arbeite.

Der Maler sah bald die Unmöglichkeit ein, die Porträts wirklich zu vollenden, und daß er es durch Geschicklichkeit und flotte Pinselführung ersetzen müsse: es galt nur das Ganze, den allgemeinen Ausdruck zu erfassen, ohne sich mit dem Pinsel in die feineren Einzelheiten zu versenken; es war, mit einem Wort, ganz unmöglich, der Natur in ihrer Vollendung nachzuspüren. Es ist außerdem zu bemerken, daß die Menschen, die sich von ihm malen ließen, noch viele andere Ansprüche an ihn stellten. Die Damen verlangten, daß die Porträts vorwiegend die Seelen und die Charaktere darstellten, alles übrige aber mitunter ganz weggelassen werden dürfe: daß alles Eckige abgerundet, jeder Fehler geglättet und sogar womöglich ganz vernachlässigt werde, – mit einem Wort, daß das Porträt in dem Beschauer Bewunderung, wenn nicht gar Liebe wecke. Darum nahmen auch die Damen, wenn sie ihm saßen, mitunter einen solchen Ausdruck an, daß der Maler nur so staunte: die eine bemühte sich, Melancholie, die andere Verträumtheit zu mimen; die dritte wollte um jeden Preis ihren Mund kleiner erscheinen lassen und spitzte ihn so, daß er sich schließlich in einen Punkt, kaum so groß wie ein Stecknadelkopf, verwandelte. Dabei verlangten sie von ihm alle Ähnlichkeit und ungezwungene Natürlichkeit. Auch die Männer waren durchaus nicht besser als die Damen: der eine wollte mit einer starken, energischen Wendung des Kopfes dargestellt werden. Der andere mit nach oben gerichteten durchgeistigten Augen; ein Gardeleutnant forderte, daß aus seinen Augen Gott Mars blicke; der Zivilbeamte wünschte, daß sein Gesicht möglichst viel Offenheit und Edelsinn ausdrücke, und daß die Hand auf einem Buche mit der deutlich lesbaren Inschrift: »Er trat immer für die Wahrheit ein« ruhe.

Solche Zumutungen machten den Maler anfangs schwitzen: alle diese Dinge wollten ja überlegt sein, während man ihm nur wenig Zeit dazu ließ. Endlich begriff er, was man von ihm wollte, und machte sich keine Mühe mehr. Schon aus wenigen Worten erfaßte er, als was sich der und jener dargestellt sehen wollte. Wer nach dem Gott Mars verlangte, dem malte er den Mars ins Gesicht; wer sich für einen Byron hielt, dem verlieh er die Pose und die Wendung Byrons. Wollte sich eine Dame als Corinna, Undine oder Aspasia dargestellt sehen, er ging immer mit der größten Bereitwilligkeit auf alles ein und verlieh einem jeden außerdem auch eine gewisse Anmut, die bekanntlich niemals schadet, für die man dem Maler aber auch Unähnlichkeit verzeiht. Bald staunte er selbst über die wunderbare Schnelligkeit und Flottheit seines Pinsels. Die sich von ihm malen ließen, waren aber selbstverständlich entzückt und erklärten ihn für ein Genie.

Tschartkow wurde in jeder Beziehung zu einem Modemaler. Er fing an, Diners zu besuchen, Damen in die Galerien und sogar auf die Promenade zu begleiten, sich elegant zu kleiden und laut zu verkünden, daß der Künstler der Gesellschaft angehören und seinen Stand hochhalten müsse, während die Künstler sich sonst wie die Schuster kleideten, kein Benehmen hätten, den feineren Ton nicht beobachteten und jeder Bildung entbehrten. In seiner Wohnung und in seinem Atelier sah er auf äußerste Ordnung und Reinlichkeit; er stellte sich zwei großartige Lakaien an, nahm elegante Schüler auf, wechselte einigemal am Tage allerlei Morgenanzüge und kräuselte sich das Haar. Er vervollkommnete immer mehr seine Manieren, mit denen er die Besucher empfing, und widmete sich der Verschönerung seines Äußeren mit allen möglichen Mitteln, um auf die Damen einen angenehmen Eindruck zu machen; mit einem Worte, bald konnte man in ihm den bescheidenen jungen Maler, der einst von niemand gesehen, in seinem Loch auf der Wassiljewskij-Insel gearbeitet hatte, nicht mehr wiedererkennen. Über die anderen Maler und über die Kunst urteilte er nun sehr scharf: er behauptete, daß den alten Meistern eine viel zu hohe Bedeutung zugemessen werde, daß sie alle vor Raffael keine Menschen, sondern Heringe gemalt hätten; daß es nur eine Einbildung der Beschauer sei, wenn behauptet werde, in diesen Bildern sei etwas Heiliges enthalten; daß Michelangelo ein Prahler sei, der überall nur mit seinen anatomischen Kenntnissen habe prahlen wollen; daß ihm jede Grazie fehle, und daß man den wahren Glanz und die wahre Kraft der Pinselführung und des Kolorits nur heutzutage, im jetzigen Jahrhundert suchen dürfe.

So brachte er die Rede natürlich und unwillkürlich auf sich selbst. »Nein«, pflegte er zu sagen, »ich kann nicht verstehen, wie die andern sich so abmühen können: ein Mensch, der sich einige

Monate mit einem Bilde plagt, ist meiner Ansicht nach ein Arbeiter und kein Künstler; ich kann unmöglich glauben, daß er Talent hat. Das Genie schafft kühn und schnell. Dieses Porträt da«, sagte er, sich an die Besucher wendend, »habe ich in zwei Tagen gemalt, dieses Köpfchen in einem Tag, dieses hier in einigen Stunden, und dieses in etwas mehr als einer Stunde. Nein, ich ... ich muß gestehen, daß ich es nicht als Kunst ansehen kann, was Strich auf Strich entsteht; es ist Handwerk und keine Kunst.«

So sprach er zu seinen Besuchern, und die Besucher staunten über die Kraft und den Schwung seines Pinsels und stießen sogar Rufe des Erstaunens aus, als sie hörten, wie schnell die Werke entstanden waren. Hinterher sagten sie zueinander: »Das ist ein Talent! Ein wahres Talent! Schauen Sie nur, wie er spricht, wie seine Augen leuchten! Il y a quelque chose d'extraordinaire dans toute sa figure!«

Es schmeichelte dem Künstler, solche Äußerungen zu hören. Wenn in den Zeitungen lobende Aufsätze erschienen, freute er sich wie ein Kind, obwohl er das Lob mit eigenem Gelde bezahlt hatte. Er trug so ein Zeitungsblatt immer bei sich und zeigte es wie zufällig seinen Bekannten und Freunden, und das machte ihm selbst eine einfältige Freude. Sein Ruhm wuchs, und er hatte immer mehr Arbeit und Aufträge. Schon fingen ihn die immer gleichen Porträts und Gesichter, deren Posen und Wendungen er auswendig kannte, zu langweilen an. Er malte sie schon ohne große Lust und bemühte sich nur irgendwie den Kopf zu skizzieren, überließ aber die Vollendung seinen Schülern. Früher hatte er sich noch immerhin bemüht, eine neue Stellung zu erfinden, den Beschauer durch Kraft und Effekt zu verblüffen. Jetzt langweilte ihn aber auch das schon. Sein Geist war zu müde, Neues zu erfinden. Das konnte er nicht mehr und hatte auch keine Zeit dazu: das Leben voller Zerstreuung und die Gesellschaft, in der er eine Rolle spielen wollte, lenkten ihn von der Arbeit und vom Denken ab. Sein Pinsel wurde kälter und stumpfer, und er schloß sich, für sich selbst unmerklich, in eintönige, bestimmte, längst abgeleierte Formen ein. Die gleichförmigen, kalten, zugeknöpften, immer gepflegten Gesichter der Militär-und Zivilbeamten boten seinem Pinsel kein zu weites Feld; er interessierte sich nicht mehr für die prunkvollen Drapierungen, für die starken Bewegungen und Leidenschaften. Von geschickten Gruppierungen, künstlerischer Dramatik und erhabener Komposition war nicht mehr die Rede; er sah vor sich nur die Uniform, das Korsett und den Frack, vor denen der wahre Künstler nur Kälte empfindet und jede Phantasie schwindet. An seinen Werken konnte man nun auch die gewöhnlichsten Qualitäten nicht mehr finden, und trotzdem wurden sie noch immer gekauft und erfreuten sich der Berühmtheit, obwohl die wahren Kenner und Künstler beim Anblick seiner letzten Arbeiten nur die Achseln zuckten. Manche aber, die Tschartkow früher gekannt hatten, konnten unmöglich begreifen, wie ein Talent, dessen Anzeichen sich in ihm einst so leuchtend offenbart hatten, so spurlos verschwinden konnte, und bemühten sich zu ergründen, wie im Menschen eine Begabung zu einer Zeit erlöschen konnte, in der er gerade die volle Entfaltung aller seiner Kräfte erreicht.

Der berauschte Künstler hörte aber von diesem Gerede nichts. Er war schon wie an Geist, so auch an Jahren gereift: er fing an dick zu werden und in die Breite zu gehen. In den Zeitungen und Zeitschriften las er schon die Epitheta: »Unser verehrter Andrej Petrowitsch, unser hochverdienter Andrej Petrowitsch.« Schon bot man ihm allerlei Ehrenämter an und lud ihn zur Teilnahme an Prüfungen und Komitees ein. Schon fing er an, wie es alle älteren Leute tun, für Raffael und die alten Meister Partei zu ergreifen, doch nicht etwa, weil er sich von ihrem hohen Werte überzeugt hätte, sondern um sie den jungen Künstlern vor die Nase zu reiben. Schon fing er an, wie es in diesem reifen Alter üblich ist, der ganzen Jugend, ohne Ausnahme, Unmoral und schlechte Gesinnung vorzuwerfen. Schon glaubte er, daß alles in dieser Welt höchst einfach geschähe, daß es eine Inspiration von oben gar nicht gäbe und daß alles dem gleichen strengen Gesetze der Ordnung und Gleichförmigkeit unterworfen werden müsse. Mit einem Worte, sein Leben erreichte schon jenes Alter, wo alles, was im Menschen drängt und atmet, zusammenschrumpft, wo die Töne des machtvollen Bogens immer schwächer in sein Inneres dringen und sich nicht mehr als gellende Töne um sein Herz winden, wo die Berührung mit der Schönheit keine jungfräulichen Kräfte mehr in Feuer und Flamme verwandelt, wo aber alle zu

Asche verbrannten Gefühle dem Klirren des Goldes zugänglicher werden, seiner verlockenden Musik immer aufmerksamer lauschen und sich von ihr unmerklich einschläfern lassen. Der Ruhm kann einem, der ihn gestohlen und nicht verdient hat, keinen Genuß geben: er läßt nur einen, der seiner würdig ist, erzittern. Darum wandten sich all seine Gefühle und sein ganzes Streben dem Golde zu. Das Gold wurde ihm zur Leidenschaft, zum Ideal, zur Angst, zum Genuß, zum Ziel. Die Haufen von Banknoten in seinen Truhen wuchsen beständig, und wie jeder, dem diese schreckliche Gabe zufällt, fing er an sich zu langweilen, zu einem gegen alles außer Gold gleichgültigen, sinnlosen Geizhals und Sammler zu werden und war schon im Begriff, sich in eines jener sonderbaren Geschöpfe zu verwandeln, von denen es in unserer gefühllosen Welt so viele gibt, auf die ein lebendiger fühlender Mensch nur mit Grauen blickt und dem sie als wandelnde steinerne Särge erscheinen, die eine Leiche an Stelle eines Herzens bergen. Aber ein Ereignis erschütterte ihn mächtig und weckte alles Lebendige in ihm.

Eines Tages fand er auf seinem Tisch ein Schreiben, mit dem die Akademie der Künste ihn, als ihr würdigstes Mitglied, aufforderte, zu kommen, um ein Urteil über ein neues Werk abzugeben, das ein russischer Künstler aus Italien, wo er sich vervollkommnete, geschickt hatte. Dieser Künstler war einer seiner einstigen Kollegen, der von frühester Jugend an eine Leidenschaft für die Kunst in sich trug und sich mit der glühenden Seele eines Eiferers in sie versenkte; er hatte sich von seinen Freunden, Verwandten, von allen seinen geliebten Gewohnheiten losgerissen und war dorthin geeilt, wo unter dem schönen Himmel die großartige Pflanzstätte der Künste blüht, – in das herrliche Rom, dessen Name allein das feurige Herz eines Künstlers so voll und mächtig schlagen läßt. Dort vertiefte er sich wie ein Einsiedler in die Arbeit und ließ sich durch nichts von ihr ablenken. Er kümmerte sich nicht darum, was man von seinem Charakter sprach, von seiner Unfähigkeit, mit Menschen umzugehen, von seiner Mißachtung gegen die Sitten der Gesellschaft und von der Erniedrigung, die er der Kunst durch seinen ärmlichen, uneleganten Anzug zufügte. Er kümmerte sich nicht darum, ob ihm seine Kollegen zürnten oder nicht. Unermüdlich besuchte er die Galerien und stand stundenlang vor den Werken der großen Meister, um ihrer wunderbaren Pinselführung nachzuspüren. Er vollendete kein Werk, ohne sich zuvor vor diesen großen Lehrmeistern geprüft und aus ihren Werken einen stummen doch beredten Rat geholt zu haben. Er beteiligte sich nicht an den geräuschvollen Gesprächen und Debatten und trat weder für noch gegen die Puristen ein. Er ließ einem jeden Gerechtigkeit widerfahren und schöpfte aus allem nur das, was darin wirklich schön war; zuletzt erkor er sich den göttlichen Raffael zu seinem einzigen Lehrer, – ebenso wie ein großer Meister der Dichtkunst, der verschiedene, von vielen Vorzügen und erhabenen Schönheiten erfüllte Werke gelesen hat, zuletzt nur Homers Ilias als einziges Handbuch behält, nachdem er gefunden, daß sie alles, was man nur wolle, enthalte und daß es nichts gäbe, was sich nicht schon in ihr in einer tiefen und großen Vollkommenheit widerspiegele. Dafür hatte der Künstler aus dieser Schule eine erhabene Idee des Schaffens, eine mächtige Schönheit des Denkens und eine hohe Vollkommenheit seines himmlischen Pinsels geschöpft.

Als Tschartkow in den Saal trat, traf er bereits eine Menge von Geladenen an, die sich vor dem Bilde versammelt hatten. Ein tiefes Schweigen, wie es in einer so großen Ansammlung von Kunstkennern nur selten anzutreffen ist, herrschte diesmal im ganzen Saal. Er beeilte sich, eine vielsagende Kennermiene aufzusetzen, und näherte sich dem Bilde. Gott, was erblickte er da!

Keusch, makellos und schön wie eine Braut stand vor ihm das Kunstwerk. Bescheiden, göttlich, unschuldig und einfach wie ein Genie erhob es sich über allem. Die himmlischen Gestalten schienen, wie über die vielen auf sie gerichteten Blicke erstaunt, ihre schönen Wimpern schamhaft zu senken. Mit dem Gefühl eines unwillkürlichen Staunens betrachteten die Kenner dieses neue, nie gesehene Werk. Alles schien hier vereint: das Studium Raffaels, das sich im hohen Adel der Stellungen spiegelte, das Studium Correggios, von dem die Vollendung der Pinselführung zeugte. Mächtiger als alles sprach aber daraus die in der Seele des Künstlers selbst eingeschlossene Schöpfergabe. Auch der letzte Gegenstand im Bilde war von ihr durchdrungen; in allen Dingen war das Gesetz und die innere Kraft erfaßt; wie auch jene sanfte Rundung der Linien, die in der Natur enthalten ist und die nur das Auge des schöpferischen Künstlers erspäht, während sie beim Kopisten eckig gerät. Man sah, wie der Künstler alles, was er aus der äußeren Welt geschöpft, zuerst in seine eigene Seele eingeschlossen und dann erst dieser innersten Quelle als einen harmonischen, feierlichen Gesang hatte entsteigen lassen. Und es wurde selbst den Uneingeweihten klar, was für ein unermeßlicher Abgrund zwischen einem Kunstwerk und einer einfachen Kopie nach der Natur liegt. Es ist fast unmöglich, die ungewöhnliche Stille zu beschreiben, von der alle, die ihre Blicke auf das Bild hefteten, ergriffen waren: kein Geräusch, kein Ton; das Bild erschien aber von Minute zu Minute erhabener: immer strahlender und wunderbarer löste es sich von allem, was es umgab, los und wurde zuletzt zu einem Augenblick, zur Frucht des dem Künstler vom Himmel eingegebenen Gedankens, – zu einem Augenblick, vor dem das ganze Leben des Menschen nur als eine Vorbereitung erschien. Die Gäste, die das Bild umringten, waren dem Weinen nahe. Alle Geschmacksrichtungen, alle kühnen und gesetzwidrigen Verirrungen des Geschmacks schienen sich zu einer stummen Hymne auf das göttliche Werk zu vereinigen.

Unbeweglich, mit offenem Munde stand Tschartkow vor dem Bilde und kam erst dann wieder zu sich, als die Gäste und Kenner allmählich das Schweigen brachen, um über den hohen Wert des Werkes zu sprechen, und sich an ihn mit der Bitte wandten, seine Meinung zu äußern. Er wollte schon seine gewohnte, gleichgültige Miene aufsetzen, er wollte eine der üblichen, abgeschmackten Ansichten verhärteter Künstler zum besten geben, wie: »Ja, gewiß, man kann dem Künstler die Begabung wohl nicht absprechen; es ist schon etwas daran; man sieht, daß er etwas ausdrücken wollte; was aber die Hauptsache betrifft...« und dann selbstverständlich einiges Lob hinzufügen, das keinem Künstler wohl bekommen wäre; er wollte es tun, aber die Worte erstarben auf seinen Lippen, Tränen und Schluchzen entrangen sich ihm, und er stürzte wie ein Wahnsinniger aus dem Saal.

Eine Minute lang stand er unbeweglich und bewußtlos mitten in seinem großartigen Atelier. Sein tiefstes Wesen, sein ganzes Leben war in einem Augenblick erwacht, als wäre seine Jugend zurückgekehrt, als seien die erloschenen Funken seines Talents von neuem entfacht. Von seinen Augen fiel plötzlich die Binde. O Gott! So erbarmungslos die besten Jahre seiner Jugend zugrunde richten, den Funken des Feuers verlöschen, das vielleicht in seiner Brust geglüht hatte, das sich vielleicht jetzt in Majestät und Schönheit entwickelt und vielleicht ebensolche Tränen der Bewunderung und der Dankbarkeit hervorgerufen hätte! Dies alles zugrunde richten, ohne jedes Mitleid zugrunde richten! In diesem Augenblick schien die ganze Spannung, das ganze Streben seiner Seele, das er einst so gut gekannt hatte, wieder erwacht. Er ergriff den Pinsel und trat vor die Leinwand. Schweiß der Anstrengung trat ihm auf die Stirn; er verwandelte sich ganz in einen einzigen Wunsch, er entbrannte in einem einzigen Gedanken: er wollte einen gefallenen Engel darstellen. Dieses Thema entsprach am besten dem Zustande seiner Seele. Aber ach! Seine Figuren, Posen, Gruppierungen und Einfälle gerieten gezwungen und unharmonisch. Sein Pinsel und seine Phantasie hatten sich zu sehr in enge Grenzen eingeschlossen, und der ohnmächtige Versuch, alle Schranken und Fesseln, die er sich selbst auferlegt hatte, zu sprengen, erweckte den Eindruck von Fehlerhaftigkeit und Unnatur. Er hatte die ermüdend lange Stufenleiter der allmählich zu erwerbenden Kenntnisse und die ersten Elementargesetze der künftigen Größe mißachtet. Er fühlte Verdruß. Er ließ alle seine letzten Werke, alle die leblosen Modebildchen, die Porträts von Husaren, Damen und Staatsräten aus seinem Atelier entfernen; er schloß sich allein in seinem Zimmer ein, befahl, niemand vorzulassen und versenkte sich ganz in die Arbeit. Wie ein geduldiger Jüngling, wie ein Schüler saß er an seiner Arbeit. Aber wie grausam undankbar war alles, was unter seinem Pinsel erstand! Auf jedem Schritt hemmte ihn die Unkenntnis der ursprünglichsten Elemente; die einfache bedeutungslose Technik kühlte seinen ganzen Eifer und stand vor seiner Phantasie als eine Schwelle, die sie nicht zu übertreten vermochte. Sein Pinsel wandte sich unwillkürlich den auswendiggelernten Formen zu, die Hände falteten sich immer auf die gleiche angelernte Weise, die Köpfe wagten es nicht, eine ungewöhnliche Stellung anzunehmen, selbst die Falten der Gewänder erinnerten an angelernte Formeln und wollten sich den ihnen unbekannten Körperstellungen nicht fügen. Und all das fühlte und sah er selbst!

»Habe ich aber wirklich einmal Talent gehabt?« fragte er sich endlich: »Habe ich mich nicht getäuscht?« Mit diesen Worten ging er auf seine früheren Werke zu, die er einst so keusch, so uneigennützig, dort, in der elenden Kammer auf der entlegenen Wassiljewskij-Insel geschaffen hatte, fern von allen Menschen, frei von Überfluß und Launen. Er ging nun auf sie zu und begann sie aufmerksam zu betrachten, und zugleich mit ihnen erstand vor ihm sein ganzes früheres ärmliches Leben. »Ja«, sagte er sich verzweifelt, »ich habe wohl ein Talent gehabt! Überall, an allem sehe ich seine Anzeichen und Spuren...« Er hielt inne und erzitterte plötzlich am ganzen Leibe: seine Augen begegneten anderen Augen, die ihn regungslos anstarrten. Es war jenes ungewöhnliche Porträt, das er im Schtschukinschen Kaufhause gekauft hatte. Es war die ganze Zeit über von andern Bildern verstellt gewesen und ihm ganz aus dem Gedächtnis geschwunden. Aber jetzt, als alle die modischen Porträts und Bilder, die sein Atelier gefüllt hatten, entfernt waren, blickte es plötzlich zugleich mit den früheren Werken seiner Jugend hervor. Als er sich der ganzen sonderbaren Geschichte des Bildes erinnerte, als er sich erinnerte, daß dieses seltsame Porträt gewissermaßen die Ursache seiner Wandlung gewesen war, daß der Schatz, den er auf eine so wunderbare Weise gewonnen, in ihm alle die eitlen Regungen, die sein Talent zugrunde gerichtet, geweckt hatte, – verfiel er beinahe in Raserei. Er ließ das verhaßte Porträt augenblicklich hinaustragen. Aber die seelische Erregung wollte sich trotzdem nicht legen: alle seine Gefühle, sein ganzes Wesen waren bis auf den Grund erschüttert, und er erfuhr jene entsetzliche Qual, die in der Natur nur als erstaunliche Ausnahme vorkommt, wenn ein schwaches Talent versucht, sich in einem Werke zu äußern, das sein Können übersteigt, – jene Qual, die in der Seele des Jünglings auch Großes zeugen kann, aber in einem Manne, der die Grenze der Jugendträume überschritten hat, sich in einen fruchtlosen Durst verwandelt, – jene schreckliche Qual, die den Menschen zu schrecklichen Verbrechen fähig macht. Seiner bemächtigte sich ein schrecklicher, an Raserei grenzender Neid. Die Galle trat ihm ins Gesicht, wenn er nur ein Werk erblickte, das den Stempel eines Talents trug. Er knirschte mit den Zähnen und verzehrte es mit den Blicken eines Basilisken. In seiner Seele entstand der teuflischste Plan, den ein Mensch je gehegt hat, und er begann, ihn mit rasender Energie zu verwirklichen. Er fing an, alles Beste, was die Kunst je hervorgebracht, zusammenzukaufen. Sobald er ein gutes Bild um teures Geld erstanden, brachte er es behutsam in sein Zimmer, stürzte sich mit der Wut eines Tigers darüber, zerriß und zerschnitt es in Stücke und trat es mit den Füßen; das alles begleitete er mit einem wollüstigen Gelächter. Die zahllosen von ihm aufgespeicherten Geldmittel lieferten ihm alle Möglichkeiten, dies höllische Bedürfnis zu befriedigen. Er band alle seine Geldsäcke auf und öffnete alle seine Truhen. Kein Ungeheuer der Barbarei hat noch so viele herrliche Kunstwerke vernichtet, wie dieser wütende Rächer. Auf allen Auktionen, bei denen er erschien, mußte ein jeder jede Hoffnung auf den Erwerb eines Kunstwerkes aufgeben. Es war, als hätte der erzürnte Himmel selbst diese furchtbare Geißel in die Welt geschickt, um ihr ihre ganze Harmonie zu nehmen. Diese fürchterliche Leidenschaft verlieh im ein grauenhaftes Kolorit: sein Gesicht war immer gelb vor Galle. Weltverachtung und Weltverleugnung spiegelten sich in seinen Zügen. In ihm hatte sich gleichsam jener schreckliche Dämon verkörpert, den Puschkin in idealisierter Gestalt geschildert. Aus seinem Munde kam nichts als giftige Worte und ewiger Tadel. Er glich einer Harpyie, und wenn ihn jemand, selbst einer von seinen Bekannten, auf der Straße von weitem erblickte, so beeilte er sich, ihm aus dem Wege zu gehen und behauptete, daß eine solche Begegnung genüge, um einem Menschen den ganzen Tag zu vergiften.

Zum Glück für die Welt und für die Kunst konnte solch ein gespanntes und gewalttätiges Leben nicht lange dauern: das Maß der Leidenschaften war für seine schwachen Kräfte zu unregelmäßig und kolossal. Anfälle von Raserei und Wahnsinn kamen immer öfter, und schließlich wurde das alles zu einer schrecklichen Krankheit. Ein grausames Fieber, mit galoppierender Schwindsucht vereint, fiel so heftig über ihn her, daß von ihm schon nach drei Tagen nur ein Schatten übrigblieb. Dazu gesellten sich auch alle Anzeichen eines hoffnungslosen Irrsinns. Manchmal konnten ihn selbst mehrere Männer nicht festhalten. Die längstvergessenen, lebendigen Augen des ungewöhnlichen Porträts schwebten ihm immer öfter vor, und dann wurde seine Raserei ganz entsetzlich. Alle, die sein Krankenlager umstanden, erschienen ihm als grauenhafte Porträts. Das Porträt verdoppelte, vervierfachte sich vor seinen Augen; alle Wände schienen mit Porträts bedeckt zu sein, die in ihn ihre unbeweglichen, lebendigen Augen bohrten; schreckliche Porträts blickten von der Decke und vom Boden: das Zimmer dehnte und verlängerte sich in die Unendlichkeit, um möglichst viel dieser unbeweglichen Augen fassen zu können. Der Arzt, der sich verpflichtet hatte, ihn zu behandeln, und der schon einiges von seiner seltsamen Geschichte gehört hatte, gab sich alle Mühe, den geheimen Zusammenhang zwischen den Gespenstern, die jener sah, und den Ereignissen seines Lebens zu ergründen, brachte es aber nicht fertig. Der Kranke begriff und fühlte nichts außer seinen Qualen und gab nur schreckliche Schreie und unverständliche Worte von sich. Endlich riß sein Lebensfaden in einem letzten, bereits lautlosen Schmerzensausbruch. Der Anblick seiner Leiche war schrecklich. Von seinen großen Reichtümern konnte man nichts finden; als man aber die zerschnittenen Stücke der erhabenen Kunstwerke, deren Wert Millionen überstieg, fand, begriff man, was er für einen entsetzlichen Gebrauch von ihnen gemacht hatte.

II

Eine Menge von Equipagen, Droschken und Kutschen stand vor der Einfahrt des Hauses, in dem die Auktion des Nachlasses eines jener reichen Kunstliebhaber stattfand, die, von Zephiren und Amoretten umschwebt, ihr ganzes Leben im süßen Schlummer verbracht und ohne ihr Dazutun den Ruhm von Mäzenen erworben haben, indem sie dazu in einfältigster Weise die Millionen verwandten, die ihre soliden Väter und oft sogar sie selbst durch frühere Arbeit angesammelt hatten. Solche Mäzene gibt es heute bekanntlich nicht mehr, und unser neunzehntes Jahrhundert hat schon längst die langweilige Physiognomie eines Bankiers angenommen, der seine Millionen nur in Gestalt einer auf dem Papiere stehenden Reihe von Ziffern genießt. Der lange Saal war von einer sehr bunten Menge von Besuchern gefüllt, die wie die Raubvögel zu einem unbeerdigten Leichnam zusammengeflogen waren. Hier sah man eine ganze Flottille russischer Händler aus dem großen Kaufhause und selbst vom Trödelmarkte in blauen deutschen Röcken. Ihr Aussehen und Gesichtsausdruck waren hier viel sicherer und freier und hatte nichts von der süßlichen Dienstfertigkeit, die der russische Kaufmann stets in seinem Laden vor dem Kunden zeigt. Hier achteten sie gar nicht auf ihre gesellschaftliche Stellung, obwohl sich im gleichen Saale eine Menge von den Aristokraten befanden, vor denen sie an einem andern Orte bereit wären, mit ihren Bücklingen den Staub abzuwischen, den sie mit ihren eigenen Stiefeln hereingetragen. Hier gaben sie sich ganz ungezwungen, betasteten ohne Umstände die Bücher und Bilder, um sich von der Güte der Ware zu überzeugen, und überboten kühn die Preise, die die gräflichen Kenner nannten. Hier waren auch viele von den obligaten Liebhabern, die jeden Morgen statt des Frühstücks eine Auktion genießen; aristokratische Kenner, die es für ihre Pflicht halten, keine Gelegenheit vorbeigehen zu lassen, um ihre Sammlung zu vergrößern und die in der Zeit zwischen zwölf und eins nichts anderes zu tun haben; schließlich jene adligen Herren, deren Kleider und Geldmittel gleich gering sind und die täglich ohne jede eigennützige Absicht herkommen, einzig um zu sehen, wie die Sache endet, wer mehr und wer weniger bietet, wer wen überbietet und wem was zufällt. Eine Menge von Bildern stand ohne jede Ordnung umher; dazwischen gab es auch Möbel und Bücher mit dem Monogramm ihres einstigen Besitzers, der vielleicht gar nicht das lobenswerte Interesse gehabt hatte, in sie hineinzublicken. Chinesische Vasen, marmorne Tischplatten, neue und alte Möbel mit geschwungenen Linien, mit Greifen, Sphinxen und Löwentatzen, vergoldete und nicht vergoldete Lüster und Lampen, – alles war hier durcheinandergeworfen ohne die Ordnung, in der man diese Sachen in Kaufläden stehen sieht. Alles bildete ein Chaos der Künste. Das Gefühl, das wir beim Anblick einer Auktion empfinden, ist überhaupt beklemmend: sie gemahnt uns irgendwie an eine Beerdigung. Der Saal, in dem die Auktion stattfindet, ist immer düster; die von Möbeln und Bildern verstellten Fenster lassen nur spärliches Licht eindringen; das Schweigen, in dem alle Gesichter erstarrt sind, die Grabesstimme des Auktionators, der mit seinem Hammer klopft und eine Totenmesse für die hier auf eine so sonderbare Weise zusammengeratenen Künste zelebriert, – dies alles scheint den so unangenehmen Eindruck noch zu verstärken.

Die Auktion schien im vollen Gange. Eine ganze Menge anständiger Menschen drängte sich dicht zusammen und tat sehr geschäftig. Die Rufe: »Noch ein Rubel! Noch ein Rubel! Noch ein Rubel!«, die von allen Seiten tönten, ließen dem Auktionator keine Zeit, die schon vervierfachten Preise auszurufen. Die Menge eiferte sich wegen eines Porträts, das die Aufmerksamkeit aller, die nur etwas Verständnis für die Malerei hatten, fesseln mußte. Die hohe Meisterschaft des Malers kam darin unzweifelhaft zum Ausdruck. Das Porträt war offenbar schon einigemal restauriert worden und stellte die dunklen Züge eines Asiaten in weitem Gewände, mit einem ungewöhnlichen, sonderbaren Gesichtsausdruck dar; am meisten staunten aber alle, die sich um das Porträt drängten, über die ungewöhnliche Lebendigkeit der Augen. Je länger man sie ansah, um so tiefer schienen sie einem ins Innere zu blicken. Diese Eigentümlichkeit, dieser ungewöhnliche Kunstgriff des Malers fesselte die Aufmerksamkeit fast aller. Viele von den Bewerbern waren schon zurückgetreten, weil der Preis ganz ungeheuerlich hinaufgetrieben worden war. Zuletzt blieben nur zwei Aristokraten, bekannte Kunstliebhaber, übrig, von denen keiner auf eine solche Erwerbung verzichten wollte. Sie eiferten sich und hätten den Preis wohl wahnwitzig hinaufgetrieben, wenn nicht plötzlich einer von den Betrachtern die Worte gesprochen hätte: »Gestatten Sie mir, daß ich Ihren Streit für eine Weile unterbreche: vielleicht habe ich mehr als irgend jemand Anrecht auf die Erwerbung dieses Porträts.«

Diese Worte lenkten sofort die Aufmerksamkeit aller auf den Sprechenden. Es war ein schlanker junger Mann von etwa fünfunddreißig Jahren, mit langen schwarzen Locken. Sein angenehmes, von einer heiteren Sorglosigkeit erfülltes Gesicht spiegelte eine Seele wider, der alle Aufregungen der großen Welt fern waren; seine Kleidung erhob keinerlei Anspruch auf Mode: alles zeugte von einem Künstler. Es war in der Tat der Maler B., den viele von den Anwesenden persönlich kannten.

»Wie seltsam Ihnen meine Worte auch erscheinen mögen«, fuhr er fort, als er die auf ihn gerichtete allgemeine Aufmerksamkeit sah, – »werden Sie, wenn Sie sich entschließen, meine kurze Geschichte anzuhören, vielleicht doch einsehen, daß ich wohl das Recht hatte, sie zu sprechen. Alles bestärkt mich in der Gewißheit, daß dieses Porträt dasselbe ist, das ich suche.«

Eine durchaus natürliche Neugierde leuchtete in fast allen Augen auf, und der Auktionator selbst hielt mit dem Hammer in der erhobenen Hand inne und schickte sich an, zuzuhören. Zu Beginn der Erzählung wandten viele ihre Blicke unwillkürlich dem Porträt zu, hefteten sie aber dann auf den Erzähler allein, in dem Maße, als seine Erzählung immer fesselnder wurde.

»Sie kennen den Stadtteil, den man Kolomna nennt«, so begann er die Erzählung. »Hier ist alles ganz anders als in den anderen Teilen Petersburgs: hier ist weder Hauptstadt noch Provinz. Wenn man in die Straßen von Kolomna kommt, glaubt man zu fühlen, wie man von allen jugendlichen Wünschen und Bestrebungen verlassen wird. Die Zukunft blickt hier nicht herein, hier ist alles still und außer Dienst, – hier sammelt sich der Niederschlag der Brandung der Hauptstadt. Hierher ziehen verabschiedete Beamte, Witwen, unbemittelte Menschen, die angenehme Beziehungen zum Senat unterhalten und sich daher selbst zum ständigen Aufenthalt in Kolomna verurteilt haben; Köchinnen außer Dienst, die sich den ganzen Tag auf den Märkten drängen, allerlei Unsinn mit dem Krämer im kleinen Laden zusammenschwatzen und jeden Tag für fünf Kopeken Kaffee und für vier Kopeken Zucker einkaufen; schließlich die ganze Kategorie von Menschen, die man mit dem Worte ›aschgrau‹ bezeichnen kann; Menschen, deren Kleidung, Gesichter, Haare und Augen eine trübe aschgraue Färbung haben, wie ein Tag, der weder stürmisch, noch heiter, sondern weder das eine noch das andere ist: ein Nebel senkt sich herab und nimmt allen Gegenständen die Konturen. Hierher sind auch verabschiedete Theaterdiener, verabschiedete Titularräte, verabschiedete Marssöhne mit einem ausgestochenen Auge und geschwollenen Lippen zu zählen. Diese Menschen sind absolut leidenschaftslos: sie gehen einher, ohne etwas anzuschauen, und schweigen, ohne an etwas zu denken. Sie haben in ihren Behausungen nicht viele Sachen stehen; ihre ganze Habe besteht oft aus einer Flasche reinen russischen Schnapses, den sie den ganzen Tag ununterbrochen saufen, ohne daß er ihnen in den Kopf steigt, welches Vergnügen sich an Sonntagen die jungen deutschen Handwerker leisten, diese Studenten der Mjeschtschanskaja-Straße, die allein über das ganze Trottoir herrschen, wenn Mitternacht vorüber ist. Das Leben in Kolomna ist still; nur selten sieht man hier eine Equipage fahren, höchstens eine mit Schauspielern, die allein durch ihr Gepolter und Gerassel die allgemeine Stille stört. Hier gehen alle zu Fuß; die Droschkenkutscher fahren oft ohne Fahrgäste mit einer Ladung Heu für ihre zottigen Mähren. Eine Wohnung kann man hier schon für fünf Rubel im Monat finden, sogar mit Morgenkaffee. Die Witwen, die von der Pension leben, bilden die hiesige Aristokratie; sie führen sich anständig auf, kehren ihre Stuben oft und unterhalten sich mit ihren Freundinnen über die hohen Fleisch-und Kohlpreise; sie haben oft eine junge Tochter bei sich, ein schweigsames, stilles, manchmal anmutiges Geschöpf, ein ekelhaftes Hündchen und eine Wanduhr mit einem traurig tickenden Pendel. Dann kommen die Schauspieler, denen ihr Gehalt nicht erlaubt, in einen anderen Stadtteil zu ziehen, ein freies Volk, das wie alle Künstler, nur dem Genuß lebt. So ein Schauspieler sitzt im Schlafrock da, repariert eine Pistole, klebt aus Pappe allerlei im Haushalt nützliche Sächelchen, spielt mit einem Freunde, der ihn besucht, Dame oder Karten und verbringt damit den ganzen Vormittag; ebenso verbringt er auch den Abend, nur daß er sich am Abend manchmal auch noch einen Punsch leistet. Nach diesen Aristokraten und großen Tieren von Kolomna folgt ein ungewöhnlich niedriges Gesindel. Es ist ebenso schwer alle diese Leute zu nennen, wie die Lebewesen aufzuzählen, die in altem Essig keimen. Es gibt hier alte Weiber, welche beten; alte Weiber, welche saufen; alte Weiber, welche zugleich beten und saufen; alte Weiber, die sich auf eine unerklärliche Weise durchschlagen, die wie Ameisen Bündel alter Lumpen und Wäsche von der Kalinkin-Brücke zum Trödelmarkt schleppen, nur um sie dort für fünfzehn Kopeken zu verkaufen; mit einem Worte, die unglücklichste Hefe der Menschheit, deren Lage zu verbessern selbst der wohltätigste Volkswirtschaftler keine Mittel wüßte.

Ich habe alle diese Leute aufgezählt, um Ihnen zu zeigen, wie oft diese Leute in die Lage kommen, rasche, zeitweilige Hilfe zu suchen und Anleihen machen zu müssen; darum lassen sich unter ihnen Wucherer eigener Art nieder, die ihnen kleine Darlehen gegen Pfand und hohe Zinsen geben. Diese kleinen Wucherer sind oft unvergleichlich gefühlloser als die großen, weil sie ihre Tätigkeit unter lauter Bettlern, die ihre Lumpen offen zur Schau tragen, ausüben, welche ein reicher Wucherer, der nur mit Leuten, die ihn in Equipagen besuchen, zu tun hat; nie zu Gesicht bekommt. Darum erstarb in ihren Herzen allzufrüh jedes menschliche Gefühl. Unter diesen Wucherern gab es einen...aber ich muß vorausschicken, daß die Geschichte, die ich Ihnen erzähle, ins vergangene Jahrhundert, und zwar in die Regierungszeit der verstorbenen Kaiserin Katharina II. gehört. Sie können sich selbst denken, daß das Aussehen und das innere Leben von Kolomna sich inzwischen erheblich verändert haben müssen. Unter den Wucherern gab es also einen, ein in allen Beziehungen ungewöhnliches Geschöpf, das sich in diesem Stadtteile schon seit langer Zeit niedergelassen hatte. Er kleidete sich in weite asiatische Gewänder; seine dunkle Gesichtsfarbe zeugte von seiner südlichen Herkunft; welcher Nation er aber angehörte, ob er ein Inder, Grieche oder Perser war, das wußte niemand sicher. Der fast ungewöhnlich hohe Wuchs, das dunkle, hagere, sonnenverbrannte Gesicht von einer unergründlich unheimlichen Farbe, die großen, ungewöhnlich brennenden Augen, die überhängenden dichten Brauen unterschieden ihn scharf und kraß von allen aschgrauen Bewohnern der Hauptstadt. Selbst seine Behausung glich gar nicht den kleinen hölzernen Häusern. Es war ein steinerner Bau von der Art, wie sie einst die genuesischen Kaufleute in großer Menge errichteten, mit unregelmäßigen Fenstern verschiedener Größe und eisernen Läden und Riegeln. Dieser Wucherer unterschied sich von allen anderen schon dadurch, daß er imstande war, einem jeden, vom ärmsten alten Weibe bis zum verschwenderischen Höfling, jede beliebige Summe zu verschaffen. Vor seinem Hause erschienen oft die glänzendsten Equipagen, aus denen manchmal der Kopf einer eleganten Weltdame herausblickte. Das Gerücht behauptete natürlich, daß seine eisernen Truhen ungezählte Haufen von Geld, Wertsachen, Brillanten und allerlei Pfändern enthielten, daß ihm aber die Habgier, die die anderen Wucherer auszeichne, fremd sei. Er gab das Geld gern her, teilte die Zahlungstermine scheinbar günstig ein, ließ aber die Zinsen mittels sonderbarer arithmetischer Operationen in eine schwindelhafte Höhe steigen. Das behauptete wenigstens das Gerücht. Was aber am seltsamsten war und viele in Erstaunen setzen mußte, war das sonderbare Schicksal aller, die von ihm Geld erhielten; sie beschlossen alle ihr Leben auf eine elende Weise. Ob es bloß die allgemeine Meinung der Menschen war, ein dummes abergläubisches Geschwätz, oder ein mit Absicht verbreitetes Gerücht, – das blieb unbekannt. Aber einige Fälle, die sich in kurzer Zeit vor den Augen aller abspielten, waren allen gegenwärtig und verblüffend.

Unter den damaligen Aristokraten fiel besonders ein Jüngling aus bester Familie auf, der sich schon in jungen Jahren im Staatsdienste ausgezeichnet hatte, ein leidenschaftlicher Verehrer alles Wahren und Erhabenen, ein Eiferer für alles, was die Kunst und der Geist des Menschen gezeugt haben, ein künftiger Mäzen. Er wurde bald auch von der Kaiserin nach Verdienst ausgezeichnet, die ihn mit einem wichtigen Posten betraute, der durchaus seinen eigenen Anforderungen entsprach, – einem Posten, in dem er für die Wissenschaften und für alles Gute viel tun konnte. Der junge Würdenträger umgab sich mit Künstlern, Dichtern und Gelehrten. Er wollte allen Arbeit geben, alle fördern. Er unternahm auf eigene Kosten eine Menge nützlicher Veröffentlichungen, vergab eine Menge von Aufträgen, schrieb verschiedene Preise aus, verausgabte für diese Zwecke einen Haufen von Geld und geriet schließlich in Schwierigkeiten. Von großmütigem Streben erfüllt, wollte er sein Werk jedoch nicht aufgeben und suchte überall nach Darlehen; schließlich wandte er sich an den uns bekannten Wucherer. Nachdem er von ihm ein bedeutendes Darlehen erhalten, veränderte sich dieser junge Mensch in kürzester Zeit: er wurde zum Unterdrücker und Verfolger aller aufstrebenden Geister und Talente. In allen Werken sah er nur die Schattenseiten und mißdeutete jedes Wort. Unglücklicherweise brach gerade die Französische Revolution aus. Das diente ihm als Vorwand zu allerlei Gemeinheiten. Er fing an, in allen Dingen eine revolutionäre Gesinnung zu sehen und überall Anspielungen zu wittern. Er wurde so argwöhnisch, daß er zuletzt sich selbst verdächtigte; er schenkte jeder schrecklichen, ungerechten Denunziation Gehör und machte eine Menge von Menschen unglücklich. Selbstverständlich mußten solche Handlungen schließlich auch dem Throne bekannt werden. Die großmütige Kaiserin entsetzte sich und sprach, vom Edelmut, der die Träger der Krone ziert, beseelt, Worte, die uns zwar nicht genau überliefert werden konnten, deren tiefster Sinn sich aber den Herzen vieler eingeprägt hatte. Die Kaiserin bemerkte, da es nicht die monarchische Regierung sei, die die hohen und edlen Seelenregungen und die Schöpfungen des Geistes, der Dichtung und der Künste unterdrücke und verfolge; daß vielmehr die Monarchen allein ihre Beschützer gewesen seien; daß die Shakespeares und Molières sich ihres hochherzigen Schutzes erfreut hätten; während Dante in seiner republikanischen Heimat kein Obdach hätte finden können; daß die wahren Genies stets in den Perioden des Glanzes und der Macht der Staaten und der Herrscher aufgekommen seien, nicht aber in den Zeiten häßlicher politischer Erscheinungen und republikanischer Schreckensherrschaft, die der Welt noch keinen einzigen wahren Dichter geschenkt habe; daß man die Dichter und Künstler auszeichnen müsse, weil sie doch nur Ruhe und den schönsten Frieden den Seelen einflößten, nicht aber Aufruhr und Murren; daß die Gelehrten, Dichter und alle schaffenden Künstler Perlen und Diamanten in der kaiserlichen Krone seien: sie schmücken und erleuchten das Zeitalter des großen Fürsten. Mit einem Worte, die Kaiserin, die diese Worte sprach, war in jenem Augenblick von einer göttlichen Schönheit. Ich erinnere mich, daß die alten Leute davon nicht ohne Tränen sprechen konnten. Alle zeigten große Teilnahme für den ungewöhnlichen Fall. Zur Ehre unseres Volkes muß bemerkt werden, daß dem russischen Herzen stets die Neigung innewohnt, die Partei des Unterdrückten zu ergreifen. Der Würdenträger, der das ihm geschenkte Vertrauen mißbraucht hatte, wurde exemplarisch bestraft und seines Postens enthoben. Aber eine weit strengere Strafe las er in den Mienen seiner Mitbürger: es war eine entschiedene und allgemeine Verachtung. Es läßt sich gar nicht sagen, wie schwer seine ehrgeizige Seele darunter litt: Stolz, gekränkte Eigenliebe, zusammengestürzte Hoffnungen, – alles hatte sich vereinigt, und sein Lebensfaden riß unter Anfällen eines schrecklichen Wahnsinns.

Ein anderer erstaunlicher Fall spielte sich auch vor aller Augen ab: unter den Schönen, an denen unsere nordische Hauptstadt damals gar nicht arm war, übertraf eine alle die anderen. Es war eine eigenartig herrliche Verbindung unserer nordischen Schönheit mit der Schönheit des Südens, – ein Diamant, wie man ihn nur selten findet. Mein Vater pflegte zu sagen, er hätte in seinem Leben niemals etwas Ähnliches gesehen. Alles schien sich in ihr vereinigt zu haben: Reichtum, Geist und seelische Schönheit. Eine Menge von Bewerbern umschwärmte sie, und unter diesen fiel besonders der Fürst R. auf, der edelste und beste von allen jungen Leuten, der schönste von Angesicht wie auch von ritterlicher Gesinnung, das hohe Ideal der Romane und der Frauen. Ein Grandison in jeder Beziehung. Fürst R. war leidenschaftlich, wahnsinnig verliebt; eine gleiche Liebe wurde ihm auch von ihr entgegengebracht. Aber ihren Verwandten kam die Partie unpassend vor. Die Erbgüter des Fürsten gehörten ihm schon längst nicht mehr, die Familie war in Ungnade, und die schlechte Vermögenslage war allen bekannt. Plötzlich verläßt der Fürst die Hauptstadt, um seine Verhältnisse in Ordnung zu bringen, und kehrt nach kurzer Zeit von einem unerhörten Reichtum und Glanz umgeben zurück. Die glänzenden Bälle und Feste, die er gibt, erregen selbst bei Hofe Aufsehen. Der Vater der Schönen schenkt ihm seine Huld, und die Stadt erlebt die interessanteste Hochzeit. Woher diese Wandlung und der unerhörte Reichtum des Bräutigams kamen, vermochte niemand zu erklären; aber man erzählte sich, daß er irgendein Abkommen mit dem rätselhaften Wucherer getroffen und von ihm ein größeres Darlehen bekommen habe. Wie dem auch war, die ganze Stadt interessierte sich für diese Hochzeit, und Braut und Bräutigam wurden zum Gegenstand des allgemeinen Neides. Allen war ihre glühende, treue Liebe bekannt, die langen Qualen, die sie zu erdulden gehabt hatten, und die hohen Vorzüge der beiden. Heißblütige Frauen malten sich im voraus die paradiesischen Wonnen aus, die die jungen Gatten genießen sollten. Es kam aber alles anders. In einem Jahre geschah im Gatten eine schreckliche Wandlung. Sein bis dahin so edler und schöner Charakter wurde auf einmal von argwöhnischer Eifersucht, von Unduldsamkeit und ewigen Launen vergiftet. Er wurde zum Tyrannen und Peiniger seiner Frau und ließ sich sogar, was niemand vorausgesehen hätte, zu den unmenschlichsten Handlungen und selbst Schlägen herbei. Nach einem Jahre schon hätte niemand die Frau wiedererkennen können, die noch vor kurzem so geglänzt und ganze Scharen ergebener Verehrer angezogen hatte. Endlich hatte sie nicht mehr die Kraft, das schwere Los länger zu tragen, und brachte selbst die Rede auf Scheidung. Der Mann geriet schon beim bloßen Gedanken daran in Raserei. Im ersten Wutausbruch stürzte er mit einem Messer in der Hand in ihr Zimmer und hätte sie zweifellos erstochen, wenn man ihn nicht rechtzeitig ergriffen und daran gehindert hätte. Im Anfalle von Wut und Verzweiflung wandte er nun das Messer gegen sich selbst und beschloß sein Leben in den schrecklichsten Qualen.

Außer diesen beiden Fällen, die sich vor den Augen der ganzen Gesellschaft zugetragen hatten, berichtete man noch von einer ganzen Reihe anderer, die sich in den niederen Gesellschaftsschichten abgespielt und die fast alle ebenso entsetzlich geendet hatten. In einem Falle war ein ehrlicher nüchterner Mensch zu einem Trunkenbold geworden; in einem anderen begann ein Kaufmannsgehilfe seinen Herrn zu bestehlen; in einem dritten erstach ein Fuhrmann, der diesen Beruf einige Jahre ehrlich ausgeübt hatte, wegen eines Groschens seinen Fahrgast. Selbstverständlich hatten alle solche Erzählungen, die oft nicht ohne Übertreibungen wiedergegeben wurden, den bescheidenen Bewohnern von Kolomna eine unwillkürliche Angst eingejagt. Niemand zweifelte, daß in diesem Menschen ein unsauberer Geist wohnte. Man erzählte sich, daß er solche Bedingungen stellte, vor denen einem die Haare zu Berge stiegen und die keiner der Unglücklichen einem andern mitzuteilen wagte; daß sein Geld die Hand verbrenne, von selbst glühend werde und mit irgendwelchen seltsamen Zeichen versehen sei... mit einem Worte, es gab über ihn eine Menge unsinniger Gerüchte. Es ist bemerkenswert, daß die ganze Bevölkerung von Kolomna, diese ganze Welt der armen alten Frauen, kleinen Beamten, kleinen Schauspieler und der übrigen kleinen Leute, die wir eben aufgezählt haben, es vorzog, die bitterste Not zu leiden, als sich an den schrecklichen Wucherer zu wenden; man fand sogar verhungerte alte Frauen auf, die es vorgezogen hatten, ihr Fleisch zu töten, als ihre Seelen zu verderben. Wenn man ihm auf der Straße begegnete, empfand man ein unwillkürliches Grauen. Die Fußgänger wichen vorsichtig zurück und sahen sich dann noch mehrmals nach ihm um, seine in der Ferne verschwindende unglaublich hohe Gestalt mit den Augen verfolgend. Schon in seinem Äußeren lag so viel Ungewöhnliches, daß ihm ein jeder unwillkürlich eine übernatürliche Existenz zuschrieb. Diese starken Züge, so tief wie bei keinem anderen Menschen eingemeißelt;

diese glühende, bronzene Gesichtsfarbe; diese ungewöhnlich buschigen Augenbrauen, die unerträglichen schrecklichen Augen, selbst die weiten Falten seines asiatischen Gewandes, – alles schien zu sagen, daß vor den Leidenschaften, die diesen Körper bewegten, alle Leidenschaften der anderen Menschen verblaßten. Mein Vater blieb regungslos stehen, sooft er ihm begegnete, und konnte sich niemals der Worte enthalten: ›Der Teufel, der leibhaftige Teufel!‹ Aber ich muß Sie jetzt schnell mit meinem Vater bekannt machen, der nebenbei bemerkt die Hauptperson in meiner Geschichte ist.

Mein Vater war ein in vielen Beziehungen merkwürdiger Mensch. Er war ein Maler, wie es ihrer wenige gibt, eines der Wunder, wie sie nur dem jungfräulichen Schoße Rußlands entstammen, ein Autodidakt, der ganz von selbst, ohne Schule und Lehrer, in seiner Seele alle Gesetze und Regeln gefunden hatte, nur vom Drange nach Vervollkommnung beseelt, ein Mensch, der aus Gründen, die ihm selbst vielleicht unbekannt waren, nur den einen, ihm von seiner Seele gewiesenen Weg ging; eines jener ursprünglichen Wunder, die die Zeitgenossen oft mit dem verletzenden Wort ›Ignorant‹ titulieren und die, ohne sich durch die Beschimpfungen und die eigenen Mißerfolge abkühlen zu lassen, immer neuen Eifer und neue Kräfte finden und sich in ihrer Seele weit von den Werken entfernen, die ihnen den Titel ›Ignorant‹ einbrachten. Durch einen hochentwickelten inneren Instinkt fühlte er in jedem Gegenstand den ihm innewohnenden Gedanken – er erfaßte ganz von selbst den wahren Sinn des Wortes ›Historienmalerei‹; er begriff, warum ein einfacher Kopf, ein einfaches Porträt Raffaels, Lionardos, Tizians oder Correggios als Historienmalerei gelten dürfe und warum manches Riesengemälde mit historischem Inhalt ein bloßes ›tableau de genre‹ sei, trotz aller Ansprüche des Malers auf Historie. Sein inneres Gefühl wie auch seine eigene Überzeugung ließen seinen Pinsel sich christlichen Sujets zuwenden, der höchsten und letzten Stufe des Erhabenen. Er kannte weder Ehrgeiz noch Reizbarkeit, die den Charakter so vieler Maler auszeichnen. Er war ein fester Charakter, ein ehrlicher, offener Mensch, äußerlich etwas grob, auch nicht ohne Stolz, und urteilte über alle Menschen zugleich milde und streng. ›Was soll ich mich um sie kümmern?‹ pflegte er zu sagen: ›Ich arbeite ja nicht für sie. Ich werde meine Werke nicht in den Salon tragen. Wer mich versteht, der wird mir danken, und wer mich nicht versteht, der wird vor dem Bilde auch so zu Gott beten. Man darf einem Menschen aus der vornehmen Gesellschaft nicht vorwerfen, daß er nichts von Malerei versteht: dafür versteht er sich auf Karten, auf guten Wein und auf Pferde; was braucht so ein vornehmer Herr noch mehr zu verstehen? Wenn er von solchen Dingen kostet und dann zu klügeln anfängt, so wird er erst recht unangenehm werden! Jedem das Seine, möge sich jeder mit seinen Sachen beschäftigen. Was mich betrifft, so ist mir ein Mensch, der offen erklärt, daß er gar nichts versteht, lieber als einer, der heuchelt und behauptet, Dinge zu verstehen, die er nicht versteht, und nur alles verdirbt und verunreinigt.‹ Er arbeitete gegen eine bescheidene Bezahlung, das heißt gegen eine, die ihm gerade noch ausreichte, um seine Familie zu ernähren und seine eigene Arbeitskraft zu erhalten. Außerdem verweigerte er niemals einem anderen Künstler die Hilfe; er hatte noch den einfachen, frommen Glauben seiner Vorfahren, und vielleicht darum erschien in den von ihm gemalten Antlitzen von Heiligen ganz von selbst jener erhabene Ausdruck, den selbst manche glänzende Talente nicht zu erreichen vermögen. Schließlich errang er durch seine beharrliche Arbeit und das Festhalten am Wege, den er sich selbst vorgezeichnet, auch die Achtung derjenigen, die ihn einen Ignoranten und einen hausbackenen Autodidakten nannten. Er bekam fortwährend Aufträge, Kirchenbilder zu malen, und die Arbeit riß bei ihm niemals ab. Eine dieser Arbeiten fesselte ihn ganz besonders. Ich kann mich an das Sujet nicht mehr genau erinnern, ich weiß nur, daß auf dem Bilde der Geist der Finsternis dargestellt werden sollte. Lange überlegte er sich, welche Gestalt ihm zu geben sei: er wollte in seinem Gesicht alles Schwere und den Menschen Bedrückende verkörpern. Während solcher Überlegungen ging ihm zuweilen die Gestalt des geheimnisvollen Wucherers durch den Sinn, und er dachte sich unwillkürlich: ›Der wäre doch das beste Modell für den Teufel!‹ Stellen Sie sich nun sein Erstaunen vor, als eines Tages, während er in seinem Atelier arbeitete, an die Tür geklopft wurde und der schreckliche Wucherer bei ihm eintrat. Er fühlte, wie ein Zittern durch seinen ganzen Körper lief.

›Bist du Maler?‹ fragte jener ganz ohne Umstände.

›Ja, ich bin Maler‹, antwortete mein Vater verdutzt und wartete, was nun kommen würde.

›Gut. Male mein Porträt. Vielleicht werde ich bald sterben, und Kinder habe ich nicht; aber ich will nicht ganz sterben, ich will leben. Kannst du mein Porträt so malen, daß es wie lebendig wäre?‹

Mein Vater dachte sich: ›Was kann ich mir Besseres wünschen? Er will mir selbst für den Teufel auf meinem Bilde sitzen.‹ Er versprach es ihm. Sie einigten sich über die Zeit und den Preis, und schon am nächsten Tage nahm mein Vater Palette und Pinsel und begab sich zu ihm. Der von hohen Mauern eingefaßte Hof, Hunde, eiserne Türen und Riegel, bogenförmige Fenster, mit merkwürdigen Teppichen bedeckte Truhen und schließlich auch der sonderbare Hausherr selbst, der sich vor ihm unbeweglich hinsetzte, – das alles machte auf meinen Vater einen seltsamen Eindruck. Die Fenster waren wie absichtlich unten so verstellt und verbarrikadiert, daß das Licht nur von oben hereindrang. ›Hol's der Teufel, wie gut ist jetzt sein Gesicht beleuchtet!‹ sagte sich mein Vater und begann mit Gier zu malen, als fürchte er, daß die günstige Beleuchtung verschwinden könne. ›Diese Kraft!‹ sagte er vor sich hin: ›Wenn ich ihn auch nur halb so ähnlich darstelle, wie ich ihn jetzt sehe, so erschlägt er alle meine Heiligen und Engel: sie werden vor ihm erblassen. Diese teuflische Kraft! Er wird mir einfach aus der Leinwand springen, wenn ich der Natur auch nur ein wenig treu bleibe. – Was für ungewöhnliche Züge!‹ wiederholte er fortwährend vor sich hin, seinen Eifer verdoppelnd, und schon sah er einige der Züge auf der Leinwand erstehen. Je mehr er sich ihnen aber näherte, ein um so schwereres, bangeres Gefühl, das ihm selbst unverständlich war, bemächtigte sich seiner. Aber er nahm sich doch vor, jeden noch so unmerklichen Zug und Ausdruck zu verfolgen. Vor allem machte er sich an die Ausarbeitung der Augen. In diesen Augen lag so viel Kraft, daß es zunächst undenkbar schien, sie so wiederzugeben, wie sie in der Natur waren. Aber er entschloß sich, koste es, was es wolle, in ihnen jeden feinsten Strich und Ton aufzuspüren, ihr Geheimnis zu ergründen... Kaum hatte er aber angefangen, sich in sie mit seinem Pinsel zu vertiefen, als in seiner Seele ein so seltsamer Abscheu, ein so unerklärliches drückendes Gefühl erwachte, daß er den Pinsel für eine Weile weglegen mußte, ehe er weitermalen konnte. Schließlich konnte er es nicht mehr ertragen: er fühlte, wie sich diese Augen in seine Seele bohrten und in ihr eine unfaßbare Unruhe weckten. Am zweiten und am dritten Tage war dieses Gefühl noch schrecklicher. Es wurde ihm unheimlich zumute. Er warf den Pinsel weg und sagte sehr entschieden, daß er nicht weitermalen könne. Man muß gesehen haben, wie sich der schreckliche Wucherer bei diesen Worten veränderte. Er fiel meinem Vater zu Füßen und flehte ihn an, das Porträt zu vollenden, indem er sagte, daß davon sein Schicksal und sein Dasein in der Welt abhänge; daß mein Vater mit seinem Pinsel schon seine lebendigen Züge erfaßt habe; daß, wenn er sie treu wiedergeben würde, sein Leben durch eine übernatürliche Kraft im Bilde festgehalten sein werde; daß er dann nicht ganz sterben werde; daß er noch länger in der Welt bleiben müsse. Mein Vater fühlte Grauen: diese Worte erschienen ihm so seltsam und schrecklich, daß er Pinsel und Palette wegwarf und Hals über Kopf aus dem Zimmer stürzte.

Die Erinnerung daran peinigte ihn den ganzen Tag und die ganze Nacht, am Morgen bekam er aber vom Wucherer das Porträt zurück; eine Frau, das einzige Wesen, das bei ihm diente, brachte es ihm; sie erklärte, daß ihr Herr das Porträt weder haben noch bezahlen wolle und es meinem Vater zurückschicke. Am Abend des gleichen Tages erfuhr mein Vater, daß der Wucherer gestorben war und daß man Anstalten machte, ihn nach den Gebräuchen seiner Religion zu beerdigen. Das alles kam ihm unbegreiflich und seltsam vor. Indessen begann im Charakter meines Vaters von diesem Tage an eine merkliche Veränderung: er fühlte sich von einer bangen Unruhe ergriffen, deren Ursache er selbst nicht begreifen konnte, und ließ sich bald darauf zu einer Tat herbei, die von ihm kein Mensch erwartet hätte. Seit einiger Zeit hatten die Arbeiten eines seiner Schüler angefangen, die Aufmerksamkeit eines kleinen Kreises von Kennern und Liebhabern auf sich zu ziehen. Mein Vater hatte sein Talent schon früher erkannt und ihm daher sein besonderes Wohlwollen geschenkt. Plötzlich fühlte er Neid gegen diesen Schüler. Die allgemeine Teilnahme und das Gerede wurden ihm unerträglich. Das Maß seines Ärgers wurde aber voll, als er erfuhr, daß der Schüler den Auftrag erhalten hatte, ein Bild für eine neuerbaute reiche Kirche zu malen. Das machte ihn wütend. ›Nein, dieser Milchbart darf nicht triumphieren!‹ sagte er: ›Du bist noch zu jung, Bruder, um einen Alten zu blamieren! Ich habe ja noch, Gott sei Dank, Kraft genug. Wir wollen sehen, wer wen blamieren wird.‹ Und der aufrechte, herzensreine Mann wandte allerlei Intrigen und Ränke an, die er bisher verabscheut hatte; schließlich setzte er es durch, daß für das Bild ein Wettbewerb ausgeschrieben wurde und daß auch andere Künstler ihre Arbeiten einliefern durften. Dann schloß er sich in seinem Zimmer ein und machte sich mit Feuereifer an die Arbeit. Er schien alle seine Kräfte und sein ganzes Wesen in das Bild hineinlegen zu wollen. Und es wurde daraus in der Tat eines seiner besten Werke. Niemand zweifelte, daß er der Sieger im Wettstreit sein würde. Alle Bilder waren eingeliefert, und alle unterschieden sich von dem seinen wie die Nacht von dem Tage. Plötzlich aber machte eines der Mitglieder der Kommission, wenn ich nicht irre eine geistliche Amtsperson, eine Bemerkung, die alle verblüffte. ›Das Bild des Künstlers zeugt allerdings von viel Talent‹, sagte er, ›aber den Gesichtern fehlt die Heiligkeit; im Gegenteil, in den Augen steckt etwas Dämonisches, als hätte ein unsauberes Gefühl seinen Pinsel geleitet‹ Alle sahen das Bild noch einmal an und mußten sich von der Richtigkeit dieser Worte überzeugen. Mein Vater stürzte auf sein Bild zu, als wolle er die Stichhaltigkeit der verletzenden Bemerkung nachprüfen, und sah mit Entsetzen, daß er fast allen Gesichtern die Augen des Wucherers verliehen hatte. Sie blickten so dämonisch und vernichtend, daß er selbst unwillkürlich zusammenfuhr. Das Bild wurde zurückgewiesen, und mein Vater mußte zu seinem unbeschreiblichen Verdruß hören, daß sein Schüler den Sieg davongetragen hatte. Die Wut, in der er nach Hause zurückkehrte, läßt sich gar nicht beschreiben. Beinahe hätte er meine Mutter geschlagen; er jagte die Kinder hinaus, zerbrach alle seine Pinsel und die Staffelei, riß von der Wand das Porträt des Wucherers und ließ sich ein Messer geben und im Kamin Feuer machen, in der Absicht, das Porträt in Stücke zu schneiden und zu verbrennen. Bei diesem Vorhaben traf ihn ein Freund, der zufällig ins Zimmer trat, ein Maler gleich ihm, ein lustiger Patron, der mit sich stets zufrieden war, nach keinen hohen Zielen strebte, vergnügt jede Arbeit machte, die sich ihm gerade bot, und mit noch größerem Vergnügen sich an einem Schmause und Zechgelage beteiligte.

›Was machst du da? Was willst du verbrennen‹ fragte er und trat an das Porträt heran. ›Erlaube doch, es ist eines deiner besten Werke. Das ist der vor kurzem gestorbene Wucherer; es ist ein höchst vollkommenes Werk. Du hast den Mann nicht bloß getroffen, du bist ihm auch in die Augen eingedrungen. Die Augen haben selbst bei seinen Lebzeiten niemals so geblickt, wie sie bei dir blicken!‹

›Ich will mal sehen, wie sie im Feuer blicken werden!‹ sagte mein Vater und machte eine Bewegung, um das Porträt in den Kamin zu werfen.

›Halt ein, um Gottes willen!‹ sagte der Freund, indem er ihm in die Hand fiel. ›Gib es dann lieber mir, wenn es dein Auge so sehr beleidigt.‹ Mein Vater weigerte sich anfangs, willigte aber schließlich doch ein, und der lustige Patron trug, über seine Erwerbung sehr erfreut, das Porträt heim.

Als er fort war, fühlte sich mein Vater plötzlich ruhiger. Es war, als wäre ihm zugleich mit dem Porträt eine Last vom Herzen gefallen. Er wunderte sich nun selbst über seine Gehässigkeit, seinen Neid und die offensichtliche Veränderung seines Charakters. Als er sich seine Handlungsweise überlegt hatte, spürte er Trauer in seiner Seele und sagte sich nicht ohne Zerknirschung: ›Nein, das war eine Strafe Gottes; mein Bild ist mit Recht unterlegen. Es war mit der Absicht begonnen worden, um meinen Nächsten zugrunde zu richten. Das dämonische Gefühl des Neides hat meinen Pinsel geleitet, und ein dämonisches Gefühl hat sich auch dem Bilde mitgeteilt.‹ Er suchte sofort seinen früheren Schüler auf, umarmte ihn, bat ihn um Verzeihung und gab sich jede Mühe, sein Vergehen wiedergutzumachen. Nun konnte er wieder ruhig arbeiten, aber sein Gesicht zeigte immer wieder einen nachdenklichen Ausdruck. Er betete immer mehr, war öfter schweigsam und urteilte nicht mehr so streng über die Menschen; selbst seine äußeren Umgangsformen wurden milder. Bald darauf erschütterte ihn ein Ereignis noch mehr. Er hatte seinen Freund, der sich das Porträt von ihm erbettelt hatte, lange nicht gesehen. Schon wollte er ihn aufsuchen, als jener plötzlich selbst zu ihm ins Zimmer trat. Nach einigen Worten und Fragen von den beiden Seiten sagte jener: ›Nicht umsonst hast du das Porträt verbrennen wollen, Bruder. Hol es der Teufel, es ist etwas Schreckliches darin... Ich glaube nicht an Hexerei, aber in diesem Porträt steckt, du magst sagen, was du willst, etwas Teuflisches...‹

›Wieso?‹ fragte mein Vater.

›Gleich nachdem ich es bei mir im Zimmer aufgehängt hatte, beschlich mich ein so bedrückendes Gefühl, als wolle ich jemand erstechen. Mein Lebtag habe ich nicht gewußt, was Schlaflosigkeit ist, jetzt aber habe ich nicht nur die Schlaflosigkeit kennengelernt, sondern auch solche Träume, daß... Ich vermag selbst nicht zu sagen, ob es bloß Träume sind oder etwas anderes: es ist mir, wie wenn ein Teufel mich würgte, und dabei sehe ich immer den verfluchten Alten vor mir. Mit einem Worte, ich kann dir meinen Zustand gar nicht beschreiben. Etwas Ähnliches habe ich noch nie erlebt. Alle diese Tage irrte ich wie ein Verrückter umher: ich fühlte fortwährend irgendeine Angst, irgendeine unangenehme Erwartung. Ich fühle, daß ich kein einziges lustiges, aufrichtiges Wort sprechen kann; es ist mir, als ob in mir ein Spion säße. Erst als ich das Porträt meinem Neffen schenkte, der selbst danach verlangte, war es mir, als ob mir ein Stein vom Herzen gefallen wäre: plötzlich fühlte ich mich wieder lustig, wie du mich jetzt siehst. Ja, Bruder, einen schönen Teufel hast du fertiggekriegt!‹

Mein Vater hörte seinen Bericht mit gespannter Aufmerksamkeit an und fragte schließlich: ›Befindet sich das Porträt jetzt bei deinem Neffen?‹

›Ach was, beim Neffen! Der hielt es auch nicht aus!‹ sagte der lustige Patron. ›Die Seele des Wucherers scheint ins Porträt gefahren zu sein: er springt aus dem Rahmen, geht durch das Zimmer, und was mein Neffe über ihn erzählt, ist einfach unfaßbar. Ich würde ihn für verrückt halten, wenn ich es zum Teil nicht auch selbst erlebt hätte. Er hat das Porträt irgendeinem Bildersammler verkauft, und auch dieser hielt es nicht aus und verkaufte es weiter.‹

Diese Erzählung machte auf meinen Vater einen starken Eindruck. Er wurde tief nachdenklich, verfiel in Hypochondrie und war zuletzt ganz davon überzeugt, daß sein Pinsel als teuflisches Werkzeug gedient habe, daß das Leben des Wucherers auf irgendeine Weise zum Teil wirklich ins Porträt gefahren sei und die Menschen beunruhige, indem es ihnen teuflische Gedanken eingäbe, die Künstler vom Wege abbringe, gräßlichen Neid erzeuge und so weiter. Die drei Unglücksfälle, die sich bald darauf ereigneten, die drei plötzlichen Tode: der seiner Frau, seiner Tochter und seines kleinen Sohnes sah er als eine himmlische Strafe an und faßte den unabänderlichen Entschluß, die Welt zu fliehen. Als ich neun Jahre alt geworden war, gab mich auf die Kunstakademie, rechnete dann mit allen seinen Gläubigern ab und zog sich in ein entlegenes Kloster zurück, wo er bald darauf die Mönchsweihen empfing. Dort setzte er durch seine strenge Lebensführung und durch die peinliche Befolgung aller Klosterregeln die Mönche in Erstaunen. Als der Prior des Klosters von seiner Kunst erfuhr, gab er ihm den Auftrag, für die Klosterkirche ein Altarbild zu malen. Aber der demütige Bruder weigerte sich entschieden und sagte, daß er unwürdig sei, den Pinsel zu ergreifen, weil dieser entweiht sei, und daß er erst durch Mühe und große Opfer seine Seele läutern müsse, um der Ehre teilhaftig zu werden, solch ein Werk zu unternehmen. Man wollte ihn dazu nicht zwingen. Er erschwerte für sich selbst, soweit es ging, die Strenge des klösterlichen Lebens. Zuletzt erschien ihm auch dieses nicht streng genug. Mit Genehmigung des Priors entfernte er sich in eine Einsiedelei, um ganz allein zu sein. Dort baute er sich aus Baumästen eine Zelle, lebte nur von rohen Wurzeln, schleppte Steine von einem Ort zum andern und stand von Sonnenaufgang bis zum Sonnenuntergang immer auf dem gleichen Fleck, die Arme gen Himmel erhoben und unausgesetzt Gebete sprechend – mit einem Worte, er erfand wohl alle denkbaren Stufen der Kasteiung und jener unfaßbaren Selbstaufopferung, für die man höchstens in der Heiligenlegende Beispiele finden kann. So kasteite er lange, mehrere Jahre hindurch seinen Körper und stärkte ihn zugleich mit der belebenden Kraft des Gebets. Endlich kam er eines Tages ins Kloster und sagte dem Prior mit fester Stimme: ›Nun bin ich bereit; wenn es Gott gefällig ist, werde ich das Werk vollenden.‹ Der Gegenstand, den er wählte, war die Geburt des Heilands. Ein ganzes Jahr arbeitete er daran, ohne seine Zelle zu verlassen, von karger Kost lebend und ununterbrochen betend. Nach Ablauf des Jahres war das Bild fertig. Es war tatsächlich ein Wunder der Malkunst. Es ist zu bemerken, daß weder die Klosterbrüder noch der Prior viel Verständnis für die Malerei hatten, aber alle waren über den ungewöhnlich heiligen Ausdruck der Gestalten erstaunt. Das Gefühl göttlicher Demut und Milde im Antlitz der allerreinsten Gottesmutter, die sich über das Kind beugte, die tiefe Weisheit in den Augen des göttlichen Kindes, das schon das feierliche Schweigen der vom göttlichen Wunder erschütterten Heiligen Drei Könige zu seinen Füßen in der Zukunft zu schauen schien, und endlich die heilige, unaussprechliche Stille, von der das ganze Bild erfüllt war – dies alles stellte sich in einer so harmonischen Kraft und machtvollen Schönheit dar, daß der Eindruck magisch war. Alle Klosterbrüder fielen vor dem neuen Bilde in die Knie, und der gerührte Prior sprach: ›Nein es ist unmöglich, daß ein Mensch mit Hilfe der menschlichen Kunst allein ein solches Kunstwerk geschaffen hat: eine heilige, höhere Macht hat deinen Pinsel geleitet, und der Segen des Himmels senkte sich auf dein Werk herab.‹

Um diese Zeit beendete ich das Studium an der Akademie, erhielt die goldene Medaille und mit ihr die beseligende Aussicht auf eine Italienreise – den schönsten Traum eines jungen Künstlers. Mir blieb nur noch, mich von meinem Vater zu verabschieden, den ich seit zwölf Jahren nicht gesehen hatte. Ich muß gestehen, daß selbst sein Bild aus meiner Erinnerung geschwunden war. Ich hatte schon einiges von der strengen Heiligkeit seines Lebens gehört und stellte ihn mir als einen rauhen Einsiedler vor, der gegen alles in der Welt außer seiner Zelle und seinen Gebeten gleichgültig sei, als einen ausgemergelten, durch das ewige Fasten und Wachen erschöpften Menschen. Wie war ich aber erstaunt, als ich vor mir einen schönen, beinahe göttlichen Greis erblickte! Sein Gesicht zeigte nicht die geringste Spur von Kasteiungen: es leuchtete vor himmlischer Heiterkeit. Der schneeweiße Bart und die feinen, beinahe luftigen Haare vom selben silbernen Weiß flossen malerisch über seine Brust und die Falten seiner schwarzen Kutte und fielen bis zum Stricke hinab, mit dem er sein ärmliches Mönchsgewand umgürtete. Am meisten war ich aber erstaunt, als ich aus seinem Munde Worte und Gedanken über die Kunst hörte, die ich, offen gestanden, lange in meiner Seele bewahren werde, und ich wünsche aufrichtig, daß auch jeder meiner Brüder in der Kunst dasselbe tue.

›Ich habe dich erwartet, mein Sohn‹, sagte er mir, als ich auf ihn zuging, um mir seinen Segen zu erbitten. ›Es steht dir ein Weg bevor, dem dein Leben nun folgen wird. Dein Weg ist rein, irre von ihm nicht ab. Du hast ein Talent; das Talent ist das kostbarste Geschenk Gottes – richte es nicht zugrunde. Erforsche und studiere alles, was du erblickst, mache alles deinem Pinsel Untertan; lerne aber, in allem die darin verborgene Idee zu erkennen und bemühe dich am meisten, das hohe Geheimnis der Schöpfung zu ergründen. Selig ist der Auserwählte, der es beherrscht. Für diesen gibt es in der ganzen Natur nichts Gemeines. Der schöpfende Künstler ist im Geringen ebenso groß wie im Großen; im Verächtlichen gibt es für ihn nichts Verächtliches, denn es ist sichtbar von der schönen Seele des Schöpfers durchleuchtet, und das Verächtliche erhält dadurch einen erhabenen Ausdruck, weil es im Fegefeuer seiner Seele geläutert worden ist...Die Ahnung vom Göttlichen, vom himmlischen Paradiese ist für den Menschen in der Kunst enthalten, und schon darum ist sie erhabener als alles. Ebenso wie feierliche Ruhe über jede weltliche Unruhe erhaben ist, so erhaben ist auch die Schöpfung über die Zerstörung; wie der Engel schon durch die keusche Unschuld seiner lichten Seele über die zahllosen Heere und die hochmütigen Leidenschaften des Satans erhaben ist, so steht auch die hehre Schöpfung der Kunst über allen Dingen der Welt. Bringe ihr alles zum Opfer und liebe sie mit deiner ganzen Leidenschaft – nicht mit der Leidenschaft, die irdisches Begehren atmet, sondern mit der stillen, himmlischen Leidenschaft: ohne sie hat der Mensch nicht die Gewalt, sich über die Erde zu erheben und die wunderbaren Töne des Friedens anzustimmen; denn das hehre Werk der Kunst steigt auf die Erde herab, nur um allen Ruhe und Versöhnung einzuflößen. Es kann in der Seele kein Murren wecken, sondern strebt als klingendes Gebet zu Gott empor. Aber es gibt Augenblicke, finstere Augenblicke...‹ Er hielt inne, und ich merkte, daß sein leuchtendes Antlitz plötzlich wie von einer flüchtigen Wolke verdüstert wurde. ›Es gab ein Ereignis in meinem Leben‹, sagte er. ›Ich kann auch heute nicht begreifen, wer jenes seltsame Wesen war, das ich malte. Es war wie eine teuflische Erscheinung. Ich weiß, die Welt leugnet die Existenz des

Teufels, und darum werde ich von ihm nicht sprechen; ich will nur sagen, daß ich ihn mit Abscheu malte: damals fühlte ich nicht die geringste Liebe für mein Werk. Ich wollte mich gewaltsam bezwingen und alles in mir unterdrücken, um seelenlos treu der Natur zu folgen. Es war keine Schöpfung der Kunst, und darum sind die Gefühle, die sich der Menschen bei seinem Anblick bemächtigen, aufrührerische, unruhige Gefühle und nicht die eines Künstlers, denn der Künstler atmet selbst in der Unruhe Ruhe. Man sagte mir, das Porträt gehe von Hand zu Hand und verbreite die quälendsten Eindrücke; es erzeuge im Künstler Neid, finstern Haß gegen seinen Bruder und das gehässige Bestreben, alles zu unterdrücken und zu verfolgen. Der Allmächtige möge dich vor solchen Leidenschaften bewahren! Es gibt nichts Schrecklicheres als sie. Es ist besser, selbst die ganze Bitternis aller möglichen Verfolgungen zu kosten, als einen andern zu verfolgen. Bewahre die Reinheit deiner Seele. Wer ein Talent in sich birgt, der muß an Seele reiner als alle sein. Einem andern wird vieles verziehen, was ihm nicht verziehen wird. Wenn ein Mensch in hellem festlichem Gewände aus dem Hause getreten ist, so genügt schon ein einziger Schmutzspritzer von einem Wagen, damit die Menge ihn umringe, auf ihn mit dem Finger weise und von seiner Unsauberkeit spreche, während die gleiche Menge die vielen Schmutzspritzer an anderen Menschen, die ihre Werktagskleider anhaben, nicht sieht; denn auf den Werktagskleidern sind die Flecke nicht sichtbar.‹

Er segnete und umarmte mich. Nie im Leben war ich von solcher Rührung erschüttert wie an diesem Tag. Andächtig, mit einem Gefühl, das mehr als Sohnesliebe war, fiel ich ihm an die Brust und küßte seine herabfließenden silbernen Haare. Tränen glänzten in seinen Augen. ›Mein Sohn, erfülle mir meine einzige Bitte‹, sagte er beim Abschied. ›Vielleicht wird es sich fügen, daß du irgendwo das Porträt findest, von dem ich sprach – du wirst es an den ungewöhnlichen Augen und an ihrem natürlichen Ausdruck erkennen – so vernichte es um jeden Preis...‹

Sie können selbst urteilen, ob es mir möglich war, ihm nicht zu schwören, seine Bitte zu erfüllen. Fünfzehn Jahre lang konnte ich nichts finden, was auch entfernt der Beschreibung, die mir mein Vater gab, entsprochen hätte. Aber auf dieser Auktion...«

Der Künstler sprach den Satz nicht zu Ende und richtete seinen Blick auf die Wand, um das Porträt noch einmal zu sehen. Die gleiche Bewegung machten augenblicklich auch alle Zuhörer, und alle Augen suchten das ungewöhnliche Porträt. Zum höchsten Erstaunen aller hing es aber nicht mehr an der Wand. Ein unruhiges Gemurmel lief durch die ganze Menge, und gleich darauf ließ sich deutlich das Wort vernehmen: »Gestohlen!« Jemand hatte sich die Aufmerksamkeit der von der Erzählung hingerissenen Zuhörer zunutze gemacht und das Bild entwendet. Lange noch blieben die Anwesenden bestürzt, und niemand wußte, ob man die ungewöhnlichen Augen tatsächlich gesehen hatte, oder ob es nur ein Traum war, der ihren durch das lange Betrachten alter Bilder ermüdeten Augen vorgeschwebt.

Der Mantel

An einer Ministerialabteilung... ich will die Ministerialabteilung nicht genauer bezeichnen. Es gibt nichts Unangenehmeres, als mit Angehörigen einer Ministerialabteilung, eines Regiments, einer Kanzlei, kurz, mit irgendeiner Amtsperson zu tun zu haben. Jeder Privatmensch glaubt heutzutage, man wolle in seiner Person die ganze Korporation beleidigen.

Man erzählt, vor kurzem sei eine Beschwerde eines Kapitän-Isprawniks, ich weiß nicht mehr genau von welcher Stadt, eingelaufen, in der er beweist, daß alle staatlichen Institutionen zugrunde gehen, und daß sogar sein geheiligter Name mißbraucht werde: als Beleg fügte er seiner Beschwerdeschrift einen sehr dicken Band eines Romans bei, in dem mindestens alle zehn Seiten ein Kapitän-Isprawnik auftritt, stellenweise sogar in vollständig betrunkenem Zustand.

Zur Vermeidung etwaiger Unannehmlichkeiten ziehe ich es vor, die Ministerialabteilung, von der die Rede ist, »eine Ministerialabteilung« zu nennen.

An »einer Ministerialabteilung« war also »ein Beamter« angestellt. Man kann nicht behaupten, daß es ein irgendwie bemerkenswerter Beamter war: er war klein, etwas pockennarbig, etwas rothaarig und anscheinend auch etwas kurzsichtig, er hatte eine kleine Glatze, runzlige Wangen und eine sogenannte hämorrhoidale Gesichtsfarbe... Da ist schon einmal das Petersburger Klima daran schuld. Was seinen Beamtenrang betrifft, so war er das, was man einen ewigen Titularrat nennt, einer jener Unglücklichen, über die schon verschiedene Schriftsteller, welche den lobenswerten Grundsatz haben, nur Wehrlose anzugreifen – ihre Witze gerissen haben. Sein Name war Baschmatschkin.

Dieser Name stammt offenbar von einem Schuh ab; der Zusammenhang läßt sich aber nicht mehr genau feststellen. Sein Vater und sein Großvater, sogar sein Schwager – kurz, alle Baschmatschkins trugen nur Stiefel, die sie dreimal im Jahre besohlen ließen.

Mit dem Vor-und Vatersnamen hieß er Akakij Akakijewitsch. Mancher Leser wird diesen Namen sonderbar und gesucht finden, ich kann aber versichern, daß man ihn durchaus nicht gesucht hatte: die Umstände hatten sich so gefügt, daß es unmöglich ein anderer Name sein konnte. Dies geschah so: Akakij Akakijewitsch kam zur Welt, wenn mich mein Gedächtnis nicht täuscht, in der Nacht zum 23. März. Seine selige Mutter, eine brave Beamtenfrau, wollte, wie sich's gehört, den Taufnamen wählen. Ihr Bett stand der Türe gegenüber, rechts von ihr saß der Pate – der Senatsbeamte Iwan Iwanowitsch Jeroschkin, ein trefflicher Mensch, links die Patin – Arina Ssemjonowna Bjelobrjuschkowa, Polizeioffiziersgattin, eine Dame von hervorragenden Tugenden. Der Wöchnerin wurden drei Namen vorgeschlagen: Mokius, Sossius und Chosdasates. »Nein«, meinte die selige Mutter, »die Namen sind etwas bunt.« Man tat ihr den Gefallen und schlug den Kalender an einer andern Stelle auf, da fand man wieder drei Namen: Trifilius, Dula und Barachasius.

»So ein Pech!« sagte die Alte, »schon wieder solche Namen. Ich habe noch nie solche nennen hören. Wenn es noch Baradates oder Baruch wäre, aber mein Gott: Trifilius und Barachasius!«

Man blätterte weiter und kam auf die Namen Pausikachius und Bachtisius. »Nun, ich seh' schon«, sagte die Alte, »daß es ihm so bestimmt ist. Dann soll er schon lieber wie sein Vater heißen. Sein Vater hieß Akakij, so wollen wir ihn auch Akakij taufen.« So kam der Name Akakij Akakijewitsch zustande.

Während der Taufzeremonien machte das Kind eine sehr saure Miene, als ob es schon wüßte, daß es nur bis zum Titularrat kommen würde. So ging alles zu, und ich habe es absichtlich mit dieser Ausführlichkeit geschildert, damit der Leser selbst einsieht, daß unser Held keinen andern Namen tragen konnte.

Es läßt sich nicht mehr feststellen, wann Akakij Akakijewitsch in die Kanzlei eintrat und durch wessen Vermittlung er diesen Posten erhielt. Viele Kanzleivorstände hatten einander abgelöst, er saß aber immer auf dem gleichen Platz und bekleidete immer das gleiche Amt eines Kopisten; man mußte glauben, daß er schon ganz fertig mit der Glatze und mit der Beamtenuniform zur Welt gekommen sei. Von seinen Kollegen wurde er mit wenig Rücksicht behandelt, und selbst die Bürodiener erhoben sich nicht von ihren Plätzen, wenn er vorbeiging; sie schenkten ihm so viel Beachtung, wie einer gewöhnlichen Fliege, die durchs Wartezimmer fliegt. Die Vorgesetzten behandelten ihn kühl und despotisch. So ein Gehilfe des Amtsvorstandes schob ihm die Papiere einfach vor die Nase, ohne die Worte: »Machen Sie eine Abschrift davon«, oder: »Da ist eine interessante, nette Akte«, oder sonst eine angenehme Bemerkung, wie sie in vornehmen Ämtern üblich sind. Er nahm die Akten, ohne hinzusehen, wer ihm den Auftrag gab, und ob der betreffende überhaupt dazu berechtigt war, und machte sich gleich an die Arbeit.

Die jüngeren Beamten machten ihn zur Zielscheibe ihrer Witze und Streiche, soweit ihr Witz eben reichte. Sie erzählten in seiner Gegenwart unglaubliche Geschichten, in denen er als Held auftrat; sie behaupteten, daß er von seiner Wirtin, einer siebzigjährigen Alten, geschlagen würde, und fragten ihn, wann er sie endlich heiraten wolle; sie schütteten ihm auch Papierschnitzel auf den Kopf und nannten dies Schnee. Akakij Akakijewitsch sagte aber zu all dem kein Wort, als ob sie alle für ihn Luft wären. Sogar die Güte seiner Abschriften wurde dadurch nicht beeinträchtigt, und trotz aller Ablenkungen und Belästigungen sah man nie einen Schreibfehler in seinen Arbeiten. Wenn es schon gar zu arg wurde, wenn man ihn am Arm zupfte oder sonstwie am Schreiben hinderte, sagte er: »Lassen Sie mich doch! Warum quälen Sie mich?« Diese Worte klangen so rührend und mitleiderregend, daß ein junger Beamter, der dem Beispiel der andern folgend, ihn einmal verhöhnen wollte, unter dem Eindruck dieser Worte wie vom Blitze getroffen innehielt und seit diesem Vorfalle plötzlich alles in einem andern Licht zu sehen begann. Eine seltsame Macht trennte ihn von allen seinen Kollegen, die er früher für anständige und wohlerzogene Menschen gehalten hatte. Und noch lange nachher, selbst in den fröhlichsten Stunden, tauchte vor ihm oft das Bild des kleinen kahlköpfigen Beamten auf mit den rührenden Worten: »Lassen Sie mich doch! Warum quälen Sie mich?« In diesen Worten klang aber der Ausruf: »Ich bin ja dein Bruder.« Und der arme junge Beamte bedeckte sein Gesicht mit den Händen und zuckte zusammen, wenn er sah, wie unmenschlich oft ein Mensch ist, wie roh und grausam die gebildetsten und erzogensten Menschen sein können, ja, selbst solche, die allgemein für edel und gut gelten...

Man findet wohl kaum einen Beamten, der so sehr seinem Dienste zugetan ist, wie es Akakij Akakijewitsch war. Er versah seinen Dienst nicht nur mit Eifer – auch mit Liebe. In der ewigen Anfertigung von Abschriften sah er eine abwechslungsreiche und prächtige Welt vor sich. Manchmal strahlte sein Gesicht; unter den Buchstaben hatte er einzelne Lieblinge, und wenn solche vorkamen, war er ganz außer sich vor Freude, er lächelte ihnen freundlich zu, und man konnte in seinem Gesicht wirklich lesen, welchen Buchstaben er gerade schrieb. Wenn die Beförderungen nur vom Eifer der Beamten abhingen, so wäre er zu seinem eigenen Erstaunen wohl längst Staatsrat geworden; alles, was er erreichte, war aber, wie sich seine Kollegen ausdrückten, ein Ehrenzeichen für langjährige treue Dienste nebst den dazu gehörenden Hämorrhoiden.

Man kann übrigens nicht sagen, daß ihn niemand zu würdigen verstand. Ein Amtsvorstand, der ihn in seiner Herzensgüte für die langen Dienstjahre belohnen wollte, ließ ihm einmal eine Arbeit anvertrauen, die wichtiger war, als das gewöhnliche Abschreiben: er sollte nämlich aus einem fertig vorliegenden Bericht einen neuen für eine andere Behörde machen. Die Arbeit bestand nur in der Abänderung der Überschrift und in der Transponierung der Zeitwörter aus der ersten in die dritte Person. Diese Arbeit strengte ihn so sehr an, daß der Schweiß nur so herunterlief; endlich sagte er:

»Nein, geben Sie mir lieber etwas zum Abschreiben.«

Von nun an ließ man ihn nur Abschriften machen. Außer dieser Arbeit hatte er für nichts in der Welt Interesse. Er sah auch nie auf seine Kleidung: sein Rock hatte längst die vorschriftsmäßige grüne Farbe verloren und war nun mehlig-braun. Er trug einen engen, ganz niedrigen Kragen, und sein Hals, der eigentlich gar nicht übermäßig lang war, erschien aus diesem Grunde so lang wie bei den Gipskatzen mit den nickenden Köpfen, die von russischen »Italienern« dutzendweise auf den Köpfen herumgetragen werden. An seinem Rock blieb immer etwas kleben oder hängen, bald ein Endchen Faden, bald ein Heuhalm. Er hatte ferner die ungewöhnliche

Fähigkeit, an einem Fenster just in dem Augenblick vorbeizugehen, wenn aus ihm gerade irgendwelcher Unrat auf die Straße geschüttet wurde, und so trug er auf seinem Hut Melonenrinden und ähnliche Abfälle davon. Dem Leben auf der Straße schenkte er nie Beachtung und stach in dieser Beziehung von den jüngeren Beamten ab, die sich freilich etwas zu viel für die Vorgänge auf der Straße interessierten und oft sogar schmunzelnd feststellten, daß bei einem Herrn, der auf der anderen Straßenseite ging, eine Hosenstrippe sich losgemacht hatte und baumelte.

Akakij Akakijewitsch sah überall die gleichmäßig geschriebenen Zeilen vor sich und nur wenn über seiner Schulter plötzlich ein Pferdekopf auftauchte und ihn mit heißem Atem anpustete, bemerkte er, daß er sich nicht mitten in einer Zeile, sondern mitten auf der Straße befand. Zu Hause angelangt, setzte er sich sofort zu Tisch und verschlang seine Kohlsuppe und sein Zwiebelfleisch, ohne auf den Geschmack dieser Speisen zu achten; er aß sie mit den Fliegen und sonstigen Beilagen, die Gott gerade spendete. Sobald er sich gesättigt hatte, zog er ein Tintenfaß hervor und begann Abschriften von mitgebrachten Akten anzufertigen. Wenn fürs Amt gerade nichts zu tun war, machte er Abschriften zu seinem eigenen Vergnügen, mit besonderer Vorliebe von solchen Aktenstücken, die an eine hochstehende oder eine neu ernannte Persönlichkeit gerichtet waren; auf die schöne Fassung und auf den Inhalt sah er weniger.

Selbst in jenen Stunden, wo der graue Petersburger Himmel dunkel wird und das ganze Beamtenvolk seinen Hunger je nach seinem Gehalt und nach seinen Neigungen gestillt hat; wenn alle ausgeruht haben vom Federgekritzel in den Kanzleien, vom Herumrennen in eigenen und fremden Geschäften und von aller Mühe, die der Mensch sich freiwillig, und oft mehr als gut ist, auferlegt; wenn die Beamten zu Vergnügungen eilen, mit denen sie den Rest des Tages ausfüllen; der eine rennt ins Theater, der andere geht einfach auf die Straße, um den Damen unter die Hüte zu schauen, mancher sucht eine Abendgesellschaft auf, um einem jungen Mädchen – einem Stern des engen Beamtenhimmels – die Cour zu schneiden; die meisten begeben sich zu einem Kollegen, der irgendwo im vierten oder dritten Stock in einer Wohnung von zwei bescheidenen Zimmern nebst Küche oder Vorzimmer haust, die mit einigem modernen Komfort ausgestattet ist – einer Lampe oder einem anderen Luxusgegenstand, der manche Entbehrung gekostet hat; mit einem Wort, selbst in jenen Stunden, wenn die Beamten Whist spielen, Tee trinken, billigen Zwieback knuspern, ihre langen Pfeifen rauchen und in den Spielpausen irgendeinen Klatsch aus der besseren Gesellschaft, für die der Russe in allen Lebenslagen Interesse hat, erörtern, oder aus Ermangelung eines anderen Gesprächsstoffes die alte Anekdote vom Kommandanten, dem gemeldet wurde, jemand habe dem Denkmal Peters des Großen den Schwanz abgehackt, wiedererzählen; kurz, wenn alle Zerstreuung suchen, machte Akakij Akakijewitsch eine Ausnahme. Nie sah man ihn in einer Gesellschaft. Nachdem er sich satt geschrieben, ging er zu Bett und lächelte selig beim Gedanken: was werde ich wohl morgen zum Abschreiben bekommen.

So floß das friedliche Leben dieses Menschen dahin, der bei vierhundert Rubeln Jahresgehalt mit seinem Los zufrieden war; es hätte vielleicht bis ins hohe Alter so fließen können, wenn es nicht verschiedene Mißgeschicke gäbe, mit denen nicht nur der Lebensweg eines Titularrats besät ist, sondern auch der eines Geheimen, eines Wirklichen Geheimen, eines Hofrats wie überhaupt eines jeden Rats, und selbst solcher Leute, die niemand Rat erteilen und niemand um Rat fragen.

In Petersburg haben alle diejenigen, die an die vierhundert Rubel Jahresgehalt bekommen, einen grimmigen Feind: es ist unser nordischer Frost, von dem übrigens behauptet wird, er sei der Gesundheit zuträglich. Um neun Uhr morgens, gerade um die Stunde, wenn die Ministerialbeamten ins Amt gehen, verteilt er an alle, ohne Ansehung der Person, so heftige Nasenstüber, daß die armen Menschen gar nicht wissen, wo sie ihre Nasen hintun sollen. Und wenn der Frost selbst den höchststehenden Beamten so zusetzt, daß sie Kopfschmerzen bekommen und daß ihre Augen tränen, dann sind die armen Titularräte ganz schutzlos. Sie rennen, in ihre dünnen Mäntel gehüllt, was sie rennen können, die fünf, sechs Straßen bis zum Amt und trampeln dann im Portierzimmer so lange mit den Beinen, bis sie sich erwärmen und die eingefrorene Begabung zur amtlichen Tätigkeit wieder auftaut.

Akakij Akakijewitsch spürte seit einiger Zeit heftiges Stechen im Rücken und in der einen Schulter, obwohl er den festgesetzten Weg von der Wohnung in die Kanzlei immer im schnellsten Tempo zurücklegte. Und da fiel es ihm ein, sein Mantel müsse nicht ganz in Ordnung sein. Er unterzog ihn gleich einer eingehenden Untersuchung und stellte fest, daß der Stoff an einigen Stellen, und zwar gerade im Rücken und auf der Schulter, so dünn wie Kanevas geworden war: das Tuch war ganz durchgewetzt und auch das Futter war arg zerrissen. Es muß hier erwähnt werden, daß dieser Mantel von den Kollegen arg bekrittelt wurde; sie würdigten ihn nicht einmal der Bezeichnung »Mantel« und nannten ihn verächtlich »Morgenrock«. Der Mantel hatte auch wirklich ein ganz eigentümliches Aussehen: der Kragen wurde von Jahr zu Jahr kleiner, denn er mußte zum Flicken anderer schadhafter Stellen herhalten. Diese Ausbesserungen zeugten von einer nicht allzu großen Kunstfertigkeit des Schneiders und nahmen sich wenig schön aus.

Akakij Akakijewitsch kam zum Entschluß, den Mantel dem Schneider Petrowitsch in Behandlung zu geben. Dieser wohnte irgendwo im vierten Stock eines Hinterhauses und befaßte sich, trotz seines schielenden Auges und seines pockennarbigen Gesichts, mit ziemlichem Erfolg mit dem Ausbessern von Hosen und Fräcken der Beamten und auch anderer Menschen: natürlich, wenn er nicht gerade betrunken war oder andere Gedanken im Kopfe hatte. Dieser Schneider verdient eigentlich gar nicht, daß ich von ihm viel spreche; da es aber einmal Sitte ist, alle handelnden Personen einer Erzählung genau zu beschreiben, so muß ich auch diesen Petrowitsch vorführen. Vor Jahren, als er noch Leibeigener war, hieß er einfach Grigorij; den Namen Petrowitsch legte er sich erst dann zu, als er frei wurde und an den Feiertagen – zunächst nur an den großen, später aber an allen Tagen, die im Kalender mit einem Kreuz bezeichnet sind – zu trinken begann. In dieser Beziehung war er den Sitten seiner Väter treu, und wenn er darüber mit seiner Frau polemisierte, schalt er sie eine weltliche Person und eine Deutsche. Da schon einmal von der Frau die Rede ist, so müßte ich auch ihr einige Worte widmen; das einzige, was ich sagen kann, ist aber nur das: Petrowitsch hatte eine Frau, sie trug statt eines Kopftuches ein Häubchen und war anscheinend nicht sonderlich schön: wenn sie durch die Straße ging, schenkten ihr höchstens Gardesoldaten einige Beachtung, und selbst diese drehten den Schnurrbart und gaben einen eigentümlichen Laut von sich, sobald sie ihr unter die Haube geschaut hatten.

Akakij Akakijewitsch ging also zu Petrowitsch hinauf; die Treppe war schmutzig und feucht und von einem Schnapsduft erfüllt, der allen Petersburger Hintertreppen eigen ist. Unterwegs überlegte er sich, wieviel wohl Petrowitsch für die Arbeit verlangen würde; er war entschlossen, keineswegs mehr als zwei Rubel zu zahlen. Die Wohnungstür stand offen, denn Frau Petrowitsch bereitete gerade irgendein Fischgericht, und die Küche war so voller Rauch, daß man selbst die Schaben nicht unterscheiden konnte. Akakij Akakijewitsch passierte die Küche, ohne von der Frau gesehen zu werden, und kam in einen Raum, wo Petrowitsch selbst auf einem einfachen Tisch, mit untergeschlagenen Beinen wie ein türkischer Pascha thronte, und zwar, wie alle Schneider bei der Arbeit, mit nackten Füßen; das erste, was Akakij Akakijewitsch in die Augen sprang, war die große Zehe, deren verstümmelter Nagel an eine Schildkrötenschale gemahnte. Er hatte mehrere Fitzen Zwirn und Nähseide um den Hals hängen und arbeitete gerade an einem außerordentlich zerlumpten Kleidungsstück. Seit drei Minuten mühte er sich mit einem Faden ab, der durchaus nicht in das Nadelöhr gehen wollte; er schimpfte auf die Dunkelheit und auf den Faden: »Er will nicht, der Hund! Der Halunke bringt mich noch ins Grab!«

Akakij Akakijewitsch tat es leid, daß er Petrowitsch in so schlechter Laune antraf: er liebte es, seine Aufträge ihm dann zu erteilen, wenn der Schneider etwas angeheitert, oder, wie seine Frau sich ausdrückte, »stinkbesoffen wie ein Teufel« war. In diesem Zustande war er sehr entgegenkommend und nachgiebig, er machte sogar höfliche Verbeugungen und dankte für den Auftrag. Allerdings kam dann später die Frau mit der Behauptung, er sei betrunken gewesen und habe nur daher diesen billigen Preis gemacht: mit einem Zehnkopekenstück war aber auch sie zu besänftigen. Jetzt schien Petrowitsch nüchtern, und in solchen Augenblicken war er stets hart und eigensinnig und machte ganz wahnsinnige Preise. Akakij Akakijewitsch überblickte gleich die Situation und wollte eigentlich abziehen; es war aber zu spät. Petrowitsch sah ihn mit seinem einzigen Auge durchdringend an, und Akakij Akakijewitsch murmelte verlegen:

»Guten Tag, Petrowitsch!«

»Recht guten Tag, Herr...« erwiderte Petrowitsch und schielte auf die Hände des Gastes, um zu sehen, was er mitgebracht habe.

»Ich komme, Petrowitsch, um... das heißt...«

Akakij Akakijewitsch gebrauchte mit besonderer Vorliebe Präpositionen, Adverbien, und ganz bedeutungslose Partikel. War die Sache aber irgendwie schwierig, so pflegte er seinen Satz nicht zu Ende zu sprechen; er begann oft seine Rede mit den Worten: »Dies ist wirklich ganz, sozusagen...« und blieb dann stehen, in der Meinung, er habe seine Gedanken klar ausgedrückt.

»Was gibt's denn?« fragte Petrowitsch und musterte dabei mit seinem einzigen Auge die ganze Kleidung Akakij Akakijewitschs vom Kragen bis zu den Ärmeln, Rockschößen und Knopflöchern; dies alles war ihm wohlbekannt, denn es war seine eigene Arbeit; die Schneider sind einmal so, daß sie immer zuerst die Kleidung betrachten.

»Ich komme also, Petrowitsch... weißt du, dieser Mantel da... das heißt, das Tuch ist ja ganz gut; es ist nur etwas verstaubt und sieht daher alt aus, es ist aber ganz neu; aber da, an einer Stelle, im Rücken, und auch hier in der Schulter, ist es etwas abgerieben, und auch auf der anderen Schulter, siehst du? Das wäre alles. Die Arbeit ist ja nicht groß...«

Petrowitsch nahm den Morgenrock in die Hand, breitete ihn auf dem Tische aus und griff nach seiner runden Tabaksdose, deren Deckel mit dem Bildnis eines Generals geschmückt war; wer der dargestellte General war, ließ sich nicht mehr feststellen, denn gerade auf der Stelle des Gesichts hatte der Deckel ein von einem Finger herrührendes Loch, das nun mit einem viereckigen Stück Papier überklebt war. Petrowitsch nahm eine Prise, betrachtete den Morgenrock von neuem, hielt ihn gegen das Licht und schüttelte den Kopf. Darauf wandte er seine Aufmerksamkeit dem Futter zu und schüttelte abermals den Kopf; dann öffnete er wieder die Dose mit dem überklebten Generalskopf, nahm eine tüchtige Prise, stellte die Dose weg und sagte endlich:

»Nein, da ist nichts zumachen. Der Mantel taugt nichts.«

Bei diesen Worten bekam Akakij Akakijewitsch Herzklopfen.

»Warum denn, Petrowitsch?« fragte er mit flehender, kindlicher Stimme. »Er ist ja nur an den Schultern etwas abgerieben; du wirst doch schon einen passenden Flicken finden, um es auszubessern...«

»Ja, ein Flicken läßt sich wohl finden«, sagte Petrowitsch, »aber wie soll ich ihn annähen? Das Tuch ist ja schon ganz faul, wenn man es mit der Nadel anrührt, fällt es auseinander.«

»Nun, wo's auseinanderfällt, da setzt du gleich einen Flicken hin.«

»Worauf soll ich denn den Flicken befestigen? Der Stoff ist zu sehr abgetragen. Sie können es meinetwegen Tuch nennen, das Zeug fliegt aber beim ersten Windstoß in Fetzen auseinander.«

»Versuch's einmal. Wie wäre es denn sonst wirklich...«

»Nein!« sagte Petrowitsch sehr entschieden. »Da kann ich nichts machen, die Sache ist hoffnungslos. Machen sie sich lieber Fußlappen daraus für den Winter; denn Strümpfe halten ja nicht genügend warm, die Deutschen haben sie erfunden, um mehr Geld zu verdienen. (Petrowitsch liebte von Zeit zu Zeit Ausfälle gegen die Deutschen zu machen.) Was aber den Mantel betrifft, so müssen Sie sich halt einen neuen machen lassen.«

Beim Worte »neu« wurde es Akakij Akakijewitsch ganz schwindelig, das ganze Zimmer drehte sich um ihn; das einzige, was er noch deutlich sah, war der mit Papier überklebte General auf Petrowitschs Tabaksdose.

»Einen neuen?« sagte er wie im Traume. »Ich habe ja kein Geld.«

»Jawohl, einen neuen Mantel«, bestätigte Petrowitsch mit grausamer Gelassenheit.

»Nun, und wenn es unbedingt ein neuer sein muß, wie wäre es dann...«

»Sie meinen, was er kosten würde?«

»Ja.«

»Ja, da müßten Sie schon hundertfünfzig Rubel anlegen«, sagte Petrowitsch und kniff dabei seine Lippen bedeutungsvoll zusammen. Er liebte überhaupt starke Effekte und setzte gern einen in Verlegenheit, um dann den Gesichtsausdruck des so Überrumpelten zu beobachten.

»Was! Hunderfünfzig Rubel für einen Mantel!« schrie der arme Akakij Akakijewitsch auf; er schrie wohl überhaupt zum erstenmal in seinem Leben, denn er zeichnete sich sonst durch seinen ruhigen stillen Ton aus.

»Jawohl«, sagte Petrowitsch, »und dann kommt es noch auf die Güte des Mantels an. Wenn wir einen Marderkragen nehmen und die Kapuze mit Seide füttern, so können es wohl auch zweihundert werden.«

»Petrowitsch, ich bitte dich«, flehte Akakij Akakijewitsch, die auf einen Effekt berechneten Ausführungen Petrowitschs ignorierend, »versuch's doch mit einer Reparatur; vielleicht kann mir der Mantel doch noch eine kurze Zeit dienen.«

»Nein, es wäre schade um die Arbeit und auch ums Geld«, sagte Petrowitsch. Diese Antwort wirkte auf den Armen ganz niederschmetternd, und er ging fort. Petrowitsch blieb noch eine Zeitlang in der gleichen Haltung mit zusammengekniffenen Lippen müßig sitzen; er freute sich, daß er nicht nachgegeben und auch das ehrsame Schneiderhandwerk nicht herabgewürdigt hatte.

Akakij Akakijewitsch ging durch die Straße wie ein Nachtwandler. »So stehen die Sachen«, sprach er zu sich selbst, »ich hätte wirklich nicht erwartet, daß sie so stehen...« Nach einer Pause fügte er noch hinzu: »Also, so ist's! So weit ist es gekommen! Ich hätte es wirklich nicht erwartet.« Nach einer weiteren Pause sagte er noch: »So, so! Ganz unerwartet kommt es... Es ist schon so eine Sache...« Er wollte eigentlich nach Hause, ging aber in einer ganz verkehrten Richtung. Unterwegs streifte ein Kaminkehrer seine Schulter, die nun ganz schwarz wurde; von einem Neubau fiel ihm eine ganze Ladung Mörtel auf den Kopf. Er sah und hörte nichts und kam erst dann einigermaßen zur Besinnung, als er gegen einen Polizeisoldaten anprallte, der seine Hellebarde zur Seite gestellt hatte und gerade im Begriff war, eine Prise Schnupftabak zu nehmen.

»Was rennst du einem in die Schnauze hinein?« schrie ihn dieser an. »Kannst du denn nicht auf dem Trottoir gehen?« Diese Bemerkung rüttelte ihn auf; er kehrte um und war bald zu Hause. Hier sammelte er seine Gedanken und überblickte mit klarem Auge die Lage; er setzte sein Selbstgespräch fort, aber nicht mehr in abrupten Ausrufen, wie vorhin, sondern in vernünftigen Sätzen, wie man mit einem klugen Freunde über eine intime Angelegenheit spricht:

»Mit dem Petrowitsch kann man ja jetzt gar nicht reden; er ist wohl etwas... Seine Frau hat ihn offenbar vorhin geprügelt. Ich will ihn lieber noch einmal, und zwar Sonntag früh, aufsuchen: da wird er noch vom Samstag abend etwas verkatert sein und sich stärken wollen; die Frau wird ihm aber kein Geld hergeben; wenn ich ihm da ein Zehnkopekenstück in die Hand drücke, wird er mit sich schon reden lassen und dann...«

Am nächsten Sonntag machte er sich wirklich auf den Weg; er sah Frau Petrowitsch gerade das Haus verlassen und stürzte sofort die vier Treppen hinauf. Petrowitsch sah wirklich so aus, wie Akakij Akakijewitsch erwartet hatte: er war ganz verschlafen und konnte kaum den Kopf halten. Als er aber erfuhr, um was es sich handelte, wurde er wieder ganz wild.

»Nein, daraus wird nichts. Sie müssen schon einen neuen bestellen.«

Nun drückte ihm Akakij Akakijewitsch die zehn Kopeken in die Hand.

»Ich danke ergebenst«, sagte der Schneider. »Ich werde für Ihr Wohl etwas zu mir nehmen; was aber den Mantel betrifft, so können Sie ganz beruhigt sein: mit ihm ist nichts anzufangen. Dafür will ich Ihnen einen ganz vorzüglichen neuen machen.« Akakij Akakijewitsch machte noch einen schüchternen Versuch, über die Instandsetzung des alten zu sprechen. Petrowitsch ließ ihn aber gar nicht ausreden.

»Einen neuen will ich Ihnen gern machen und werde mir die größte Mühe geben, Sie zufrieden zu stellen. Man könnte ihn auch nach der ganz neuen Mode machen: mit versilberten Haken am Kragen.«

Jetzt erst sah Akakij Akakijewitsch ein, daß er unbedingt einen neuen Mantel brauche, und diese Einsicht betrübte ihn außerordentlich. Woher sollte er denn das Geld dafür nehmen? Zu Weihnachten würde es allerdings eine Gratifikation geben, über diese Summe hatte er aber schon längst verfügt: er brauchte neue Beinkleider, schuldete dem Schuster für das Ansetzen eines neuen Oberleders zu alten Stiefeln und wollte sich noch drei Hemden und zwei jener Wäschestücke, die man in einem Buche nicht gut nennen kann, machen lassen. Kurz, die ganze Gratifikation hatte bereits ihre feste Bestimmung; selbst wenn der Direktor ihm statt der üblichen vierzig Rubel, fünfundvierzig oder gar fünfzig bewilligte, so würde auch das im Vergleich zu der nötigen Summe ein Tropfen im Meere sein.

Petrowitsch pflegte allerdings oft einen so horrenden Preis zu fordern, daß selbst seine Frau dagegen protestierte: »Bist du denn verrückt? Manchmal arbeitest du ganz umsonst und jetzt verlangst du einen Preis, den du selbst nicht wert bist!«

Es war also zu erwarten, daß Petrowitsch seine Forderung auf achtzig Rubel herabsetzte; wo aber die achtzig Rubel hernehmen? Die Hälfte davon wäre noch aufzutreiben gewesen, sogar etwas mehr als die Hälfte; wo aber die andere Hälfte hernehmen? – Hier muß der Leser erfahren, wo Akakij Akakijewitsch die erste Hälfte hernehmen wollte. Von jedem ausgegebenen Rubel pflegte er nämlich eine halbe Kopeke in eine Sparbüchse zu tun. Am Ende eines jeden Semesters nahm er die Kupfermünzen heraus und wechselte sie gegen Silber um. So machte er es seit vielen Jahren, und die ersparte Summe betrug nun etwas über vierzig Rubel. Die Hälfte war also vorhanden. Es fehlten aber noch immer vierzig Rubel. Akakij Akakijewitsch dachte lange nach und entschloß sich endlich, ein Jahr lang seine täglichen Ausgaben aufs möglichste herabzusetzen, also abends keinen Tee zu trinken und kein Licht zu machen, die Schreibarbeiten aber im Zimmer der Wirtin zu verrichten; bei den Gängen in der Stadt die Füße recht vorsichtig zu setzen und so die Schuhe zu schonen; schließlich zu Hause als einzige Bekleidung seinen alten baumwollenen Schlafrock, der so ehrwürdig alt war, daß ihn selbst der Zahn der Zeit verschonte, zu tragen und möglichst wenig Wäsche zum Waschen zu geben.

Diese Entbehrungen kamen ihn anfangs schwer an; er gewöhnte sich aber allmählich an diese Lebensweise und kam schließlich ganz gut auch ohne Abendessen aus; dafür aber hatte er geistige Nahrung in den ewigen Gedanken an den neuen Mantel. Sein Leben wurde reicher und inhaltsvoller, als ob er plötzlich geheiratet hätte und seinen Lebensweg nicht mehr allein ginge: ein neuer Lebensgefährte begleitete ihn auf allen Wegen, und dies war ein gut wattierter, dauerhafter, neuer Mantel. Er wurde viel lebhafter, und sein Charakter festigte sich, denn nun hatte er ein Lebensziel. Seine Schüchternheit, Unentschlossenheit und Unbeholfenheit waren ganz verschwunden. Seine Augen leuchteten, und durch seinen Kopf zogen ganz verwegene Gedanken: »Soll ich mir vielleicht doch einen Marderkragen machen lassen?«

Alle diese Gedanken lenkten ihn so sehr ab, daß er einmal beim Abschreiben beinahe einen Fehler gemacht hätte. Er kam aber noch rechtzeitig zu sich, seufzte auf und bekreuzigte sich. Mindestens einmal im Monat suchte er Petrowitsch auf, um mit ihm über den Mantel zu konferieren: es wurde erörtert, wo man das Tuch am vorteilhaftesten kaufen und wieviel man dafür zahlen solle. Er ging dann immer etwas besorgt, aber befriedigt heim und träumte von dem Tag, an dem er endlich den Mantel bekommen würde.

Die Sache ging viel schneller, als er erwartete. Die Gratifikation betrug zu seiner großen Überraschung weder vierzig, noch fünfundvierzig, sondern sechzig Rubel. Vielleicht ahnte der Direktor, daß Akakij Akakijewitsch einen Mantel brauchte, oder war es nur ein reiner Zufall? Jedenfalls wurde dadurch die Sache sehr beschleunigt: er brauchte nun nur noch zwei bis drei Monate zu hungern, um die achtzig Rubel beisammen zu haben. Sein sonst so ruhiges Herz pochte lebhaft. Als die achtzig Rubel endlich da waren, ging er sofort mit Petrowitsch in einen Tuchladen.

Sie kauften ganz vorzüglich ein; – das fiel ihnen nicht schwer, denn sie hatten seit einem halben Jahr sämtliche Tuchläden abgesucht und alle Preise erfragt; Petrowitsch behauptete, es gäbe gar kein besseres Tuch als dieses. Zum Futter nahmen sie Baumwollzeug, aber von der allerbesten Sorte; Petrowitsch meinte, es sei viel besser und sogar eleganter als Seide. Auf den

Marderkragen mußten sie verzichten, denn der Preis war wirklich zu hoch; sie nahmen dafür Katzenfell, ebenfalls von der besten Sorte; man konnte es aus einiger Entfernung für Marder halten.

Petrowitsch brauchte zur Anfertigung des Mantels zwei Wochen; es war nämlich viel Stepparbeit dabei, sonst wäre der Mantel früher fertig gewesen. Die Arbeit sollte zwölf Rubel kosten; dies war auch das Alleräußerste, denn alles war mit Seide genäht, und jede Naht wurde von Petrowitsch mit den Zähnen geglättet, die im Tuch verschiedene eingepreßte Ornamente zurückließen.

Es war an einem ... ich weiß nicht mehr, welcher Wochentag es war, jedenfalls war es aber der feierlichste Tag in Akakijs Leben, als er seinen Mantel bekam. Petrowitsch brachte ihn früh morgens gerade um die Stunde, als Akakij Akakijewitsch ins Amt gehen wollte. Es war die passendste Zeit, denn die Kälte war schon recht empfindlich und wurde von Tag zu Tag strenger. Petrowitsch kam mit dem Mantel so feierlich an, wie es einem tüchtigen Schneider ziemt. Sein Gesicht hatte einen so ernsten und bedeutungsvollen Ausdruck, wie es Akakij Akakijewitsch bei ihm noch nie gesehen hatte. Er war sich der Wichtigkeit seines Werkes wohl bewußt und schien den Abgrund zu messen, der einen Flickschneider von einem solchen trennt, der neue Sachen anfertigt. Der Mantel war in ein reines Taschentuch gehüllt, das soeben von der Waschfrau gekommen war; erst, nachdem der Mantel ausgepackt war, steckte Petrowitsch das Tuch zum weiteren Gebrauch in die Tasche. Er nahm den Mantel mit beiden Händen und warf ihn sehr elegant Akakij Akakijewitsch auf die Schultern, dann zog er ihn mit einer geschickten Bewegung hinten zurecht; hierauf drapierte er ihn etwas legerer. Akakij Akakijewitsch wollte den Mantel auch richtig, wie es einem älteren Herrn ziemt, mit den Ärmeln anprobieren; auch die Ärmel saßen vorzüglich. Mit einem Worte: der Mantel paßte wunderbar. Petrowitsch ließ sich nicht die Gelegenheit zu der Bemerkung entgehen, er habe den billigen Preis nur darum gemacht, weil er ohne Firmenschild in einer Nebengasse wohne und weil er Akakij Akakijewitsch so gut kenne; auf dem Newskij-Prospekt hätte die Arbeit allein mindestens fünfundsiebzig Rubel gekostet.

Akakij Akakijewitsch wollte aber jede Diskussion über diesen Gegenstand vermeiden, auch machten ihm die hohen Ziffern, mit denen Petrowitsch nur so herumwarf, ordentlich angst. Er bezahlte, dankte und ging sofort, mit dem neuen Mantel angetan, ins Amt. Petrowitsch begleitete ihn hinunter und blieb dann auf der Straße stehen, um den Mantel aus einiger Entfernung zu betrachten, dann rannte er durch ein Seitengäßchen vor, so daß er Akakij Akakijewitsch überholte, um den Mantel wieder von einer anderen Seite in Augenschein zu nehmen.

Akakij Akakijewitsch ging seinen Weg zum Amt in der rosigsten Laune. Bei jedem Schritt fühlte er den neuen Mantel auf seinen Schultern sitzen und lächelte still in sich hinein. Zwei Vorteile sprangen ihm besonders in die Augen: erstens war der Mantel warm, zweitens war er schön.

Mit diesem Gedanken beschäftigt kam er in die Kanzlei, legte den Mantel im Vorzimmer ab, betrachtete ihn noch einmal von allen Seiten und übergab ihn endlich dem Portier mit der Weisung, auf ihn ganz besonders acht zu geben. Die Nachricht, daß Akakij Akakijewitsch einen neuen Mantel habe, und daß der Morgenrock nicht mehr existiere, verbreitete sich unter den Beamten wie ein Lauffeuer. Alle begaben sich ins Portierzimmer, um den Mantel zu begutachten. Akakij Akakijewitsch mußte von allen Seiten Gratulationen entgegennehmen; anfangs strahlte er dabei, wurde aber dann verlegen. Man bestürmte ihn, er müsse doch unbedingt die Neuanschaffung, wie es sich gehört, einweihen und ein Fest veranstalten; da wurde er ganz verlegen und wußte nicht, wie er dem entrinnen solle. Er war ganz rot und machte den Versuch, den Kollegen einzureden, der Mantel sei gar nicht neu, es sei vielmehr der alte Mantel.

Einer der Vorgesetzten, der offenbar zeigen wollte, daß er es nicht verschmähe, mit seinen Untergebenen zu verkehren, nahm sich seiner an und sagte:

»Ich will statt Akakij Akakijewitsch ein kleines Fest veranstalten und lade Sie hiermit für heute abend zum Tee ein; außerdem ist heute zufällig mein Namenstag.«

Die Beamten gratulierten nun auch dem Vorgesetzten und nahmen die Einladung mit Dank an. Akakij Akakijewitsch wollte anfangs ablehnen, als man ihm aber bewies, daß es sich nicht schicke, willigte er ein. Der Gedanke, daß er nun die Gelegenheit haben werde, auch abends den neuen Mantel zu tragen, machte ihm sogar große Freude. Dieser ganze Tag war für ihn ein Festtag. Auch nach Hause zurückgekehrt, bewahrte er die gleiche rosige Stimmung. Er hängte den Mantel sorgfältig auf einen Wandhaken, betrachtete noch einmal das schöne Tuch und das Futter und nahm dann noch seinen alten, gänzlich unbrauchbaren Mantel vor, um Vergleiche anzustellen. Der Unterschied war wirklich so groß, daß er lachen mußte. Und auch während seiner Mahlzeit lächelte er beim Gedanken an den desperaten Zustand seines alten Morgenrocks. Er aß mit gutem Appetit. Nach beendeter Mahlzeit ließ er für diesmal seine gewohnte Abschreibearbeit ruhen und rekelte sich selig auf seinem Bett, bis der Abend anbrach. Dann kleidete er sich rasch um, zog seinen Mantel an und machte sich auf den Weg.

Wo der Vorgesetzte wohnte, der die Beamten zu sich eingeladen hatte, kann ich leider nicht angeben. Mein Gedächtnis hat sich etwas getrübt, und alle Straßen und Gassen Petersburgs sind in meinem Kopf durcheinandergeraten. Eines steht fest: der Beamte wohnte in einem besseren Stadtteil, folglich in ziemlich großer Entfernung von der Wohnung des Akakij Akakijewitsch. Er ging anfangs durch ganz leere und spärlich beleuchtete Straßen; je mehr er sich aber dem Ziele näherte, um so belebter und vornehmer wurde die Gegend. Es begegneten ihm immer mehr Passanten, darunter auch solche mit teuren Biberkragen auf ihren Mänteln, auch viele elegante Damen sah er auf seinem Weg; die einfachen messingbeschlagenen Vorstadtschlitten wurden immer seltener, dagegen tauchten viele elegant lackierte Schlitten mit Bärenfelldecken auf, die von Kutschern mit roten Samtmützen gelenkt wurden. Alles kam unserm Akakij Akakijewitsch ganz neu vor; er war seit vielen Jahren wieder zum erstenmal abends auf der Straße. Er blieb neugierig vor der Auslage einer Bilderhandlung stehen und versenkte sich in die Betrachtung eines Bildes, auf dem eine schöne Dame dargestellt war, die sich gerade einen Schuh auszog und dabei ihr wirklich schönes Füßchen zeigte, während ein Herr mit Backenbart sie durch eine hinter ihrem Rücken befindliche Türe beobachtete.

Akakij Akakijewitsch schüttelte den Kopf und ging lächelnd weiter. Warum lächelte er? Weil er in eine Welt hineingeschaut hatte, die ihm zwar fremd war, für die aber doch ein jeder etwas Interesse hat, oder weil ihm der übliche Gedanke durch den Kopf ging: »Nein, diese Franzosen! Wenn die schon etwas machen, so ist es sozusagen...« Vielleicht dachte er auch gar nicht daran; ich konnte ihm ja nicht ins Herz sehen und seine Gedanken lesen.

Endlich erreichte er die Wohnung seines Vorgesetzten. Dieser lebte auf einem großen Fuß: die Wohnung befand sich im zweiten Stock, und die Stiege war sogar beleuchtet. Im Vorzimmer stand bereits eine lange Reihe Galoschen, daneben dampfte und summte ein Samowar. An der Wand hingen viele Mäntel und Paletots, darunter auch solche mit Biberkragen und Samtaufschlägen. Aus dem Nebenzimmer drangen Stimmen und Geräusche, die ganz deutlich wurden; als sich die Tür öffnete und ein Diener herauskam, der ein Tablett mit leeren Tassen, einem Milchtopf und einem Zwiebackkorb trug. Die Beamten waren wohl vollzählig versammelt und hatten anscheinend die erste Tasse Tee geleert. Akakij Akakijewitsch hängte nun seinen Mantel eigenhändig an die Wand und trat ein; er sah Kerzen, Beamte, Kartentische und Pfeifen vor sich und hörte den Lärm vieler Stimmen und umhergerückter Stühle. Er blieb verlegen mitten im Zimmer stehen und wußte nicht, was er nun anfangen sollte. Man hatte ihn aber bereits bemerkt; die Kollegen begrüßten ihn stürmisch und gingen dann alle ins Vorzimmer hinaus, um den Mantel noch einmal in Augenschein zu nehmen. Akakij Akakijewitsch wurde ganz rot vor Verlegenheit, doch freute es ihn aufrichtig, daß der Mantel allen so gut gefiel. Die Kollegen ließen natürlich sehr bald ihn und seinen Mantel in Ruhe und wandten sich dem Whist zu. Der Lärm, das Stimmengewirr und die vielen Leute, kurz all das Ungewohnte wirkten auf den schüchternen Akakij direkt betäubend; er wußte nicht, wie er sich zu benehmen hatte und wo er seine Hände und seine ganze Gestalt hintun solle. Endlich ließ er sich an einem der Spieltische nieder und begann den Spielern in die Karten zu schauen. Dies langweilte ihn auf die Dauer, und bald begann er zu gähnen, denn die Stunde, um die er gewöhnlich zu Bett ging, war längst vorüber. Er wollte sich verabschieden, man hielt ihn aber mit Gewalt zurück: er müsse noch unbedingt zur Feier des Tages Champagner trinken.

Bald kam das Abendessen, das aus einem Fleischsalat, kaltem Kalbsbraten, einer Pastete, Kuchen und Champagner bestand. Akakij Akakijewitsch mußte zwei Glas davon trinken; dies heiterte ihn etwas auf, doch vergaß er für keinen Augenblick, daß es schon zwölf Uhr war und daß er eigentlich längst im Bett ein sollte. Er fürchtete, wieder mit Gewalt zurückgehalten zu werden und schlich sich unbemerkt ins Vorzimmer. Er fand da seinen Mantel auf dem Boden liegen, was ihn sehr betrübte. Er hob ihn auf, putzte ihn sorgfältig und war bald auf der Straße.

Auf der Straße herrschte noch immer reges Leben. Viele Gemischtwarenläden – diese Versammlungslokale der Dienerschaft und auch anderer Menschen waren noch geöffnet; andere Läden waren geschlossen, doch verriet der durch die Türspalten dringende Lichtschein, daß inwendig noch Leben herrschte und daß manche Dienstmädchen ihren Klatsch noch nicht beendet hatten. Akakij Akakijewitsch ging seinen Weg in der besten Gemütsverfassung und ließ sich sogar hinreißen, eine Zeitlang einer Dame zu folgen, bei der jeder Körperteil ungewöhnliche Beweglichkeit verriet; sie verschwand aber wie ein Blitz aus seinem Gesichtskreis. Er wunderte sich selbst über seine Unternehmungslust und ging zu seiner früheren gemächlichen Gangart über. Er kam allmählich in die stilleren entlegeneren Straßen, die auch bei Tageslicht wenig anheimelnd sind, um so weniger aber nachts. Die Laternen wurden immer seltener, und ihr Licht wurde trüber, denn in der Vorstadt sparte man offenbar mit dem Öl. Endlose Bretterzäune zogen sich hin, und weit und breit war kein Mensch zu sehen. Man sah nur noch glitzernden Schnee und die kleinen Häuschen, in denen alles schlief. Er näherte sich der Stelle, wo die lange Straße auf einen ungeheuer weiten Platz mündete. Der Platz war so weit, daß man die Häuser auf der anderen Seite kaum sehen konnte.

Irgendwo in der Ferne flackerte die Laterne eines Schilderhäuschens, das am Ende der Welt zu stehen schien. Die Stimmung Akakij Akakijewitschs schlug etwas um. Eine seltsame Angst bemächtigte sich seiner, als er diesen weiten Platz betrat, und sein Herz empfand etwas wie drohendes Unheil. Er blickte nach allen Seiten und fühlte sich plötzlich wie auf dem Meere. Er beschloß, lieber gar nicht hinzuschauen und ging mit geschlossenen Augen weiter. Als er sie öffnete, um festzustellen, wie weit es noch bis zum Ende des Platzes sei, erblickte er vor seiner Nase mehrere Männer mit langen Schnurrbärten. Es wurde ihm dunkel vor den Augen, und sein Herz begann zu zittern.

»Der Mantel gehört mir!« schrie ihn einer der Unbekannten an, ihn am Kragen packend.

Akakij Akakijewitsch wollte um Hilfe schreien, ein Mann hielt ihm aber seine Faust in der Größe eines Beamtenkopfes vor die Nase und sagte:

»Versuch nur zu schreien!«

Akakij Akakijewitsch fühlte noch, wie ihm der Mantel vom Leibe gerissen wurde und wie man ihm einen tüchtigen Fußtritt versetzte. Dann taumelte er, fiel in den Schnee und verlor das Bewußtsein. Als er nach einigen Minuten zu sich kam, war er wieder allein. Es war kalt, und der Mantel war fort. Er begann zu schreien; seine Stimme konnte aber nicht bis ans Ende des Platzes dringen. Er lief verzweifelt und schreiend auf das Schilderhäuschen zu. Der Wachsoldat erwartete ihn, auf seine Hellebarde gestützt, voller Neugier; es interessierte ihn, warum dieser Mensch so rannte und schrie. Akakij Akakijewitsch fragte ihn mit keuchender Stimme, warum er auf seinem Posten schlafe und gemütlich zuschaue, wie ein Mensch ausgeraubt werde.

Der Wachsoldat erklärte, nichts gesehen zu haben; er habe wohl gesehen, wie Akakij Akakijewitsch mitten auf dem Platze von zwei Männern gestellt worden sei, doch glaubte er, es seien seine Freunde gewesen; was aber den Mantel beträfe, so möchte er, statt zu schreien, sich lieber morgen zum Revieraufseher bemühen, dieser werde den Mantel und die Diebe schon ausfindig machen.

Akakij Akakijewitsch erreichte endlich seine Wohnung in einem schrecklichen Zustand: die wenigen Haare, die er noch an den Schläfen und im Nacken hatte, waren zerzaust, und seine ganze Kleidung war mit Schnee bedeckt. Die alte Wirtin eilte auf sein heftiges Pochen zur Türe, mit nur einem Schuh bekleidet und das Hemd vorne verschämt mit der Hand zusammenhaltend. Sie sah Akakij Akakijewitschs Zustand und taumelte erschrocken zurück. Als er ihr den Sachverhalt erklärt hatte, schlug sie die Hände zusammen und meinte, er müsse sich an den Polizeiinspektor wenden; der Revieraufseher würde ihn nur mit leeren Versprechungen abspeisen; mit dem Polizeiinspektor sei sie dagegen bekannt, denn ihre frühere Köchin, die Finnin Anna, sei jetzt bei ihm als Kindermädchen angestellt; sie sähe ihn fast täglich auf der Straße und jeden Sonntag in der Kirche – er sei also offenbar ein guter und ordentlicher Mensch. Akakij Akakijewitsch ging traurig zu Bett, und jedermann, der sich in eine fremde Lage versetzen kann, wird wohl begreifen, wie er diese Nacht zubrachte.

Am nächsten Morgen ging er ganz früh zum Polizeiinspektor; man sagte ihm, dieser schlafe noch. Er kam um zehn wieder – der Polizeiinspektor schlief noch immer. Als er um elf kam – war der Inspektor ausgegangen. Schließlich kam er um die Mittagszeit; die Schreiber wollten ihn nicht vorlassen und verlangten zu wissen, in welcher Angelegenheit er käme. Akakij Akakijewitsch zeigte nun zum erstenmal in seinem Leben, daß auch er energisch sein konnte, und erklärte, er müsse den Polizeiinspektor unbedingt persönlich sprechen; es handle sich um eine wichtige amtliche Angelegenheit, und wenn sie ihn nicht vorließen, wolle er sich beschweren. Die Schreiber mußten nachgeben, und einer von ihnen holte den Polizeiinspektor. Dieser nahm die Erzählung Akakij Akakijewitschs höchst sonderbar auf. Er zeigte wenig Interesse für seinen Mantel, begann ihn dagegen auszufragen, was er denn überhaupt in der späten Stunde auf der Straße zu suchen gehabt hätte, und ob er nicht gar in einem verdächtigen Hause gewesen sei. Diese Fragen machten ihn erröten und er ging heim, ohne erfahren zu haben, ob der Polizeiinspektor in der Sache etwas zu unternehmen gedenke.

An diesem Tage ging er nicht ins Amt, was ihm zum erstenmal im Leben passierte. Am nächsten Tag ging er aber doch hin, und zwar wieder in seinem alten Morgenrock, der noch trauriger aussah als je. Einzelne Beamte rissen selbst bei dieser traurigen Geschichte ihre Witze; die meisten waren aber so gerührt, daß sie sogar eine Kollekte für einen neuen Mantel veranstalteten. Da die Beamtenschaft kurze Zeit vorher durch zwei andere Kollekten – für ein Bildnis des Direktors und für die Subskription auf ein Werk, das ein Freund des Direktors verfaßt hatte – ausgeplündert worden war, ergab diese Kollekte ein überaus trauriges Resultat. Ein Kollege gab aber Akakij Akakijewitsch den Rat, er möchte sich doch nicht an den Revieraufseher wenden: dieser würde das Gestohlene vielleicht wiederfinden, um den Vorgesetzten seine Tüchtigkeit zu beweisen, doch werde der Mantel in den Händen der Polizei bleiben, es habe ja keiner einen gesetzlichen Beweis, daß der Mantel ihm gehöre. Er möchte sich doch an »einen gewissen Würdenträger« wenden, der bei seinen guten Beziehungen die Sache erfolgreicher durchführen könne.

Akakij Akakijewitsch entschloß sich also, jenen »Würdenträger« aufzusuchen. Welches Amt diese Person bekleidete, ist auch heute noch nicht aufgeklärt. Es muß bemerkt werden, daß der »Würdenträger« seine Würde erst seit kurzem erhalten hatte; vorher hatte er gar keine. Das Amt, das diese Persönlichkeit bekleidete, war übrigens gar nicht so hervorragend, denn es gibt noch viel höhere Ämter. Manche Leute sind aber stets geneigt, auch das minder Bedeutende für sehr bedeutend zu halten. Der betreffende Beamte gab sich auch die größte Mühe, den Anschein einer sehr bedeutenden Persönlichkeit zu erwecken; so hatte er verfügt, daß ihn die Untergebenen jeden Morgen unten an der Treppe erwarteten, und daß niemand ohne Anmeldung vorgelassen werde. Überall mußte die strengste Ordnung herrschen: der Kollegien-Registrator hatte jedes Gesuch dem Gouvernements-Sekretär vorzulegen, dieser meldete es dem Titularrat und so kam die Sache schließlich auch in seine Hand. Es ist schon einmal so in unserem heiligen Rußland, daß jeder Beamte bestrebt ist, es seinen Vorgesetzten gleichzutun. So hat einmal ein Titularrat, der zum Vorstand einer kleinen Kanzlei ernannt wurde, in seinem Amtslokal ein eigenes kleines Kämmerchen als »Sitzungssaal« eingerichtet; an der Tür dieses Zimmers standen zwei galonierte Diener mit roten Aufschlägen, die wie Logenschließer aussahen und jeden Besucher zu melden hatten, obwohl der »Sitzungssaal« so klein war, daß in ihm ein gewöhnlicher Schreibtisch kaum Platz hatte.

Der »Würdenträger« waltete seines Amtes mit großer Würde und Wichtigkeit. Das System beruhte in erster Linie auf Strenge. »Strenge, Strenge und – Strenge«, so pflegte er seinen Untergebenen immer einzuschärfen; dies war aber ganz überflüssig, denn die wenigen Beamten, die er unter sich hatte, waren auch so genügend eingeschüchtert. Wenn er durch die Kanzlei ging, ließen alle die Arbeit ruhen und sprangen ehrerbietig auf. Im Verkehr mit den Untergebenen gebrauchte er eigentlich nur folgende drei Redewendungen: »Wie unterstehen Sie sich? Wissen Sie auch, mit wem Sie sprechen? Denken Sie daran, vor wem Sie stehen?« Im Grunde genommen war er sehr gutmütig, freundlich und liebenswürdig, der Geheimratstitel hatte ihm aber ganz den Kopf verdreht. Wenn er mit Gleichgestellten verkehrte, gab sich sehr einfach und natürlich und machte den Eindruck eines anständigen und gescheiten Menschen. Kaum sah er aber einen Menschen vor sich, der im Dienstrange etwas unter ihm stand, so wurde er schweigsam und verschlossen und machte einen recht jämmerlichen Eindruck. Er hatte oft Lust, an einem interessanten Gespräch teilzunehmen, aber gleich kam ihm der Gedanke: wird es meine Würde nicht beeinträchtigen, wenn ich mich so familiär und herablassend zeige? Und so schwieg er meistens und galt daher für sehr langweilig.

Zu diesem »Würdenträger« kam nun Akakij Akakijewitsch mit seinem Anliegen, und zwar in einem Augenblick, der für ihn höchst ungünstig war; dem Würdenträger kam der Besuch aber sehr gelegen. Er unterhielt sich gerade mit einem zugereisten Jugendfreund, den er seit Jahren nicht gesehen hatte, als ihm der Besuch eines gewissen Baschmatschkin gemeldet wurde.

»Wer ist's?« fragte er kurz.

»Ein Beamter.«

»So! Der kann warten, ich habe jetzt keine Zeit.«

Ich muß bemerken, daß der Würdenträger log, denn er hatte Zeit im Überfluß. In der Unterhaltung mit dem Jugendfreund waren alle Gesprächsstoffe längst erschöpft, und sie bestand nun darin, daß sie sich abwechselnd auf die Schultern klopften und dazu sagten: »So ist's, Iwan Abramowitsch.« – »Ja, ja, Stepan Warlamowitsch!« Er ließ aber den Besuch warten, um den Freund, der seit Jahren auf dem Lande lebte und alle Herrlichkeiten des Staatsdienstes vergessen hatte, zu zeigen, wie die Beamten bei ihm antichambrieren müssen. Endlich war diese Unterhaltung beendet, beide saßen rauchend in höchst bequemen Lehnsesseln, als dem Geheimrat plötzlich der vorhin gemeldete Besuch einfiel. Er sagte dem Sekretär, der ihm Papiere zur Unterschrift gebracht hatte und in ehrerbietiger Haltung an der Türe stand:

»Ich glaube, dort wartet irgendein Beamter. Sagen Sie ihm, er möchte eintreten.«

Als der Würdenträger die klägliche Gestalt und die schäbige Uniform des Akakij Akakijewitsch erblickte, herrschte er ihn brüsk an:

»Sie wünschen?«

Diesen brüsken Ton hatte er noch acht Tage vor seiner Ernennung zum Geheimrat vor einem Spiegel eingeübt.

Akakij Akakijewitsch, der auch ohnehin ganz verschüchtert war, verlor nun ganz die Fassung. Er erzählte, so gut er konnte, seine gewohnten Partikel öfter als sonst gebrauchend, er hätte einen ganz neuen Mantel gehabt, der nun gestohlen worden sei, und darum wende er sich an seine Exzellenz mit der Bitte, dem Polizeipräsidenten über die Sache zu schreiben und so bei der Suche nach dem Mantel behilflich zu sein. Diese Zumutung kam dem Geheimrat etwas bunt vor.

»Kennen Sie denn die Vorschriften nicht? Wo stehen Sie jetzt? Wissen Sie denn nicht, daß die Gesuche an die Kanzlei zu richten sind, wo sie vom Kanzleivorstand entgegengenommen werden, der sie dem Abteilungsvorstand vorlegt, und dann vom Sekretär mir überbracht werden?«

»Ew. Exzellenz«, stotterte Akakij Akakijewitsch mit dem Aufwand seiner ganzen Geistesgegenwart und aus allen Poren schwitzend, »ich wagte es, mich direkt an Ew. Exzellenz zu wenden, weil auf die Sekretäre – – sozusagen kein Verlaß ist...«

»Was?« schrie der Geheimrat auf. »Wo haben Sie sich mit solchem Geiste angesteckt? Wo haben Sie diese Ideen her? Wie unterstehen Sie sich, als junger Beamter hier solche Reden zu führen?«

Der »Würdenträger« schien gar nicht zu bemerken, daß Akakij Akakijewitsch hoch in den Fünfzigern stand und höchstens noch im Vergleich zu ihm selbst, der etwa siebzig Jahre alt war, »jung« genannt werden konnte.

»Wissen Sie auch, mit wem Sie reden? Begreifen Sie, wen Sie vor sich haben? Begreifen Sie es? Ich frage Sie, ob Sie es begreifen?«

Er stampfte mit dem Fuße und schrie so laut, daß auch jeder andere Mensch an der Stelle des Akakij Akakijewitsch erschrocken wäre. Auf Akakij Akakijewitsch machte dieser Auftritt aber einen solchen Eindruck, daß er am ganzen Leibe bebte und taumelte; wenn ihn zwei herbeigeeilte Diener nicht gestützt hätten, wäre er zu Boden gefallen. Der »Würdenträger« war mit dem erzielten Effekt, der alle seine Erwartungen übertraf, sehr zufrieden; er warf einen Seitenblick auf den Freund, um zu sehen, welchen Eindruck dieser von der großartigen Szene hatte und stellte mit Genugtuung fest, daß auch dieser verdutzt und sogar etwas erschrocken war.

Wie Akakij Akakijewitsch die Treppe hinunterkam und wie er auf die Straße gelangte – das konnte er später selbst nicht begreifen; eine solche Rüge hatte er noch nie im Leben bekommen, und noch dazu von einem Geheimrat eines fremden Ressorts. Er ging mit offenem Mund und taumelnd durch den Schneesturm, der draußen wütete, ohne auf den Weg zu achten. Der kalte Wind wehte ihn nach Petersburger Art von allen vier Seiten zugleich an. Er bekam auch sofort eine Halsentzündung, und als er endlich zu Hause anlangte und sich ins Bett legte, hatte er bereits die Sprache verloren. Solche Wirkungen kann manchmal eine tüchtige Rüge haben!

Am nächsten Tage hatte er hohes Fieber. Mit der großmütigen Unterstützung des Petersburger Klimas entwickelte sich die Krankheit rapider, als man erwarten konnte. Der herbeigerufene Arzt betastete seinen Puls und verschrieb ihm heiße Umschläge, damit dem Kranken wenigstens etwas von den Wohltaten der Medizin zuteil werde; zugleich erklärte er ihm, er habe höchstens zwei Tage zu leben. Der Wirtin sagte er aber:

»Verlieren Sie keine Zeit und bestellen Sie gleich einen Fichtensarg; ein Eichensarg wird wohl zu teuer kommen.«

Ob Akakij Akakijewitsch diese Worte gehört hatte, und, wenn er sie gehört hatte, ob sie auf ihn einen Eindruck machten, ob es ihm da um sein armseliges Leben leid tat – weiß kein Mensch, denn er hatte hohes Fieber und phantasierte. Seltsame Gesichte verfolgten ihn unaufhörlich. Er sah den Schneider Petrowitsch, bei dem er einen neuen Mantel mit Fangeisen für die Diebe bestellte; er glaubte sich von Dieben umgeben, und er flehte die Wirtin an, sie möchte doch einen Dieb, der sich zu ihm unter die Decke geschlichen hätte, herausziehen; er fragte, warum der alte Morgenrock vor ihm hänge, da er doch einen neuen Mantel habe; zuweilen kam es ihm vor, als stehe er noch immer vor dem Geheimrat, der ihm eine Rüge erteilte, und da wiederholte er immer: »Ich bitte Ew. Exzellenz um Verzeihung!« Dann schimpfte er wieder in so unflätigen Ausdrücken, daß die alte Wirtin, die von ihm noch nie derartige Worte vernommen hatte, sich erschrocken bekreuzigte, um so mehr, weil diese Ausdrücke immer der Anrede »Ew. Exzellenz« folgten. Dann redete er ganz unsinniges Zeug; das einzige, was man daraus verstehen konnte, war, daß seine Gedanken sich immer um den Mantel drehten. Schließlich gab der arme Akakij Akakijewitsch seinen Geist auf.

Sein Zimmer wurde nicht versiegelt und von seinem Nachlaß wurde keine Inventur aufgenommen: erstens hatte er keine Erben und zweitens bestand der ganze Nachlaß aus einem Bündel Gänsefedern, einem Buch, weißen Kanzleipapiers, drei Paar Socken, einigen Hosenknöpfen und dem alten Morgenrock, den der Leser schon kennt. Wem diese Gegenstände zufielen, ist unbekannt; ich habe mich dafür nicht interessiert. Akakij Akakijewitsch wurde begraben, und Petersburg schien ihn gar nicht zu vermissen. So verschwand ein Wesen, das ganz schutzlos war, dem niemand eine Träne nachweinte und für das sich niemand interessierte, selbst die Naturforscher nicht, die auch eine gewöhnliche Fliege einfangen, um sie mit dem Mikroskop zu betrachten; ein Geschöpf, das jeden Spott voller Demut über sich ergehen ließ, das so mir nichts dir nichts zugrunde ging, das aber vor seinem Lebensende einen lichten Gast empfangen hatte – in Gestalt des Mantels, der sein armseliges Leben für einen Augenblick mit hellem

Glanz erfüllte – und das schließlich vom Unglück zermalmt wurde, das auch die Mächtigen der Erde nicht verschont.

Einige Tage nach seinem Tode kam ein Bürodiener in seine Wohnung mit dem Befehl, er möchte doch sofort ins Amt kommen: der Herr Amtsvorstand brauche ihn. Der Bote kehrte aber unverrichteter Dinge zurück und richtete aus, Akakij Akakijewitsch werde nicht mehr kommen. Auf die Frage »Warum?« sagte er:

»Er ist gestorben. Vor vier Tagen war die Beerdigung.« Auf diese Weise erfuhr man in der Ministerialabteilung von seinem Hinscheiden; am nächsten Tage saß auf seinem Platz ein neuer Beamter, der viel größer war als der Verstorbene und der die Buchstaben nicht so steil, sondern viel schräger setzte.

Wer hätte sich gedacht, daß die Geschichte von Akakij Akakijewitsch noch nicht zu Ende ist, und daß es ihm vergönnt war, noch einige Tage nach seinem Tode Aufsehen zu erregen, wohl als Entgelt für sein unbemerkt gebliebenes Leben? So war es in der Tat, und hier nimmt unsere traurige Geschichte eine phantastische Wendung.

In Petersburg verbreitete sich das Gerücht, in der Gegend der Kalinkin-Brücke treibe sich jede Nacht ein Gespenst in einer Beamtenuniform herum, das einen ihm gestohlenen Mantel suche und unter diesem Vorwande allen Passanten, ohne Ansehen der Person, die Mäntel herunterreiße: Mäntel mit Watte, mit Katzen-, Biber-, Fuchs-, Bären-und Nerzfell, kurz, mit allen Fellen und Häuten, mit denen die Menschen die eigene Haut bedecken. Ein Ministerialbeamter hatte das Gespenst mit eigenen Augen gesehen und in ihm den verstorbenen Akakij Akakijewitsch erkannt; er bekam solche Angst, daß er wie verrückt davonlief und nur noch sah, wie ihm das Gespenst mit dem Finger drohte. Unausgesetzt liefen Klagen, nicht nur von Titular-, sondern auch von Hofräten ein, das Gespenst habe ihnen den Mantel abgenommen und sie hätten sich dadurch bedenkliche Erkältungen zugezogen.

An die Polizei erging der Befehl, den Toten tot oder lebendig einzufangen und exemplarisch zu bestrafen. Es wäre ihr auch beinahe geglückt: in der Kirjuschkin-Gasse erwischte ein Wachsoldat den Toten gerade in dem Augenblick, als dieser im Begriff war, einem ausgedienten Musikanten, der vor Jahren Flöte geblasen hatte, seinen Friesmantel wegzunehmen. Er hatte das Gespenst am Kragen gepackt und der Obhut zweier herbeigerufener Kameraden übergeben; er selbst holte seine Tabaksdose hervor, um seine Nase, die schon sechsmal eingefroren war, mit einer Prise zu beleben. Der Tabak war wohl auch für einen Toten zu stark, denn kaum hatte sich der Wachsoldat ein Quantum Tabak in die Nase gestopft, als das Gespenst so heftig zu niesen begann, daß alle drei die Augen schließen mußten. Während sich die Soldaten die Augen rieben, war das Gespenst spurlos verschwunden, und sie zweifelten später, ob sie es überhaupt in den Händen gehabt hatten. Von nun an bekamen alle Wachsoldaten solche Angst vor Toten, daß sie selbst lebende Verbrecher zu verhaften fürchteten und ihnen nur von weitem zuriefen: »Na, du!! Mach, daß du weiterkommst!« Das Gespenst des toten Beamten wurde infolgedessen ganz frech und zeigte sich zuweilen auch diesseits der Kalinkin-Brücke.

Nun wollen wir zu dem »Würdenträger« zurückkehren, der eigentlich den phantastischen Verlauf unserer, übrigens höchst wahrhaften Geschichte verursacht hatte. Zur Steuer der Wahrheit sei hier festgestellt, daß er bald nach dem Auftritt mit Akakij Akakijewitsch etwas wie Mitleid verspürte. Denn Mitgefühl war diesem Beamten nicht fremd, und nur sein hoher Rang hinderte ihn, seine Herzensregungen zum Durchbruch kommen zu lassen. Sobald der zugereiste Freund gegangen war, fiel ihm wieder der Titularrat ein. Dann verfolgte ihn fast täglich das Bild des bleichen Akakij Akakijewitsch, für den die Rüge so traurige Folgen gehabt hatte. Endlich entschloß er sich, einen seiner Beamten hinzuschicken, um zu erfahren, wie es ihm gehe und ob ihm nicht irgendwie zu helfen wäre. Als er nun erfuhr, daß Akakij Akakijewitsch ganz plötzlich gestorben war, fühlte er Gewissensbisse und war auch dann den ganzen Tag schlechter Laune.

Um diese Laune zu vertreiben und sich etwas zu zerstreuen, begab er sich abends zu einem seiner Freunde, wo er eine sehr angenehme Gesellschaft antraf: lauter Herren des gleichen Dienstranges wie er, so daß er sich ganz ungezwungen benehmen konnte. Dies übte auf ihn einen wunderbaren Einfluß: er wurde gesprächig und liebenswürdig und verbrachte den ganzen Abend in der besten Stimmung. Beim Souper trank er zwei Glas Champagner, der bekanntlich recht günstig auf die Stimmung wirkt. Der Champagner weckte in ihm die Lust zu einigen Extravaganzen: er beschloß nämlich, nach dem Souper nicht gleich nach Hause zurückzukehren, sondern eine Dame, mit der er recht intim befreundet war, zu besuchen; sie hieß Karolina Iwanowna und war, wenn ich nicht irre, deutscher Herkunft. Der »Würdenträger« war übrigens nicht mehr jung, und galt als musterhafter Gatte und Familienvater.

Zwei Söhne, von denen der eine bereits im Staatsdienst war, und eine sechzehnjährige Tochter mit einem etwas gebogenen, aber hübschen Näschen küßten ihm jeden Morgen die Hand mit dem Gruße: »Bon jour, Papa!«

Seine Gattin, eine gut konservierte und stattliche Dame, ließ ihn zuerst ihre Hand küssen und küßte dann die seinige.

Er war also in seinem Familienleben recht glücklich, und doch pflegte er freundschaftlichen Verkehr mit einer Dame, die in einem andern Stadtteil wohnte und die weder schöner noch jünger war als seine Frau; solche Rätsel kommen alle Tage vor, und wir wollen sie hier nicht näher untersuchen.

Der »Würdenträger« ging die Treppe hinunter, setzte sich in seinen Schlitten und befahl dem Kutscher: »Zu Karolina Iwanowna!« In seinen warmen Pelzmantel gehüllt, befand er sich in jenem glückseligen Zustand, den der Russe so sehr liebt: man denkt an nichts, und die angenehmsten Gedanken kommen einem ganz von selbst in den Kopf, so daß man ihnen gar nicht nachzulaufen braucht. Er dachte an den so vergnügt verbrachten Abend und an alle guten Witze, die da aufgetischt wurden; er wiederholte sie jetzt leise vor sich hin und fand sie noch immer so gelungen und wirkungsvoll wie vorhin. Zuweilen wurde er durch den höchst lästigen Wind abgelenkt, der ohne ersichtlichen Grund von irgendwo kam, ihn mit Schnee überschüttete, schmerzhaft ins Gesicht zwickte und den Pelzkragen wie ein Segel aufblähte, so daß er mit ihm ordentlich zu kämpfen hatte.

Plötzlich fühlte sich der »Würdenträger« am Kragen gepackt. Als er sich umwandte, erblickte er einen älteren Beamten, in dem er zu seiner Bestürzung Akakij Akakijewitsch erkannte. Das Gesicht des Beamten war leichenblaß. Der Schreck des Würdenträgers steigerte sich aber ins Grenzenlose, als der Tote den Mund, dem der kalte Hauch des Grabes entströmte, öffnete und die Worte sprach:

»Da bist du ja! Endlich hab' ich dich beim Kragen erwischt! Deinen Mantel suche ich ja eben. Du wolltest dich nicht meines Mantels annehmen und hast mir noch obendrein eine Rüge erteilt, jetzt wirst du mir dafür den deinigen hergeben!«

Der arme »Würdenträger« war halb tot. Er, der in seiner Kanzlei vor seinen Untergebenen so energisch aufzutreten verstand, war jetzt so außer sich vor Schreck, daß er einen Ohnmachtsanfall befürchtete; so geht es übrigens in ernsten Augenblicken vielen, die sonst ein imposantes Auftreten haben. Er zog sich selbst den Mantel von seinen Schultern und schrie dem Kutscher mit wilder Stimme zu: »Rasch nach Hause!« Als der Kutscher diesen Ton hörte, der gewöhnlich von noch wirksameren Ausbrüchen begleitet war, duckte er sich und schlug wütend auf die Pferde ein. In sechs Minuten hielt der Schlitten vor dem Hause. So kam der »Würdenträger« bleich, erschrocken und seines Mantels beraubt, statt zur Karolina Iwanowna – nach Hause. Er ging sofort in sein Zimmer, wo er eine ganz schreckliche Nacht verbrachte. Am nächsten Morgen sah er so schlecht aus, daß seine Tochter ihm beim Morgengruß sagte:

»Du bist ja heute ganz blaß, Papa!«

Der Papa erwiderte aber darauf gar nichts und erzählte auch kein Wort davon, wo er die letzte Nacht gewesen war und was er noch vorgehabt hatte. Dieser Vorfall machte auf ihn einen starken Eindruck. Seine Untergebenen bekamen jetzt viel seltener die Worte: »Wie unterstehen Sie sich? Wissen Sie, mit wem Sie reden?« zu hören; wenn er diese Worte auch noch zuweilen gebrauchte, so doch erst immer nach Anhörung der Sache.

Das Merkwürdigste aber war, daß das Gespenst von jenem Tage an sich nicht mehr sehen ließ: der Mantel des »Würdenträgers« schien ihm ausgezeichnet zu passen. Wenigstens hörte man nichts mehr von neuen Manteldiebstählen. Viele Leute konnten sich aber noch immer nicht beruhigen und behaupteten, das Gespenst tauche noch immer hier und da in den entlegeneren Stadtbezirken auf. Ein Wachsoldat aus der Kolomna-Vorstadt hatte das Gespenst des toten Titularrats auch wirklich noch einmal gesehen. Dieser Soldat war von Natur etwas schwächlich, so daß ihn einmal ein junges Schwein, das ihm unter die Füße lief, zum größten Gaudium der Droschkenkutscher zum Fallen brachte; sie mußten ihm auch später dafür, daß sie über ihn gelacht hatten, je eine halbe Kopeke Entschädigung zahlen. Dieser Wachsoldat war also so schwach, daß er sich nicht traute, das Gespenst zu stellen. Er verfolgte es nur schweigend durch die finsteren Straßen, bis es sich umwandte und fragte:

»Was willst du denn?«, wobei es ihm eine so mächtige Faust zeigte, wie sie auch bei lebenden Menschen nicht oft vorkommt.

Der Wachsoldat murmelte: »Gar nichts...« und machte sofort kehrt.

Das Gespenst war aber viel größer gewachsen, als es Akakij Akakijewitsch bei Lebzeiten war, und hatte einen mächtigen Schnurrbart. Es schlug anscheinend die Richtung zur Obuchowschen Brücke ein und verschwand in der Nacht.

Der Newskij-Prospekt

Es gibt nichts schöneres als den Newskij-Prospekt, wenigstens in Petersburg nicht: für Petersburg bedeutet er alles. Welcher Glanz fehlt noch dieser schönsten Straße unserer Hauptstadt? Ich weiß, daß keiner von den blassen und beamteten Einwohnern Petersburgs diese Straße gegen alle Kostbarkeiten der Welt eintauschen würde. Nicht nur der Fünfundzwanzigjährige, der einen wundervollen Schnurrbart und einen prachtvoll genähten Rock besitzt, sondern auch der, auf dessen Kinn weiße Stoppeln sprießen und dessen Kopf so kahl ist wie ein silbernes Tablett, ist vom Newskij-Prospekt entzückt. Und erst die Damen! Oh, den Damen ist der Newskij-Prospekt noch angenehmer! Und wem ist er nicht angenehm? Kaum hat man den Newskij-Prospekt betreten, so atmet man nichts als müßiges Herumschlendern. Wenn man sogar ein wichtiges, unaufschiebbares Geschäft vorhat, so vergißt man es, sobald man auf dem Newskij ist. Dies ist der einzige Ort, wo die Menschen nicht von irgendeiner Notwendigkeit getrieben erscheinen, nicht vom Geschäftsinteresse, von dem das ganze Petersburg ergriffen ist. Der Mensch, dem man auf dem Newskij-Prospekt begegnet, scheint weniger Egoist zu sein, als einer, den man in der Morskaja-, Gorochowaja-, Litejnaja-, Mjeschtschanskaja-und in jeder anderen Straße trifft, wo Gier und Habsucht auf allen Gesichtern ausgeprägt sind, die vorbeigehen und in Equipagen und in Droschken vorbei jagen. Der Newskij-Prospekt ist die wichtigste Verkehrsader von ganz Petersburg. Ein Bewohner des Petersburger oder des Wyborger Stadtteils, der seinen Freund, welcher im Peski-Stadtteil oder am Moskauer Tor wohnt, schon seit mehreren Jahren nicht besucht hat, kann sicher darauf rechnen, daß er ihm auf dem Newskij-Prospekt begegnet. Kein Adreßbuch und keine Auskunftsstelle können so zuverlässige Nachrichten geben wie der Newskij-Prospekt. Der Newskij-Prospekt ist allmächtig! Er ist die einzige Zerstreuung für das an Spaziergängen so arme Petersburg! Wie sauber sind seine Bürgersteige gekehrt, und, mein Gott, wieviel Füße hinterlassen auf ihm ihre Spuren! Der plumpe schmutzige Stiefel des gedienten Soldaten, unter dem selbst das Granitpflaster zu bersten scheint, das winzige, wie Rauch leichte Schuhchen der jungen Dame, die ihr Köpfchen den glänzenden Schaufenstern zuwendet, wie die Sonnenblume der Sonne, der rasselnde Säbel des von Hoffnungen erfüllten Fähnrichs, der in ihn eine scharfe Spur kratzt, – alles läßt ihn die Macht der Kraft und die Macht der Schwäche fühlen. Wie schnell wechseln hier die phantastischen Bilder im Laufe eines einzigen Tages ab! Wieviel Veränderungen muß er in vierundzwanzig Stunden erleiden! Fangen wir mit dem frühen Morgen an, wo ganz Petersburg nach heißen, frischgebackenen Broten riecht und von alten Weibern in zerrissenen Kleidern und Mänteln wimmelt, die die Kirchen und die mitleidigen Passanten überfallen. Um diese Stunde ist der Newskij-Prospekt leer: die dicken Ladenbesitzer und ihre Kommis schlafen noch in ihren holländischen Hemden, oder seifen sich ihre edlen Wangen ein, oder trinken Kaffee; die Bettler versammeln sich vor den Türen der Konditorei, wo der verschlafene Ganymed, der gestern mit den Tassen Schokolade wie eine Fliege herumgeflogen ist, ohne Halsbinde, mit einem Besen in der Hand erscheint und ihnen ausgetrocknete Kuchen-und Speisereste hinwirft.

Durch die Straßen zieht arbeitendes Volk; manchmal sieht man hier auch einfache russische Bauern, die in kalkbeschmierten Stiefeln, die selbst der Katharinen-Kanal, der wegen seiner Sauberkeit berühmt ist, nicht abwaschen könnte, zur Arbeit eilen. Um diese Stunde sollen sich Damen hier lieber nicht zeigen, denn das russische Volk wendet gerne so kräftige Ausdrücke an, die sie wohl auch nicht im Theater zu hören bekommen. Manchmal sieht man hier auch einen verschlafenen Beamten mit einer Aktentasche unter dem Arm, den der Weg nach seinem Departement zufällig über den Newskij führt. Man kann mit Bestimmtheit sagen, daß um diese Tageszeit, das heißt bis zur Mittagsstunde, der Newskij-Prospekt für niemand ein Ziel bildet; er ist für alle nur ein Mittel: er füllt sich allmählich mit Menschen, die ihre Beschäftigungen, ihre Sorgen und ihren Ärger haben und an ihn gar nicht denken. Der russische Bauer spricht von zehn Kopeken oder von sieben Kupfergroschen, die alten Männer oder Frauen schwingen die Arme oder sprechen mit sich selbst, manchmal mit recht ausdrucksvollen Gebärden, aber niemand hört ihnen zu und niemand lacht über sie, höchstens einige Jungen in bunten Hausröcken, die mit leeren Schnapsflaschen oder fertigen Stiefeln in den Händen wie der Blitz über den Newskij-Prospekt schießen. Um diese Zeit darf man nach Belieben gekleidet sein, – wenn man sogar statt eines Hutes eine Tellermütze aufhat, auch wenn der Kragen zu weit aus der Halsbinde hervorsteht, – niemand wird es merken.

Um zwölf Uhr wird der Newskij-Prospekt von den Hofmeistern aller Nationen mit ihren Zöglingen in Batistkragen überfallen. Die englischen Johns und die französischen Coqs gehen Arm in Arm mit den ihrer väterlichen Obhut anvertrauten Zöglingen und erklären ihnen mit gebührender Würde, daß die Schilder über den Kaufläden zu dem Zwecke angebracht seien, damit man erfahren könne, was in den Kaufläden selbst vorhanden sei. Die Gouvernanten, die blassen Misses und die rosigen Mademoiselles schreiten majestätisch hinter den leichtbeschwingten, koketten kleinen Mädchen einher und befehlen ihnen, die linke Schulter etwas höher zu ziehen und sich besser zu halten; kurz, der Newskij-Prospekt ist um diese Stunde ein pädagogischer Newskij-Prospekt. Aber gegen zwei Uhr nimmt die Zahl der Gouvernanten, der Pädagogen und der Kinder ab; sie werden allmählich von den zärtlichen Vätern der letzteren verdrängt, die Arm in Arm mit ihren buntgekleideten, nervenschwachen Lebensgefährtinnen gehen. Allmählich gesellen sich zu ihnen alle, die mit ihren wichtigen häuslichen Angelegenheiten fertig geworden sind: sie haben mit ihrem Hausarzt über das Wetter und über den kleinen Pickel gesprochen, der sich auf der Nase gebildet hat, haben sich nach dem Befinden ihrer Pferde und ihrer Kinder, die übrigens gute Fähigkeiten an den Tag legen, erkundigt, haben den Theaterzettel und eine wichtige Meldung in der Zeitung über die neueingetroffenen und die abgereisten Personen gelesen und schließlich eine Tasse Kaffee oder Tee getrunken; zu ihnen gesellen sich diejenigen, denen das beneidenswerte Los zugefallen ist, den gesegneten Posten eines Beamten für besondere Aufträge zu bekleiden. Zu ihnen gesellen sich auch diejenigen, die im Auswärtigen Amte dienen und sich durch ihre vornehmen Beschäftigungen und Angewohnheiten auszeichnen. Mein Gott, was gibt es doch für schöne Ämter und Posten! Wie erheben und erquicken sie das Herz! Ich aber stehe leider nicht im Staatsdienste und bin des Vergnügens beraubt, die feine, edle Behandlung durch die Vorgesetzten zu fühlen. Alles, was Sie auf dem Newskij-Prospekt sehen, ist von Wohlanständigkeit erfüllt: die Herren tragen lange Röcke und halten die Hände in den rückwärtigen Taschen, die Damen – rosa, weiße und blaßblaue Atlasmäntel und elegante Hüte. Hier können Sie Backenbärte sehen, die einzigen Backenbärte, die mit ungewöhnlicher und erstaunlicher Kunst hinter die Halsbinden gekämmt sind, samtweiche, atlassene Backenbärte, schwarz wie Zobel oder wie Kohle, die aber leider nur das Privileg des Auswärtigen Amtes allein bilden. Den Beamten der anderen Departements hat die Vorsehung die schwarzen Backenbärte versagt; sie müssen zu ihrem größten Ärger rötliche Backenbärte tragen. Hier sehen Sie Schnurrbärte, so herrlich, wie man sie mit keiner Feder beschreiben, mit keinem Pinsel darstellen kann; Schnurrbärte, denen die bessere Hälfte des Lebens geweiht ist, die den Gegenstand der größten Sorgfalt bei Tag und bei Nacht bilden; Schnurrbärte, mit den herrlichsten Parfüms begossen, mit den kostbarsten und seltensten Pomaden gesalbt; Schnurrbärte, die für die Nacht in das feinste Velinpapier gewickelt werden; Schnurrbärte, die von der rührendsten Anhänglichkeit ihrer Besitzer betreut werden und auf die alle Vorübergehenden neidisch sind. Tausende Sorten von bunten, leichten Hüten, Kleidern, Tüchern, an denen ihre Besitzerinnen zuweilen ganze zwei Tage lang hängen, blenden jeden, der durch den Newskij-Prospekt geht. Es ist, als hätte sich eine ganze Wolke von Schmetterlingen plötzlich von den Blumenstengeln erhoben und schwärme über den schwarzen Käfern des männlichen Geschlechts. Hier kann man solchen Taillen begegnen, wie man sie nicht mal im Traume gesehen hat: es sind feine, dünne Taillen, nicht stärker als ein Flaschenhals, – wenn man ihnen begegnet, tritt man respektvoll auf die Seite, um sie nicht irgendwie unvorsichtig mit dem unhöflichen Ellenbogen anzustoßen; Angst und Scheu übermannen einen, daß man nicht mit einem unvorsichtigen Atemzug dieses herrliche Produkt der Natur und der Kunst zerbreche. Und was für Damenärmeln kann man auf dem Newskij-Prospekt begegnen! Ach, diese Herrlichkeit! Sie haben einige Ähnlichkeit mit zwei Luftballons, so daß die Dame plötzlich in die Luft steigen könnte, wenn der Herr sie nicht festhielte; denn es ist ebenso leicht und angenehm, eine Dame in die Höhe zu heben, wie ein mit Champagner gefülltes Glas an die Lippen zu führen. Nirgends begrüßt man sich bei einer Begegnung so vornehm und so ungezwungen wie auf dem Newskij-Prospekt. Hier kann man das einzige Lächeln sehen, das Lächeln, das der Gipfel der Kunst ist, ein Lächeln, vor dem man zuweilen vor Vergnügen schmelzen kann, vor dem man sich plötzlich so winzig wie ein Grashalm fühlt und die Augen niederschlägt, zuweilen aber auch ein Lächeln, vor dem man sich höher als die Spitze des Admiralitäts-Turmes dünkt und den Kopf hebt. Hier begegnet man Menschen, die über ein Konzert oder über das Wetter mit ungewöhnlichem Anstand und einem ungewöhnlichen Gefühl für eigene Würde sprechen. Hier begegnet man Tausenden von unfaßbaren Charakteren und Erscheinungen. Du lieber Gott, was für seltsame Charaktere trifft man auf dem Newskij-Prospekt! Es gibt hier eine Menge von solchen Menschen, die bei einer Begegnung mit Ihnen unbedingt auf Ihre Stiefel schauen, und, wenn Sie vorbeigegangen sind, sich umwenden, um sich Ihre Rockfalten anzusehen. Ich kann bis jetzt nicht begreifen, woher das kommt. Ich hatte anfangs geglaubt, es seien lauter Schuhmacher, aber das entspricht durchaus nicht den Tatsachen: sie sind zum größten Teil an allerlei Departements angestellt, viele von ihnen sind imstande, ein amtliches Schreiben von einer Amtsstelle an eine andere bestens abzufassen; oder es sind Menschen, die sich mit Spazierengehen und mit dem Lesen von Zeitungen in Konditoreien beschäftigen, – mit einem Worte, es sind zum größten Teil anständige Menschen. In dieser gesegneten Zeit zwischen zwei und drei Uhr nachmittags, die man die Zeit der Bewegung der ganzen Hauptstadt nennen kann, findet die Hauptausstellung der besten menschlichen Erzeugnisse statt: der eine zeigt einen eleganten Überrock mit dem schönsten Biberkragen; der andere eine herrliche griechische Nase; der dritte trägt einen wunderbaren Backenbart zur Schau; die vierte ein Paar schöne Augen und einen wunderbaren Hut; der fünfte – einen Ring mit einem Talisman auf dem gepflegten kleinen Finger; die sechste – ein Füßchen in einem entzückenden Schuh; der siebente – eine staunenswerte Krawatte; der achte – einen verblüffenden Schnurrbart. Aber es schlägt drei, die Ausstellung ist zu Ende, die Menge verzieht sich ... Um drei Uhr ist eine neue Veränderung. Auf dem Newskij-Prospekt bricht plötzlich der Frühling an: er wimmelt auf einmal ganz von Beamten in grünen Uniformröcken. Die hungrigen Titular-, Hof-und sonstigen Räte bemühen sich, ihre Schritte zu beschleunigen. Die jungen Kollegien-Registratoren, die Gouvernements-und Kollegien-Sekretäre beeilen sich, die Zeit auszunützen und einmal durch den Newskij-Prospekt mit einer Miene zu gehen, als hätten sie beileibe nicht sechs Stunden in der Kanzlei gesessen. Aber die alten Kollegien-Sekretäre, Titular-und Hofräte gehen schnell mit gesenkten Köpfen: sie haben andere Dinge im Sinn, als die Spaziergänger zu mustern; sie haben sich von ihren Sorgen noch nicht ganz losgerissen; in ihren Köpfen ist ein Wirrwarr, ein ganzes Archiv begonnener und nicht beendeter Amtsgeschäfte; statt der Ladenschilder sehen sie lange Zeit nur Aktenschachteln oder das runde Gesicht des Kanzleivorstandes vor sich.

Von vier Uhr ab ist der Newskij-Prospekt leer, und man kann auf ihm kaum noch einem Beamten begegnen. Man sieht höchstens eine Näherin aus dem Wäschegeschäft, die mit einem Karton in den Händen über den Newskij-Prospekt läuft; irgendein unglückliches Opfer eines menschenfreundlichen Winkeladvokaten, das nun in seinem Friesmantel betteln gehen kann; irgendeinen zugereisten Sonderling, dem alle Stunden gleich sind; irgendeine lange Engländerin mit einem Strickbeutel und einem Buch in der Hand; einen Geschäftsdiener, einen Russen im baumwollenen Rock, mit hoher Taille und einem dünnen Bärtchen, der immer auf dem Sprung lebt und an dem sich alles bewegt: der Rücken, die Arme, die Beine und der Kopf, wenn er bescheiden über das Trottoir geht; manchmal auch einen armen Handwerker ... sonst begegnet man um diese Stunde auf dem Newskij-Prospekt niemand.

Sobald sich aber die Dämmerung auf die Häuser und die Straßen senkt, wenn der in eine Bastmatte gehüllte Nachtwächter auf die Leiter steigt, um die Laternen anzuzünden und in den niederen Ladenfenstern solche Stiche erscheinen, die sich am Tage nicht zu zeigen trauen, – dann wird der Newskij-Prospekt wieder lebendig und beginnt sich zu regen. Dann bricht jene geheimnisvolle Stunde an, wo die Lampen allen Dingen ein verlockendes, wunderbares Licht verleihen. Man begegnet vielen jungen Leuten, zum größten Teil Junggesellen, in warmen

Röcken und Mänteln. Um diese Zeit läßt sich ein gewisses Ziel vermuten, oder, besser gesagt, etwas, was einem Ziele ähnlich sieht, etwas außerordentlich Unbewußtes; alle Schritte werden beschleunigt und werden überhaupt ungleichmäßig; lange Schatten gleiten über die Mauern und das Pflaster und erreichen mit ihren Köpfen beinahe die Polizeibrücke. Die jungen Kollegien-Registratoren, Gouvernements-und Kollegien-Sekretäre gehen sehr lange auf und ab; aber die alten Kollegien-Registratoren, Titular-und Hofräte sitzen zum größten Teil zu Hause, denn sie sind verheiratete Leute oder haben bei sich deutsche Köchinnen, die ihnen die Speisen sehr schmackhaft zubereiten. Jetzt begegnet man hier wieder den ehrenwerten Greisen, die mit solcher Würde und so wunderbarem Anstand um zwei Uhr auf dem Newskij-Prospekt spazierengegangen sind. Sie rennen ebensoschnell wie die jungen Kollegien-Registratoren, um einer Dame, die sie schon aus der Ferne bemerkt haben, unter den Hut zu sehen, einer Dame, deren dicke Lippen und dick bemalte Wangen vielen Spaziergängern so sehr gefallen, am meisten aber den Ladenkommis, den Geschäftsdienern und den Kaufleuten, die in deutschen Röcken in einem ganzen Rudel, gewöhnlich Arm in Arm, spazierengehen.

»Halt!« rief um diese Zeit der Leutnant Pirogow und zupfte den neben ihm gehenden, mit einem Frack und einem Mantel bekleideten jungen Mann am Ärmel. »Hast du sie gesehen?«

»Ich habe sie gesehen: herrlich, ganz wie Peruginos Bianca.«

»Von welcher sprichst du?«

»Von ihr, von der mit den dunklen Haaren... Was für Augen! Gott, was für Augen! Die ganze Figur, der Umriß, das Oval des Gesichts – ein wahres Wunder!«

»Ich spreche aber von der Blondine, die hinter ihr nach jener Seite ging. Warum folgst du dann nicht der Brünetten, wenn sie dir so gut gefällt?«

»Was denkst du dir!« rief der junge Mann im Frack errötend. »Sie ist doch nicht eine von jenen, die jeden Abend auf dem Newskij-Prospekt herumspazieren; sie muß eine sehr vornehme Dame sein«, fuhr er mit einem Seufzer fort: »der Mantel allein wird seine achtzig Rubel gekostet haben!«

»Einfaltspinsel!« rief Pirogow und stieß ihn gewaltsam nach jener Richtung, wo ihr leuchtender Mantel wehte. »Geh, du Narr, sonst verpaßt du sie! Ich gehe aber der Blondine nach.« Die beiden Freunde trennten sich.

...Wir kennen euch alle! – dachte bei sich Pirogow mit einem selbstgefälligen und selbstbewußten Lächeln, überzeugt, daß es keine Schönheit gäbe, die ihm widerstehen könnte.

Der junge Mann im Frack und Mantel ging mit schüchternen und bebenden Schritten nach der Seite, wo der bunte Mantel wehte, bald in grellen Farben leuchtend, wenn sie sich einer Laterne näherte, bald im Dunkel verschwindend, wenn sie sich von der Laterne entfernte. Sein Herz klopfte, und er beschleunigte unwillkürlich seine Schritte. Er wagte nicht einmal daran zu denken, daß er irgendein Recht auf die Aufmerksamkeit der sich entfernenden Schönen erlangen könne, noch viel weniger konnte er den schwarzen Gedanken zulassen, auf den der Leutnant Pirogow angespielt hatte; er wollte nur das Haus sehen, sich merken, wo dieses herrliche Wesen wohnte, das auf den Newskij-Prospekt vom Himmel herabgeflogen schien und das wohl gleich wieder, unbekannt wohin, entschweben wird. Er lief so schnell, daß er unaufhörlich solide Herren mit grauen Backenbärten vom Trottoir stieß. Dieser junge Mann gehörte zu der Klasse, die bei uns eine ziemlich seltene Erscheinung bildet und zu den Bürgern Petersburgs nur im gleichen Maße zählt, in dem eine uns im Traume erscheinende Person zu der Welt der Wirklichkeit gehört. Dieser exklusive Stand ist sehr ungewöhnlich in dieser Stadt, wo fast alle Einwohner entweder Beamte, oder Kaufleute, oder deutsche Handwerker sind. Er war Künstler. Nicht wahr, eine seltsame Erscheinung – ein Petersburger Künstler? Ein Künstler im Lande des Schnees, im Lande der Finnen, wo alles naß, glatt, flach, bleich, grau und neblig ist! Diese Künstler gleichen gar nicht den italienischen Künstlern, die so stolz und heißblütig sind wie Italien und sein Himmel; sie sind vielmehr zum größten Teil ein gutmütiges, sanftes Völkchen, schüchtern und sorglos. So ein Künstler hängt mit einer stillen Liebe an seiner Kunst, trinkt in seinem kleinen Zimmer mit zwei Freunden Tee, spricht bescheiden über den geliebten Gegenstand und denkt niemals an einen Überfluß. So ein Künstler lädt irgendeine alte Bettlerin zu sich ein und zwingt sie, geschlagene sechs Stunden zu sitzen, um ihre elende, ausdruckslose Miene auf die Leinwand zu bannen. Er zeichnet die perspektivische Ansicht seines Zimmers, in dem allerhand künstlerisches Gerümpel herumliegt: Hände und Füße aus Gips, die durch die Zeit und den Staub kaffeebraun geworden sind, zerbrochene Staffeleien, eine umgeworfene Palette; einen Freund, der die Gitarre spielt, mit Farben beschmierte Wände und ein offenes Fenster, durch das man die blasse Newa und arme Fischer in roten Hemden sieht. Sie haben fast alle ein graues, trübes Kolorit – den unauslöschlichen Stempel des Nordens. Dabei hängen sie mit aufrichtigem Entzücken an ihrer Arbeit. Sie haben oft ein wahres Talent, das, wenn es nur in die frische Luft Italiens käme, sich sicher ebenso frei, groß und grell entfalten würde wie eine Pflanze, die man aus dem Zimmer endlich in die frische Luft bringt. Sie sind im allgemeinen schüchtern: ein Ordensstern und eine dicke Epaulette verwirren sie dermaßen, daß sie unwillkürlich den Preis ihrer Werke herabsetzen. Sie tragen sich zuweilen elegant, aber diese Eleganz erscheint bei ihnen zu auffallend und hat einige Ähnlichkeit mit einem Flicken auf einem alten Anzug. Man sieht sie manchmal in einem vorzüglichen Frack und einem schmutzigen Mantel, in einer kostbaren Samtweste und in einem mit Farben beschmierten Rock – so sieht man auch auf ihren unvollendeten Landschaften zuweilen eine mit dem Kopf nach unten gezeichnete Nymphe, die der Künstler, mangels eines anderen Platzes, auf den schmierigen Grund eines früheren Werkes hingeworfen, an dem er einst mit solchem Genuß gearbeitet hatte. Er sieht einem niemals gerade in die Augen; tut er es doch, so blickt er trüb und nichtssagend; es ist niemals der Habichtblick eines Beobachters oder der Falkenblick eines Kavallerieoffiziers. Das kommt daher, weil er zur gleichen Zeit ihre Züge und die Züge irgendeines gipsernen Herkules sieht, der in seinem Zimmer steht, oder weil ihm ein Bild vorschwebt, das er zu malen beabsichtigt. Darum beantwortet er die Fragen oft unzusammenhängend, manchmal falsch, und die sich in seinem Kopf vermischenden Gegenstände vergrößern noch mehr seine Schüchternheit.

Zu diesem Schlage gehörte auch der von uns geschilderte junge Mann, der Maler Piskarjow, ein schüchterner und scheuer Mensch, in dessen Seele aber Funken eines Gefühls glommen, die bei einer günstigen Gelegenheit zu einer Flamme auflodern konnten. Mit heimlichem Beben eilte er dem Gegenstande seiner Bewunderung nach, der ihn so tief erschüttert hatte, und er schien selbst über seine Kühnheit zu staunen. Das unbekannte Geschöpf, das seine Augen, Gedanken und Gefühle so mächtig anzog, wandte plötzlich den Kopf und sah ihn an. Mein Gott, was für göttliche Züge! Die blendend weiße entzückende Stirne war von achatgleichen Haaren beschattet. Sie bildeten wunderbare Locken, fielen zum Teil unter dem Hute hervor und berührten die Wangen, die von der abendlichen Kälte leicht gerötet waren. Die Lippen schienen von einem ganzen Schwarm entzückender Träume versiegelt. Alles, was von den Erinnerungen der Kindheit zurückbleibt, was beim Scheine der stillen Lampe Träume und eine stille Begeisterung weckt – alles schien in ihren harmonischen Lippen vereinigt, floß in ihnen zusammen und spiegelte sich in ihnen. Sie blickte Piskarjow an, und unter diesem Blicke erbebte sein Herz; ihr Blick war streng: ihre Züge drückten Entrüstung aus angesichts dieser frechen Verfolgung; aber auf diesem schönen Gesicht war sogar der Zorn berückend. Von Scham und Scheu ergriffen, blieb er stehen und schlug die Augen nieder; wie kann man aber diese Gottheit verlieren, ohne das Heiligtum gefunden zu haben, in dem sie sich niedergelassen hat? Solche Gedanken kamen dem jungen Träumer in den Sinn, und er entschloß sich, sie weiter zu verfolgen. Damit sie es aber nicht merke, blieb er weit hinter ihr zurück, blickte sorglos nach allen Seiten und betrachtete die Ladenschilder, ließ aber dabei keinen Schritt der Unbekannten aus den Augen. Es kamen immer weniger Passanten vorbei, die Straße wurde stiller, die Schöne sah sich um, und es kam ihm vor, als leuchte ein leichtes Lächeln auf ihren Lippen. Er erzitterte am ganzen Leibe und traute seinen Augen nicht. Nein, es war das trügerische Laternenlicht, das auf ihrem Gesicht eine Art Lächeln hervorgezaubert hatte; es waren seine eigenen Gedanken, die sich über ihn lustig machten. Aber ihm stockte der Atem, alles in ihm wurde zu einem einzigen Zittern, alle seine Gefühle glühten, und alles vor ihm war von einem Nebel umfangen; das Trottoir enteilte unter seinen Füßen, die Equipagen mit den galoppierenden Pferden schienen unbeweglich, die Brücke zog sich in die Länge und brach in ihrer Wölbung, das Haus stand auf dem Dache, ein Schilderhäuschen fiel auf ihn nieder, und die Hellebarde des Schutzmanns schien zugleich mit den goldenen Lettern des Ladenschildes und der gemalten Schere auf der Wimper seines Auges zu glänzen. Dies alles hatte ein einziger Blick, eine einzige Wendung des hübschen Köpfchens bewirkt. Ohne etwas zu hören, zu sehen und zu verstehen, folgte er den leichten Spuren der schönen Füßchen und bemühte sich, die Schnelligkeit seiner Schritte zu hemmen, die sich im gleichen Takte wie sein Herz bewegten. Zuweilen packte ihn ein Zweifel, ob ihr Gesichtsausdruck in der Tat so wohlwollend gewesen sei, und dann blieb er für einen Augenblick stehen; aber das Herzklopfen, eine unüberwindliche Gewalt und die Aufregung aller seiner Gefühle trieben ihn vorwärts. Er bemerkte sogar nicht, wie vor ihm plötzlich ein vierstöckiges Haus auftauchte, wie alle vier erleuchteten Fensterreihen ihn zugleich anblickten und wie das Geländer vor der Einfahrt ihn eisern abwehrte. Er sah, wie die Unbekannte die Treppe hinaufflog, wie sie sich umwandte, den Finger auf die Lippen legte und ihm bedeutete, ihr zu folgen. Seine Knie zitterten, seine Gedanken glühten; ein Blitz der Freude durchzuckte sein Herz: nein, es war kein Traum mehr! Gott, wieviel Freude in einem einzigen Augenblick! Ein so herrliches Leben in diesen zwei Minuten!

Aber war das alles kein Traum? War denn sie, für deren himmlischen Blick allein er sein ganzes Leben hingeben könnte, in der Nähe deren Wohnung zu sein er schon für eine unsagbare Seligkeit hielt, war sie denn ihm soeben wirklich so wohl gewogen? Er flog die Treppe hinauf. Er empfand keinen einzigen irdischen Gedanken, er war nicht von der Flamme einer irdischen Leidenschaft entzündet, – nein, er war in diesem Augenblick rein und sündlos wie ein keuscher Jüngling, der noch das ungewisse, geistige Bedürfnis nach Liebe atmet. Das, was in einem verdorbenen Menschen kühne Wünsche geweckt haben würde, das heiligte seine Gedanken noch mehr. Dieses Vertrauen, das ihm dieses schwache, schöne Geschöpf entgegenbrachte, dieses Vertrauen hatte ihm das Gebot einer strengen Ritterlichkeit auferlegt, das Gelübde, alle ihre Befehle sklavisch zu befolgen. Er wollte nur, daß diese Befehle möglichst schwer und unerfüllbar seien, damit er sie mit einer noch größeren Anspannung seiner Kräfte befolgen könnte. Er zweifelte nicht daran, daß irgendein geheimes und zugleich wichtiges Ereignis die Unbekannte bewogen hatte, sich ihm anzuvertrauen; daß sie von ihm irgendwelche wichtigen Dienste verlangen würde, und er fühlte schon in sich eine Kraft und eine Entschlossenheit, alles zu wagen.

Die Treppe wand sich hinauf, und zugleich mit ihr wanden sich seine schnellen Gedanken. »Vorsichtiger!« erklang wie eine Harfe ihre Stimme und erfüllte alle seine Adern mit einem neuen Beben. In der dunklen Höhe des vierten Stockes klopfte die Unbekannte an die Tür; die Tür öffnete sich, und sie traten zusammen ein. Eine Frau von gar nicht üblem Aussehen empfing sie mit der Kerze in der Hand und sah Piskarjow so sonderbar und so frech an, daß er unwillkürlich seine Augen niederschlug. Sie traten in ein Zimmer. Drei weibliche Gestalten in drei verschiedenen Ecken boten sich seinen Blicken. Die eine legte Karten; die andere saß am Pianino und spielte mit zwei Fingern eine Art alte Polonäse; die dritte saß vor einem Spiegel, kämmte mit einem Kamme ihr langes Haar und dachte gar nicht daran, beim Eintritt eines Unbekannten diese Beschäftigung zu unterbrechen. Eine eigentümliche, unangenehme Unordnung, wie man sie sonst nur im Zimmer eines gleichgültigen Junggesellen trifft, herrschte hier überall. Die recht guten Möbelstücke waren von Staub bedeckt; die Spinne hatte die Stuckverzierungen des Plafonds mit ihrem Gewebe überzogen; durch die halbgeöffnete Tür sah man im Nebenzimmer einen mit einem Sporn versehenen Stiefel und den roten Vorstoß einer Uniform leuchten; eine laute Männerstimme und weibliches Lachen klangen ganz ungezwungen.

Mein Gott, wo war er hingeraten! Anfangs wollte er seinen Wahrnehmungen nicht trauen und musterte aufmerksamer die Gegenstände, die das Zimmer füllten; aber die kahlen Wände und die Fenster ohne Vorhänge wiesen auf das Fehlen einer sorgenden Hausfrau hin; die abgelebten Gesichter dieser elenden Geschöpfe, von denen sich das eine dicht vor seiner Nase hinsetzte und ihn ebenso ruhig betrachtete, wie einen Fleck auf einem fremden Kleide, – dies alles gab ihm die Überzeugung, daß er in eine ekelhafte Spelunke geraten war, wo das von der oberflächlichen Bildung und der schrecklichen Übervölkerung der Hauptstadt gezeugte elende Laster nistete, in eine Behausung, wo der Mensch alles Reine und Heilige, was das Leben schmückt, gotteslästerlich erdrückt und verspottet hat, wo die Frau, diese Zierde der Welt, diese Krone der Schöpfung sich in ein seltsames, doppelsinniges Geschöpf verwandelt, wo sie zugleich mit der Reinheit der Seele alles Weibliche eingebüßt und sich alle ekelhaften Manieren und die Frechheit des Mannes angeeignet und schon aufgehört hat, jenes schwache, jenes herrliche, und von uns so verschiedene Wesen zu sein. Piskarjow maß sie vom Kopf bis zu den Füßen mit seinen erstaunten Blicken, als wolle er sich überzeugen, ob es dieselbe sei, die ihn auf dem Newskij-Prospekt bezaubert und hingerissen hatte. Aber sie stand vor ihm noch ebenso schön; ebenso schön waren noch ihre Haare und ebenso himmlisch schienen ihre Augen. Sie war noch recht frisch; sie war erst siebzehn Jahre alt; man konnte ihr ansehen, daß sie erst vor kurzer Zeit von dem schrecklichen Laster ergriffen worden war: es wagte noch nicht an ihren Wangen zu rühren, sie waren noch frisch und leicht gerötet; sie war schön.

Er stand unbeweglich vor ihr und war schon bereit, sich ebenso einfältigen Träumereien hinzugeben wie früher. Aber dieses lange Schweigen langweilte die Schöne, und sie lächelte vielsagend, ihm gerade in die Augen blickend. Doch dieses Lächeln war von einer eigenen, elenden Frechheit erfüllt: es war so seltsam und paßte ebenso zu ihrem Gesicht, wie der Ausdruck von Frömmigkeit zu der Fratze eines Wucherers oder ein Kontobuch zu einem Dichter. Er erbebte. Sie öffnete ihren hübschen Mund und begann etwas zu sprechen, aber es war so dumm, so abgeschmackt... Es war, als ob zugleich mit der Unschuld auch der Verstand den Menschen verließe! Er wollte nichts hören. Er war außerordentlich komisch und einfältig wie ein Kind. Statt dieses Wohlwollen auszunützen, statt sich über diesen Zufall zu freuen, wie sich an seiner Stelle wohl jeder andere gefreut haben würde, stürzte er wie eine Gazelle aus dem Zimmer und lief auf die Straße.

Mit gesenktem Kopf und herabhängenden Armen saß er in seinem Zimmer wie ein Bettler, der eine kostbare Perle gefunden und sie gleich wieder ins Meer hat fallen lassen. »Eine solche Schönheit, so göttliche Züge! Und wo? An welchem Ort?...« Das war alles, was er sagen konnte.

In der Tat, nie empfinden wir schmerzvolleres Mitleid als beim Anblick einer Schönheit, die vom verderblichen Odem des Lasters berührt worden ist. Wenn sich zum Laster noch die Häßlichkeit gesellt; aber die Schönheit, eine zarte Schönheit... Wir können sie in unseren Gedanken doch nur mit Sündlosigkeit und Reinheit verbinden. Die Schöne, die den armen Piskarjow so bezaubert hatte, war in der Tat eine wunderbare, ungewöhnliche Erscheinung. Ihre Anwesenheit in dieser verächtlichen Gesellschaft schien um so ungewöhnlicher. Alle ihre Züge waren so rein geformt, der ganze Ausdruck des schönen Gesichts war von solchem Adel gezeichnet, daß man sich unmöglich denken konnte, das Laster hätte schon seine schrecklichen Krallen in sie geschlagen. Sie hätte für einen leidenschaftlichen Gatten eine kostbare Perle, eine ganze Welt, ein ganzes Paradies, ein ganzer Reichtum sein können; sie wäre ein herrlicher, stiller Stern in einem bescheidenen Familienkreise, wo sie mit einer einzigen Bewegung ihrer herrlichen Lippen süße Befehle erteilen würde. Sie könnte eine Gottheit in einem überfüllten Saale sein, auf dem strahlenden Parkett, im Scheine der Kerzen, unter der stummen Andacht der zu ihren Füßen liegenden Schar von Verehrern. Aber ach! Der schreckliche Wille eines Höllengeistes, der danach strebt, die Harmonie des Lebens zu stören, hatte sie mit Hohngelächter in diesen schrecklichen Abgrund geworfen.

Von einem herzzerreißenden Mitleid erfüllt, saß er vor der heruntergebrannten Kerze. Die Mitternacht war längst vorüber, die Turmuhr schlug halb eins, er aber saß unbeweglich, schlaflos, untätig. Der Schlummer benützte seine Unbeweglichkeit und fing schon an, sich seiner langsam zu bemächtigen, das Zimmer fing an zu verschwinden, nur noch die Kerzenflamme allein leuchtete durch die Visionen, als plötzlich ein Klopfen an der Tür ihn auffahren und zu sich kommen ließ. Die Tür ging auf, und ein Lakai in reicher Livree trat ein. In sein einsames Zimmer hatte noch niemals eine reiche Livree hineingeblickt, zudem zu einer so ungewöhnlichen Stunde... Er konnte nichts begreifen und starrte mit Ungeduld und Neugierde den Lakai an.

»Die Dame«, sagte der Lakai mit einer höflichen Verbeugung, »bei der Sie vor einigen Stunden gewesen sind, läßt Sie zu sich bitten und schickt einen Wagen nach Ihnen.«

Piskarjow stand in stummem Erstaunen da: einen Wagen, ein livrierter Lakai!...Nein, es ist wohl ein Mißverständnis...

»Hören Sie einmal, mein Lieber«, sagte er schüchtern, »Sie haben sich wohl in der Adresse geirrt. Die Dame hat sie zweifellos nach jemand anders geschickt und nicht nach mir.«

»Nein, mein Herr, ich habe mich nicht geirrt. Sie haben doch geruht, die Dame zu Fuß zum Hause in der Litejnaja, ins Zimmer im vierten Stocke zu begleiten?«

»Ja, ich.«

»Nun, dann kommen Sie bitte schnell mit. Die Gnädige will Sie unbedingt sehen und bittet Sie, zu ihr ins Haus zu kommen.«

Piskarjow lief die Treppe hinunter. Draußen wartete wirklich ein Wagen. Er stieg ein, der Schlag wurde zugeklappt, die Pflastersteine dröhnten unter den Rädern und Hufen, und die erleuchtete Perspektive der Häuser mit den Laternen und den Ladenschildern flog an den Wagenfenstern vorbei. Piskarjow dachte während der ganzen Fahrt nach und wußte nicht, wie sich dieses Abenteuer zu erklären. Ein eigenes Haus, ein Wagen, ein Lakai in einer reichen Livree... Dies alles reimte sich gar nicht mit dem Zimmer im vierten Stock, mit den staubigen Fenstern und dem verstimmten Pianino zusammen. Die Equipage hielt vor einer hell erleuchteten Einfahrt, und er war ganz erstaunt über die Reihe von Equipagen, das Stimmengewirr der vielen Kutscher, die hellerleuchteten Fenster und die Töne der Musik. Der Lakai in der reichen Livree half ihm aus dem Wagen und führte ihn respektvoll in einen Flur mit Marmorsäulen, in dem ein goldstrotzender Portier stand, überall Mäntel und Pelze herumlagen und eine helle Lampe brannte. Eine luftige Treppe mit glänzendem Geländer führte inmitten von Wohlgerüchen hinauf. Schon war er auf der Treppe, schon trat er in den ersten Saal und erschrak und taumelte vor den vielen Leuten zurück. Die ungewöhnliche Buntheit der Gäste verwirrte ihn; es war ihm, als hätte irgendein Dämon die ganze Welt in eine Menge verschiedener Stücke zerbröckelt und diese Stücke ohne jeden Sinn und Plan vermischt. Strahlende Damenschultern und schwarze Fräcke, Lüster, Lampen, luftige, schwebende Tüllgewebe, ätherleichte Bänder und die dicke Baßgeige, die hinter dem Geländer des wundervollen Chors hervorschaute, – alles blendete ihn. Er sah auf einmal eine solche Menge ehrenwerter Greise und Halbgreise mit Ordenssternen auf den Fräcken, von Damen, die so leicht, stolz und graziös über das Parkett glitten, oder in Reihen nebeneinander saßen; er hörte so viele französische und englische Worte; außerdem waren die jungen Männer in den schwarzen Fräcken von einem solchen Anstand erfüllt, sprachen und schwiegen mit solcher Würde, verstanden so ausgezeichnet, nichts Überflüssiges zu sagen, scherzten so majestätisch, lächelten so ehrfurchtsvoll, trugen so wunderbare Backenbärte zur Schau und verstanden so kunstvoll ihre schönen Hände zu zeigen, indem sie ihre Halsbinden zurechtzupften; die Damen waren so luftig, so tief in vollkommene Zufriedenheit und Wonne versunken, schlugen so entzückend die Augen nieder, – daß...aber schon das demütige Aussehen Piskarjows, der sich ängstlich an eine Säule lehnte, zeigte, daß er ganz die Fassung verloren hatte. In diesem Augenblick drängte sich die Menge um eine tanzende Gruppe. Die Tänzerinnen waren in durchsichtige Schöpfungen von Paris gehüllt, in Kleider, die aus Luft gewebt schienen; flüchtig berührten sie mit ihren funkelnden Füßchen das Parkett und schienen noch ätherischer, als wenn sie es überhaupt nicht berührten. Aber eine von ihnen war schöner als alle, prachtvoller und glänzender als alle gekleidet. Ein unsagbarer feiner Geschmack spiegelte sich in ihrem ganzen Aufputz, und dabei hatte man den Eindruck, als kümmere sie sich gar nicht um ihn, als sei alles ganz von selbst entstanden. Sie sah und sah zugleich auch nicht auf die Zuschauer, die sich um sie drängten, sie hielt ihre langen Wimpern gleichgültig gesenkt, und das blendende Weiß ihres Gesichtes erschien noch blendender, wenn sich bei einer Senkung des Kopfes ein leichter Schatten auf ihre entzückende Stirn legte.

Piskarjow wandte alle Mühe an, um sich durch die Menge zu schieben und die Schöne näher zu sehen; aber irgendein großer Kopf mit dunklem Kraushaar verdeckte sie zu seinem größten Ärger immer wieder vor ihm; außerdem hatte ihn die Menge so eingezwängt, daß er weder sich vorwärtszudrängen, noch zurückzuweichen wagte, aus Furcht, irgendeinen Geheimrat anzustoßen. Da hat er sich aber doch vorgedrängt und einen Blick auf seine Kleidung geworfen, um sie etwas in Ordnung zu bringen. Du lieber Himmel, was ist denn das?! Er hat ja einen über und über mit Farben beschmierten Rock an: in der Eile hatte er ganz vergessen, sich vor dem Aufbruch anständig umzuziehen. Er errötete bis über die Ohren, senkte den Kopf und wollte in die Erde versinken; aber auch das war ganz unmöglich: hinter ihm stand eine ganze Mauer von Kammerjunkern in glänzenden Uniformen. Er wünschte sich weit fort von der Schönen mit der herrlichen Stirne und den schönen Wimpern. Voller Angst hob er die Augen, um festzustellen, ob sie ihn nicht ansehe. Mein Gott, sie stand ja vor ihm!... Aber was ist das, was ist das? »Das ist sie!« rief er plötzlich ganz laut. Es war in der Tat sie, dieselbe, der er auf dem Newskij begegnet war und die er bis zu ihrer Wohnung begleitet hatte.

Sie hob indessen ihre Wimpern und sah alle mit ihrem heiteren Blick an. »Ach, wie schön!...« das war alles, was er mit stockendem Atem sagen konnte. Sie ließ ihre Blicke im Kreise schweifen, – ein jeder wollte ihre Aufmerksamkeit auf sich lenken, aber sie wandte mit einer eigentümlichen Ermüdung und Gleichgültigkeit die Blicke von allen ab und richtete sie auf Piskarjow. Oh, welch ein Himmel! Welch ein Paradies! Schöpfer, gib mir die Kraft, es zu ertragen! Das Leben kann es nicht fassen, dieser Blick muß es zerstören und die Seele entführen! Sie gab ihm ein Zeichen, aber nicht mit der Hand und nicht durch ein Nicken des Kopfes, nein, in ihren alles zermalmenden Augen kam dieses Zeichen so leise, so unmerklich zum Ausdruck, daß niemand es wahrnehmen konnte; er aber sah und verstand es. Der Tanz dauerte lange; die müde Musik schien allmählich zu ersterben und zu erlöschen, schwang sich dann wieder auf, kreischte und dröhnte; endlich war der Tanz zu Ende. Sie setzte sich; ihre ermüdete Brust hob sich unter den zarten Tüllwolken; ihre Hand (Schöpfer, was für eine wundervolle Hand!) sank auf ihre Knie, fiel auf ihr luftiges Gewand, und ihr Kleid schien unter der Last dieser Hand Musik zu atmen, und seine zarte Fliederfarbe unterstrich noch mehr das blendende Weiß dieser herrlichen Hand. Nur einmal diese Hand berühren, – und nichts mehr! Keine anderen Wünsche, – alle anderen Wünsche sind zu kühn... Er stand hinter ihrem Stuhl und wagte nicht, zu sprechen, wagte nicht, zu atmen. »Sie haben sich wohl gelangweilt?« sagte sie. »Auch ich habe mich gelangweilt. Ich merke, daß Sie mich hassen...« fügte sie hinzu, indem sie ihre langen Wimpern senkte.

»Sie hassen? Ich?... Ich?...« wollte der ganz fassungslose Piskarjow sagen; er hätte auch gewiß eine Menge unzusammenhängender Worte gesagt, aber in diesem Augenblick nahte ihr ein Kammerherr mit einem schön frisierten Toupet und machte einige witzige und angenehme Bemerkungen. Er zeigte nicht ohne Anmut eine Reihe recht schöner Zähne und trieb mit jedem Witz einen spitzen Nagel in Piskarjows Herz. Endlich wandte sich zum Glück jemand an den Kammerherrn mit irgendeiner Frage.

»Wie unerträglich!« sagte sie und richtete auf ihn ihre himmlischen Augen. »Ich werde mich am anderen Ende des Saales hinsetzen: finden Sie sich dort ein!« Sie glitt durch die Menge und verschwand. Er bahnte sich wie wahnsinnig den Weg durch das Gedränge und stand schon neben ihr.

Sie war es wirklich! Sie saß wie eine Königin, schöner und herrlicher als alle, und suchte ihn mit den Augen.

»Sie sind hier?« sagte sie leise. »Ich will mit Ihnen aufrichtig sein: die Umstände unserer Begegnung sind Ihnen wohl merkwürdig vorgekommen. Glauben Sie denn, daß ich zu den verächtlichen Geschöpfen gehören könne, unter denen Sie mich trafen? Ihnen erscheinen meine Handlungen wohl sonderbar, aber ich will Ihnen das Geheimnis enthüllen. Sind Sie imstande«, sagte sie, indem sie auf ihn ihre Augen richtete, »es niemand zu verraten?«

»Oh, gewiß, gewiß, gewiß!...«

In diesem Augenblick trat aber an sie ein älterer Herr heran; er begann mit ihr in einer Sprache zu reden, die Piskarjow unverständlich war, und reichte ihr den Arm. Sie warf einen flehenden Blick auf Piskarjow und bedeutete ihm durch ein Zeichen, auf seinem Platze zu bleiben und auf sie zu warten; aber er war in seiner Ungeduld nicht imstande, irgendwelche Befehle, selbst solche aus ihrem Munde, zu befolgen. Er ging ihr nach, aber die Menge drängte sich zwischen sie. Er konnte ihr fliederfarbenes Kleid nicht mehr sehen; von Unruhe ergriffen, drängte er sich von einem Zimmer ins andere und stieß alle unbarmherzig zur Seite; aber in allen Zimmern saßen lauter große Tiere beim Whist, in vollkommenes Schweigen gehüllt. In der Ecke eines Zimmers stritten einige ältere Herren über die Vorzüge des Militärdienstes gegenüber dem Zivildienste; in einer anderen Ecke machten einige junge Männer in gutsitzenden Fräcken flüchtige Bemerkungen über das mehrbändige Werk eines ernsten Dichters. Piskarjow fühlte, wie ein älterer Herr von respektgebietendem Aussehen ihn am Knopfe seines Fracks festhielt und sein Urteil über eine recht treffende Bemerkung, die er gemacht, hören wollte; er stieß ihn aber roh zur Seite und merkte sogar nicht, daß jener einen ziemlich hohen Orden am Halse hatte. Er lief in ein anderes Zimmer, – sie war dort nicht, in ein drittes, – auch dort war sie nicht. »Wo ist sie denn? Gebt sie mir! Oh, ich kann nicht leben, ohne sie zu sehen! Ich will hören, was sie mir sagen wollte!« Aber all sein Suchen war vergeblich. Unruhig, ermüdet drückte er sich in eine Ecke und blickte in die Menge; seine gespannten Augen sahen aber alles getrübt. Endlich sah er um sich deutlich die Wände seines eigenen Zimmers. Er hob die Augen: vor ihm stand der Leuchter mit fast erloschener Flamme; die ganze Kerze war geschmolzen; der Talg hatte sich auf seinen alten Tisch ergossen...

Er hatte also nur geschlafen! Mein Gott, welch ein herrlicher Traum! Wozu mußte er auch erwachen? Warum hatte es nicht noch eine Minute gedauert? Sie wäre doch sicher wieder erschienen! Das Morgengrauen blickte mit seinem unangenehmen, trüben Scheine zu ihm ins Zimmer und ärgerte ihn. Das Zimmer lag so grau und unordentlich vor ihm... O wie abstoßend ist doch die Wirklichkeit! Was ist sie im Vergleich zu einem Traume. Er entkleidete sich schnell, legte sich ins Bett und hüllte sich in die Decke: er wollte unbedingt das entschwundene Traumbild zurückrufen. Ihn überkam wieder der Schlaf, er träumte aber von Dingen, die er gar nicht sehen wollte: bald erschien ihm der Leutnant Pirogow mit einer Pfeife, bald ein Diener der Kunstakademie, bald ein wirklicher Staatsrat, bald der Kopf einer Finnin, deren Bildnis er einmal gemalt hatte, und ähnlicher Unsinn.

Er lag bis zur Mittagsstunde im Bett und bemühte sich, wieder einzuschlafen, sie erschien aber nicht. Wenn sie doch nur für einen Augenblick ihre herrlichen Züge zeigen wollte, wenn er doch nur einen Augenblick ihre leichten Schritte hören, ihre bloße, wie der Schnee auf den höchsten Bergesgipfeln leuchtende Hand sehen könnte!

Er hatte alles von sich geworfen, alles vergessen, und saß mit bestürzter, hoffnungsloser Miene, nur von dem einen Traumbilde erfüllt. Er wollte nichts anrühren; seine Augen blickten teilnahmslos und leblos durchs Fenster auf den Hof, wo ein schmutziger Wasserführer Wasser ausschenkte, das in der Luft einfror, und die Stimme eines Hausierers meckerte: »Alte Kleider zu verkaufen!« Alles Alltägliche und Wirkliche berührte seltsam sein Ohr. So saß er bis zum Abend und warf sich dann voller Sehnsucht ins Bett. Lange kämpfte er gegen die Schlaflosigkeit, und schließlich überwand er sie. Wieder hatte er einen Traum, einen gemeinen, häßlichen Traum. »Gott, erbarme dich meiner, zeig sie mir, wenn auch nur für einen Augenblick. Er wartete wieder auf den Abend, er schlief wieder ein, und träumte wieder von irgendeinem Beamten, der ein Beamter und zugleich ein Fagott war. Oh, das war unerträglich! Endlich erschien sie! Er sah ihren Kopf, ihre Locken... sie sah ihn an... Oh, wie kurz! Und wieder versank alles in einem Nebel und wurde von einem dummen Traumgesicht verdeckt.

Endlich wurden diese Traumgesichte zu seinem eigentlichen Leben, und sein ganzes Leben nahm von nun an eine merkwürdige Form an: er schlief, sozusagen, im Wachen und wachte im Schlafen. Hätte ihn jemand stumm vor seinem leeren Tische sitzen oder durch die Straßen gehen sehen, so mußte er ihn für einen Nachtwandler halten oder für einen vom Alkohol vergifteten Menschen: so ausdruckslos war sein Blick. Seine angeborene Zerstreutheit entwickelte sich noch mehr und verjagte von seinem Gesicht gewaltsam alle Gefühle und Regungen. Nur beim Anbruch der Nacht wurde er wieder lebendig.

Dieser Zustand zerrüttete seine Kräfte, und seine schrecklichste Qual war, daß der Schlaf anfing, ihn ganz zu fliehen. Um seinen einzigen Reichtum zu erhalten, wandte er alle Mittel an, um den Schlaf wiederzuerlangen. Er hatte gehört, es gäbe wohl ein Mittel, den Schlaf wiederzuerlangen – man brauche nur Opium einzunehmen. Wo verschafft man sich aber Opium?

Er erinnerte sich eines persischen Kaufmanns, der mit Schals handelte und der ihn bei fast jeder Begegnung bat, ihm eine junge Schöne zu malen. Er beschloß, zu diesem Perser zu gehen, in der Annahme, daß jener wohl sicher Opium habe.

Der Perser empfing ihn, mit untergeschlagenen Beinen auf einem Sofa sitzend. »Wozu brauchst du denn Opium?« fragte er ihn.

Piskarjow erzählte ihm von seiner Schlaflosigkeit.

»Gut, ich will dir Opium geben, du mußt mir aber eine junge Schöne malen. Sie muß sehr schön sein! Die Brauen schwarz, und die Augen groß wie Oliven; ich selbst soll aber neben ihr liegen und eine Pfeife rauchen! Hörst du, sie muß schön sein, sehr schön!«

Piskarjow versprach ihm alles. Der Perser ging für einen Augenblick hinaus und brachte ein Glas mit einer dunklen Flüssigkeit. Er goß einen Teil davon in ein Fläschchen und gab es Piskarjow mit der Weisung, nicht mehr als sieben Tropfen in Wasser zu nehmen. Piskarjow ergriff gierig das Gläschen, das er auch nicht für einen Haufen Goldes wieder hergegeben hätte, und stürzte nach Hause.

Zu Hause angelangt, goß er einige Tropfen in ein Glas Wasser, nahm es ein und warf sich aufs Bett.

Gott, diese Freude! Sie! Wieder sie, aber schon in einer ganz anderen Welt! Wie schön sitzt sie am Fenster eines freundlichen Landhäuschens! Ihre Kleidung atmet solche Schlichtheit, wie sie nur ein Dichter ersinnen kann. Das Haar auf ihrem Kopfe...Gott, wie einfach ist ihre Haartracht und wie gut steht sie zu ihrem Gesicht! Ein knappes Tüchlein liegt ganz lose auf ihrem schlanken Halse; alles an ihr ist so bescheiden, alles von einem geheimnisvollen, unbeschreiblichen Geschmack erfüllt. Wie lieblich ist ihr graziöser Gang! Wie musikalisch der Tritt ihrer Füße und das Rascheln ihres einfachen Kleides! Wie schön ihre Hand mit dem aus Haaren geflochtenen Armband. Sie spricht zu ihm mit Tränen in den Augen: »Verachten Sie mich nicht: ich bin gar nicht die, für die Sie mich halten. Sehen Sie mich doch aufmerksamer an und sagen Sie mir: bin ich denn dessen fähig, was Sie von mir denken?« – »Oh, nein, nein, soll jeder, der solches zu denken wagt...«

Er erwachte aber gerührt, zerquält; mit Tränen in den Augen. – Es wäre besser, wenn du gar nicht existiertest, wenn du in dieser Welt nicht lebtest, sondern nur die Schöpfung eines begeisterten Künstlers wärest! Ich würde dann niemals von der Leinwand weichen, ich würde dich ewig anschauen und dich küssen, ich würde nur durch dich leben und atmen wie in einem schönen Traum, und dann wäre ich glücklich; andere Wünsche hätte ich nicht. Ich würde dich vor dem Einschlafen und vor dem Erwachen wie meinen Schutzengel anrufen, ich würde auf dich warten, wenn ich etwas Göttliches und Heiliges darzustellen hätte. Aber jetzt...welch ein schreckliches Leben! Was nützt es mir, daß sie lebt? Ist denn das Leben eines Wahnsinnigen seinen Verwandten und Freunden, die ihn einst geliebt haben, angenehm! Gott, was ist unser Leben! Ein ewiger Kampf zwischen Traum und Wirklichkeit! –

Beiläufig solche Gedanken beschäftigten ihn ununterbrochen. Er dachte sonst an nichts, er nahm fast keine Speise zu sich und wartete mit der Ungeduld und der Leidenschaftlichkeit eines Liebhabers auf den Abend und auf das ersehnte Traumgesicht. Die ständige Richtung seiner Gedanken auf ein Ziel erlangte schließlich eine solche Gewalt über sein ganzes Sein und seine Phantasie, daß das ersehnte Bild ihm fast jeden Tag erschien, und zwar immer in einer, der Wirklichkeit gerade entgegengesetzten Lage, denn seine Gedanken waren vollkommen rein wie die Gedanken eines Kindes. Durch diese Träume wurde der Gegenstand seiner Sehnsucht selbst geläutert und verklärt.

Das Opium erhitzte seine Gedanken noch mehr, und wenn es je einen bis zum höchsten Grade des Wahnsinns, ungestüm, schrecklich, allverzehrend und stürmisch Liebenden gegeben hat, so war dieser Unglückliche er.

Von allen seinen Traumgesichten freute ihn eines mehr als alle anderen: er sah sein Atelier vor sich. Er war so heiter und saß so frohgemut mit der Palette in der Hand! Und auch sie war dabei. Sie war schon seine Frau. Sie saß an seiner Seite, den reizenden Ellenbogen auf die Stuhllehne gestützt, und sah seiner Arbeit zu. In ihren schmachtenden, müden Augen lag eine

Last von Glück; alles im Zimmer atmete paradiesische Seligkeit; es war so hell, so schön aufgeräumt. Gott, sie lehnte ihr reizendes Köpfchen an seine Brust... Einen schöneren Traum hatte er noch nie gehabt. Er erwachte diesmal irgendwie frischer und weniger zerstreut als sonst. In seinem Kopfe schwirrten seltsame Gedanken. – Vielleicht ist sie durch einen unverschuldeten, schrecklichen Zufall in das Laster hineingezogen –, dachte er sich. – Vielleicht sehnt sich ihre Seele nach Reue; vielleicht möchte sie sich selbst aus ihrem schrecklichen Zustande befreien. Darf ich denn gleichgültig ihrem Untergange zusehen, während ich ihr doch bloß die Hand zu reichen brauche, um sie vor dem Ertrinken zu retten? –

Seine Gedanken gingen noch weiter. – Mich kennt niemand –, sagte er zu sich selbst, – niemand kümmert sich um mich, und auch ich kümmere mich um niemand. Wenn sie aufrichtige Reue äußert und ihren Lebenswandel ändert, werde ich sie heiraten. Ich muß sie heiraten und werde sicher viel besser tun, als viele, die ihre Haushälterinnen und oft sogar die verächtlichsten Geschöpfe heiraten. Meine Tat wird aber uneigennützig und vielleicht sogar groß sein; ich werde der Welt ihre schönste Zierde wiedergeben! –

Als er einen so leichtsinnigen Plan gefaßt, fühlte er, wie ihm das Blut ins Gesicht schoß; er trat vor den Spiegel und erschrak selbst vor seinen eingefallenen Wangen und seinem blassen Gesicht. Er kleidete sich sorgfältig an, wusch sich, kämmte sich das Haar, zog einen neuen Frack und eine elegante Weste an, warf sich den Mantel um und trat auf die Straße. Er atmete die frische Luft und fühlte sein Herz erfrischt wie ein Genesender, der zum erstenmal nach einer langen Krankheit ins Freie tritt. Sein Herz klopfte, als er sich der Straße näherte, die sein Fuß seit jener verhängnisvollen Begegnung nicht mehr betreten hatte.

Lange suchte er das Haus; sein Gedächtnis schien ihn im Stich zu lassen. Er ging zweimal durch die Straße und wußte nicht, vor welchem Haus sollte er stehenbleiben. Endlich kam ihm eines bekannt vor. Er lief schnell die Treppe hinauf und wer trat ihm entgegen? Sein Ideal, das geheimnisvolle Bild, das Original seiner Traumgesichte, diejenige, die sein Leben, sein schreckliches, qualvolles, süßes Leben ausgemacht hatte, – sie, sie selbst stand vor ihm. Er erzitterte; er war von Freude ergriffen und konnte sich vor Schwäche kaum auf den Füßen halten. Sie stand vor ihm noch ebenso schön da, obwohl ihre Augen verschlafen waren, obwohl ihr nicht mehr ganz frisches Gesicht blaß war; aber sie war immer noch herrlich.

»Ach!« rief sie, als sie Piskarjow erblickte, und rieb sich ihre verschlafenen Augen (es war aber schon zwei Uhr): »Warum sind Sie damals von uns weggelaufen?«

Er setzte sich erschöpft auf einen Stuhl und sah sie an.

»Ich bin eben aufgewacht; man hat mich erst um sieben Uhr früh heimgebracht. Ich war ganz betrunken«, fügte sie mit einem Lächeln hinzu.

Ach, wäre sie doch lieber stumm und der Sprache beraubt, statt solche Reden zu führen! Sie hatte ihm plötzlich wie in einem Panorama ihr ganzes Leben gezeigt. Aber er faßte sich dennoch ein Herz und entschloß sich, zu versuchen, auf sie durch Ermahnungen einzuwirken. Er nahm sich zusammen und hielt ihr mit zitternder und zugleich leidenschaftlicher Stimme das Schreckliche ihrer Lage vor. Sie hörte ihm mit aufmerksamem Gesicht und mit jenem Erstaunen zu, das wir bei einem unerwarteten und seltsamen Anblick zeigen. Sie blickte mit einem leisen Lächeln auf ihre Freundin, die, in einer Ecke sitzend, in ihrer Beschäftigung – sie reinigte einen Kamm – innehielt und ebenso aufmerksam dem neuen Prediger zuhörte.

»Ich bin allerdings arm«, sagte Piskarjow nach einer langen, belehrenden Ermahnung, »wir werden aber arbeiten, wir werden uns bemühen, unser Leben zu verbessern. Es gibt nichts Angenehmeres, als alles nur sich selbst zu verdanken. Ich werde an meinen Bildern arbeiten, du wirst, an meiner Seite sitzend, mich zur Arbeit begeistern und dabei sticken oder irgendeine andere Handarbeit machen – so werden wir keinen Mangel leiden.«

»Unmöglich!« unterbrach sie ihn mit einem Ausdruck von Verachtung. »Ich bin keine Wäscherin und keine Näherin, daß ich arbeiten sollte.«

Gott, in diesen Worten kam ihr ganzes gemeines, verächtliches Wesen zum Ausdruck, das Leben voller Leere und Müßiggang, diesen beiden getreuen Begleitern des Lasters.

»Heiraten Sie doch mich!« rief mit frecher Miene ihre Freundin, die bisher in der Ecke geschwiegen hatte. »Wenn ich Ihre Frau geworden bin, so werde ich so sitzen!« Bei diesen Worten verzerrte sie ihr elendes Gesicht zu einer dummen Grimasse, die die Schöne zum Lachen brachte.

Ach, das war schon zu viel! Das ging über seine Kraft! Er stürzte hinaus, als hätte er alle Gefühle und Gedanken verloren. Sein Verstand hatte sich getrübt: er irrte den ganzen Tag durch die Straßen, ohne Ziel, ohne etwas zu sehen, zu hören oder zu fühlen. Niemand wußte, ob er irgendwo übernachtet hatte oder nicht; von einem niedrigen Instinkt getrieben, kam er erst am nächsten Tag, blaß, in schrecklichem Zustande, mit zerzaustem Haar und mit dem Ausdruck von Wahnsinn im Gesicht in seine Wohnung zurück. Er schloß sich in sein Zimmer ein, ließ niemand herein und verlangte nichts.

Es vergingen vier Tage, und die Türe seines Zimmers wurde noch immer nicht geöffnet; schließlich war eine ganze Woche vergangen, – das Zimmer blieb immer noch verschlossen. Man stürzte zu seiner Türe, man rief ihn, er gab aber keine Antwort; endlich brach man die Türe auf und fand seinen leblosen Körper mit durchschnittener Kehle. Ein blutiges Rasiermesser lag auf dem Boden. An den krampfhaft ausgestreckten Armen und dem schrecklich verzerrten Gesichtsausdruck konnte man erkennen, daß seine Hand gezittert und daß er sich noch lange gequält hatte, ehe seine sündige Seele seinen Leib verlassen.

So ging das Opfer einer wahnsinnigen Leidenschaft, der arme Piskarjow zugrunde, der stille, schüchterne, bescheidene, kindlich einfältige Mensch, der in sich einen Funken von Talent trug, das sich vielleicht mit der Zeit zu einer großen und hellen Flamme entwickelt haben würde. Niemand beweinte ihn; niemand zeigte sich bei seiner entseelten Leiche, außer der gewöhnlichen Figur des Revieraufsehers und des gleichgültigen Polizeiarztes. Sein Sarg wurde in aller Stille, sogar ohne irgendwelche Riten, auf die Ochta geschafft. Hinter ihm folgend, weinte nur ein einziger Mensch, ein alter Soldat, und das auch nur, weil er ein Glas Branntwein zuviel getrunken hatte. Sogar der Leutnant Pirogow kam nicht, um die Leiche des Unglücklichen zu sehen, dem er bei Lebzeiten hohe Gunst erwiesen hatte. Übrigens hatte er ganz andere Dinge im Sinn: ihn beschäftigte ein außerordentliches Erlebnis. Wollen wir uns aber ihm zuwenden.

Ich mag keine Leichen, und es ist mir immer unangenehm, wenn ich einem langen Leichenzuge begegne und ein alter, als eine Art Kapuziner verkleideter Soldat sich mit der linken Hand eine Prise nimmt, weil die Rechte die Fackel halten muß. Ich fühle immer Ärger, wenn ich einen reichen Katafalk und einen mit Samt überzogenen Sarg sehe; aber mein Ärger vermischt sich mit Trauer, wenn ich sehe, wie auf einem Lastfuhrwerke ein gewöhnlicher, ungestrichener und unbedeckter Sarg eines armen Mannes geführt wird, dem nur irgendein armes Bettelweib, das ihm an einer Wegkreuzung begegnet, folgt, weil sie nichts anderes zu tun hat.

Ich glaube, wir haben den Leutnant Pirogow in dem Augenblick verlassen, als er sich von dem armen Piskarjow trennte und der Blondine vor ihnen nacheilte. Diese Blondine war ein zierliches und recht interessantes kleines Geschöpf. Sie blieb vor jedem Laden stehen und betrachtete die ausgestellten Gürtel, Halstücher, Ohrringe, Handschuhe und andere Bagatellen, sie drehte sich ununterbrochen hin und her, blickte nach allen Seiten und auch zurück. »Du meine Liebe!« sagte Pirogow, seiner selbst sicher, indem er die Verfolgung fortsetzte und das Gesicht mit dem Mantelkragen verdeckte, um nicht von einem seiner Bekannten gesehen zu werden. Aber es ist wohl nicht überflüssig, dem Leser zu melden, was für ein Mensch der Leutnant Pirogow war.

Bevor wir erklären, was für ein Mensch der Leutnant Pirogow war, wollen wir einiges über die Gesellschaft sagen, zu der Pirogow gehörte.

Es gibt Offiziere, die in Petersburg eine eigene, mittlere Gesellschaftsschicht darstellen. Bei einer Abendunterhaltung oder einem Diner im Hause eines Staatsrats oder Wirklichen Staatsrats, der diesen Dienstrang nach vierzigjähriger Mühe erlangt hat, kann man immer einen von ihnen treffen. Einige Töchter, so bleich und farblos wie Petersburg selbst, von denen einige schon überreif sind, ein Teetisch, ein Klavier und eine häusliche Tanzunterhaltung sind undenkbar ohne ein leuchtendes Epaulett, das beim Lampenlicht zwischen einer wohlerzogenen Blondine und dem schwarzen Frack eines Bruders oder eines Hausfreundes glänzt. Es ist außerordentlich schwer, so ein kaltblütiges junges Mädchen in Stimmung und zum Lachen zu bringen; es gehört eine große Kunst dazu, oder richtiger, gar keine Kunst. Man muß so sprechen, daß es weder allzu klug, noch allzu komisch sei, und dabei stets an die Bagatellen denken, die die Frauen so lieben. Das muß man den erwähnten Herren lassen: sie haben ein besonderes Talent, diese farblosen Schönen zum Lachen und zum Zuhören zu zwingen. Die vom Lachen erstickten Ausrufe: »Ach, hören Sie auf! Schämen Sie sich doch, einen so zum Lachen zu bringen!« sind oft ihr bester Lohn. In der höheren Gesellschaft kommen sie nur selten vor, oder richtiger gesagt, nie. Hier sind sie ganz von den Menschen verdrängt, die man in dieser Gesellschaft Aristokraten nennt. Im übrigen gelten sie als gebildete und wohlerzogene Menschen. Sie sprechen gerne über die Literatur, loben Bulgarin, Puschkin und Gretsch und fertigen Orlow mit Verachtung und geistreichen Sticheleien ab. Sie versäumen keinen einzigen öffentlichen Vortrag, und wenn er auch nur von der Buchhaltung oder sogar vom Forstwesen handelt. Im Theater begegnet man ihnen bei jedem Stück, höchstens solche Stücke ausgenommen, die wie »Filatka« ihren wählerischen Geschmack verletzen.

Im Theater sind sie immer anwesend. Für die Theaterdirektion sind sie die nützlichsten Menschen. Sie schätzen in den Stücken hauptsächlich schöne Verse, und lieben es, die Schauspieler laut vor die Rampe zu rufen; viele von ihnen, die in staatlichen Lehranstalten unterrichten oder junge Leute zum Eintritt in diese Lehranstalten vorbereiten, schaffen sich zuletzt ein Kabriolett und ein Paar Pferde an. Dann wird ihr Wirkungskreis noch weiter; schließlich bringen sie es so weit, daß sie eine Kaufmannstochter heiraten, die Klavier zu spielen versteht, an die hunderttausend Rubel mitbekommt und eine Menge bärtiger Verwandter hat. Diese Ehre können sie jedoch nicht früher erlangen, als bis sie es wenigstens zum Obersten gebracht haben, denn die russischen Kaufleute, deren Barte immer noch etwas nach Sauerkohl riechen, wollen ihre Töchter unbedingt mit Generälen oder wenigstens Obersten verheiratet sehen.

Das sind die wichtigsten Charakterzüge der jungen Leute dieser Art. Der Leutnant Pirogow verfügte aber außerdem noch über eine Menge anderer Talente, die nur ihm allein eigen waren. Er deklamierte vorzüglich Verse aus dem »Dmitrij Donskoi« und aus »Verstand schadet« und verstand ausgezeichnet, Rauchringe aus seiner Pfeife steigen zu lassen, von denen er zuweilen ganze zehn Stück aufeinanderreihen konnte. Er verstand auch sehr angenehm den bekannten Witz zu erzählen, daß »die Kanone ein Ding für sich und auch das Einhorn ein Ding für sich sei«.

Es ist übrigens ziemlich schwer, alle Talente aufzuzählen, mit denen das Schicksal den Leutnant Pirogow ausgestattet hatte. Er liebte es, über eine Schauspielerin oder Tänzerin zu sprechen, drückte sich aber dabei viel weniger scharf aus, als über dieses Thema junge Fähnriche gewöhnlich zu sprechen pflegen. Er war mit seinem Dienstrang, den er erst vor kurzem bekommen hatte, sehr zufrieden; er pflegte zwar manchmal, wenn er sich aufs Sofa legte, zu sagen: »Ach, ach, ach! Alles ist eitel, was ist denn dabei, daß ich Leutnant bin?«, aber in seinem Inneren schmeichelte ihm doch seine neue Würde; beim Gespräch versuchte er oft wie nebenbei darauf anzuspielen, und als er einmal auf der Straße einem Regimentsschreiber begegnete, der ihm nicht höflich genug erschien, hielt er ihn sofort an und gab ihm in wenigen, aber eindringlichen Worten zu verstehen, daß er einen Leutnant und nicht etwa einen anderen Offizier vor sich habe. Er bemühte sich, dies besonders schön auszudrücken, da in diesem Augenblick gerade zwei gar nicht üble Damen vorbeigingen. Pirogow hatte überhaupt eine Leidenschaft für alles Schöne und erwies dem Maler Piskarjow seine Gunst; dies kam vielleicht auch daher, weil er zu gerne sein männliches Antlitz auf einem Bilde abkonterfeit gesehen hätte. Aber genug von den Eigenschaften Pirogows. Der Mensch ist ein so merkwürdiges Geschöpf, daß es ganz unmöglich ist, alle seine Vorzüge auf einmal darzulegen; je genauer man ihn betrachtet, um so mehr neue Eigenschaften entdeckt man an ihm, so daß man mit der Aufzählung nie zu Ende käme. Pirogow verfolgte also unausgesetzt die Unbekannte und unterhielt sie ab und zu mit Fragen, die sie nur selten, kurz und mit unartikulierten Lauten beantwortete. Sie gelangten durch das nasse Kasan-Tor in die Mjeschtschanskaja-Straße – die Straße der Tabak- und Kramläden, der deutschen Handwerker und der finnischen Nymphen. Die Blondine beschleunigte ihre Schritte und schlüpfte in das Tor eines ziemlich schmierigen Hauses. Pirogow folgte ihr. Sie lief eine enge, dunkle Treppe hinauf und trat in eine Tür, durch die ihr auch Pirogow kühn folgte. Er sah sich in einem großen Zimmer mit schwarzen Wänden und verräucherter Decke. Auf dem Tische lag ein Haufen eiserner Schrauben, Schlosserwerkzeuge, glänzender Kaffeekannen und Leuchter; der Fußboden war mit Messing-und Eisenspänen bedeckt. Pirogow merkte sofort, daß es die Wohnung eines Handwerkers war. Die Unbekannte flatterte graziös wie ein Vogel in eine Seitentüre. Pirogow besann sich einen Augenblick, entschloß sich aber dann, der russischen Regel zu folgen und weiter vorzudringen. Er kam in ein anderes Zimmer, das dem ersten gar nicht glich: es war sauber und ordentlich, was darauf hinwies, daß der Wirt ein Deutscher war. Pirogow sah vor sich ein Bild, das ihn in Erstaunen versetzte. Vor ihm saß Schiller – nicht der Schiller, der den »Wilhelm Teil« und die »Geschichte des Dreißigjährigen Krieges« geschrieben hatte, sondern der bekannte Klempnermeister Schiller aus der Mjeschtschanskaja-Straße. Neben Schiller stand Hoffmann, nicht der Dichter Hoffmann, sondern der recht tüchtige Schuhmachermeister aus der Offiziersstraße, ein großer Freund Schillers. Schiller saß betrunken auf einem Stuhle, stampfte mit dem Fuß und sprach etwas mit großem Eifer. Dies alles hätte Pirogow noch nicht so sehr in Erstaunen gesetzt, wie die außerordentlich seltsame Stellung dieser beiden Personen. Schiller saß da mit erhobenem Kopf, die ziemlich dicke Nase vorgestreckt, und Hoffmann hielt diese Nase mit zwei Fingern fest und bewegte die Schneide seines Schuhmachermessers auf der Oberfläche der Nase. Die beiden Herren sprachen deutsch, und darum konnte der Leutnant Pirogow, der von der deutschen Sprache nur »guten Morgen« verstand, von der ganzen Sache nichts verstehen. Schiller sagte übrigens, heftig gestikulierend, folgendes: »Ich will sie nicht, ich brauche die Nase nicht! Die Nase allein kostet mich drei Pfund Tabak im Monat. Ich zahle im schlechten russischen Laden, denn im deutschen Laden gibt es keinen russischen Tabak –, ich zahle im schlechten russischen Laden für jedes Pfund vierzig Kopeken; das macht im Monat einen Rubel und zwanzig Kopeken; zwölf mal ein Rubel zwanzig Kopeken macht vierzehn Rubel vierzig Kopeken. Hörst du, mein Freund Hoffmann? Für die Nase allein vierzehn Rubel vierzig Kopeken! An Feiertagen schnupfe ich aber Rapé, denn ich will nicht an Feiertagen schlechten russischen Tabak schnupfen. Im Jahre verschnupfe ich drei Pfund Rapé, zu zwei Rubel das Pfund. Sechs Rubel und vierzehn Rubel vierzig Kopeken macht zwanzig Rubel vierzig Kopeken für den Tabak allein! Das ist ja Raub am hellichten Tag! Ich frage dich, mein Freund Hoffmann, habe ich nicht recht?« Hoffmann, der auch selbst betrunken war, antwortete bejahend. – »Zwanzig Rubel vierzig Kopeken! Ich bin ein Schwabe; ich habe in Deutschland einen König. Ich will die Nase nicht! Schneide mir die Nase ab! Hier ist meine Nase!«

Wäre nicht das plötzliche Erscheinen des Leutnants Pirogow gewesen, hätte Hoffmann seinem Freund Schiller zweifellos so mir nichts, dir nichts die Nase abgeschnitten, denn er hielt das Messer schon so in der Hand, als wolle er eine Sohle zuschneiden.

Schiller ärgerte sich sehr darüber, daß eine unbekannte, ungebetene Person so ungelegen dazwischenkam. Obwohl er sich im angenehmen Zustande des Bier-und Weinrausches befand, fühlte er doch, daß die Anwesenheit eines fremden Zeugen in dieser Situation und bei dieser Beschäftigung etwas unpassend sei. Pirogow machte indessen eine leichte Verbeugung und sagte mit dem ihm eigenen Anstand: »Entschuldigen Sie bitte...«

»Marsch hinaus!« antwortete Schiller gedehnt.

Dies verdutzte den Leutnant Pirogow. Eine solche Behandlung war ihm ganz neu. Das Lächeln, das auf seinem Gesicht gespielt hatte, war plötzlich verschwunden. Er sagte mit dem Gefühl gekränkter Würde: »Es kommt mir so merkwürdig vor, mein Herr... Sie haben es wohl nicht bemerkt... ich bin Offizier...«

»Was ist ein Offizier! Ich bin ein deutscher Schwabe. Ich selbst« – Schiller schlug hierbei mit der Faust auf den Tisch – »ich selbst werde Offizier sein: anderthalb Jahre Junker, zwei Jahre Leutnant, und ich bin gleich morgen Offizier. Aber ich will nicht dienen! Mit einem Offizier mache ich es so: pfff!« Schiller hielt sich bei diesen Worten die Hand vor den Mund und blies darauf.

Der Leutnant Pirogow merkte, daß ihm nichts anderes übrig blieb, als sich zu entfernen; aber diese Behandlung, die für seinen Dienstgrad so beleidigend war, berührte ihn unangenehm. Er blieb auf der Treppe einige Male stehen, als wolle er Mut fassen und sich überlegen, auf welche Weise er Schiller seine Frechheit heimzahlen könne. Schließlich sagte er sich, daß er Schiller entschuldigen könne, da sein Kopf so von Bier-und Weindämpfen angefüllt sei; zudem erinnerte er sich der hübschen Blondine, und er entschloß sich, die Angelegenheit zu vergessen. Am nächsten Tage erschien der Leutnant Pirogow früh des Morgens in der Klempnerwerkstätte Schillers. Im Vorzimmer empfing ihn die hübsche Blondine und fragte mit ziemlich strenger Stimme, die zu ihrem Gesichtchen so gut paßte: »Was wünschen Sie?«

»Ah, guten Morgen, meine Schöne! Haben Sie mich nicht erkannt? Dieser Schelm, diese hübschen Äuglein!«

Bei diesen Worten versuchte Pirogow mit artiger Gebärde ihr Kinn zu fassen; aber die Blondine schrie erschrocken auf und fragte ebenso streng: »Was wünschen Sie?«

»Nur Sie zu sehen, sonst wünsche ich nichts«, sagte der Leutnant Pirogow mit einem recht liebenswürdigen Lächeln und ging auf sie zu; als er aber merkte, daß die scheue Blondine durch die Türe schlüpfen wollte, fügte er hinzu: »Meine Liebe, ich muß mir Sporen machen lassen. Können Sie mir Sporen anfertigen?

Um Sie zu lieben, braucht man übrigens keine Sporen, sondern eher einen Zaum. Was für hübsche Händchen!«

Der Leutnant Pirogow war bei Erklärungen dieser Art immer außergewöhnlich liebenswürdig.

»Ich will gleich meinen Mann rufen«, rief die Deutsche und ging hinaus. Nach einigen Minuten erblickte Pirogow Schiller, der mit verschlafenen Augen vor ihn trat; er schien den gestrigen Rausch noch nicht ganz ausgeschlafen zu haben.

Als er den Offizier erblickte, erinnerte er sich an die Vorgänge von gestern wie an einen Traum. Seine Erinnerungen entsprachen zwar in keiner Weise der Wirklichkeit, aber er fühlte, daß er irgendeine Dummheit begangen hatte, und trat daher dem Offizier mit sehr strenger Miene entgegen. »Ich kann für die Sporen nicht weniger als fünfzehn Rubel verlangen«, sagte er, um Pirogow loszuwerden, denn es war ihm, als einem ordentlichen Deutschen sehr unangenehm, einen Menschen vor sich zu haben, der ihn in einer unanständigen Verfassung gesehen hatte. Schiller liebte es, ganz ohne Zeugen, mit nur zwei oder drei Freunden zu trinken und schloß sich sogar von seinen Gesellen ab.

»Warum denn so teuer?« fragte Pirogow freundlich.

»Es ist eben deutsche Arbeit«, versetzte Schiller kaltblütig, sich das Kinn streichelnd. »Ein Russe wird es wohl für zwei Rubel machen.«

»Schön, um Ihnen zu zeigen, daß ich Sie liebe und Ihre Bekanntschaft machen möchte, will ich die fünfzehn Rubel bezahlen.«

Schiller sann eine Minute lang nach: als ehrlicher Deutscher hatte er doch Gewissensbisse. Um Pirogow zu bewegen, den Auftrag zurückzuziehen, erklärte er, er könne die Sporen nicht früher als in zwei Wochen herstellen. Aber Pirogow erklärte sich ohne Widerspruch damit einverstanden.

Der Deutsche wurde wieder nachdenklich und überlegte sich, wie er diese Arbeit so ausführen könne, daß sie wirklich fünfzehn Rubel wert sei.

In diesem Augenblick trat die Blondine in die Werkstätte und suchte etwas auf dem Tisch, auf dem die vielen Kaffeekannen standen. Der Leutnant benutzte Schillers Versunkenheit, ging auf sie zu und drückte ihren Arm, der bis zur Schulter entblößt war.

Das gefiel Schiller gar nicht. »Frau!« schrie er.

»Was wollen Sie denn?« entgegnete die Blondine.

»Geh in die Küche!« Die Blondine entfernte sich.

»Also in zwei Wochen?« sagte Pirogow.

»Ja, in zwei Wochen«, antwortete Schiller nachdenklich. »Ich habe jetzt sehr viel Arbeit.«

»Auf Wiedersehen, ich komme noch vorbei!«

»Auf Wiedersehen!« antwortete Schiller und schloß hinter ihm die Tür.

Der Leutnant Pirogow entschloß sich, seine Bemühungen nicht aufzugeben, obwohl ihn die Deutsche sehr energisch abwies. Er konnte gar nicht begreifen, daß man ihm widerstehen könnte, um so weniger, als seine Liebenswürdigkeit und sein hoher Rang ihm alles Recht auf Aufmerksamkeit verliehen. Es ist allerdings auch zu bemerken, daß Schillers Frau bei ihrer Anmut sehr dumm war. Übrigens verleiht die Dummheit einer hübschen Gattin einen besonderen Reiz. Ich habe jedenfalls viele Männer gekannt, die über die Dummheit ihrer Frauen entzückt waren und in ihr alle Anzeichen kindlicher Unschuld sahen.

Die Schönheit wirkt Wunder. Alle inneren Mängel einer schönen Frau erscheinen nicht abstoßend, sondern im Gegenteil besonders anziehend; sogar das Laster selbst atmet an ihnen Anmut; ist aber diese Anmut nicht vorhanden, so muß die Frau zwanzigmal klüger sein als der Mann, um, wenn nicht Liebe, so doch wenigstens Achtung zu wecken. Schillers Frau war übrigens, trotz ihrer Dummheit, ihrer Pflicht als Gattin treu, und darum fiel es Pirogow ziemlich schwer, bei seinem kühnen Unternehmen einen Erfolg zu erringen. Die Überwindung von Hindernissen ist aber immer mit einem eigenen Genuß verbunden, und die Blondine wurde für ihn von Tag zu Tag interessanter. Er erkundigte sich recht oft nach seinen Sporen, und das wurde Schiller auf die Dauer lästig. Er wandte alle Mühe an, um mit den Sporen fertig zu werden; endlich waren sie fertig.

»Ach, was für eine wunderbare Arbeit!« rief der Leutnant Pirogow, als er die Sporen sah. »Gott, wie schön sind sie gemacht! Unser General besitzt keine solchen Sporen.«

Ein Gefühl von Selbstzufriedenheit ergriff Schillers Seele. Seine Augen blickten ziemlich vergnügt, und er fing an, sich mit Pirogow innerlich auszusöhnen.– Der russische Offizier ist ein kluger Mann! – dachte er bei sich.

»Nicht wahr, Sie könnten mir auch eine Fassung für einen Dolch oder für einen anderen Gegenstand anfertigen?«

»Oh ja, gewiß kann ich das!« antwortete Schiller mit einem Lächeln.

»Dann machen Sie mir eine Fassung für einen Dolch. Ich werde ihn Ihnen bringen. Ich habe einen guten türkischen Dolch, aber ich möchte mir für ihn eine andere Fassung machen lassen.«

Dies wirkte auf Schiller wie eine Bombe. Er runzelte die Stirne. – Da haben wir es! – sagte er zu sich und verwünschte sich innerlich, weil er diesen Auftrag selbst herausgefordert hatte. Er hielt es für unehrlich, ihn jetzt abzulehnen; außerdem hatte der russische Offizier seine Arbeit gelobt. – Er schüttelte einigemal den Kopf und erklärte sich einverstanden; aber der Kuß, den Pirogow beim Weggehen ganz frech der hübschen Blondine mitten auf den Mund drückte, brachte ihn ganz aus der Fassung.

Ich halte es nicht für überflüssig, den Leser mit Schiller etwas näher bekannt zu machen. Schiller war ein echter Deutscher im vollen Sinne des Wortes. Schon als Zwanzigjähriger, in jenem glücklichen Alter, wo der Russe in den Tag hinein zu leben pflegt, hatte Schiller sein ganzes Leben im voraus eingeteilt und wich dann von dieser Einteilung unter keinen Umständen ab. Er hatte sich vorgenommen, jeden Morgen um sieben Uhr aufzustehen, um zwei Uhr zu Mittag zu essen, in allen Dingen pünktlich zu sein und sich jeden Sonntag zu betrinken. Er hatte sich vorgenommen, im Laufe von zehn Jahren ein Kapital von fünfzigtausend Rubeln zusammenzusparen, und dieser Vorsatz war ebenso unabänderlich wie das Schicksal selbst, denn eher wird der Beamte vergessen, in das Portierzimmer seines Vorgesetzten hineinzublicken, als daß ein Deutscher sich entschließt, seinen Vorsatz zu ändern. Niemals und unter keinen Umständen überschritt er die ein für allemal festgesetzten Auslagen, und wenn der Kartoffelpreis stieg, so gab er keine Kopeke mehr aus, sondern setzte nur das Quantum herab; er blieb dabei zwar etwas hungrig, aber er gewöhnte sich daran. Seine Pünktlichkeit ging so weit, daß er sich vorgenommen hatte, seine Frau nicht mehr als zweimal im Laufe von vierundzwanzig Stunden zu küssen; um diese Zahl einzuhalten, und ihr ja keinen überzähligen Kuß zu geben, tat er nie mehr als einen Teelöffel Pfeffer in seine Suppe; an Sonntagen wurde diese Regel übrigens nicht so streng befolgt, denn Schiller trank an diesem Tage zwei Flaschen Bier und eine Flasche Kümmel, auf den er übrigens immer schimpfte. Er trank ganz anders als ein Engländer,

der gleich nach dem Mittagessen seine Türe zuriegelt und sich ganz allein betrinkt. Als Deutscher trank er vielmehr immer mit Begeisterung und in Gesellschaft des Schuhmachermeisters Hoffmann oder des Tischlermeisters Kunz, der ebenfalls ein Deutscher und ein großer Säufer war. So war der Charakter des edlen Schiller, der schließlich in eine äußerst schwierige Lage geraten war. Er war zwar Phlegmatiker und ein Deutscher, aber die Handlungsweise Pirogows erregte in ihm zuletzt etwas wie Eifersucht. Er zerbrach sich den Kopf und konnte doch nichts ausdenken, auf welche Weise er sich von diesem russischen Offizier befreien könnte. Pirogow rauchte indessen im Kreise seiner Kameraden die Pfeife – die Vorsehung selbst hat es schon einmal so eingerichtet, daß Offiziere und Pfeife unzertrennlich sind – er rauchte also im Kreise seiner Kameraden die Pfeife und spielte mit bedeutungsvoller Miene und einem angenehmen Lächeln auf das Techtelmechtel mit einer hübschen Deutschen an, mit der er schon sehr intim zu sein behauptete, während er in Wirklichkeit fast jede Hoffnung aufgegeben hatte, sie jemals zu erobern.

Eines Tages spazierte er mal durch die Mjeschtschanskaja und blickte immer wieder auf das Haus, an dem das Schild Schillers mit den Kaffeekannen und den Samowars prangte; zu seiner größten Freude erblickte er das Köpfchen der Blondine, die sich aus einem Fenster beugte und die Vorübergehenden musterte. Er blieb stehen, warf einen Handkuß hinauf und rief: »Guten Morgen!« Die Blondine nickte ihm wie einem Bekannten zu.

»Ist Ihr Mann eigentlich zu Hause?«

»Er ist zu Hause«, antwortete die Blondine.

»Und wann ist er nicht zu Hause?«

»An Sonntagen pflegt er nicht zu Hause zu sein«, antwortete die einfältige Blondine.

– Das ist nicht schlecht –, dachte Pirogow bei sich – diesen Umstand müßte man ausnützen. – Am folgenden Sonntag schneite er zu der Blondine ins Haus hinein. Schiller war tatsächlich nicht zu Hause. Die hübsche Hausfrau erschrak; aber Pirogow ging diesmal sehr vorsichtig vor. Er behandelte sie mit dem größten Respekt und zeigte, indem er sich verbeugte, die ganze Schönheit seiner biegsamen, enggeschnürten Taille. Er scherzte sehr nett und höflich, aber die dumme Deutsche antwortete ihm auf alles sehr einsilbig. Nachdem er alles Mögliche versucht und eingesehen hatte, daß er sie für nichts zu interessieren vermochte, machte er ihr schließlich den Vorschlag, etwas zu tanzen. Die Deutsche erklärte sich damit augenblicklich einverstanden, denn alle deutschen Frauen und Mädchen tanzen überaus gern. Pirogow gründete darauf viele Hoffnungen: erstens machte ihr das Vergnügen; zweitens konnte er dabei seine ganze Gewandtheit und Geschicklichkeit zeigen; drittens kann man beim Tanzen leicht intim werden: man kann die hübsche Deutsche umarmen und damit den Anfang machen; kurz, er hoffte auf einen vollständigen Erfolg. Er fing an, eine Gavotte zu trällern, denn er wußte, daß man bei deutschen Frauen und Mädchen ganz allmählich vorgehen müsse. Die hübsche Deutsche trat in die Mitte des Zimmers und hob das schöne Füßchen. Diese Stellung entzückte Pirogow dermaßen, daß er über sie herfiel, um sie zu küssen; die Deutsche fing zu schreien an und erhöhte dadurch ihren Reiz in den Augen Pirogows. Er überschüttete sie mit Küssen, als plötzlich die Tür aufging, und Schiller in Begleitung Hoffmanns und des Tischlermeisters Kunz ins Zimmer trat. Diese ehrwürdigen Handwerker waren alle so betrunken wie die Schuster.

Aber... ich überlasse es den Lesern selbst, sich den Zorn und die Entrüstung Schillers auszumalen.

»Rohling!« schrie er in höchster Empörung: »Wie wagst du es, meine Frau zu küssen? Du bist ein Schuft und kein russischer Offizier. Hol mich der Teufel! Nicht wahr, mein Freund Hoffmann? Ich bin ein Deutscher und kein russisches Schwein.« (Hoffmann antwortete bejahend.) »Oh, ich will keine Hörner tragen! Mein Freund Hoffmann, pack ihn am Kragen; ich will nicht!« fuhr er fort, heftig mit den Händen fuchtelnd, wobei sein Gesicht dem roten Tuche seiner Weste ähnlich wurde. »Ich lebe seit acht Jahren in Petersburg, ich habe in Schwaben eine Mutter und in Nürnberg einen Onkel; ich bin ein Deutscher und kein gehörntes Rindvieh! Zieh ihm alles aus, mein Freund Hoffmann! Halt ihn an Armen und Beinen fest, mein Kamerad Kunz!«

Und die Deutschen packten Pirogow an Armen und Beinen.

Vergeblich versuchte er sich frei zu machen; diese drei Handwerker waren die kräftigsten unter allen Petersburger Deutschen und behandelten ihn so roh und unhöflich, daß ich, offen gestanden, gar keine Worte finde, um dieses beklagenswerte Ereignis zu schildern.

Ich bin überzeugt, daß Schiller am nächsten Tag von einem heftigen Fieber geschüttelt wurde und wie ein Espenblatt zitterte, indem er jeden Augenblick das Erscheinen der Polizei erwartete, und daß er Gott weiß was alles dafür gegeben hätte, wenn das gestrige Erlebnis nur ein Traum gewesen wäre. Nun ließ sich aber nichts mehr ändern. Nichts läßt sich mit dem Zorn und der Empörung Pirogows vergleichen. Schon der bloße Gedanke an die fürchterliche Beschimpfung brachte ihn in Raserei. Sibirien und Knute hielt er für die geringste Strafe, die Schiller verdiente. Er eilte nach Hause, um sich umzuziehen und dann direkt zum General zu gehen und diesem in den grellsten Farben den von den deutschen Handwerkern verübten groben Unfug zu schildern. Zugleich wollte er auch eine schriftliche Anzeige beim Generalstab machen; und wenn die zudiktierte Strafe ungenügend ausfiele, wollte er sich an noch höhere Instanzen wenden.

Aber die Sache endete doch sonderbar: Auf dem Heimwege kehrte er in einer Konditorei ein, aß zwei Blätterteigkuchen, las einiges in der »Nordischen Biene« und verließ das Lokal mit weniger Zorn. Außerdem verführte ihn der recht angenehme kühle Abend, ein wenig durch den Newskij-Prospekt zu spazieren; um neun Uhr hatte er sich schon beruhigt und war zur Einsicht gekommen, daß es nicht gut gehe, den General an einem Sonntag zu belästigen. Außerdem sei dieser zweifellos irgendwohin abberufen worden. Darum begab er sich zu einem Gesellschaftsabend bei einem Vorsitzenden einer Kontrollkommission, wo er eine recht angenehme Gesellschaft von vielen Beamten und Offizieren seines Regiments antraf. Dort verbrachte er vergnügt den Abend und zeichnete sich bei der Mazurka so aus, daß nicht nur die Damen, sondern auch die Herren entzückt waren.

– Wie wunderbar ist doch unsere Welt eingerichtet! – dachte ich mir, als ich vorgestern durch den Newskij-Prospekt schlenderte und mich dieser beiden Ereignisse erinnerte. – Wie seltsam, wie unfaßbar spielt doch unser Schicksal mit uns! Erlangen wir je das, was wir uns wünschen? Erreichen wir das, wozu uns unsere Kräfte zu befähigen scheinen? Alles kommt immer anders. Dem einen hat das Schicksal die herrlichsten Pferde geschenkt, und er fährt mit ihnen gleichgültig spazieren, ohne auf ihre Schönheit zu achten, während ein anderer, dessen Herz von Leidenschaft für Pferde glüht, zu Fuß gehen muß und sich damit begnügt, daß er mit der Zunge schnalzt, wenn an ihm ein schöner Traber vorbeigeführt wird. Der eine hat einen vorzüglichen Koch, aber leider einen so kleinen Mund, daß er nicht mehr als zwei Stückchen verzehren kann; der andere hat einen Mund in der Größe des Schwibbogens am Generalstabsgebäude und muß sich leider mit einem deutschen Mittagessen aus Kartoffeln begnügen. Wie seltsam spielt doch das Schicksal mit uns! –

Am seltsamsten sind aber die Ereignisse, die sich auf dem Newskij-Prospekt abspielen. Oh, traut diesem Newskij-Prospekt nicht! Ich hülle mich immer in meinen Mantel, wenn ich über ihn gehe, und bemühe mich, die Gegenstände, denen ich begegne, gar nicht anzusehen. Alles ist Trug, alles ist Traum, alles ist ganz anders, als es erscheint! Ihr glaubt wohl, dieser Herr, der in dem vorzüglich genähten Rock spazierengeht, sei sehr reich? – keine Spur: er besteht nur aus seinem Rock. Ihr denkt wohl, daß diese beiden dicken Herren, die vor der im Bau befindlichen Kirche stehen geblieben sind, über ihre Architektur sprechen? – durchaus nicht: sie sprechen davon, wie merkwürdig die beiden Krähen einander gegenübersitzen. Ihr meint, dieser Enthusiast, der mit den Händen fuchtelt, spräche darüber, daß seine Frau aus dem Fenster mit einem Papierball auf einen ihm gänzlich unbekannten Offizier geworfen habe? – durchaus nicht: er spricht über Lafayette. Ihr glaubt, daß diese Damen... aber den Damen soll man am allerwenigsten trauen. Schaut möglichst wenig in die Schaufenster hinein: die Bagatellen, die da ausgestellt sind, sind wohl schön, schmecken aber nach einer furchtbaren Menge von Banknoten. Gott behüte euch davor, den Damen unter die Hüte zu blicken. Wie anziehend auch in der Ferne der Mantel einer Schönen des Abends weht, niemals werde ich ihr aus Neugierde folgen. Man gehe um Gottes willen möglichst weit von der Laterne weg! Man gehe an ihr so schnell als möglich vorüber! Es ist noch ein Glück, wenn sie euch euren eleganten Rock mit ihrem stinkenden Öl betropft. Aber auch abgesehen von der Laterne, alles atmet hier Betrug. Er lügt zu jeder Stunde, dieser Newskij-Prospekt, am meisten aber dann, wenn die Nacht sich als dichte Masse über ihn senkt und die weißen und gelben Hausmauern hervortreten läßt, wenn die ganze Stadt dröhnt und blitzt, wenn Myriaden von Equipagen sich über die Brücken wälzen, die Vorreiter schreien und im Sattel hüpfen, und wenn der Dämon selbst die Lampen entzündet, nur um alles in einem falschen Lichte erscheinen zu lassen.

Aufzeichnungen eines Irren (Aufzeichnungen eines Wahnsinnigen)

Heute hat sich was Außergewöhnliches ereignet. Ich stand des Morgens ziemlich spät auf, und als Mawra mir meine geputzten Stiefel brachte, fragte ich sie, wie spät es sei. Als ich hörte, daß es schon längst zehn geschlagen habe, beeilte ich mich, mich anzukleiden. Offen gestanden, ich wäre am liebsten gar nicht ins Departement gegangen, da ich schon wußte, welch eine saure Miene unser Abteilungschef machen würde. Er pflegt mir schon seit längerer Zeit zu sagen: »Was hast du für ein Durcheinander im Kopfe, mein Bester? Manchmal rennst du wie ein Irrsinniger herum, bringst die Akten so durcheinander, daß der Satan selbst sich nicht auskennt, schreibst den Titel mit einem kleinen Anfangsbuchstaben und setzt weder Datum noch Nummer hin.« So ein verdammter Reiher! Er beneidet mich sicher, weil ich im Kabinett des Direktors sitze und für Seine Exzellenz die Federn zuschneide. Mit einem Worte, ich wäre gar nicht ins Departement gegangen, hätte ich nicht die Hoffnung gehabt, den Kassierer zu sehen und von diesem Juden wenigstens einen kleinen Vorschuß auf mein Gehalt zu erbetteln. Das ist auch so ein Geschöpf! Daß er auch nur einmal das Gehalt für einen Monat vorausbezahlt – du lieber Gott, eher bricht das Jüngste Gericht herein. Man mag ihn bitten, bis man zerspringt, und wenn man auch in der größten Klemme sitzt, der alte Teufel gibt keinen Pfennig her. Bei sich daheim läßt er sich aber von seiner eigenen Köchin ohrfeigen; das weiß die ganze Welt. Ich sehe nicht ein, was es für einen Vorteil haben soll, im Departement zu dienen: man hat ja gar keine Einnahmen dabei. In der Gouvernements-Verwaltung, in der Zivilkammer, im Rentamt ist es doch ganz anders: dort sitzt mancher Beamter in schäbigem Frack, mit einer Fratze, die man anspucken möchte, in seinem Winkelchen und schreibt, aber was sich der Kerl für eine Villa leistet! Mit einer vergoldeten Porzellantasse wage man sich an ihn gar nicht heran: »Das ist ja ein Geschenk für einen Doktor!« sagte er; man gebe ihm lieber entweder ein Paar Traber, oder einen Wagen, oder einen Biberpelz im Werte von dreihundert Rubeln. Er sieht so bescheiden aus und spricht so zart: »Leihen Sie mir doch Ihr Messerchen, ich will mir ein Federchen zuschneiden« – dabei rupft er aber den Bittsteller so, daß ihm kein Hemd am Leibe bleibt. Freilich ist unser Dienst edler, alles ist von einer Sauberkeit, wie man sie in einer Gouvernements-Verwaltung nie zu Gesicht bekommt, die Tische sind aus Mahagoni, und alle Vorgesetzten sagen zu einem »Sie«... Ja, ich muß gestehen, wenn nicht dieser edle Dienst wäre, so hätte ich das Departement schon längst verlassen.

Ich zog meinen alten Mantel an und nahm den Schirm, denn es regnete in Strömen. Auf den Straßen war niemand; ich sah nur einige einfache Weiber, die ihre Rockzipfel über den Kopf geschlagen hatten, einige altrussische Kaufleute mit Regenschirmen und einige Kanzleidiener. Von besserem Publikum sah ich nur einen Beamten. Ich traf ihn an einer Straßenecke. Als ich ihn erblickte, sagte ich mir: – Aha, mein Lieber, du gehst gar nicht ins Departement; du steigst jener Dame nach, die dort vorne läuft, und schaust ihr auf die Füßchen. – Was für eine Bestie ist doch so ein Beamter! Er gibt selbst einem Offizier nichts nach: kaum sieht er so ein Wesen in einem Hütchen, sofort hat er mit ihr angebandelt. Als ich mir dieses dachte, sah ich eine Equipage vor einem Laden halten, an dem ich gerade vorüberging. Ich erkannte sie sofort: es war die Equipage unseres Direktors. – Er hat in diesem Laden nichts zu suchen –, dachte ich mir, – es wird wohl seine Tochter sein. – Ich drückte mich an die Wand. Der Lakai öffnete den Wagenschlag, sie hüpfte heraus wie ein Vögelchen. Wie bezaubernd blickte sie nach rechts und links und bewegte Brauen und Augen... Du lieber Gott, ich war verloren, ganz verloren!... Was braucht sie bei solchem Regen auszufahren! Nun soll mir einer sagen, daß die Frauen keine Leidenschaft für Tand haben. Sie erkannte mich nicht, und auch ich bemühte mich, mich in meinen Mantel zu hüllen, um so mehr als ich einen schmierigen und altmodischen Mantel anhatte. Man trägt jetzt Mäntel mit einem langen Kragen, ich hatte aber einen mit mehreren kurzen Kragen an; auch ist das Tuch meines Mantels gar nicht dekatiert. Ihr Hündchen hatte nicht Zeit gehabt, in die Ladentüre zu schlüpfen, und blieb auf der Straße zurück. Ich kenne dieses Hündchen. Es heißt Maggie. Es war noch keine Minute vergangen, als ich ein feines Stimmchen hörte: »Guten Tag Maggie!« Du lieber Gott, wer spricht denn da? Ich sah mich um und erblickte zwei Damen, die unter einem Regenschirm gingen: eine alte und eine ganz junge; sie waren schon vorbeigegangen, ich hörte aber neben mir wieder das Stimmchen: »Du solltest dich schämen, Maggie!« Teufel nochmal: ich sah, daß Maggie ein Hündchen beschnüffelte, das den beiden Damen folgte. – Aha! – dachte ich mir: – Bin ich auch nicht betrunken? Ich glaube aber, das passiert mit mir nur selten. – »Nein, Fidèle, du irrst dich«, – ich sah mit eigenen Augen, daß Maggie diese Worte sprach: »Ich war, wau, wau, ich war, wau, wau, sehr krank.« Ach, dieses Hündchen! Offen gestanden, ich war sehr erstaunt, als ich den Hund mit einer Menschenstimme sprechen hörte; aber später, als ich mir alles überdachte, hörte ich auf, darüber zu staunen. Es hat doch in der Welt tatsächlich eine Menge ähnlicher Fälle gegeben. Man sagt, in England sei ein Fisch ans Ufer geschwommen, der zwei Worte in einer merkwürdigen Sprache gesagt habe, die die Gelehrten schon seit drei Jahren zu bestimmen suchen und noch immer nicht bestimmt haben. Ich habe in der Zeitung auch über zwei Kühe gelesen, die in einen Laden kamen und ein Pfund Tee verlangten. Ich war aber noch viel mehr erstaunt, als Maggie sagte: »Ich habe dir ja geschrieben, Fidèle; Polkan hat dir wahrscheinlich meinen Brief nicht übergeben!« Teufel nochmal: Ich habe mein Lebtag noch nie gehört, daß ein Hund schreiben kann. Richtig schreiben kann nur ein Edelmann. Allerdings pflegen auch Kaufleute, Ladengehilfen und sogar Leibeigene zu schreiben; aber ihr Schreiben ist meistens mechanisch: man findet darin weder Kommas, noch Punkte, noch einen Stil.

Das setzte mich in Erstaunen. Ich gestehe, seit einiger Zeit höre und sehe ich zuweilen solche Dinge, die noch kein Mensch gesehen und gehört hat. – Ich will mal diesem Hund nachgehen –, sagte ich zu mir selbst, – und erfahren, wer er ist und was er sich denkt. – Ich machte meinen Schirm auf und folgte den beiden Damen. Wir durchquerten die Gorochowaja, bogen dann in die Mjeschtschanskaja ein, dann in die Stoljarnaja, kamen zur Kokuschkin-Brücke und blieben schließlich vor einem großen Hause stehen. – Dieses Haus kenne ich –, sagte ich mir, – es ist Swjerkows Haus. – So ein Ungeheuer von einem Haus! Was für Leute wohnen nicht alles darin: so viele Köchinnen, so viele Zugereiste! Von uns Beamten gibt es da aber so viele wie Hunde: der eine sitzt auf dem anderen und treibt den dritten an. Ich habe da auch einen Freund, der sehr gut Trompete spielt. Die Damen stiegen in den fünften Stock hinauf. – Gut –, dachte ich mir, – heute gehe ich noch nicht hinauf, ich will mir nur das Haus merken und bei der nächsten Gelegenheit daraus Nutzen ziehen. –

4. Oktober

Heute ist Mittwoch, und darum war ich bei unserem Direktor im Kabinett. Ich kam absichtlich etwas früher, setzte mich hin und schnitt alle Federn zurecht. Unser Direktor ist wahrscheinlich ein sehr kluger Mann. Sein Kabinett ist voller Bücherschränke. Ich las die Titel einiger von ihnen: solch eine Gelehrsamkeit, daß sich unsereins gar nicht heranwagen darf, alles entweder französisch oder deutsch. Und wenn man ihm ins Gesicht blickt – du lieber Gott, was für eine Würde leuchtet aus seinen Augen! Ich habe noch nie gehört, daß er ein überflüssiges Wort gesagt hätte. Wenn man zu ihm mit den Papieren kommt, fragt er nur: »Was für ein Wetter ist heute?« – »Es ist feucht, Euer Exzellenz!« Ja, er ist doch etwas anderes als unsereins! Ein Staatsmann. – Ich merke jedoch, daß er mich besonders lieb hat und auch seine Tochter... Ach, verdammt!... Nichts, gar nichts, Schweigen! – Ich las in der »Nordischen Biene«. Was für ein dummes Volk sind diese Franzosen! Was wollen sie denn eigentlich? Lieber Gott, ich würde sie alle hernehmen und mit Ruten züchtigen! In der gleichen Zeitung las ich auch die Beschreibung eines Balles, die einen Kursker Gutsbesitzer zum Verfasser hat. Kursker Gutsbesitzer schreiben sehr schön. Da merkte ich, daß es schon halb eins schlug, unser Direktor aber noch immer nicht aus seinem Schlafzimmer herausgekommen war. So um halb zwei ereignete sich etwas, was keine Feder zu beschreiben vermag. Die Türe ging auf, ich dachte, es sei der Direktor, und sprang mit den Papieren vom Stuhle auf; es war aber sie, sie selbst! Alle Heiligen, wie war sie gekleidet! Ihr Kleid war so weiß wie ein Schwan, Gott, wie herrlich! Und als sie mich anblickte, so war es wie die Sonne! Bei Gott, wie die Sonne! Sie nickte mir zu und sagte: »War Papa noch nicht hier?« Ach, ach, ach, diese Stimme! Ein Kanarienvogel, tatsächlich ein Kanarienvogel! »Eure Exzellenz«, wollte ich ihr sagen, »lassen Sie mich nicht strafen, und wenn Sie mich schon strafen wollen, so strafen Sie mich mit Ihrem eigenen Händchen!« Aber meine Zunge versagte, und ich sagte nur: » Nein, er war noch nicht hier.« Sie sah mich an, sah auf die Bücher und ließ ihr Taschentuch fallen. Ich stürzte hin, um es aufzuheben, glitt auf dem verdammten Parkett aus und hätte mir beinahe die Nase zerschlagen; aber ich hielt mich noch aufrecht und hob das Taschentuch auf. Alle Heiligen, was für ein Taschentuch! Der feinste Batist! Ambra, ganz wie Ambra! Er duftet förmlich nach dem Generalsrang! Sie dankte und lächelte leise, so daß ihre zuckersüßen Lippen sich fast gar nicht regten, und dann ging sie. Ich blieb noch eine Stunde lang sitzen, als plötzlich der Lakai eintrat und sagte: »Gehen Sie, Aksentij Iwanowitsch, heim, der Herr ist schon aus dem Hause gegangen.« Ich kann dieses Lakaienvolk nicht ausstehen: Immer rekeln sie sich im Vorzimmer und geben sich nicht mal die Mühe, mit dem Kopf zu nicken. Und noch mehr als das: einer dieser Bestien fiel es einmal ein, mir, ohne vom Platze aufzustehen, eine Prise anzubieten. »Weißt du denn nicht, du dummer Knecht, daß ich ein Beamter und von adeliger Abstammung bin?« Ich nahm jedoch meinen Hut, zog selbst meinen Mantel an, denn diese Herren geben sich niemals die Mühe, einem in den Mantel zu helfen, und ging. Zu Hause lag ich fast die ganze Zeit auf dem Bett. Dann schrieb ich ein sehr hübsches Gedicht ab:

»Liebster Schatz blieb aus ein Stündchen,
doch mir wars, als wär's ein Jahr!
Immer dacht' ich an ihr Mündchen
und ans seidenweiche Haar!«

Das hat wohl Puschkin verfaßt. Gegen Abend hüllte ich mich in meinen Mantel, ging vors Haus Seiner Exzellenz und wartete, ob sie nicht erscheinen würde; aber sie erschien nicht.

6. November

Der Abteilungschef brachte mich heute ganz aus der Fassung. Als ich ins Departement kam, rief er mich zu sich und sagte zu mir folgendes: »Sag mir, bitte, was tust du eigentlich?« – »Was ich tue? Ich tue gar nichts.« – »Überlege es dir doch: du bist ja bald vierzig Jahre alt, es ist Zeit, daß du Verstand annimmst. Was denkst du dir eigentlich? Glaubst du vielleicht, daß ich deine Streiche nicht kenne? Du läufst ja der Tochter des Direktors nach. Schau dich selbst an und bedenke, was du bist! Du bist eine Null. Du hast keinen Heller. Betrachte wenigstens dein Gesicht im Spiegel, wie kannst du daran auch nur denken!« Hol ihn der Teufel! Weil sein Gesicht einige Ähnlichkeit mit einer Apothekerflasche hat, weil er auf dem Kopfe einen gekräuselten Haarschopf hat, weil er den Kopf hoch trägt und mit irgendeiner Rosenpomade schmiert, glaubt er, ihm allein sei alles erlaubt. Ich verstehe, warum er so böse auf mich ist. Er beneidet mich. Vielleicht hat er schon gemerkt, daß ich bevorzugt werde. Aber ich spucke auf ihn. Auch eine große Sache – ein Hofrat! Hat sich eine goldene Uhrkette an den Bauch gehängt, läßt sich Stiefel zu dreißig Rubel das Paar machen – hol ihn der Teufel! Bin ich vielleicht von niederem Stande, stamme ich von einem Schneider oder von einem Unteroffizier ab? Ich bin ein Edelmann! Ich kann mich noch hinaufdienen. Ich bin nur zweiundvierzig Jahre alt, und in diesem Alter beginnt erst der richtige Dienst. Wart, Freundchen! Auch wir werden noch einmal Oberst sein und, so Gott will, vielleicht noch mehr. Auch wir werden uns eine Wohnung anschaffen, vielleicht eine bessere als die deinige. Was hast du dir in den Kopf gesetzt, daß es außer dir keinen anständigen Menschen gibt. Wenn ich einen feinen Frack nach der neuesten Mode anziehe und mir eine Krawatte umbinde, wie du eine trägst, so reichst du nicht an meine Schuhsohle heran. Ich habe bloß keine Mittel, das ist mein Unglück.

8. November
Ich war im Theater. Man spielte den »Russischen Narren Filatka«. Ich habe viel gelacht. Es gab noch eine Posse mit sehr lustigen Versen über die Gerichtsschreiber, besonders über einen gewissen Kollegien-Registrator; die Verse waren sehr frei, und ich mußte mich wundern, daß die Zensur sie hat passieren lassen; von den Kaufleuten hieß es aber ganz offen, daß sie das Volk betrügen und daß ihre Söhne tolle Streiche machen und nach dem Adelsstande streben. Es gab auch ein sehr amüsantes Couplet über die Journalisten: diese schimpfen gerne auf alles, und der Autor bittet das Publikum um Schutz. Die Autoren schreiben heute sehr amüsante Stücke. Ich besuche gerne das Theater. Wenn ich nur einen Groschen in der Tasche habe, kann ich mich nicht beherrschen und muß hinein. Unter unseren Beamten gibt es aber solche Schweine, die niemals ins Theater gehen; höchstens, wenn man ihnen ein Billett schenkt. Eine Schauspielerin sang sehr schön. Ich mußte an sie denken... Ach, verdammt!... Nichts, gar nichts... Schweigen.

9. November
Um acht Uhr ging ich ins Departement. Der Abteilungschef tat so, als bemerkte er mein Erscheinen gar nicht. Auch ich meinerseits tat so, als wäre zwischen uns nichts vorgefallen. Ich sah die Akten durch und verglich sie miteinander. Um vier Uhr ging ich fort. Ich kam an der Wohnung des Direktors vorbei, aber es war niemand zu sehen. Nach dem Essen lag ich meistenteils wieder auf dem Bett.

11. November
Heute saß ich im Kabinett unseres Direktors und schnitt für ihn dreiundzwanzig Federn und für sie... ei! ei!... für Ihre Exzellenz vier Federn. Er hat es sehr gern, wenn auf dem Tische möglichst viel Federn bereitliegen. Gott, das muß ein Kopf sein! Er schweigt immer, aber im Kopfe, glaube ich, überlegt er sich alles. Ich möchte so gern wissen, worüber er hauptsächlich denkt und was für Pläne in diesem Kopfe entstehen. Ich möchte mir das Leben dieser Herren näher ansehen, alle diese Equivoquen und Hofintrigen: wie sie sind und was sie in ihrem Kreise treiben, das möchte ich wissen! Ich wollte schon einigemal ein Gespräch mit Seiner Exzellenz beginnen, aber die Zunge, hol sie der Teufel, versagte mir ihren Dienst; ich sagte bloß, daß es draußen kalt oder warm sei, sonst konnte ich aber nichts mehr herausbringen. Ich möchte so gern in den Salon hineinblicken, dessen Türe manchmal offensteht, und dann auch noch in ein anderes Zimmer, hinter dem Salon. Ach, diese reiche Einrichtung! Was für Spiegel und Porzellan! Ich möchte so gerne auch in die Zimmer hineinblicken, die Ihre Exzellenz bewohnt, – da möchte ich hineinschauen! Ins Boudoir, wo alle die Döschen, Gläschen stehen, so zarte Blumen, daß man gar nicht hinzuhauchen wagt, wo ihr Kleid liegt, das eher an Luft als an ein Kleid erinnert. Ich möchte in ihr Schlafzimmer hineinblicken... dort sind wohl solche Wunder, dort ist solch ein Paradies, wie man es nicht einmal im Himmel findet. Ich möchte das Bänkchen sehen, auf das sie, wenn sie vom Bette aufsteht, ihr Füßchen setzt, wie sie sich das schneeweiße Strümpfchen anzieht... Ei! ei! ei! Nichts, gar nichts... Schweigen.

Heute ging mir plötzlich ein Licht auf: ich erinnerte mich an das Gespräch der beiden Hündchen, das ich auf dem Newskij-Prospekt gehört hatte. – Gut, sagte ich mir, – jetzt werde ich alles erfahren. Ich muß nur die Briefe abfangen, die diese gemeinen Hunde einander schreiben. Aus ihnen werde ich wohl manches erfahren. – Offen gestanden, rief ich einmal Maggie zu mir heran und sagte ihr: »Hör einmal, Maggie, wir sind jetzt allein; wenn du willst, schließe ich auch die Türe ab, so daß uns niemand sehen wird, – erzähle mir alles, was du über dein Fräulein weißt: was sie treibt und wie sie ist? Ich will dir schwören, daß ich es niemand verraten werde.«

Aber das listige Hundevieh zog den Schweif ein, duckte sich und ging leise aus dem Zimmer, als hätte es nichts gehört. Ich habe schon längst vermutet, daß der Hund viel klüger ist als der Mensch; ich bin sogar überzeugt, daß er zu sprechen versteht und es nur aus Trotz nicht tut. So ein Hund ist ein hervorragender Politiker: er merkt sich alles, jeden Schritt, den der Mensch tut. Nein, ich gehe morgen unbedingt in Swjerkows Haus, nehme Fidèle ins Gebet und eigne mir, wenn es geht, alle Briefe an, die Maggie ihr geschrieben.

12. November

Um zwei Uhr ging ich aus, mit dem festen Vorsatz, Fidele zu sehen und zu vernehmen. Ich verabscheue den Kohlgeruch, der aus allen Kramladen in der Mjeschtschanskaja dringt; außerdem kommt aus dem Torwege eines jeden Hauses ein so höllischer Gestank, daß ich mir die Nase zuhielt und, so schnell ich konnte, weiterlief. Auch diese verdammten Handwerker verpesten die Luft mit dem Ruß und Rauch aus ihren Werkstätten, so daß ein anständiger Mensch hier unmöglich Spazierengehen kann. Als ich in den sechsten Stock hinaufgestiegen war und geläutet hatte, kam ein Mädchen heraus, gar nicht übel von Aussehen, mit kleinen Sommersprossen im Gesicht. Ich erkannte sie: es war dieselbe, die damals mit der Alten ging. Sie errötete leicht, und ich begriff sofort: – Du willst wohl einen Mann, meine Liebe! – »Was wünschen Sie?« fragte sie. – »Ich muß mit Ihrem Hündchen sprechen.« Das Mädel war dumm! Ich merkte sofort, daß sie dumm war! Das Hündchen kam indessen selbst bellend hereingelaufen; ich wollte es packen, aber das garstige Vieh hätte mich beinahe in die Nase gebissen. Ich erblickte jedoch in der Ecke den Korb, in dem der Hund zu schlafen pflegt. Ach, da ist doch alles, was ich brauche! Ich ging auf ihn zu, durchwühlte das Stroh und holte zu meinem unbeschreiblichen Vergnügen ein kleines Papierbündel hervor. Als das gemeine Hundevieh es sah, biß es mich erst in die Wade und begann, als es merkte, daß ich seine Papiere genommen hatte, zu winseln und zu schmeicheln; ich aber sagte: »Nein, mein Schatz, leb wohl!« und stürzte hinaus. Ich glaube, das Mädel hielt mich für verrückt, denn es erschrak außerordentlich. Nach Hause zurückgekehrt, wollte ich mich gleich an die Arbeit machen und die Briefe durchsehen, denn bei Kerzenlicht sehe ich nicht gut; der Mawra fiel es aber gerade ein, den Boden zu scheuern. Diese dummen Finnenweiber sind immer zur ungelegenen Zeit reinlich. Darum ging ich aus, um einen kleinen Spaziergang zu machen und mir den Fall zu überlegen. Nun werde ich endlich alle Einzelheiten, alle Hintergedanken, alle geheimen Triebfedern kennenlernen und alles ergründen. Diese Briefe werden mir alles enthüllen. Die Hunde sind ein kluges Volk, sie kennen alle politischen Zusammenhänge, und darum werde ich wohl auch alles Nähere über unseren Direktor finden: das Porträt und alle Taten dieses Mannes. Es wird auch einiges über sie darin stehen... nichts, Schweigen! Gegen Abend kam ich nach Hause. Lag die meiste Zeit auf dem Bett.

13. November

Nun, wollen wir mal sehen! Der Brief ist recht leserlich, in der Schrift liegt aber etwas Hündisches. Lesen wir ihn einmal:

»Liebe Fidèle! Ich kann mich noch immer nicht an Deinen kleinbürgerlichen Namen gewöhnen. Konnte man Dir denn wirklich keinen besseren geben? Fidèle, Rosa, was für ein banaler Ton! Aber lassen wir das alles beiseite. Ich freue mich sehr, daß es uns eingefallen ist, einander zuschreiben.«

Der Brief ist ziemlich korrekt geschrieben. Die Interpunktionszeichen und sogar der Buchstabe »jatj« stehen immer auf dem richtigen Platz. Ich glaube gar, selbst unser Abteilungsvorstand kann nicht so korrekt schreiben, obwohl er behauptet, irgendwo eine Universität besucht zu haben. Sehen wir mal weiter.

»... Mir scheint, es gehört zu den größten Freuden im Leben, seine Gedanken, Gefühle und Eindrücke mit einem anderen teilen zu können.«

Hm!... Dieser Gedanke ist einem aus dem Deutschen übersetzten Werke entnommen. Auf den Titel kann ich mich nicht besinnen.

»... Ich sage das aus Erfahrung, obwohl ich in der Welt nicht weiter als bis vor unser Haustor herumgelaufen bin. Lebe ich nicht in höchster Zufriedenheit? Meine Fräulein, das der Papa Sophie nennt, liebt mich bis zur Bewußtlosigkeit.«

Ei, ei!... nichts, gar nichts! Schweigen!

»... Auch der Papa liebkost mich sehr oft. Ich trinke Tee und Kaffee mit Sahne. Ach, ma chère, ich muß Dir sagen, daß ich gar kein Vergnügen an den großen abgenagten Knochen finde, die unser Polkan in der Küche frißt. Knochen sind nur gut vom Wild und auch das nur, wenn noch niemand das Mark aus ihnen herausgesogen hat. Es ist sehr gut, mehrere Saucen durcheinanderzumischen, doch nur solche ohne Kapern und ohne Grünzeug; aber ich kenne nichts Schlimmeres als die Angewohnheit, den Hunden aus Brot geknetete Kügelchen zu geben. Da beginnt irgendein Herr, der bei Tische sitzt und allerlei Zeug in seinen Händen gehalten hat, mit diesen selben Händen Brot zu kneten; dann ruft er Dich heran und schiebt Dir so ein Kügelchen ins Maul. Es nicht anzunehmen wäre unhöflich, – so frißt man es, obgleich mit Ekel, aber man frißt es doch...«

Weiß der Teufel, was das ist! So ein Unsinn! Als ob es keinen besseren Gegenstand gäbe, über den man schreiben könnte. Schauen wir mal auf der nächsten Seite nach, vielleicht steht dort etwas Vernünftigeres.

»... Ich will Dich sehr gerne über alle Ereignisse unterrichten, die sich bei uns abspielen. Ich habe Dir schon einiges über den wichtigsten Herrn erzählt, den Sophie Papa nennt. Er ist ein sehr sonderbarer Mensch...«

Aha, da ist es endlich! Ja, ich habe es gewußt: sie haben einen politischen Blick für alle Dinge. Sehen wir mal nach, was da über den Papa steht.

»... ein sehr sonderbarer Mensch. Er schweigt meistens und redet nur sehr selten. Aber vor einer Woche sprach er fortwährend mit sich selbst: ›Werde ich ihn kriegen oder werde ich ihn nicht kriegen?‹ Oder er nimmt in die eine Hand ein Stück Papier, ballt die andere leer zusammen und fragt: ›Werde ich ihn kriegen oder werde ich ihn nicht kriegen?‹ Einmal wandte er sich auch an mich mit der Frage: ›Wie glaubst du, Maggie, werde ich ihn kriegen oder nicht kriegen?‹ Ich konnte absolut nichts verstehen! Ich beschnüffelte nur seinen Stiefel und ging fort. Später, ma chère, nach einer Woche kam der Papa hocherfreut heim. Den ganzen Vormittag besuchten ihn Herren in Galauniformen und gratulierten ihm zu etwas. Bei Tisch war er so aufgeräumt, wie ich ihn noch nie gesehen habe, und erzählte immer Witze. Nach Tisch hob er mich aber zu seinem Hals und sagte: ›Schau mal, Maggie, was ist denn das?‹ Ich sah nur ein Bändchen. Ich beschnüffelte es, konnte aber gar keinen Duft wahrnehmen; schließlich leckte ich vorsichtig daran: es schmeckte etwas salzig.«

Hm! Dieses Hundevieh erlaubt sich, scheint mir, etwas zu viel... daß es nur keine Schläge kriegt!

– Er ist also ehrgeizig! Das muß ich mir merken. –

»... Leb wohl, ma chère! Ich muß laufen usw. usw... Morgen schreibe ich den Brief fertig. – Nun, guten Tag! Ich bin wieder bei Dir. Heute war mein Fräulein Sophie...«

Ah! Sehen wir mal, was mit Sophie los war. Diese Gemeinheit! Nichts, gar nichts... fahren wir fort.

»... war mein Fräulein Sophie in außerordentlicher Aufregung. Sie rüstete sich zu einem Ball, und ich freute mich sehr, daß ich Dir in ihrer Abwesenheit schreiben kann. Meine Sophie ist immer sehr froh, wenn sie auf einen Ball gehen kann, obwohl sie sich beim Ankleiden fast immer ärgert. Ich kann nicht verstehen, warum sich die Menschen ankleiden. Warum laufen sie nicht einfach so herum wie zum Beispiel wir? So ist es so gut und bequem. Ich verstehe auch nicht, was das für ein Vergnügen ist, auf einen Ball zu gehen, ma chere. Sophie kommt von einem Ball immer erst gegen sechs Uhr früh heim, und ich erkenne fast immer an ihrem blassen, elenden Aussehen, daß man der Ärmsten nichts zu essen gegeben hat. Ich muß gestehen, ich könnte so nicht leben. Wenn ich keine Sauce mit Rebhuhn oder keinen gebratenen Hühnerflügel bekäme, so... so weiß ich wirklich nicht, was mit mir geschähe. Auch Sauce mit Grütze schmeckt nicht schlecht; aber gelbe oder weiße Rüben oder Artischocken werden mir niemals gefallen.«

Ein auffallend ungleichmäßiger Stil! Man sieht gleich, daß es kein Mensch geschrieben hat: er fängt an, wie es sich gehört, und schließt ganz hündisch. Sehen wir uns noch dieses Brieflein an. Es ist etwas lang. Hm! Es steht auch kein Datum dabei.

»...Ach, Liebste, wie deutlich läßt sich das Nahen des Frühlings fühlen. Mein Herz klopft so, als erwarte es jemand. In meinen Ohren ist ein ewiges Rauschen, so daß ich oft minutenlang mit erhobenem Beinchen lauschend an der Tür stehe. Ich will Dir eröffnen, daß ich viele Verehrer habe. Oft sitze ich auf der Fensterbank und betrachte sie. Ach, wenn Du wüßtest, was es für Scheusale unter ihnen gibt! Mancher ungeschlachte Köter, dem die Dummheit im Gesicht geschrieben steht, geht wichtig über die Straße und bildet sich ein, er sei eine höchst vornehme Person und alle müßten ihn bewundern. Keine Spur! Ich schenkte ihm nicht die geringste Beachtung und tat so, als hätte ich ihn überhaupt nicht gesehen. Und was für eine schreckliche Dogge bleibt manchmal vor meinem Fenster stehen! Hätte sie sich auf die Hinterbeine gestellt, was das rohe Vieh wohl gar nicht kann, so wäre sie um einen Kopf größer als der Papa meiner Sophie, der doch recht groß gewachsen und auch dick ist. Diese dumme Dogge ist sicher ein furchtbar frecher Kerl. Ich knurrte sie an, aber sie machte sich nichts draus, und verzog keine Miene! Sie streckte nur die Zunge heraus, ließ die mächtigen Ohren hängen und blickte in mein Fenster herauf, – so ein Bauer! Aber glaubst Du denn wirklich, ma chère, daß mein Herz für all dies Werben unempfindlich sei? Ach, nein... Hättest Du nur einen gewissen Kavalier gesehen, der über den Zaun des Nachbarhauses geklettert kommt und Tresor heißt... Ach, ma chère, was er für ein Schnäuzchen hat!...«

Pfui, zum Teufel!... Solches Gesudel! Wie kann man nur seine Briefe mit solchen Dummheiten anfüllen! Man zeige mir einen Menschen! Ich will einen Menschen sehen, mich verlangt nach geistiger Nahrung, die meine Seele speist und ergötzt; statt dessen aber dieser Unsinn... Wenden wir die Seite um, vielleicht wird es besser?

»...Sophie saß am kleinen Tisch und nähte etwas. Ich blickte zum Fenster hinaus, denn ich beobachte gern die Passanten; plötzlich trat der Diener herein und meldete: ›Herr Teplow!‹ – ›Ich lasse bitten!‹ rief Sophie und fing an, mich zu umarmen. ›Ach, Maggie, Maggie! Wenn Du nur wüßtest, wer das ist: er ist brünett und Kammerjunker und hat Augen so schwarz wie Achat!‹ Und Sophie lief in ihr Zimmer. Einen Augenblick später erschien ein junger Kammerjunker mit schwarzem Backenbart; er trat vor den Spiegel, brachte sein Haar in Ordnung und sah sich im Zimmer um. Ich knurrte eine Weile und setzte mich dann auf meinen Platz. Sophie kam bald wieder und beantwortete seinen Kratzfuß mit einem vergnügten Nicken: ich tat so, als bemerkte ich nichts, und sah ruhig zum Fenster hinaus; aber ich neigte meinen Kopf etwas zur Seite und gab mir Mühe zu hören, was sie sprachen. Ach, ma chère, was für dummes Zeug redeten sie zusammen! Sie sprachen davon, daß eine Dame beim Tanz statt der einen Figur eine andere gemacht habe; daß irgendein Herr Bobow in seinem Jabot ganz wie ein Storch ausgesehen hätte und beinahe hingeplumpst wäre! daß irgendeine Frau Lidina sich einbilde, blaue Augen zu haben, während sie in Wirklichkeit grüne habe, und dergleichen mehr. – Wenn man diesen Kammerjunker mit meinem Tresor vergleichen wollte! – dachte ich mir. Du lieber Himmel, dieser Unterschied! Erstens hat der Kammerjunker ein vollkommen glattes, breites Gesicht mit einem Backenbart ringsherum, es sieht aus, als hätte er sich das Gesicht mit einem schwarzen Tuch umbunden; Tresor hat aber ein feines Schnäuzchen und eine kleine weiße Stelle mitten auf der Stirn. Tresors Taille kann man mit der des Kammerjunkers gar nicht vergleichen. Wie anders sind auch die Augen, die Manieren, das ganze Benehmen. Ach, welch ein Unterschied! Ich weiß nicht, ma chere, was sie an ihrem Teplow gefunden hat. Warum ist sie so entzückt von ihm?...«

Auch mir scheint, daß hier etwas nicht stimmt. Es kann nicht sein, daß Teplow sie so bezaubert hat. Lesen wir weiter:

»... Mir scheint, wenn ihr dieser Kammerjunker gefällt, so wird ihr auch bald der Beamte gefallen, der beim Papa im Kabinett zu sitzen pflegt. Ach, ma chère, wenn Du nur wüßtest, was das für ein Scheusal ist! Ganz wie eine Schildkröte in einem Sack...«

Was mag das wohl für ein Beamter sein...

»... Sein Familienname klingt sehr merkwürdig. Er sitzt immer da und schneidet die Federn zurecht. Das Haar auf seinem Kopfe hat große Ähnlichkeit mit Heu. Der Papa verwendet ihn manchmal zu Botengängen...«

Mir scheint, dieses gemeine Hundevieh spielt auf mich an. Aber ist denn mein Haar wie Heu?

»... Sophie kann sich gar nicht des Lachens enthalten, wenn sie ihn ansieht.« Du lügst, verdammtes Hundevieh! So eine böse Zunge! Als ob ich nicht wüßte, daß es nichts als Neid ist! Als ob ich nicht wüßte, wessen Streiche es sind! Es sind Streiche des Abteilungsvorstandes. Hat doch dieser Mensch mir ewigen Haß geschworen, und so schadet er mir auf Schritt und Tritt. Sehen wir uns indessen noch einen Brief an. Vielleicht klärt sich dann die Sache von selbst.

» Ma chère Fidèle, entschuldige, daß ich so lange nicht geschrieben habe. Ich war wie in einem Rausch. Wie richtig hat doch ein Dichter gesagt, die Liebe sei ein zweites Leben. Außerdem gibt es bei uns im Hause große Veränderungen. Der Kammerjunker sitzt jetzt bei uns jeden Tag. Sophie ist wahnsinnig in ihn verliebt. Papa ist sehr vergnügt. Ich hörte sogar von unserem Grigorij, der den Boden kehrt und fast immer mit sich selbst spricht, daß die Hochzeit bald stattfinden werde, denn der Papa wolle Sophie durchaus mit einem General oder einem Kammerjunker oder einem Oberst verheiratet sehen...«

Hol's der Teufel! Ich kann nicht weiter lesen... Immer ist's ein Kammerjunker oder ein General. Alles Beste, was es auf der Welt gibt, fällt immer den Kammerjunkern oder den Generälen zu. Hol's der Teufel! Wie gerne möchte auch ich General werden, doch nicht um ihre Hand und so weiter zu erlangen, – nein, ich möchte nur deshalb General werden, um zu sehen, wie sie vor mir scharwenzeln und alle diese höfischen Kunststücke und Manieren zeigen werden, und um ihnen dann zu sagen, daß ich auf sie beide spucke. Hol's der Teufel, es ist ärgerlich! Ich habe die Briefe dieses dummen Hundes in Stücke gerissen.

3. Dezember

Es kann nicht sein, es ist erlogen! Es wird nie zu einer Hochzeit kommen! Was ist denn dabei, daß er Kammerjunker ist? Das ist ja doch nur ein Titel und keine sichtbare Sache, die man in die Hand nehmen könnte. Weil er Kammerjunker ist, hat er doch kein drittes Auge auf der Stirn. Seine Nase ist doch auch nicht aus Gold gemacht, sondern genauso wie die meine und wie die eines jeden Menschen; er riecht doch und ißt nicht mit ihr, er niest mit ihr und hustet nicht. Ich wollte schon einigemal dahinterkommen, worauf alle diese Unterschiede beruhen. Warum bin ich Titularrat, und woraus folgt, daß ich Titularrat bin? Vielleicht bin ich gar kein Titularrat? Vielleicht bin ich ein Graf oder ein General und sehe nur wie ein Titularrat aus. Vielleicht weiß ich selbst noch nicht, wer ich bin. Es gibt doch so viele Beispiele in der Weltgeschichte: ein ganz einfacher Mensch, nicht einmal ein Adliger, sondern ein Kleinbürger oder sogar Bauer, entpuppt sich plötzlich als hoher Würdenträger, als ein Baron, oder wie heißt es noch... Wenn aus einem Bauern so etwas werden kann, was kann dann alles aus einem Edelmann werden? Da komme ich zum Beispiel in Generalsuniform zu unserm Chef: auf der rechten Schulter habe ich eine Epaulette, auf der linken Schulter eine Epaulette, ein blaues Band über die Achsel – nun, was wird dann meine Schöne sagen? Was wird ihr Papa, unser Direktor sagen? Oh, er ist doch sehr ehrgeizig! Er ist ein Freimaurer, ganz gewiß ein Freimaurer; er tut zwar so, als wäre er dies und jenes, aber ich habe es gleich bemerkt, daß er ein Freimaurer ist: wenn er jemand die Hand reicht, so streckt er nur zwei Finger aus. Kann ich denn nicht jetzt gleich in diesem

Augenblick zum General-Gouverneur, oder zum Intendanten oder zu etwas Ähnlichem ernannt werden? Ich möchte gerne wissen, warum ich Titularrat bin? Warum gerade Titularrat?

5. Dezember

Ich las heute den ganzen Vormittag Zeitungen. Merkwürdige Dinge gehen in Spanien vor. Ich kann mich in ihnen so gar nicht ordentlich zurechtfinden. Man schreibt, der Thron sei erledigt, und die Stände hätten wegen der Wahl eines Thronfolgers Schwierigkeiten; darum gäbe es Aufstände. Dies kommt mir außerordentlich seltsam vor. Wie kann bloß der Thron erledigt sein? Man sagt, irgendeine Donna werde den Thron besteigen müssen. Aber eine Donna kann den Thron nicht besteigen, es ist unmöglich. Auf dem Throne muß doch ein König sitzen. »Aber es gibt keinen König«, sagen die Leute. Es kann doch nicht sein, daß es keinen König gibt. Ein Staat kann nicht ohne einen König bestehen. Es gibt wohl einen König, er hält sich aber wohl irgendwo unerkannt auf. Vielleicht befindet er sich sogar dort an Ort und Stelle, aber irgendwelche Familiengründe oder Befürchtungen seitens der Nachbarstaaten wie Frankreich und der anderen zwingen ihn, sich verborgen zu halten, oder es gibt irgendwelche anderen Ursachen.

8. Dezember

Ich war schon bereit, ins Departement zu gehen, aber verschiedene Gründe und Erwägungen hielten mich davon ab. Die spanischen Angelegenheiten wollten mir nicht aus dem Sinn.

Wie kann es nur sein, daß eine Donna Königin wird?

Man wird es nicht zulassen. Erstens wird es England nicht gestatten. Dazu auch die politische Lage von ganz Europa, der Kaiser von Österreich, unser Kaiser... Ich muß gestehen, alle diese Ereignisse haben mich dermaßen erschüttert, daß ich den ganzen Tag gar nichts tun konnte. Mawra sagte mir, ich sei bei Tisch äußerst zerstreut gewesen. Ich glaube, ich habe in meiner Zerstreutheit tatsächlich zwei Teller auf den Boden geschmissen, die auch zerbrachen. Nach dem Essen ging ich zu der Rutschbahn, konnte aber aus dem Schauspiel nichts Belehrendes schöpfen. Die meiste Zeit lag ich zu Bett und dachte über die spanischen Angelegenheiten nach.

Im Jahre 2000, d. 43. April

Der heutige Tag ist ein Tag des größten Triumphs! Spanien hat einen König. Er ist plötzlich da. Dieser König bin ich. Gerade heute habe ich es erfahren. Ich muß gestehen, es erleuchtete mich wie ein Blitz. Ich verstehe nicht, wie ich mir nur denken und einbilden konnte, daß ich ein Titularrat sei. Wie konnte mir nur dieser verrückte, wahnsinnige Gedanke in den Kopf kommen? Es ist noch ein Glück, daß es niemand eingefallen ist, mich ins Irrenhaus zu sperren. Jetzt ist mir alles klar. Jetzt sehe ich alles deutlich vor mir liegen. Und bisher – ich verstehe es gar nicht, – bisher lag vor mir alles wie im Nebel. Ich glaube, das alles kommt daher, weil die Menschen sich einbilden, das menschliche Gehirn befinde sich im Kopfe; dem ist aber gar nicht so: es wird von einem Winde vom Kaspischen Meere hergebracht. Zuerst erklärte ich der Mawra, wer ich bin. Als sie hörte, daß vor ihr der König von Spanien steht, schlug sie die Hände zusammen und starb fast vor Schreck; die Dumme hat noch nie einen König von Spanien gesehen. Ich gab mir jedoch Mühe, sie zu beruhigen, und versicherte sie in gnädigen Worten meines Wohlwollens, indem ich ihr sagte, ich zürne ihr gar nicht, weil sie mir zuweilen die Stiefel so schlecht geputzt habe. Das sind doch einfache Leute: man kann zu ihnen nicht von höheren Gegenständen sprechen. Sie erschrak, weil sie überzeugt war, daß alle spanischen Könige Philipp II. gleichen. Ich machte ihr aber klar, daß zwischen mir und Philipp fast nicht die geringste Ähnlichkeit bestehe und daß ich keinen einzigen Kapuziner bei mir habe. Ins Departement ging ich heute nicht. Mag es der Teufel holen! Nein, Freunde, jetzt werdet ihr mich nicht mehr hinlocken: ich werde eure garstigen Akten nicht mehr abschreiben!

den 86. Martember,
zwischen Tag und Nacht

Heute kam unser Exekutor, um mir zu sagen, ich solle ins Departement kommen; ich sei seit mehr als drei Wochen nicht mehr in den Dienst gegangen.

Aber die Menschen sind ungerecht: sie rechnen nach Wochen. Das haben die Juden eingeführt, weil sich ihr Rabbiner um diese Zeit wäscht. Zum Spaß ging ich aber doch ins Departement. Der Abteilungsvorstand glaubte, ich werde mich vor ihm verbeugen und mich entschuldigen; ich sah ihn aber nur gleichgültig, nicht zu böse und auch nicht zu gnädig an und setzte mich auf meinen Platz, als bemerkte ich niemand. Ich betrachtete dieses ganze Kanzleigesindel und dachte mir: – Wenn ihr nur wüßtet, wer hier zwischen euch sitzt!... – Du lieber Gott, was hätten sie für einen Lärm gemacht!

Auch der Abteilungsvorstand selbst würde sich vor mir so tief verbeugen, wie er sich jetzt vor dem Direktor verbeugt. Man legte einige Akten vor mich hin, damit ich ein Exzerpt aus ihnen mache. Ich berührte sie aber mit keinem Finger. Nach einigen Minuten gerieten alle in Unruhe. Es hieß, der Direktor komme. Viele Beamte liefen hinaus, um von ihm bemerkt zu werden, aber ich rührte mich nicht von der Stelle. Als er durch unsere Abteilung ging, knöpften alle ihre Fräcke zu; mir fiel es aber gar nicht ein! Was ist so ein Direktor? Soll ich mich etwa vor ihm erheben? Niemals! Was ist er für ein Direktor? Er ist nur ein Stöpsel, und kein Direktor. Ein ganz gewöhnlicher Stöpsel, einer, mit dem man die Flaschen zukorkt, und weiter nichts! Am meisten amüsierte es mich, als man mir ein Papier vorlegte, damit ich es unterschreibe. Sie glaubten, ich würde ganz unten am Rande des Bogens hinschreiben: Tischvorsteher Soundso – fiel mir gar nicht ein! Ich schrieb auf die sichtbarste Stelle, wo der Direktor des Departements seine Unterschrift zu setzen pflegt: »Ferdinand VIII.« Man muß gesehen haben, was für ein ehrfurchtsvolles Schweigen da eintrat; ich winkte aber nur mit der Hand, sagte: »Ich brauche keine Zeichen der Untertänigkeit!« und verließ das Zimmer. Aus der Kanzlei begab ich mich direkt in die Wohnung des Direktors. Er selbst war nicht zu Hause. Der Lakai wollte mich nicht einlassen, aber ich sagte ihm so etwas, daß er nur die Hände sinken ließ. Ich ging direkt ins Toilettenzimmer. Sie saß vor dem Spiegel; als sie mich sah, sprang sie auf und wich vor mir zurück. Ich erklärte ihr aber, daß ich der König von Spanien bin. Ich sagte ihr nur, daß ihr ein Glück bevorstehe, wie sie es sich gar nicht vorstellen könne, und daß wir trotz der Ränke der Feinde zusammenkommen werden. Ich wollte sonst nichts mehr sagen und ging hinaus. Oh, wie heimtückisch ist doch so ein Weib! Ich habe erst jetzt begriffen, was das Weib ist. Bisher hat noch niemand gewußt, in wen es verliebt ist; erst ich habe es entdeckt. Das Weib ist in den Teufel verliebt. Jawohl, ich meine es ganz ernst. Die Physiker schreiben dummes Zeug, wenn sie behaupten, sie sei dies und jenes; sie liebt aber nur den Teufel. Sehen Sie, wie sie aus der Loge im ersten Rang ihre Lorgnette auf jemand richtet. Sie glauben wohl, sie betrachte diesen dicken Herrn mit den Ordenssternen? Keine Spur: sie blickt auf den Teufel, der hinter dem Rücken des Dicken steht. Da hat er sich in seinen Frack versteckt. Da winkt er ihr von dort aus mit dem Finger! Und sie wird ihn heiraten, sie wird ihn ganz gewiß heiraten. Auch alle diese hohen Herrn, die Väter, die sich wie Aale winden und zum Hofe streben, welche sagen, sie seien Patrioten und dies und jenes; diese Patrioten wollen nur staatliche Ländereien in Pacht bekommen! Sie sind imstande, Vater und Mutter und selbst Gott zu verkaufen, diese ehrgeizigen Christus verkauft er! Es ist nichts als Ehrgeiz, und der Ehrgeiz kommt daher, weil sich unter der Zunge ein kleines Bläschen befindet und in diesem Bläschen ein kleines Würmchen, so groß wie ein Stecknadelkopf, sitzt; und dies alles macht ein gewisser Barbier, der in der Gorochowaja wohnt. Ich kann mich auf seinen Namen nicht besinnen; es ist aber als sicher bekannt, daß er in Gemeinschaft mit einer Hebamme den mohammedanischen Glauben über die ganze Welt verbreiten will; man sagt ja, daß sich in Frankreich schon der größte Teil der Bevölkerung zum Glauben Mohammeds bekennt.

Gar kein Datum
Der Tag hatte kein Datum

Ich ging heute auf dem Newskij-Prospekt spazieren. Seine Majestät der Kaiser fuhr vorbei. Alle Leute zogen die Mützen, und ich tat es auch; dabei ließ ich mir es jedoch nicht anmerken, daß ich der König von Spanien bin. Ich hielt es für unpassend, mich hier in Gegenwart aller erkennen zu geben, denn zuerst muß ich mich doch bei Hofe vorstellen. Mich hielt nur das eine zurück, daß ich bisher noch kein spanisches Nationalkostüm habe. Wenn ich doch wenigstens einen Königsmantel hätte. Ich hätte ihn mir von einem Schneider machen lassen, aber diese Schneider sind die reinen Esel; außerdem vernachlässigen sie ihr Handwerk, geben sich mit anderen Affären ab und pflastern zum größten Teil die Straßen.

Ich habe mich entschlossen, mir den Königsmantel aus meinem neuen Uniformfrack zu machen, den ich erst zweimal getragen habe. Damit diese Schurken ihn nicht verderben, beschloß ich, ihn mir selbst hinter verschlossenen Türen zu nähen, so daß es niemand sieht. Ich zerschnitt den ganzen Frack mit der Schere, denn der Schnitt muß ein ganz anderer sein.

Auf das Datum besinne ich mich nicht. Einen Monat gab es auch nicht. Weiß der Teufel, was es war.

Der Mantel ist vollkommen fertig. Als ich ihn mir umwarf, schrie Mawra auf. Aber ich kann mich noch nicht entschließen, mich bei Hofe vorzustellen, die Deputation aus Spanien ist noch immer nicht da. Ohne die Deputierten geht es nicht: so wird mir jedes Gewicht meiner Würde fehlen. Ich erwarte sie von Stunde zu Stunde.

den 1.
Ich wundere mich über die Saumseligkeit der Deputierten. Was für Gründe mögen sie aufgehalten haben? Vielleicht Frankreich? Ja, Frankreich ist wohl die mißgünstigste Macht. Ich ging auf die Post und erkundigte mich, ob die spanischen Deputierten eingetroffen seien; der Postmeister ist aber furchtbar dumm, er weiß von nichts. »Nein«, sagte er, »es gibt hier keine spanischen Deputierten, wenn Sie aber einen Brief schreiben wollen, so nehmen wir ihn nach dem festgesetzten Tarif an.« Hol's der Teufel, was brauche ich einen Brief? Ein Brief ist Unsinn. Briefe schreiben nur die Apotheker, und auch das nur, nachdem sie sich die Zunge mit Essig befeuchtet haben: sonst könnte man leicht Flechten auf dem ganzen Gesicht kriegen.

Madrid, den 30. Februarius
So bin ich nun in Spanien, und es geschah so schnell, daß ich kaum Zeit hatte, zu mir zu kommen. Heute früh erschienen bei mir die spanischen Deputierten, und ich stieg mit ihnen in die Equipage. Die ungewöhnliche Schnelligkeit kam mir befremdend vor. Wir fuhren so schnell, daß wir schon nach einer halben Stunde die Grenze Spaniens erreichten. Übrigens gibt es jetzt in ganz Europa Eisenbahnen, und auch die Dampfer fahren sehr schnell. Ein sonderbares Land dieses Spanien! Als wir ins erste Zimmer traten, erblickte ich eine Menge Menschen mit rasierten Schädeln. Ich erriet jedoch gleich, daß das Granden oder Soldaten sein müssen, weil diese sich die Köpfe rasieren. Sehr merkwürdig kam mir das Benehmen des Reichskanzlers vor, der mich an der Hand hereinführte; er stieß mich in ein kleines Zimmer und sagte: »Sitz hier, und wenn du dich König Ferdinand nennen wirst, so werde ich dir jede Lust dazu austreiben.« Ich wußte aber, daß es nur eine Versuchung war, und antwortete ihm verneinend, worauf mich der Kanzler zweimal mit dem Stock auf den Rücken schlug, und zwar so schmerzhaft, daß ich

beinahe aufgeschrieen hätte; ich beherrschte mich aber, da ich mich erinnerte, daß es ein Ritterbrauch ist, jeden, der ein hohes Amt antritt, zu schlagen; in Spanien werden nämlich die Rittersitten auch heute noch beobachtet. Als ich allein geblieben war, beschloß ich, mich den Staatsgeschäften zu widmen. Ich machte die Entdeckung, daß China und Spanien das gleiche Land sind und nur aus Unbildung für verschiedene Länder gehalten werden. Ich empfehle einem jeden, das Wort Spanien auf ein Blatt Papier zu schreiben; es wird nämlich China daraus werden. Mich betrübte aber außerordentlich ein Ereignis, das morgen stattfinden soll. Morgen um sieben Uhr wird sich etwas sehr Merkwürdiges ereignen: die Erde wird sich auf den Mond setzen. Auch der berühmte englische Chemiker Wellington schreibt darüber. Offen gestanden, empfand ich eine Unruhe im Herzen, als ich an die außerordentliche Zartheit und Zerbrechlichkeit des Mondes dachte. Der Mond wird ja gewöhnlich in Hamburg gemacht, und zwar sehr schlecht. Ich wundere mich, daß England nicht darauf aufmerksam geworden ist. Ein lahmer Böttcher hat ihn hergestellt, und der dumme Kerl hat offenbar keine Ahnung vom Monde gehabt. Er nahm dazu ein geteertes Seil und einen Teil Baumöl; darum verbreitet sich über die Erde ein solcher Gestank, daß man sich die Nase zuhalten muß. Darum ist auch der Mond selbst eine so zarte Kugel, daß die Menschen auf ihm unmöglich leben können; es leben dort nur die Nasen allein. Darum können wir auch unsere Nasen nicht sehen, weil sie sich alle auf dem Monde befinden. Und als ich mir dachte, daß die Erde eine schwere Materie ist und, wenn sie sich auf den Mond setzt, alle unsere Nasen zu Mehl zermalmen kann, bemächtigte sich meiner eine solche Unruhe, daß ich Strümpfe und Schuhe anzog und in den Saal des Reichsrats eilte, um der Polizei den Befehl zu geben, es nicht zuzulassen, daß die Erde sich auf den Mond setze. Die rasierten Granden, von denen ich im Saale des Reichsrates eine große Menge traf, waren sehr kluge Menschen; als ich ihnen sagte: »Meine Herren, retten wir doch den Mond, denn die Erde will sich auf ihn setzen!« – so eilten alle augenblicklich, meinen königlichen Wunsch auszuführen, und viele kletterten die Wand hinauf, um den Mond herunterzuholen; in diesem Augenblick trat aber der Reichskanzler herein. Als sie ihn sahen, liefen alle davon. Ich blieb als König allein zurück. Der Kanzler schlug mich aber zu meinem Erstaunen mit dem Stock und jagte mich in mein Zimmer. Eine solche Macht haben in Spanien die Volkssitten!

Januar desselben Jahres, der auf den Februarius folgt

Ich kann noch immer nicht verstehen, was für ein Land dieses Spanien ist. Die Volkssitten und die Hofetikette sind hier ganz ungewöhnlich. Ich verstehe nichts, ich verstehe nichts, ich verstehe gar nichts. Heute hat man mir den Schädel rasiert, obwohl ich, so laut ich konnte, schrie, ich wolle kein Mönch werden.

Aber ich kann mich nicht mehr erinnern, was mit mir geschah, als man anfing, mir kaltes Wasser auf den Kopf zu gießen. Solche Höllenqualen habe ich noch nie empfunden. Ich war nahe daran, rasend zu werden, so daß man mich nur mit Mühe festhalten konnte. Ich kann die Bedeutung dieser sonderbaren Sitte nicht begreifen. Eine dumme, unsinnige Sitte! Mir ist die Unvernunft der Könige, die sie bisher noch nicht abgeschafft haben, unverständlich. Ich glaube, daß ich allem Anscheine nach in die Hände der Inquisition gefallen bin und daß der Mann, den ich für den Kanzler gehalten, der Großinquisitor selbst ist. Aber ich kann noch immer nicht verstehen, wie der König der Inquisition verfallen konnte. Allerdings kann hier Frankreich die Hand im Spiele haben, und insbesondere Polignac. Was für eine Bestie ist doch dieser Polignac! Er hat geschworen, mir bis an mein Lebensende zu schaden. Und so verfolgt er mich unaufhörlich; aber ich weiß, Freund, daß dich England anstiftet. Die Engländer sind große Politiker. Sie haben überall ihre Hand im Spiele. Das weiß die ganze Welt: wenn England Tabak schnupft, so muß Frankreich niesen.

Den 25.

Heute kam der Großinquisitor wieder in mein Zimmer, aber als ich seine Schritte in der Ferne vernahm, verkroch ich mich unter einen Stuhl. Als er mich nicht im Zimmer sah, fing er an, mich laut zu rufen. Erst schrie er: »Poprischtschin!« – Ich gab keinen Ton von mir. Dann »Aksentij Iwanowitsch! Titularrat! Edelmann!« – Ich schwieg noch immer. – »Ferdinand VIII., König von Spanien!« – Ich wollte schon den Kopf hinausstecken, sagte mir aber: – Nein, Bruder, du führst mich nicht an! Ich kenne dich: du wirst mir wieder kaltes Wasser auf den Kopf gießen. – Aber er entdeckte mich und jagte mich mit dem Stock unter dem Stuhle hervor. Dieser verdammte Stock tut furchtbar weh. Dafür hat mich jedoch die Entdeckung, die ich heute machte, entlohnt: ich erfuhr, daß jeder Hahn sein Spanien hat, es befindet sich in seinem Gefieder, in der Nähe des Schwanzes. Der Großinquisitor verließ mich aber erbost und mir irgendeine Strafe androhend. Ich achte aber nicht auf seine ohnmächtige Wut, denn ich weiß, daß er nur wie eine Maschine, als ein Werkzeug Englands handelt.

Da 34tum Mon. Ihra Februar 349
Nein, ich kann es nicht länger ertragen. Gott, was machen sie mit mir! Sie gießen mir kaltes Wasser auf den Kopf! Sie sehen nicht auf mich, sie hören nicht auf mich. Was habe ich ihnen getan? Warum quälen sie mich so? Was wollen sie von mir Armem? Was kann ich ihnen geben? Ich habe nichts. Ich habe keine Kraft, ich kann alle diese Qualen nicht ertragen, mein Kopf brennt, und alles wirbelt vor meinen Augen. Rettet mich! Nehmt mich von hier fort! Gebt mir ein Dreigespann, so schnell wie der Wind! Steig ein, Kutscher, klinge, mein Glöckchen, schwingt euch auf, Pferde, und tragt mich aus dieser Welt fort! Weiter, immer weiter, daß ich nichts mehr sehe. Da ballt sich der Himmel vor mir zu Wolken; ein Sternchen funkelt in der Ferne; der Wald mit den dunklen Bäumen und dem Monde jagt an mir vorbei; blaugrauer Nebel breitet sich zu meinen Füßen aus; eine Saite klingt im Nebel; auf der einen Seite liegt das Meer, auf der anderen Italien; da lassen sich auch russische Bauernhäuser erkennen. Ist es nicht mein Haus, das dort in der blauen Ferne sichtbar wird? Sitzt nicht meine Mutter am Fenster? Mütterchen, rette deinen armen Sohn! Lasse eine Träne auf seinen kranken Kopf fallen! Schau, wie sie ihn quälen! Drücke diesen Armen, Verlassenen an deine Brust! Es ist kein Platz für ihn auf dieser Welt! Man hetzt ihn herum! Mütterchen, erbarme dich deines kranken Kindes!... Wißt ihr übrigens, daß der Bei von Algier eine Beule unter der Nase hat?...

II. Aus dem man erfahren kann, was Iwan Iwanowitsch sich wünschte, worüber Iwan Iwanowitsch und Iwan Nikiforowitsch miteinander sprachen, und wie das Gespräch endete.
Eines Morgens – es war im Juli – lag Iwan Iwanowitsch unter seinem Schutzdach. Der Tag war heiß, und die Luft war trocken und flutete in seinen Strömen auf und ab. Iwan Iwanowitsch war schon außerhalb der Stadt und im Dorf bei den Schnittern gewesen und hatte schon alle Bauern und Bäuerinnen, die ihm begegneten, nach dem Woher, Wohin und Warum ausgefragt; dabei hatte er sich müde gelaufen und wollte nun ausruhen. Im Liegen betrachtete er lange den Hof, die Vorratskammern und die im Hofe herumlaufenden Hühner und dachte sich: »Herr Gott, was bin ich doch für ein guter Wirt! Was habe ich nicht alles! Speicher, Gebäude, Vögel, alles was das Herz begehrt, Schnäpse und Liköre, einen Garten mit Birnen und Pflaumen, Mohn, Kohl und Erbsen... was fehlt mir noch? Wirklich, ich möchte wissen, was mir fehlt?«

Mit dieser tiefsinnigen Frage beschäftigt, versank Iwan Iwanowitsch in tiefes Nachdenken, unterdessen aber suchten seine Augen nach neuen Gegenständen, schweiften über den Zaun nach Iwan Nikiforowitschs Haus und wurden unwillkürlich von einem merkwürdigen Schauspiel gefesselt.

Ein altes hageres Weib trug verschlissene Kleidungsstücke auf den Hof, um sie eins nach dem andern zum Auslüften auf eine ausgespannte Leine zu hängen. Bald streckte ein alter Waffenrock mit abgeschabten Aufschlägen seine Ärmel in die Luft und umarmte ein Jackett aus Brokatstoff; neben ihm kam eine Livree mit Wappenknöpfen und einem von den Motten zerfressenen Kragen zum Vorschein; ferner ein Paar fleckige weiße Kaschmir-Beinkleider, die einst Iwan Nikiforowitschs Beine umspannt hatten, jetzt aber bestenfalls für seine Finger reichen würden; dann wieder hing ein anderes Paar in Form eines A da, dann ein blauer Kosakenrock, den sich Iwan Nikiforowitsch vor 20 Jahren hatte machen lassen, als er in die Miliz einzutreten gedachte und sich sogar einen Schnurrbart wachsen ließ. Zuletzt kam zu all diesen schönen Sachen auch noch ein Degen hinzu, der einer Turmspitze glich, die in die Luft starrt – dann wieder flatterten die Rockschöße eines graugrünen Kaftans mit talergroßen kupfernen Knöpfen im Winde, und zwischen den Schößen lugte eine mit Goldborte verzierte, stark ausgeschnittene Weste hervor. Aber bald wurde die Weste durch einen alten Unterrock der Großmutter verdeckt, in dessen großen Taschen man ruhig je eine Melone hätte verstecken können. Dies ganze Durcheinander gewährte Iwan Iwanowitsch einen höchst unterhaltenden Anblick. Die Strahlen der Sonne beleuchteten bald einen dunkelblauen oder grünen Ärmel, einen roten Aufschlag und einen Teil des Goldbrokats oder sie spielten plötzlich um die Degenspitze und gaben ihr ein ganz ungewöhnliches Aussehen. Dieses bunte Allerlei weckte Erinnerungen an die Weihnachtskrippe, die umherziehende Tagediebe in den Dörfern aufstellen: Die herandrängende Volksmenge betrachtet den Kaiser Herodes mit der goldenen Krone, oder den Antonius, der eine Ziege mit sich führt; hinter der Krippe quietscht eine Geige, ein Zigeuner ahmt mit seinen Lippen eine Trommel nach, die Sonne geht allmählich unter und die angenehme Kühle der südlichen Nacht schmiegt sich verstohlen um die frischen Schultern und hochatmenden Busen der drallen Bäuerinnen.

Nach einiger Zeit kam die Alte wieder stöhnend aus der Vorratskammer und trug keuchend einen altmodischen Sattel mit abgerissenen Steigbügeln, abgeschabten ledernen Pistolentaschen und einer Schabracke auf dem Rücken heraus, die einst purpurrot gewesen und mit Goldstickereien und Blechplatten verziert war.

»So ein dummes Weib,« dachte Iwan Iwanowitsch, »bald wird sie auch noch Iwan Nikiforowitsch in eigener Person herausschleppen und auslüften.«

Und in der Tat, Iwan Iwanowitschs Vermutung war nicht so ganz unrichtig. Nach kaum fünf Minuten erschienen Iwan Nikiforowitschs Pumphosen, die fast die ganze Hälfte des Hofes einnahmen. Dann schleppte sie noch seine Mütze und eine Flinte heran.

»Was soll das bedeuten«, dachte Iwan Iwanowitsch. »Ich habe früher nie eine Flinte bei ihm gesehen! Ja, was fällt ihm ein! Er schießt doch gar nicht, und hält sich doch eine Flinte! Was will er mit ihr? Es ist übrigens ein gutes Gewehr!... ich wollte mir schon lange ein solches anschaffen. Ich wünschte sehr, so eine Flinte zu haben... ich spiele zu gern mit einem Flintchen... He, Alte, Alte!« schrie Iwan Iwanowitsch und winkte mit dem Finger.

Die Alte kam an den Zaun.

»Was hast du da, gute Alte?«

»Sie sehen doch selbst, eine Flinte.«

»Was für eine Flinte?«

»Was weiß ich. Wenn sie mir gehörte, würde ich vielleicht wissen, woraus sie gemacht ist, aber sie gehört doch dem Herrn.«

Iwan Iwanowitsch stand auf, besah sich die Flinte von allen Seiten, und vergaß ganz, die Alte deswegen auszuschelten, daß sie auch Degen und Flinte zum Lüften herausgebracht hatte.

»Wahrscheinlich ist sie aus Eisen«, meinte die Alte.

»Hm, hm, aus Eisen. Warum sollte sie gerade aus Eisen sein?« murmelte Iwan Iwanowitsch. »Hat dein Herr sie schon lange?«

»Vielleicht – es ist möglich, daß er sie schon lange hat.«

»Ein vortreffliches Gewehr«, fuhr Iwan Iwanowitsch fort. »Ich werde es mir von ihm ausbitten. Wozu braucht er eine Flinte? Oder ich tausche sie gegen etwas anderes ein. Sag mal, Alte, ist dein Herr zu Hause?«

»Freilich.«

»Er hat sich wohl hingelegt?«

»Jawohl.«

»Gut. Ich werde zu ihm gehen.«

Iwan Iwanowitsch zog sich an und nahm einen Knotenstock mit sich, den er als Waffe gegen die Hunde brauchte; denn in Mirgorod begegnet man auf der Straße mehr Hunden als Menschen. Dann machte er sich auf den Weg.

Obwohl die Höfe Iwan Iwanowitschs und Iwan Nikiforowitschs aneinander grenzten und man aus dem einen in den anderen hinübersteigen konnte, ging Iwan Iwanowitsch doch über die Straße. Nach dieser Straße mußte er eine kleine Gasse passieren, die ganz ungewöhnlich schmal war; wenn es geschah, daß zwei Einspänner sich hier begegneten, so konnten sie nicht aneinander vorbei und mußten so lange stillstehen, bis sie jemand an den Hinterrädern packte und in die Straße zurückzog. Der Fußgänger aber kam wie mit Blumen geschmückt aus dieser Gasse heraus, da zu beiden Seiten des Zaunes die Kletten aufs schönste gediehen. An diese Gasse stieß sowohl die Scheune Iwan Iwanowitschs als auch ein Kornspeicher Iwan Nikiforowitschs, und ebenso sein Tor und sein Taubenschlag. Iwan Iwanowitsch trat ans Tor und drückte lärmend die Türklinke herunter. Aus dem Innern erscholl Hundegebell, als aber die buntscheckige Gesellschaft sah, daß ein guter Bekannter den Hof betrat, zog sie sich schweifwedelnd zurück. Iwan Iwanowitsch durchschritt den Hof, auf dem ein buntes Durcheinander herrschte: Indische Tauben, die der Besitzer eigenhändig zu füttern pflegte, Melonen-und Wassermelonenschalen, verstreutes Gemüse, ein zerbrochenes Rad, ein Faßreifen, dazwischen ein kleiner Junge in einem schmutzigen Hemdchen – mit einem Wort, ein Anblick, wie die Maler ihn lieben! Die ausgehängten Kleider hüllten den ganzen Hof in ihren Schatten ein und verliehen ihm eine gewisse Kühle. Die Alte begrüßte Iwan Iwanowitsch mit einer Verbeugung, rührte sich aber nicht vom Flecke und gähnte. Vor dem Hause befand sich eine zierliche Treppe mit einem Schutzdach, das von zwei Eichenpfosten gestützt wurde: übrigens ein sehr unzureichendes Mittel gegen die Sonne, denn Frau Sonne liebt um diese Zeit in Kleinrußland nicht zu spaßen, und badet den Spaziergänger von Kopf bis zu Fuß in Schweiß. Dies zeigt übrigens, wie groß das Verlangen Iwan Iwanowitschs nach dem so unentbehrlichen Dinge war, da er sich um diese Zeit hinausgewagt hatte und somit seiner Gewohnheit, das Haus erst des Abends zu einem Spaziergang zu verlassen, untreu geworden war.

Das Zimmer, das Iwan Iwanowitsch betrat, war ganz dunkel, und die Läden waren geschlossen. Nur durch das Guckloch im Laden fielen ein paar Sonnenstrahlen, spielten in Regenbogenfarben und malten eine bunte Landschaft an die gegenüberliegende Wand: da sah man binsengedeckte Dächer, Bäume, die ausgehängten Kleidungsstücke usw. – alles natürlich auf den Kopf gestellt, und das Zimmer wurde in ein wundersames, Helles Dämmerlicht gehüllt.

»Gott helf«, sagte Iwan Iwanowitsch.

»Guten Tag, Iwan Iwanowitsch«, antwortete eine Stimme aus der Zimmerecke. Erst jetzt bemerkte Iwan Iwanowitsch Iwan Nikiforowitsch, der auf einem ausgebreiteten Teppich am Boden lag.

»Entschuldigen Sie bitte, daß ich mich Ihnen im Adamskostüm präsentiere.«

Iwan Nikiforowitsch lag ganz nackt und ohne Hemd da.

»Bitte, bitte. Haben Sie gut geschlafen, Iwan Nikiforowitsch?«

»Ausgezeichnet. Und Sie, Iwan Iwanowitsch?«

»Ich habe auch gut geschlafen.«

»Sie sind wohl erst eben aufgestanden?«

»Was? Ich soll erst eben aufgestanden sein? Gottbehüte, Iwan Nikiforowitsch, wie kann man so lange schlafen. Ich komme eben aus dem Dorf zurück – überall wo man hinkommt – gibt's herrliches Getreide, großartig sag' ich Ihnen! Auch das Gras ist lang, weich und saftig.«

»Gorpina,« schrie Iwan Nikiforowitsch, »bring' Iwan Iwanowitsch einen Schnaps und ein paar Rahmkuchen.«

»Ein herrliches Wetter heut.«

»Ach loben Sie es doch nicht, Iwan Iwanowitsch. Hol's der Teufel – man kommt ja um vor Hitze.«

»Ist es denn durchaus nötig, den Teufel anzurufen? Ach, Iwan Nikiforowitsch, Sie werden noch an mich denken, wenn es zu spät sein wird. Jawohl, Sie werden im Jenseits für Ihre gottlosen Reden büßen müssen.«

»Womit habe ich Sie denn beleidigt, Iwan Iwanowitsch? Ich habe doch weder Ihren Vater noch Ihre Mutter beschimpft. Ich verstehe nicht, wodurch ich Sie gekränkt haben könnte.«

»Lassen wir das, Iwan Nikiforowitsch, lassen wir das.«

»Bei Gott, ich wollte Sie nicht kränken, Iwan Iwanowitsch.« »Merkwürdig, daß die Wachteln noch immer nicht ins Rohr gehen.«

»Wie Sie wollen, Iwan Iwanowitsch, denken Sie, was Sie wollen – ich hatte wirklich nicht die Absicht, Sie zu kränken.«

»Ich begreife nicht, warum sie nicht hineingehen«, sagte Iwan Iwanowitsch, als habe er die Worte gar nicht gehört. »Vielleicht ist die Zeit dazu noch nicht gekommen, aber mir scheint, es wäre jetzt die rechte Zeit.«

»Sie sagen, daß das Getreide gut steht?«

»Herrlich, ganz herrlich!«

Nun folgte eine lange Pause.

»Iwan Nikiforowitsch, warum lassen Sie denn plötzlich alle Ihre Kleider heraushängen«, fragte endlich Iwan Iwanowitsch.

»Ach, die verfluchte Alte hat meine guten und fast neuen Kleidungsstücke verschimmeln lassen, jetzt lasse ich alles auslüften; das Tuch ist noch fein, es ist noch ganz ausgezeichnet, einiges braucht man nur wenden zu lassen, dann kann man es wieder tragen.«

»Etwas hat mir besonders gefallen, Iwan Nikiforowitsch.«

»Was denn?«

»Sagen Sie bitte, wozu brauchen Sie diese Flinte? Da ist doch eine Flinte mit herausgehängt!« Bei diesen Worten reichte Iwan Iwanowitsch seinem Freunde eine Prise. »Darf ich Sie bitten, sich zu bedienen?«

»Bitte bedienen Sie sich selbst, ich nehme von meinem eigenen«, dabei tastete Iwan Nikiforowitsch, mit den Händen umher und fand endlich seine Dose. »So ein dummes Weib! Sie will die Flinte also auch auslüften? Der Jude in Sforotschintzy stellt einen ausgezeichneten Tabak her. Ich weiß nicht, was er hineintut – es ist so etwas Aromatisches, und erinnert ein wenig an Krauseminze. Aber bedienen Sie sich doch.«

»Hm, sagen Sie doch, Iwan Nikiforowitsch, um wieder auf die Flinte zurückzukommen, was wollen Sie mit ihr anfangen? Sie brauchen sie doch nicht?«

»Ich brauche sie nicht? Ja, und wenn ich nun einmal schießen will?«

»Gott behüte Sie, Iwan Nikiforowitsch, wann wollen Sie denn schießen? Vielleicht beim Jüngsten Gericht? Soviel ich weiß und von anderen erfahren konnte, haben Sie noch nie eine Ente getötet, ja, Gott der Herr hat Ihnen auch gar nicht die Natur dazu gegeben, daß Sie schießen sollten. Sie haben eine stattliche Figur, ein elegantes Auftreten: wie wollen Sie in den Sümpfen umherwaten, wenn das Kleidungsstück, das ich aus Anstandsrücksichten nicht nennen möchte, schon jetzt ausgelüftet werden muß? Was wird erst dann sein? Was Sie brauchen, ist Ruhe, Erholung.« (Wir haben schon oben erwähnt, daß Iwan Iwanowitsch ungewöhnlich schön sprechen konnte, wenn es galt, jemand zu überzeugen. Nein, wie er redete, Herrgott, wie er redete!) »Ja, ja, Ihnen stehen nur edle Handlungen an. Was meinen Sie, wie wär's, wenn Sie mir die Flinte geben würden?«

»Wie könnte ich! So eine teure Flinte! So eine ist für kein Geld mehr zu haben. Die stammt noch aus der Zeit, als ich in die Miliz eintreten wollte. Da habe ich sie von einem Tataren erstanden, und jetzt sollte ich sie so mir nichts dir nichts weggeben? Ich bitte Sie, das ist doch ein unentbehrliches Instrument.«

»Unentbehrlich? Wozu?«

»Wozu – wozu? Und wenn nun Räuber mein Haus überfallen! Ausgezeichnet! Nicht unentbehrlich! ... Gottlob, jetzt bin ich ruhig und fürchte mich vor nichts; denn ich weiß, in meiner Kammer steht eine Flinte!«

»Eine nette Flinte, Iwan Nikiforowitsch, der Hahn ist ja total verdorben!«

»Was macht denn das? Und wenn der Hahn nun wirklich verdorben wäre! Man kann ihn doch reparieren lassen! Man muß ihn nur ein bißchen mit Hanföl einschmieren, damit er nicht rostet!«

»Nach Ihren Worten könnte man vermuten, daß Sie nicht die geringste Freundschaft für mich hegen, Iwan Nikiforowitsch. Sie wollen mir durchaus kein Zeichen Ihrer Sympathie geben?«

»Iwan Iwanowitsch, wie können Sie sagen, daß ich Ihnen kein Zeichen meiner Sympathie gebe. Schämen Sie sich! Ihre Ochsen weiden auf meiner Wiese, und ich habe sie noch nie zum Pflügen benutzt. Jedesmal, wenn Sie nach Poltawa fahren, bitten Sie mich um meinen Wagen, und habe ich es Ihnen je abgeschlagen? Ihre Kinder klettern über den Zaun, springen in meinen Garten und spielen mit meinen Hunden – und ich sage nichts; mögen sie doch spielen, solange sie nur nichts anrühren; mögen sie doch spielen...«

»Nun, wenn Sie mir Ihre Flinte durchaus nicht verehren wollen – so wollen wir tauschen.«

»Und was würden Sie mir dafür geben?« Bei diesen Worten stützte sich Iwan Nikiforowitsch auf seinen Arm und sah Iwan Iwanowitsch ins Gesicht.

»Ich würde Ihnen das braune Schwein dafür geben, das ich in meinem Stall gemästet habe. Eine großartige Sau! Passen Sie auf – im nächsten Jahre wirft sie Ihnen schon Ferkel.«

»Ich verstehe nicht, Iwan Iwanowitsch, wie Sie so sprechen können. Was soll ich mit Ihrem Schwein? Soll ich etwa dem Teufel ein Fest geben?«

»Schon wieder! Sie können nicht reden, ohne den Teufel anzurufen. Es ist eine Sünde, Iwan Nikiforowitsch, bei Gott, es ist eine Sünde!«

»Sie sind mir der Rechte, Iwan Iwanowitsch! Für eine Flinte bieten Sie mir weiß der Teufel was – eine Sau!«

»Warum ist eine Sau ›weiß der Teufel was‹, Iwan Nikiforowitsch?«

»Warum? Bitte urteilen Sie doch selbst: Eine Flinte – da weiß doch jeder, was das für ein Gegenstand ist – und Sie bieten mir weiß der Teufel was – eine Sau! Wären Sie es nicht, der mir diesen Vorschlag machte, ich könnte es wahrhaftig für eine Beleidigung halten.«

»Was finden Sie denn so Schlimmes an einem Schwein?«

»Ja, für was halten Sie mich denn eigentlich, daß ich ein Schwein...«

»Bitte setzen Sie sich, setzen Sie sich, ich rede nicht mehr davon. Behalten Sie Ihre Flinte; möge sie in irgendeinem Winkel Ihrer Kammer verrosten und verderben – ich rede kein Wort mehr davon.«

Hier trat eine lange Pause ein.

»Man spricht davon,« begann endlich Iwan Iwanowitsch, »daß drei Könige unserm Kaiser den Krieg erklärt haben.«

»Ja, Peter Fjodorowitsch erzählte mir davon. Was ist das für ein Krieg? Warum führt man ihn?«

»Das kann ich nicht genau sagen, Iwan Nikiforowitsch,« antwortete Iwan Iwanowitsch, »ich glaube, die Könige verlangen von uns, daß wir alle den türkischen Glauben annehmen sollen.«

»Sieh einer an, was die Narren ausgeheckt haben«, sagte Iwan Nikiforowitsch und hob den Kopf in die Höhe.

»Verstehen Sie? Der Kaiser aber hat ihnen den Krieg erklärt. Nehmt mal lieber selber den christlichen Glauben an! sagte er.«

»Was meinen Sie, Iwan Iwanowitsch, die Unsern werden sie doch besiegen?«

»Ganz sicher, Iwan Nikiforowitsch! Sie wollen mir also Ihre Flinte nicht eintauschen?«

»Ich bin wirklich erstaunt, Iwan Iwanowitsch, ich glaubte immer, Sie seien ein Mann von einer gewissen Bildung, und heute reden Sie wie ein Kind. Bin ich denn ein Narr?«

»Bleiben Sie sitzen, bleiben Sie sitzen, Gott mit ihr, mag sie verrosten, ich sage kein Wort mehr.«

In diesem Augenblick wurde der Imbiß aufgetragen.

Iwan Iwanowitsch nahm einen Schnaps und aß einen Rahmkuchen dazu. »Hören Sie, Iwan Nikiforowitsch, ich gebe Ihnen außer dem Schwein noch zwei Säcke Hafer; Sie haben ja keinen gesät. Sie müssen also dieses Jahr sowieso welchen kaufen.«

»Bei Gott, Iwan Iwanowitsch, um mit Ihnen zu reden – muß man Erbsen gefressen haben.« (Das war noch gar nichts, Iwan Nikiforowitsch konnte noch ganz andere Sachen vom Stapel lassen.) »Wo in aller Welt ist es erhört, daß man eine Flinte für zwei Säcke Hafer eingetauscht hätte? Ihre Pekesche werden Sie mir wohl nicht anbieten, da bin ich sicher.«

»Sie vergessen, Iwan Nikiforowitsch, daß Sie noch das Schwein dazu bekommen.«

»Was, zwei Säcke Hafer und ein Schwein für eine Flinte?«

»Ist das vielleicht zu wenig?«

»Für eine Flinte?«

»Jawohl, für eine Flinte!«

»Zwei Säcke für eine Flinte?«

»Die Säcke sind doch nicht leer, sondern voll Hafer. Und das Schwein – das Schwein haben Sie vergessen?«

»Geben Sie doch Ihrem Schwein einen Kuß, oder wenn's Ihnen besser paßt: dem Teufel.«

»Weh dem, der mit Ihnen anbindet! Warten Sie ab, für solche gottlose Reden wird man Ihnen in jener Welt die Zunge mit glühenden Nadeln spicken! Wenn man mit Ihnen gesprochen hat, muß man sich wahrhaftig Kopf und Hände waschen und den ganzen Körper ausräuchern!«

»Gestatten Sie, Iwan Iwanowitsch, eine Flinte ist ein nobler Gegenstand, mit dem man sich aufs schönste unterhalten kann, und zugleich der angenehmste Zimmerschmuck...«

»Iwan Nikiforowitsch, Sie sprechen von Ihrer Flinte grad wie der Narr von seinem Futtersack«, sagte Iwan Iwanowitsch, der allmählich anfing, ärgerlich zu werden.

»Und Sie, Iwan Iwanowitsch, Sie sind ein rechter Gänserich!«

Hätte Iwan Nikiforowitsch nur gerade dies Wort nicht gebraucht, die beiden Freunde hätten sich gestritten und wären dann wie immer in aller Freundschaft geschieden; jetzt aber passierte etwas ganz anderes. Iwan Iwanowitsch wurde feuerrot. »Was haben Sie da gesagt, Iwan Nikiforowitsch?« fragte er mit erhobener Stimme.

»Ich sage, daß Sie einem Gänserich gleichen, Iwan Iwanowitsch.«

»Was wagen Sie, mein Herr! Sie vergessen allen Anstand, Sie vergessen alle Achtung, die Sie meinem Stande und meiner Familie schuldig sind! Wie können Sie es wagen, einen Menschen mit einem so schimpflichen Namen zu belegen?«

»Was ist denn Schimpfliches daran? Und was fuchteln Sie so mit den Händen, Iwan Iwanowitsch?«

»Ich wiederhole. Wie konnten Sie es wagen, den Anstand so gröblich zu verletzen und mich einen Gänserich zu nennen?«

»Ich huste Ihnen was, Iwan Iwanowitsch! Was gackern Sie denn so?«

Jetzt konnte sich Iwan Iwanowitsch nicht länger beherrschen. Seine Lippen zitterten, sein Mund verlor die gewöhnliche Form (aus dem V wurde ein 0), er blinzelte so mit den Augenwimpern, daß einem angst und bange werden konnte. Das passierte Iwan Iwanowitsch äußerst selten, er mußte schon außerordentlich erzürnt sein. »So erkläre ich Ihnen hiermit,« rief Iwan Iwanowitsch, »von heute ab kenne ich Sie nicht mehr!«

»Großes Unglück! Bei Gott, das soll mir keine Träne auspressen«, antwortete Iwan Nikiforowitsch. – Aber er log, bei Gott, er log. Es tat ihm schrecklich leid.

»Ich werde nie wieder die Schwelle Ihres Hauses betreten!«

»Aha!« rief Iwan Nikiforowitsch; er wußte vor Verdruß nicht, was er tun sollte – und sprang ganz gegen seine Gewohnheit auf.

»Hallo, Alte.«

In der Tür erschienen das alte dürre Weib und ein kleiner Junge, der in einem großen langen Rock steckte und sich beständig darin verwickelte.

»Nehmen Sie Iwan Iwanowitsch bei der Hand und führen Sie ihn hinaus!«

»Was? Mich? Einen Edelmann?« rief Iwan Iwanowitsch voller Würde und Entrüstung. »Wagt es nur, in meine Nähe zu kommen. Ich vernichte euch samt eurem dummen Herrn. Und keine Krähe soll euer Grab finden!« (Iwan Iwanowitsch konnte sehr wuchtig sprechen, wenn er bis in die tiefste Seele erschüttert war.)

Die ganze Gruppe hatte etwas Imposantes an sich. In der Mitte des Zimmers stand Iwan Nikiforowitsch in seiner ganzen nackten Schönheit ohne jede Dekoration; dazu die Alte mit aufgerissenem Munde, einem dummen Gesicht und geängstigter Miene! Iwan Iwanowitsch aber stand da wie ein römischer Tribun mit erhobener Rechten – es war ein gewaltiger Augenblick, ein Schauspiel von wunderbarer Größe! Und doch war nur ein Zuschauer da: der Knabe in dem Uniformrock, der ruhig dastand und sich mit dem Finger die Nase putzte. Endlich ergriff Iwan Iwanowitsch seine Mütze. »Sie benehmen sich sehr vornehm, Iwan Nikiforowitsch, sehr vornehm. Ich werde es nicht vergessen.« »Gehen Sie, Iwan Iwanowitsch, gehen Sie! Sehen Sie sich vor, daß Sie mir nicht in den Weg kommen, sonst... ich könnte Ihnen, Iwan Iwanowitsch... ich könnte Ihnen Ihre ganze Visage verbläuen!«

»Daraus mache ich mir soviel, Iwan Nikiforowitsch«, antwortete Iwan Iwanowitsch, drehte ihm eine lange Nase und warf die Türe ins Schloß. Man hörte sie jedoch sofort wieder knarren, sie öffnete sich, und Iwan Nikiforowitsch erschien in der Türöffnung. Er wollte noch etwas sagen – aber Iwan Iwanowitsch eilte davon, ohne sich umzusehen.

III. Was nach dem Streit zwischen Iwan Iwanowitsch und Iwan Nikiforowitsch geschah

So entzweiten sich die beiden Ehrenmänner, Mirgorods Stolz und Zierde; sie entzweiten sich – und warum? Wegen einer Kleinigkeit! Wegen eines Gänserichs! Sie mieden sich und brachen alle Beziehungen zueinander ab, sie, die doch früher als unzertrennliches Freundespaar gegolten hatten! Früher hatten sie jeden Tag zueinander geschickt und sich gegenseitig nach ihrem Befinden erkundigt, oder auf ihrem Balkon ausgestreckt miteinander geplaudert und sich so viel Angenehmes gesagt, daß es ein Vergnügen war, ihnen zuzuhören. Des Sonntags gingen sie oft – Iwan Iwanowitsch in seiner vornehmen Pekesche und Iwan Nikiforowitsch in seinem gelblich-braunen, leinenen Kosakenrock – Arm in Arm zur Kirche; und wenn Iwan Iwanowitsch, der sich durch sein scharfes Auge auszeichnete, zuerst eine Pfütze oder einen Schmutzhaufen auf der Straße erblickte – was auch in Mirgorod manchmal vorkommt –, dann sagte er immer zu Iwan Nikiforowitsch: »Geben Sie acht, bitte, treten Sie nicht hierher, hier ist etwas nicht ganz in Ordnung.« Aber auch Iwan Nikiforowitsch ließ es nicht an rührenden Freundschaftsdiensten fehlen. So weit entfernt er auch von Iwan Iwanowitsch stehen mochte, stets hielt er ihm die Dose hin und murmelte: »Bitte, bedienen Sie sich.« Und welch herrlichen Hausstand hatten beide!... Und diese beiden Freunde...! Als ich es erfuhr, war ich wie vom Blitz getroffen. Ich wollte es lange Zeit nicht glauben. Gerechter Gott! Iwan Iwanowitsch hat sich mit Iwan Nikiforowitsch entzweit! Diese Ehrenmänner! Was ist noch von Dauer auf dieser Erde?

Als Iwan Iwanowitsch nach Hause kam, war er in heftiger Erregung. Sonst ging er gewöhnlich in den Stall, um nachzusehen, ob die junge Stute auch ihr Heu fraß (Iwan Iwanowitsch hatte eine hellbraune Stute mit einem weißen Fleck auf der Stirn – ein reizendes Pferdchen), dann fütterte er eigenhändig die Truthühner und die Ferkel und ging endlich wieder ins Haus zurück, um Holzgeschirr zu schnitzen (er war äußerst geschickt und stellte die verschiedensten Gegenstände aus Holz her wie der gewandteste Drechsler), oder er las in einem Buche, das bei Ljubij, Gary und Popow gedruckt war (an den Titel erinnerte sich Iwan Iwanowitsch nicht mehr, die Dienstmagd hatte vor längerer Zeit die obere Hälfte des Titelblattes abgerissen und einem Kinde zu spielen gegeben), oder er legte sich unter das Schutzdach und ruhte aus. Heute aber tat er nichts von alledem. Im Gegenteil, er schalt Gapka, die ihm gerade entgegenkam, aus, weil sie müßig umherschlendere, obgleich sie Grütze nach der Küche trug, und warf einen Stock nach einem Hahn, der bis an die Treppe herangekommen war, um das gewohnte Futter in Empfang zu nehmen. Und als ihm der kleine schmutzige Junge im zerrissenen Hemdchen entgegenlief und »Papa, Papa, einen Kuchen« zu schreien begann, drohte er ihm mit dem Finger und stampfte so laut mit dem Fuße, daß der erschreckte Knabe sich schleunigst aus dem Staube machte.

Endlich besann er sich jedoch und nahm seine gewohnte Beschäftigung wieder auf. Er aß sehr spät zu Mittag, und es dämmerte schon, als er sich auf der Veranda zur Ruhe niederlegte. Die ausgezeichnete Rübensuppe mit Täubchen, die Gapka zubereitet hatte, verbannte die Ereignisse des Morgens vollständig aus seinem Gedächtnis.

Wieder begann Iwan Iwanowitsch mit Vergnügen nach allem zu sehen, was in seinem Haushalt vorging, und als seine Augen über des Nachbars Hof glitten, sagte er, wie im Selbstgespräch zu sich: »Heut war ich ja noch nicht bei Iwan Nikiforowitsch, ich muß doch mal rübergehn.« Hierauf nahm er seine Mütze und seinen Stock und ging auf die Straße, aber kaum hatte er das Haustor verlassen, als ihm sein Streit mit dem Nachbar einfiel. Ärgerlich spuckte er aus und ging wieder in das Haus hinein. Ein ähnlicher Vorgang spielte sich auf dem Hofe Iwan Nikiforowitschs ab. Iwan Iwanowitsch sah, wie die Alte schon den Fuß auf den Zaun setzte, um in seinen Hof zu klettern, als plötzlich Iwan Nikiforowitschs Stimme erscholl: »Zurück, zurück, es ist nicht nötig.« Iwan Iwanowitsch wurde sehr traurig. Es ist sehr möglich, daß sich die beiden Ehrenmänner schon am nächsten Tage wieder versöhnt hätten, wenn nicht ein ganz besonderes Ereignis im Hause Iwan Nikiforowitschs jede Hoffnung auf eine Einigung vernichtet und Öl in die schon verglimmende Flamme der Feindschaft gegossen hätte.

Am Abend dieses Tages kam Agafja Fedossejewna zu Iwan Nikiforowitsch. Agafja Fedossejewna war weder verwandt noch verschwägert mit Iwan Nikiforowitsch, sie war nicht einmal seine Gevatterin. Eigentlich hatte sie also gar keinen Grund, ihn zu besuchen, und er war auch nicht sonderlich erfreut über ihre Anwesenheit: aber nichtsdestoweniger kam sie öfters zu ihm und blieb mitunter einige Wochen und noch länger bei ihm. Dann nahm sie die Schlüssel und die ganze Wirtschaft unter ihre Obhut. Das war nun Iwan Nikiforowitsch sehr unangenehm, aber zum allgemeinen Erstaunen gehorchte er ihr wie ein Kind, und so oft er mit ihr in Streit geriet, zog er immer den kürzeren.

Ich muß gestehen, ich begreife es nicht, warum es in der Welt so eingerichtet ist, daß uns die Frauen so geschickt an der Nase zu packen wissen wie eine Teekanne am Henkel. Sind vielleicht ihre Hände besonders dazu geeignet, oder taugen unsere Nasen zu nichts anderem? Obschon Iwan Nikiforowitschs Nase eine große Ähnlichkeit mit einer Pflaume hatte, packte sie ihn doch an dieser Nase und zog ihn wie ein Hündchen hinter sich her. Während ihrer Anwesenheit veränderte er sogar unwillkürlich seine gewohnte Lebensweise: er lag nicht soviel in der Sonne, und wenn er es tat, nicht mehr nackt, sondern mit Hemd und Hosen bekleidet da, obwohl Agafja Fedossejewna gar keinen Wert darauf legte; sie liebte es, keine Umstände zu machen, und als Iwan Nikiforowitsch einmal das Fieber bekam, rieb sie ihn eigenhändig vom Kopf bis zu den Füßen mit Terpentin und Essig ein. Agafja trug eine Haube auf dem Kopfe, hatte drei Warzen auf der Nase, und ging in einem kaffeebraunen Morgenkleid mit gelben Blumen einher. Ihre Figur ähnelte einem Faß, und darum war es ebenso schwer, ihre Taille zu entdecken, wie ohne Spiegel seine eigene Nase zu sehen. Ihre Beinchen waren kurz und hatten die Form zweier Kissen. Des Morgens aß sie gesottene Rüben, sie verstand es, zu klatschen und meisterlich zu schimpfen, aber während all dieser mannigfaltigen Betätigungsweisen veränderte sich ihr Gesichtsausdruck nicht einen Augenblick – eine Erscheinung, die nur bei Frauen zu beobachten ist.

Seit sie angekommen war, ging alles drunter und drüber. »Iwan Nikiforowitsch, versöhne dich nicht mit ihm, bitte ihn nicht um Verzeihung, er will dich ins Unglück stürzen, das ist so ein Mensch! Du kennst ihn noch nicht!« Und das verdammte Weib schwatzte und lag ihm fortwährend in den Ohren, und die Folge war, daß Iwan Nikiforowitsch nichts mehr von Iwan Iwanowitsch wissen wollte.

Alles nahm jetzt ein anderes Aussehen an; wenn der Hund des Nachbarn auf den Hof kam, griff man zum ersten besten Gegenstand, den man in die Hand bekam, und verabfolgte ihm eine Tracht Prügel; wenn einmal ein Kind über den Zaun kletterte, kam es heulend zurück, hob das Hemdchen in die Höhe und zeigte die Striemen auf seinem Rücken; selbst die Alte betrug sich so unanständig, daß Iwan Iwanowitsch, dieser delikate Mensch, als er eines Tages eine Frage an sie richtete, nur auszuspucken vermochte, und vor sich hinmurmelte: »Ein widerliches Weib – die ist noch schlimmer als ihr Herr.«

Und endlich, um das Maß der Kränkungen vollzumachen, baute der verhaßte Nachbar, gegenüber Iwan Iwanowitschs Haus, gerade an der Stelle, wo man so bequem hinübersteigen konnte, einen Gänsestall, nur um seine Beleidigung noch besonders zu verschärfen. Dieser für Iwan Iwanowitsch so peinliche Bau wurde mit geradezu diabolischer Schnelligkeit, im Laufe eines Tages, hergestellt.

Iwan Iwanowitschs Mut war grenzenlos, er sehnte sich nach Rache. Übrigens ließ er sich seinen Ärger nicht merken, obgleich der Stall sogar einen Teil seines Terrains einnahm. Aber sein Herz pochte so heftig, daß es ihm ungemein schwer fiel, die äußere Ruhe zu bewahren.

So verbrachte er den Tag, und die Nacht kam heran... Oh, wenn ich ein Maler wäre, – wie wollte ich die Herrlichkeit der Nacht auf die Leinwand bannen. Ich würde darstellen, wie ganz Mirgorod schläft, wie zahllose Sterne unbewegt herniederblicken, wie nahes und entfernteres Hundegebell die tiefe Stille durchbricht, wie der verliebte Küster heibeigelaufen kommt und mit ritterlicher Furchtlosigkeit über den Zaun klettert, wie die weißen Häuser im Mondschein noch viel weißer und die sie beschattenden Bäume noch viel dunkler erscheinen; schwärzer als sonst ruht der Schatten der Bäume auf der Erde, Blumen und Gräser beginnen stärker zu duften, und die Heimchen, diese unermüdlichen Ritter der Nacht, lassen von allen Seiten ihre schrillen Lieder erklingen. Ich würde darstellen, wie in einer der niedrigen Lehmhütten die schwarzgelockte Bewohnerin auf einsamem Lager hingestreckt, mit wogendem Busen von einem Husaren mit Sporen und Schnurrbart träumt, während die Strahlen des Mondes auf ihren Wangen spielen. Ich würde malen, wie der dunkle Schatten einer Fledermaus über den weißen Weg huscht und sich auf den weißen Schornsteinen der Stadt niederläßt. Allein Iwan Iwanowitsch zu malen, der in dieser Nacht mit der Säge in der Hand aus seinem Hause trat, das würde mir kaum gelingen. Zu zahlreich waren die Gefühle, die sich in seinem Antlitz spiegelten! Leise, ganz leise schlich er zum Gänsestall. Iwan Nikiforowitschs Hunde wußten noch nichts von dem Streit ihrer Herren und erlaubten ihm daher als einem alten Freunde, dicht an den Stall heranzuschleichen, der auf vier Eichenpfählen stand. Als er sich an den einen Pfosten herangedrängt hatte, legte er die Säge an und begann zu sägen. Der Lärm, den die Säge verursachte, zwang ihn, sich in einem fort umzusehen, aber der Gedanke an die erlittene Schmach gab ihm immer wieder neuen Mut. Der erste Pfahl war durchgesägt, und Iwan Iwanowitsch machte sich an den zweiten. Seine Augen brannten, und vor Angst vermochte er nichts zu sehen. Plötzlich schrie Iwan Iwanowitsch auf, er erstarrte und glaubte einen Leichnam vor sich zu sehen, aber er ermannte sich bald wieder, als er sah, daß es nur eine Gans war, die den Hals nach ihm ausstreckte. Ärgerlich spuckte Iwan Iwanowitsch aus und setzte seine Arbeit fort. Der zweite Pfahl war durchgesägt, – der Bau erzitterte. Als Iwan Iwanowitsch den dritten Pfosten in Angriff nahm, schlug sein Herz so heftig, daß er seine Arbeit einige Male unterbrechen mußte. Schon war mehr als die Hälfte des Pfahles durchgesägt, als plötzlich das ganze schwankende Gebäude zu erzittern begann – Iwan Iwanowitsch hatte kaum Zeit, beiseite zu springen, – da stürzte es auch schon krachend zusammen. Die Säge krampfhaft in der Hand haltend, lief er tödlich erschreckt in sein Haus und warf sich auf sein Bett; er hatte nicht den Mut, vom Fenster aus die Folgen seiner furchtbaren Tat zu beobachten. Ihm schien, als ob alle Knechte und Mägde Iwan Nikiforowitschs sich versammelt hätten – das alte Weib, Iwan Nikiforowitsch, der Junge in dem unendlichen Rock, sie alle kamen mit Keulen bewaffnet und von Agafja Fedossejewna geführt, heran, um sein Haus zu zertrümmern.

Den ganzen folgenden Tag brachte Iwan Iwanowitsch wie im Fieber zu. Er glaubte, daß seine verhaßten Gegner ihm aus Rache mindestens das Haus anzünden würden, und daher befahl er Gapka in einemfort, überall nachzusehen, ob nicht irgendwo trockenes Stroh herumliege. Um jeder Gefahr vorzubeugen, beschloß er endlich, Iwan Nikiforowitsch zuvorzukommen und beim Mirgoroder Kreisgericht eine Klage gegen ihn einzureichen. Worin diese Klage bestand, – das kann der Leser aus dem nächsten Kapitel erfahren.

IV. Was sich vor dem Mirgoroder Kreisgericht für eine Szene abspielte

Welch eine herrliche Stadt ist doch Mirgorod! Was gibt es da nicht für Gebäude, mit Stroh-, Schilf- und sogar Holzdächern! Rechts eine Straße, links eine Straße, überall wundervolle, von Hopfen umschlungene Zäune, auf denen hier und da Töpfe hängen; Sonnenblumen strecken ihre sonnenähnlichen Köpfe über sie hinweg, roter Mohn und schwellende Kürbisse... eine wahre Pracht. Die Zäune sind stets mit allerhand Gegenständen geschmückt – einem ausgespannten Unterrock, einem Hemd oder einem Paar Hosen – die sie noch malerischer erscheinen lassen. In Mirgorod gibt es weder Diebe noch Gauner, und daher hängt dort jeder hin, was ihm einfällt. Wenn Sie einmal den Marktplatz besuchen, so werden Sie sicher einen Augenblick stehenbleiben, um sich an dem Bild zu erfreuen; Sie bemerken da eine Pfütze – eine ganz wunderbare Pfütze. Eine Pfütze, wie Sie sie vorher noch nie gesehen haben! Sie erstreckt sich fast über den ganzen Platz. Eine herrliche Pfütze! Die Häuser und Häuserchen, die um sie herumstehen, und die man von fern für Heuschober halten könnte, sind ganz in Bewunderung der Schönheit dieses Gewässers versunken. Das schönste Haus in der Stadt ist aber nach meiner Ansicht das Kreisgericht. Es kümmert mich nicht im mindesten, ob es aus Eichen- oder Birkenholz erbaut ist, aber – meine Herrschaften – es hat acht Fenster! Acht Fenster Front auf den Platz und auf die Wasserfläche hinaus, die ich eben erwähnte, und die der Polizeimeister einen See nennt. Es ist das einzige Haus, das mit brauner Granitfarbe angestrichen ist; alle andern Häuser in Mirgorod sind ganz einfach geweißt. Das Dach ist aus Holz und wäre sogar auch rot angestrichen worden, wenn die Kanzleidiener nicht das dazu bestimmtes mit Zwiebeln angerichtet und aufgegessen hätten, weil es gerade Fastenzeit war. Und so blieb das Dach ungestrichen. Das Haus hat eine Veranda, die auf den Platz hinausführt; auf dieser sieht man oft Hühner herumspazieren, denn meist ist Grütze oder sonst etwas Eßbares auf dem Boden verstreut, was übrigens nicht mit Absicht geschieht, sondern eher eine Folge der Unvorsichtigkeit der Klienten ist. Das Haus ist in zwei Teile geteilt: in der einen Hälfte befindet sich die Kanzlei und in der andern das Arrestlokal. In der Hälfte, wo die Kanzlei liegt, gibt es zwei reine, schön getünchte Zimmer: das eine ist leer und dient als Vorraum für die Klienten, das andere enthält einen mit Tintenklecksen verzierten Tisch, auf dem sich ein Spiegel befindet; außerdem stehen noch vier Eichenstühle mit hohen Lehnen darin, und an den Wänden ein paar eisenbeschlagene Kisten, in denen Stöße von Protokollen aufbewahrt werden. Damals stand gerade auf einer dieser Kisten ein frisch gewichster Stiefel.

Die Sitzung hatte schon frühmorgens begonnen. Der Richter, ein wohlbeleibter Herr, der freilich nicht ganz so dick war wie Iwan Nikiforowitsch, hatte ein gutmütiges Gesicht und trug einen schmierigen Schlafrock. Er rauchte aus seinem Pfeifchen, trank Tee und unterhielt sich mit dem Gerichtsschreiber. Sein Mund befand sich dicht unter seiner Nase, und daher konnte er die Oberlippe nach Herzenslust beschnüffeln. Diese Oberlippe diente ihm als Tabaksdose, da der Tabak, obgleich für die Nase bestimmt, gewöhnlich auf die Lippe herunterfiel und da liegen blieb. – Wie gesagt, der Richter unterhielt sich mit dem Gerichtsschreiber. Etwas seitwärts stand ein barfüßiges Mädchen, das ein Tablett mit Tassen in der Hand hielt. Am Ende des Tisches las der Sekretär einen Gerichtsbeschluß vor, aber mit so monotoner, trübseliger Stimme, daß sogar der Angeklagte eingeschlafen wäre, wenn er ihm zugehört hätte. Dem Richter wäre es zweifellos schon eher passiert, wenn er nicht gerade in ein interessantes Gespräch vertieft gewesen wäre.

»Ich habe mich absichtlich bemüht, herauszukommen,« sagte der Richter, indem er seinen schon ein wenig abgekühlten Tee schlürfte, »wie man das macht, daß sie so hübsch singen. Ich hatte vor zwei Jahren eine prachtvolle Drossel. Und was denken Sie wohl, plötzlich war sie ganz verdorben, und begann, weiß Gott wie, zu singen, immer schlechter, schlechter und schlechter... Sie fing an, zu schnarren und zu krächzen – rein, um sie fortzuwerfen. Dabei hing die ganze Geschichte mit einer Kleinigkeit zusammen. Wissen Sie, woher das kommt? An der Kehle bildet sich ein Bläschen, nicht größer als eine kleine Erbse. Dieses Bläschen muß man bloß mit einer Nadel aufstechen. Sachar Prokofjewitsch hat es mich gelehrt, nämlich... wenn Sie wollen, erzähle ich Ihnen, wie das war. Ich komme also zu ihm...«

»Demjan Demjanowitsch, soll ich jetzt die andere Sache vorlesen?« unterbrach hier der Sekretär, der schon seit einigen Minuten mit seiner Vorlesung zu Ende war, die Unterhaltung.

»Sind Sie schon fertig? Denken Sie bloß! Wie schnell das geht! Ich habe kein Wort gehört. Ja, wo ist sie denn? Geben Sie her, ich will gleich unterschreiben. Haben Sie noch was?«

»Die Sache des Kosaken Bolitjka wegen der gestohlenen Kuh.«

»Gut, lesen Sie! – Also ich komme zu ihm... Ich kann Ihnen sogar ganz ausführlich erzählen, was er mir alles vorgesetzt hat. Zum Schnaps wurde ein großartiger Stör gereicht. Ja, das war nicht solch ein Stör (hier schnalzte der Richter mit der Zunge, schmunzelte, zog die Oberlippe in die Höhe und sog den Duft aus seiner immer bereitstehenden Tabaksdose ein), wie ihn unser Kolonialwarenladen hier liefert. Den Hering habe ich nicht gegessen – Sie wissen ja, er verursacht mir immer Sodbrennen, hier unterm Herzen; dafür halte ich mich schadlos am Kaviar; ein herrlicher Kaviar! Wirklich, das muß ich sagen: ein herrlicher Kaviar! Dann trank ich einen Pfirsichschnaps, der auf Tausendgüldenkraut abgesetzt war. Es war auch noch Safranschnaps da – aber Sie wissen ja, Safranschnaps mag ich nicht. Verstehen Sie mich auch richtig. Dieser Schnaps ist sehr gut zu Anfang, um den Appetit zu reizen, wie man zu sagen pflegt, und dann wieder als Abschluß... Ah! Aber was höre ich, was sehen meine Augen...«, schrie der Richter plötzlich auf, als er den eben eintretenden Iwan Iwanowitsch erblickte.

»Grüß Gott! Alles Gute über Sie«, sagte Iwan Iwanowitsch und grüßte mit der ihm eigenen Zuvorkommenheit nach allen Seiten. Mein Gott, wie wußte er alle durch seine Umgangsformen zu bezaubern! Eine solche Formsicherheit habe ich sonst bei niemand gefunden. Er war sich aber auch durchaus seiner Würde voll bewußt und nahm die allgemeine Hochachtung als etwas Selbstverständliches hin. Der Richter bot Iwan Iwanowitsch höchst eigenhändig seinen Stuhl an und sog dabei allen Tabak von der Oberlippe ein, was bei ihm stets ein Zeichen großer Zufriedenheit war.

»Was kann ich Ihnen anbieten, Iwan Iwanowitsch?« fragte er. »Wünschen Sie eine Tasse Tee?«

»Verbindlichen Dank, nein«, antwortete Iwan Iwanowitsch, machte eine Verbeugung und setzte sich.

»Aber, ich bitte Sie, ein Täßchen«, wiederholte der Richter.

»Nein, danke, danke bestens für Ihre Gastfreundlichkeit!« antwortete Iwan Iwanowitsch mit einer Verbeugung und setzte sich wieder.

»Eine einzige Tasse«, wiederholte der Richter.

»Nein, bitte, inkommodieren Sie sich nicht, Demjan Demjanowitsch!« Dabei verbeugte sich Iwan Iwanowitsch wieder und setzte sich.

»Ein Täßchen?«

»Nun, denn, meinetwegen, ein Täßchen«, sagte Iwan Iwanowitsch und streckte die Hand nach dem Teebrett aus.

Himmel! Welch eine Fülle von feinstem Takt besitzt doch mitunter ein Mensch! Es ist nicht zu sagen, welch angenehmen Eindruck solche Umgangsformen machen.

»Befehlen Sie noch ein Täßchen!«

»Herzlichen Dank«, erwiderte Iwan Iwanowitsch, indem er die umgestülpte Tasse auf das Teebrett zurücksetzte und sich verbeugte.

»Bitte, bedienen Sie sich doch, Iwan Iwanowitsch.«

»Ich kann nicht – verbindlichsten Dank.« Hierbei machte Iwan Iwanowitsch eine Verbeugung und setzte sich wieder.

»Iwan Iwanowitsch, tun Sie mir den Gefallen! Nur ein Täßchen!«

»Nein, haben Sie vielen Dank für Ihre Gastfreundlichkeit.« Hierbei erhob er sich, machte eine Verbeugung und setzte sich. »Nur ein Täßchen! Ein einziges Täßchen!«

Iwan Iwanowitsch streckte seine Hand nach dem Teebrett aus und nahm eine Tasse.

Weiß der Teufel, wie dieser Mann es verstand, seine Würde zu wahren!

»Demjan Demjanowitsch«, sagte Iwan Iwanowitsch, indem er den Rest aus seiner Tasse schlürfte. »Ich habe ein wichtiges Anliegen – ich will eine Klage einreichen.« Hierbei stellte Iwan Iwanowitsch die Tasse hin und zog einen vollbeschriebenen Stempelbogen aus der Tasche. »Eine Klage gegen meinen Feind, meinen Todfeind!«

»Gegen wen denn?«

»Gegen Iwan Nikiforowitsch Dowgotschchun.«

Bei diesen Worten fiel der Richter fast vom Stuhle. »Was sagen Sie?« rief er und schlug die Hände zusammen. »Iwan Iwanowitsch, was ist Ihnen? Sind Sie es, der das spricht?«

»Sie sehen doch selbst, daß ich es bin!«

»Gott und alle Heiligen schützen Sie! Wie? Sie! Iwan Iwanowitsch, ein Feind von Iwan Nikiforowitsch? So etwas kommt über Ihre Lippen? Wiederholen Sie das noch einmal! Hat sich vielleicht jemand hinter Ihren Rücken versteckt und spricht für Sie?«

»Was ist denn so Unwahrscheinliches daran? Ich kann ihn nicht mehr sehen. Er hat mich tödlich beleidigt! Er hat meine Ehre verletzt!«

»Heilige Dreieinigkeit! Wie soll ich das bloß meiner Mutter beibringen! Wenn ich mich mit meiner Schwester zanke, sagt die Alte täglich: Kinder, ihr lebt ja zusammen wie Hund und Katze, nehmt euch doch ein Beispiel an Iwan Iwanowitsch und Iwan Nikiforowitsch, das sind einmal Freunde; ja das sind echte, wahre Freunde und Ehrenmänner! Da haben wir es – schöne Freunde das! Aber erzählen Sie doch – was ist geschehen? Was ist los?«

»Das ist eine delikate Sache, Demjan Demjanowitsch; mit Worten kann man so etwas gar nicht wiedergeben, lassen Sie sich lieber meine Klage vorlesen. Bitte fassen Sie sie hier an – von dieser Seite: so ist es vornehmer.«

»Bitte lesen Sie vor, Taraß Tichonowitsch«, sagte der Richter und wandte sich an den Sekretär.

Taraß Tichonowitsch nahm die Eingabe in Empfang, schnaubte sich mit Hilfe zweier Finger die Nase (so machen es nämlich alle Sekretäre in den Kreisgerichten) und begann zu lesen:

»Der Edelmann und Gutsbesitzer des Mirgoroder Kreises, Iwan Iwanowitsch Pererepenko, erlaubt sich folgende Eingabe an das Gericht zu machen. Der Anlaß dazu ist in folgenden Punkten enthalten:

1. Der aller Welt durch seine gottlosen, jedermann zur Wut reizenden, alles Maß übersteigenden, gesetzwidrigen Handlungen bekannte Edelmann Iwan Nikiforowitsch Dowgotschchun hat mich am 7. Tage des Monats Juli 1810 tödlich beleidigt, indem er sowohl meine persönliche Ehre angegriffen, als auch die Würde meines Standes und meiner Familie herabzusetzen und zu demütigen getrachtet hat. Dabei hat genannter Edelmann selbst ein garstiges Äußeres, einen zänkischen Charakter und steckt voller Gotteslästerungen und persönlicher Schimpfworte.«

Hier hielt der Vorleser einen Moment inne, um sich wieder zu schneuzen, der Richter aber kreuzte voller Bewunderung die Arme und murmelte vor sich hin: »Was für eine gewandte Feder! Herrgott, wie der Mann schreibt!«

Iwan Iwanowitsch bat den Schreiber, weiter zu lesen, und Taraß Tichonowitsch fuhr fort: »Genannter Edelmann Iwan Nikiforowitsch Dowgotschchun gab mir öffentlich, als ich mit freundschaftlichen Vorschlägen zu ihm kam, einen beleidigenden und ehrenrührigen Namen, nämlich ›Gänserich‹ obgleich es dem Mirgoroder Kreis bekannt ist, daß ich mich nie nach diesem widerlichen Vogel genannt, und auch in Zukunft nicht die Absicht habe, mich nach ihm zu nennen. Der Beweis für meine adelige Herkunft ist schon damit geführt, daß der Tag meiner Geburt, wie die an mir vollzogene Taufe in dem Kirchenbuche, das sich in der Drei-Heiligen-Kirche befindet, eingetragen ist. Ein ›Gänserich‹ hingegen kann, wie jedermann, der nur im geringsten mit den Wissenschaften vertraut ist, nicht in einem Kirchenbuch eingetragen sein, da ein ›Gänserich‹ kein Mensch, sondern ein Vogel ist. Dieses weiß sogar ein jeder, der nicht einmal ein Seminar besucht hat. Aber trotzdem ihm alles so gut bekannt war, hat mich genannter bösartiger Edelmann mit diesem garstigen Worte beschimpft, nur um meiner Ehre, meinem Rang und Stand eine tödliche Beleidigung zuzufügen.

2. Derselbe unanständige und unerzogene Edelmann hat es auch auf mein, mir von meinem Vater, dem seligen Iwan und Sohn des Onissij Pererepenko, der dem geistlichen Stande angehörte, vererbtes Stammeigentum abgesehen, indem er mir, allen Vorschriften entgegen, direkt vor meine Veranda einen Gänsestall hingebaut hat, allein in der Absicht, die mir angetane Beleidigung noch zu verschärfen; denn der genannte Stall stand bis dahin an einem vortrefflichen Platze und war noch in gutem Zustande. Aber die ekelhafte Absicht des obengenannten Edelmanns war einzig und allein die, mich zum Augenzeugen unanständiger Geschehnisse zu machen, da es doch aller Welt bekannt ist, daß kein Mensch zwecks anständiger Verrichtungen in einen Stall geht, besonders nicht in einen Gänsestall. Bei dieser gesetzwidrigen Handlung standen die beiden vorderen Pfosten noch dazu auf meinem Terrain, das ich noch zu Lebzeiten meines seligen Vaters Iwan, des Onissij Pererepenko Sohn, erhalten habe, und das beim Speicher beginnt und in gerader Linie bis zu der Stelle geht, wo die Weiber ihre Töpfe waschen.

3. Der oben geschilderte Edelmann, dessen Name und Familie schon allein Ekel erregen, trägt sich mit der nichtswürdigen Absicht, mir das Haus über dem Kopfe anzuzünden, was aus den unten angeführten Anzeichen deutlich hervorgeht: 1. Geht jener schlechte Edelmann in letzter Zeit viel aus seinem Hause heraus, was er früher aus Faulheit und infolge seiner nichtswürdigen körperlichen Fülle nicht zu tun pflegte; 2. brennt er in seiner Gesindestube, die dicht an dem Zaune liegt, der mein von meinem seligen Vater Iwan des Onissij Pererepenko Sohn geerbtes Eigentum umgibt, täglich und ungewöhnlich lange Licht. Das beweist deutlich seine verbrecherischen Pläne, da bis jetzt nicht nur das Talglicht, sondern auch die Tranlampe aus schmutzigem Geiz frühzeitig ausgelöscht wurde.

Und daher bitte ich den genannten Edelmann, Iwan, Nikifors Sohn, Dowgotschtschun, der Brandstiftung, der Beleidigung meines Ranges, Namens und Geschlechts, der räuberischen Aneignung fremden Eigentums und hauptsächlich der niederträchtigen und anstößigen Hinzufügung des Wortes ›Gänserich‹ zu meinem Familiennamen schuldig zu sprechen, ihm eine Strafe aufzuerlegen, ihm zur Zahlung der Unkosten, zum Schadenersatz zu verurteilen, ihn des ferneren wegen dieser Verbrechen ins Stadtgefängnis zu werfen und das Urteil gemäß meiner Eingabe sofort und widerspruchslos zu vollstrecken.

Geschrieben und aufgesetzt vom Edelmann und Mirgoroder Gutsbesitzer Iwan, Iwans Sohn, Pererepenko.«

Nach Beendigung der Vorlesung näherte sich der Richter Iwan Iwanowitsch, faßte ihn bei einem seiner Knöpfe und begann ungefähr folgendermaßen auf ihn einzureden: »Was machen Sie da, Iwan Iwanowitsch? Fürchten Sie denn Gott gar nicht? Vernichten Sie diese Klage, möge sie verschwinden (mag ihr der Satan im Traum erscheinen)! Nehmen Sie lieber Iwan Nikiforowitsch bei den Händen und küssen sie sich; kaufen Sie sich Santuriner oder Nikopolsker Wein, oder machen Sie einfach einen kleinen Punsch zurecht und laden Sie mich dazu ein! Wir trinken ihn zusammen, und alles ist vergessen.«

»Nein, Demjan Demjanowitsch, das ist keine so einfache Sache,« sagte Iwan Iwanowitsch mit der Würde, die ihm so wohl anstand, »das ist keine Angelegenheit, die man durch einen freundschaftlichen Vergleich erledigen könnte. Leben Sie wohl! Leben Sie wohl, meine Herren,« fuhr er mit der gleichen Würde fort, indem er sich an alle Anwesenden wandte. »Ich hoffe, daß meine Eingabe die ihr gebührende Berücksichtigung finden wird.« Mit diesen Worten ging er und ließ die Kanzlei in der größten Bestürzung zurück. Der Richter saß sprachlos da; der Sekretär nahm eine Prise, die Schreiber warfen die zerbrochene Flasche um, die als Tintenfaß diente, und der Richter fuhr in seiner Zerstreutheit mit dem Finger durch die Tintenlache, die sich auf dem Tisch gebildet hatte.

»Was sagen Sie dazu, Dorofej Trofimowitsch«, sagte der Richter, indem er sich nach einer Pause an den Gerichtsschreiber wandte.

»Ich sage gar nichts«, antwortete der Gerichtsschreiber.

»Was nicht alles auf der Welt passiert«, fuhr der Richter fort. Kaum hatte er dies gesagt, als die Tür knarrte und die vordere Hälfte von Iwan Nikiforowitsch in der Kanzlei erschien, – die andere befand sich noch im Vorraum. Iwan Nikiforowitschs Erscheinen, zumal vor Gericht, war etwas so Außergewöhnliches, daß der Richter laut aufschrie, der Sekretär seine Lektüre unterbrach, der eine Kanzleibeamte, der einen kurzen Frack aus Frieswolle trug, die Feder in den Mund steckte, und ein anderer eine Fliege verschluckte; sogar der Invalide, der den Dienst eines Feldjägers und Wächters versah und bisher in der Tür gestanden hatte und sich unter seinem schmutzigen, an der Schulter mit Stickereien geschmückten Hemde kratzte, selbst dieser Invalide riß das Maul auf und trat irgend jemand auf den Fuß.

»Was verschafft uns die Ehre? Was gibt's? Wie ist Ihr wertes Befinden, Iwan Nikiforowitsch?«

Aber Iwan Nikiforowitsch war halbtot vor Schrecken, denn er war zwischen der Türe eingekeilt und konnte keinen Schritt vorwärts noch rückwärts machen. Vergebens schrie der Richter in das Vorzimmer hinaus, jemand solle Iwan Nikiforowitsch von hinten in den Gerichtssaal schieben, aber im Vorraum befand sich nur eine alte Bittstellerin, die mit ihren knöchernen Händen trotz der größten Anstrengung nichts ausrichten konnte. Da trat ein Kanzleibeamter mit wulstigen Lippen, breiten Schultern, dicker Nase, schielenden, weinseligen Äuglein und zerfetzten Ärmeln vor, schritt auf Iwan Nikiforowitschs vordere Hälfte zu, legte ihm die Hände wie einem kleinen Kinde auf der Brust zusammen und winkte dem Invaliden. Dieser stemmte sich mit den Knien gegen Iwan Nikiforowitschs Bauch und preßte ihn trotz seines kläglichen Stöhnens wieder in den Vorraum. Darauf schob man die Riegel zurück und öffnete die zweite Hälfte der Flügeltür. Der Kanzleibeamte und der Invalide hatten bei ihrer gemeinschaftlichen Anstrengung einen so starken Duft ausgeströmt, daß die ganze Kanzlei für einige Zeit gleichsam in einen Schnapsausschank verwandelt schien.

»Sie haben sich doch hoffentlich nicht weh getan, Iwan Nikiforowitsch? Ich werde es meiner Mutter sagen, die wird Ihnen ein Elixier zuschicken; wenn Sie sich Rücken und Kreuz damit einreiben, wird alles wieder vergehen!«

Iwan Nikiforowitsch sank auf einen Stuhl; er stieß immer wieder verzweifelte Seufzer aus; sonst war nichts aus ihm herauszubringen. Endlich sprach er mit einer vor Ermattung kaum hörbaren Stimme: »Ist's gefällig?« Dann zog er seine Tabaksdose aus der Tasche und sagte: »Bitte, bedienen Sie sich!«

»Ich freue mich sehr, Sie hier zu sehen,« sagte der Richter, »aber ich kann mir nicht vorstellen, was Sie bewogen hat, diese Mühe auf sich zu nehmen und uns mit einer so angenehmen Überraschung zu erfreuen.«

»Mit einer Bitte...«, das war alles, was Iwan Nikiforowitsch zu sagen vermochte.

»Mit einer Bitte? Mit was für einer Bitte?«

»Mit einer Klage... (hier ging ihm der Atem aus, und es entstand eine neue Pause), oh... mit einer Klage gegen diesen Räuber... gegen Iwan Iwanowitsch Pererepenko!«

»Mein Gott, Sie auch! Zwei solche seltene Freunde! Eine Klage gegen einen so tugendhaften Menschen!«

»Er ist der Teufel in eigener Person!« stieß Iwan Nikiforowitsch hervor.

Der Richter schlug ein Kreuz.

»Bitte, nehmen Sie die Eingabe und lesen Sie!«

»Da ist nichts zu machen, Taraß Tichonowitsch, lesen Sie«, sagte der Richter, indem er sich verdrießlich an den Sekretär wandte: dabei beschnüffelte seine Nase die Oberlippe, was sie sonst nur in den Augenblicken zu tun pflegte, wenn ihm etwas besonders Angenehmes passierte. Diese Eigenmächtigkeit seiner Nase verursachte dem Richter noch mehr Verdruß, und um ihre Frechheit zu bestrafen, nahm er sein Taschentuch heraus und wischte sich allen Tabak von der Oberlippe.

Der Sekretär nahm wie gewöhnlich einen Anlauf, was er vor der Lektüre eines Schriftstückes stets zu tun pflegte, – natürlich abermals ohne Hilfe eines Taschentuchs, und begann mit monotoner Stimme folgendermaßen:

»Der Edelmann des Mirgoroder Kreises, Iwan, Nikifors Sohn, Dowgutschchun, wendet sich mit einem Gesuch an das Kreisgericht von Mirgorod. Der Inhalt dieses Gesuches ist in folgenden Punkten dargelegt:

1. Iwan, Iwans Sohn, Pererepenko, der sich selbst einen Edelmann nennt, fügt mir in seiner haßerfüllten Bosheit und deutlichen Mißgunst allerlei Heimtücke, Verluste und andere teuflische und schreckenerregende Schädigungen zu. Gestern um Mitternacht hat er sich wie ein Räuber mit Beilen, Sägen, Stemmeisen und anderen Schlosserwerkzeugen in meinen Hof geschlichen und daselbst meinen eigenen, dort befindlichen Stall eigenhändig in schamloser Weise zerstört, obgleich ich ihm meinerseits gar keine Veranlassung zu einer so gesetzwidrigen und räuberischen Handlung gegeben habe.

2. Derselbe Edelmann Pererepenko trachtet mir sogar nach dem Leben; diesen Plan hat er schon bis zum 7. dieses Monats im geheimen geschmiedet, hierauf aber besuchte er mich, fing in freundschaftlich-listiger Weise an, mir eine Flinte, die sich im Zimmer befand, abzuschmeicheln, und bot mir mit dem ihm eigenen Geiz allerlei unbrauchbare Gegenstände: unter anderem ein braunes Schwein und zwei Maß Hafer zum Ersatz dafür an. Da ich aber sofort seine verbrecherische Absicht durchschaute, versuchte ich ihn auf alle mögliche Weise davon abzubringen, aber der obengenannte Halunke und Lump, Iwan, Iwans Sohn, Pererepenko, beschimpfte mich in gemeiner bäurischer Weise und verfolgt mich seit jener Zeit mit unversöhnlichem Haß. Dabei ist der oben des öfteren genannte rasende Edelmann und Räuber Iwan Iwanowitsch Pererepenko außerdem von sehr schimpflicher Herkunft. Seine Schwester war eine weltbekannte Herumtreiberin und zog mit dem Jägerregiment, das vor fünf Jahren in Mirgorod lag, davon, ihren Mann aber hat sie in die Liste der Bauern eintragen lassen. Und ebenso waren sein Vater und seine Mutter sehr verbrecherische Leute und beide unglaubliche Säufer. Der obenerwähnte Edelmann und Räuber Pererepenko hat jedoch durch seine viehische und abscheuerregende Handlungsweise seine Verwandten noch übertroffen und vollbringt unter dem Schein der Gottesfürchtigkeit die allerschlimmsten Anstoß erregenden Dinge. Er hält die Fasten nicht ein, denn am Vorabend des heiligen Philippustages kaufte sich dieser Gottlose zum Beispiel einen Hammel, befahl seiner Konkubine Gapka, das Tier am nächsten Tage zu schlachten, und redete sich nachher damit heraus, daß er den Talg für Licht und Lampe benötigt habe.

Daher ersuche ich darum, den genannten Edelmann als Räuber, Gotteslästerer und Halunken, der schon mehrfach des Raubes und Diebstahls überführt worden ist, in Ketten zu legen, in den Turm zu sperren, oder ins Staatsgefängnis überzuführen, und dort nach Lage der Dinge seines Ranges und Eigentums zu enäußern, tüchtig mit Ruten auszupeitschen, oder nötigenfalls zur Zwangsarbeit nach Sibirien zu verschicken, ihn zur Zahlung der Unkosten und zu Schadenersatz zu verurteilen und das Urteil laut diesem meinem Gesuche zu vollstrecken.

Diese Eingabe hat Iwan, Nikifors Sohn, Dowgotschchun, Edelmann des Mirgoroder Kreises, eigenhändig unterschrieben.«

Kaum hatte der Sekretär die Eingabe verlesen, als Iwan Nikiforowitsch schon nach seiner Mütze griff, sich verbeugte und anscheinend wieder gehen wollte.

»Wo wollen Sie hin, Iwan Nikiforowitsch?« rief ihm der Richter nach, »bleiben Sie doch noch einen Augenblick sitzen. Trinken Sie doch erst eine Tasse Tee. Oryschko, was stehst du da, dummes Mädel, und liebäugelst mit den Schreibern? Lauf schnell und bring' Tee.«

Aber Iwan Nikiforowitsch war voller Angst, weil er sich so weit vom Hause entfernt hatte, und da er sich der gefährlichen Quarantäne beim Eintritt erinnerte, schon zur Tür hinausgeschlüpft und sagte nur: »Bitte machen Sie keine Umstände, ich werde mit Vergnügen...« Nach diesen Worten schloß er die Tür hinter sich und ließ den ganzen Gerichtshof in höchstem Staunen und größter Bestürzung zurück.

Es war nichts zu machen. Beide Eingaben wurden angenommen, und die Sache wäre sicherlich sehr interessant geworden, wenn nicht ein unvorhergesehener Umstand ihr noch eine weit größere Bedeutung verliehen hätte. Als der Richter die Amtsstube in Begleitung des Gerichtsschreibers und des Sekretärs verlassen, und die Schreiber die verschiedenen Gegenstände, die die Klienten mitgebracht hatten, als da sind: Hühner, Eier, Brote, Pasteten, Torten und allerlei Plunder in einen Sack stopfen wollten, kam ein braunes Schwein in das Zimmer gelaufen und packte zur großen Überraschung aller Anwesenden – nicht etwa eine Pastete oder eine Brotrinde, sondern Iwan Nikiforowitschs Eingabe, die so nah am Tischrande lag, daß ein paar

Seiten hinüberhingen. Sobald das Schwein die Eingabe ergriffen hatte, lief es schnell davon, so daß niemand von den Kanzleibeamten es einholen konnte, trotz aller Lineale und Tintenfässer, die sie ihm nachschleuderten.

Dieses außerordentliche Ereignis verursachte einen fürchterlichen Wirrwarr, da noch keine Kopie von der Eingabe angefertigt worden war. Der Richter, oder vielmehr der Gerichtsschreiber und der Sekretär berieten sich lange über diesen unerhörten Vorgang; endlich wurde beschlossen, daß man einen Bericht aufsetzen und den Polizeimeister davon benachrichtigen müsse, da die Untersuchung dieser Angelegenheit in das Ressort der städtischen Polizei gehöre. Noch am selben Tage wurde ihm ein Bericht zugesandt, der die Nummer 389 trug, und hierauf folgte eine sehr interessante Auseinandersetzung, über die der Leser im folgenden Kapitel Näheres erfahren kann.

V. In dem von der Beratung zweier hochgeachteter Persönlichkeiten aus Mirgorod berichtet wird

Kaum hatte Iwan Iwanowitsch seine häuslichen Angelegenheiten geordnet und war wie gewöhnlich unter das Schutzdach getreten, um sich ein wenig auszuruhen, als er zu seinem unbeschreiblichen Erstaunen an der Pforte etwas Rötliches schimmern sah. Das war der rote Aufschlag an der Uniform des Polizeimeisters. Dieser Aufschlag hatte ebenso wie der Kragen einen gewissen gleichmäßigen Glanz und war im Begriff, sich an den Rändern in ein Stück Lackleder zu verwandeln. Iwan Iwanowitsch dachte sich: »Hm! Gar nicht übel, daß Peter Fjodorowitsch kommt, um die Sache zu besprechen.« Als er aber sah, wie schnell der Polizeimeister daherkam und mit den Armen schlenkerte, was gewöhnlich nur in Ausnahmefällen geschah, war er sehr verwundert. Der Amtsrock des Polizeimeisters hatte nur acht Knöpfe, der neunte war ihm vor zwei Jahren während der Einweihung der neuen Kirche abgesprungen, und die Polizisten hatten ihn bis jetzt nicht finden können, obgleich sie der Polizeimeister bei dem täglichen Rapport immer wieder fragte: »Hat der Knopf sich gefunden?« Diese acht Knöpfe waren bei ihm so angeordnet, wie die alten Weiber ihre Bohnen zu pflanzen pflegen: einer rechts, der andere links. Das linke Bein war ihm bei der letzten Kampagne angeschossen worden, daher hinkte er und warf es so stark zur Seite, daß die Arbeit des rechten Beines dadurch fast völlig in Frage gestellt wurde. Je schneller der Polizeimeister mit seinem Beinwerk manövrierte, um so langsamer kam er von der Stelle, und daher hatte Iwan Iwanowitsch Zeit, sich in allerlei Vermutungen zu ergehen: warum der Polizeimeister zum Beispiel mit seinem Arm herumschlenkerte usw. Iwan Iwanowitsch beschäftigte sich um so mehr mit dieser Frage, als er sah, daß der Polizeimeister sich einen neuen Degen umgeschnallt hatte, die Angelegenheit also unzweifelhaft von großer Wichtigkeit sein mußte.

»Peter Fjodorowitsch, ich habe die Ehre«, rief Iwan Iwanowitsch, der, wie erwähnt, sehr neugierig war und seine Ungeduld nicht länger zügeln konnte, als er bemerkte, daß der Polizeimeister die Veranda im Sturme nahm, obschon er noch immer zu Boden blickte und mit seinem Gehwerk in Konflikt geriet, weil er die Stufe auf keine Weise mit einem Satz erreichen konnte.

»Ich wünsche meinem liebenswürdigen Freund und Gönner Iwan Iwanowitsch einen schönen guten Tag«, antwortete der Polizeimeister.

»Bitte, nehmen Sie doch Platz. Ich sehe, Sie sind ermüdet. Ihr verwundetes Bein erschwert Ihnen das Gehen...«

»Mein Bein«, schrie der Polizeimeister und maß Iwan Iwanowitsch mit einem jener Blicke, wie ihn ein Riese auf einen Zwerg, oder ein gelehrter Pedant auf einen Tanzlehrer wirft. Hierbei streckte er das Bein aus und stampfte damit auf den Boden; aber dieser Wagemut kam ihm teuer zu stehen. Sein ganzer Körper fing an zu wanken, und er schlug mit der Nase auf das Geländer; der weise Hüter der Ordnung tat jedoch, als sei nichts geschehen, richtete sich sofort wieder auf und griff in die Tasche, als suche er seine Tabaksdose. – »Ich will Ihnen nur sagen, verehrtester Freund und Gönner, Iwan Iwanowitsch, daß ich in meinem Leben noch ganz andere Märsche gemacht habe. Scherz beiseite, wahrhaftig, was habe ich nicht schon für Märsche gemacht! Zum Beispiel während der Kampagne von 1807... Ich will Ihnen erzählen, wie ich einmal zu einer niedlichen Deutschen über den Zaun geklettert bin...« Bei diesen Worten zwinkerte der Polizeimeister mit dem einen Auge, und ein teuflisches, spitzbübisches Grinsen glitt über sein Gesicht.

»Wo sind Sie denn heute schon überall gewesen?« fragte Iwan Iwanowitsch, indem er den Polizeimeister unterbrach, denn er wollte das Gespräch möglichst schnell auf den Anlaß zu seinem Besuch lenken. Er hätte sehr gern ohne Umschweife gefragt, was der Polizeimeister ihm mitzuteilen habe, aber seine feine Lebensart führte ihm die ganze Unhöflichkeit dieser Frage vors Gemüt, und Iwan Iwanowitsch mußte sich beherrschen und ruhig die Lösung abwarten, wenngleich sein ungeduldiges Herz heftig pochte.

»Wenn Sie gestatten, will ich Ihnen erzählen; wo ich überall war«, antwortete der Polizeimeister. »Vor allem kann ich Ihnen melden, daß heute ein herrliches Wetter ist.«

Bei diesen Worten traf Iwan Iwanowitsch fast der Schlag.

»Gestatten Sie,« fuhr der Polizeimeister fort, »ich komme heute in einer sehr wichtigen Angelegenheit zu Ihnen.« Hier nahm der Polizeimeister den gleichen bekümmerten Gesichtsausdruck, die gleiche Miene und die gleiche Haltung an wie vorhin, als er die Balkonstufe zu stürmen versuchte. Iwan Iwanowitsch erholte sich ein wenig, obgleich er wie im Fieber zitterte, und stellte scheinbar unbefangen nach seiner Art die Frage: »Was für eine wichtige Angelegenheit ist denn das... ist sie wirklich so wichtig?«

»Hören Sie... vor allem erlaube ich mir, Ihnen, verehrter Freund und Gönner, Iwan Iwanowitsch, zu bemerken, daß Sie... d. h. ich meinerseits, verstehen Sie wohl, ich habe nichts... aber der Standpunkt der Regierung erheischt es... Sie haben die Polizeiverordnung verletzt.«

»Was sagen Sie, Peter Fjodorowitsch? Ich verstehe kein Wort.«

»Ich bitte Sie, Iwan Iwanowitsch, wie können Sie denn das nicht verstehen! Ihr eigenes Tier hat ein sehr wichtiges amtliches Schriftstück gestohlen, und Sie wollen noch behaupten, Sie verstünden kein Wort?«

»Was für ein Tier?«

»Mit Erlaubnis zu sagen: Ihr eigenes braunes Schwein.«

»Ja, bin ich denn schuld daran? Warum lassen die Gerichtsdiener die Tür offen?«

»Aber Iwan Iwanowitsch, es ist doch Ihr eigenes Tier! Also sind Sie doch verantwortlich!«

»Ich bin Ihnen sehr verbunden, daß Sie mich mit einem Schwein identifizieren.«

»Bitte, das habe ich durchaus nicht gesagt, Iwan Iwanowitsch. Bei Gott, das habe ich nicht gesagt. Bitte urteilen Sie selbst nach Ihrem eigenen Gewissen. Es ist Ihnen zweifellos bekannt, daß es nach den amtlichen Vorschriften unreinen Tieren verboten ist, in der Stadt und vor allem in den wichtigsten Verkehrsstraßen zu promenieren. Sie müssen doch selbst zugeben, daß so etwas streng verboten ist.«

»Herrgott, was Sie zusammenreden! Eine große Sache, wenn ein Schwein einmal auf die Straße läuft!«

»Gestatten Sie mir, Ihnen zu bemerken, Iwan Iwanowitsch, gestatten Sie... gestatten Sie, – das ist eben ganz unmöglich! Was ist da zu machen? Die Obrigkeit will es so – und wir müssen gehorchen. Ich widerspreche nicht, es kommt vor, daß Hühner und Gänse in den Straßen oder sogar auf den Plätzen herumlaufen – aber wohl bemerkt: Hühner und Gänse. Ich habe doch noch im vorigen Jahr die Verordnung erlassen, daß Schweine und Ziegen auf den öffentlichen Plätzen nicht geduldet werden dürfen, und ich habe diese Verordnung in der Versammlung öffentlich und vor allem Volke laut vorlesen lassen.«

»Nein, Peter Fjodorowitsch, ich kann hierin nur eins sehen: daß Sie mich durchaus beleidigen wollen.«

»Nein, nein, das dürfen Sie nicht sagen, daß ich Sie beleidigen will, verehrter Freund und Gönner. Erinnern Sie sich doch gefälligst: Ich habe kein Wort gesagt, als Sie im vorigen Jahr Ihr Dach um ein Arschin höher setzen ließen, als das gesetzliche Maß es erlaubt. Im Gegenteil, ich tat, als bemerkte ich nichts davon. Glauben Sie mir, Verehrtester, daß ich auch jetzt – sozusagen vollkommen... aber meine Pflicht, oder... mit einem Wort, mein Amt fordert, daß ich auf Reinlichkeit halten muß. Urteilen Sie doch selbst, wenn plötzlich auf der Hauptstraße...«

»Auch was Schönes – diese Ihre Hauptstraße! Wo die alten Weiber allen Unrat hinwerfen, den sie nicht brauchen können.«

»Erlauben Sie mir, Ihnen zu bemerken, Iwan Iwanowitsch, daß Sie es sind, der mich beleidigt. Es ist wahr, es geschieht manchmal, aber doch nur in der Nähe von Zäunen, Speichern oder Kammern; aber daß sich eine trächtige Sau auf die Hauptstraße oder auf den Platz hinauswagt, das ist so eine Sache...«

»Was ist denn dabei, Peter Fjodorowitsch? Ein Schwein ist doch auch ein Geschöpf Gottes.«

»Zugegeben. Alle Welt weiß, daß Sie ein gelehrter Mann sind. Sie kennen die Wissenschaften und viele andere Dinge. Ich habe mich natürlich nicht mit den Wissenschaften befaßt; das Schnellschreiben habe ich erst mit dreißig Jahren gelernt. Wie Sie wissen, war ich Gemeiner.«

»Hm«, sagte Iwan Iwanowitsch.

»Ja,« fuhr der Polizeimeister fort, »im Jahre 1801 war ich Leutnant der 4. Kompanie im 42. Jägerregiment. Unser Kommandant war, wie Sie vielleicht wissen, ein gewisser Hauptmann Jeremejew.« Hierbei senkte der Polizeimeister seine Finger in die Tabaksdose, die Iwan Iwanowitsch ihm hinhielt, und zerrieb den Tabak zwischen den Händen.

»Hm«, erwiderte Iwan Iwanowitsch.

»Aber es ist meine Pflicht, mich den Forderungen der Obrigkeit zu unterwerfen«, fuhr der Polizeimeister fort. »Wissen Sie auch, Iwan Iwanowitsch, daß die Entwendung eines amtlichen Schriftstückes, genau so wie jegliches andere Verbrechen, vor das Kriminalgericht gehört?«

»Das weiß ich so gut, daß ich Ihnen, wenn Sie wünschen, sogar einen Vortrag darüber halten könnte. Aber das bezieht sich auf Menschen, so z. B. wenn Sie ein Dokument gestohlen hätten. Aber ein Schwein – ein Tier, ein Geschöpf Gottes...«

»Sie mögen recht haben, aber das Gesetz lautet: Der des Diebstahls Schuldige – ich bitte Sie genauer hinzuhören. – Der Schuldige! Hier ist weder vom Stand, noch von der Gattung, noch vom Geschlecht die Rede, also kann auch ein Tier der Schuldige sein. Aber wie Sie wollen, das Tier muß bis zur Verkündigung des Urteils als Ruhestörer der Polizei ausgeliefert werden.«

»Nein, Peter Fjodorowitsch, das wird nun nicht geschehen«, sagte Iwan Iwanowitsch kaltblütig.

»Wie Sie meinen, ich muß mich jedoch an die Vorschriften der Regierung halten.«

»Wie? Sie drohen mir? Sie wollen wahrscheinlich den einarmigen Soldaten herschicken, um es holen zu lassen. Ich werde meiner Magd befehlen, ihm mit der Ofenzange heimzuleuchten, die wird ihm auch noch seine gesunde Hand entzweischlagen!«

»Ich will nicht mit Ihnen streiten. Falls Sie der Polizei das Schwein nicht auszuliefern gedenken, so tun Sie mit ihm, was Ihnen beliebt; schlachten Sie es meinetwegen zu Weihnachten, machen Sie Schinken daraus, oder verzehren Sie es. Ich möchte Sie jedoch bitten, falls Sie Würste daraus machen sollten, mir ein paar von der Sorte zu schicken, die Ihre Gapka so kunstvoll aus Blut und Schmalz zuzubereiten versteht. Meine Agrafena Trofimowna mag sie so gern.«

»Mit Vergnügen; ein paar Würste will ich Ihnen gern schicken.«

»Sie werden mich sehr zu Danke verpflichten, verehrter Freund und Gönner. Jetzt gestatten Sie mir jedoch, Ihnen noch ein Wort zu sagen. Ich habe von allen unseren Bekannten und vom Richter den Auftrag, Sie sozusagen mit Ihrem Freunde Iwan Nikiforowitsch zu versöhnen.«

»Was, mit diesem ungebildeten Menschen? Ich soll mich mit diesem Grobian versöhnen? Niemals! Das wird nie geschehen! Das wird nie geschehen!« Iwan Iwanowitsch befand sich in einer sehr entschlossenen Stimmung.

»Wie Sie wünschen,« antwortete der Polizeimeister und regalierte jedes Nasenloch mit einer Prise, »ich wage nicht, Ihnen einen Rat zu geben, aber erlauben Sie mir, zu bemerken: Jetzt sind Sie verfeindet, aber wenn Sie sich versöhnen...«

Allein Iwan Iwanowitsch begann von der Wachteljagd zu erzählen, was er gewöhnlich tat, wenn er das Gesprächsthema wechseln wollte. Und so mußte der Polizeimeister unverrichteter Sache abziehen.

VI. Aus diesem Kapitel kann der Leser alles erfahren, was es enthält

Wie sehr man auch im Gericht die Tatsache geheimzuhalten suchte: Es half nichts, am nächsten Tag schon wußte ganz Mirgorod, daß Iwan Iwanowitschs Schwein Iwan Nikiforowitschs Eingabe gestohlen hatte. Der Polizeimeister selbst war der erste, dem das Geheimnis in einem unbewachten Augenblicke entschlüpfte. Als man es Iwan Nikiforowitsch erzählte, sagte er weiter nichts als: »War es vielleicht das braune?«

Aber Agafja Fedossejewna, die gerade anwesend war, fiel über Iwan Nikiforowitsch her. »Was fällt dir ein, Iwan Nikiforowitsch? Wie wird man dich auslachen! Wie wird man sich über deine Dummheit lustig machen, wenn du dazu schweigst! Und du willst ein Edelmann sein? Du wärst ja schlimmer als das alte Weib, das die Honigkuchen verkauft, die du so gern ißt!« Und die Unermüdliche ließ nicht eher nach, als bis sie ihn überredet hatte. Sie trieb irgendwo einen Menschen in mittleren Jahren auf: einen brünetten Herrn, voller Flecken im Gesicht, in einem dunkelblauen Rock und mit geflickten Ärmeln – einen rechten Tintenkuli und Winkelkonsulenten. Dieser Mensch schmierte seine Stiefeln mit Teer, hatte immer drei Federn hinterm Ohr und trug eine mit einem Schnürchen befestigte Glasblase am Knopfe, die er als Tintenfaß benutzte. Er aß neun Pasteten auf einen Sitz und steckte die zehnte ein, dabei war er imstande, soviel Verleumdungen auf einen Stempelbogen zu schreiben, daß kein Schreiber es fertig brachte, sie in einem Zug herunterzulesen, ohne dazwischen mehrmals zu husten und zu niesen. Dieses kleine, menschenähnliche Wesen wühlte überall herum, strengte sich aus Leibeskräften an und braute endlich folgendes Schriftstück zusammen:

»An das Kreisgericht zu Mirgorod von dem Edelmann Iwan, Nikifors Sohn, Dowgutschchun.

»Betreffend der von mir, dem Edelmann Iwan, Nikifors Sohn, Dowgotschchun, eingereichten Eingabe gegen den Edelmann Iwan, Iwans Sohn, Pererepenko, welche das Kreisgericht zu Mirgorod anzunehmen sich bereit erklärt hat: Jenes freche, eigenmächtige Verfahren des braunen Schweins ist trotz der Geheimhaltung zu fremder Leute Ohren gedrungen. Diese Unterlassungssünde aber, und diese Nachsicht erfordert, als böswillig, und beabsichtigt, ein unverzügliches Eingreifen der Gerichte, denn jenes Schwein ist ein unvernünftiges Tier, und daher um so eher zum straflosen Raub von Dokumenten geeignet. Hieraus geht klar hervor, daß das oft genannte Schwein nicht anders als von dem Gegner, dem sogenannten Iwan, Iwans Sohn, Pererepenko, der schon häufig des Raubes, des Trachtens nach dem Leben anderer und der Gotteslästerung überführt wurde, dazu angestiftet worden ist. Aber das Gericht zu Mirgorod hat mit der ihm eigenen Parteilichkeit für seine Person sein geheimes Einverständnis zu erkennen gegeben, da ohne dieses Einverständnis jenes Schwein nicht zur Entwendung des Dokumentes zugelassen werden konnte, insbesondere, da das Mirgoroder Kreisgericht mit Amtsdienern wohl versehen ist: Hierfür genügt es als Beweis, zu erwähnen, daß sich zu jeder Zeit ein Soldat im Empfangszimmer befindet, der, obwohl er ein schielendes Auge und eine etwas verkrüppelte Hand hat, durchaus dazu geeignet ist, ein Schwein mit einem Knüttel zu schlagen und davonzujagen. Aus allem diesem geht die zu große Nachsicht des Gerichts von Mirgorod sowie die unzweifelhafte, jüdische Teilung eines Vorteils auf Grund gemeinschaftlichen Übereinkommens hervor. Jener obenerwähnte Räuber und Edelmann Iwan, Iwans Sohn, Pererepenko, hat, nachdem er sich dergestalt entehrt hat, im Vertrauen hierauf diese Affäre in Szene gesetzt. Daher bringe ich, der Edelmann Iwan, Nikifors Sohn, Dowgutschchun, dem Kreisgerichte zur Kenntnis, daß, falls jenem Schwein oder dem mit ihm im Einverständnis handelnden Edelmann Pererepenko die genannte Eingabe nicht aberlangt und das Urteil nicht nach Recht und Gerechtigkeit zu meinen Gunsten gesprochen wird, ich, der Edelmann Iwan, Nikifors Sohn, Dowgotschchun, fest entschlossen bin, dem Appellationsgericht eine Klage wider jenes Gericht als wegen gesetzwidriger Beihilfe einzureichen, mit der in gebührender Form vorgebrachten Bitte um Desolvierung der Sache zur Revision.

Der Edelmann des Mirgoroder Kreises Iwan, Nikifors Sohn, Dowgotschchun.«

Dieses Schriftstück tat seine Wirkung. Der Richter gehörte, wie alle gutmütigen Menschen, zu der ängstlichen Brüderschaft. Er wandte sich an den Sekretär. Aber der Sekretär öffnete seine dicken Lippen, stieß nur ein »Hm« hervor,... und sein Gesicht nahm jene gleichgültige, teuflisch-zweideutige Miene an, mit der etwa Satan eines seiner Opfer betrachtet, das ihm ins Garn ging und sich hilflos zu seinen Füßen windet. Es blieb nur noch ein Mittel übrig: die beiden Feinde zu versöhnen. Aber wie sollte man das anfangen, da bisher alle Versuche erfolglos geblieben waren? Man beschloß, immerhin noch einen letzten Versuch zu machen, aber Iwan Iwanowitsch erklärte kurz und bündig, er wolle nicht, und wurde sogar ernstlich böse. Iwan Nikiforowitsch kehrte dem Vermittler statt einer Antwort den Rücken und sagte kein Wort. So ging denn der Prozeß mit der bekannten Geschwindigkeit, durch die sich die Gerichte auszeichnen, weiter. Das Papier wurde abgestempelt, in die Listen eingetragen, numeriert, geheftet und unterschrieben, und dies alles geschah an ein und demselben Tage; dann wurde es endlich in den Schrank gelegt, und blieb ein, zwei, drei Jahre usw. liegen. Viele Bräute fanden Zeit, ihre Hochzeit zu feiern, in Mirgorod wurde eine neue Straße angelegt, der Richter verlor einen Backenzahn und zwei Schneidezähne, auf Iwan Iwanowitschs Hof liefen noch mehr Kinder herum als früher (Gott allein weiß, wo sie herkamen), Iwan Nikiforowitsch baute Iwan Iwanowitsch zum Trotz einen neuen Gänsestall, der sich freilich in einiger Entfernung von der Stelle befand, auf der der frühere gestanden hatte, ja er verbaute sich ganz gegen Iwan Iwanowitsch, so daß diese würdigen Männer sich fast nie mehr von Angesicht zu Angesicht sahen: die Prozeßakten aber lagen noch immer in schönster Ordnung im Schrank, der von den vielen Tintenklecksen allmählich ganz marmoriert wurde.

Unterdessen aber trat ein für ganz Mirgorod äußerst wichtiges Ereignis ein: Der Polizeimeister gab eine Assemblee. Wo nehme ich Pinsel und Farben her, um die ganze Großartigkeit der Auffahrt, den Glanz und die Pracht des Festmahls zu schildern. Nehmen Sie eine Uhr, öffnen Sie sie und sehen Sie sich an, was darin vorgeht. Nicht wahr, das ist ein furchtbares Durcheinander? Und nun stellen Sie sich vor, daß ebenso viele, wenn nicht noch viel mehr Räder auf dem Hofe des Polizeimeisters nebeneinanderstanden. Was gab es da nicht für Wagen und Kutschen! Die einen hinten ganz breit und vorn schmal, die anderen vorn breit und hinten schmal; die eine war eine leichte Kalesche und zugleich ein schwerer Lastwagen, die andere weder Kalesche noch Lastwagen, die eine glich einem gewaltigen Heuschober oder einer dicken Kaufmannsfrau, die andere einem flinken Juden oder einem Skelett, das sich noch nicht ganz aus seiner Haut gelöst hat. Die einen sahen im Profil geradezu aus wie eine Pfeife mit einem Pfeifenrohr, und andere ließen sich wieder überhaupt mit gar nichts vergleichen, sondern waren ganz seltsame Gebilde von furchtbarer Häßlichkeit und außerordentlich phantastischen Formen. Über dieses Chaos von Rädern und Kutschböcken erhob sich eine besondere Art von Wagen; er hatte ein riesengroßes Fenster, das von einem dicken Querholz durchkreuzt war. Die Kutscher in Kosakenröcken, grauen Bauernkitteln und -jacken, mit den verschiedensten Schaffell-und anderen Mützen, führten, mit der Pfeife im Munde, ihre ausgespannten Pferde im Hofe herum. Nein, was war das für eine herrliche Assemblee, die der Polizeimeister gab! Gestatten Sie, daß ich Ihnen die Namen aller Anwesenden aufzähle: Taraß Tarassowitsch, Jewpl Akinfowitsch, Jewtichij Jewtichijewitsch, Iwan Iwanowitsch (nicht der bekannte Iwan Iwanowitsch, sondern ein anderer), Ssawwa Gawrilowitsch, unser Iwan Iwanowitsch, Eleutherij Eleutherjewitsch, Makar Nasarjewitsch, Thomas Grigorjewitsch... nein, ich kann nicht weiter, ich habe keine Kraft mehr. Und wieviel Damen da waren! – brünette und weißwangige, lange und kurze, so dicke wie Iwan Nikiforowitsch und so magere, daß man meinte, sie in die Degenscheide des Polizeimeisters stecken zu können! Und wieviel verschiedene Hauben, wieviele Kleider es da gab! Rote, gelbe, kaffeebraune, grüne, blaue, neue, gewendete, umgearbeitete – und dann diese Bänder, Tücher, Ridiküls! Ade, ihr armen Augen! Nach diesem Schauspiel werdet ihr zu nichts mehr fähig sein. Und welch lange Tafel da gedeckt war! Wie alles durcheinander schwatzte! Welch ein Lärm sich überall erhob! Was ist eine Mühle mit all ihren Mühlsteinen, Rädern und ihrem Stampfwerk dagegen! Ich kann nicht mit Bestimmtheit sagen, wovon man sprach, aber man darf annehmen, daß von vielen angenehmen und nützlichen Dingen die Rede war: vom Wetter, von Hunden, von Weizen, Hauben, Hengsten usw. Endlich sagte Iwan Iwanowitsch – nicht unser Iwan Iwanowitsch, sondern der andere, der mit dem schielenden Auge – : »Es wundert mich sehr, daß mein rechtes Auge (der schielende Iwan Iwanowitsch ironisierte sich immer selbst) Iwan Nikiforowitsch, Herrn Dowgotschchun nicht sieht.«

»Er wollte nicht kommen«, sagte der Polizeimeister.

»Warum denn nicht?«

»Herrgott, es sind schon bald zwei Jahre, daß sich Iwan Iwanowitsch und Iwan Nikiforowitsch entzweit haben, und wo der eine ist, geht der andere auf keinen Fall hin.«

»Was Sie sagen!« Hierbei erhob der schielende Iwan Iwanowitsch seinen Blick gen Himmel und faltete die Hände: »Was soll nur werden, wenn auch die Leute mit gesunden Augen sich nicht mehr vertragen wollen. Wie soll ich mit meinem schielenden Auge in Frieden leben!« Bei diesen Worten lachten alle aus vollem Halse. Der schielende Iwan Iwanowitsch war sehr beliebt, weil er immer Witze machte, die dem damaligen Zeitgeschmack angepaßt waren. Sogar der große, dürre Herr im Friesrock und mit dem Pflaster auf der Nase, der bisher unbeweglich in der Ecke gesessen und keine Miene verzogen hatte – auch da nicht, als ihm eine Fliege in die Nase flog – , sogar dieser Herr stand jetzt auf und näherte sich dem Kreise, der sich um den schielenden Iwan Iwanowitsch gebildet hatte. »Hören Sie,« sagte der schielende Iwan Iwanowitsch, als er sah, daß der Kreis um ihn herum genügend groß war, »hören Sie, statt daß Sie sich jetzt an meinem schielenden Auge ergötzen, wollen wir doch lieber unsere beiden Freunde versöhnen! Iwan Iwanowitsch unterhält sich gerade mit den Frauensleuten ... Wollen wir doch heimlich nach Iwan Nikiforowitsch schicken und die beiden zusammenführen?«

Der Vorschlag Iwan Iwanowitschs wurde einstimmig angenommen; man beschloß, sofort nach Iwan Nikiforowitsch zu schicken und ihn zum Polizeimeister zu Tisch zu bitten, es koste, was es wolle. Aber vorher gab es noch eine wichtige Frage zu lösen: Wen sollte man mit diesem verantwortungsvollen Auftrag betrauen? Das brachte alle in Verlegenheit. Lange wurde hin und her gestritten, wer wohl für derartige diplomatische Missionen am geeignetsten sei. Endlich aber wurde einstimmig beschlossen, Anton Prokofjewitsch Golopusj zu diesem Zwecke zu entsenden.

Doch ich muß den Leser zuvor mit dieser außerordentlichen Persönlichkeit bekannt machen. Anton Prokofjewitsch war ein vollkommen tugendhafter Mensch in des Wortes höchster Bedeutung. Schenkte ihm einer der Mirgoroder Honoratioren ein Halstuch oder ein Paar Unterhosen, so bedankte er sich; gab ihm jemand einen Nasenstüber, so bedankte er sich gleichfalls. Fragte man ihn: »Anton Prokofjewitsch, warum haben Sie einen braunen Rock mit hellblauen Ärmeln an?«, so antwortete er gewöhnlich: »Sie haben ja nicht einmal einen solchen! Warten Sie, wenn er etwas abgetragen ist, wird sich schon alles ausgleichen.« Und tatsächlich: Mit der Zeit begann das hellblaue Tuch unter dem Einfluß der Sonne braun zu werden, und jetzt paßte es schon ganz gut zu bei Farbe des Rocks. Was aber am bemerkenswertesten war, war dies, daß Anton Prokofjewitsch die Angewohnheit hatte, im Sommer Tuch-und im Winter Nankinganzüge zu tragen. Anton Prokofjewitsch besitzt kein eigenes Haus. Einst besaß er eins am Ende der Stadt, aber er verkaufte es, erstand sich für den Erlös drei braune Pferde und einen kleinen Wagen, und fuhr von einem Gutsbesitzer zum anderen zu Besuch. Aber da die Pferde ihm doch viel Umstände machten und er in einem fort Geld für Hafer brauchte, so tauschte Anton Prokofjewitsch sie gegen eine Geige, ein Dienstmädchen und fünfundzwanzig Rubel ein. Die Geige verkaufte er später wieder, und das Mädchen tauschte er gegen einen Saffiantabaksbeutel ein – aber dafür hat er jetzt auch einen Tabaksbeutel wie kein zweiter. Allerdings mußte er diesen Genuß teuer erkaufen: Er kann nun nicht mehr von einem Dorf ins andere fahren, er muß in der Stadt bleiben und in den verschiedensten Häusern, gewöhnlich bei Edelleuten, übernachten, denen es Spaß macht, ihm Nasenstüber zu geben. Anton Prokofjewitsch liebt es, gut zu essen, und spielt recht gut Schafskopf oder auch »Müller«. Es war immer seine Art, sich unterzuordnen, und darum ergriff er auch jetzt Stock und Mütze und machte sich ohne weiteres auf den Weg.

Unterwegs überlegte er sich's, wie er Iwan Nikiforowitsch bewegen könnte, die Assemblee zu besuchen. Die schroffe Art des sonst gewiß würdigen Mannes machte sein Unternehmen fast zu einer Unmöglichkeit. Wie sollte sich auch Iwan Nikiforowitsch dazu entschließen, da ihm doch schon das bloße Aufstehen soviel Mühe machte? Aber angenommen selbst, daß er aufstünde, wie sollte er dahin gehen wollen, wo – und das wußte er zweifellos – wo sein unversöhnlicher Feind sich befand? Je länger Anton Prokofjewitsch darüber nachdachte, um so mehr Hindernisse türmten sich auf. Es war ein schwüler Tag, die Sonne brannte vom Himmel herab, Anton Prokofjewitsch war wie in Schweiß gebadet. Obschon er oft Nasenstüber bekam, war er in mancherlei Hinsicht ein gewiegter Mensch (nur beim Tauschen hatte er manchmal Unglück). Er wußte sehr gut, wann man den Narren spielen mußte, und fand sich mitunter in Situationen und Verhältnissen zurecht, in denen selbst ein Kluger sich keinen Rat gewußt hätte.

Während sein erfinderischer Geist nach Mitteln und Wegen suchte, Iwan Nikiforowitsch zu überreden, gelangte Anton Prokofjewitsch allmählich bis ans Haus und wollte schon mutig der Entscheidung entgegengehen, als ihn ein ganz unvorhergesehener Umstand ein wenig in Verlegenheit brachte. Hier ist es übrigens am Platz, dem Leser die Mitteilung zu machen, daß Anton Prokofjewitsch unter anderm auch ein Paar recht merkwürdige Hosen besaß; sobald er dieses Paar trug, bissen ihn die Hunde immer in die Waden. Unglücklicherweise mußte er gerade heute diese Hosen anhaben. Er war noch ganz in Gedanken vertieft, als ihn plötzlich ein fürchterliches Hundegebell aufschreckte, das von allen Seiten an sein Ohr schlug. Anton Prokofjewitsch begann so zu schreien (lauter als er kann man überhaupt gar nicht schreien), daß nicht nur das bekannte alte Weib und der Besitzer des unförmlichen Rocks ihm entgegenliefen, sondern auch die Jungens aus Iwan Iwanowitschs Hause hinzugerannt kamen. Und obgleich die Hunde nur Zeit gehabt hatten, nach einem seiner Beine zu schnappen, setzte doch dies Anton Prokofjewitschs Mut beträchtlich herab, und so trat er denn mit einer gewissen Befangenheit in den Flur.

VII

»Ah, guten Tag, warum necken Sie denn meine Hunde?« rief Iwan Nikiforowitsch, als er Anton Prokofjewitsch erblickte, denn man sprach allgemein nicht anders, als in scherzendem Tone mit ihm.

»Mögen sie alle verrecken! Wer denkt daran, sie zu necken!« versetzte Anton Prokofjewitsch.

»Sie schwindeln!«

»Bei Gott nicht! Peter Fjodorowitsch läßt Sie zu Tisch bitten.«

»Hm.«

»Bei Gott, er bittet Sie so dringend darum; ich kann es wirklich gar nicht ausdrücken. ›Was soll das heißen‹, sagt er, ›Iwan Nikiforowitsch geht mir ja aus dem Wege, wie einem Feinde. Er kommt nicht mehr zu mir; man sitzt nie mehr zusammen und plaudert nicht mehr miteinander‹«

Iwan Nikiforowitsch strich sich über das Kinn.

»»Wenn Iwan Nikiforowitsch heute wieder nicht kommt, dann weiß ich wirklich nicht, was ich davon halten soll. Sicher führt er etwas gegen mich im Schilde. Anton Prokofjewitsch, tun Sie mir doch den Gefallen, sehen Sie zu, ob Sie ihn nicht überreden können‹ Nun, was meinen Sie, Iwan Nikiforowitsch? Kommen Sie mit? Sie finden dort eine reizende Gesellschaft beisammen!«

Aber Iwan Nikiforowitsch lag ruhig da und betrachtete einen Hahn, der auf einem Fuße stand und aus voller Kehle krähte.

»Wenn Sie wüßten, Iwan Nikiforowitsch,« fuhr der eifrige Abgeordnete fort, »was Peter Fjodorowitsch für einen herrlichen Stör und für einen frischen Kaviar bekommen hat!«

Hier wandte ihm Iwan Nikiforowitsch das Gesicht zu und begann aufmerksamer zuzuhören.

Dies ermutigte den Abgesandten. »Kommen Sie schnell. Thomas Grigorjewitsch ist auch da. Was ist denn nur?« fügte er hinzu, als er sah, daß Iwan Nikiforowitsch noch immer in der gleichen Stellung liegen blieb. »Gehen wir – oder gehen wir nicht?«

»Ich mag nicht.«

Anton Prokofjewitsch war durch dieses »Ich mag nicht« ganz verblüfft. Er hatte geglaubt, daß seine überzeugenden Vorstellungen den so würdigen Mann schon völlig gewonnen hatten, und nun mußte er ein glattes Nein vernehmen.

»Warum wollen Sie denn nicht?« fragte er fast verdrießlich, obgleich ihm so etwas nur ganz selten passierte (nicht einmal dann, wenn man ihm, wie das der Richter und der Polizeimeister zu ihrem Vergnügen zu tun pflegten, ein Stück brennendes Papier auf den Kopf legte).

Iwan Nikiforowitsch nahm eine Prise.

»Nun denn, machen Sie, was Sie wollen, Iwan Nikiforowitsch, obgleich ich nicht verstehe, was Sie zurückhält.«

»Wozu soll ich hingehen,« sagte endlich Iwan Nikiforowitsch, »der Räuber ist ja doch da.« So nannte er gewöhnlich Iwan Iwanowitsch. Gerechter Gott! Und wie lange war es her...

»Bei Gott, er ist nicht da! So gewiß ein gerechter Gott im Himmel lebt, er ist nicht da! Mich soll auf der Stelle der Blitz treffen!« antwortete Anton Prokofjewitsch, der gewöhnt war, Gott in jeder Stunde zehnmal anzurufen. »Kommen Sie schnell, Iwan Nikiforowitsch.«

»Sie schwindeln ja, Anton Prokofjewitsch, er ist sicher da!«

»Bei Gott, nein, so wahr mir Gott helfe, nein! Ich will nie von dieser Stelle weichen, wenn er da ist! Urteilen Sie selbst, warum sollte ich lügen? Hände und Füße sollen mir verdorren... Wie, Sie glauben mir noch immer nicht? Ich will hier vor Ihren Augen verrecken! Mein Vater und meine Mutter und ich selbst, wir mögen alle um unsere Seligkeit kommen, wenn es nicht wahr ist! Glauben Sie mir noch immer nicht?«

Diese Beteuerungen beruhigten Iwan Nikiforowitsch vollkommen. Er befahl seinem Kammerdiener mit dem endlosen Frack, ihm seine Hosen und seinen Nankingrock zu bringen.

Ich halte es für ganz überflüssig, zu beschreiben, wie Iwan Nikiforowitsch seine Hosen anzog, wie man ihm die Halsbinde um den Hals wickelte und wie man ihm endlich in den Rock hineinhalf, der hierbei unter dem linken Ärmel platzte. Es genügt, wenn ich sage, daß er während dieser ganzen Zeit eine würdige Ruhe bewahrte und mit keinem Wort auf die Vorschläge Prokofjewitschs einging, der ihm durchaus seinen türkischen Tabaksbeutel gegen etwas anderes eintauschen wollte.

Unterdessen wartete die ganze Gesellschaft mit Ungeduld auf den entscheidenden Moment, da Iwan Nikiforowitsch erscheinen und da endlich der allgemeine Wunsch in Erfüllung gehen würde, die beiden Ehrenmänner miteinander zu versöhnen. Viele waren nahezu überzeugt, daß Iwan Nikiforowitsch gar nicht kommen würde. Der Polizeimeister wollte sogar mit dem schielenden Iwan Iwanowitsch eine Wette eingehen, daß er nicht kommen würde. Die Wette kam jedoch nicht zustande, weil der schielende Iwan Iwanowitsch vorschlug, der Polizeimeister solle sein angeschossenes Bein gegen sein schielendes Auge einsetzen; – der Polizeimeister fühlte sich ernstlich verletzt, aber die ganze Gesellschaft lachte im geheimen über diesen Scherz. Niemand wollte sich zu Tisch setzen, obwohl es schon längst zwei Uhr war, eine Zeit, zu der man in Mirgorod auch bei den feinsten Diners längst zu Mittag speist. Sowie Anton Prokofjewitsch in der Tür erschien, umringte ihn die ganze Gesellschaft augenblicklich, aber Anton Prokofjewitsch hatte auf die zahlreichen Fragen nur ein entschiedenes und lautes: »Er kommt nicht!« Kaum war das Wort gefallen, als ein Hagelwetter von Scheltworten, Vorwürfen und vielleicht sogar Püffen seinen Kopf für die verfehlte Mission bedrohte, doch da tat sich die Türe auf, und Iwan Nikiforowitsch trat herein.

Wenn in diesem Augenblick Satan in höchsteigener Person oder irgendein Verstorbener eingetreten wäre, – sie hätten bei den Anwesenden kein solches Erstaunen erregt wie das unerwartete Erscheinen Iwan Nikiforowitschs. Anton Prokofjewitsch aber hielt sich die Seiten vor Lachen und freute sich unbändig, daß er die ganze Gesellschaft so zum Narren gehalten hatte.

Wie dem auch sei, alle hielten es für völlig unwahrscheinlich, daß Iwan Nikiforowitsch sich in so kurzer Zeit hatte ankleiden können, wie es sich für einen Edelmann ziemt. Iwan Iwanowitsch war in diesem Moment gerade nicht im Zimmer, er war aus irgendeinem Grunde eben hinausgegangen. Als man sich vom ersten Erstaunen erholt hatte, äußerte die ganze Gesellschaft ihren lebhaften Anteil an dem Wohlbefinden Iwan Nikiforowitschs, und alle sprachen ihre Freude über die Zunahme seiner Körperfülle aus. Iwan Nikiforowitsch küßte alle Anwesenden und sagte: »Sehr verbunden.«

Unterdessen aber drang der Duft der Rübensuppe in das Zimmer und kitzelte in angenehmster Weise die Nasen der hungrigen Gäste. Alle gingen ins Eßzimmer. Eine lange Reihe von stillen und gesprächigen, dicken und dünnen Damen zog voran, und die lange Tafel erstrahlte in allen Farben. Ich werde nicht alle Speisen beschreiben, die aufgetragen wurden, werde nichts über die Knödel in saurer Sahne und das Gekröse, das es zur Rübensuppe gab, sagen, auch nicht von dem Truthahn mit der Pflaumen-und Rosinenfüllung, noch von der Speise, die einem in Kwas eingeweichten Paar Stiefeln gleicht, noch von der Sauce, dem Schwanenliede des alten Kochs, noch vom Pudding, der brennend serviert wurde, was die Damen immer sehr ängstigt und zugleich unterhält. Ich werde nicht von diesen Speisen sprechen, denn ich muß gestehen, daß ich sie viel lieber verzehre als mich des weiteren über sie auslasse.

Iwan Iwanowitsch hatte besonders einem mit Meerrettich zubereiteten Fisch Geschmack abgewonnen. Er beschäftigte sich eifrig mit dieser nützlichen und nahrhaften Veranstaltung, löste die allerkleinsten Gräten heraus und legte sie auf den Rand des Tellers. Dabei blickte er zufällig auf sein Visavis. Himmlischer Vater, war das merkwürdig! Ihm gegenüber saß Iwan Nikiforowitsch.

In demselben Augenblick sah auch Iwan Nikiforowitsch auf... Nein – ich kann nicht weiter! Man reiche mir eine andere Feder, nein – die meine ist viel zu matt und tot. Zu zart und schwächlich für dieses Bild. Der Ausdruck großer Verwunderung, die sich in ihren Gesichtern spiegelte, gab ihren Zügen etwas Steinernes. Jeder von ihnen erblickte das längst vertraute Gesicht, jeder von ihnen war dem Anschein nach unwillkürlich bereit, zum Freunde, der so unerwartet vor ihm saß, hinzutreten und ihm die Tabaksdose mit den Worten hinzuhalten: »Bitte, bedienen Sie sich!«, oder: »Darf ich Sie bitten, sich zu bedienen!« Zugleich aber hatten die Gesichter etwas Furchtbares und Unheilverkündendes. Iwan Iwanowitsch und Iwan Nikiforowitsch waren wie in Schweiß gebadet.

Alle Anwesenden, soviel ihrer bei Tische waren, verstummten vor Spannung und konnten die Augen nicht von den einstigen Freunden wegwenden. Die Damen, die bis dahin in ein sehr interessantes Gespräch über die Entstehung der Kapaunen vertieft waren, brachen plötzlich ab. Alles schwieg. Es war ein Bild, würdig des Pinsels eines großen Künstlers.

Endlich zog Iwan Iwanowitsch sein Taschentuch hervor und begann sich zu schneuzen. Iwan Nikiforowitsch aber sah sich um und suchte mit den Augen nach dem Ausgang.

Aber der Polizeimeister hatte schon bemerkt, was mit ihnen vorging, und ließ die Türe noch fester verschließen. Die beiden Freunde wandten sich daher wieder ihren Speisen zu und würdigten einander keines Blickes mehr.

Sowie jedoch das Diner zu Ende war, sprangen die beiden alten Freunde von ihren Sitzen auf und sahen sich nach ihren Mützen um, um sich schleunigst davonzumachen. Da jedoch winkte der Polizeimeister, und Iwan Iwanowitsch (nicht unser Iwan Iwanowitsch, sondern der andere, mit dem schielenden Auge) stellte sich hinter Iwan Nikiforowitsch, während der Polizeimeister hinter Iwan Iwanowitsch trat. Beide begannen, sie von hinten zu stoßen, um sie gegeneinander zu drängen und nicht eher loszulassen, als bis sie sich die Hände gereicht hätten. Iwan Iwanowitsch (mit dem schielenden Auge) schob Iwan Nikiforowitsch, wenn auch ein wenig schief, doch immerhin ganz geschickt, nach der Stelle, wo Iwan Iwanowitsch stand; der Polizeimeister dagegen nahm die Richtung etwas zu sehr nach der Seite, da er mit seinen störrischen Gehwerkzeugen, die ihrem Kommandanten diesmal gar nicht parierten, durchaus nicht zurechtkommen konnte. Wie zum Trotz schwenkte er das Bein gar zu weit zurück und nach der entgegengesetzten Richtung (das kam möglicherweise daher, weil bei Tisch sehr viel verschiedene Getränke gereicht worden waren) – jedenfalls fiel Iwan Iwanowitsch auf eine Dame in einem roten Kleide, die sich aus Neugierde bis in die Mitte gedrängt hatte. Dieses Omen ließ nichts Gutes vermuten. Um die Sache wieder einzurenken, trat der Richter an die Stelle des Polizeimeisters, sog mit der Nase allen Tabak von der Oberlippe auf und drängte Iwan Iwanowitsch nach der anderen

Seite. Das ist die in Mirgorod übliche Art der Versöhnung, sie erinnert entfernt an das Ballspiel. Kaum aber hatte der Richter Iwan Iwanowitsch einen Stoß gegeben, als auch Iwan Iwanowitsch mit dem schielenden Auge sich aus allen Kräften gegen Iwan Nikiforowitsch stemmte und ihn vorwärts stieß. Der Schweiß floß Iwan Iwanowitsch von der Stirne herab wie das Regenwasser von einem Dach. Aber trotzdem beide Freunde sich heftig sträubten, wurden sie doch aneinandergedrängt, da beide Parteien von den Gästen tüchtig unterstützt wurden.

Man umringte sie von allen Seiten und ließ sie nicht früher auseinander, als bis sie sich die Hände gereicht hatten.

»Gott mit Ihnen, Iwan Nikiforowitsch und Iwan Iwanowitsch, sagen Sie doch ehrlich: Warum haben Sie sich entzweit? Es war doch nur ein Unsinn! Schämen Sie sich doch vor Gott und vor den Menschen!«

»Ich weiß nicht,« sagte Iwan Nikiforowitsch, der vor Müdigkeit laut schnaufte (kein Zweifel, er war durchaus nicht abgeneigt, sich zu versöhnen), »ich weiß nicht, was ich Iwan Iwanowitsch getan habe. Aber warum hat er meinen Stall zerstört? Warum wollte er mich zugrunde richten?«

»Ich bin mir keiner bösen Absicht bewußt,« sagte Iwan Iwanowitsch, ohne Iwan Nikiforowitsch anzusehen, »ich schwöre vor Gott und vor Ihnen allen, verehrte Freunde und Edelleute, ich habe meinem Feinde nichts getan! Warum verleumdet er mich, warum beschimpft er immer wieder meinen Rang und meinen Namen?«

»Was habe ich Ihnen denn für einen Schaden zugefügt, Iwan Iwanowitsch?« sagte Iwan Nikiforowitsch. Noch einen Augenblick der Aussprache – und die lange Feindschaft war dicht daran, ganz zu verlöschen. Schon griff Iwan Nikiforowitsch in die Tasche, um seine Tabaksdose hervorzuholen und zu sagen: »Bitte, bedienen Sie sich.«

»Ist das vielleicht kein Schaden,« antwortete Iwan Iwanowitsch, ohne die Augen zu erheben, »wenn Sie, geehrter Herr, mich, meinen Rang und meine Familie durch ein Wort beschimpft haben, das hier zu wiederholen nicht anständig wäre!«

»Iwan Iwanowitsch, erlauben Sie mir, Ihnen in aller Freundschaft zu sagen (hierbei packte Iwan Nikiforowitsch Iwan Iwanowitsch beim Kopf, ein Zeichen seiner innigsten Sympathie): »Der Teufel weiß, weswegen Sie sich beleidigt gefühlt haben: Weil ich Sie einen ›Gänserich‹ genannt habe!«

Iwan Nikiforowitsch sah sofort ein, was für eine Unvorsichtigkeit er begangen hatte, als er dies Wort aussprach aber es war schon zu spät, das Wort war heraus. Jetzt ging alles zum Teufel! War doch Iwan Iwanowitsch schon damals unter vier Augen und ohne Zeugen, bei Nennung dieses Wortes ganz außer sich und in eine Wut geraten, die ich, weiß Gott, keinem Menschen wünschen möchte; urteilen Sie also selbst, meine verehrten Leser, was sollte nun geschehen, jetzt, wo das tödliche Wort in Gesellschaft, in Gegenwart vieler Damen gefallen war – denn da liebte es Iwan Iwanowitsch besonders, seine noble Lebensart zu zeigen. Wäre Iwan Nikiforowitsch etwas anderes eingefallen, hätte er Vogel statt Gänserich gesagt, die Sache hätte sich noch einrenken lassen, aber so... war natürlich alles vorüber!

Iwan Iwanowitsch warf Iwan Nikiforowitsch einen Blick zu – einen Blick! Hätte dieser Blick ausübende Gewalt gehabt, Iwan Nikiforowitsch wäre zu Staub und Asche verbrannt worden. Die Gäste verstanden diesen Blick und bemühten sich, sie zu trennen. Und dieser Mann, das Muster aller Freundlichkeit, der keinen Bettler vorübergehen lassen konnte, ohne ihn anzusprechen und auszufragen, dieser Mann lief in maßloser Wut davon. So mächtig sind die Stürme der Leidenschaft!

Einen ganzen Monat hörte man nichts von Iwan Iwanowitsch. Er schloß sich in seinem Hause ein. Der vorsintflutliche Kasten wurde geöffnet, und es wurden alle möglichen Dinge aus ihm hervorgeholt – ja was denn? Silberrubel, alte, vom Großvater ererbte Silberrubel. Und diese Silberrubel wanderten in die schmutzigen Hände von Tintenklecksern hinüber. Die Sache ging an den Appellationshof weiter, und erst, als Iwan Iwanowitsch die freudige Nachricht erhielt, daß seine Sache morgen entschieden sein würde, erst da entschloß er sich endlich, wieder einen Blick in die Welt zu tun und etwas auszugehen. O weh! Seit jenem Tage benachrichtigt ihn das Appellationsgericht täglich im Laufe von zehn Jahren, daß die Entscheidung morgen fallen werde.

Vor fünf Jahren kam ich einmal durch Mirgorod. Ich hatte mir eine ungünstige Zeit zum Reisen ausgesucht. Es war Herbst, das Wetter war feucht und trübe, überall lag Schmutz und Nebel. Ein unnatürliches Grün – die Folge des trübseligen, ununterbrochenen Regens – bedeckte wie ein dünnes Netz die Felder und Wiesen, und das stand ihnen so an, wie einem Greise Torheiten oder einer alten Frau Rosen anstehen. Meine Stimmung war damals sehr vom Wetter abhängig: Ich wurde stets traurig, sowie das Wetter schlecht war. Nichtsdestoweniger fühlte ich mein Herz heftiger schlagen, als ich mich Mirgorod näherte. Herrgott, wieviel Erinnerungen drängten sich mir auf! Ich hatte Mirgorod zwölf Jahre lang nicht gesehen. Damals lebten hier zwei einzigartige Freunde in rührender Liebe vereinigt. Und wie viele berühmte Männer waren seitdem gestorben! Der Richter Demjan Demjanowitsch war schon tot, auch Iwan Iwanowitsch mit dem schielenden Auge hatte das Zeitliche gesegnet. Ich fuhr durch die Hauptstraße. Überall ragten Stangen mit aufgehefteten Strohbündeln empor; offenbar fand gerade eine neue Planierung statt. Einige von den Hütten waren abgetragen, und die Reste von Zäunen und Flechtwerk standen ganz melancholisch da.

Es war ein Feiertag, ich ließ meinen mit Matten gedeckten Wagen vor der Kirche halten und trat so leise ein, daß niemand sich umsah. Freilich, es war ja auch niemand da, der sich hätte umsehen können. Die Kirche war fast leer, es war kaum ein Mensch darin: Augenscheinlich fürchteten sich auch die Allerfrömmsten vor dem Straßenschmutz. Die Kerzen machten bei dem trüben oder besser kränklichen Tageslicht einen fast beängstigenden Eindruck; die Hallen waren düster, und die runden Scheiben der länglichen Kirchenfenster waren feucht von Regentränen. Ich trat in die Vorhalle und wandte mich an einen ehrwürdigen Mann mit grauen Haaren. »Gestatten Sie mir die Frage, lebt Iwan Nikiforowitsch noch?« In diesem Augenblick flackerte das Lämpchen vor dem Gottesbild heller auf, und das Licht fiel gerade auf das Gesicht meines Nachbars. Wie sehr erstaunte ich, als ich bei näherem Hinsehen bekannte Züge entdeckte. Das war Iwan Nikiforowitsch in eigener Person, aber wie hatte er sich verändert!

»Sind Sie gesund, Iwan Nikiforowitsch? Wie alt Sie geworden sind!«

»Ja, ich bin alt geworden«, antwortete Iwan Nikiforowitsch. »Ich bin heute aus Poltawa zurückgekommen.« »Was Sie sagen! Bei dem schlechten Wetter sind Sie nach Poltawa gefahren?«

»Was soll man machen – der Prozeß!«

Unwillkürlich seufzte ich.

Iwan Nikiforowitsch hatte meinen Seufzer gehört und sagte: »Beunruhigen Sie sich nicht; ich habe die bestimmte Nachricht erhalten, daß die Sache in der nächsten Woche entschieden sein wird, und zwar zu meinen Gunsten.«

Ich zuckte die Achseln und ging, um mich nach Iwan Iwanowitsch zu erkundigen.

»Iwan Iwanowitsch ist hier, er ist oben auf dem Chor«, sagte mir jemand. Ich erblickte eine magere Gestalt. War das wirklich Iwan Iwanowitsch? Sein Gesicht war mit Runzeln bedeckt, die Haare waren schneeweiß, und nur die Pekesche hatte sich nicht verändert. Nach der ersten Begrüßung wandte sich Iwan Iwanowitsch mit dem heiteren Lächeln, das seinem trichterförmigen Gesicht so gut stand, zu mir hin und sagte: »Soll ich Ihnen eine frohe Neuigkeit mitteilen?«

»Eine Neuigkeit?« fragte ich.

»Morgen wird meine Sache entschieden; das Appellationsgericht hat es mir bestimmt versprochen!«

Ich seufzte noch tiefer und beeilte mich mit dem Abschied, da ich in einer sehr wichtigen Angelegenheit reiste. Ich bestieg meinen Wagen. Die elenden Gäule, die in Mirgorod unter dem Namen von Kurierpferden bekannt sind, zogen an und verursachten mit ihren, in der grauen Schmutzmasse einsinkenden Hufen ein unangenehmes Geräusch. Der Regen floß in Strömen auf den auf dem Bock sitzenden Juden herab, der sich durch eine Matte zu schützen suchte. Die Feuchtigkeit drang mir durch Mark und Bein. Der wehmütige Schlagbaum mit dem Wärterhäuschen, in dem der Invalide seine graue Uniform flickte, zog langsam an mir vorüber. Und wieder breitete sich das stellenweise aufgewühlte schwarze, hier und da grünlich schimmernde

Feld vor mir aus: nasse Krähen und Raben, der monotone Regen und ein tränenfeuchter, trostlos grauer Himmel!

Es ist eine traurige Welt, meine Herren!

Die Geschichte vom großen Krakeel zwischen Iwan Iwanowitsch und Iwan Nikiforowitsch

Das erste Kapitel. Iwan Iwanowitsch und Iwan Nikiforowitsch

Iwan Iwanowitsch hat eine herrliche Pekesche! Einfach wunderbar! Und dieser Astrachanbesatz! Zum Kuckuck, dieser Astrachanbesatz! Schwarzblau, und gleichsam weiß bereift! Ich zahle jeden beliebigen Betrag, wenn einer mir nachweisen kann, daß sonst noch irgend jemand so ein Pelzwerk hat! Seht es euch doch in Gottes Namen an, besonders wenn er da mit einem steht und spricht – seht es euch von der Seite an: wie das sich präsentiert! Es läßt sich einfach nicht beschreiben: Sammet! Silber! Feuer! Herr mein Heiland und Knecht Gottes, heiliger Wundertäter Nikolai! Warum besitze ich keine so prächtige Pekesche! Er hat sie sich in jenen Zeiten machen lassen, als Agafija Fedossejewna noch nicht so oft nach Kiew fuhr. Ihr kennt sie doch? Es ist dieselbe Agafija Fedossejewna, die dem Herrn Assessor das Ohr abgebissen hat.

Iwan Iwanowitsch ist ein prächtiger Mensch! Na, und sein Haus in Mirgorod! Ein Vordach, das auf eichenen Pfosten steht, läuft rundherum; und lauter Bänke sind darunter aufgestellt. Wenn's ihm zu heiß wird, tut Iwan Iwanowitsch seine Pekesche und das Unterzeug von sich und hält im bloßen Hemd unter dem Vordach Siesta und beobachtet dabei, was auf dem Hof und auf der Straße vorgeht. Und was für Birn- und Apfelbäume unter seinen Fenstern wachsen! Macht man nur ein Fenster auf, so drängen sich die Zweige bloß so ins Zimmer. Das ist vor dem Haus; ihr solltet aber sehn, was es im Garten alles gibt! Was gibt's in diesem Garten nicht? Da gibt es Pflaumen, Kirschen, Vogelkirschen, jegliches Gemüse, Sonnenblumen, Gurken und Melonen, Erbsen, ja selbst eine Tenne sowie eine Schmiede.

Iwan Iwanowitsch ist ein prächtiger Mensch! Er ißt Melonen für sein Leben gern; die sind sein Lieblingsobst. Wenn er gegessen hat und sich im bloßen Hemd unter das Vordach setzt, dann läßt er sich von Gapka zwei Melonen bringen, schneidet sie selbst auf, sammelt die Kerne in ein eigenes Stück Papier und fängt zu essen an. Dann muß ihm Gapka Tintenfaß und Feder bringen, und er schreibt mit eigner Hand auf das Papier, worin die Kerne sind: ›Diese Melone ist am soundsovielten gegessen worden.‹ Und wenn noch ein Gast zugegen war, fügt er hinzu: ›Unter Beteiligung von dem und dem.‹

Der verstorbne Mirgoroder Richter hatte immer seine ganz besondre Freude daran, wenn er das Haus Iwan Iwanowitschs betrachtete. Nun, und dieses kleine Haus ist in der Tat sehr nett. Und mir gefällt es ganz besonders gut, daß sich daran von allen Seiten größere und kleinere Anbauten lehnen, so daß man von weitem nichts als lauter Dächer übereinander sieht, was fast an einen Teller voll kleiner dicker Pfannkuchen erinnert oder noch mehr vielleicht an eine Kolonie von Baumschwämmen. Alle diese Dächer sind mit Schilf gedeckt; ein Weidenbaum und eine Eiche und zwei Apfelbäume neigen ihre breiten Äste über sie. Zwischen den Bäumen durch sieht man selbst von der Straße her die kleinen Fenster mit den ausgesägten, weißgestrichenen Läden glänzen.

Iwan Iwanowitsch ist ein prächtiger Mensch! Der Herr Poltawaer Kommissar ist auch sehr gut mit ihm bekannt.

Und wenn Dorosch Tarassowitsch Puchiwotschka aus Chorol vorbeikommt, kehrt er stets bei ihm ein. Und der hochwürdige Oberpfarrer Pjotr in Koliberda sagt jedesmal, wenn er fünf Gäste bei sich hat, er kenne kaum jemand, der seine Christenpflichten so erfülle und so gut zu leben wisse wie Iwan Iwanowitsch. Gott, wie die Zeit vergeht! Zehn Jahre sind es schon, seitdem er Witwer wurde. Kinder hat er nicht. Dafür hat Gapka Kinder, und sie laufen munter auf dem Hof herum. Iwan Iwanowitsch schenkt ihnen immer was, entweder einen Kringel oder auch ein Stück Melone oder eine Birne. Der Magd Gapka sind die Schlüssel zu den Kammern und Kellern anvertraut. Und nur den Schlüssel zu der großen Truhe in der Schlafstube und den zur mittleren Vorratskammer hat er selber in Verwahrung, weil er sie nicht gern andern überläßt. Gapka ist ein gesundes Frauenzimmer, stramm von Waden und von Backen. Und wie gottesfürchtig ist Iwan Iwanowitsch! Jeden Sonntag zieht er die Pekesche an und geht zur Kirche. Dort verbeugt er sich zuerst nach allen Seiten und begibt sich dann gewöhnlich auf den Chor, wo er die Baßsänger sehr tüchtig unterstützt.

Und ist der Gottesdienst vorbei, dann kann Iwan Iwanowitsch sich's einfach nicht versagen, alle Bettler aufzusuchen. Möglich, daß ihm das langweilig ist und keine Freude macht – die angeborene Güte aber treibt ihn doch dazu.

Er stellt sich vor das ärmlichste, in dürftige Lumpen eingehüllte Frauchen hin und sagt: »Na, Gott zum Gruß! Wo kommst du her, Ärmste?«

»Aus unserm Dorfe, gnädiger Herr... drei Tage
nichts gegessen und getrunken; von den eignen Kindern fortgejagt.«

»Du Arme, du! Und warum kommst du grade hierher?«

»Gnädiger Herr, um milde Gaben zu erbitten, ob mir nicht ein guter Mensch ein Stückchen Brot schenkt.«

»Hm, soso, du möchtest also Brot?« pflegt dann Iwan Iwanowitsch zu fragen.

»Ja, freilich möcht ich welches! Ich bin so hungrig wie ein Wolf.«

»Hm«, pflegt Iwan Iwanowitsch dann zu erwidern, »und du möchtest wohl auch Fleisch?«

»O ja, für alles, was mir Euer Gnaden schenken wollen, werd ich herzlich dankbar sein.«

»Hm, und scheint Fleisch dir nicht noch schmackhafter als Brot?«

»Wer Hunger leidet, ist nicht wählerisch! Was Ihr mir gebt, dafür sag ich Euch Dank.« Und dabei hält die Bettlerin ihm gewöhnlich ihre Hand hin.

»Also, geh mit Gott!« sagt dann Iwan Iwanowitsch. »Wozu stehst du noch da? Ich tu dir nichts.«

So fragt er wohl noch einen zweiten, dritten, vierten aus und geht zum Schluß nach Hause oder auch auf einen Schnaps zu seinem Nachbarn Iwan Nikiforowitsch oder zum Richter oder zum Polizeimeister.

Iwan Iwanowitsch hat es gern, wenn man ihn freihält oder ihn beschenkt. Das schätzt er sehr.

Iwan Nikiforowitsch ist gleichfalls ein famoser Mensch. Sein Hof grenzt an den Hof, der seinem besten Freund, Iwan Iwanowitsch, gehört. Ja, eine solche Freundschaft hat es, seit die Welt besteht, kaum gegeben. Anton Prokofjewitsch Pupopus, der bis zum heutigen Tag einen zimtbraunen Rock mit blauen Ärmeln trägt und an den Sonntagen beim Richter zu Mittag ißt, pflegte zu sagen, daß der Teufel selbst Iwan Nikiforowitsch und Iwan Iwanowitsch an ein und denselben Bindfaden gebunden hätte: wo der eine sei, sei auch der andere nicht weit.

Iwan Nikiforowitsch war nie verheiratet. Man hat ja zwar behauptet, daß er doch verheiratet gewesen wäre; das ist aber eine glatte Lüge. Denn ich kenne ihn genau, und ich kann bezeugen, daß er nicht einmal daran gedacht hat, eine Frau zu nehmen. Wer bloß all die Klatschgeschichten aufbringt? So hat man erzählt, Iwan Nikiforowitsch hätte von Geburt an hinten einen Schwanz. Doch finde ich diese läppische Erfindung so witzlos und auch so unpassend, daß ich es für ganz überflüssig halte, sie zu widerlegen, und zumal vor meinen aufgeklärten Lesern, die selbst wissen, daß nur Hexen, und sogar von diesen längst nicht alle, hinten kurze Schwänze haben. Hexen aber sind doch im allgemeinen, dächt ich, eher weiblichen als männlichen Geschlechts.

Trotz ihrer gegenseitigen Zuneigung kann man doch nicht behaupten, daß sich diese selten guten Freunde so besonders ähnlich wären. Und am besten kann man ihre beiderseitige Eigenart erkennen, wenn man sie vergleicht. Iwan Iwanowitsch besitzt in einem Maß, das nicht alltäglich ist, die Gabe, angenehm zu sprechen. Lieber Gott, wie gut er spricht! Man hat dabei so ein Gefühl, als würde man am Kopf gekrault oder als streichle einen jemand leise, leise mit dem Finger an der Ferse. Und man horcht und horcht und läßt den Kopf behaglich sinken. Das tut wohl, so wohl wie eine Schlummerstunde nach dem Bad.

Iwan Nikiforowitsch ist im Gegensatz dazu recht schweigsam von Natur; wirft er jedoch einmal ein Wörtchen hin, da kann man jedem raten: halt dich fest! Das wirkt dann schärfer als das schneidigste Rasiermesser. – Iwan Iwanowitsch ist mager und von hohem Wuchs; Iwan Nikiforowitsch ist nicht ganz so groß, lädt dafür aber kräftig in die Breite aus. – Iwan Iwanowitsch hat einen Kopf, der einem Rettich mit dem Schwanz nach unten gleicht, Iwan Nikiforowitsch hat einen Kopf, der einem Rettich mit dem Schwanz nach oben gleicht. – Iwan Iwanowitsch hält nur nach Tisch im bloßen Hemd Siesta unter seinem Vordach; abends zieht er die Pekesche an und geht ein bißchen fort, entweder in das städtische Magazin, wohin er Mehl zu liefern hat, oder aufs Feld hinaus, wo er den Wachteln Schlingen stellt. Iwan Nikiforowitsch liegt den ganzen Tag auf seiner Anfahrt und läßt sich, wenn es kein gar zu heißer Tag ist, unentwegt die Sonne auf den Buckel scheinen und geht äußerst ungern fort. Am Morgen geht er höchstens einmal, wenn er Lust dazu verspürt, über den Hof und sieht ein bißchen in die Wirtschaft, legt sich aber dann gleich wieder hin. In früheren Zeiten ist er hie und da wohl mal zu Iwan Iwanowitsch hinübergegangen. – Iwan Iwanowitsch ist ein Mann von großem Zartgefühl, er gebraucht im Lauf der Unterhaltung nie ein unanständiges Wort und ist entsetzt, wenn er ein solches hören muß. Iwan Nikiforowitsch aber läßt sich hierin manchmal etwas gehn. Und dann springt Iwan Iwanowitsch sofort vom Stuhl empor und sagt: »Hören Sie auf, Iwan Nikiforowitsch; legen Sie sich schleunigst wieder in die Sonne, statt so gottvergessene Worte zu gebrauchen!« – Iwan Iwanowitsch ist sehr empört, wenn er in seiner Suppe eine Fliege findet: er gerät dann außer sich, feuert den Teller an die Wand und liest dem Wirt entrüstet die Leviten. Iwan Nikiforowitsch badet leidenschaftlich gern, und wenn er bis zum Hals im Wasser sitzt, dann läßt er einen Tisch vor sich ins Wasser stellen und die Teemaschine darauf. So sitzt er schön im Kühlen und trinkt mit Behagen Tee dazu. – Iwan Iwanowitsch rasiert sich zweimal wöchentlich, Iwan Nikiforowitsch nur einmal in der Woche. – Iwan Iwanowitsch ist furchtbar neugierig: Gott schütze jeden, der ihm was erzählt und damit nicht zu Ende kommt! Wenn er mit irgend etwas unzufrieden ist, läßt er es sich gleich anmerken. Iwan Nikiforowitsch sieht man es so leicht nicht an, ob er zufrieden oder wütend ist; wenn er sich über etwas freut, so zeigt er es doch nicht. – Iwan Iwanowitsch ist furchtsam von Natur. Iwan Nikiforowitsch trägt, im vollen Gegensatz dazu, so faltenreiche weite Hosen, daß sie in aufgeblasenem Zustand seinen ganzen Hof samt Wohnhaus, Stallungen und Scheunen in sich fassen könnten. – Iwan Iwanowitsch hat große, ausdrucksvolle, tabakfarbene Augen, und sein Mund erinnert etwas an ein V; Iwan Nikiforowitsch hat gelbliche kleine Augen, die unter den dichten Brauen und zwischen seinen wohlgenährten Backen fast verschwinden, seine Nase aber ähnelt einer reifen Pflaume. – Wenn Iwan Iwanowitsch einem eine Prise offeriert, leckt er vorher den Deckel seiner Tabakdose ab, knipst mit dem Finger daran und sagt, wenn's ein Bekannter ist, mit dem er spricht: »Darf ich Sie bitten, werter Gönner, mir die Ehre anzutun?« Doch wenn es sich um einen Fremden handelt, sagt er: »Darf ich bitten, werter Gönner, den zu kennen ich den Vorzug leider nicht genieße, mir die Ehre anzutun?« Iwan Nikiforowitsch hingegen gibt einem seine Dose in die Hand und sagt dazu nur: »Bitte sehr!« – Iwan Iwanowitsch und Iwan Nikiforowitsch haben beide einen großen Widerwillen gegen Flöhe. Darum läßt Iwan Iwanowitsch so wenig wie Iwan Nikiforowitsch einen jüdischen Hausierer weitergehn, bevor er ihm nicht eine Reihe Büchsen mit verschiednen Arten von Insektenpulver abgekauft und ihn bei der Gelegenheit auch tüchtig wegen seines falschen Judenglaubens ausgescholten hat.

Im übrigen waren Iwan Iwanowitsch und Iwan Nikiforowitsch, so wenig sie sich auch in manchen Punkten glichen, alle beide prächtige Menschen.

Das zweite Kapitel, aus dem man erfahrt, was für ein Gegenstand Iwan Iwanowitsch in die Augen stach, worüber sich Iwan Iwanowitsch und Iwan Nikiforowitsch miteinander unterhielten und zu welchem Ende diese Unterhaltung führte

Eines schönen Julimorgens lag Iwan Iwanowitsch unter seinem Vordach. Es herrschte eine starke Hitze, und ein leises Flimmern schwebte in der trocknen Luft. Iwan Iwanowitsch war schon draußen auf dem Gutshof vor der Stadt gewesen, hatte den Schnittern zugesehen und die Bauern, die ihm unterwegs begegneten, nach dem Wohin, Wie und Warum befragt, war endlich wieder, müde von der Lauferei, zu Hause angekommen und hatte sich hingelegt, um auszuruhn. So lag er und besah sich seinen Hof, die Scheuern und die Kammern und die Hühner, die im Sande scharrten, und sprach stillvergnügt zu sich: ›Herrgott, bin ich ein Wirt! Möcht wirklich wissen, was mir fehlt! Ich hab Geflügel, hab ein Haus, hab Scheunen, hab alles, was das Herz begehrt, hab Branntwein und Likör; Birnen und Pflaumen trägt mein Obstgarten, mein Küchengarten Erbsen, Mohn und Kohl... Was fehlt mir denn? Möcht wirklich wissen, was mir fehlt!‹

Diesem tiefsinnigen Gedanken grübelte Iwan Iwanowitsch nach; doch suchten seine Augen unterdes jenseits des Zauns nach neuen Zielen und entdeckten auf dem Hofe seines Nachbarn einen Vorgang, der ihn fesselte: Ein dürres altes Weib trug dort muffig gewordne Kleidungsstücke aus dem Haus und hängte sie zum Lüften über die Wäscheleine. Ein alter Uniformrock mit verblichnen Aufschlägen hielt die Ärmel in die Luft gestreckt und wollte anscheinend ein halbtuchenes Ärmelleibchen an sich drücken; hinter diesem lugte eine Adelsuniform mit Wappenknöpfen und von Motten angefressenem Kragen hervor; dann ein Paar schmutzige weiße Kaschmirhosen, die vor langer Zeit Iwan Nikiforowitschs Beine stramm umspannt hatten und heute seine Finger eben noch zur Not umspannen würden. Daneben hing ein Kosakenrock aus blauem Tuch, den sich Iwan Nikiforowitsch vor reichlich zwanzig Jahren hatte machen lassen, als er sich zur Landwehr melden wollte und sich deshalb schon den Schnurrbart stehn ließ. Hierauf kam ein Degen, der gleich einer Kirchturmspitze in die Lüfte stach. An seiner Seite flatterte ein faltenreicher, langer grüner Rock mit talergroßen Messingknöpfen. Hinter ihm sah eine goldbordierte, sehr weit ausgeschnittne Weste hervor und hinter dieser ein Unterrock der seligen Großmama, mit ein paar Taschen, daß man darin gut und gern je eine riesige Melone hätte unterbringen können. Dies alles bot Iwan Iwanowitsch ein Bild voll Reiz; und wie die Sonnenstrahlen hier ein Stückchen eines blauen oder grünen Ärmels oder einen roten Aufschlag, dort ein Stückchen Goldbrokat aufleuchten ließen oder funkelnd auf der Degenspitze spielten, gaben sie dem Ganzen etwas wunderlich Geheimnisvolles, wie es wohl um die Puppenspiele webt, die schlaue Gaukler im Umherziehn auf den Bauernhöfen zeigen – eng gedrängt bestaunt die Menge den Herodes mit der goldnen Krone und den Anton mit der Ziege. Hinter der Bühne wimmert eine Geige; ein Zigeuner ahmt die Trommel nach, indem er mit den Fingern an den Lippen spielt; die Sonne sinkt, die frische Kühle der südlichen Sommernacht schmiegt sich den drallen Bäuerinnen heimlich fest an Brust und Schultern.

Wieder kam die Alte schwer beladen aus der Kammer her und schleppte keuchend einen Sattel mit abgerissenen Steigbügeln und schäbigen ledernen Pistolentaschen sowie eine Schabracke, die einst rot gewesen war und reiche Goldstickerei und Messingplättchen als Verzierung trug.

– ›So'n dummes Frauenzimmer!‹ dachte Iwan Iwanowitsch. ›Ich möchte wetten, nächstens trägt sie noch Iwan Nikiforowitsch selbst heraus und hängt ihn da zum Lüften auf.‹

Und in der Tat, Iwan Iwanowitsch hatte hiermit gar nicht weit vorbeigeraten. Schon nach fünf Minuten hingen seines Nachbarn herrschaftliche weite Hosen auf dem Strick und füllten fast für sich allein den halben Hof. Und endlich kam das alte Weib dann noch mit einer Mütze sowie einer Flinte aus dem Hause.

›Was bedeutet das?‹ dachte Iwan Iwanowitsch. ›Das hab ich doch noch nie gesehen, daß Iwan Nikiforowitsch eine Flinte hat! Nein, was bedeutet das? Er schießt doch nie – und hält sich ein

Gewehr! Was tut er denn damit? Und eine feine Flinte! So was wünsch ich mir schon längst. Das wäre so mein Fall, dies Schießgewehr, – ich hab so großen Spaß am Schießgewehr!‹

»He, Alte, Alte!« rief Iwan Iwanowitsch und winkte ihr. Die Alte schlurfte an den Zaun heran.

»Du, Alte, sag mal, was hast du da?«

»Das können Sie doch selbst sehn – eine Flinte.«

»Was für eine Flinte denn?«

»Was für 'ne Flinte? Weiß der liebe Gott! Ja, wenn sie mir gehörte, wüßte ich vielleicht, aus was sie ist. Nein aber, sie gehört dem gnädigen Herrn.«

Iwan Iwanowitsch stand auf und sah sich das Gewehr von allen Seiten an. Dabei vergaß er ganz, sie auszuschimpfen, weil sie auch den Degen und die Flinte lüften wollte.

»Wenn mir recht ist, wird sie wohl von Eisen sein«, sagte das Weib.

»Hm, Eisen. Warum sollte sie von Eisen sein?« murmelte Iwan Iwanowitsch. »Hat sie der Herr schon länger?«

»Kann wohl sein, daß er sie länger hat.«

»Schönes Gewehr!« sagte Iwan Iwanowitsch. »Ich bitte mir die Flinte von ihm aus. Was macht er denn damit? Oder ich geb ihm was dafür in Tausch. – Du, Alte, ist der Herr daheim?«

»Jawohl.«

»Hat sich wahrscheinlich hingelegt?«

»Jawohl.«

»Na schön; ich geh mal hin.«

Iwan Iwanowitsch zog sich an, nahm seinen Knotenstock zum Schutz gegen die Hunde mit, die in den Mirgoroder Straßen häufiger als die Menschen sind, und machte sich gleich auf den Weg.

Die beiden Nachbarhöfe grenzten aneinander, und man konnte leicht über den Zaun vom einen in den andern steigen. Doch Iwan Iwanowitsch ging lieber über die Straße zu Iwan Nikiforowitsch. Von dieser Straße mußte er in eine Gasse biegen, die so eng war, daß zwei einspännige Wagen, die sich zufällig darin begegneten, nicht weiterkonnten und voreinander stehenbleiben mußten, bis man sie an den Hinterrädern packte und nach zwei verschiednen Seiten wieder rückwärts auf die Straße zog. Und wer zu Fuß durch diese Gasse ging, sah sich alsbald sehr reich mit Grün geschmückt, weil an den Zäunen rechts und links so viele Kletten wuchsen. Auf der einen Seite dieser Gasse lag Iwan Iwanowitschs Scheune, auf der andern lagen seines Nachbarn Iwan Nikiforowitsch Speicher, Tor und Taubenschlag. Iwan Iwanowitsch trat ans Tor und klappte mit der Klinke, was ein wütendes Gebell entfesselte; doch die verschiedenfarbige Hundeschar verzog sich freundlich wedelnd in den Hintergrund, als sie bemerkte, daß da ein Bekannter kam. Iwan Iwanowitsch durchschritt den Hof, wo es ein buntes Durcheinander gab: indische Tauben, die Iwan Nikiforowitsch selbst zu füttern pflegte, Schalen von Wassermelonen und andern Melonen, hier Gemüseabfälle, dort ein zerbrochnes Rad oder einen Faßreifen oder einen kleinen Jungen, der sich mit verdrecktem Hemd am Boden wälzte – kurz, ein Bild, das einem Maler zum Entzücken hätte dienen können. Die über den Strick gehängten Kleidungsstücke hüllten fast den ganzen Hof in ihren Schatten und erzeugten auf diese Weise eine Spur von Kühle. Nachlässig verneigte sich die Alte vor Iwan Iwanowitsch, gähnte dann aber und rührte sich nicht einen Schritt vom Fleck. Die Anfahrt vor dem Haus hatte ein Schutzdach über sich, das auf zwei eichnen Säulen ruhte und die Sonne nur sehr ungenügend abhielt; die versteht um diese Zeit ja in Kleinrußland keinen Spaß und läßt den Wanderer vom Kopf bis zu den Füßen weidlich schwitzen. Daraus ersieht man ohne weiteres, wie stark Iwan Iwanowitschs Sehnsucht war, das unentbehrliche Gewehr sein Eigentum zu nennen; denn er hätte sich sonst kaum um diese Stunde auszugehn entschlossen, sondern den Besuch erst um die Abendzeit gemacht, weil er bei Tage überhaupt niemals spazierenging.

In dem Zimmer, das Iwan Iwanowitsch betrat, herrschte vollkommne Finsternis. Die Läden waren zugemacht, der Sonnenstrahl, der durch das Guckloch eindrang, leuchtete in den Regenbogenfarben und malte auf die Rückwand eine bunte Landschaft: Binsendächer, Bäume und die Kleidungsstücke, die im Hofe hingen; alles aber auf dem Kopfe stehend. Das erzeugte eine sonderbare Dämmerung in dem Gemach.

»Grüß Gott!« sagte Iwan Iwanowitsch.

»Schönen guten Tag, Iwan Iwanowitsch!« antwortete eine Stimme aus der Zimmerecke. Und jetzt erst erblickte Iwan Iwanowitsch seinen Nachbarn, der am Boden ausgestreckt auf einem Teppich lag. »Entschuldigen Sie, daß ich vor Ihnen im Naturzustand erscheine.« Iwan Nikiforowitsch lag bar jedes Kleidungsstückes da, selbst ohne Hemd.

»Macht nichts. Wie haben Sie heut nacht geruht, Iwan Nikiforowitsch?«

»Danke. Und wie haben Sie geruht, Iwan Iwanowitsch?«

»Oh, danke sehr.«

»Dann sind Sie jetzt erst grade aufgestanden?«

»Ich? Grade aufgestanden? Lieber Gott, Iwan Nikiforowitsch! Wie kann man denn so lange schlafen! Ich komm eben vom Gutshof zurück. Ein prachtvoller Getreidestand den ganzen Weg entlang! 'ne wahre Freude! Auch das Heu so lang und weich und üppig...!«

»Gorpina!« schrie Iwan Nikiforowitsch. »Bring Iwan Iwanowitsch den Schnaps und Maultaschen mit saurer Sahne!«

»Schönes Wetter heute.«

»Sagen Sie das nicht, Iwan Iwanowitsch! Der Teufel mag es holen! Niemand weiß, wo er vor Hitze hin soll!«

»Natürlich muß der Teufel angerufen werden! Ach, Iwan Nikiforowitsch, passen Sie nur auf, Sie werden sich an das, was ich Ihnen jetzt sagen will, erinnern, wenn's zu spät ist: Ihre Strafe in der andern Welt für diese gotteslästerlichen Worte bleibt nicht aus.«

»Womit hab ich Sie denn gekränkt, Iwan Iwanowitsch? Ich habe weder gegen Ihren Vater noch gegen Ihre Mutter was gesagt.«

»Ach, lassen Sie es, lassen Sie es nur, Iwan Nikiforowitsch!«

»Bei Gott, ich hab Sie doch nicht gekränkt, Iwan Iwanowitsch!«

»Zu sonderbar, die Wachteln lassen sich zur Zeit noch gar nicht mit der Pfeife locken.«

»Wie Sie mögen! Denken Sie, was Ihnen richtig scheint – ich hab Sie durchaus nicht kränken wollen.«

»Ich weiß nicht, warum sie noch nicht auf den Lockpfiff gehen«, sagte Iwan Iwanowitsch, als höre er nicht, was Iwan Nikiforowitsch sprach.

»Die Zeit ist dann wohl noch nicht da, obgleich ich das Gefühl hab, es muß eben jetzt die rechte Zeit sein.«

»Sagten Sie, die Saaten stehen gut?«

»Oh, wunderbar, ganz wunderbar!«

Ein Schweigen folgte diesen Worten.

»Sagen Sie, Iwan Nikiforowitsch, was für Kleider lassen Sie denn eigentlich da draußen lüften?« fragte nun Iwan Iwanowitsch.

»Ja, meine schönen und so gut wie neuen Kleider hat das gottverfluchte Weib verschimmeln lassen; jetzt muß sie sie lüften; feiner tadelloser Stoff; wenn man das Zeug wenden läßt, kann man es wieder anziehn.«

»Etwas von den Sachen hat mir sehr gefallen«, sagte Iwan Iwanowitsch.

»So? Was denn?«

»Sagen Sie doch, bitte, was ist das für eine Flinte, die da mit den Kleidern an die Luft gehängt ist?« Und Iwan Iwanowitsch hielt dem Nachbarn seine Tabakdose hin.

»Darf ich Sie bitten, mir die Ehre anzutun? Bedienen Sie sich!«

»Danke sehr! Bedienen Sie sich selbst! Ich schnupf von meinem eignen.«

Iwan Nikiforowitsch tastete nach allen Seiten und fand glücklich seine Dose.

»So ein dummes Weib! Hat sie die Flinte mit hinausgehängt! Famoser Tabak, den der Jude in Sorotschinzy zusammenmischt! Ich weiß nicht, was er da Wohlriechendes hineintut. Hat so was von Rainfarn. Nehmen Sie ein bißchen in den Mund und kauen Sie es gut: ob es nicht ganz wie Rainfarn schmeckt? Bedienen Sie sich, bitte sehr!«

»Ich danke bestens. Ach, Iwan Nikiforowitsch, um nun auf Ihr Gewehr zurückzukommen – sagen Sie, was tun Sie eigentlich damit? Sie brauchen es doch nicht.«

»Wieso – nicht brauchen? Wenn ich mal schießen will?«

»Oh, Gott behüte Sie, Iwan Nikiforowitsch, wann sollten Sie denn schießen? Etwa bei Christi nächster Wiederkunft? Sie haben doch, soviel ich weiß und andre sich erinnern können, nie im Leben auch nur die kleinste Wildente erlegt, und Ihre ganze Konstitution ist ja von Gott dem Herrn auf Schießen überhaupt nicht eingerichtet. Wo Sie doch so stattlich von Gestalt und Haltung sind! Wie wollen Sie durch Sumpf und Morast steigen, wenn auch ohne das schon Ihre Unaussprechlichen gelüftet werden müssen? Sagen Sie, wie wäre es erst dann? Nein, was Sie brauchen, das ist Ruhe und Erholung.« (Wie wir weiter oben schon erwähnten, wußte sich Iwan Iwanowitsch blendend auszudrücken, wenn er jemand überzeugen wollte. Oh, wie schön er sprach! Mein Gott, wie schön er sprach!) »Nein, nein, für Sie paßt nichts, was Unruhe bedeutet. Wissen Sie, verehren Sie die Flinte mir!«

»Nein, ausgeschlossen! Haben Sie 'ne Ahnung, was die Flinte wert ist! Solche Flinten gibt es heute nirgends mehr. Ich hab sie einem Türken abgekauft, als ich zur Landwehr wollte. Und auf einmal soll ich sie verschenken? Ausgeschlossen! Wo sie mir doch unentbehrlich ist!«

»Ja, wozu denn unentbehrlich?«

»Ach, was heißt: wozu? Und wenn mich nun in meinem Hause Räuber überfallen…? Was? Nicht unentbehrlich soll sie sein? Na, Gott sei Dank! Jetzt hab ich meinen ruhigen Schlaf und fürchte mich vor keinem. Und warum? Nur weil ich weiß, daß in der Kammer meine Flinte steht.«

»'ne feine Flinte! Ach, Iwan Nikiforowitsch, wo doch das Schloß von dem Gewehr total verdorben ist…!«

»Wie? Was? Was ist verdorben? Na, dann repariert man es. Man braucht es bloß mit Hanföl einzufetten, daß es nicht verrostet.«

»Ihre Worte, teuerster Iwan Nikiforowitsch, klingen mir nicht eben freundschaftlich. Sie wollen überhaupt nichts tun, um mir ein Zeichen Ihrer Zuneigung zu geben.«

»Was? Wie können Sie behaupten, daß ich Ihnen niemals meine Zuneigung bewiese? Schämen Sie sich nicht? Wo Ihre Ochsen doch auf meinem Grasland weiden, ohne daß ich sie ein einziges Mal beschlagnahmt hätte. Und wenn Sie nach Poltawa fahren, bitten Sie sich immer meinen Wagen aus. Und, sagen Sie doch selbst, hab ich es Ihnen jemals abgeschlagen? – Ihre Kinder klettern über den Zaun in meinen Hof und spielen hier mit meinen Hunden, und ich sag kein Wort – sollen sie ruhig spielen, wenn sie nur nichts anrühren! Sollen sie ruhig spielen!«

»Also, da Sie mir die Flinte nicht verehren wollen… meinetwegen, machen wir ein Tauschgeschäft!«

»Was bieten Sie mir denn dafür?« fragte Iwan Nikiforowitsch, richtete sich auf und sah Iwan Iwanowitsch an.

»Ich gebe Ihnen die schwarzbraune Sau, Sie wissen schon, die ich gemästet habe! Passen Sie mal auf, was die Ihnen im nächsten Jahr für Ferkel bringt!«

»Nein, ich begreif es einfach nicht, Iwan Iwanowitsch, wie Sie so etwas überhaupt aussprechen mögen! Was soll ich denn mit Ihrer Sau? Dem Teufel wohl ein Seelenessen davon geben?«

»Schon wieder! Ja, ohne Teufel kommen Sie nicht aus! Mein Gott, wie können Sie sich so versündigen, Iwan Nikiforowitsch, so versündigen!«

»Wenn Sie mir für die Flinte weiß der Teufel was für einen Dreck anbieten: eine Sau, Iwan Iwanowitsch!«

»Warum ist eine Sau denn weiß der Teufel was für ein Dreck, Iwan Nikiforowitsch?«

»Warum? Ja, denken Sie doch selbst ein bißchen darüber nach! Bei einer Flinte weiß man, was man daran hat; aber ein Schwein, da soll der Teufel sagen, was das ist! – Wenn dieser Vorschlag nicht von Ihnen käme, müßt ich ihn gradezu beleidigend finden.«

»Was soll denn an einer Sau so Schlimmes sein?«

»Ja, aber wirklich! Wofür halten Sie mich denn? Ich sollte eine Sau…«

»Bleiben Sie sitzen, bleiben Sie nur sitzen! Oh, ich will sie gar nicht mehr! Mag Ihre Flinte in der Ecke dort bei Ihnen in der Kammer denn verfaulen und verrosten – ich verlier kein Wort mehr über sie!«

Nun folgte eine Pause.

»Man erzählt«, begann darauf Iwan Iwanowitsch, »drei Könige hätten unserm Zaren neuerdings den Krieg erklärt.«

»Ja, Pjotr Fjodorowitsch hat es mir mitgeteilt. Was ist das für ein Krieg, und worum dreht er sich?«

»Mit Sicherheit läßt es sich gar nicht sagen, worum er sich dreht, Iwan Nikiforowitsch. Ich nehme an, die fremden Könige verlangen, daß wir allesamt zum Türkenglauben übertreten sollen.«

»Sieh mal an, was diese Narren alles möchten!« murmelte Iwan Nikiforowitsch und sah auf.

»Ja, sehn Sie, eben darum hat ihnen unser Zar den Krieg erklärt. ›Nein‹, sagt er, ›nehmt ihr selber lieber unsern Christenglauben an!‹«

»Meinen Sie nicht? Wir werden sie besiegen, was, Iwan Iwanowitsch?«

»Ja, wir besiegen sie. – Wie ist's, Iwan Nikiforowitsch, wird nichts aus unserm Tauschgeschäft?«

»Eins wundert mich, Iwan Iwanowitsch: Sie sind, denk ich, ein Mann von stadtbekannter Bildung und Gelehrsamkeit und reden wie ein grüner Junge. Glauben Sie, ich bin ein solcher Narr...?«

»Bleiben Sie sitzen, bleiben Sie nur sitzen! Lassen wir's! Verrecken soll das Schießgewehr! Nicht eine Silbe sag ich mehr davon.«

Jetzt wurden die Erfrischungen gebracht. Iwan Iwanowitsch trank einen Schnaps und nahm als Imbiß eine Maultasche mit saurer Sahne.

»Hören Sie, Iwan Nikiforowitsch: ich biete Ihnen außer meiner Sau noch zwei Sack Hafer an. Sie haben ja keinen gesät und müßten sowieso in diesem Jahre Hafer kaufen.«

»Iwan Iwanowitsch, bei Gott, mit Ihnen sollte man bloß sprechen, wenn man sich den Bauch vorher mit Erbsen vollgeschlagen hat.« (Dies ist gar nichts, und Iwan Nikiforowitsch konnte noch ganz andere Sprüchlein von sich geben.) »Hat man schon gehört, daß einer eine Flinte für zwei Sack Hafer eingetauscht hat? Eins weiß ich genau: Ihre Pekesche bieten Sie mir schon nicht an!«

»Iwan Nikiforowitsch, Sie vergessen ja, daß Sie auch noch die Sau bekommen sollen.«

»Was, zwei Sack Hafer und die Sau für meine Flinte?«

»Ja, und...? Scheint Ihnen das zuwenig?«

»Für die Flinte?«

»Für die Flinte, allerdings!«

»Zwei Säcke für die Flinte?«

»Doch nicht leere Säcke. Es ist Hafer darin. Und auch die Sau vergessen Sie, nicht wahr?«

»Küssen Sie Ihre Sau doch ab, und wenn sie Ihnen nicht genügt, den Teufel selbst dazu!«

»Oh, oh, mit Ihnen muß man sich bloß einlassen! Sie werden sehn: einst in jener andern Welt werden die Teufel Ihre Zunge für die gotteslästerlichen Worte mit glühheißen Nadeln spicken. Wenn man sich mit Ihnen unterhalten hat, dann muß man sich Gesicht und Hände waschen und sich noch dazu beräuchern lassen!«

»Bitte sehr, Iwan Iwanowitsch: so eine Flinte ist ein nobler Gegenstand, eine höchst interessante Unterhaltung und ein angenehmer Zimmerschmuck!«

»Iwan Nikiforowitsch, Sie vollführen ein Getue mit Ihrer Flinte wie der Narr mit dem gemalten Futtersack«, sagte Iwan Iwanowitsch erbost, weil er in der Tat anfing, sich zu ärgern.

»Ja, und Sie, Iwan Iwanowitsch, sind mir der richtige Gänserich!«

Oh, wenn Iwan Nikiforowitsch nur nicht dieses Wort gesagt hätte, dann hätten sich die beiden nach dem Streit wie stets als gute Freunde voneinander trennen können – jetzt aber geschah etwas ganz andres. Iwan Iwanowitsch brauste auf.

»Was haben Sie gesagt, Iwan Nikiforowitsch?« fragte er mit lauter Stimme.

»Daß Sie mir vorkommen wie ein Gänserich, Iwan Iwanowitsch!«

»Wie können Sie es wagen, Herr, jeglichen Anstand und die Achtung vor dem Rang und Namen eines Mannes zu vergessen und ihn durch solch eine ehrenrührige Bezichtigung zu kränken?«

»Was soll da ehrenrührig sein? Und weshalb fuchteln Sie denn eigentlich so mit den Händen, Iwan Iwanowitsch?«

»Ich frage nochmals, wie Sie es nur wagen können, jeglichem Begriff von Anstand ins Gesicht zu schlagen und mich einen Gänserich zu nennen?«

»Ich spuck darauf, Iwan Iwanowitsch! Was schnattern Sie denn so?«

Iwan Iwanowitschs Selbstbeherrschung war zu Ende – seine Lippen zitterten; sein Mund glich nicht mehr wie gewöhnlich einem V, nein, sondern einem O; er blinzelte mit den Augen, daß man Angst bekam. Das nahm man an Iwan Iwanowitsch äußerst selten wahr; da mußte er schon ganz besonders wütend sein.

»Dann teil ich Ihnen also hierdurch mit«, sagte Iwan Iwanowitsch, »daß ich Sie künftig nicht mehr kenne.«

»Großes Unglück!« rief Iwan Nikiforowitsch. »Lieber Gott, das wird mich keine Träne kosten!«

Doch er log, er log, bei Gott, er log! Denn der Gedanke war ihm furchtbar ärgerlich.

»Mein Fuß wird dieses Haus nicht mehr betreten!«

»Hähähä!« sagte Iwan Nikiforowitsch, der vor Zorn nicht wußte, was er tat, und sprang gegen seine sonstige Gewohnheit auf. »He, Alte! Heda, Bursche!« Auf diesen Ruf erschienen in der Tür das uns bereits bekannte dürre alte Weib sowie ein kleiner Junge, der in einen langen und sehr weiten Rock gehüllt war. »Nehmt Iwan Iwanowitsch am Arm und zeigt ihm, wo der Zimmermann das Loch gelassen hat!«

»Was? Mir als Edelmann...!« rief nun Iwan Iwanowitsch im Gefühl gekränkter Würde. »Wagt es nur! Kommt an! Ich tilge euch vom Erdboden samt eurem dummen Herrn! Kein Rabe soll mehr einen Fetzen von euch finden!« (Iwan Iwanowitsch konnte ungeheuer starke Worte sagen, wenn sein Herz erschüttert war.)

Die ganze Gruppe bot ein urgewaltiges Bild. Iwan Nikiforowitsch, der in seiner ganzen Schönheit, ohne jegliche Bemäntelung, mitten im Zimmer stand! Die Alte mit weit aufgerissenem Munde und entgeistertem und furchtversteinertem Gesicht! Iwan Iwanowitsch mit hochgehobner rechter Hand, wie man die römischen Tribunen malt! Dies war ein seltner Anblick, ein Schauspiel von großartiger Pracht! Und hatte doch nur einen einzigen Zuschauer, den kleinen Jungen, der in seinem unermeßlich großen Rock dastand und gemächlich in der Nase bohrte. Endlich nahm Iwan Iwanowitsch seine Mütze.

»Fein benehmen Sie sich, wirklich fein. Iwan Nikiforowitsch! Das vergeß ich Ihnen nicht!«

»Marsch hinaus, Iwan Iwanowitsch, hinaus! Und sehn Sie zu, daß Sie mir ja nicht in die Quere kommen, sonst, Iwan Iwanowitsch, hau ich Ihnen in die Fresse, daß es reicht!«

»Darauf gibt's nur die eine Antwort, Iwan Nikiforowitsch!« sagte Iwan Iwanowitsch, bohrte ihm einen Esel und schlug die Tür hinter sich ins Schloß. Die aber knarrte mit Gekreisch und wurde wieder aufgerissen. Iwan Nikiforowitsch erschien in ihr und wollte seinem Gegner noch was draufgeben, Iwan Iwanowitsch aber sah sich nicht mehr um und sauste buchstäblich zum Tor hinaus.

Das dritte Kapitel, in dem berichtet wird, was nach dem Streit zwischen Iwan Iwanowitsch und Iwan Nikiforowitsch geschah

So verzankten sich die beiden angesehenen Männer, Mirgorods Zier und Ehre, miteinander. Und weswegen? Um einer richtigen Lappalie willen: wegen eines Gänserichs! Sie wollten sich von Stund an nicht mehr sehen und brachen jegliche Verbindung ab und waren früher doch als unzertrennlich in der ganzen Stadt bekannt gewesen. Täglich hatten sie sich gegenseitig irgend jemand auf den Hof geschickt, um nachzufragen, wie es dem Herrn Nachbarn gehe, und hatten sich persönlich vom Balkon aus unterhalten und dabei so liebenswürdige Worte ausgetauscht, daß es wahrhaftig eine Lust war, zuzuhören. Sonntags aber gingen sie, Iwan Iwanowitsch in seiner prächtigen Pekesche und Iwan Nikiforowitsch in dem gelbbraunen Kosakenrock aus Nanking, Arm in Arm zusammen in die Kirche. Und wenn dann Iwan Iwanowitsch, der äußerst scharfe Augen hatte, vor dem andern eine Pfütze oder irgendeinen Unflat mitten auf der Straße sah, was ja in Mirgorod zuweilen vorkommt, dann sagte er sofort zu seinem Freund Iwan Nikiforowitsch: »Vorsicht, treten Sie da nicht hinein, das ist nicht recht geheuer!«

Iwan Nikiforowitsch für sein Teil zeigte sich gleichfalls rührend freundschaftlich, und wo er ging und stand, hielt er Iwan Iwanowitsch seine Dose hin und murmelte: »Bedienen Sie sich doch!«

Und was beide für famose Wirte waren! Und zwei solche Freunde konnten... Als ich das erfuhr, stand ich wie vom Donner gerührt. Lange wollte ich es überhaupt nicht glauben. Gerechter Gott! Iwan Iwanowitsch und Iwan Nikiforowitsch hatten sich verzankt! Die beiden würdigen Männer! Worauf soll man sich da unter dieser Sonne noch verlassen können?

Als Iwan Iwanowitsch heimgekommen war, blieb er noch eine Weile äußerst aufgeregt. Sonst ging er wohl um diese Zeit in seinen Pferdestall, um sich zu überzeugen, ob die junge Stute richtig fraß (Iwan Iwanowitsch hatte eine junge braune Stute, ein famoses kleines Pferd mit einer Blesse auf der Stirn); auch fütterte er wohl die Puten und die Ferkel mit höchsteigner Hand und ging dann wohl in die Stube, um entweder irgendwas an Holzgeschirr zurechtzubasteln (denn darauf verstand er sich wie ein gelernter Drechsler) oder auch in einem Buch zu lesen, das bei Lubius, Garius & Popow erschienen war (den Titel wußte er nicht mehr, weil schon vor längerer Zeit die Magd das obere Stück des Titelblattes abgerissen und es einem Kind zum Spielen hingeworfen hatte); oder er streckte sich wohl unter seinem Vordach aus. Doch heute tat er nichts von alledem, was er sonst um diese Zeit zu tun pflegte. Statt dessen schalt er Gapka, die ihm in den Weg lief, aus und warf ihr vor, sie treibe sich faul herum, indessen sie doch Grütze in die Küche trug; und nach dem Hahn, der an die Anfahrt kam, dort sein gewohntes Futter zu empfangen, warf er mit einem Stock; und als ein schmutziger kleiner Junge in zerrissenem Hemdchen auf ihn zugelaufen kam und quarrte: »Vati, Vati! Ich möchte Pfefferkuchen!«, drohte er ihm so erbost und stampfte er so entsetzlich mit dem Fuß, daß das erschrockne Kind Gott weiß wohin entfloh. Endlich aber besann er sich doch auf sich selbst und ging seinem gewohnten Tagewerk nach. Die gute Rote-Rüben-Suppe mit Täubchen darin, die Gapka ihm gekocht hatte, verscheuchte gänzlich die Erinnerung an die Ereignisse von heute früh. Iwan Iwanowitsch musterte seine Wirtschaft wieder mit Genuß. Und schließlich hefteten sich seine Augen auf den Nachbarhof, und er sprach zu sich selbst: ›Ich war ja heute noch nicht bei Iwan Nikiforowitsch; ich will doch mal hinübergehn.‹

Sprach's, nahm Stock und Mütze und begab sich auf die Straße; kaum jedoch war er zum Tor hinaus, als ihm der Streit mit seinem Nachbarn ins Gedächtnis kam; er spuckte wütend aus und kehrte um. Beinah das gleiche spielte sich auch drüben bei Iwan Nikiforowitsch ab. Iwan Iwanowitsch sah das alte Weib schon drauf und dran, über den Zaun zu steigen, als mit einem mal Iwan Nikiforowitschs Stimme rief: »Bleib da! Bleib da! Laß sein!« Iwan Iwanowitsch aber wurde recht betrübt. Und es mag sein, daß diese beiden würdigen Männer sich am nächsten Tag versöhnt hätten, wenn in Iwan Nikiforowitschs Hause nicht etwas geschehen wäre, was die Hoffnung hierauf schlechterdings vernichtete und neues Öl in das fast schon erstorbne Feuer dieser Feindschaft goß. Am gleichen Abend kam nämlich Agafija Fedossejewna bei Iwan Nikiforowitsch zu Besuch. Agafija Fedossejewna war mit diesem weder verschwägert noch verwandt, nicht einmal seine Gevatterin durfte sie sich nennen. Also hatte sie in seinem Hause eigentlich gar nichts verloren, und er selber freute sich durchaus nicht, wenn sie kam; sie aber kam trotzdem recht oft und blieb gleich ganze Wochen, manchmal auch noch länger da. Hinzu kam, daß sie dann die Schlüssel an sich nahm und sich der Leitung seines Hauswesens bemächtigte. Dies war Iwan Nikiforowitsch gar nicht angenehm, seltsamerweise aber folgte er ihr wie ein Kind, und wenn er jemals Streit mit ihr versuchte, so gewann Agafija doch sehr bald die Oberhand.

Ich muß gestehen, ich begreife nicht, warum es sein muß, daß die Frauen uns so einfach an der Nase packen, wie man eine Teekanne am Henkel faßt. Ob ihre Hände schon mal so gebaut sind oder unsere Nasen zu nichts anderm taugen? Kurz, obschon Iwan Nikiforowitschs Nase einer Pflaume ziemlich ähnlich sah, hielt ihn Agafija sicher daran fest und führte ihn auf diese Art wie einen Hund hinter sich her. Wenn sie im Hause war, veränderte er unwillkürlich sogar seine sonstige Lebensweise: lag nicht ganz so lange wie gewöhnlich in der Sonne, und wenn er es tat, doch wenigstens nicht nackt, sondern zog sich dazu Hemd und Hose an, obschon Agafija das gar nicht von ihm verlangte. Sie war frei von Prüderie und hatte einmal, als Iwan Nikiforowitsch am Fieber litt, ihn eigenhändig von den Füßen bis zum Kopf mit Terpentin und Essig eingerieben. Agafija trug ein Häubchen auf dem Kopf, drei Warzen auf der Nase und ein kaffeebraunes, gelbgeblümtes Morgenkleid am Leib. Ihre Gestalt glich einem Faß, und darum war es ebenso schwierig, ihre Taille zu entdecken, wie die eigne Nase ohne Spiegel zu betrachten. Ihre Beine waren kurz und so gebaut wie ein paar Kissen. Klatschgeschichten und zum ersten Frühstück rote Rüben waren ihre Leidenschaft, und schimpfen konnte sie bemerkenswert; aber bei allen diesen mannigfaltigen Beschäftigungen blieb der Ausdruck ihrer Züge sich stets gleich – eine Erscheinung, die man nur bei Frauen finden kann.

Kaum war sie da, als alles schon verkehrt zu gehen anfing. »Nein, ich sag dir eins, Iwan Nikiforowitsch, du versöhnst dich nicht mit ihm und bittest ihn nicht um Entschuldigung; er will dich schlechterdings zugrunde richten; so ist dieser Mensch! Du kennst ihn bloß noch nicht.« So blies und blies sie ihm ins Ohr, das gottverfluchte Weib, und brachte es so weit, daß schließlich Iwan Nikiforowitsch überhaupt nichts mehr von Iwan Iwanowitsch hören wollte. Und so wurde alles anders, als es sonst gewesen war. Sobald ein Hund des Nachbarn auf den andern Hof gelaufen kam, wurde er mit dem ersten besten Gegenstand verprügelt, den man grade fand; und stieg einmal ein Kind über den Zaun, so kam es heulend wieder, hob das Hemdchen hoch und ließ die Rutenstriemen sehen, die es auf dem Rücken trug. Sogar das alte Weib vollführte, als Iwan Iwanowitsch es nach irgend etwas fragen wollte, eine solche Unanständigkeit, daß sich Iwan Iwanowitsch, als Mann von großem Zartgefühl, damit begnügte, auszuspucken und zu sagen: »So ein ekelhaftes Weibsbild! Noch viel schlechter als ihr Herr!«

Und endlich ließ dann der verhaßte Nachbar, all diesen Kränkungen die Krone aufzusetzen, ihm grade vor der Nase, eben dort, wo man sonst immer über den Zaun zu steigen pflegte, einen Gänsestall erbauen, wie wenn er es eigens darauf abgesehen hätte, die Beleidigung zu verdoppeln. Und zwar wurde dieser für Iwan Iwanowitsch so widerwärtige Bau mit teuflischer Geschwindigkeit an einem einzigen Tag errichtet.

Dies erregte in Iwan Iwanowitsch Empörung und den Drang nach Rache. Doch er zeigte nichts von seinem Zorn, obschon der Stall zum Teil sogar auf seinen eignen Grund und Boden übergriff; aber das Herz schlug ihm so heftig, daß es ihm nicht leichtfiel, diese äußere Ruhe zu bewahren.

So verbrachte er den Tag. Es kam die Nacht... Oh, daß ich doch ein Maler wäre und den ganzen Zauber dieser Nacht recht packend wiedergeben könnte! Welches Bild: ganz Mirgorod schläft, und reglos blicken Sterne ohne Zahl herab; Hundegebell erklingt von fern und nah und unterbricht die Stille; ein verliebter Küster scheut die Hunde nicht und steigt als Ritter ohne Furcht und Tadel über einen Zaun; die weißen Hüttenwände werden in dem Mondschein weißer und die Bäume, die sie beschatten, dunkler; schwärzere Schatten fallen von den Bäumen, schwüler weht der Duft der Blumen und der stillen Wiesen; und die Heimchen, nimmermüde

Ritter der Mittsommernacht, vereinen ihre schrillen Stimmen zu inbrünstigem Gesang. Oh, malen wollte ich auf ihrem Bett in einer von den niedern Lehmhütten die schwarzlockige Maid, die mit erregter junger Brust vom Schnurrbart und von den Sporen eines schneidigen Husaren träumt, indes der Mondenglanz auf ihren Wangen spielt. Ja, malen wollte ich die Fledermaus, die um die weißen Schornsteine der Hütten fliegt, indes ihr schwarzer Schatten flüchtig über die hellen Wege streift. Doch schwerlich könnte ich Iwan Iwanowitsch malen, wie er mit der Säge in der Hand in diese Nacht heraustritt – gar zu mannigfaltig waren die Gefühle, die auf seinen Zügen wechselten. Und leise, leise pirschte er sich an und kroch unter den Gänsestall. Iwan Nikiforowitschs Hunde wußten noch nichts von dem Streit zwischen den beiden Nachbarn und erlaubten ihm als altem Freunde, sich dem Stall zu nähern, der auf vier soliden Eichenpfosten ruhte. An dem nächstgelegenen Pfosten setzte er die Säge an und begann zu sägen. Das Geräusch, das seine Säge machte, zwang ihn alle Augenblicke, ängstlich in die Nacht zu spähen, aber der Gedanke an die Kränkung, die ihm widerfahren war, verlieh ihm neuen Mut. Der erste Pfosten war schon durchgesägt; Iwan Iwanowitsch fing mit dem zweiten an. Die Augen brannten ihm und sahen nichts vor Angst. Auf einmal schrie Iwan Iwanowitsch auf und wurde beinah ohnmächtig: er hatte einen Geist gesehn! Bald aber kam er wieder zu sich und erkannte, daß es eine Gans war, die den Hals zu ihm herunterstreckte. Ärgerlich spuckte Iwan Iwanowitsch aus und fuhr in seiner Arbeit fort. Nun war der zweite Pfosten durchgesägt – der Bau kam schon ins Wanken.

So entsetzlich schlug Iwan Iwanowitsch das Herz, als er sich an den dritten machte, daß er seine Arbeit mehrmals unterbrechen mußte. Und kaum war der Pfosten gut zur Hälfte durchgesägt, als plötzlich der nicht sehr solide Bau gewaltig wackelte. Iwan Iwanowitsch hatte kaum noch Zeit, sich aus dem Staube zu machen, da brach auch schon der Stall mit einem Krach in sich zusammen. Er ergriff die Säge, lief in fürchterlichem Schrecken ins Haus und warf sich auf sein Bett. Er hatte nicht einmal den Mut, durchs Fenster nach den Folgen seiner schauderhaften Tat zu schauen. Und ihm war, als ob sich seines Nachbarn ganzer Hausstand dort zusammenrotte und als ob das alte Weib, Iwan Nikiforowitsch und der Junge in dem endlos langen Rock, jeder mit einer Keule in der Hand, unter der Führung von Agafija Fedossejewna angezogen kämen, sein Haus in Schutt und Trümmer zu verwandeln.

Auch den ganzen nächsten Tag brachte Iwan Iwanowitsch wie im Fieber zu. Er hatte immer das Gefühl, daß sein verhaßter Nachbar ihm als Rache und Vergeltung mindestens das Haus anzünden müsse; deshalb gab er Gapka immer wieder den Befehl, beinah minütlich nachzusehen, ob nicht an verdächtigen Stellen trockenes Stroh herumläge. Endlich faßte er, um so Iwan Nikiforowitsch zuvorzukommen, den Entschluß, wie jener Hase als der erste loszurennen und beim Mirgoroder Kreisgericht eine Strafanzeige gegen seinen Nachbarn einzureichen. Worin aber die bestand, wird der geneigte Leser aus dem folgenden Kapitel ersehn.

Das vierte Kapitel, in dem berichtet wird, was in der Amtsstube des Mirgoroder Kreisgerichts geschah

Eine wunderbare Stadt ist Mirgorod! Was es für Häuser darin gibt! Mit Strohdächern, mit Schilfdächern, sogar mit Schindeldächern. Eine Straße rechts und eine Straße links und überall ein schöner Flechtwerkzaun; der ist mit Hopfen überwachsen und mit Kochtöpfen behängt, und hinter ihm erhebt die Sonnenblume stolz ihr sonnenförmiges Haupt, glänzt rot der Mohn und schimmern dicke Kürbisse... Die wahre Pracht! Der Zaun ist stets mit Dingen ausgeschmückt, die ihn noch malerischer machen – hier mit einem ausgespannten Weiberrock, dort mit einem Hemde oder einer Männerhose. Mirgorod hat keine Diebe und Halunken, darum hängt hier jeder auf den Zaun, was ihm just einfällt. Und wenn ihr mit auf den Marktplatz kommt, dann werdet ihr ganz sicher eine Weile haltmachen, um euch an seinem Anblick zu ergötzen; denn dort gibt es eine Pfütze, eine ganz bemerkenswerte Pfütze! Sicherlich die einzige dieser Art, die ihr bisher gesehen habt! Sie nimmt beinah den ganzen Marktplatz ein. Eine wahrhaftig wunderschöne Pfütze! All die Häuser und die Hütten, die den Platz umgeben und die man von fern mit Heuschobern verwechseln kann, sind stumm vor Staunen ob der Schönheit dieser Pfütze.

Ich aber bin der Überzeugung, daß es überhaupt kein schöneres Haus gibt als das Kreisgericht. Ob es aus Eichen-oder Birkenholz gebaut ist, kümmert mich nicht viel, aber ich bitte zu beachten, meine Herren, es hat, wohlgezählt, acht Fenster! Jawohl: acht Stück in einer Front, gerade auf den Platz hinaus und auf die Wasserfläche, die ich schon erwähnte und die vom Herrn Polizeimeister als See bezeichnet wird! Und nur das Kreisgerichtshaus ist granitfarbig gestrichen; alle anderen Häuser in ganz Mirgorod sind schlicht geweißt. Das Dach ist durchweg aus Schindeln, und es wäre sogar rot gestrichen, wenn nicht die Kanzlisten das zu diesem Zweck bereits gekaufte Öl mit Zwiebeln angerichtet und verspeist hätten; denn es war grade Fastenzeit. Und dadurch kam es, daß das Dach nicht angestrichen wurde. Auf den Platz hinaus führt eine Freitreppe, auf der man häufig Hühner trippeln sehen kann, weil dort gewöhnlich Grütze oder sonst was Eßbares herumliegt. Übrigens wird das nicht etwa eigens und mit Absicht hingestreut, sondern die Rechtsschutzsuchenden verlieren hier nur etwas von dem Mitgebrachten. Das Gerichtsgebäude teilt sich in zwei Hälften: in der einen befindet sich das Amts-und in der andern das Haftlokal. Das Amtslokal zerfällt in zwei geweißte, saubre Zimmer, deren vorderes der Warteraum für die Parteien ist; im andern Zimmer steht ein tintenklecksverzierter Tisch mit dem Gerichtsspiegel darauf; dann gibt es noch vier hochlehnige Eichenstühle und rings an den Wänden eisenbeschlagne Truhen, um die Aktenbündel voll Provinzgezänk für künftige Geschlechter aufzuheben. Eine dieser Truhen trug eben damals einen frisch gewichsten Stiefel auf dem Deckel.

Die Sitzung hatte schon in aller Frühe angefangen. Der Richter, ein recht korpulenter Mann, wenn auch ein bißchen schlanker als Iwan Nikiforowitsch, saß mit freundlichem Gesicht in seinem fettfleckigen Schlafrock da, trank Tee und rauchte Pfeife und plauderte mit seinem Beisitzer. Des Richters Lippen saßen dicht unter der Nase, also daß die Nase seine Oberlippe sehr bequem nach Herzenslust beschnuppern konnte. Diese Lippe diente ihm als Tabakdose, weil der ja eigentlich der Nase zugedachte Tabak meistens auf sie niederfiel. Also der Richter plauderte mit seinem Beisitzer. Im Hintergrund hielt ein barfüßiges Mädchen ein Tablett mit Tassen. An der einen Schmalseite des Tisches las der Sekretär ein Urteil mit so eintöniger Klageweiberstimme vor, daß sogar der Verurteilte wohl eingeschlafen wäre, wenn er zugehört hätte. Der Richter aber hätte das bestimmt erst recht getan, wenn er nicht mittlerweile in ein fesselndes Gespräch hineingeraten wäre.

»Ich habe mich bemüht, herauszukriegen«, sagte der Richter und schlürfte dazu den schon abgekühlten Tee aus seiner Tasse, »wie man sie am besten dazu bringt, recht schön zu singen, ja. Ich hatte vor zwei Jahren eine ganz famose Drossel. Na, und dann? Auf einmal taugte sie nichts mehr und fing der liebe Gott weiß wie zu singen an; von Tag zu Tage schlechter; ein Gekrächze und Geschnarr – ganz einfach, um sie wegzuschmeißen! Und dabei lag das an einem Dreck! Der ganze Grund ist der: es bildet sich hier an der Kehle eine Beule, kleiner noch als eine kleine

Erbse. Diese kleine Beule muß man bloß mit einer Nadel aufstechen. Anton Prokofjewitsch hat mir das beigebracht, und wenn Sie wünschen, will ich Ihnen gern erzählen, wie das war. Ich komm also zu ihm...«

»Entschuldigen, Herr Richter, soll ich jetzt das nächste lesen?« fiel ihm der Sekretär ins Wort, der seine Verlesung bereits einige Zeit beendet hatte.

»Was, sind Sie schon fertig? Denken Sie mal an: wie schnell! Ich hab kein Wort gehört! Wo ist es denn? Geben Sie her, daß ich es unterschreibe! Was ist dann noch da?«

»Die Sache des Kosaken Bokitka wegen der gestohlnen Kuh.«

»Schön, lesen Sie! – Ich komm also zu ihm... Ich kann Ihnen sogar genau erzählen, was er mir an guten Dingen vorgesetzt hat. Erst zum Schnaps gab es gedörrten Stör, ich sag Ihnen, einzigartig! Nicht von dieser Sorte Stör«, (hier schnalzte der Herr Richter mit der Zunge und lächelte, indessen seine Nase an der stets bereiten Tabakdose schnupperte) »nicht von dieser Sorte Stör, die unser Mirgoroder Kolonialwarengeschäft uns aufhängt. Hering hab ich nicht genommen, denn Sie wissen ja, daß ich von Hering immer Sodbrennen in der Herzgrube bekomme; dafür hab ich den Kaviar probiert – ein wunderbarer Kaviar, nichts zu sagen, delikat! Dann hab ich einen Pfirsichschnaps getrunken, angesetzt auf Tausendgüldenkraut. Auch Safranschnaps war da; aber Sie wissen ja, ich trinke keinen Safranschnaps. Er ist ja, wissen Sie, ganz gut: am Anfang, sozusagen, um den Appetit zu reizen, und dann wieder zum Beschluß...! – Ah, was hört mein Ohr, was sieht mein Auge!« schrie der Richter plötzlich auf; er sah Iwan Iwanowitsch in die Stube treten.

»Gott schütze Sie! Ich wünsche Ihnen einen guten Tag!« sagte Iwan Iwanowitsch und verbeugte sich mit der ihm angebornen Liebenswürdigkeit nach allen Seiten. Lieber Gott, wie gut er es verstand, die ganze Welt durch seine Umgangsformen zu bezaubern! Solche Feinheit hab ich nirgends mehr gesehn. Er war sich seiner Würde sehr bewußt, und darum nahm er die Verehrung seiner Mitmenschen wie einen Tribut an, den ihm jeder schuldete. Der Richter selber brachte Iwan Iwanowitsch einen Stuhl, und seine Nase schnaufte allen Tabak von der Oberlippe ein, was bei ihm stets ein Zeichen ganz besondrer Vergnügtheit war.

»Womit gestatten Sie mir, Ihnen aufzuwarten, Iwan Iwanowitsch?« erkundigte er sich. »Vielleicht befehlen Sie ein Täßchen Tee?«

»Nein, danke sehr, für alles überhaupt«, erwiderte Iwan Iwanowitsch, verbeugte sich und nahm Platz.

»Ach, tun Sie mir die Liebe, nur ein Täßchen!« bat der Richter noch einmal.

»Nein, danke sehr. Ich nehme Ihre Gastfreundschaft mit wärmster Anerkennung für genossen an«, antwortete Iwan Iwanowitsch, verbeugte sich und nahm von neuem Platz.

»Nur eine Tasse!« fing der Richter wieder an.

»Nein, nein, bemühen Sie sich nicht, Herr Richter.«

Abermals verbeugte sich Iwan Iwanowitsch und nahm von neuem Platz.

»Ein Täßchen?«

»Wenn es sein muß – gut: ein Täßchen!« Und Iwan Iwanowitsch streckte seine Rechte nach dem Teebrett aus.

Herr du mein Gott! Welch eine Überfülle an gesellschaftlicher Feinheit hat doch mancher Mensch! Es läßt sich gar nicht schildern, welchen angenehmen Eindruck ein derart vollendetes Benehmen macht!

»Belieben Sie nicht noch ein Täßchen?«

»Danke ganz ergebenst«, antwortete Iwan Iwanowitsch, stellte seine Tasse umgekehrt wieder auf das Teebrett und verbeugte sich.

»Seien Sie so lieb, Iwan Iwanowitsch!«

»Ich kann nicht; danke sehr.« Iwan Iwanowitsch verbeugte sich und nahm von neuem Platz.

»Iwan Iwanowitsch, tun Sie mir doch die Freundschaft an: ein Täßchen!«

»Nein, ich danke, ich bin Ihnen für Ihr gastfreundliches Anerbieten auf das äußerste verpflichtet!« sagte Iwan Iwanowitsch, verbeugte sich und nahm wieder Platz.

»Ein Täßchen, nur ein einziges Täßchen!«

Iwan Iwanowitsch streckte seine Rechte nach dem Teebrett aus und griff nach einer Tasse. Alle Hagel! Daß es einen Menschen gibt, der seine Würde so zu wahren weiß!

»Herr Richter«, fing Iwan Iwanowitsch an, als er den letzten Schluck hinunter hatte, »ich bin in einer wichtigen Sache hier: ich möchte Ihnen einen Strafantrag einreichen.« Und Iwan Iwanowitsch stellte seine Tasse weg und zog aus seiner Tasche einen engbeschriebnen Stempelbogen. »Einen Strafantrag gegen meinen Feind, ich darf wohl sagen, meinen Todfeind.«

»Und wer ist denn das?«

»Iwan Nikiforowitsch Dowgotschchun.«

Bei diesen Worten fiel der Richter fast vom Stuhl.

»Was sagen Sie?« rief er und schlug die Hände über dem Kopf zusammen. »Oh, Iwan Iwanowitsch, sind Sie es überhaupt?«

»Sie sehn ja selbst, daß ich es bin.«

»Herrgott und alle Heiligen! Was, Sie, Iwan Iwanowitsch, Sie sind Iwan Nikiforowitschs Feind geworden? Ist es denn Ihr Mund, der so was sagt? Nein, sagen Sie das noch einmal, damit ich mich überzeuge, ob sich keiner hinter Ihnen hingeduckt hat und an Ihrer Stelle spricht!«

»Was ist daran so unwahrscheinlich? Ich will den Menschen nicht mehr sehn: er hat mir eine tödliche Beleidigung zugefügt und mich in meiner Ehre schwer verletzt.«

»O heilige Dreieinigkeit! Was soll ich jetzt zu meiner guten Mutter sagen? Jeden Tag sagt unsere alte Dame, wenn ich mich mit meiner Schwester zanke: ›Kinderchen, ihr lebt wie Hund und Katze miteinander. Nehmt euch doch ein Beispiel an Iwan Iwanowitsch und Iwan Nikiforowitsch! Wenn schon Freunde, dann schon Freunde! Ja, das nenne ich noch Freunde! Das sind würdige Ehrenmänner!‹ Na, da haben wir denn jetzt die Freunde! Ach, erzählen Sie doch, was geschehen ist und wie das kommt!«

»Herr Richter, diese Sache ist von delikatester Natur! Mit Worten kann man das nicht gut erzählen. Lassen Sie doch lieber meinen Strafantrag verlesen – fassen Sie ihn bitte hier an diesem Ende an –, das ist wohl passender.«

»Ja, lesen Sie ihn vor, Herr Sekretär!« befahl der Richter.

Und der Sekretär ergriff den Strafantrag und schneuzte sich auf die Art, wie sich Sekretäre bei derartigen Gerichten überhaupt zu schneuzen pflegen: mit zwei Fingern, und begann zu lesen:

»Strafantrag des im Mirgoroder Kreis begüterten Edelmanns Iwan Iwans Sohn Pererepenko; worüber Näheres in untenstehenden Punkten folgt:

I. Der jedermann durch seine gottlosen, den Ekel aller Welt erregenden und alles Maß verletzenden gesetzwidrigen Handlungen bekannte Edelmann Iwan Nikifors Sohn Dowgotschchun hat mir am 7. im Juli laufenden Jahres 1810 eine tödliche Beleidigung zugefügt, die sich sowohl persönlich gegen meine Ehre richtete als auch im gleichen Maße zur Erniedrigung und Konfusionierung meines Ranges und Familiennamens diente. Fraglicher Edelmann ist zu dem allen selbst von abstoßendem Äußeren und zänkischem Charakter und angefüllt von Gotteslästerung und Schimpfworten der mannigfachsten Art.«

Hier hielt der Vorleser ein wenig inne, um sich noch einmal zu schneuzen, und der Richter legte andachtsvoll die Hände ineinander und sprach halblaut zu sich selbst: »Nein, solch eine gewandte Feder! Herr, mein Gott! Wie dieser Mann zu schreiben weiß!«

Iwan Iwanowitsch bat den Sekretär, mit der Verlesung fortzufahren, und der Sekretär fuhr fort:

»Fraglicher Edelmann, Iwan Nikifors Sohn Dowgotschchun, hat mir, als ich mit einem freundschaftlichen Vorschlag zu ihm kam, öffentlich eine kränkende und ehrenrührige Benennung beigelegt, und zwar den Namen ›Gänserich‹, während es doch dem ganzen Mirgoroder Kreis bekannt ist, daß ich mich bisher noch nie nach diesem widerlichen Tier genannt habe und auch in Zukunft nicht gewillt bin, mich danach zu nennen. Als Beweis für meine adlige Abstammung führe ich an, daß in der Taufmatrikel der Drei-Heiligen-Kirche sowohl der Tag meiner Geburt verzeichnet steht als auch gebucht ist, daß ich dort die heilige Taufe, wie sich gehört, empfangen habe. Ein ›Gänserich‹ hingegen kann, wie jeder weiß, der halbwegs in der Wissenschaft beschlagen ist, in keine Taufmatrikel eingetragen werden, weil ein ›Gänserich‹

kein Mensch, sondern ein Vogel ist, was jeder Mensch, auch wenn er nicht einmal ein Seminar besucht hat, zuverlässig weiß. Aber der fragliche bösartige Edelmann, der dies genausogut wie jeder andre weiß, hat mir aus keinem andern Grund, als um mir eine meinem Rang und Stand höchst abträgliche Kränkung zuzufügen, fragliche mich beschimpfende und häßliche Bezeichnung beigelegt.

2. Jener selbe unanständige und unerzogne Edelmann hat ferner einen Anschlag auf mein Erbgut ausgeübt, das mir nach dem Hinscheiden meines Vaters zugefallen ist, des ehemaligen Geistlichen Iwan Onissijews Sohn Pererepenko seligen Angedenkens, indem er in Mißachtung sämtlicher Gesetze seinen Gänsestall aus Bosheit grade an die Stelle gegenüber meiner Anfahrt hinverlegte, was derselbe aus gar keiner andern Absicht tat, als um die mir vorher schon zugefügte Kränkung zu verschärfen, weil fraglicher Stall bis dahin an einem sehr guten Platze stand und noch vollkommen haltbar war. Aber die widerwärtige Absicht des erwähnten Edelmanns war einfach, mich zum Augenzeugen unanständiger Verrichtungen zu machen; denn es ist wohl sicher, daß kein Mensch in einen Stall, und gar in einen Gänsestall, zu anständigen Zwecken geht. Bei dieser unrechtmäßigen Verlegung griffen noch dazu die beiden vordem Pfosten unbefugt auf meinen Grund und Boden über, welchen mir mein Vater seligen Angedenkens, Iwan Onissijews Sohn Pererepenko, noch bei seinen Lebzeiten als Erbteil übergeben hat und welcher von dem Speicher angefangen in grader Linie bis zu dem Platz reicht, wo die Weiber ihre Töpfe waschen.

3. Der oben bereits ausreichend gekennzeichnete Edelmann, bei dessen Namen man schon Widerwillen fühlt, bewegt in seiner Seele die boshafte Absicht, mich in meinem eignen Hause zu verbrennen. Die zweifellosen Anzeichen dafür erhellen klar aus folgendem: Erstens kommt fraglicher bösartiger Edelmann in letzter Zeit sehr oft aus seinen Zimmern, was er früher wegen seiner Faulheit sowie seiner widerlichen Leibesfülle niemals tat; zweitens brennt jetzt ungewöhnlich lange Licht in seiner Leutestube, die grade an den Zaun stößt, der den mir von meinem Vater seligen Angedenkens, Iwan Onissijews Sohn Pererepenko, erblich überkommnen Grund und Boden abgrenzt – was ein überzeugender Beweis für meine obige Behauptung ist; denn früher wurde seines unflätigen Geizes wegen stets nicht bloß das Talglicht, sondern selbst das Öllämpchen gelöscht. Und stelle ich deshalb den Antrag, fraglichen Edelmann Iwan Nikifors Sohn Dowgotschchun als überführt der Brandstiftung sowie der Beleidigung gegen meinen Rang und Stand und Namen sowie auch der räuberischen Ansichraffung meines Eigentums, vor allem aber der gemeinen und unanständigen Verkupplung meines Namens mit der Bezeichnung ›Gänserich‹ zur Zahlung einer Strafe sowie einer entsprechenden Entschädigung, ingleichen in die Kosten zu verurteilen, ihm selber aber als Verbrecher schleunigst Ketten anzulegen und ihn in das städtische Gefängnis einzusperren sowie in der Sache Urteil meinem Strafantrag entsprechend schnellstens und ohne Verzögerung zu erlassen.

Geschrieben und verfaßt durch Iwan Iwans Sohn Pererepenko, Mirgoroder Edelmann und Gutsbesitzer.«‹

Nachdem der Sekretär den Strafantrag verlesen hatte, trat der Richter auf Iwan Iwanowitsch zu, faßte ihn an einem Knopf und sagte eindringlich: »Was tun Sie da, Iwan Iwanowitsch! Ja, fürchten Sie sich denn nicht vor dem lieben Gott? Werfen Sie diesen Strafantrag in den Papierkorb! Fort mit ihm! (Der Satanas soll ihm im Traum erscheinen!) Geben Sie Iwan Nikiforowitsch die Hand und einen Kuß! Und kaufen Sie sich santurinischen oder Nikopolsker Wein, oder brauen Sie auch einfach einen Punsch, und laden Sie mich mit ihm ein! Dann wollen wir zusammen fröhlich trinken und das dumme Zeug vergessen!«

»Nein, Herr Richter! Die Sache ist nicht von der Art«, sagte Iwan Iwanowitsch mit der Würde, die ihm so vortrefflich zu Gesicht stand, »die Sache ist nicht von der Art, daß man sie auf dem Wege gütlichen Vergleichs beilegen könnte. Leben Sie nun wohl! Sie gleichfalls, meine Herren!« fuhr er mit derselben Würde fort und machte allen eine sehr gemessene Verbeugung. »Und ich hoffe, meinem Strafantrag wird geziemend nachgegangen werden.« Damit ging er und ließ das Gericht im Zustand äußerster Verwunderung zurück.

Der Richter saß und brachte keinen Ton hervor; der Sekretär nahm eine Prise; die Kanzlisten warfen den Flaschenscherben um, der als Tintenfaß benutzt wurde; der Richter selber aber fuhr in der Zerstreutheit mit dem Finger in der Tintenpfütze auf dem Tisch herum.

»Was sagen Sie dazu, Herr Beisitzer?« fragte der Richter, als er einige Zeit geschwiegen hatte.

»Ich sage gar nichts«, antwortete der Beisitzer.

»Nein, Sachen gibt es, Sachen...!« fuhr der Richter fort. Kaum aber hatte er dieses Wort gesprochen, da erklang ein Knarren von der Tür her, und Iwan Nikiforowitschs vordere Hälfte drängte sich in das Gerichtszimmer, indes die andre noch im Vorzimmer verblieb. Daß sich Iwan Nikiforowitsch fern vom Hause zeigte, und dazu noch bei Gericht, war etwas ganz Erstaunliches; der Richter schrie vor Schrecken auf, der Sekretär erhob den Blick von seinen Akten, einer der Kanzlisten, der eine Art von kurzschößigem Frack aus grober Wolle trug, steckte die Feder in den Mund, der andre verschluckte eine Fliege. Selbst der Invalide, dem das Amt des Feldjägers und Wächters übertragen war und der bis jetzt still an der Tür gestanden und sich unter seinem schmutzigen Hemd gekratzt hatte, selbst dieser Invalide riß den Mund auf und trat irgend jemand auf den Fuß.

»Was führt Sie her? Was ist denn los? Wie geht's gesundheitlich, Iwan Nikiforowitsch?«

Iwan Nikiforowitsch aber war nicht tot und nicht lebendig, weil er in der Tür feststeckte und nicht vorwärts und nicht rückwärts konnte. Ganz umsonst rief auch der Richter in das Vorzimmer hinaus, es möge jemand von den Leuten, die da warteten, Iwan Nikiforowitsch mit Gewalt von hinten her ins Amtszimmer hereinbefördern. Denn im Vorzimmer befand sich nur noch eine alte Bittstellerin, die trotz der Mühe, die sich ihre knochigen Hände gaben, keinerlei Erfolg erzielen konnte. Da erhob sich einer der Kanzlisten, ein Mensch mit dicken Lippen, breiten Schultern, dicker Nase, schielenden, versoffnen Augen und an den Ellbogen zerrissenen Ärmeln, latschte auf Iwan Nikiforowitschs vordere Hälfte zu, legte ihm wie einem Säugling beide Arme über Kreuz und winkte dann dem Invaliden. Dieser stemmte resolut sein Knie gegen den Bauch des armen Eingeklemmten, und Iwan Nikiforowitsch, mochte er auch noch so schmerzlich stöhnen, wurde wieder in das Vorzimmer geschubst. Darauf zog man den Riegel weg und öffnete den zweiten Türflügel, indessen der Kanzlist und der hilfreiche Invalide, die nach dem gemeinsam ausgeführten Werk entsetzlich schnaufen mußten, einen Duft verbreiteten, der aus dem Amtszimmer für eine Weile einen Schnapsausschank zu machen schien.

»Haben Sie sich auch nicht weh getan, Iwan Nikiforowitsch? Ich will's meiner Mutter sagen, die schickt Ihnen einen Branntweinaufguß. Wenn Sie sich damit den Rücken und das Kreuz einreiben, ist gleich alles wieder gut.«

Iwan Nikiforowitsch aber sank auf einen Stuhl und konnte lange Zeit nur stöhnen und kein Wort hervorbringen. Dann endlich flüsterte er mit vor Müdigkeit ganz schwacher Stimme: »Ist's gefällig?«, zog die Tabakdose aus der Tasche und fuhr fort: »Bedienen Sie sich doch!«

»Ich bin erfreut, Sie hier zu sehn«, erwiderte der Richter. »Nur kann ich mir noch nicht vorstellen, was Sie eigentlich veranlaßt, sich so zu bemühen und uns durch Ihr überraschendes Erscheinen zu beehren.«

»Ich hab ein Gesuch«, brachte Iwan Nikiforowitsch angestrengt heraus.

»Wie? Ein Gesuch? Und was für eins?«

»Ja, einen Strafantrag...« (Der Atem ging ihm aus, und er schob eine lange Pause ein)...»Ja, einen Strafantrag gegen den Lumpenkerl Iwan Iwanowitsch Pererepenko.«

»Herrgott! Sie auch? Und zwei so seltne Freunde! Wie, einen Strafantrag gegen diesen als so tugendhaft bekannten Mann?«

»Er ist der Satan selbst!« entgegnete Iwan Nikiforowitsch schroff. Der Richter schlug ein Kreuz.

»Da, nehmen Sie den Strafantrag und lassen Sie ihn gleich verlesen!«

»Nichts zu machen! – Lesen Sie, Herr Sekretär!« sagte der Richter mit verdrossener Miene, während seine Nase unwillkürlich an der Oberlippe schnüffelte, was sie sonst nur zu tun pflegte, wenn er besonders guter Laune war. Die Eigenmächtigkeit der Nase ärgerte den Richter noch viel mehr – er zog sein Taschentuch heraus und fegte damit allen Tabak von der Oberlippe, um die Nase so für ihre Frechheit zu bestrafen.

Und der Sekretär vollführte die einleitende Zeremonie, die er gewöhnlich vor Beginn einer Verlesung ohne Hilfe eines Schnupftuchs zelebrierte, und begann mit seiner uns bereits bekannten Stimme so:

»Strafantrag des im Mirgoroder Kreis begüterten Edelmanns Iwan Nikifors Sohn Dowgotschchun; worüber Näheres in untenstehenden Punkten folgt:

1. In seiner gehässigen Bosheit und seinem offenbaren Übelwollen fügt der sich selbst als Edelmann bezeichnende Iwan Iwans Sohn Pererepenko mir allerhand Gemeinheiten, Schaden und sonstige hinterlistige, schreckenerregende Untaten zu und hat sich gestern spät um Mitternacht als Räuber, Einbrecher und Dieb mit Beilen, Sägen, Stemmeisen und andern Schlosserwerkzeugen in meinen Hof geschlichen und meinen mir gehörenden, auf fraglichem Hof gelegenen Stall mit eignen Händen und in für ihn ehrenrühriger Art zerstört, zu welchem offenbar gesetzwidrigen räuberischen Anschlag meinerseits nicht die geringste Ursache gegeben war.

2. Fraglicher Edelmann Pererepenko plant außerdem noch einen Anschlag auf mein Leben und kam, nachdem er vor dem 7. des vorigen Monats diesen Plan schon längst in aller Heimlichkeit gehegt hatte, an diesem Tag zu mir und suchte mir auf heimtückisch freundschaftliche Art die Flinte abzuschwatzen, welche ich in meinem Zimmer habe, und bot mir zum Tausch mit dem an ihm gewohnten Geize eine Menge unbrauchbarer Dinge, als da sind: eine schwarzbraune Sau und zwei Sack Hafer, an. Ich aber, der die hinterlistige Absicht, die er hatte, schon vorausahnte, versuchte, ihn auf alle Weise von fraglicher Absicht abzubringen; fraglicher Schurke und Halunke Iwan Iwans Sohn Pererepenko aber schimpfte mich mit bäurischen Ausdrücken und hegte seit diesem Tage eine Feindschaft gegen mich, die unversöhnlich ist. Des weiteren ist fraglicher, des öfteren bereits erwähnter hemmungsloser Edelmann und Räuber Iwan Iwans Sohn Pererepenko von höchst unanständiger Herkunft: seine Schwester war eine stadtbekannte liederliche Weibsperson, die durchging, um der Jägerkompanie zu folgen, die vor jetzt fünf Jahren hier in Mirgorod garnisonierte; ihren Ehemann aber ließ dies Weib kaltblütig in die Bauernliste eintragen. Der Vater und die Mutter dieses Menschen waren gleichfalls höchst verbrecherische Leute sowie alle beide fürchterliche Trunkenbolde. Aber der erwähnte Edelmann und Räuber Pererepenko hat durch seine viehischen und tadelswürdigen Verbrechen seine ganze Sippschaft übertrumpft und tut, so fromm er sich auch stellt, die lästerlichsten Dinge: er hält nicht mal die Fasten ein, was klar daraus hervorgeht, daß sich dieser Gottesleugner einen Tag vor den Adventsfasten noch einen Hammel kaufte und ihn tags darauf von seiner unehelichen Beischläferin namens Gapka schlachten ließ, unter dem Vorwand, daß er grade um diese Zeit den Talg des Tieres für Lichter brauchte. Und deshalb stelle ich den Antrag, fraglichem Edelmann als Räuber, Kirchendieb und Spitzbuben, dem Raub und Diebstahl nachgewiesen wurden, Ketten anzulegen und ihn in das städtische oder staatliche Gefängnis einzusperren und ihn dann nach billigem Ermessen seines Ranges und des Adels quitt zu sprechen, ihn recht fest mit Berberitzenreisig durchzuwichsen, ihn gegebenenfalls zur Zwangsarbeit nach Sibirien zu schicken, ihn zur Zahlung aller Kosten und zu angemessener Entschädigung anzuhalten sowie in der Sache Urteil meinem Strafantrag entsprechend zu erlassen.

Diesen Strafantrag hat eigenhändig unterschrieben Iwan Nikifors Sohn Dowgotschchun, Edelmann zu Mirgorod.«

Sobald der Sekretär mit der Verlesung fertig war, faßte Nikiforowitsch ungesäumt nach seiner Mütze und verbeugte sich zum Abschied.

»Halt! Wohin, Iwan Nikiforowitsch?« rief ihm der Richter nach. »So setzen Sie sich doch noch einen Augenblick! Und trinken Sie ein Täßchen Tee! Oryschko! Steht das dumme Mädel da und wechselt Blicke mit den Schreibern! Marsch, hol Tee!«

Iwan Nikiforowitsch aber war vor lauter Angst, weil er sich gar so weit von seinem Haus befand und weil er vorhin jene schlimme Quarantäne hatte dulden müssen, schon zur Tür hinaus und sagte nur: »Bemühen Sie sich nicht, ich werde mit Vergnügen...« Damit fiel die Tür hinter ihm ins Schloß; das ganze Amt blieb höchst erstaunt zurück.

Hier war gar nichts zu machen. Beide Strafanzeigen wurden angenommen, und der ganze Handel hatte zweifellos bereits das Zeug dazu in sich, ein äußerst interessanter Fall zu werden, als ein Umstand, den kein Mensch hatte voraussehn können, ihn noch bedeutend interessanter machte. Als der Richter in Begleitung seines Beisitzers und seines Sekretärs das Amtslokal verlassen hatte und nun die Kanzlisten die von den Parteien mitgebrachten Hühner, Eier, angeschnittnen Brotlaibe, Maultaschen, Weißbrote und andern Kram in einen Sack verstauten – just um diese Zeit kam eine Sau, schwarzbraun von Farbe, in das Amtszimmer gelaufen und ergriff zum Staunen der Versammelten nicht etwa eine Maultasche oder ein Stückchen Brotrinde, nein, ganz im Gegenteil: den Strafantrag des wackeren Nikiforowitsch, der an der einen Schmalseite des Tisches lag und über dessen Rand hinunterhing. Als sie das Dokument im Maule hatte, lief die schwarzbraune Übeltäterin so schnell davon, daß keiner der Gerichtsbeamten sie einholen konnte, und bekümmerte sich wenig um die Lineale und die Tintenfässer, die ihr nachgeworfen wurden. Dieser unerhörte Vorgang hatte eine schreckliche Verwirrung im Gefolge, weil der in Verlust gegangene Strafantrag noch gar nicht abgeschrieben war. Der Richter oder vielmehr sein Beisitzer beriet sich mit dem Sekretär sehr lange über diese noch nie dagewesene Komplikation; endlich entschloß man sich zu einem schriftlichen Bericht darüber an den Polizeimeister, weil die Recherchen in dieser verzwickten Angelegenheit wohl in die Kompetenz der städtischen Polizei gehörten. Fraglichen Bericht, welcher die Aktenzahl 389 trug, erhielt der Polizeimeister noch an demselben Tag, und das zog eine sehr interessante Auseinandersetzung nach sich, über die der wohlgeneigte Leser sich im folgenden Kapitel näher unterrichten kann.

Das fünfte Kapitel, das von einem schwierigen Konzilium zwischen zwei in Mirgorod hochangesehnen Personen Kunde gibt

Kaum hatte sich Iwan Iwanowitsch wieder über seine Wirtschaft informiert und war dann aus dem Haus getreten, um sich, wie er es in der Übung hatte, unter seinem Vordach auszustrecken, als er mit unsäglicher Verwunderung an der Pforte seines Hofes etwas Rotes schimmern sah. Dies war des Herrn Polizeimeisters roter Ärmelaufschlag, der, gleichwie der Kragen dieses Würdenträgers, durch den Lauf der Jahre eine Politur erhalten hatte und dem Rande zu an Lackleder erinnerte. Iwan Iwanowitsch dachte sich: ›Wie nett vom Polizeimeister, daß er ein Plauderstündchen mit mir halten will!‹ – doch war er höchst erstaunt, als er bemerkte, daß der Polizeimeister sich sehr beeilte und gewaltig mit den Armen schlenkerte, was er nur äußerst selten tat. Der Polizeimeister hatte acht Knöpfe an der Uniform. Den neunten hatte er vor fast zwei Jahren bei der Prozession gelegentlich der Einweihung der neuen Mirgoroder Kirche eingebüßt, und leider hatten ihn die Polizisten bis zur Stunde noch nicht wiederfinden können, obgleich sich der Polizeimeister bei den Rapporten der Revieraufseher jeden Tag erkundigte, ob denn der Knopf noch nicht gefunden sei. Die acht verbliebnen Knöpfe saßen so, wie alte Weiber ihre Bohnen setzen – immer einer zu weit rechts, der nächste zu weit links. Ins linke Bein hatte der Polizeimeister im letzten Feldzug einen Schuß bekommen. Darum hinkte er mit diesem Fuß und warf ihn, wenn er ging, so stark zur Seite, daß dies alle Arbeit seines rechten Fußes fast zunichte machte. Und je schneller nun der Polizeimeister sein Fußwerk in Bewegung setzte, desto langsamer kam er vom Fleck, so daß Iwan Iwanowitsch reichlich Muße hatte, sich in staunenden Vermutungen darüber zu ergehn, warum der Polizeimeister so heftig mit den Armen schlenkre. Das machte ihm um so größeres Kopfzerbrechen, als der Polizeimeister den neuen Degen trug, den er nur in besonders wichtigen Fällen zu benutzen pflegte.

»Guten Tag, Herr Polizeimeister!« sagte Iwan Iwanowitsch, der, wie wir ja schon wissen, sehr neugierig war und seine Ungeduld kaum zügeln konnte, da er sah, wie der Beamte seine Freitreppe im Sturm nahm, wobei er aber die Augen noch nicht hob und immerzu in heftigem Konflikt mit seinem Fußwerk war, das keine Stufe gleich auf Anhieb nehmen konnte.

»Ich wünsche Ihnen einen guten Tag, verehrter Freund und Gönner«, erwiderte der Polizeimeister.

»Belieben freundlichst Platz zu nehmen! Wie ich sehe, sind Sie müde, weil Ihnen der Schuß im Bein Beschwerden macht...«

»Mein Bein?« sagte der Polizeimeister und musterte Iwan Iwanowitsch mit einem Blick, wie ihn der Riese auf den Zwerg und der pedantische Professor auf den windigen Tanzlehrer wirft. Und dabei streckte er das Bein und stampfte kräftig auf. Nur kam ihn dieser Mut teuer zu stehn: seine Gestalt geriet ins Wanken, und er schlug mit der Nase hart auf das Geländer. Doch der weise Hüter unserer öffentlichen Ordnung tat, als wäre überhaupt nichts geschehen, er richtete sich schleunigst wieder auf und griff in seine Tasche, als ob er da die Tabakdose suche.

»Ich kann Ihnen melden, liebster Freund und Gönner, daß ich während meiner Lebenszeit schon andre Märsche hinter mich gebracht habe. Und was für Märsche, ganz im Ernst! Zum Beispiel in dem Feldzug anno 1807... Ach, ich muß Ihnen erzählen, wie ich damals über einen Zaun zu einer hübschen kleinen Deutschen stieg!« Hierbei drückte der Polizeimeister das eine Auge zu und setzte eine ganz verteufelte Spitzbubenmiene auf.

»Wo waren Sie denn heute schon?« fragte Iwan Iwanowitsch, der den Beamten unterbrechen und schnellstmöglich auf den Zweck seines Besuches bringen wollte; er hätte um sein Leben gern gefragt, was ihm der Polizeimeister eröffnen wolle; aber seine vornehme Weitläufigkeit ließ ihn natürlich klar erkennen, wie unpassend eine solche Frage wäre. Also mußte sich Iwan Iwanowitsch zusammennehmen und des Rätsels Lösung abwarten, obgleich das Herz ihm ungewöhnlich heftig schlug.

»Gestatten Sie mir, Ihnen zu erzählen, wo ich war«, begann der Polizeimeister. »Vor allem aber möchte ich feststellen, daß wir heute wundervolles Wetter haben...«

Diese Worte führten fast Iwan Iwanowitschs Tod herbei.

»Aber gestatten Sie«, fuhr der Beamte fort, »ich komme heute in einer sehr wichtigen Angelegenheit zu Ihnen.« Das Gesicht des Polizeimeisters und seine Haltung nahmen wieder den besorgten Ausdruck an, mit dem er vorhin die Freitreppe im Sturm genommen hatte.

Iwan Iwanowitsch horchte auf und bebte wie im Fieber, ließ sich aber doch nicht abhalten, so unschuldsvoll wie stets zu fragen: »Was soll daran wichtig sein? Wo liegt denn da die Wichtigkeit?«

»Ja, sehn Sie mal – vor allem, lieber Freund und Gönner Iwan Iwanowitsch, gestatte ich mir, Ihnen zu vermelden, daß… Und sehn Sie mal – was mich betrifft, so will ich keineswegs… Bloß die Prinzipien der Regierung, die Prinzipien der Regierung fordern es… Sie haben doch die Polizeiverordnung verletzt!«

»Was reden Sie denn da, Herr Polizeimeister? Nein, ich versteh kein Wort.«

»Gestatten Sie, Iwan Iwanowitsch, wieso verstehn Sie kein Wort? Ihr eignes Vieh hat ein sehr wichtiges amtliches Dokument verschleppt, und Sie, Sie sagen noch, daß Sie kein Wort verstehn?«

»Was für ein Vieh?«

»Ja, mit Respekt zu sagen: Ihre eigne schwarzbraune Sau.«

»Kann ich denn was dafür? Warum läßt der Gerichtsdiener die Türen offen?«

»Aber Iwan Iwanowitsch, es ist ja doch Ihr eignes Tier – und also sind Sie schuld.«

»Ich danke Ihnen ganz ergebenst, daß Sie mich mit einer Sau vergleichen!«

»Das hab ich nicht gesagt, Iwan Iwanowitsch! Bei Gott, das hab ich nicht gesagt! Ja, überlegen Sie doch bitte selbst nach Ihrem eignen besten Wissen und Gewissen. Es ist Ihnen zweifellos bekannt, daß es in Übereinstimmung mit den Prinzipien der Obrigkeit in unserer Stadt, und um so mehr in deren Hauptstraßen, verboten ist, unreine Tiere frei herumlaufen zu lassen. Sie müssen selber zugestehn, daß das verboten ist.«

»Weiß Gott, was Sie da reden! Große Wichtigkeit, wenn eine Sau zufällig auf die Straße läuft!«

»Gestatten Sie mir, zu bemerken… Gestatten Sie, gestatten Sie, Iwan Iwanowitsch, das geht ganz einfach nicht. Wer kann da etwas tun? Die Obrigkeit befiehlt – wir müssen ihr gehorchen. Ich will ja nicht bestreiten, daß sich manchmal auf der Straße und zuweilen sogar auf dem Marktplatz Hühner oder Gänse zeigen, bitte zu bemerken: Hühner oder Gänse. Was jedoch die Schweine und die Ziegen angeht, hab ich erst voriges Jahr eine Verordnung publiziert, daß sie sich nicht auf öffentlichen Plätzen zeigen dürfen. Und die fragliche Verordnung habe ich noch dazu vor der Versammlung der Gemeinde und somit vor allem Volke ausdrücklich verlesen lassen.«

»Nein, Herr Polizeimeister, ich seh hier weiter nichts, als daß Sie mich auf jede Art beleidigen wollen.«

»Nein, das können Sie nun nicht behaupten, liebster Freund und Gönner, daß ich Sie beleidigen will. Erinnern Sie sich doch: hab ich im vorigen Jahr auch nur ein einziges Wort gesagt, als Sie Ihr Dach um eine ganze Elle höher bauten, als das festgesetzte Maß erlaubt? Im Gegenteil, ich tat, als ob ich es nicht merkte. Glauben Sie mir, liebster Freund, ich würde heute doch genausogut… Bloß meine Pflicht, mit einem Worte, meine Schuldigkeit verlangt von mir, auf Reinlichkeit zu achten. Nun bedenken Sie doch selber: grade auf der Hauptstraße…«

»Herrliche Hauptstraße, die Sie da haben! Jedes alte Weib wirft ja hinaus, was es nicht brauchen kann.«

»Iwan Iwanowitsch, gestatten Sie mir, zu bemerken, daß vielmehr Sie mich beleidigen! Natürlich kommt das manchmal vor, dann aber größtenteils doch nur an Zäunen, Scheunen, Speichern. Wenn dagegen auf der Hauptstraße und auf dem Marktplatz eine trächtige Sau herumläuft, heißt das doch…«

»Was denn, Herr Polizeimeister? Ist eine Sau vielleicht kein Gottesgeschöpf?«

»Gewiß. Das weiß die ganze Welt, daß Sie ein Mann von Bildung und in allen Wissenschaften und auch in sonst jeder Hinsicht unterrichtet sind. Ich hab selbstverständlich keine Wissenschaft gelernt. Ich hab die kurrente Schrift ja erst gelernt, als ich schon dreißig Jahre war. Ich hab, wie Sie wissen, als Gemeiner angefangen.«

»Hm«, erwiderte Iwan Iwanowitsch.

»Ja«, fuhr der Polizeimeister gemessen fort, »im Jahre 1801 stand ich als Leutnant bei der vierten Kompanie des zweiundvierzigsten Jägerregiments. Mein Kompaniechef, den Sie vielleicht kennen, war der Hauptmann Jeremejew.« Und der Polizeimeister versenkte seine Finger in die Tabakdose, die Iwan Iwanowitsch ihm geöffnet hinhielt, und zerrieb den Tabak, statt zu schnupfen.

»Hm«, erwiderte Iwan Iwanowitsch.

»Ja, es ist aber meine Pflicht«, sagte der Polizeimeister, »den Anordnungen der Regierung zu gehorchen. Wissen Sie denn auch, Iwan Iwanowitsch, daß einer, der bei Gericht ein amtliches Papier entwendet, ganz wie jeder andre Verbrecher vor das Kriminalgericht zu ziehen ist?«

»Das weiß ich so genau, daß ich Sie, wenn Sie wollen, darin unterrichten könnte. Doch bezieht sich dies auf Menschen. Wenn zum Beispiel Sie so ein Papier entwendet hätten... Aber eine Sau ist ja ein Tier, Gottes Geschöpf.«

»Ganz recht, nur heißt es im Gesetz: ›Wer sich so eines Aktendiebstahls schuldig macht...‹ Ich bitte sehr, beachten Sie das wohl, ganz einfach: ›wer sich schuldig macht‹! Hier ist von Art, Geschlecht und Stand gar nicht die Rede; folglich kann ein Tier sich gleichfalls schuldig machen. Tun Sie, was Sie wollen, jedenfalls ist doch das Tier als Ordnungsstörer, bis das Urteil ausgesprochen ist, der Polizei zu übergeben.«

»Nein, Herr Polizeimeister«, erwiderte Iwan Iwanowitsch kaltblütig, »nein, das tu ich nicht!«

»Ganz, wie Sie wollen; ich meinesteils muß den Vorschriften der Obrigkeit gehorchen.«

»Ach was, Sie wollen mir wohl bange machen? Schicken wohl den einarmigen Invaliden her, um meine Sau zu holen? Wenn ihm nur nicht meine Gapka mit dem Schüreisen den Marsch bläst und ihm auch den letzten Arm kaputtschlägt!«

»Ich will nicht mit Ihnen streiten. Wenn Sie sie der Polizei nicht übergeben wollen, dann bedienen Sie sich ihrer ganz nach eigenem Ermessen; stechen Sie sie, wenn Sie meinen, vor Weihnachten ab, und lassen Sie die Schinken räuchern oder essen Sie sie so. Nur hätte ich da eine Bitte: wenn Sie Würste machen, schicken Sie mir doch ein paar von Ihren Blutwürsten mit Speck, auf die sich Ihre Gapka so famos versteht. Sie wissen, meine Agrafjona Trofimowna ißt sie so gern.«

»Ja, ein paar Würste können Sie schon haben, bitte sehr!«

»Ich werde Ihnen herzlich dankbar sein, verehrter Freund und Gönner. Jetzt gestatten Sie mir aber noch ein Wort! Ich habe den gemessenen Auftrag einerseits vom Richter, andrerseits von unseren sämtlichen Bekannten, Sie mit Ihrem Freund Iwan Nikiforowitsch auszusöhnen.«

»Was? Mit diesem ungebildeten Patron? Mich aussöhnen mit diesem Grobian? Niemals! Nein, das geschieht gewiß nicht! Nie!« Iwan Iwanowitsch war sehr entschieden aufgelegt.

»Ganz, wie Sie wollen«, rief der Polizeimeister und führte seinen Nüstern Tabak zu. »Ich darf mir nicht erlauben, Ihnen einen Rat zu geben; nur gestatten Sie mir die Bemerkung: jetzt sind Sie verfeindet; wenn Sie sich versöhnen...«

Doch Iwan Iwanowitsch begann vom Wachtelfang zu sprechen, was er meistens tat, wenn er die Rede auf etwas andres bringen wollte. Und so mußte sich der Polizeimeister ohne den kleinsten Schatten von Erfolg nach Hause trollen.

Das sechste Kapitel, aus dem der Leser ohne Schwierigkeit alles entnehmen kann, was es enthält

So große Mühe man sich bei Gericht auch gab, die Sache zu verheimlichen, am nächsten Tag wußte doch ganz Mirgorod, daß die Iwan Iwanowitsch gehörige Sau Iwan Nikiforowitschs Strafanzeige mitgenommen hatte. Und der Polizeimeister war selbst der erste, der sich aus Versehn verplauderte. Als man Iwan Nikiforowitsch davon erzählte, sagte er kein Wort; er fragte nur: »Und war es eine schwarzbraune?«

Agafija Fedossejewna aber, die dabei war, fing von neuem an, Iwan Nikiforowitsch aufzuhetzen: »Ja, Iwan Nikiforowitsch, sag, was denkst du dir? Wie einen Narren wird man dich verlachen, wenn du dir so was gefallen läßt! Wer hält dich denn dann noch für einen Edelmann? Dann wirst du weniger gelten als das alte Marktweib, das die Krapfen feilhält, für die du so schwärmst.«

Und unermüdlich, wie sie war, brachte sie ihn glücklich auch so weit, wie sie wollte. Sie trieb ein Mannsbild von mittleren Jahren auf, ein schwärzliches Geschöpf mit lauter Flecken im Gesicht, in einem dunkelblauen, an den Ellbogen geflickten Rock, kurz, das leibhaftige Amtstintenfaß! Er schmierte sich die Stiefel nur mit Teer, trug hinter jedem Ohr drei Federn und mit einer Schnur an einem Rockknopf angebunden eine Glasblase, die er als Tintenfaß benutzte. Er aß leicht neun Maultaschen auf einen Sitz und steckte sich die zehnte ein, und er verstand es meisterhaft, so viel Verleumdungen auf einem Stempelbogen zu vereinen, daß kein Mensch so eine Schrift in einem Zug durchlesen konnte, ohne zwischendurch des öfteren zu husten und zu niesen. Dieses kleine menschenähnliche Gebilde wühlte nun herum und saß und schwitzte, schrieb und schrieb und kochte so zum Schluß folgendes Aktenstück zusammen:

›An das Mirgoroder Kreisgericht vom Edelmann Iwan Nikifors Sohn Dowgotschchun, daselbst.

Zusätzlich zu meinem, des Edelmanns Iwan Nikifors Sohn Dowgotschchun, Strafantrag, gerichtet gegen den Edelmann Iwan Iwans Sohn Pererepenko, als zu welchem auch bereits das Mirgoroder Kreisgericht diesseitig seine Zustimmung erteilt hat. Betreff: Jene freche Eigenmächtigkeit der schwarzbraunen Sau, wohl geheimgehalten, aber doch schon außenstehenden Persönlichkeiten zu Gehör gekommen. Sintemalen fragliche Zulassung und Duldung, als mit dem Dolus behaftet, unverzügliches gerichtliches Einschreiten erfordert, weil fragliche Sau ein dummes Tier ist und deshalb um so geeigneter zur Entwendung einer Akte. Woraus offensichtlich zu entnehmen, daß des öfteren erwähnte Sau nur angestiftet wurde von der Gegenpartei, die sich Edelmann des Namens Iwan Iwans Sohn Pererepenko nennt, als welcher der Räuberei, des Mordanschlages und des Kirchendiebstahls bereits überführt ist. Aber fragliches Mirgoroder Gericht in seiner längst bekannten Parteilichkeit hat seinerseits geheimes Einverständnis kundgegeben, ohne welches Einverständnis fraglicher Sau auf keine Weise die Einführung fraglichen Strafantrages ermöglicht hätte werden können, weil das Mirgoroder Kreisgericht mit Personal vollkommen ausreichend versorgt ist, zum Beweis wofür es wohl genügt, den Invaliden zu erwähnen, der sich jederzeit im Vorraum aufhält und, wenn er auch auf dem einen Auge schielt und an dem einen Arm etwas beschädigt ist, die angemessene Fähigkeit besitzt, eine Sau hinauszujagen und mit einem Knüppel zu verprügeln. Woraus klar eine Begünstigung durch fragliches Mirgoroder Kreisgericht hervorgeht und eine gemeine Profitverteilungsabmachung auf Gegenseitigkeit erhellt. Fraglicher obenerwähnter Räuber und Edelmann Iwan Iwans Sohn Pererepenko aber hat diese Affäre hinterlistig angezettelt. Weshalb denn ich, der Edelmann Iwan Nikifors Sohn Dowgotschchun, fraglichem Kreisgericht zur geziemenden Kenntnis bringe, daß für den Fall, daß fraglicher Strafantrag nicht fraglicher schwarzbrauner Sau oder dem mit derselben einverständlich handelnden Edelmann Pererepenko abgefordert und auf Grund desselben rechtmäßiges Urteil entsprechend meinem Antrage erlassen wird – daß in diesem Falle ich, der Edelmann Iwan Nikifors Sohn Dowgotschchun, wegen der gesetzwidrigen Duldung fraglichen Gerichtes Klage beim Bezirksgericht erheben werde nebst dem Antrag, die Verhandlung über die Sache in gehöriger Form auf fragliches Bezirksgericht zu übertragen.

Iwan Nikifors Sohn Dowgotschchun, Edelmann zu Mirgorod.‹

Diese Beschwerde hatte ihre Wirkung. Denn der Richter war, wie gutmütige Leute meistenteils, ein bißchen von der feigen Gilde. Und so wendete er sich an den Sekretär. Der Sekretär stieß nur ein dumpfes »Hm« durch die Lippen und zog ein so gleichgültiges und satanisch zweideutiges Gesicht, wie es sonst nur der Teufel aufsetzt, wenn er zu seinen Füßen ein gehetztes Opfer sieht, dem jede andre Zuflucht abgeschnitten ist. Ein einziges Mittel gab es noch: die beiden Freunde zu versöhnen. Doch wie sollte man das machen, wenn bisher die dahin zielenden Versuche allesamt umsonst gewesen waren? Man entschloß sich trotzdem, es noch einmal zu versuchen; doch Iwan Iwanowitsch erklärte rundheraus, er denke nicht daran, und kam sogar in starken Zorn dabei. Iwan Nikiforowitsch wies den Leuten statt der Antwort kurz den Rücken und sprach überhaupt kein Wort. So kam denn der Prozeß mit jener außergewöhnlichen Geschwindigkeit in Gang, die bei Gerichten so gewöhnlich ist. Die Akten erhielten den Präsentatum-Vermerk und wurden registriert und numeriert, geheftet und kollationiert, und alles dies an einem Tag, dann kamen sie wie üblich in den Schrank und lagen, lagen, lagen dort ein Jahr, ein zweites und ein drittes Jahr. Sehr viele Bräute wurden unterdes getraut; in Mirgorod wurde eine neue Straße angelegt; der Richter verlor inzwischen einen Backenzahn sowie zwei Schneidezähne; auf Iwan Iwanowitschs Hofe liefen ein paar kleine Kinder mehr herum (woher sie kamen, weiß der liebe Gott allein); Iwan Nikiforowitsch ließ sich, um Iwan Iwanowitsch zu ärgern, einen neuen Gänsestall erbauen, freilich in ein wenig größerem Abstande vom Zaun, und er verbaute sich dann völlig gegen seinen früheren Freund Iwan Iwanowitsch, so daß sich diese beiden würdigen Leute überhaupt fast nie von Angesicht zu Angesicht erblickten.

Mittlerweile lag die Akte in allerhöchster Ordnung auf dem alten Platz im Schrank, der durch die vielen Tintenkleckse gänzlich marmoriert war. Eines Tages aber gab es in Mirgorod ein für die ganze Stadt hochwichtiges Ereignis. Der Herr Polizeimeister gab eine Assemblee. Wo nehme ich die Pinsel und die Farben her, um die abwechslungsreiche Auffahrt und den Glanz des Festmahls darzustellen! Öffnet eine Uhr und seht, was darin vorgeht! Nun, nicht wahr, ein fürchterlicher Wirrwarr? Und jetzt stellt euch vor, daß sich beinah so viele Räder, wenn nicht gar noch mehr, im Hof des Polizeimeisters befanden! Was es da für Halbchaisen und Landauer zu sehen gab! Der eine Wagen war hinten breit und vorne schmal, der andre hinten schmal und vorne breit. Der eine war Halbchaise und Landauer zugleich, der andre weder Halbchaise noch Landauer; der eine glich einem riesigen Heuschober oder einer dicken Kaufmannsfrau, der andre einem zerzausten Juden oder einem Gerippe, um das teilweise noch die Haut herumhängt; der eine glich, von der Seite gesehen, einem Pfeifenkopf nebst Pfeifenrohr, der andre ließ sich mit nichts in dieser Welt vergleichen, sondern stellte ein ganz sonderbares, ungestaltes und phantastisches Gemächte dar. Und mitten aus diesem Gewirr von Rädern und von Böcken ragte eine Art Gefährt mit einem Zimmerfenster, das ein schweres Fensterkreuz aufweisen konnte. Kutscher in grauen Kosakenröcken, in Jacken und in Kitteln, teils in Lammfellmützen, teils in andern Mützen von verschiedenstem Kaliber, gängelten die ausgespannten Pferde auf dem Hof. Ja, das war schon was, die Assemblee beim Polizeimeister! Wenn ihr gestattet, zähle ich euch alle jene Herren auf, die da erschienen waren: Taras Tarassowitsch, Jewpal Akinfowitsch, Jewtichi Jewtichijewitsch, Iwan Iwanowitsch – nicht unser Iwan Iwanowitsch, sondern ein andrer –, Sawwa Gawrilowitsch, unser Iwan Iwanowitsch, Jelewferi Jelewferijewitsch, Makar Nasarjewitsch, Foma Grigorjewitsch…Ich kann nicht mehr! Die Kraft versagt! Die Hand ist müde von dem Niederschreiben all der Leute. Ja, und wie viele Damen es da gab! Mit dunkler und mit weißer Haut, hochaufgeschossene und kleine; Damen, die so dick waren wie unser Freund Iwan Nikiforowitsch, Damen die so dünn waren, daß man sie ohne weiteres in die Degenscheide des Polizeimeisters versenken konnte! Und die Hauben! Und die Kleider, rot, gelb, kaffeebraun, grün, blau, neu, modernisiert, gewendet! Tücher, Bänder, Ridiküls; Kurz, lebt wohl, ihr armen Augen! Nach dem wunderbaren Schauspiel seid ihr künftighin zu nichts mehr nütze. Und was für ein langer Tisch da aufgeschlagen war! Und wie sich alles unterhielt, welch einen Lärm sie machten! Was bedeutet im Vergleich damit selbst eine Mühle mit all ihren Mühlsteinen und Rädern, Drillingen und Tretgetrieben! Ich kann nicht mit Sicherheit feststellen, was sie alles sprachen, aber es ist anzunehmen, daß sie von sehr vielen nützlichen und angenehmen Dingen sprachen, so vom Wetter und von Hunden und vom Weizen und von Hauben und von Hengsten. Endlich sagte dann Iwan Iwanowitsch nicht unsrer, nein, der andre Iwan Iwanowitsch, der auf dem einen Auge schielt –: »Es nimmt mich wunder, daß mein rechtes Auge (denn der schielende Iwan Iwanowitsch sprach stets im Ton der Ironie von sich) Iwan Nikiforowitsch Dowgotschchun nirgends erblicken kann.«

»Er wollte ja nicht kommen«, sagte der Polizeimeister.

»Wieso denn das?«

»Es ist ja doch, gottlob, jetzt schon zwei Jahre, daß sie sich verzankt haben, das heißt, Iwan Iwanowitsch mit Iwan Nikiforowitsch. Und wo einer sich befindet, kommt der andre bestimmt nicht hin.«

»Was Sie nicht sagen!« Und der schielende Iwan Iwanowitsch blickte zum Himmel auf und faltete die Hände. »Lieber Gott, wenn schon die Leute mit gesunden Augen nicht in Frieden leben können, wie soll ich mich denn da mit meinem schielenden vertragen!«

Hierauf lachte alle Welt aus vollem Halse. Alle hatten sie den schielenden Iwan Iwanowitsch gern, weil seine Witze immer ganz genau dem Zeitgeschmack entsprachen. Sogar ein hochgewachsener hagrer Herr in einem Friesrock und mit einem Pflaster auf der Nase, der bisher still in einer Ecke gesessen und seinen Gesichtsausdruck noch keinen Augenblick verändert hatte, nicht einmal, als eine Fliege ihm ins Nasenloch geflogen war, – selbst dieser Herr erhob sich und gesellte sich zur Menge, die den schielenden Iwan Iwanowitsch umringte.

»Hören Sie mal zu!« sagte der schielende Iwan Iwanowitsch, als er einen so großen Kreis um sich versammelt sah. »Hören Sie zu: statt daß Sie jetzt mein scheeles Auge zum Objekt Ihrer Bewunderung machen, lassen Sie uns lieber unsre beiden Freunde miteinander aussöhnen! Iwan Iwanowitsch schwatzt eben mit den Weibern und den Mädchen – schicken wir ganz heimlich nach Iwan Nikiforowitsch, und bugsieren wir sie aufeinander los!«

Dieser Plan des schielenden Iwan Iwanowitsch fand einstimmigen Beifall, und es wurde beschlossen, einen Abgesandten in das Haus Iwan Nikiforowitschs zu entsenden und ihn zu ersuchen, sich um jeden Preis beim Polizeimeister zum Mittagessen einzufinden. Bloß die Frage, wem man diese wichtige Sendung übertragen solle, weckte allgemeinen Zweifel. Lange debattierte man, wer am geschicktesten und fähigsten auf diplomatischem Gebiete sei; endlich beschloß man einstimmig, einen Herrn Golopus mit dieser Sache zu beauftragen.

Doch dürfte es wohl angebracht sein, den geneigten Leser jetzt zunächst mit diesem sehr bemerkenswerten Mann bekannt zu machen. Golopus war im vollsten Sinne des Wortes ein tugendhafter Mensch: wenn ihm ein angesehener Mirgoroder Bürger eine Unterhose oder, sagen wir, ein Halstuch schenkte, sagte er ihm seinen Dank; und wenn ihm einer einen Nasenstüber gab, bedankte er sich ebenfalls. Und fragte jemand: »Sagen Sie, Herr Golopus, aus welchem Grunde tragen Sie einen braunen Rock mit blauen Ärmeln?«, dann gab er zurück: »Sie haben ja nicht einmal so einen Rock! Warten Sie nur ab: wenn ich ihn eine Zeitlang trage, gleicht sich das schon aus!« Und in der Tat, das blaue Tuch begann sich in der Sonne braun zu färben und paßte jetzt bereits ganz gut zum Tuche des Rockes. Sonderbar ist auch, daß Golopus im Sommer einen tuchnen Anzug und im Winter einen Nankinganzug trägt. Herr Golopus besitzt kein eignes Haus. Er hatte einmal eins am Rande der Stadt, verkaufte es jedoch und kaufte vom Erlös drei braune Pferde sowie eine kleine Halbchaise, mit der er zu den Gutsbesitzern in der Nachbarschaft auf Besuch fuhr. Da ihm die Pferde aber viele Umstände machten und der Hafer auch nicht wenig kostete, vertauschte Golopus sie gegen eine Geige und eine leibeigne Magd, wobei er auch noch fünfundzwanzig Rubel bar daraufgezahlt bekam. Die Geige machte er nach kurzer Zeit zu Geld, und für die Magd tauschte er einen Tabakbeutel aus Saffian mit reicher Handvergoldung ein. Dafür hat er jetzt einen Tabakbeutel wie kein andrer in der Stadt. Jedoch für diesen Vorzug muß er andrerseits darauf verzichten, auf die Güter zu Besuch zu fahren, und sieht sich genötigt, in der Stadt zu bleiben und dort wechselweise in verschiednen Häusern Nachtquartier zu suchen, meist bei Edelleuten, die sich ein Vergnügen daraus machen, ihn mit Nasenstübern zu traktieren. Golopus legt Wert auf gutes Essen und spielt trefflich Karten und auch Mühle. Fügsamkeit war stets sein Element, darum griff er auch jetzt zu Hut und Stock und machte sich ohne Säumen auf den Weg.

Im Gehen überlegte er, auf welche Weise er Iwan Nikiforowitsch bewegen könnte, zu der Assemblee zu kommen. Die ein wenig schroffen Umgangsformen dieses sonst gewiß sehr würdigen Mannes machten ein Gelingen seiner Mission beinah unmöglich. Und wie sollte er sich auch entschließen, mitzukommen, wenn ihn schon das Aufstehn aus dem Bett große Mühe kostete? Aber sogar angenommen, daß er aufstünde: wie war es möglich, daß er dorthin käme, wo sich doch – worüber er ganz sicher unterrichtet war – sein geschworner Feind befand? Je länger Golopus hierüber nachdachte, desto mehr Hindernisse sah er vor sich. Es war schwül, die Sonne brannte, und der Schweiß rann ihm in Strömen von der Stirn. Herr Golopus war trotz der Nasenstüber, die er kriegte, in mancher Hinsicht ein gerissener Bursche. Bloß in Tauschgeschäften hatte er kein besonderes Glück. Er wußte sehr genau, wann es am Platze war, sich dumm zu stellen, und fand dadurch, daß er sich zum Narren machte, oft den rechten Weg in schwierigen Umständen, wo mancher Kluge sich wohl nicht herausgefunden hätte.

Während sein erfinderischer Geist nun über einem Mittel brütete, durch das er Iwan Nikiforowitsch überreden könnte, und er jeder Möglichkeit mutvoll ins Auge blickte, brachte ihn ein unvorhergesehner Umstand leider etwas in Verwirrung. Es ist hier am Platze, daß der Leser folgendes erfährt: Herr Golopus besaß neben andern ein Paar Pantalons mit der höchst sonderbaren Eigentümlichkeit, daß er sie niemals anziehen konnte, ohne daß ihn alle Hunde in die Waden bissen. Und das Unglück wollte es, daß er an diesem Tag just diese Hosen trug. Er hatte sich denn auch kaum seiner Überlegung hingegeben, als ihm schon ein fürchterliches Gebell von allen Seiten schreckerregend in die Ohren klang. Herr Golopus erhob ein so durchdringendes Geschrei (und schreien konnte er wie sonst kein Mensch), daß nicht nur das uns schon bekannte alte Weib und der Bewohner des uns ebenfalls bekannten unermeßlichen großen Rockes ihm entgegenliefen, sondern auch die kleinen Jungen von Iwan Iwanowitschs Hofe Rudel um ihn bildeten. Und obgleich die Hunde ihn nur leicht in eine seiner Waden beißen konnten, lähmte dies doch seine Kühnheit sehr, und einigermaßen eingeschüchtert trat er vor die Anfahrt hin.

Das siebente und letzte Kapitel

»Ah, guten Tag! Ja, warum necken Sie denn meine Hunde?« fragte Iwan Nikiforowitsch, als er Golopus erblickte. Denn mit Golopus sprach niemand anders als im Tone der Verulkung.

»Daß sie allesamt verreckten!« fluchte Golopus. »Wer neckt sie denn?«

»Natürlich Sie. Ach, lügen Sie doch nicht!«

»Bei Gott, ich lüge nicht! – Der Polizeimeister läßt Sie zu Tische bitten.«

»Hm!«

»Bei Gott! Er bittet Sie so dringend, daß ich es kaum wiedergeben kann. ›Ich weiß nicht, was das sein soll‹, sagte er, ›Iwan Nikiforowitsch meidet mich wie einen Feind – er kommt nie mehr bei mir vorbei und sitzt nie mehr bei mir und schwatzt mit mir.‹«

Iwan Nikiforowitsch streichelte sein Knie.

»»Wenn jetzt Iwan Nikiforowitsch«, sagte mir der Polizeimeister, ›auch heute ausbleibt, weiß ich nicht mehr, was ich denken soll – dann hat er gegen mich was vor. Ach, seien Sie doch so freundlich, lieber Golopus, und überreden Sie Iwan Nikiforowitsch!‹ – Also denn, Iwan Nikiforowitsch, gehn wir! Und Sie finden dort auch eine reizende Gesellschaft.« Doch Iwan Nikiforowitsch richtete den Blick auf einen Hahn, der auf der Treppe stand und krähte, was sein Kehlkopf hergab.

»Ach, Iwan Nikiforowitsch, wenn Sie wüßten«, fuhr der tüchtige Abgesandte fort, »welch einen wundervollen Stör und was für einen frischen Kaviar der Polizeimeister geschickt bekommen hat!«

Hier wendete Iwan Nikiforowitsch plötzlich den Kopf und hörte mit Interesse zu. Das gab dem Abgesandten neuen Mut.

»Kommen Sie schnell; auch Foma Grigorjewitsch ist da. – Na, kommen Sie?« fuhr er dann fort, als sich Iwan Nikiforowitsch nicht rührte. »Gehn wir jetzt, oder gehn wir nicht?«

»Ich denk nicht dran.«

Dies ›Ich denk nicht dran‹ verblüffte Golopus – er hatte schon geglaubt, durch sein eindringliches Zureden diesen immerhin sehr ehrenwerten Mann vollends herumgekriegt zu haben, und statt dessen hörte er jetzt dies entschiedne ›Ich denk nicht dran‹.

»Ja, warum wollen Sie denn nicht?« rief er mit einem Ärger, wie er ihn selbst dann nur selten zeigte, wenn man ihm ein angezündetes Stück Papier auf die Haare legte, womit sich der Richter und der Polizeimeister besonders gern vergnügten.

Iwan Nikiforowitsch schnupfte und blieb stumm.

»Tun Sie, was Ihnen paßt, Iwan Nikiforowitsch. Ich versteh allerdings nicht, was Sie abhalten kann.«

»Warum soll ich denn hin?« brummte Iwan Nikiforowitsch endlich. »Sicher ist der Räuber da!« So pflegte er Iwan Iwanowitsch zu nennen. – Und doch, gerechter Gott, wie lange war es her...?

»Bei Gott, er ist nicht da! So wahr ein Gott lebt, nein, er ist nicht da! Hier auf der Stelle soll mich gleich der Blitz erschlagen, wenn's nicht wahr ist«, sagte Golopus, der gern in einer Stunde zehnmal schwor. »Iwan Nikiforowitsch, kommen Sie doch mit!«

»Sie lügen, Golopus, er ist ganz sicher da.«

»Bei Gott, er ist nicht da! Ich will nicht mehr lebendig hier vom Fleck gehn, wenn er da ist! Überlegen Sie doch selbst, zu welchem Zweck sollte ich lügen? Hände und Füße mögen mir verdorren...! Glauben Sie mir jetzt noch immer nicht? Versteinern will ich hier vor Ihren Augen! Meine Eltern und ich selber sollen nach dem Tod nicht selig werden...! Glauben Sie mir jetzt noch immer nicht?«

Iwan Nikiforowitsch fühlte sich durch diese feurigen Beteuerungen beruhigt und ließ sich von seinem Kammerdiener in den grenzenlosen Rock, die weiten Hosen sowie den Kosakenrock aus Nanking helfen.

Mir scheint es vollkommen überflüssig, zu beschreiben, wie Iwan Nikiforowitsch sich die Hosen anzog, wie man ihm die Halsbinde umband und ihm zum Schluß in den Kosakenrock hineinhalf, der bei dieser Gelegenheit unter dem linken Arm zerriß. Es mag genügen, wenn ich feststelle, daß er sich dabei nicht in der an ihm gewohnten Ruhe stören ließ und keine Silbe auf die Vorschläge des tüchtigen Golopus erwiderte, der sich gegen seinen Tabakbeutel irgend etwas andres von ihm eintauschen wollte.

Mittlerweile harrte die Gesellschaft voll Ungeduld auf die entscheidende Minute, wo Iwan Nikiforowitsch erscheinen und sich endlich auch der allgemeine Wunsch erfüllen würde, daß die beiden würdigen Ehrenmänner sich versöhnen möchten. Viele konnten es sich überhaupt nicht denken, daß Iwan Nikiforowitsch kommen würde. Und der Polizeimeister, der wollte sogar ganz ernsthaft mit dem schielenden Iwan Iwanowitsch darauf wetten; und bloß darum wurde nichts aus dieser Wette, weil der schielende Iwan Iwanowitsch verlangte, daß der Polizeimeister sein angeschossenes Bein gegen sein scheeles Auge setze – was der Polizeimeister sehr übelnahm, während die übrige Gesellschaft leise kicherte. Noch hatte sich kein Mensch zu Tisch gesetzt, obgleich es längst schon zwei geschlagen hatte – eine Zeit, um die in Mirgorod das Essen sogar bei den zeremoniellen Festlichkeiten längst im Gange ist.

Als Golopus dann in der Tür erschien, war er im Augenblick von aller Welt umringt. Er hatte aber auf die vielen interessierten Fragen nur die kurze und entschiedene Antwort: »Er kommt nicht!«

Kaum hatte er das ausgesprochen, als auch schon ein Sturm von Vorwürfen und Schimpfworten, vielleicht sogar von Nasenstübern auf das Haupt des Ärmsten sich entladen wollte, doch da ging die Tür auf – und Iwan Nikiforowitsch trat herein.

Wäre der Satan selber oder ein Gespenst erschienen, so hätte das Staunen der Gesellschaft kaum viel größer sein können, als da Iwan Nikiforowitsch vollkommen unerwartet eintrat. Golopus hielt sich die Seiten und zerplatzte fast vor Freude, weil es ihm gelungen war, die würdige Gesellschaft so schön anzuführen.

Sei es, wie es sei – dem ganzen Kreise schien es fast unglaublich, daß Iwan Nikiforowitsch sich in dieser kurzen Zeit so hatte anziehn lassen können, daß er wie ein richtiger Edelmann gekleidet war. Iwan Iwanorowitsch befand sich in diesem Augenblick just nicht im Zimmer, weil er, weiß der liebe Gott warum, hinausgegangen war. Als man aus dem Erstaunen zu sich kam, erkundigte sich alle Welt, wie es Iwan Nikiforowitsch gehe; und man stellte mit Vergnügen fest, daß seine Korpulenz noch zugenommen habe. Und Iwan Nikiforowitsch küßte sich mit allen ab und sagte: »Danke sehr!«

Inzwischen füllte der Geruch der Rote-Rüben-Suppe das Gemach und kitzelte den Gästen, die recht ausgehungert waren, angenehm die Nase. Alles strömte in das Eßzimmer. Ein Zug von Damen, teils geschwätzig und teils schweigsam, teils beleibt, teils mager, ging voran und ließ den langen Tisch mit einem Schlag in hundert Farben flimmern. Ich will die Speisen nicht beschreiben, die es auf dem Tische gab! Ich sage nichts vom Quarkgebäck in saurer Sahne, nichts von den Kaldaunen, die es zu der Rote-Rüben-Suppe gab, auch nichts vom Puter mit Pflaumen und Rosinen, nichts von dem Gericht, das aussieht wie in Weißbier aufgeweichte Stiefel, und nichts von der Sauce, diesem Schwanenlied des alten Kochs, der Sauce, die in blauen Weingeistflammen lodernd aufgetragen wurde, was die Damen gleichzeitig ergötzte und erschreckte. Ich will nichts von diesen herrlichen Gerichten sagen, weil es mir unendlich viel vergnüglicher erscheint, sie zu verspeisen als sie zu beschwatzen.

Iwan Iwanowitsch gefiel ein Fisch, der mit Meerrettichsauce aufgetragen wurde, ganz besonders gut. Und er beschäftigte sich intensiv mit dieser nützlichen und nahrhaft kräftigen Angelegenheit. Er suchte selbst die feinsten Gräten vorsichtig heraus und legte sie auf den Tellerrand. Dabei sah er zufällig auch einmal nach seinem Gegenüber. Schöpfer des Himmels und der Erden, nein, wie war das sonderbar: ihm gegenüber saß Iwan Nikiforowitsch!

Zur gleichen Zeit sah auch Iwan Nikiforowitsch auf! – Nein, nein!... Ich kann nicht...! Gebt mir eine andre Feder! Meine Feder ist zu welk, zu tot, hat einen gar zu feinen Spalt für dieses Bild! – Zwei verwunderte Gesichter starrten reglos, wie aus Stein. Jeder von den beiden sah einen langjährigen Bekannten vor sich und empfand den dunklen Drang, sich ihm wie einem alten Freund zu nähern, ihm seine Tabakdose hinzuhalten und zu sagen: ›Bitte sehr‹ oder ›Darf ich bitten, mir die Ehre anzutun?« Doch gleichzeitig sah jeder in dem andern etwas Schreckerregendes und gleichsam eine schlimme Vorbedeutung; deshalb rann der Schweiß Iwan Iwanowitsch wie Iwan Nikiforowitsch förmlich in Strömen von der Stirn.

Alle Anwesenden, so viele es am Tische gab, verstummten vor Aufmerksamkeit und wendeten kein Auge von den ehemaligen Freunden. Selbst die Damen, die sich lebhaft interessiert darüber unterhalten hatten, was Kapaune eigentlich von Hähnen unterscheide, unterbrachen ihr Gespräch. Es wurde völlig still. Dies war ein Bild, des Pinsels eines großen Malers würdig. Endlich zog Iwan Iwanowitsch sein Taschentuch hervor und begann sich mit Gewalt zu schneuzen. Iwan Nikiforowitsch aber sah sich um und schweifte mit den Augen nach der offnen Tür. Der Polizeimeister bemerkte diesen Blick sofort und ließ die Tür vorsorglich fest verschließen. Da begannen beide Freunde stumm zu essen, und kein Blick mehr wurde zwischen ihnen ausgetauscht. Kaum aber war das Mahl zu Ende, als die beiden sich erhoben und nach ihren Mützen suchten, um sich unauffällig zu entfernen. Doch der Polizeimeister winkte Iwan Iwanowitsch – nicht unserm Iwan Iwanowitsch, sondern dem andern mit dem scheelen Auge –, worauf dieser sich hinter Iwan Nikiforowitsch stellte, während der Polizeimeister schleunigst hinter Iwan Iwanowitsch trat. Und jeder schob nun seinen Mann gewaltsam vorwärts, um die beiden so einander nah zu bringen und nicht nachzulassen, bis sie sich die Hände reichten. Iwan Iwanowitsch mit dem scheelen Auge schob Iwan Nikiforowitsch zwar ein bißchen schief, doch immerhin noch halbwegs in die Richtung, wo Iwan Iwanowitsch stand. Der Polizeimeister jedoch nahm seinen Kurs nebenhinaus, weil er sich leider nicht mit seinem eigenwilligen Fußwerk in das rechte Einvernehmen setzen konnte, da es heute absolut nicht dem Kommando folgen wollte und, gleichsam aus Bosheit, große Bogen nach der falschen Seite schlug (was daher kommen mochte, daß bei Tisch recht viel verschiedner Likör getrunken worden war). So rannte denn Iwan Iwanowitsch mit einer Dame in hellrotem Kleid zusammen, die sich neugierig bis mitten in den Kreis gedrängt hatte. Dieses Vorzeichen bedeutete gewiß nichts Gutes. Aber um die Sache richtig ins Lot zu bringen, trat nun der Richter an den Platz des Polizeimeisters, sog mit der Nase allen Tabak von der Oberlippe fort und schob Iwan Iwanowitsch nach der andern Seite. Dies war die Art, auf die die Mirgoroder Streitigkeiten aus der Welt zu schaffen pflegten. Als der Richter nun Iwan Iwanowitsch schob, spannte Iwan Iwanowitsch mit dem scheelen Auge alle Muskeln an und schob Iwan Nikiforowitsch, dem der Schweiß herunterlief wie Regenwasser aus der Traufe, vorwärts. Und so heftig sich die beiden Freunde auch entgegenstemmten, schließlich stießen sie zusammen, weil die Leute, die sie schoben, tüchtige Unterstützung durch die andern Gäste fanden.

Diese schlossen sich zum Kreis und ließen ihre Opfer nicht hinaus, bis sie sich endlich doch die Hände reichten.

»Lieber Gott, Iwan Iwanowitsch und Iwan Nikiforowitsch! Fragen Sie sich selbst auf Ihr Gewissen: warum haben Sie sich eigentlich verzankt? Wahrhaftig doch um einen Dreck! Ja, schämen Sie sich denn nicht vor den Menschen und vor Gott?«

»Ich weiß nicht«, keuchte Iwan Nikiforowitsch ganz erschöpft (und man sah wohl, daß er einer Versöhnung gar nicht abgeneigt war), »ich weiß nicht, was ich Iwan Iwanowitsch getan habe, daß er deswegen meinen Stall zertrümmern und Anschläge auf mein Leben machen mußte!«

»Und ich bin mir keines schlimmen Anschlags bewußt«, sagte Iwan Iwanowitsch, ohne Iwan Nikiforowitsch anzusehn. »Ich schwöre hier vor Gott, wie auch vor Ihnen, ehrenfeste adlige Versammlung, daß ich meinem Feinde nichts getan habe. Weswegen schmäht er mich und schädigt meinen Rang und Stand?«

»Wieso hab ich Sie denn geschädigt, werter Herr?« fragte Iwan Nikiforowitsch.

Nur noch einen Augenblick der Aussprache, und eine lange Feindschaft wäre ausgelöscht gewesen. Und Iwan Nikiforowitsch griff schon in die Tasche, die Tabakdose daraus hervorzuholen und zu sagen: ›Bitte sehr!‹

»Bedeutet das denn keine Schädigung, geehrter Herr«, erwiderte Iwan Iwanowitsch mit immer noch gesenktem Blick, »wenn Sie mir Rang und Namen durch ein Wort verunehren, das hier an dieser Stelle auszusprechen unfein wäre?«

»Gestatten Sie mir eine freundschaftliche Mitteilung, Iwan Iwanowitsch!« und dabei faßte Iwan Nikiforowitsch seinen ehemaligen Freund an einem Knopf, was doch gewiß Versöhnlichkeit bedeutete. »Sie fühlen sich durch weiß der Teufel was gekränkt; weil ich zu Ihnen sagte ›Gänserich‹...«

Iwan Nikiforowitsch spürte gleich, wie unvorsichtig es von ihm gewesen war, sich dieses Ausdrucks zu bedienen; doch es war zu spät: nun war es schon gesagt. Und alles ging zum Teufel! Hatte dieses Wort Iwan Iwanowitsch, als es unter vier Augen ausgesprochen wurde, schon empört und einen Zorn in ihm erregt, in dem ich keinen Menschen sehen möchte, dann wird sich der liebe Leser denken können, was geschah, als dieses mörderische Wort vor einem großen Kreise ausgesprochen wurde, dem auch viele Damen angehörten, in deren Gesellschaft sich Iwan Iwanowitsch besonders wohlanständig zu benehmen liebte! Hätte es Iwan Nikiforowitsch nur ein bißchen anders angefaßt, hätte er ›Vogel‹ gesagt statt ›Gänserich‹, dann wäre immer noch die Möglichkeit gewesen, alles wieder gutzumachen. Jetzt aber war es einfach aus! Er warf Iwan Nikiforowitsch einen Blick zu – oh, und was für einen Blick! Hätte dieser Blick vollziehende Gewalt gehabt, so wäre sicherlich Iwan Nikiforowitsch auf der Stelle in Staub verwandelt worden. Und die andern Gäste fühlten auch, was dieser Blick bedeutete – sie trennten die gewesenen Freunde schleunigst. Und der sanfte Mensch, der nie an einer Bettlerin vorüberging, ohne sie nach allem auszufragen, ging in fürchterlicher Wut nach Hause. So gewaltige Stürme bringt die Leidenschaft hervor!

Einen vollen Monat hörte man nichts weiter von Iwan Iwanowitsch. Er schloß sich ab vor aller Welt und machte die Schatulle auf, die ein Familienerbstück war. Was aber holte er daraus hervor? Was glaubt ihr? Silberrubel! Alte Silberrubel, die dort seit Großvaters Zeiten ruhten. Und die Silberrubel nahmen ihren Weg in die verschmutzten Hände widerlicher Tintenschmierer. Der Prozeß ging weiter an das Bezirksgericht. Erst als Iwan Iwanowitsch die frohe Botschaft hörte, daß die Sache morgen endgültig entschieden werde, zeigte er sich wieder vor der Welt und wagte sich aus seinem Haus. Doch o weh: seitdem hat das Bezirksgericht jeden geschlagnen Tag erklärt, daß morgen die Entscheidung fallen würde, und das nun schon seit zehn Jahren.

Fünf Jahre sind es jetzt, seit ich zum letztenmal durch Mirgorod kam. Ich reiste damals zu ungünstiger Zeit, im Herbst, bei traurig feuchtem Wetter, Schmutz und Nebel. Ein Grün, das beinah unnatürlich wirkte und die Ausgeburt der ewigen, langweiligen Regengüsse war, bedeckte Flur und Feld mit einem dürftigen Netz und stand ihnen so an, wie Narrenspossen einem alten Mann und Rosen einer Greisin zu Gesicht stehn. Das Wetter hatte damals starke Einwirkung auf meine Stimmung – war es trüb, so war auch meine Laune trüb. Und doch, als ich nun Mirgorod näher kam, da fühlte ich mein Herz lebhafter pochen. Gott, alle die Erinnerungen! Seit zwölf Jahren hatte ich den Ort nicht mehr gesehn. Und damals lebten hier in rührender und vorbildlicher Freundschaft zwei wahrhaft seltne Männer, zwei wahrhaft seltne Freunde. Und wie viele bekannte Leute waren unterdes gestorben! Beispielsweise war der Richter schon aus dieser Welt geschieden, und Iwan Iwanowitsch mit dem scheelen Auge hatte sich gleichfalls empfohlen. Ich kam in die Hauptstraße; wohin man blickte, standen Stangen mit darangebundenen Strohwischen – eine Planierung war also im Gang. Einige Hütten waren abgerissen, und die Überreste ihrer Flechtwerkzäune stachen melancholisch in die Luft.

Es war ein Feiertag; ich ließ meinen mit einer Matte überdeckten Bauernwagen vor der Kirche halten und trat mit so leisen Schritten ein, daß sich kein Mensch nach mir umschaute. Übrigens, wer hätte das auch tun sollen? Die Kirche war fast leer. Kaum ein paar Leute waren zu erblicken. Selbst die Frömmsten hatten sich wohl vor dem Schmutz gescheut. Die Kerzen wirkten in dem trüben oder, besser ausgedrückt, kränklichen Tageslicht sonderbar unbehaglich; Trauer wehte einen aus den dunklen Kirchenschiffen an; die hohen, schmalen Fenster mit den Butzenscheiben waren überströmt von Regentränen.

Ich betrat das Mittelschiff und fragte einen ehrwürdigen alten Mann mit grauem Haar: »Gestatten Sie die Frage: lebt Iwan Nikiforowitsch noch?« In diesem Augenblick sprühte die Lampe vor einem Heiligenbilde heller auf, und ihr Licht schien dem alten Mann gerade ins Gesicht.

Wie staunte ich, als ich bei näherer Betrachtung merkte, daß da ein Bekannter vor mir stand! Es war Iwan Nikiforowitsch selber! Aber wie verändert sah er aus!

»Geht's Ihnen gut, Iwan Nikiforowitsch? Nein, wie Sie alt geworden sind!«

»Ja, ich bin alt geworden. Ich komm eben aus Poltawa«, erwiderte Iwan Nikiforowitsch.

»Was Sie sagen! Nach Poltawa fahren Sie bei diesem schlechten Wetter?«

»Ja, was soll man machen? Der Prozeß...«

Bei diesem Wort seufzte ich unwillkürlich auf.

Iwan Nikiforowitsch hörte diesen Seufzer wohl und sagte mir zum Trost: »Beruhigen Sie sich – ich hab sichre Nachricht, daß die Sache nächste Woche zur Entscheidung kommt, und zwar gewinn ich den Prozeß.«

Ich zuckte die Achseln und ging weiter, um auch nach Iwan Iwanowitsch zu fragen.

»Oh, Iwan Iwanowitsch ist hier«, sagte mir ein gefälliger Mann, »dort oben auf dem Chor.«

Und ich erblickte eine hagre Gestalt. War das Iwan Iwanowitsch? Runzeln durchfurchten sein Gesicht, das Haar war weiß wie Schnee. Nur die Pekesche hatte sich gar nicht verändert.

Nach den ersten Worten der Begrüßung sagte mir Iwan Iwanowitsch mit dem vergnügten Lächeln, das sein trichterförmiges Gesicht so liebenswürdig machte: »Soll ich Ihnen eine angenehme Neuigkeit erzählen?«

»Was für eine Neuigkeit?« erkundigte ich mich.

»Morgen wird mein Prozeß bestimmt entschieden; das Bezirksgericht hat es mir fest zugesagt.«

Ich seufzte noch viel tiefer, nahm dann schleunigst Abschied – weil ich in einer wichtigen Sache unterwegs war – und setzte mich in mein Gefährt. Die mageren Gäule, die in Mirgorod Kurierpferde vorstellen müssen, zogen an und machten mit den Hufen, die tief in dem grauen Dreck versanken, ein den Ohren unsympathisches Geräusch. Der Regen goß in Strömen auf den Juden nieder, der in eine Matte eingewickelt auf dem Bock saß. Die Nässe ging mir durch und durch. Der traurige Schlagbaum mit der Wächterbude, darin der Invalide seine graue ›Rüstung‹ flickte, zog langsam vorbei. Und wieder freies Feld, hier aufgepflügt und schwarz, dort grünlich schimmernd, nasse Raben, eintöniger Regen und der weinerliche Himmel ohne einen hellen Fleck. – Ja, meine Herren, dies ist eine Tränenwelt!

Zeitfracht Medien GmbH
Ferdinand-Jühlke-Straße 7,
99095 - DE, Erfurt
produktsicherheit@zeitfracht.de